Les différends territoriaux en Afrique

Règlement juridictionnel

Logiques Juridiques
Collection dirigée par Gérard Marcou

Le droit n'est pas seulement un savoir, il est d'abord un ensemble de rapports et pratiques que l'on rencontre dans presque toutes les formes de sociétés. C'est pourquoi il a toujours donné lieu à la fois à une littérature de juristes professionnels, produisant le savoir juridique, et à une littérature sur le droit, produite par des philosophes, des sociologues ou des économistes notamment.
Parce que le domaine du droit s'étend sans cesse et rend de plus en plus souvent nécessaire le recours au savoir juridique spécialisé, même dans des matières où il n'avait jadis qu'une importance secondaire, les ouvrages juridiques à caractère professionnel ou pédagogique dominent l'édition, et ils tendent à réduire la recherche en droit à sa seule dimension positive. A l'inverse de cette tendance, la collection *Logiques juridiques* des Éditions L'Harmattan est ouverte à toutes les approches du droit. Tout en publiant aussi des ouvrages à vocation professionnelle ou pédagogique, elle se fixe avant tout pour but de contribuer à la publication et à la diffusion des recherches en droit, ainsi qu'au dialogue scientifique sur le droit. Comme son nom l'indique, elle se veut plurielle.

Déjà parus

ROMANET DE VALICOURT Éliane, *L'erreur judiciaire*, 2005.
S. CAUDAL et F. ROBBE (sous la direction de), *Les relations entre collectivités territoriales*, 2005.
M. LASCOMBE, *Le droit constitutionnel de la Vème République,* 2005.
G. MARCOU et F. MODERNE (sous la direction de), *Droit de la régulation, service public et intégration régionale* (2 tomes), 2005.
André TARBY, *Un nouveau droit de la formation,* 2005.
Cristel COURNIL, *Le statut interne de l'étranger et les normes supranationales,*2005.
Agnès RABAGNY, *L'homme tel qu'en lui-même. Droit et individualité*, 2005.
Guy Jean Clément MEBIAMA, *Le régime politique de la République du Congo après le Constitution du 20 janvier 2002*, 2005.
J.-Cl. BEGUIN, P. CHARLOT, Y. LAIDIÉ (textes réunis par), *La solidarité en droit public*, 2005.
Grégory BERKOVICZ, *La place de la cour pénale internationale dans la société des Etats ;* 2005.
Catherine SAMET, *Naissance de l'escroquerie moderne*, 2005.
R. ROMI, *Thomas Patafume, juriste : une vie, une oeuvre*, 2005.

Georges LABRECQUE

Les différends territoriaux en Afrique

Règlement juridictionnel

L'Harmattan
5-7, rue de l'École-Polytechnique ; 75005 Paris
FRANCE

L'Harmattan Hongrie
Könyvesbolt
Kossuth L. u. 14-16
1053 Budapest

Espace L'Harmattan Kinshasa
Fac..des Sc. Sociales, Pol. et
Adm. ; BP243, KIN XI
Université de Kinshasa – RDC

L'Harmattan Italia
Via Degli Artisti, 15
10124 Torino
ITALIE

L'Harmattan Burkina Faso
1200 logements villa 96
12B2260
Ouagadougou 12

Du même auteur, chez L'Harmattan

(2004) *Les frontières maritimes internationales. Géopolitique de la délimitation en mer*, deuxième édition, 531 p.

www.librairieharmattan.com
harmattan1@wanadoo.fr
diffusion.harmattan@wanadoo.fr

ISBN : 2-7475-9739-3
EAN : 9782747597395

À la mémoire de

Blanche Blais et
Benoît Labrecque,

mes parents.

INTRODUCTION

Depuis que l'Afrique a retrouvé confiance dans le mode juridictionnel de règlement des différends territoriaux, elle a, par la même occasion, ajouté un record, celui-ci honorable, à la liste de ceux qu'elle détient déjà pour son plus grand malheur : elle est désormais le continent où l'on dénombre le plus d'affaires contentieuses réglées devant la Cour internationale de Justice ou un tribunal d'arbitrage en matière territoriale (plus précisément en matière de délimitation maritime et terrestre), et entendues dans la foulée d'affaires consultatives concernant l'occupation de territoires par des puissances jugées étrangères dans le contexte du droit des peuples à disposer d'eux-mêmes (figure 1).

Le continent des superlatifs

L'Afrique, pour qui s'intéresse au règlement des conflits, constitue un région d'étude du plus grand intérêt, et ce pour une multitude de raisons : ce continent compte le plus grand nombre d'États, y compris le plus grand nombre sans façade maritime et parmi lesquels s'en trouvent plusieurs au bas de la liste des pays les plus pauvres du monde ; ces États sont jeunes, affranchis qu'ils sont de la puissance coloniale depuis peu, et ils sont fragiles ; leurs frontières sont héritées et souvent non démarquées ; les territoires divisés par ces frontières regorgent de ressources qui sont objets de convoitises, non seulement des voisins immédiats mais aussi de ceux venus d'outre-mer, à la recherche de poisson, de bois précieux, de minerai, de pétrole, toutes choses qui ne sont pas sans évoquer un autre triste record détenu par l'Afrique, où sévissent le plus grand nombre de conflits actuels ou récents, toutes catégories confondues et souvent enchevêtrées (notamment frontalières, ethniques, claniques, annexionnistes, sécessionnistes).

La confiance rétablie

La doctrine reconnaît au règlement juridictionnel une place importante dans l'ensemble des modes pacifiques que sont l'enquête, la médiation, la conciliation, les bons offices et, bien sûr, le mode bilatéral, qui permet à deux États de conclure directement un acte par lequel une frontière est formellement délimitée. À défaut d'accord bilatéral, la solution de sagesse qui consiste à se déclarer lié par la décision d'une tierce partie réputée impartiale est tout à l'honneur de l'Afrique, d'autant que plusieurs règles du droit international applicables en matière territoriale, plus précisément en ce qui concerne les modes d'acquisition territoriale, sont essentiellement conçues par d'autres et pour d'autres (les puissances européennes de la fin du XIXe siècle). Cette confiance accordée à la voie juridictionnelle, elle se manifeste tout particulièrement, dans le cas de l'Afrique, par le mode de saisine des tribunaux, puisque, des dix affaires de délimitation (maritime et terrestre confondues), toutes ont été introduites par compromis des Parties, sauf deux affaires : *Guinée-Bissau/Sénégal,* au stade de l'appel de la sentence d'un tribunal d'arbitrage devant la Cour internationale de Justice (C.I.J.) ; *Cameroun/Nigeria*, dans laquelle des exceptions préliminaires relatives à la compétence de cette même Cour, rejetées du reste, avaient été soulevées par le Nigeria.

Mais cette confiance dans l'impartialité des juges aura d'abord été mise à rude épreuve avec l'arrêt de 1966 de la C.I.J. dans les affaires introduites par le Liberia et l'Éthiopie au sujet de l'exécution du mandat accordé à l'Afrique du Sud dans ce qui était alors appelé le Sud-Ouest africain – la Namibie actuelle. La Cour, qui avait d'abord rejeté, en 1962, les exceptions soulevées par l'Afrique du Sud relatives à sa compétence, décida ensuite sur le fond que les deux requérants n'avaient pas d'intérêt juridique suffisant dans ces affaires et elle rejeta en conséquence les demandes. Cet arrêt heurta les États en développement à un point tel qu'une majorité des Membres de l'Assemblée générale des Nations Unies refusa, lors de sa Quatrième Commission, l'apport financier à la Cour[1]. Cette confiance sera par ailleurs en partie rétablie par la décision de la Cour dans l'affaire *Nicaragua/États-Unis* de 1986 dans laquelle les juges déclareront que les États-Unis, « en entraînant, armant, équipant, finançant et approvisionnant les forces *contras,* et en encourageant, appuyant et assistant de toute autre manière des activités militaires et paramilitaires au Nicaragua et contre celui-ci, ont, à l'encontre de la République du Nicaragua, violé l'obligation que leur impose le droit international coutumier de ne pas intervenir dans les affaires d'un autre État[2] ».

Un élément additionnel contribuera à rétablir cette confiance lorsque sera répartie plus équitablement l'origine géographique des 15 juges de la C.I.J., qui proviennent désormais des différentes régions de la planète afin d'assurer

1 Harris, D.J. (1998) *Cases and Materials on International Law*, 5e édition, p. 988-989.

2 *Activités militaires et paramilitaires au Nicaragua et contre celui-ci (Nicaragua c. États-Unis d'Amérique*), arrêt, C.I.J. Recueil 1986, dispositif. Le texte intégral de l'arrêt, de même qu'un résumé, sont disponibles sur le site Internet de la C.I.J. : www.icj-cij.org.

Figure 1

TERRITOIRES ET FRONTIÈRES EN AFRIQUE

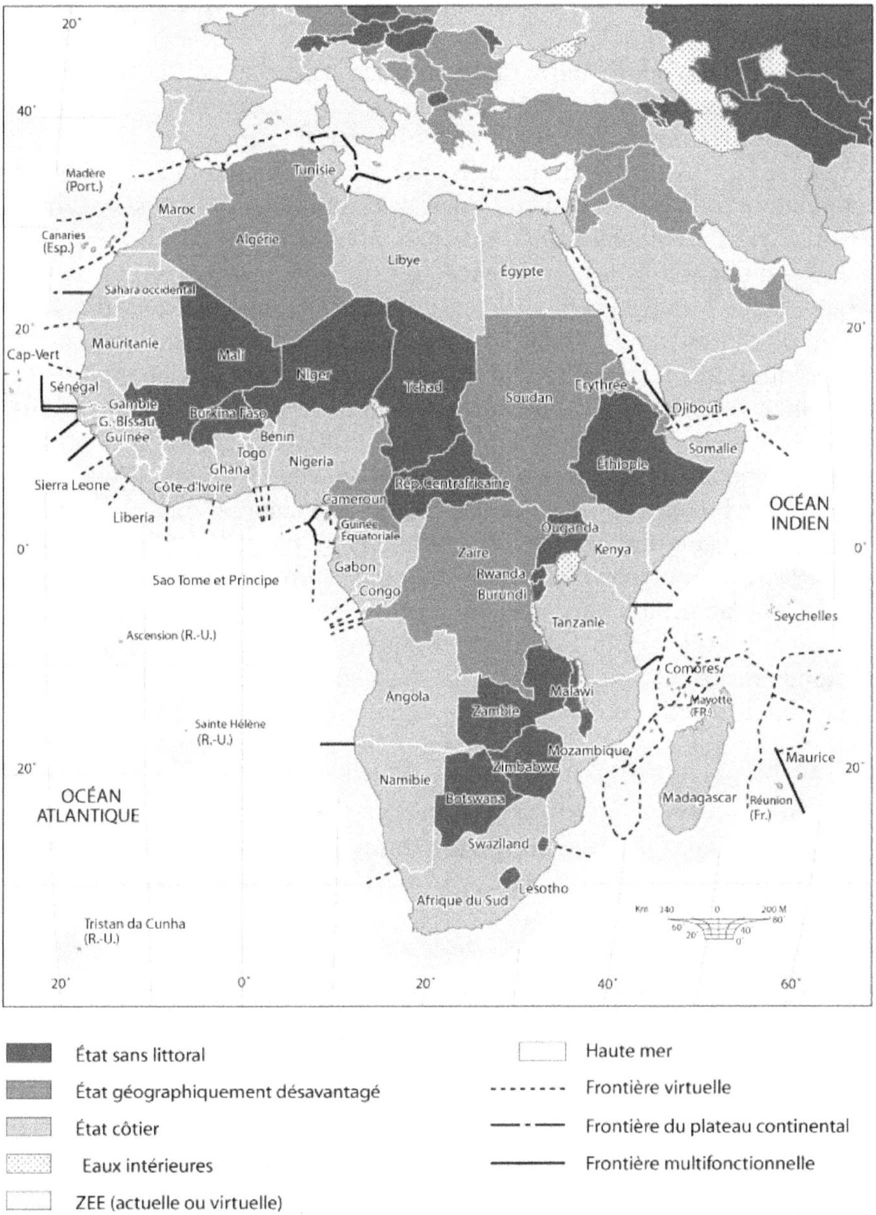

une meilleure représentation des diversités culturelles et des systèmes de droit à travers le monde. C'est ainsi que la Cour comptait, à la fin de l'année 2004, trois juges d'origine africaine[3] dont les opinions individuelles ou dissidentes jointes aux arrêts sont du plus grand intérêt dans la mesure où elles comportent souvent des critiques d'un droit fondé trop souvent sur des valeurs exclusivement occidentales.

Ainsi, la confiance rétablie, plusieurs États africains ont-ils confié à la sagesse des tribunaux le soin de statuer sur un aspect fondamental de leur existence même, en l'occurrence les limites de leurs territoires respectifs (maritimes aussi bien que terrestres). Le territoire a en effet été souvent défini comme étant, avec la population et le gouvernement, l'une des conditions de l'existence d'un État et, partant, de la reconnaissance internationale sans laquelle il ne saurait fonctionner, à moins de constituer l'exception qui confirme la règle. Aussi, toute atteinte, réelle ou présumée, à l'intégrité de ce territoire est susceptible de dégénérer en conflit ouvert ou latent, qui sera réglé par des moyens non pacifiques ou pacifiques. Les frontières sont réputées inviolables et leur intangibilité a été formellement reconnue par la presque totalité des États africains, alors même qu'elles avaient été héritées de puissances coloniales qui les avaient tracées à l'insu ou même au mépris des populations locales. Si l'État a l'épiderme sensible, si le franchissement illégal de ses frontières constitue souvent un *casus belli*, à plus forte raison tout l'organisme est atteint si, par delà les limites extérieures, c'est l'intégralité même de ce territoire qui est touchée, considérée alors par un voisin comme faisant partie de son propre territoire. Que le conflit porte exclusivement sur la détermination d'une frontière (terrestre ou maritime), ou que, plus fondamentalement encore, ce soit la négation même de cet État qui pose problème, ce conflit pourra être réglé, à défaut d'accord bilatéral et si les acteurs ont eu la sagesse d'exclure le moyen de la guerre, par une voie juridictionnelle (judiciaire ou arbitrale).

Le recours juridictionnel : un mode éminent de règlement pacifique des conflits

Éminent en effet parce qu'il porte le sceau de l'impartialité, le recours juridictionnel est souvent ultime, en Afrique peut-être plus qu'ailleurs, quand il intervient en aval des négociations qui ont échoué et en amont du conflit armé qui risque d'éclater. Pourtant ce mode de règlement a été très peu étudié, hors

---

[3] Il s'agit des juges Raymond Ranjeva (Madagascar), Abdul G. Koroma (Sierra Leone) et Nabil Elaraby (Égypte). Les autres juges sont Shi Jiuyong (Chine), Hisashi Owada (Japon), Awn Shawkat Al-Khasawneh (Jordanie), Gilbert Guillaume (France),Vladlen S. Vereshchetin (Fédération de Russie), Rosalyn Higgins (Royaume-Uni), Bruno Simma (Allemagne), Peter Tomka (Slovaquie), Pieter H. Kooijmans (Pays-Bas), Gonzalo Parra-Aranguren (Venezuela), Francisco Rezek (Brésil),Thomas Buergenthal (États-Unis).

du cercle très étroit des spécialistes du droit international public. Qui, en effet, a lu le tout premier arrêt de la C.I.J., rendu en 1947, dans l'affaire *Albanie/Royaume-Uni*, dite du *Détroit de Corfou* ? Qui a lu le dernier avis consultatif de cette même Cour, en 2004, dans l'affaire des *Conséquences juridiques de l'édification d'un mur dans le Territoire palestinien occupé* ? Qui sait que la dernière affaire, fin 2004, introduite devant la Cour (*Roumanie/Ukraine*) l'a été par la Roumanie au sujet de la frontière maritime en mer Noire ? Que l'affaire du différend frontalier *Bénin/Niger* était alors en instance, de même que l'affaire des *Activités armées sur le territoire du Congo*, à la suite d'une nouvelle requête de ce dernier contre le Rwanda ?

Pourtant toutes ces affaires, désormais facilement accessibles sur le site Internet de la Cour internationale de Justice[4], donnent lieu à une documentation prodigieuse et sauraient, outre le juriste, intéresser le géographe, le cartographe, l'historien, le politicologue, l'économiste, l'écologiste – l'expertise de chacun étant d'ailleurs souvent nécessaire à la conviction du juge et à l'intelligence générale de l'affaire. Aussi, cet ouvrage s'adresse tout autant au non juriste à qui nous avons pensé en expurgeant, si possible, chaque affaire de son jargon, tout en la restituant dans un contexte géopolitique plus large – cette dernière opération n'étant pas toujours requise, faut-il le préciser, dans l'élaboration de la décision, notamment dans les cas de délimitation maritime où les circonstances non strictement d'ordre géographique sont la plupart du temps considérées comme non pertinentes, les autres prenant alors une importance si grande que les tribunaux internationaux ont pris l'habitude de répéter la maxime selon laquelle « le droit ne doit pas refaire la nature ».

Le droit international, qui a pour fonction fondamentale d'harmoniser les relations entre États, établit, quant au règlement des conflits, une première distinction entre règlement pacifique et règlement non pacifique des conflits. Ce deuxième mode a été beaucoup étudié, particulièrement en ce qui concerne l'Afrique, et nous n'y reviendrons pas, sauf pour mentionner, le cas échéant (par exemple l'affaire *Érythrée/Éthiopie*) que l'état de guerre sur le terrain comporte, il va sans dire, une limite à l'efficacité du recours juridictionnel, quand il n'empêche pas tout simplement ce recours, comme, dans le cas mentionné, l'opération de démarcation, définie comme l'opération technique d'abornement sur le terrain d'une frontière préalablement délimitée par voie d'accord ou par

---

4 www.icj-cij.org. Les arrêts sont parfois disponibles en version intégrale, parfois en résumé, parfois les deux. Ajoutons incidemment qu'on a récemment ajouté, dans le site de la C.I.J., le texte des décisions rendues par la Cour permanente de Justice internationale (C.P.J.I.), de 1922 à 1946, et que plusieurs de celles-là concernent des questions de délimitation ou de souveraineté territoriale, telle l'affaire *Danemark/Norvège* de 1933 relative au *Statut juridique du Groenland oriental*. Bien sûr, ces affaires sont importantes dans la mesure où elles sont souvent citées dans les arrêts ou les sentences rendus par la C.I.J. ou un tribunal d'arbitrage, y compris ceux des affaires africaines.

voie juridictionnelle. Le recours au mode de règlement pacifique est une obligation imposée par la Charte des Nations Unies (art. 2, par. 3), qui prévoit que les États membres de l'Organisation « règlent leurs différends internationaux par des moyens pacifiques, de telle manière que la paix et la sécurité internationales ainsi que la justice ne soient pas mises en danger ». Cette obligation ferait même partie du *jus cogens*, c'est-à-dire qu'elle constituerait une norme fondamentale – règle impérative acceptée et reconnue par la communauté internationale, et à laquelle aucune dérogation n'est permise[5]. On a estimé par ailleurs que la résolution 2625 de 1970 des Nations Unies (dite Déclaration relative aux principes de droit international touchant les relations amicales et la coopération entre les États conformément à la Charte des Nations Unies), qui réitère cette obligation de régler pacifiquement les différends, a codifié une règle coutumière[6] – la coutume étant la « preuve d'une pratique générale, acceptée comme étant le droit[7] ». Bien sûr, la Charte n'étend pas cette obligation aux « affaires qui relèvent essentiellement de la compétence nationale d'un État » (art. 2, par. 7). Dans son arrêt de 1962 sur les exceptions préliminaires (*Afrique du Sud/Liberia et Éthiopie*)[8], la C.I.J. rappelle une définition de la C.P.J.I., dans l'affaire de 1924 des *Concessions Mavrommatis en Palestine*[9], selon laquelle un différend est "un désaccord sur un point de droit ou de fait, une contradiction, une opposition de thèses juridiques ou d'intérêts entre deux personnes".

Si les États ont l'obligation de recourir à un mode de règlement pacifique, ils ont par ailleurs le choix des moyens, mais ils peuvent déclarer renoncer à cette liberté de choix. La Charte des Nations Unies énumère en effet ces divers moyens de règlement pacifique lorsqu'elle prévoit que les parties à tout différend « doivent en rechercher la solution, avant tout, par voie de négociation, d'enquête, de médiation, de conciliation, d'arbitrage, de règlement judiciaire, de recours aux organismes ou accords régionaux, ou par d'autres moyens pacifiques de leur choix » (art. 33, par. 1). On a fait remarquer que cet inventaire non limitatif présente les modes de règlement « classés par ordre d'autorité croissante et en fonction de la maîtrise, plus ou moins grande, que les États ont de la solution du litige[10] ».

---

5 Dixon, Martin et Mc Corquodale, Robert (2003) *Cases and Materials on International Law*, 4e édition, p. 572.

6 Cassese, Antonio (2001) *International Law*, p. 217.

7 Statut de la Cour internationale de Justice, art. 38, par. 1 b.

8 *Affaires du Sud-Ouest africain (Éthiopie c. Afrique du Sud ; Libéria c. Afrique du Sud), exceptions préliminaires, arrêt du 21 décembre 1962*, C.I.J. Recueil 1962, p. 321. Ci-après cité *Arrêt de 1962*. Un résumé de l'arrêt est disponible sur le site Internet de la Cour : www.icj-cij.org.

9 C.P.J.I., série A, numéro 2, p. 11. Citée dans l'*Arrêt de 1962*, p. 328.

10 Dupuy, Pierre-Marie (1998) *Droit international public*, 4e édition, p. 466-467.

Cet ensemble de moyens pacifiques peut être subdivisé en trois catégories : le règlement diplomatique, le règlement juridictionnel, enfin le règlement politique, celui de la seconde catégorie s'imposant aux Parties avec l'autorité de la chose jugée, tandis que les solutions diplomatiques ou politiques laissent toute liberté juridique d'accepter ou de refuser. Cette distinction est établie par la Charte, qui prévoit que le Conseil de sécurité « devra prendre en considération toutes procédures déjà adoptées par les parties pour le règlement de ce différend » et qu'il « doit aussi tenir compte du fait que, d'une manière générale, les différends d'ordre juridique devraient être soumis par les parties à la Cour internationale de Justice » (art. 36, par. 2 et 3). Rappelons que celle-ci a juridiction, conformément à son Statut, sur tous les différends de nature juridique concernant toute question de droit international et d'interprétation d'un traité, de même que la détermination d'un fait susceptible de constituer la violation d'un engagement international et la réparation due pour la rupture de cet engagement (art. 36, par. 2).

Voyons très brièvement chacun de ces modes pacifiques, en commençant par le mode diplomatique par excellence, que la Charte nomme d'ailleurs en tout premier lieu – en l'occurrence la négociation, « qui est à la base de toutes relations internationales[11] » et qui se trouve fondée sur la bonne foi entre deux parties d'égalité souveraine. Cette négociation est souvent même une obligation préalable faite aux parties avant qu'elles ne soulèvent d'autres moyens, telle cette disposition de la Convention des Nations Unies sur le droit de la mer, signée en 1982 et entrée en vigueur en 1994, selon laquelle la délimitation de la zone économique exclusive et du plateau continental entre deux États « est effectuée par voie d'accord conformément au droit international » (art. 74, par. 1 et art. 83, par. 1). Quant à la délimitation de la mer territoriale, une méthode spécifique est prévue expressément « sauf accord contraire entre eux » (art. 15). C'est donc dire l'importance reconnue par le droit à tout traité bilatéral présumé librement consenti. Puisqu'il est réputé tel, la partie qui en allègue la non-application pour le motif que ce traité est inégal doit en faire la preuve, ce que la Libye n'a pas réussi dans l'affaire *Libye/Tchad*. Ajoutons que des exceptions préliminaires sont souvent soulevées, comme dans l'affaire *Cameroun/Nigeria*, pour le motif que la saisine du tribunal est prématurée, les moyens de négociations n'étant pas épuisés. Disons enfin que s'il y a obligation de négocier de bonne foi avec la volonté d'aboutir à un résultat concret, il n'y a pas pour autant obligation de s'entendre ou de conclure, et que si ce moyen

---

11 *Plateau continental de la mer du Nord (R.F.A. c. Danemark* ; *R.F.A. c. Pays-Bas*), arrêt, C.I.J. Recueil 1969, p. 3. Un résumé de l'arrêt est disponible sur le site Internet de la Cour : www.icj-cij.org.

diplomatique est un préliminaire utile à l'exercice du recours juridictionnel, il n'en constitue pas pour autant un préalable, à moins d'y être autrement tenu[12].

Les parties n'ont pas non plus l'obligation de conclure selon la solution proposée par un tiers intervenant à titre de médiateur. Souvent choisi pour ses mérites personnels, son prestige ou celui de l'État dont il a la nationalité, ce médiateur a la confiance des deux parties. Ainsi, la médiation dirigée par le Saint-Siège a-t-elle été accueillie par le Chili et l'Argentine, en 1984, dans l'affaire du *Canal de Beagle.* Souhaitons qu'elle donne également des résultats positifs dans l'affaire *Gabon/Guinée Équatoriale*, alors qu'elle a été confiée récemment à un juriste canadien nommé par le secrétaire général des Nations Unies. Les bons offices, bien qu'ils ne soient pas mentionnés dans la liste, constituent un autre mode de règlement, qui paraît être similaire à la médiation, mais qui s'en distingue en ce que les premiers « visent essentiellement à proposer une base de négociation tandis que la médiation vise plutôt à proposer une base d'accord, une formule d'entente[13] ».

La procédure de conciliation a été jusqu'à présent assez peu utilisée en matière de différends territoriaux, et jamais entre États africains, bien qu'elle soit prévue dans plusieurs instruments internationaux, notamment la Convention de 1969 sur le droit des traités et la Convention de 1982 sur le droit de la mer. S'agissant d'affaires maritimes, rappelons une affaire de délimitation effectuée grâce à cette procédure – l'affaire *Jan Mayen* dans laquelle la Norvège et l'Islande ont convenu en 1981 de la délimitation et de l'instauration d'une zone d'exploitation conjointe conformément au rapport d'une commission de conciliation constituée de trois membres l'année précédente. Un spécialiste du règlement des différends a résumé comme suit le rôle de cette procédure, tout en la comparant avec les autres modes de règlement : « If mediation is essentially an extension of negociation, conciliation puts third party intervention on a formal footing and institutionalizes it in a way comparable, but not identical, to inquiry or arbitration. For the fact-finding exercise that is the essence of inquiry may or may not be present in conciliation, while the search for terms "susceptible of being accepted by the Parties", but not binding on them, contrasts sharply with arbitration and forms a link between conciliation and mediation[14] ».

Dans l'affaire *Érythrée/Éthiopie*, les deux parties ont prévu, dans leur compromis, confier le soin de la délimitation et de la démarcation de leur frontière à une Commission ayant le mandat, notamment, d'établir une enquête afin de déterminer les origines du conflit. Ce travail d'expertise, qui vise à établir

---

12 Emanuelli, Claude (1998) *Droit international public. Contribution à l'étude du droit international selon une perspective canadienne,* p. 438-440.

13 Arbour, Jean-Maurice (1997) *Droit international public*, 3e édition, p. 520.

14 Merrils, J.G. (2003) The Means of Dispute Settlement, *in* Evans, Malcolm D., éd., *International Law*, p. 537.

des faits, requiert non seulement la confiance des parties mais aussi leur collaboration étroite, d'autant que cette enquête se déroule sur le terrain. Pas plus que dans les cas précédents le rapport d'enquête ne s'impose obligatoirement aux parties. Par ailleurs, si l'enquête est instituée par un tribunal d'arbitrage à la demande même des Parties, ce tribunal pourrait tirer des résultats de cette enquête les conséquences qui s'imposent, notamment en matière de responsabilité internationale, la sentence arbitrale même étant obligatoire. Notons aussi que la Charte des Nations Unies reconnaît au Conseil de sécurité le pouvoir d'enquêter « sur tout différend ou toute situation qui pourrait entraîner un désaccord entre nations ou engendrer un différend, afin de déterminer si la prolongation de ce différend ou de cette situation semble devoir menacer le maintien de la paix et de la sécurité internationales » (art. 34).

Les modes juridictionnels de règlement pacifique des différends (judiciaire et arbitral) ont ceci de commun avec les modes politiques que dans tous les cas, l'intervention d'un tiers ne peut être imposée aux Parties que si elles y ont librement consenti. Nous aurons l'occasion de constater que les États africains n'ont pas exprimé, dans les affaires de délimitation, de nette préférence entre mode arbitral et mode judiciaire.

La Cour internationale de Justice (C.I.J.), qui a remplacé la Cour permanente de Justice internationale (C.P.J.I.), est l'organe judiciaire principal de l'ONU. Le Statut de la C.I.J. trace pour la Cour sa mission qui « est de régler conformément au droit international les différends qui lui sont soumis » (art. 38). Cette même disposition prévoit que la Cour applique ce qu'il est convenu d'appeler les sources du droit : conventions internationales, générales ou spéciales ; coutume internationale ; principes généraux du droit « reconnus par les nations civilisées » ; décisions judiciaires et doctrine des publicistes « les plus qualifiés des différentes nations, comme moyen auxiliaire de détermination des règles de droit ». Il est également prévu dans cet article que la Cour peut, avec l'accord des Parties, statuer *ex aequo et bono* – c'est-à-dire décider selon une clause compromissoire l'autorisant à compléter le droit existant ou même à l'écarter s'il est contraire à l'équité.

Les juges de la Cour, élus par l'Assemblée générale et le Conseil de sécurité, sont reconnus pour leur compétence exceptionnelle et leur grande autorité morale. La Cour exerce deux compétences distinctes, la compétence contentieuse et la compétence consultative. Celle du premier type est ouverte exclusivement aux États, qui peuvent manifester leur consentement à l'exercice de cette compétence de trois manières différentes. Il peut s'agir d'un compromis explicite des Parties priant le Tribunal de trancher un litige dans une affaire déterminée. Cette première manière pose néanmoins un problème dans la mesure où l'interprétation même des clauses du compromis peut faire l'objet d'un différend, comme l'a révélé l'affaire *Libye/Tunisie*. L'État peut aussi s'engager à l'avance, et à n'importe quel moment, à reconnaître la juridiction de la Cour pour tout litige l'opposant à un autre État ayant souscrit à la même obligation ; c'est ce qu'il est convenu d'appeler la clause facultative de juridiction obligatoire, visée dans le Statut de la Cour (art. 36, par. 2), qui se trouve par ailleurs limitée dans son champ d'application dans la mesure où les États peuvent assortir pareille déclaration de réserves, notamment en matière de sécurité nationale, outre le fait que l'État peut exercer le retrait de cette clause, comme l'ont fait les États-Unis en 1985, dans l'affaire *Nicaragua/États-Unis*, avant même que la C.I.J. ne rende son arrêt sur le fond[15]. Enfin, cette compétence peut être reconnue dans les dispositions d'un traité, général ou spécial, notamment quand il s'agit d'un traité portant sur le règlement des différends. L'arrêt de la Cour, rendu à la majorité des juges présents, est obligatoire et définitif, bien qu'une partie puisse en demander une interprétation ou même une révision, comme l'a fait d'ailleurs la Tunisie dans l'affaire *Libye/Tunisie.* Notons par ailleurs que l'arrêt jouit de l'autorité relative de chose jugée, qu'il n'est, en d'autres termes, obligatoire que pour le seul cas en litige et pour les seules Parties à ce litige (art. 59 du Statut de la C.I.J.).

L'autre type de compétence, la consultative, n'a pas de portée obligatoire, contrairement à celle du premier type. Cette compétence consultative ne s'adresse pas aux États mais d'abord aux organisations de l'ONU et principalement l'Assemblée générale et le Conseil de sécurité, de même qu'aux autres organisations de l'ONU et institutions spécialisées avec l'autorisation de l'Assemblée générale, qui peuvent s'adresser à la Cour sur toute question de nature juridique (Charte des Nations Unies, art. 96). L'objectif poursuivi n'est pas de faire trancher un différend, mais de faire interpréter le droit et notamment les dispositions de la Charte, bien qu'il puisse exister déjà un véritable différend, comme l'a révélé l'affaire du *Sahara occidental.* Au contraire, en matière contentieuse, la Cour ne peut rendre un arrêt que dans un cas concret, lorsqu'il existe un réel litige entre deux Parties, comme elle l'a déclaré expressément dans l'affaire du *Cameroun septentrional.*

Les arrêts de la C.I.J., qui sont respectés dans la majorité des cas, peuvent faire l'objet, s'ils ne le sont pas, d'une demande au Conseil de sécurité, lequel, « s'il le juge nécessaire, peut faire des recommandations ou décider des mesures à prendre pour faire exécuter l'arrêt » (art. 94, par. 2). Nous aurons l'occasion de distinguer, dans la conclusion de l'ouvrage, les arrêts qui ont été généralement respectés et ceux qui ne l'ont pas été.

Le plus ancien des deux modes juridictionnels, le mode arbitral, est aussi le plus expéditif et le moins coûteux. Il offre à chaque Partie l'avantage de pouvoir nommer un juge de son choix lorsque, bien sûr, le Tribunal est constitué d'au moins trois membres. Mais il peut s'agir aussi d'un arbitre unique,

---

15 Wolfe, James H. (2002) *Modern International Law. An Introduction to the Law of Nations,* p. 124-126.

comme dans le cas du *Canal de Beagle.* On a émis l'opinion que cette nomination par les Parties assurerait une moins grande garantie d'impartialité que dans la juridiction judiciaire, et que la juridiction arbitrale, qui est éphémère, est susceptible d'être tentée par une solution opportune, sans lien nécessaire avec la jurisprudence établie ; que l'arbitrage révélerait la méfiance traditionnelle des États à confier à un tiers le règlement du litige, tandis que le recours judiciaire « témoigne au contraire du progrès de l'idée de droit au plan des relations internationales[16] ». La compétence reconnue au Tribunal arbitral peut s'exprimer selon les trois modes qui s'appliquent à la C.I.J. La sentence, obligatoire, est cependant susceptible d'une demande en interprétation, en révision et même en annulation et en nullité : ainsi, la Guinée-Bissau a tenté de faire valoir devant la C.I.J. des motifs en annulation et en nullité de la sentence dans l'affaire *Guinée-Bissau/Sénégal* ; de même l'Éthiopie a-t-elle été sans succès dans sa requête en interprétation, en correction et en consultation, dans l'affaire *Éthiopie/Érythrée.*

Mentionnons incidemment que d'autres grands instruments internationaux prévoient le mode juridictionnel des conflits : ainsi, la Convention des Nations Unies sur le droit de la mer déclare-t-elle à l'article 286 qu'un différend – y compris , bien sûr, le différend relatif à une délimitation maritime – doit être confié, à défaut d'accord, à un organisme judiciaire compétent, et la Convention énumère à l'article 287 le Tribunal international du droit de la mer, la C.I.J., un tribunal arbitral constitué conformément à l'annexe VII, enfin un tribunal arbitral spécial constitué conformément à l'annexe VIII.

À la fin de la liste des divers moyens de règlement pacifique mentionnés dans la Charte des Nations Unies, paraît le recours aux organismes ou accords régionaux pour lesquels elle prévoit des dispositions dans son chapitre VIII, notamment celle prévoyant que le Conseil de sécurité « encourage le développement » du règlement pacifique des différends d'ordre local grâce à ces accords ou organismes (art. 52, par. 3). Par ailleurs, le Conseil « doit, en tout temps, être tenu pleinement au courant de toute action entreprise ou envisagée » pour le maintien de la paix et de la sécurité internationales (art. 54). Bien sûr, ces organisations régionales, qui sont familiarisées avec tel litige déterminé, peuvent constituer un cadre dans lequel s'exercent non seulement les divers modes de règlement diplomatique (négociation, médiation, etc.) mais aussi les opérations de maintien de la paix. S'agissant de l'Afrique en particulier, une disposition de la Charte de l'OUA (art. 19) prévoit que le règlement pacifique des conflits relève d'une Commission de médiation, de conciliation et d'arbitrage dont les pouvoirs seront précisés dans le protocole du Caire de 1964. Ainsi, la Commission ne peut intervenir qu'avec l'accord des Parties au différend, auquel cas elle peut, dans l'exercice de ses fonctions, procéder notamment à des enquêtes. Le 11 juillet 2000, à Lomé, est adopté l'Acte constitutif de

16 Arbour, Jean-Maurice (1997) *op. cit.*, p. 527-528.

l'Union africaine par lequel les États membres se déclarent, notamment, « conscients du fait que le fléau des conflits en Afrique constitue un obstacle majeur au développement socio-économique du continent » (préambule). L'Acte consacre, parmi divers principes, celui du règlement pacifique des conflits « par les moyens appropriés qui peuvent être décidés par la Conférence de l'Union » (art. 4 e).

Bien sûr, si ces divers modes de règlement peuvent être assez facilement distingués en théorie, on peut par ailleurs imaginer que dans un même cas, ils se retrouvent successivement : ainsi deux États ont négocié puis conclu un traité qui se trouve par la suite dénoncé par l'une des Parties ou les deux qui requièrent alors une médiation, laquelle échoue, alors qu'un tribunal est saisi, qui rend sa décision, qui n'est pas respectée par les Parties qui recommencent à négocier…

Non seulement ces modes peuvent se présenter successivement mais aussi ils peuvent agir concurremment et de façon concertée : ainsi, certaines des affaires africaines ont révélé la nécessité sinon l'utilité de l'action concertée des instances diplomatiques (ONU, OUA, UA, médiations privées) et des instances juridictionnelles. Cela crève les yeux pour ce qui concerne les premières affaires africaines (*Sud-Ouest africain, Sahara occidental*), qui ont été soumises pour avis consultatif à la demande même de l'ONU et qui ont fait l'objet de nombreuses résolutions, tant avant qu'après la publication. Faut-il préciser que, dans le premier cas, les résultats positifs ont nécessité beaucoup de temps, alors que dans le second, le référendum tant de fois demandé n'a pas encore eu lieu ? Ce travail concerté du diplomatique et du juridictionnel a été récemment mis en évidence dans l'affaire *Érythrée/Éthiopie,* alors que le secrétaire général des Nations Unies a prié les deux Parties de créer les conditions nécessaires à la réalisation de la deuxième phase du travail de la Commission, soit la démarcation de la frontière que cette Commission a délimitée en 2002. Ces affaires évoquent, à elles seules, les limites et les résultats mitigés du mode juridictionnel – qui seront décrits dans la conclusion générale.

La fécondité de l'Afrique en matière de règlement juridictionnel

Si, avons-nous dit, l'Afrique est ce continent où l'on retrouve, depuis quelques années, le plus grand nombre de conflits strictement frontaliers[17]

---

[17] Nous excluons ici les affaires qui ne concernent pas à proprement parler la délimitation, telles les affaires relatives aux limites extérieures d'une zone maritime sur laquelle l'État côtier entend exercer sa souveraineté ou certaines juridictions exclusives (par exemple, l'affaire *Norvège/Royaume-Uni* de 1951, dite des *Pêcheries*, portant sur les lignes de base droites décrétées par la Norvège). Nous excluons de même les affaires touchant exclusivement la souveraineté territoriale sur certaines îles, telle l'affaire *Malaysia/Indonésie*, décidée par la C.I.J. en 2002. Nous faisons également abstraction

réglés par la voie judiciaire ou arbitrale, elle a d'abord et jusqu'à récemment été réticente à faire appel à ce mode de règlement. En effet, quand intervient, en 1982, la première décision d'un tribunal relative à la délimitation entre deux États africains (affaire *Tunisie/Libye*), ce même tribunal a déjà rendu, bien des années auparavant, des décisions dans plusieurs autres affaires concernant l'Europe, l'Amérique et l'Asie, mais aucune en Océanie, notamment les affaires suivantes : affaire *Honduras/Nicaragua* de 1960 concernant la *Sentence arbitrale rendue par le roi d'Espagne le 23 décembre 1906*, affaire *Cambodge/Thaïlande* de 1962 concernant le *Temple de Préah Vihéar* (fond), affaires *R.F.A./Pays-Bas/Danemark* de 1969 relatives au *Plateau continental de la mer du Nord*. Bien sûr, il fallait laisser aux pays d'Afrique le temps d'obtenir leur indépendance et d'hériter... de leurs frontières.

Observons par ailleurs que si les affaires contentieuses de délimitation en Afrique sont plus récentes que dans les autres continents, les affaires consultatives rendues par la C.I.J. en matière territoriale concernent l'Afrique exclusivement (*Namibie* et *Sahara occidental*), abstraction faite du cas tout à fait particulier de l'avis concernant les *Conséquences juridiques de l'édification d'un mur dans le Territoire palestinien occupé*. Le parallèle entre affaires contentieuses africaines et affaires consultatives africaines peut être intéressant à établir ici dans la mesure où la procédure a été instituée, dans le premier cas, par un ou deux États africains, alors que dans le second, elle n'a pu l'être que par l'Assemblée générale des Nations Unies ou son Conseil de sécurité.

Si les États africains ont tardé à confier à la C.I.J. le soin de délimiter leurs frontières (terrestres ou maritimes), ils sont par ailleurs, depuis l'affaire *Libye/Tunisie*, plus assidus que les États des autres continents. Ainsi, on peut compter, depuis et y compris cette affaire, quatre affaires africaines décidées (délimitation du plateau continental *Libye/Malte* en 1985[18] ; délimitation de la mer territoriale, de la zone économique exclusive et du plateau continental *Guinée-Bissau/Sénégal* en 1991 ; souveraineté territoriale sur une île et délimitation fluviale *Botswana/Namibie* en 1999 ; souveraineté territoriale sur la presqu'île de Bakassi ainsi que délimitation lacustre, terrestre et maritime *Cameroun/Nigeria* en 2002. L'affaire *Bénin/Niger*, une fois décidée, sera donc la cinquième affaire de délimitation, outre la question de la souveraineté sur certaines îles.

---

d'affaires qui concernent l'intégrité du territoire, telles les affaires des *Activités armées sur le territoire du Congo*, portées par ce dernier en 1999, ou concernant l'utilisation d'une partie du territoire, comme l'affaire *Hongrie/Slovaquie* de 1997, dite *Gabcikovo-Nagymaros*, qui concerne un traité relatif à un barrage hydro-électrique.

18 Nous classons comme africaine cette affaire *interrégionale*, étant donné la relative proximité de la frontière avec la côte continentale de l'Afrique et la superficie plus grande de la Libye comparée à Malte.

Depuis l'affaire *Libye/Tunisie*, l'Amérique, l'Europe et l'Asie ne comptent, toutes ensemble, que quatre frontières délimitées par la C.I.J. : en Amérique, la frontière *Canada/États-Unis* en 1984, dite du *Golfe du Maine* et la frontière *El Salvador/Honduras* de 1992, dite du *Différend frontalier terrestre, insulaire et maritime,* appelée aussi *Golfe de Fonseca*, dans laquelle est intervenu le Nicaragua et qui a fait l'objet d'une demande en révision par El Salvador, rejetée en 2002[19] ; en Europe[20], l'affaire *Danemark/Norvège*, dite *Jan Mayen*, décidée en 1993, tandis que la délimitation du plateau continental *Grèce/Turquie* n'a pu être effectuée, la C.I.J. accueillant en 1978 les exceptions d'incompétence soulevées alors par la Turquie ; enfin, en Asie, l'affaire *Qatar/Bahreïn* de 2001. L'Océanie, quant à elle, ne compte, pas plus avant qu'après 1982, aucune frontière délimitée par la C.I.J. Ainsi, l'Afrique à elle seule a connu, depuis 1982, autant de décisions judiciaires relatives à la délimitation que tous les autres continents réunis.

Les tendances en matière arbitrale sont similaires à celles que nous pouvons observer en matière judiciaire. En effet, la délimitation en Afrique selon ce mode de règlement est à la fois plus récente et plus féconde que dans les autres continents. Ainsi, la première délimitation africaine n'intervient qu'en 1985 (frontière maritime *Guinée/Guinée-Bissau*), alors qu'une multitude de frontières arbitrées sont déjà très anciennes[21] en Europe, en Amérique et en Asie, y compris dans le domaine maritime, telle la délimitation de la mer territoriale *Norvège /Suède*, intervenue en 1909, et connue sous le nom de l'affaire *Grisbadarna*. Récentes en Afrique, les frontières arbitrées sont, de plus, nombreuses puisqu'on en compte trois, outre la frontière *Guinée/Guinée-Bissau*, depuis 1985 (*Guinée-Bissau/Sénégal* en 1989, *Érythrée/Yémen* en 1999 et *Éthiopie/Érythrée* en 2002), alors qu'une seule frontière, à notre connaissance, a été arbitrée, depuis 1985, à l'extérieur de l'Afrique, en l'occurrence la frontière maritime *Canada/France* en 1992 et concernant, bien sûr, Saint-Pierre et Miquelon. Notons que nous excluons ici les arbitrages qui ne concernent pas *stricto sensu* des questions de délimitation. Ajoutons que, par ailleurs, deux affaires de délimitation maritime (*Guyana/Suriname* et *Barbade/Trinité-et-Tobago*) ont été inscrites en arbitrage, en 2004, conformément à l'annexe VII de la Convention des Nations Unies sur le droit de la mer[22].

---

19 À la fin de l'année 2004, deux autres affaires étaient en instance devant la C.I.J. : *Honduras/Nicaragua* depuis 1999 et *Colombie/Nicaragua* depuis 2001.

20 Le différend *Roumanie/Ukraine* relatif à la frontière maritime a été porté devant la C.I.J. par requête unilatérale de la Roumanie, le 16 septembre 2004.

21 Voir notamment Verzijl, J.H.W. (1968-1992) *International Law in Historical Perspective*, 11 volumes.

22 Voir le site Internet de la Cour permanente d'arbitrage : www.pca-cpa.org.

Les racines du droit plongent dans l'histoire et la géographie

Voyons, à travers une histoire accélérée des grands instruments juridiques internationaux, les étapes principales qui marqueront ensuite et à divers degrés le règlement juridictionnel des différends territoriaux en Afrique, une histoire qu'on pourrait décrire, outrancièrement sans doute, par quelques mots-clés : occupation effective, zone d'influence, protectorat, mandat, tutelle, droit des peuples à disposer d'eux-mêmes, *uti possidetis*. Ajoutons que plusieurs des dissidences, notamment celles des juges d'origine africaine, proposent une relecture de cette histoire en adoptant souvent une approche radicale qui vient « enrichir » le vocabulaire : cession, échange, annexion, *debellatio*, traité inégal, injustice, dol, atteinte à l'intégrité territoriale, mais aussi devoir de relations amicales entre les États, gestion intégrée de l'environnement et promotion de la biodiversité, régime traditionnel d'exploitation des ressources au bénéfice des populations locales, protection de ces populations, réparations pour crimes de guerre. Cherchons donc les racines du droit dans la géographie et l'histoire de l'Afrique.

Le 26 février 1885, les représentants des principaux États de l'Europe, des États-Unis d'Amérique et de l'Empire ottoman signent l'Acte général de la Conférence de Berlin, afin notamment de « régler, dans un esprit de bonne entente mutuelle, les conditions les plus favorables au développement du commerce et de la civilisation dans certaines régions d'Afrique, et assurer à tous les peuples les avantages de la libre navigation (...) de prévenir les malentendus et les contestations que pourraient soulever à l'avenir les prises de possession nouvelles sur les côtes de l'Afrique, et préoccupés, en même temps, des moyens d'accroître le bien-être moral et matériel des populations indigènes » (préambule). Cet instrument énonce deux conditions sous lesquelles une puissance est fondée à acquérir la souveraineté territoriale : elle a l'obligation d'assurer « l'existence d'une autorité suffisante pour faire respecter les droits acquis et, le cas échéant, la liberté du commerce et du transit » (art. 35) ; à cette condition de fond s'ajoute une condition de forme selon laquelle la prise de possession d'un territoire sur les côtes du continent africain doit être notifiée aux autres puissances, afin qu'elles puissent faire valoir, s'il en est, leurs réclamations respectives (art. 34).

Ces règles, appliquées encore aujourd'hui par les tribunaux internationaux, concernent une *terra nullius*, c'est-à-dire un territoire sans maître, puisqu'on n'y retrouve pas d'organisation politique et sociale suffisante, comme cela sera expliqué notamment dans l'avis consultatif émis en 1975 par la C.I.J. dans l'affaire du *Sahara occidental*. Si le territoire disputé ne constitue pas une *terra nullius*, l'État qui le revendique devra fonder sa prétention sur un autre mode juridique d'acquisition, par exemple la prescription acquisitive, en établissant alors la preuve que sa possession est publique, paisible, non interrompue, de longue durée et à titre de souverain, ainsi que le montre la C.I.J. dans son arrêt rendu en 1999 dans l'affaire *Botswana/Namibie*. Notons par ailleurs que les traités de protection ne comportent pas comme tels de cession et ne confèrent donc pas l'acquisition territoriale, ainsi que l'a décidé ce même tribunal dans l'affaire *Cameroun/Nigeria* de 2002.

Toujours est-il que l'Acte de Berlin aura donné lieu à de nombreuses conventions bilatérales établissant soit une délimitation proprement dite entre les possessions respectives de deux Puissances (par exemple la convention de 1886 entre la France et le Portugal, qu'un tribunal d'arbitrage sera appelé à examiner en 1985 dans l'affaire de la frontière maritime *Guinée/Guinée-Bissau*), soit une répartition des sphères d'influence (telle la convention anglo-allemande de 1890, examinée par la C.I.J. dans l'affaire *Botswana/Namibie*). C'est ainsi que les puissances européennes occuperont l'Afrique, d'abord et exclusivement ses côtes à la fin du XIXe siècle, puis l'hinterland du continent sauf l'Abyssinie (l'Éthiopie actuelle) à la veille de la Première Guerre mondiale, la France se trouvant alors dans le Nord-Ouest, ainsi qu'à Djibouti et à Madagascar, le Royaume-Uni principalement dans un très long couloir presque continu du Cap à Alexandrie, la Belgique dans l'immense cuvette du Congo, l'Italie en Libye, en Érythrée et en Somalie, le Portugal essentiellement au Mozambique, en Angola et en Guinée portugaise, l'Espagne principalement au Rio de Oro (Sahara occidental) et dans des enclaves marocaines, enfin, l'Allemagne dans le Sud-Ouest africain (Namibie actuelle), le Ghana, le Cameroun et la Tanzanie qu'elle perdra en perdant la Première Guerre mondiale.

Comme il faut alors déterminer le statut des territoires appartenant jusque-là aux Puissances vaincues, est adopté le Pacte de la Société des Nations, intégré dans le Traité de Versailles en 1919, qui prévoit les règles relatives au mandat international pour porter ainsi secours aux « peuples non encore capables de se diriger eux-mêmes dans les conditions particulièrement difficiles du monde moderne » et dont le bien-être et le développement « forment une mission sacrée de civilisation » (art. 22). Dans un premier avis consultatif demandé par l'Assemblée générale des Nations Unies et rendu en 1950, concernant le *Statut international du Sud-Ouest africain* (Namibie actuelle), la Cour aura l'occasion d'examiner ces dispositions relatives au mandat et elle établira que pareil acte juridique ne comporte – pas plus que le traité de protection – ni cession ni transfert de souveraineté territoriale. Quant aux affaires contentieuses introduites ensuite au sujet de ce même Sud-Ouest africain (*Éthiopie c. Afrique du Sud* ; *Liberia c. Afrique du Sud*), nous avons déjà mentionné que la C.I.J., priée à nouveau d'étudier les règles du mandat, rejettera tour à tour les exceptions préliminaires de l'Afrique du Sud, puis la demande, sur le fond, des deux requérants. Dans un autre avis rendu en 1971, la C.I.J. déclarera illégale la présence continue de l'*Afrique du Sud en Namibie* malgré une résolution expresse du Conseil de sécurité qui interdisait cette occupation. Un scénario similaire se produit dans l'affaire de 1963 du *Cameroun septentrional*, alors que la C.I.J., dans son arrêt accueillant les exceptions préliminaires soulevées par le Royaume-Uni, scrute les obligations de ce dernier et le contenu des actes de tutelle conclus en conformité avec les dispositions de la Charte des Nations Unies prévoyant la succession aux mandats.

Mentionnons incidemment que ces quelques cas permettent d'établir déjà une première distinction entre les modes juridiques d'acquisition territoriale (occupation effective, prescription acquisitive et autres[23]) et les modes d'exercice de ce que le professeur Rousseau appelle les compétences territoriales limitées (protectorat, mandat, tutelle et autres[24]) qui, contrairement au premier type, ne confèrent pas la souveraineté territoriale – elle-même entendue comme l'exercice, sur un territoire déterminé, de l'exclusivité et de la plénitude des pouvoirs juridiques (législatifs, exécutifs et judiciaires). Ainsi, les compétences limitées interdisent aussi bien l'annexion que la cession puisqu'on ne peut attribuer à autrui ce qu'on ne possède pas soi-même.

Bref, l'histoire juridique de l'Afrique coloniale se trouve en bonne partie marquée par les actes juridiques évoqués plus haut (Acte général de la Conférence de Berlin, Pacte de la Société des Nations et Charte des Nations Unies). Mais il faut poursuivre cette histoire qui, après la colonisation, est marquée par un mouvement inverse, soit l'indépendance sur laquelle continue pourtant de planer le spectre de la colonisation. Ainsi la Cour sera appelée à examiner non plus, ou non plus seulement, des actes coloniaux, mais les grands instruments présidant, précisément, à la libération de ce joug colonial, dans la foulée de la Charte des Nations Unies, qui interdit l'usage de la force contre l'intégrité territoriale des autres États et qui déclare avoir notamment pour but de développer entre les nations « des relations amicales fondées sur le respect du principe de l'égalité de droits des peuples et de leur droit à disposer d'eux-mêmes » (art. 1, par. 2). De même les États doivent s'abstenir de « recourir à la

---

23 Cession (par vente, par échange ou pour services rendus), succession d'État, accroissement territorial par phénomène naturel, adjudication. L'histoire plus ancienne a connu aussi d'autres modes tels la décision pontificale, la succession, le testament, la dot et la découverte. Parmi les très nombreux ouvrages consacrés exclusivement ou partiellement aux modes d'acquisition territoriale, on peut consulter Jennings, R. Y. (1963) *The acquisition of Territory in International Law* ; Crawford, J. (1979) *The Creation of States in International Law* ; Sharma, Surya P. (1997) *Territorial Acquisition, Disputes and International Law* ; Verzijl, J.H.W. (1968-1992) *op. cit.*; Brownlie, Ian (2003) *Principles of Public International Law*, partie III, p. 105-169 ; Emanuelli, Claude (1998) *op. cit.*, p. 133-145 ; Arbour, Jean-Maurice (1997) *op. cit.*, p. 217-233 ; Wolfe, James H. (2002) *op. cit.*, p. 128-140.

24 Nommons aussi le condominium, la cession à bail, la concession, l'occupation militaire pacifique et la servitude internationale. Consulter à ce sujet Rousseau, Charles (1970-1983) *Droit international public*, 5 vol., notamment le vol. 3 (*Les compétences*).

menace ou à l'emploi de la force, soit contre l'intégrité territoriale ou l'indépendance politique de tout État » (art. 2, par. 4). Aussi, la conquête (*debellatio*) n'est plus un mode d'acquisition juridique du territoire.

Par ailleurs, la Déclaration universelle des droits de l'Homme, adoptée en 1948, mentionne dans son préambule que « la méconnaissance et le mépris des droits de l'homme ont conduit à des actes de barbarie qui révoltent la conscience de l'humanité et que l'avènement d'un monde où les êtres humains seront libres de parler et de croire, libérés de la terreur et de la misère, a été proclamé comme la plus haute aspiration de l'homme ». Il est affirmé dans ce même préambule que « la reconnaissance de la dignité inhérente à tous les membres de la famille humaine et de leurs droits égaux et inaliénables constitue le fondement de la liberté, de la justice et de la paix dans le monde ». Aussi la Déclaration rappelle-t-elle que tous les êtres humains « naissent libres et égaux en dignité et en droits » (art. 1) et que chacun peut se prévaloir de tous les droits et libertés « sans distinction aucune, notamment de race, de couleur, de sexe, de langue, de religion, d'opinion politique ou de toute autre opinion, d'origine nationale ou sociale, de fortune, de naissance ou de toute autre situation » (art. 2, par. 1). Ainsi, il « ne sera fait aucune distinction fondée sur le statut politique, juridique ou international du pays ou du territoire dont une personne est ressortissante, que ce pays ou territoire soit indépendant, sous tutelle, non autonome ou soumis à une limitation quelconque de souveraineté » (art. 2, par. 2).

Dans la résolution 1514 (XV) de 1960, qui contient la Déclaration sur l'octroi de l'indépendance aux pays et aux peuples coloniaux, l'Assemblée générale affirme « la nécessité de mettre rapidement et inconditionnellement fin au colonialisme sous toutes ses formes » et elle maintient que tous les peuples « ont le droit de libre détermination ». Cette résolution 1514 se trouve complétée par la 1541 (XV), qui prévoit plus d'une manière pour un peuple d'accéder à une pleine autonomie, puisqu'il a le choix de devenir un État indépendant et souverain, de s'associer librement à un État indépendant ou encore de s'intégrer à cet État. Dans ce dernier cas, le principe XIX prévoit notamment que l'intégration « doit résulter du désir librement exprimé des populations du territoire, pleinement conscientes du changement de leur statut, la consultation se faisant selon des méthodes démocratiques et largement diffusées ».

On retrouve le libellé de la résolution 1514 dans les Pactes sur les droits de l'Homme adoptés en 1966. Ainsi le Pacte international relatif aux droits civils et politiques, de même que le Pacte international relatif aux droits économiques, sociaux et culturels, contiennent deux dispositions identiques selon lesquelles les peuples « déterminent librement leur statut politique et assurent librement leur développement économique, social et culturel » (art. 1, par. 1). Ces pactes affirment que « tous les peuples peuvent disposer librement de leurs richesses et de leurs ressources naturelles, sans préjudice des obligations qui découlent de la coopération économique internationale, fondée sur le principe de l'intérêt mutuel, et du droit international. En aucun cas, un peuple ne pourra être privé de ses propres moyens de subsistance » (art. 1, par. 2). Les États responsables d'administrer des territoires non autonomes ou sous tutelle « sont tenus de faciliter la réalisation du droit des peuples à disposer d'eux-mêmes » (art. 1, par. 3).

En 1970, la résolution 2625, dite Déclaration relative aux principes de droit international touchant les relations amicales et la coopération entre les États conformément à la Charte des Nations Unies, apporte des précisions à la résolution 1541 en mentionnant que l'association, l'intégration ou l'indépendance ne constituent pas une liste limitative, puisque cette dernière résolution autorise aussi l'acquisition de tout autre statut politique qui serait librement décidé par un peuple. Cette résolution fait aussi à tout État le devoir de mettre fin au colonialisme et de s'abstenir du recours à la menace ou à l'emploi de la force pour violer les frontières internationales d'un autre État.

Dans son avis consultatif de 1975 sur le *Sahara occidental*, la C.I.J. aura l'occasion d'examiner, outre les résolutions 1514, 1541 et 2625, la résolution 3292 par laquelle la puissance administrante (l'Espagne) est invitée à surseoir au référendum qu'elle a prévu organiser au Sahara occidental. La Cour sera alors priée par l'Assemblée générale des Nations Unies de répondre à deux questions, la première étant de savoir si ce territoire était, au moment de la colonisation espagnole, une *terra nullius*, la seconde, dans l'hypothèse d'une réponse négative à la première, portant sur l'existence ou non de liens juridiques entre, d'une part, ce territoire et le Maroc, et, d'autre part, ce territoire et la Mauritanie. La Cour, en répondant par la négative à la première question, répondra aussi à la seconde en décidant que la preuve révèle bien l'existence de droits relatifs à la terre avec l'ensemble mauritanien et de droits d'allégeance, donc de nature personnelle, reconnus au Roi du Maroc par certaines tribus du Sahara, mais non pas des liens de nature proprement territoriale. Voilà donc posée ce qui paraît être, de prime abord, une opposition entre deux principes légitimes, celui du droit à l'autodétermination (invoqué par les Sahraouis) et celui du droit à l'intégrité territoriale (que le Maroc a tenté de faire valoir en essayant de démontrer que sa possession du Sahara occidental était immémoriale).

Quelques années après l'adoption de la résolution 1514 relative au droit à l'autodétermination, et alors que la plupart des pays d'Afrique ont obtenu leur indépendance, la Charte de l'Organisation de l'Unité Africaine est signée à Addis-Abeba le 25 mai 1963 par les chefs d'État et de Gouvernement africains, dans laquelle est réaffirmée l'adhésion aux principes généraux de la Charte des Nations Unies et de la Déclaration universelle des Droits de l'Homme. Plus spécifiquement, la liberté, l'égalité, la justice et la dignité sont déclarés être des objectifs essentiels à la réalisation des aspirations légitimes des peuples africains ; les États Membres affirment être de leur devoir de mettre les ressources naturelles et humaines du continent au service du progrès général de leurs peuples ; ils déclarent aussi être guidés par une volonté commune de renforcer la compréhension entre leurs peuples et la coopération entre leurs États, afin de consolider la fraternité et la solidarité au sein d'une plus vaste unité qui transcende les divergences ethniques et nationales ; ces mêmes États reconnaissent l'importance de créer et de maintenir des conditions de paix et de sécurité ; ils sont résolus à sauvegarder et à consolider leur indépendance et leur souveraineté durement conquises, à combattre le néo-colonialisme sous toutes ses formes et à poursuivre une politique de non-alignement à l'égard de tous les blocs ; les États Membres respectent leur égalité souveraine et leur intégrité territoriale et ils s'engagent dans la non-ingérence dans les affaires intérieures de chacun ; ils condamnent les activités subversives exercées par tout État ; ils prônent le règlement des différends par des voies pacifiques (négociation, médiation, conciliation ou arbitrage) ; enfin, ils se déclarent dévoués à la cause de l'émancipation totale des territoires africains non encore indépendants. Afin d'atteindre les objectifs de l'Organisation, les États Membres devront coordonner et harmoniser leurs politiques générales, notamment en ce qui concerne la santé, l'éducation et la culture, la politique et la diplomatie, l'économie, les communications, la science et la technique, enfin, la défense et la sécurité.

En juillet de l'année suivante, au Caire, les chefs d'État africains adoptent la résolution 16(1), par laquelle ils déclarent expressément respecter le principe de l'intangibilité des frontières héritées de la colonisation (réitéré dans l'Acte de l'Union africaine de Lomé en 2000) – principe auquel on réfère souvent par l'expression latine *uti possidetis*, *ite possideates* et signifiant, dans sa traduction littérale, ce que vous possédiez, vous continuez de le posséder. On dira, ce que d'aucuns contestent, que les États africains ont choisi la solution de la sagesse en s'engageant à respecter pour l'avenir les frontières qui avaient été tracées par et pour les puissances coloniales, au mépris, ajoutera-t-on, des populations locales et de la cohésion des ethnies. On éviterait ainsi des luttes fratricides, cette protection valant bien l'inconvénient de ces « frontières artificielles ». Pourtant, l'application de ce principe, si noble soit-il, aura posé aux plaideurs et aux tribunaux des défis considérables. S'agit-il d'un principe absolu s'appliquant invariablement à toute question frontalière, et que signifie exactement le sens de la décision dans l'affaire *Burkina Faso/Mali* quand la Cour, dans son arrêt, déclare que le respect par les nouveaux États africains des anciennes limites coloniales constitue « l'application en Afrique d'une règle de portée générale », en rappelant que ce principe est né au moment de la libération des colonies espagnoles d'Amérique latine, au début de la seconde moitié du XIXe siècle, alors que les nouveaux États convenaient de conserver comme frontières internationales les limites administratives internes de l'Empire ? N'est-ce pas plutôt un principe directeur qui doit être examiné et considéré avec d'autres principes, tels celui du droit des peuples à l'autodétermination et celui de l'intégrité territoriale de l'État dont on voudrait faire sécession, comme cela a été examiné dans l'avis consultatif rendu par la C.I.J. dans l'affaire du *Sahara occidental* ?

En 1969, la Convention de Vienne sur le droit des traités viendra excepter les conventions de frontières du champ d'application de la clause dite *rebus sic stantibus*, cet accord implicite selon lequel le traité ne lie les Parties qu'aussi longtemps que « les choses restent dans l'état », sans quoi le traité pourrait être dénoncé lorsque survient un changement fondamental de circonstances. La Convention de 1978 sur les successions d'États aux traités apportera une dérogation au principe de l'effet relatif des traités en affirmant que ces successions sont sans effet sur une frontière établie par traité – règle que la C.I.J. aura d'ailleurs l'occasion d'examiner notamment dans l'affaire *Libye/Tunisie*.

Revenons brièvement à la question de l'*uti possidetis*, bien connue en matière terrestre, en nous demandant si ce principe s'applique également aux frontières maritimes. Dans l'affaire *Guinée/Guinée-Bissau*, le Tribunal d'arbitrage, dans sa sentence rendue en 1985, a déclaré ne pas avoir à répondre à cette question, après avoir énoncé une première conclusion selon laquelle le traité de 1886 entre la France et le Portugal, qui délimitait leurs possessions côtières en Afrique, ne constituait pas un traité de délimitation maritime – les limites stipulées ayant essentiellement pour fonction de répartir des possessions insulaires mal connues à l'époque. Ajoutons incidemment que si, dans l'hypothèse de l'échec de l'actuelle médiation internationale dans le différend *Gabon/Guinée Équatoriale*, les Parties s'en remettaient à la C.I.J. ou à un tribunal d'arbitrage, les juges auraient alors à examiner un type similaire de traité – en l'occurrence la convention franco-espagnole de 1900 relative à la répartition des possessions coloniales –, alors que les deux voisins se disputent à la fois la souveraineté territoriale sur certaines îles et la délimitation maritime dans une zone bien pourvue en ressources pétrolières. Par ailleurs, dans la sentence de l'affaire *Guinée-Bissau/Sénégal*, la question de l'*uti possidetis* ne pourra être évitée, le Tribunal décidant que le traité de délimitation maritime de 1960 conclu entre la France et le Portugal est opposable aux deux Parties – ce qui fera l'objet, disons-le d'emblée, d'une importante dissidence de la part de l'un des membres du Tribunal.

S'agissant de frontières maritimes, il faut mentionner, bien sûr, la très importante Convention des Nations Unies sur le droit de la mer, qui ne concerne pas, bien sûr, que les seuls États africains, mais qui les intéresse au plus haut point parce qu'elle est en bonne partie le fruit de leurs activités diplomatiques, en concertation avec les autres États en développement, qui ont, au terme d'un immense *package deal*, fait reconnaître, dans des zones réputées jusque-là de haute mer, les juridictions exclusives des États côtiers sur ce qu'il est convenu d'appeler la zone économique exclusive (ou ZÉE ou zone des 200 milles marins), mais aussi et cette fois au bénéfice des États sans littoral (ou enclavés) le droit de transit, d'accès à la mer et même le droit à des quotas de pêche dans les ZÉE des autres États se trouvant dans la même région ou *sous-région* maritime. Or l'Afrique est le continent qui réunit, disions-nous, non seulement le plus grand nombre d'États côtiers, mais aussi le plus grand nombre d'États enclavés.

Cette brève histoire du règlement juridictionnel des différends territoriaux en Afrique, que nous avons relatée selon la succession des grands instruments juridiques internationaux, achevons-la en disant quelques mots des questions environnementales et du respect du mode de vie des sociétés traditionnelles. L'environnement, en effet, est sans doute un autre domaine dont les tribunaux internationaux auront à tenir compte dans les affaires de délimitation et qui marquera donc une étape fondamentale dans le développement du droit international et notamment du droit en Afrique, compte tenu des enjeux économiques considérables (pétrole, pêche, tourisme) dont l'exploitation ne va pas sans risque, surtout quand il s'agit d'un milieu particulièrement fragile. C'est en tout cas ce qui semble ressortir de la décision de la C.I.J. dans l'arrêt qu'elle a rendu en 1999 dans l'affaire *Botswana/Namibie.* La Cour, appelée, conformément au compromis des Parties, à décider de deux questions – la souveraineté territoriale sur une île disputée et la frontière dans le cours d'eau baignant cette île – s'en est tenue à ces deux questions, tout en tenant compte des termes d'un communiqué conjoint des deux Parties prévoyant que la navigation devait rester sans entrave et que l'interaction sociale des deux communautés devait se poursuivre.

Si l'arrêt ne va pas plus loin, on trouve par ailleurs dans une opinion dissidente et dans une opinion individuelle des préoccupations environnementales manifestes. Ainsi on a estimé que la délimitation n'est pas qu'un pur exercice de géométrie et qu'il importe de préserver une réserve naturelle en la maintenant dans son intégrité. Aussi, plusieurs exemples sont tirés de la pratique des États pour mettre en évidence l'importance d'une gestion conjointe dans l'exploitation et la conservation des ressources, y compris l'utilisation équitable des cours d'eau, outre que cette approche, est-il ajouté, est consacrée dans certains instruments juridiques internationaux, telle la Convention de 1992 relative à la biodiversité. On a aussi rappelé que la communauté d'intérêts ne s'applique pas seulement aux cours d'eau navigables, comme cela est mis en lumière dans l'affaire *Hongrie/Slovaquie*, dite *Gabcikovo-Nagymaros*, et ainsi qu'il est prévu dans la Convention de 1997 sur le droit relatif à l'utilisation des cours d'eau internationaux à des fins autres que la navigation.

Ajoutons que ces préoccupations relatives à l'environnement et à la prise en compte des société traditionnelles seront probablement considérées dans l'affaire *Bénin/Niger*, en instance depuis 2002, qui offre des analogies avec l'affaire *Botswana/Namibie*, puisque les questions posées à la Cour sont similaires. Celle-ci a en effet été priée de trancher deux questions : la souveraineté sur certaines îles qui se trouvent dans le fleuve Niger ; la frontière fluviale dans ce fleuve et dans la rivière Mékrou.

S'agissant de populations locales, le Tribunal paraît aller encore plus loin, dans l'affaire *Cameroun/Nigeria*, quand il déclare que l'exécution de son arrêt aura pour effet une coopération privilégiée dans l'intérêt des populations, déclaration qui pose la question de savoir si l'état actuel du droit international des frontières fait une obligation de coopération et de protection des populations ou même des individus. Déjà dans l'affaire de l'*Afrique du Sud en Namibie*, la Cour voulait réduire les conséquences négatives de la présence illégale de l'Afrique du Sud sur les populations locales. Si la décision, dans l'affaire *Cameroun/Nigeria,* ne permet pas de conclure à l'existence formelle de droits au bénéfice direct des individus, elle propose une interprétation de l'obligation de coopérer comme étant une invitation à tempérer les effets, sur les populations, d'une application rigide du droit des traités de frontières. Ainsi la Cour fait-elle un pas de plus que dans l'affaire *Érythrée/Yémen* dans laquelle le Tribunal d'arbitrage ne faisait qu'entériner un compromis des Parties de voir subsister, pour le bénéfice des populations, un régime traditionnel de pêche basé sur les valeurs juridiques de l'islam, le Tribunal ajoutant que l'égalité entre États procède de la même logique que l'égalité entre personnes.

Quant aux questions environnementales, commettons ici une brève digression en rappelant que le prix Nobel de la paix a été attribué, pour 2004, à une femme africaine, Wangari Maathai, secrétaire d'État à l'Environnement et aux Ressources naturelles du Kenya, et fondatrice du Mouvement de la ceinture verte grâce auquel 30 millions d'arbres ont été plantés en Afrique depuis 1977, visant ainsi la promotion de la biodiversité et assurant du même coup du travail à plusieurs milliers de femmes dans un pays où les forêts ne recouvrent que 1,7% de la superficie totale, alors que l'ONU recommande un minimum de 10%.

Délimitation maritime et délimitation terrestre

Comparons d'abord l'état d'avancement du processus de délimitation du domaine terrestre avec celui du domaine maritime en rappelant au préalable que les espaces maritimes représentent 71% de la surface de la planète. Alors que la presque totalité des territoires terrestres est revendiquée par des États, à l'exception de l'Antarctique, soumis à un moratoire jusqu'en 2046, la haute mer, ouverte à tous, représente l'équivalent des trois cinquièmes des terres émergées. Le processus de délimitation maritime dans les zones des 200 milles marins est non seulement beaucoup plus récent (bien que certaines mers territoriales soient délimitées depuis longtemps) mais aussi beaucoup moins avancé. Ainsi, on pouvait compter, en 1991, 264 « dyades », expression empruntée au géographe Michel Foucher pour désigner « une frontière commune à deux États contigus[25] ». Quatre-vingt sept pour cent de l'actuel découpage politique, abstraction faite de la dissolution de l'URSS et de la Yougoslavie, était déjà réalisé avant 1945, quoique la démarcation atteint des proportions plus modestes, notamment en Afrique avec à peine 40% en 1988[26], tandis que les frontières maritimes, beaucoup plus nombreuses (approximativement 450) ne sont délimitées que dans une proportion approximative de 40%, aucune, bien sûr, n'étant démarquée dans le sens entendu en matière terrestre. Qui plus est, en 1945, alors que plusieurs frontières terrestres étaient déjà séculaires (par exemple les frontières de l'Espagne avec la France et le Portugal), une seule frontière maritime avait été délimitée, au delà de la mer territoriale ; quatre au début de 1960. La première frontière maritime africaine, délimitée en 1960 par l'accord bilatéral franco-portugais susmentionné, compte d'ailleurs parmi l'une de ces quatre frontières, alors que plusieurs frontières terrestres africaines sont déjà délimitées par des traités qui remontent à la fin du XIXe siècle et auxquels les nouveaux États, acquis depuis peu à l'indépendance politique, choisiront d'appliquer la règle de l'*uti possidetis*.

On peut aussi se demander quels sont les facteurs expliquant que le processus de délimitation maritime soit achevé dans certaines régions du monde (mer du Nord), avancé dans d'autres (golfe Persique) et à peine amorcé ailleurs (Asie de l'Est, Méditerranée orientale). S'agissant des diverses *sous-région*s qui concernent l'Afrique (mer Méditerranée, océan Atlantique, océan Indien, mer Rouge), on peut se poser les mêmes questions et se demander, comme nous le ferons en introduction à la partie II, comment jouent, entre États riverains, les considérations d'ordre culturel, économique, politique, idéologique, stratégique[27] – considérations qui ne doivent pas être confondues avec les facteurs pertinents de délimitation maritime. Brosser un tableau de telles considérations consiste plutôt à évoquer l'ensemble des conditions contextuelles visant à expliquer pourquoi telle frontière est actuellement délimitée, telle autre n'est que virtuelle.

Mentionnons seulement ici que les proportions comparées des différentes *sous-région*s africaines montrent des écarts importants, le processus étant avancé dans le golfe de Guinée (pétrole oblige ?), alors qu'il n'est même pas amorcé dans le canal du Mozambique (stratégie complique ?). Ajoutons que 6 des 20 frontières maritimes délimitées en Afrique l'ont été par voie juridictionnelle – ce qui représente une proportion de 30%, qui est de loin supérieure à

---

25 Foucher, Michel (1991) *Fronts et frontières. Un tour du monde géopolitique*, p. 15.

26 *Idem*, p. 168.

27 Consulter à ce sujet Johnston, D.M. et Saunders, P.M. (1988) Ocean Boundary Issues and Developments in Regional Perspective, *in* D.M. Johnston et P.M. Saunders, éds., *Ocean Boundary Making : Regional Issues and Developments*, p. 313-349.

celle qu'on retrouve à travers le monde avec moins de 8% (13 sur 168). Qui plus est, elles représentent 46% (6 sur 13) de toutes les frontières maritimes décidées de la planète![28]

Nous avons choisi d'examiner les frontières maritimes en partie II et avant même les frontières terrestres (partie III), ce qui peut sembler être une atteinte à la logique dans la mesure où, comme le répètent souvent les tribunaux, « la terre domine la mer » ou, en d'autres termes, les droits exercés par l'État sur ses espaces maritimes tiennent à sa souveraineté territoriale sur ses côtes. Et si l'État peut fort bien subsister tout en étant enclavé, il ne saurait exister sans territoire (terrestre). Par ailleurs, l'examen préalable des frontières maritimes comporte l'avantage, quant à l'Afrique, de procéder généralement selon un ordre chronologique et se s'y retrouver plus facilement quand une affaire est citée dans un arrêt ou une sentence. En effet, lorsque sera rendu, en 1986, le premier arrêt dans une affaire de frontière terrestre (*Burkina Faso/Mali*), trois des cinq affaires de délimitation exclusivement maritime auront déjà été décidées (*Libye/Tunisie*, *Libye/Malte,* et *Guinée/Guinée-Bissau*, sans compter l'affaire *Guinée-Bissau/Sénégal* qui porte, avons-nous dit, sur un accord de délimitation conclu en 1960).

Avant de procéder à l'examen de chacune de ces affaires de délimitation exclusivement maritime, y compris l'affaire *Érythrée/ Yémen*, il faudra, dans l'introduction à cette partie II, analyser deux distinctions fondamentales qui ressortent de la différence même des milieux physiques du domaine terrestre et du domaine maritime : d'abord, la souveraineté territoriale absolue, telle qu'elle doit être définie en ce qui concerne le domaine terrestre, s'étend tout au plus, en matière maritime, aux limites extérieures de la mer territoriale, alors qu'au delà, il s'agit plutôt de juridictions exclusives ou de droits souverains circonscrits à certains secteurs ; aussi, ces deux domaines sont délimités selon des règles et des méthodes différentes.

S'agissant des différences, ou des conséquences qu'il en faut tirer, de milieux physiques entre domaine maritime et domaine terrestre, voyons dès maintenant de quoi il en est. Il nous semble que les géographes insistent sur les différences entre espaces terrestres et espaces maritimes, et, partant, entre frontières terrestres et frontières maritimes, tandis que les juristes font ressortir plutôt les similarités. Ainsi, le géographe J.R.V. Prescott, qui a consacré plusieurs travaux à chacun des deux types de frontières, propose les différences suivantes : la mer offre une surface homogène et continue ; elle n'est pas occupée en permanence, faut-il le mentionner ; il est moins aisé que sur terre de la diviser en régions ; puisque la plus grande partie des espaces maritimes n'est pas susceptible d'être revendiquée par les États, la compétition pour les ressources (celles de la haute mer) serait plus ouverte que sur terre ; les dispositions

---

[28] Labrecque, Georges (2004) *Les frontières maritimes internationales*, deuxième édition.

conventionnelles, législatives et réglementaires qui s'y appliquent seraient plus difficiles à faire observer ; un droit de passage inoffensif est reconnu aux navires étrangers dans la mer territoriale, tandis que la souveraineté de l'État sur son domaine terrestre ne connaît pas une pareille exception ; tous les États possèdent nécessairement un territoire (terrestre), mais tous ne jouissent pas d'un littoral grâce auquel ils peuvent exercer certaines juridictions sur des espaces maritimes ; enfin, les frontières maritimes ne sont pas démarquées – différence sur laquelle nous aurons l'occasion de revenir[29].

On trouve des distinctions similaires chez le géographe R.W. Smith[30], alors que Michel Foucher fait observer laconiquement que, « si certaines fonctions leur sont communes, elles diffèrent très largement quant à leur rôle dans la formation territoriale des États, au regard de la géohistoire, de la géographie humaine et de la géostratégie[31] ».

Bien sûr, faut-il préciser que ces trois géographes ont voulu soumettre des généralités, qui méritent pourtant d'être considérées. Ainsi, personne ne contestera l'évidence que la surface de la mer est homogène et continue, mais n'est-il pas approprié d'ajouter que ces caractères apparaissent, à plus grande échelle, dans une steppe ou un désert ? Peut-on par ailleurs en déduire que les ressources sont plus mobiles sur mer que sur terre, comme le soutient L.M. Alexander[32], un autre géographe ? Les troupeaux d'animaux sauvages ou les voiliers d'oiseaux migrateurs ne sont-ils pas tout aussi remarquables pour leur mobilité que les grands cétacés, les anadromes ou les *catadromes* ?

La troisième affirmation de Prescott, selon laquelle il est plus difficile de discerner les régions en mer que sur terre, nous semble découler de la première et nous paraît être un rappel implicite à cette distinction, du reste critiquable, entre frontières terrestres naturelles et frontières terrestres artificielles. Revenons très brièvement à cette comparaison de Prescott entre région terrestre et région maritime pour mentionner que la Convention des Nations Unies sur le droit de la mer prévoit que les États enclavés ou dits géographiquement désavantagés ont droit au reliquat du volume admissible des captures dans les zones économiques exclusives (zones des 200 milles) des États riverains d'une même région, ou *sous-région* maritime, mais sans apporter de définition ou de critère permettant de préciser ce qui doit être entendu par région maritime.

Prescott prétend aussi que les ressources de la haute mer sont l'objet d'une plus grande compétition que sur terre – la plus grande partie des espaces maritimes, avons-nous dit, n'étant pas revendiquée par les États. L'ouvrage,

---

29 Prescott, J.R.V. (1975) *Political Geography of the Oceans*, p. 28-31.

30 Smith, R.W. (1982) A geographical Primer to Maritime Boundary-Making, *ODIL*, vol. 12, n°s 1 et 2, p. 5-7.

31 Foucher, Michel (1991) *op. cit.*, p. 8.

32 Alexander, Lewis M. (1968) Geography and the Law of the Sea, *AAAG*, vol. 58, p. 177-197.

paru en 1975, ne pouvait, bien sûr, tenir compte des nouvelles dispositions de la Convention de 1982. Peut-on affirmer une plus forte compétition pour les ressources en hydrocarbures *offshore*, telles celles dans le golfe de Guinée ? Oui, dans la mesure où s'épuisent les ressources *inshore*, alors que les progrès technologiques assurent une plus grande rentabilité ; non, si des énergies de substitution étaient privilégiées. Dans la queue des Grands bancs de Terre-Neuve – au delà même des limites extérieures de la zone des 200 milles du Canada –, la diminution des stocks de morue a-t-elle pour effet de rendre la compétition plus ouverte ou moins ouverte ?

Prescott affirme également qu'il est plus difficile de faire observer en mer les dispositions législatives et réglementaires. Est-il plus facile, pour le Canada ou les États-Unis, de contrôler leur très longue frontière terrestre que de surveiller leur frontière maritime dans le golfe du Maine ? Comment répondre par l'affirmative pour ce qui concerne les pays d'un continent comme l'Afrique, incapables d'assurer l'intégrité de leur territoire, aussi bien maritime que terrestre ?

Trois autres distinctions sont proposées par Prescott, qui concernent respectivement le droit de passage inoffensif des navires étrangers dans la mer territoriale de l'État côtier, le fait que les espaces maritimes ne sont pas susceptibles d'être occupés en permanence, enfin, la nécessaire assise territoriale de l'État, qui ne peut, par ailleurs, exercer des juridictions sur des espaces maritimes que dans la mesure où il a un littoral. S'agissant du droit de passage dans la mer territoriale, il est vrai que la Convention a prévu là une exception au principe sacro-saint de la souveraineté de l'État sur son territoire et que cette souveraineté est en principe absolue, encore que le droit d'accès à la mer pour les États enclavés implique, faut-il le préciser, un droit de transit.

Force est de constater que l'occupation humaine en mer demeure un phénomène marginal, qui se rapporte aux installations de villages sur pilotis ou aux plates-formes d'exploitation pétrolière *offshore* habitées temporairement par des équipes de travailleurs. On ne saurait donc appliquer au domaine maritime les typologies de nature *anthropogéographique* ou génétique – telle celle du géographe Boggs, qui propose une distinction entre frontières antécédentes, subséquentes et surimposées[33] –, puisque pareilles distinctions visent à établir une relation dans le temps entre la frontière et l'occupation humaine.

N'y aurait-il pas une analogie à faire entre les communautés nomades qui traversent depuis des temps immémoriaux le même désert et les équipages de pêcheurs qui fréquentent, de génération en génération, les mêmes bancs de pêche depuis des siècles ? En matière de délimitation maritime, ce sont des circonstances de nature historique et économique dont il faut faire la preuve

---

33 Boggs, S.W. (1940) *International Boundaries : A Study of Boundary Functions and Problems.*

qu'elles sont pertinentes. Dans le cas même où les Parties ont demandé explicitement au Tribunal de tenir compte de telles circonstances, comme dans l'affaire *Érythrée/Yémen*, le régime traditionnel de pêche a été entériné par le Tribunal sans que soit affectée la délimitation comme telle.

Après avoir brossé un tableau général montrant les distinctions entre milieux physiques des deux domaines, disons d'emblée ce que nous aurons l'occasion d'examiner en introduction à la partie II, à savoir que l'État côtier, au delà de ses eaux intérieures et des limites extérieures de sa mer territoriale, exerce des juridictions exclusives ou des droits dits souverains dans certaines zones qu'il est nécessaire de distinguer, tant du point de vue du droit que de la géographie : la zone contiguë (jusqu'à 24 milles marins des côtes), la zone économique exclusive (jusqu'à 200 milles marins), le plateau continental (au delà même des 200 milles, à certaines conditions relatives à la distance, à la bathymétrie, à la sédimentologie et/ou à la géomorphologie des fonds).

Les droits conférés à l'État côtier sur ses espaces maritimes, il les exerce grâce à sa souveraineté sur son territoire terrestre. Réitérons ici la maxime, maintes fois invoquée devant les tribunaux, selon laquelle « la terre domine la mer », de même que celle de droit privé, appliquée par analogie, à tort ou à raison, aux espaces maritimes : « l'accessoire suit le principal ». Les droits de l'État côtier sur ces espaces sont des droits dérivés ; pas de façade maritime, pas de droit. Mais quelques kilomètres à peine de façade suffisent, comme dans le cas de la République démocratique du Congo, même si le domaine maritime en est très réduit. Tel autre État, en exerçant sa souveraineté sur quelques îles au large, pourra par ailleurs bénéficier d'un immense domaine maritime, par exemple Sao Tomé et Principe. Si l'État peut perdre ce domaine en perdant sa façade, comme l'Éthiopie quand l'Érythrée l'a quittée, la Convention de 1982, avons-nous dit, ne lui reconnaît pas moins, comme tant d'autres pays en Afrique, le droit de transit et d'accès à la mer – droit que cet État enclavé aura cependant peine à faire valoir s'il entretient de médiocres relations politiques avec le voisin qui l'enclave sur le meilleur chemin à la mer, auquel cas, il devra s'adresser à un autre voisin plus conciliant, par exemple le Soudan ou Djibouti si l'Éthiopie ne peut plus passer par l'Érythrée. Si l'État est viable sans territoire maritime, il ne l'est pas sans territoire terrestre ; et s'il peut être privé du premier, il ne saurait subsister en perdant le second.

Avant même d'évoquer les différences quant aux modes respectifs de délimitation terrestre et maritime, il n'est pas inutile de rappeler une distinction préalable entre limite et frontière. Le juge Weil fait observer que « ce n'est pas par simple commodité de langage que la sentence *Guinée/Guinée-Bissau* a transposé aux espaces maritimes la distinction entre la limite et la frontière empruntée au territoire terrestre : "(...) une limite indique jusqu'à quelle extrémité s'étend un domaine, tandis qu'une frontière possède une fonction séparative entre deux États"[34] ».

D'ailleurs, la terminologie même de la Convention réserve le mot délimitation dans trois cas seulement : celle « de la zone économique exclusive [et du plateau continental] entre États dont les côtes sont adjacentes ou se font face » (art. 74 et 83) ; celle de la mer territoriale (art. 15). Partout ailleurs, la limite extérieure de chacune des zones sous juridiction nationale, y compris les eaux intérieures, est « constituée », « tracée », « fixée », « établie » ou « définie[35] ». Quant au texte anglais, sont utilisés les termes *draw, establish, determine, delineate.* Johnston s'exprime à ce sujet comme suit : « The term "delimitation", it is suggested, should be used only for the drawing of bilateral boundaries between two neighbouring states with opposite or adjacent coastlines[36] ». L'auteur suggère le terme *delineation* pour ce qui concerne la promulgation unilatérale des lignes de base droites et des lignes de fermeture des baies, et *determination* quand il s'agit de définir, selon un processus qu'il qualifie d'*unilateral-multilateral*, les limites extérieures du plateau continental au delà des 200 milles[37]. Plus loin, l'auteur précise : « Only in the case of lateral boundaries between opposite and adjacent states do we find consistency of usage : only the word "delimit" is used as the functional verb and (...) the word is used as a synonym for "divide" and applied to the area, not the line[38] ».

Par ailleurs, Prescott, après avoir, dit-il, examiné avec soin la Convention de 1982, s'exprime comme suit : « This investigation revealed no consistency in the use of these terms and so in this book the words delimit, determine, delineate, draw, establish and construct are used as synonyms for the process of fixing maritime boundaries[39] ».

Notons enfin que le juge Prosper Weil semble être allé à contre-courant de la terminologie habituelle utilisée par les auteurs et les tribunaux, quand il a intitulé l'un de ses ouvrages : *Perspectives du droit de la délimitation maritime*, comme s'il s'agissait d'éviter le pléonasme que constitue peut-être l'expression « délimitation des frontières maritimes ».

Quant à la distinction entre délimitation terrestre et délimitation maritime, le juge Weil définit celle du premier type comme « une opération juridique et politique qui tend à fixer l'étendue spatiale de la souveraineté de deux États voisins (...). Elle repose fondamentalement sur l'idée qu'il ne saurait y avoir de chevauchement de souverainetés sur un même espace, [tandis que la délimitation maritime] postule la concurrence, sur un même espace, de deux

---

34 *Ibidem.*
35 Voir, par exemple, les articles 3, 7, 8, 10, 14, 16, 35, 47, 50 et 76 de la Convention de 1982.
36 Johnston, D.M. (1988) *The Theory and History of Ocean Boundary-Making,* p. 9.
37 *Ibidem.*
38 *Idem*, p. 300, note 43.
39 Prescott, J.R.V. (1985) *op. cit.*, p. XV.

titres tout aussi valables l'un que l'autre[40] ». Citant De Visscher, le juge poursuit, en faisant observer que « la "continuité" de la mer s'oppose au "cloisonnement rigoureux des compétences étatiques"[41] ». Il ajoute : « Contrairement à la frontière terrestre qui sépare les souverainetés dans la totalité de leurs aspects, la frontière maritime (à l'exception de celle de la mer territoriale) ne sépare que des droits souverains de caractère fonctionnel, donc limité[42] ».

Les méthodes mêmes de délimitation de ces domaines doivent être distinguées, puisque, en matière maritime, la Convention de 1982 prévoit que ces méthodes varient selon qu'on se trouve dans l'une ou l'autre des zones maritimes (mer territoriale, zone contiguë, zone économique exclusive et plateau continental), alors que dans le domaine terrestre, aucun traité multilatéral n'impose l'obligation d'adopter spécifiquement une méthode plutôt qu'une autre. En effet, et paradoxalement, la brève histoire de la délimitation maritime est déjà soumise à des règles juridiques codifiées, tandis que la longue histoire des frontières terrestres n'obéit pas à pareilles règles : « Le plus souvent, le tracé des frontières terrestres est donné dans des dispositions conventionnelles négociées entre les souverains territoriaux voisins sur la base de considérations de nature complexe, d'ordre géographique, historique, ethnique, économique, stratégique, pour tout dire politique, permettant d'ajuster des intérêts contradictoires[43] ». Faut-il préciser que, très souvent, les accords de délimitation terrestre ont été conclus en même temps que des traités de paix, eux qui constatent, au détriment du vaincu, le rapport inégal des forces ? Dans une formule restée célèbre, le géographe allemand Friedrich Ratzel disait d'ailleurs des frontières qu'elles « sont des cicatrices de l'histoire » ; et le géographe français Ancel qu'elles « sont des isobares politiques ». En Afrique, certaines frontières ont même été délimitées entre puissances coloniales afin de répartir leurs zones d'influence respectives, comme cela a été particulièrement bien examiné dans l'affaire *Botswana/Namibie*.

Par contre, en matière de délimitation maritime, la Convention de 1982, cette « constitution pour les océans[44] », prévoit que la délimitation des mers territoriales doit être établie par une ligne d'équidistance ou médiane, sauf l'existence de titres historiques ou autres circonstances spéciales (art. 15) ; quant à celle des zones contiguës, la Convention est muette ; enfin, en ce qui concerne celles de la ZÉE et du plateau continental, la Convention est également muette quant à une méthode spécifique comme telle, sauf que la

---

40 Weil, Prosper (1988) *Perspectives du droit de la délimitation maritime*, p. 99-101.

41 De Visscher, Charles (1969) P*roblèmes de confins en droit international public*, p. 42.

42 Weil, Prosper (1988) *op. cit.*, p. 101.

43 Bardonnet, Daniel (1989) Frontières terrestres et frontières maritimes, *AFDI,* vol. 35, p. 1-64.

44 Expression utilisée par T. Koh, président de la Troisième Conférence des Nations Unies sur le droit de la mer.

Convention stipule que ces délimitations doivent aboutir à un résultat équitable (art. 74 et 83). Il va sans dire que la délimitation des domaines maritimes ne peut aller plus loin vers le large, puisque, au delà de la ZÉE, c'est la haute mer et au delà des limites extérieures du plateau continental, c'est la zone internationale des fonds marins. Mais disons d'emblée que doit être rejetée la distinction, tant de fois suggérée en matière terrestre, entre frontière contractuelle et frontière impérialiste, étant donné que la frontière maritime, qui ne semble jamais imposée, est agréée par accord bilatéral ou décidée par voie juridictionnelle (arbitrale ou judiciaire). Mais cette dernière affirmation résiste-t-elle vraiment à l'analyse ? Ainsi, a-t-on pu mettre en doute le caractère consensualiste d'une délimitation maritime intervenue par voie prétendument bilatérale mais entre deux voisins, tels le Nigeria et la Guinée Équatoriale, de forces politiques et économiques tellement inégales que le doute peut être réputé raisonnable. Pourtant, le contenu du traité maritime qu'on présumerait inégal ne révèle pas ce type d'intention de l'une des Parties, tandis que l'analyse du mode juridictionnel – et c'est là l'un de ses intérêts – peut jeter une lumière sur l'intention.

Si aucune méthode de délimitation maritime n'est prévue expressément, au delà de la mer territoriale, dans la Convention sur le droit de la mer, l'examen de la pratique des États et de la jurisprudence, en Afrique aussi bien que dans le monde, révèle plusieurs méthodes qu'il s'agit d'adapter aux circonstances pertinentes dans un cas donné, circonstances qui peuvent être de diverses natures – géographiques, géomorphologiques, environnementales, historiques, économiques, géopolitiques et géostratégiques. Ainsi, dans l'affaire *Libye/Malte*, la Cour cite un passage de l'arrêt dans les affaires de la *Mer du Nord* selon lequel « il n'y a pas de limites juridiques aux considérations que les États peuvent examiner[45] » afin de parvenir à une délimitation équitable. Pourtant, force est de constater que si aucun type de circonstances n'est exclu *a priori*, ce sont les circonstances strictement géographiques qui sont, de loin, les plus importantes, sinon les seules importantes, ce que les tribunaux expriment souvent en énonçant la maxime selon laquelle « le droit ne doit pas refaire la nature ou la géographie ».

S'agissant de méthodes de délimitation adaptées aux circonstances pertinentes, l'équidistance ne constitue que l'une seule de ces nombreuses méthodes, bien qu'elle soit très fréquemment utilisée. Elle n'en est pas pour autant une règle obligatoire, comme le rappelle la Cour dans l'affaire *Tunisie/Libye*, qui renvoie elle-même aux affaires de la *Mer du Nord* et de l'arbitrage *France/Royaume-Uni*. Aussi, ce qu'il est convenu d'appeler les couples équidistance/circonstances spéciales ou équidistance/principes équitables ouvrent-ils la voie à l'application d'autres méthodes ou combinaisons de méthodes dans un cas donné. Ainsi peut-on trouver dans la pratique des États,

---

45 C.I.J. Recueil 1969, arrêt, par. 93.

ainsi que dans les décisions arbitrales ou judiciaires, des méthodes parfois inspirées de la délimitation terrestre et aussi diverses que l'équidistance stricte ou modifiée (compte tenu de l'effet entier, partiel ou nul d'une île), le thalweg, la perpendiculaire à la direction générale des côtes (à une échelle micro- ou macro-géographique), le prolongement de la frontière terrestre, la ligne astronomique (parallèle de latitude, méridien de longitude, azimut), la ligne géométrique (arc de cercle ou bissectrice), etc. Nous aurons l'occasion de constater que les tribunaux ont utilisé, dans les affaires africaines, un large éventail de ces méthodes, par exemple une bissectrice dans l'affaire *Libye/Tunisie*, une équidistance (*Libye/Malte*) ou encore une perpendiculaire (*Guinée/Guinée-Bissau*).

En matière terrestre, les traités multilatéraux ne prévoient aucune méthode obligatoire de délimitation, mais l'examen par les tribunaux des nombreux traités bilatéraux révèle, aussi bien en Afrique qu'ailleurs, l'application de certaines présomptions (telle l'adoption de la ligne du thalweg dans les cours d'eau navigables), ainsi qu'une variété de méthodes peut-être plus riche encore qu'en matière maritime. C'est ainsi que les lignes astronomiques sont couramment utilisées, notamment dans les régions mal connues au moment de la conclusion des traités frontaliers, tels les grands déserts africains. Les lignes géométriques sont aussi utilisées, comme cette succession d'arcs de cercles délimitant la Gambie et le Sénégal, ou la ligne tracée à 60 milles marins du littoral, prévue dans le traité de 1908 entre l'Italie et l'Éthiopie et entérinée par la Commission de délimitation dans l'affaire *Érythrée/Éthiopie*. Il existe bien d'autres méthodes que nous nous aurons l'occasion de décrire en introduction à la partie III, telles la limite orographique (ligne des crêtes, ligne correcte de partage des eaux, ligne erronée de partage des eaux, examinées notamment dans les affaires *Nigeria/Cameroun* et *Éthiopie/Érythrée*), mais aussi la limite hydrographique (médiane entre les rives d'un cours d'eau, ligne à la rive droite ou gauche, thalweg, scrutées avec minutie dans l'affaire *Botswana/Namibie*). La frontière peut même être délimitée par un élément ponctuel ou linéaire, naturel ou anthropique qu'on trouve dans le paysage, tels la source d'un cours d'eau, une piste, un rocher, un pic, un mur, un arbre, un marigot, etc., comme le montrent notamment les examens des affaires *Burkina Faso/Mali* et *Nigeria/Cameroun*. On peut alors tenter d'imaginer les difficultés posées au Tribunal lorsque ces éléments, prévus dans de vieux traités et/ou figurés sur une carte ancienne, ont été déplacés ou ont tout simplement disparu. Une difficulté supplémentaire surgit sitôt que l'on constate une différence ou même une contradiction dans la toponymie entre un traité et une carte ou entre deux cartes, comme cela s'est produit dans l'affaire *Érythrée/Éthiopie*.

Outre les différences relatives aux milieux naturels, aux juridictions de l'État sur ces domaines et aux méthodes de délimitation, la comparaison de ces deux types de délimitation révèle d'autres différences concernant, respectivement, les effectivités territoriales, la prise en compte du contexte régional, la signification symbolique des frontières et le processus de démarcation.

S'agissant des effectivités, et puisque le traité, et éventuellement la carte qui lui est annexée, constituent le titre même sur lequel un État est fondé à faire valoir une revendication territoriale, le Tribunal appelé à décider d'une délimitation terrestre doit donc examiner avec grand soin le contenu de ces instruments, de même que leur objet et le but qu'ils poursuivent, conformément à la Convention de Vienne de 1969 sur le droit des traités. Par ailleurs, dans le cas où un territoire est administré effectivement par un État autre que celui qui détient le titre juridique, le titulaire du titre doit être préféré, comme cela a été expliqué notamment dans l'affaire *Burkina Faso/Mali*. Mais dans les cas où le titre n'exprime pas clairement l'étendue territoriale et, *a fortiori*, en l'absence de titre, telle effectivité doit être considérée. Bien sûr, l'effectivité *contra legem* peut donner lieu à des demandes en responsabilité, comme dans les affaires *Érythrée/Éthiopie* et *Cameroun/Nigeria*. Il va sans dire que ce concept d'effectivité n'a rien à voir avec la délimitation maritime, d'autant que la Convention de 1982 sur le droit de la mer prévoit explicitement que les droits de l'État côtier sur son plateau continental existent *ab initio* et « sont indépendants de l'occupation effective ou fictive, aussi bien que de toute déclaration expresse » (art. 77). Le juge Weil rappelle ainsi que l'occupation et l'exercice effectif des souverainetés sont des actes constituant « autant d'éléments qui contribuent à établir le titre le meilleur (...) dans les problèmes de délimitation terrestre, mais qui sont sans pertinence dans la délimitation maritime[46] ». Faut-il préciser aussi que les autres modes d'acquisition juridique du territoire (outre l'occupation, la cession, la prescription acquisitive) n'ont pas non plus de pertinence quant à la délimitation maritime ?

La prise en compte du contexte régional nous semble être une particularité de ce dernier type de délimitation. Cette approche a d'ailleurs guidé les juges dans certaines des affaires africaines, notamment l'affaire *Guinée/Guinée-Bissau*, dans laquelle le Tribunal a déclaré avoir à l'esprit des délimitations à venir en choisissant comme méthode une perpendiculaire à la direction générale des côtes à une échelle *macrogéographique*. Cette prise en compte régionale n'est pas sans évoquer les affaires *R.F.A./Pays-Bas/Danemark* dans lesquelles la C.I.J. a explicitement retenu pareille approche en mentionnant que la délimitation devait être effectuée « compte tenu des effets actuels ou éventuels de toute autre délimitation du plateau continental effectuée dans la même région[47] ». Dans l'affaire *Cameroun/Nigeria* dans laquelle une requête en intervention était accordée pour la première fois en Afrique, la C.I.J. a ainsi reconnu l'intérêt d'un État tiers, en l'occurrence la Guinée Équatoriale, dans le règlement du différend.

---

46 Weil, Prosper (1988) *op. cit.*, p. 99-101.

47 C.I.J. Recueil 1969, arrêt, dispositif.

La signification symbolique des frontières maritimes est-elle moins grande que celle des frontières terrestres, étant donné la plus longue histoire de ces dernières ? Certains juristes, dont Bardonnet, inspirés peut-être des travaux de géographes, notamment de Guichonnet et Raffestin, répondent par l'affirmative, puisque « les frontières terrestres recèlent, dans l'imaginaire des peuples comme dans leur inconscient collectif, une dimension affective, pour tout dire sacrée, et par conséquent un potentiel passionnel considérable que n'avaient jamais comporté, au moins jusqu'à présent, les frontières maritimes[48] ». Bardonnet appuie son argumentation sur un autre juriste, D.M. Johnston, qui dit, à propos des frontières terrestres : « They are fragile undertakings, and it is best to treat them symbolically, and not be too specific and too pragmatic about development and management problems (...) ». Et plus loin, à propos des frontières maritimes : « It is a totally different ball game, therefore, I would say that one should be extremely careful not to import fallacious and inappropriate analogies from the land ». Demandons-nous, en d'autres termes, si la frontière maritime est moins « chaude » que la frontière terrestre. Le golfe de Syrte, considéré, à tort ou à raison, par la Libye comme des eaux intérieures, a-t-il été revendiqué avec moins de force que la bande d'Aouzou ? Le Cameroun aurait-il plus de réticence à dénoncer une violation de sa frontière maritime au large de la péninsule de Bakassi que dans la région du lac Tchad ?

Enfin, mentionnons une évidence, à savoir que la démarcation ne peut être conçue que dans le domaine de la délimitation terrestre – la nature même du milieu maritime s'y opposant. Cette opération, importante dans la mesure où elle matérialise et rend *visible* la frontière, n'a pas eu beaucoup de succès en Afrique, puisque, disions-nous, 40% seulement de toutes les frontières délimitées étaient démarquées en 1988. L'affaire *Érythrée/Éthiopie* est fort importante à ce titre puisque c'est la seule affaire africaine dans laquelle il a été demandé au Tribunal de procéder, outre la délimitation, à la démarcation – celle-ci tardant à se faire, étant donné les séquelles de la guerre qui a sévi entre les deux États, notamment la difficulté de se rendre sur le terrain pour procéder à cette opération.

Par ailleurs, les deux types de frontières offrent des similarités quant au principe de la stabilité, aux interférences techniques entre elles et, enfin, à la procédure à laquelle elles sont soumises devant l'instance juridictionnelle.

Frontières terrestres et frontières maritimes ont-elles la même stabilité, entendue dans son acception juridique et distinguée du principe de l'intangibilité des frontières terrestres dont nous avons déjà noté l'applicabilité aux frontières maritimes dans l'affaire *Guinée-Bissau/Sénégal* ? La C.I.J. déclarait, dans l'affaire *Grèce/Turquie* de 1978, que dans les deux cas, la délimitation est soumise à la règle selon laquelle un traité de limites n'est pas affecté par un

---

48 Bardonnet, D. (1989) *op. cit.* p. 4.

changement fondamental de circonstances, étant donné que « l'opération est essentiellement la même ; elle comporte le même élément inhérent de stabilité et de permanence[49] ». Cette exception prévue à la règle *rebus sic stantibus*[50] sera examinée de nouveau, notamment dans l'affaire *Libye/Tchad*.

Notons aussi que les frontières terrestres et les frontières maritimes ont incontestablement en commun ce que Bardonnet appelle les « interférences techniques[51] » entre ces deux types. Lorsque la délimitation maritime est réalisée entre deux États qui ont des côtes adjacentes, les considérations relatives à la frontière terrestre s'imposent d'elles-mêmes si les deux États ont convenu par voie d'accord bilatéral, ou ont prévu dans un compromis soumis au Tribunal, que le point de départ de la frontière maritime doit coïncider avec le point terminal de la frontière terrestre, aussi bien à l'embouchure d'un cours d'eau que sur la terre ferme. Cet aspect de la question intéresse particulièrement un continent comme l'Afrique dont la géographie a voulu que la grande majorité des côtes soient adjacentes plutôt qu'opposées. Rappelons que la distinction est importante et que les tribunaux ne manquent pas de la mentionner en réitérant, depuis les affaires de la *Mer du Nord* et notamment dans les affaires *Libye/Malte* et *Érythrée/Yémen*, que la méthode de la médiane convient mieux, *a priori*, entre côtes opposées qu'entre côtes qu'adjacentes.

Notons enfin une similarité quant à la procédure choisie par les Parties dans la mesure où le choix entre l'instance judiciaire et l'instance arbitrale n'indique pas de nette préférence pour un mode plutôt que l'autre. En effet, des dix affaires africaines de délimitation, quatre ont été entendues en arbitrage (*Guinée/Guinée-Bissau, Guinée-Bissau/Sénégal, Érythrée/Yémen* et *Érythrée/Éthiopie*). La saisine du Tribunal par compromis des deux Parties dans la grande majorité des affaires africaines n'est-elle pas une marque de confiance des États africains envers ce mode de règlement pacifique des conflits, y compris les États qui ont le plus à perdre par rapport à une situation *de facto* ?

Plan de l'ouvrage

Nous avons choisi de diviser l'ouvrage en quatre parties, ce qui permet, à notre avis, de retenir deux critères importants : le domaine et la chronologie. Ainsi, nous examinerons dans une première partie des affaires qui concernent non pas des questions de frontières mais bien l'occupation de puissances étrangères sur un territoire, occupation fondée sur un mandat de l'Afrique du Sud

49 *Plateau continental de la mer Égée (Grèce c. Turquie)*, C.I.J. Recueil 1978, arrêt sur la compétence, p. 36, par. 85. Le texte intégral de l'arrêt, de même qu'un résumé, sont disponibles sur le site Internet de la Cour : www.icj-cij.org.

50 Convention de Vienne sur le droit des traités, art. 62.

51 Bardonnet, D. (1989) *op. cit.*, p. 6-38.

dans le cas du *Sud-Ouest africain*, sur un acte de tutelle du Royaume-Uni sur le *Cameroun Septentrional*, enfin sur des droits dits historiques du Maroc sur le *Sahara occidental*. Les affaires relatives au *Sud-Ouest africain* (puis à la *Namibie*) et au *Sahara occidental* ont fait l'objet d'un ou de plusieurs avis consultatifs rendus avant même que ne soit prononcé le premier arrêt sur une affaire strictement frontalière.

Seront examinées en seconde partie les affaires concernant la délimitation maritime, rendues par la C.I.J. ou un tribunal d'arbitrage. Nous avons déjà expliqué pourquoi nous avions choisi de traiter de ce type de délimitation avant la délimitation terrestre, le critère chronologique étant privilégié, ce qui peut sembler être au mépris de la maxime « la terre domine la mer », ce qui fait fi aussi du caractère plus ancien du processus de délimitation terrestre à travers le monde, encore qu'il existe des accords ou des arbitrages anciens de délimitation de mers territoriales. Pourtant les choses se sont déroulées selon un ordre inverse en Afrique. Ainsi, avons-nous dit, le premier arrêt en matière de délimitation terrestre (affaire *Burkina Faso/Mali*) intervient alors que trois des cinq décisions portant sur la délimitation exclusivement maritime (*Libye/Tunisie, Libye/Malte, Guinée/Guinée-Bissau*) ont déjà été publiées. La quatrième affaire (*Guinée-Bissau/Sénégal*) concernera, avons-nous dit, un traité conclu en 1960 et fera l'objet d'une sentence arbitrale rendue en 1989 et confirmée par un arrêt de la C.I.J. en 1991, soit bien avant toutes les autres décisions relatives à une délimitation terrestre (hormis l'affaire précitée), la seconde affaire étant décidée en 1994 *(Libye/Tchad)*. Il est vrai par ailleurs que la dernière affaire de délimitation maritime (*Érythrée/Yémen*) ne sera décidée, en deux phases, qu'en 1998 (souveraineté territoriale sur des archipels) et en 1999 (frontière maritime).

La troisième partie regroupe les affaires de délimitation exclusivement terrestre et comprend, outre les deux déjà mentionnées, l'examen des décisions *Botswana/Namibie* en 1999 et *Érythrée/Éthiopie* en 2002.

Nous expliquons, en introduction à la quatrième et dernière partie de l'ouvrage, les raisons pour lesquelles nous avons choisi d'analyser, dans un chapitre unique et dans une partie à part, la délimitation *Cameroun/Nigeria*, qui est non seulement la plus récente de toutes les affaires de délimitation décidées en Afrique, mais aussi la plus complexe dans la mesure où l'arrêt procède à une division à la fois lacustre, terrestre et maritime, outre le fait qu'il prononce sur des questions de droit fort importantes en Afrique, par exemple la question de savoir si l'État a une responsabilité internationale envers les populations.

En conclusion générale, nous analyserons brièvement, à la lumière des décisions rendues dans les affaires africaines, deux autres affaires dans lesquelles une décision n'était pas encore rendue, au début de juillet 2005 : l'affaire *Bénin/Niger*, en instance depuis 2003 ; l'affaire *Gabon/Guinée Équatoriale*, qui fait l'objet d'une médiation internationale. Nous nous demanderons également si les affaires africaines ont contribué à enrichir le droit international et si les Parties dans ces affaires se sont conformées aux décisions rendues, compte tenu de l'action concertée des autres modes de règlement pacifique des différends et à la lumière d'éléments classificatoires. Nous nous demanderons enfin si le règlement de type juridictionnel a un avenir prometteur, en Afrique en particulier et ailleurs dans le monde, à titre de garant de la paix et de la sécurité.

Partie I

LES CONFLITS RELATIFS À L'OCCUPATION D'UN TERRITOIRE

Puisque la chronologie constitue l'un des critères retenus dans la détermination de l'ordre de présentation des parties de cet ouvrage, nous avons regroupé dans la première partie des affaires qui ont toutes été entendues avant la première affaire de délimitation (*Burkina Faso/Mali* de 1986). Ces affaires ont en commun une matière autre que la détermination d'une frontière, soit l'occupation d'un territoire par une puissance que la population locale juge étrangère dans un contexte géopolitique et juridique nouveau, soit les débats entourant les conditions d'exercice du droit des peuples à disposer d'eux-mêmes.

Cette question concerne en effet directement ou indirectement chacune des affaires entendues par la Cour internationale de Justice pour lesquelles elle a rendu des décisions de 1950 (affaire du *Sud-Ouest africain*) à 1975 (affaire du *Sahara occidental*). Toutes ces affaires, sauf deux, ont été consultatives, mais dans chacun des deux cas d'affaires contentieuses (*Afrique du Sud/Éthiopie et Liberia* et *Cameroun/ Royaume-Uni*), les demandes seront rejetées, dans le premier cas sur le fond, dans le second parce que la Cour aura accueilli des exceptions préliminaires.

Nous avons choisi d'examiner dans un même chapitre tous les avis consultatifs relatifs au *Sud-Ouest africain* puis à la *Namibie* (chapitre 1, sections 1.2 à 1.5), de même que les affaires contentieuses *Afrique du Sud/Éthiopie et Liberia* (section 1.6) et *Cameroun/Royaume-Uni* (section 1.7). Toutes ces affaires, consultatives ou contentieuses, sont, bien sûr, distinctes et différentes – et le choix de les traiter dans un seul chapitre demeure arbitraire. Il va sans dire qu'on ne saurait pourtant les confondre, et nous aurons d'ailleurs l'occasion de montrer les différences, notamment dans les modes d'introduction de ces affaires et dans les fondements de l'occupation : en effet, les avis consultatifs ont été demandés par l'Assemblée générale des Nations Unies (avis de 1950,

1955 et 1956) ou son Conseil de sécurité (avis de 1971), alors que les deux affaires contentieuses ont été introduites par le Liberia et l'Éthiopie dans un cas (arrêts de 1962 et de 1966), le Cameroun dans l'autre (arrêt de 1963); en outre, toutes ces affaires concernent l'Afrique du Sud, sauf l'affaire *Cameroun/ Royaume-Uni*, les premières portant sur un mandat dont la Cour prononcera la caducité tandis que l'occupation territoriale se poursuit, l'autre concernant un acte de tutelle au sujet duquel les circonstances produites depuis l'introduction de la requête ont rendu toute décision judiciaire sans objet.

Quant à l'affaire consultative concernant le *Sahara occidental* (chapitre 2), elle intervient dans un contexte tout à fait différent, puisque l'exercice du droit des peuples à disposer d'eux-mêmes n'est pas mis en échec par la mise en œuvre d'un mandat ou d'une tutelle, mais il est empêché par l'occupation d'une puissance étrangère aux liens coloniaux, laquelle intervient sitôt que la puissance coloniale s'est retirée – ce qui fait du Sahara occidental le seul territoire du continent africain qui n'a pas obtenu son indépendance politique avec le retrait de la puissance coloniale.

1

L'AFRIQUE DU SUD EN NAMIBIE

> 1. Les principes suivants s'appliquent aux colonies et aux territoires qui, à la suite de la guerre, ont cessé d'être sous la souveraineté des États qui les gouvernaient précédemment et qui sont habités par des peuples non encore capables de se diriger eux-mêmes dans les conditions particulièrement difficiles du monde moderne. Le bien-être et le développement de ces peuples forment une mission sacrée de civilisation (...).
> 2. La meilleure méthode de réaliser pratiquement ce principe est de confier la tutelle de ces peuples aux nations développées qui, en raison de leurs ressources, de leur expérience ou de leur position géographique, sont le mieux à même d'assumer cette responsabilité et qui consentent à l'accepter (…).
>
> Pacte de la Société des Nations (art. 22, par. 1 et 2), cité dans *Statut international du Sud-Ouest africain, Avis consultatif : C.I.J. Recueil 1950*, p. 28.

> En vertu de la Charte (…), l'ancien mandataire s'était engagé à observer et à respecter, dans un territoire ayant un statut international, les droits de l'homme et les libertés fondamentales pour tous sans distinction de race. Le fait d'établir et d'imposer, au contraire, des distinctions (…) uniquement fondées sur la race, la couleur, l'ascendance ou l'origine nationale ou ethnique et qui constituent un déni des droits fondamentaux de la personne humaine, est une violation flagrante des buts et des principes de la Charte.
>
> *Avis consultatif : C.I.J. Recueil 1950,* p. 57.

Il aura fallu d'intenses activités diplomatiques, de nombreuses résolutions de l'Organisation des Nations Unies (ONU) et plusieurs décisions de la Cour internationale de Justice (C.I.J.) pour que l'Afrique du Sud, invoquant l'existence d'un mandat de la Société des Nations, se retire enfin de la Namibie, qui proclame son indépendance le 21 mars 1990. La C.I.J. a en effet rendu, dans cette affaire, quatre avis consultatifs qui lui avaient été demandés par l'ONU : un premier avis est rendu, le 11 juillet 1950, concernant le statut international d'un territoire connu à l'époque comme le Sud-Ouest africain – la Namibie actuelle ; un second avis est émis, le 7 juin 1955, au sujet de la procédure de vote applicable aux questions touchant les rapports et pétitions relatifs à ce même territoire ; un troisième avis, rendu le 1er juin 1956, concerne l'admissibilité de l'audition de pétitionnaires par le Comité du Sud-Ouest africain ; enfin, la Cour se prononce, le 21 juin 1971, sur les conséquences juridiques pour les États de la présence continue de l'Afrique du Sud en Namibie, malgré la résolution 276 (1970) du Conseil de sécurité.

Par ailleurs, dans une affaire contentieuse, la Cour rend un arrêt, le 18 juillet 1966, à la suite des demandes conjointes de l'Éthiopie et du Liberia concernant cette occupation de l'Afrique du Sud en Namibie. Mentionnons aussi que dans une autre affaire, portée cette fois par le Cameroun contre le Royaume-Uni, la Cour se prononce, le 2 décembre 1963, sur les exceptions préliminaires du défendeur. Nous examinerons chacune de ces affaires, après avoir brossé très rapidement un tableau géographique de la Namibie et de l'Afrique du Sud.

1.1 La nation Arc-en-ciel et la « terre de personne »

En Afrique australe, le territoire de la Namibie compte une faible population (à peine 1 954 000 habitants) dont 87,5% de Noirs, 6,5% de Blancs concentrés dans la capitale et 6,5% de Métis, les Noirs étant d'origine bantoue dont approximativement 50% d'Ovambos. La densité de cette population est très faible (moins de 2,4 hab./km^2), ce qui place à ce titre la Namibie au premier rang mondial, exception faite du record absolu (détenu par l'immense Mongolie avec 1,76 hab./km^2), et du Sahara occidental, qui devance même cette dernière, avec 1 hab./km^2. Cette très faible densité rappelle d'ailleurs le nom évocateur de Namibie, qui signifie « pays où il n'y a rien » ou encore « terre de personne ». L'occupation du territoire, non seulement est-elle faible, étant donné la présence de deux déserts où l'on trouve des écosystèmes fragiles et uniques (le Namib, le long des côtes, et le Kalahari, dans la partie orientale, que la Namibie partage avec le Botswana), mais elle est très inégalement répartie, cette population s'étant installée dans les parties plus arrosées que sont la région du Nord et la bande (ou corridor) de Caprivi, dans lequel se trouve l'île qui a fait l'objet d'un litige opposant la Namibie et le Botswana (chapitre 10). Ainsi, avec une aussi faible population, la Namibie ne fait pas le poids avec l'Afrique du Sud – la nation Arc-en-ciel – qui, avec un territoire pas tellement plus grand (1,2 million de km^2 face aux 825 418 de la première), possède une population de 43,6 millions d'habitants, représentant une densité très supérieure (35,9 hab./km^2) constituée de Noirs (75%), de Blancs (14%), de Métis (9%), et d'Indiens (2%), où l'on trouve 11 langues officielles (9 langues africaines d'origine bantoue, l'anglais et l'afrikaans – cette dernière étant une langue dérivée du néerlandais et qui évoque l'origine des premiers Européens venus s'installer dans la région en 1652[52].

Le sous-sol de la Namibie la place au quatrième rang des pays africains exportateurs de minéraux, avec le diamant, le tungstène, le zinc, le plomb, le cuivre, le cadmium, le lithium, le vanadium, le sel, l'uranium (exploité notamment à Rössing où l'on trouve la plus grande mine du monde), sans compter l'or dont on vient de commencer l'exploitation d'une mine à ciel ouvert, à la faveur de la fin des hostilités dans le Nord. Ajoutons, à ce palmarès déjà impressionnant, du gaz naturel et des réserves de charbon et de pétrole. Outre ces ressources minières, qui assurent à elles seules 40% des devises du pays, les longues côtes de la Namibie sont baignées par des eaux très poissonneuses, grâce à la présence d'un courant marin froid qui apporte en surface les nutriments nécessaires à une vie marine dont la surexploitation, par les navires hauturiers étrangers, durant les années précédant l'indépendance, a été heureusement stoppée par une législation stricte qui s'applique dans la zone des 200 milles marins. Notons la présence du seul port en eau profonde de la Namibie, Walvis Bay, rétrocédé en 1994, qui non seulement réduit la dépendance de la Namibie des infrastructures de transport de l'Afrique du Sud, mais qui constitue une alternative pour certains États enclavés de la région[53].

Le puissant voisin du Sud est encore mieux pourvu en ressources minières, puisqu'il possède, pour la plupart, les mêmes ressources que la Namibie (notamment l'or dont il est le premier producteur et le premier exportateur mondial) et en plus le platine, le nickel, le chrome, le palladium, le manganèse, le fer, le vanadium, le charbon, l'asbeste, l'antimoine et les phosphates. Pourtant, il manquera à l'Afrique du Sud, à l'instar des pays de l'Afrique du Nord et de la Corne, une ressource vitale en quantité suffisante – menacée qu'elle est, d'ici 2025, de pénurie d'eau, avec moins de 1 000 m^3 par personne et par an, et exploitant déjà le dessalement de l'eau de mer[54].

L'économie de l'Afrique du Sud est la plus forte et la plus diversifiée de tous les pays d'Afrique, qui repose aussi sur l'agriculture (maïs, blé, canne à sucre, fruits et légumes) et sur l'industrie (métallurgie, assemblage d'automobiles, machinerie, textiles, chimie et fertilisants), sans oublier le tourisme qui, en dépit d'un problème d'image commun à toute l'Afrique, va en s'accroissant rapidement (l'Afrique du Sud était, en 2003, au premier rang de tous les pays d'Afrique, avec 6,5 millions de visiteurs étrangers, soit le quart de

---

52 (2004) *CIA World Fact Book 2004*, disponible sur le site Internet : www.odci.gov/cia/publications/factbook.

53 Ramsay, Jeffress et Edge, Wayne, dir. (2004) *Africa,* p. 141-144.

54 Ploye, François (2004) Environnement. Avant la dernière goutte, *L'état de l'Afrique 2004*, p. 114-115.

tout le continent, et devant la Tunisie, l'Égypte, le Maroc et le Botswana)[55]. En Afrique du Sud, le secteur de l'agriculture ne contribue qu'à 4,4% du PIB, alors qu'il est à 11% en Namibie. Le PIB de la première était estimé à 456,7 milliards$ pour 2003, tandis que celui de la Namibie était, pour la même année, de 13,72 milliards$. Les exportations et les importations de l'Afrique du Sud, pour l'année 2002, étaient respectivement de 7,4 et 3,9 milliards$, tandis que celles de la Namibie atteignaient 1 096 et 1 450 millions$. Notons aussi une très forte dépendance économique de cette dernière vis-à-vis de l'Afrique du Sud, puisque ses importations proviennent de la seconde dans une proportion de près de 90%. La Namibie est d'ailleurs membre, avec l'Afrique du Sud et 12 autres pays, de la Communauté de développement de l'Afrique australe (SADC), tout en étant intégrée au Marché commun de l'Afrique orientale et australe (COMESA), qui regroupe 20 pays. Comparons aussi le revenu annuel moyen des habitants, qui a été estimé, pour 2003, à 10 700$ en Afrique du Sud et à 7 100$ en Namibie, somme qui représente, dans ce dernier cas, de 5 à 10 fois celle de la plupart des pays subsahariens, plaçant la Namibie au cinquième rang de tous ceux-là.

Pourtant, cette relative prospérité de ces deux États ne doit pas cacher les problèmes réels, notamment en ce qui concerne la santé et les inégalités sociales. Ainsi, l'Afrique du Sud détient-elle non seulement le taux de criminalité le plus élevé du monde mais aussi, en chiffres absolus, la tête des pays pour la prévalence du sida, avec 5 millions de séropositifs (20,1% de la population adulte), tandis que les données statistiques ne sont pas moins alarmantes pour la Namibie, qui se trouve au cinquième rang de tous les pays, avec un taux de 22,5%[56]. Quant aux inégalités sociales, et même si elles se sont en partie résorbées avec la fin de l'apartheid en Afrique du Sud et les politiques des présidents Mandela et Mbeki, elles sont encore tenaces, en dépit d'une politique fondée sur la discrimination positive, telle cette loi de 2002 prévoyant que 26% de la propriété des mines devra appartenir, d'ici 2014, à des capitaux noirs. Ainsi, les Blancs, qui ne représentaient, en 2002, que 23% de la population active, détenaient pourtant 80% des postes de direction ; leur salaire, en 2000, était 6 fois supérieur. Ces inégalités sociales, en Namibie, et notamment dans le secteur de l'agriculture, sont elles aussi héritées directement de l'apartheid. Par exemple, près de la moitié des terres cultivables appartient encore à la minorité des 4 000 fermiers blancs, et la politique namibienne du vendeur (blanc) consentant/État consentant, fort différente de celle de Mugabe au Zimbabwe, n'a pu remettre des terres qu'à 30 000 des 260 000 exploitants noirs en attente. Notons pourtant, à l'actif du bilan politique de l'Afrique du Sud, son engagement et sa visibilité

---

55 Zemmouri, Tariq (2004) Tourisme. Un problème d'image, *L'état de l'Afrique 2004*, p. 118-119.

56 Bastin, Juliette (2004) Santé. Un défi continental, *L'état de l'Afrique 2004*, p. 116-117.

au plan international avec la présidence de l'Union africaine et celle du Mouvement des Non-alignés, sa médiation dans les conflits au Burundi et au Congo, son co-parrainage avec le Sénégal du Nouveau partenariat pour le développement de l'Afrique, son accueil de la Conférence des Nations Unies sur le développement durable et sa participation, avec l'Inde, à la formation du G3 (groupe des pays en développement les plus importants), à l'initiative du Brésil, avec le mandat de s'opposer à l'unilatéralisme des États-Unis et de revendiquer des sièges permanents au Conseil de sécurité[57].

Quant aux questions frontalières[58], notons que, des deux frontières maritimes de la Namibie, seule celle qu'elle partage avec l'Angola aurait été formellement délimitée, et ce, le 4 juin 2002, encore que la situation ne soit pas très claire[59]. Par ailleurs, il a été soutenu, dans un article publié en 2003[60], que cette frontière Angola/Namibie, de même que la frontière Namibie/Afrique du Sud, n'ont pas été délimitées encore formellement, mais qu'il n'existe pas de différend réel entre les États impliqués, puisque divers arrangements *de facto* ont rendu possible l'exercice des activités de pêche, de même que l'exploitation des hydrocarbures et des diamants dans la région. L'auteur rappelle qu'une ligne décrétée unilatéralement par la Namibie, en ce qui concerne les activités illégales de pêche, a été acceptée par l'Angola. Dans le cas de la frontière entre l'Afrique du Sud et la Namibie, la situation serait plus compliquée, compte tenu de la difficulté de déterminer le point médian dans la bouche de l'Orange, qui divague. L'autre frontière maritime de l'Afrique du Sud, celle avec le Mozambique, n'a pas été délimitée.

Au sujet des frontières terrestres de l'Afrique du Sud, des six qu'elle possède avec les pays suivants (Lesotho, Swaziland, Mozambique, Zimbabwe, Botswana et Namibie), seule cette dernière fait l'objet d'un différend, la question portant sur la localisation précise de la frontière dans le fleuve Orange. Nous dirons un mot des frontières terrestres de la Namibie au chapitre 10, outre, bien sûr, sa frontière avec le Botswana (affaire de l'*Île Kasikili/Sedudu*).

---

57 (2003) *L'état du monde 2004*, p. 186-192.

58 International Boundary Research Unit (IBRU) : www-ibru.dur.ac.uk/database/ data.html.

59 Il est rapporté dans une importante banque de données qu'un accord serait intervenu entre l'Angola et la Namibie. Or, cette banque indique la date et le titre de l'accord, mais elle mentionne que celui-ci n'est pas disponible. On peut cependant déduire du titre qu'il s'agit d'une frontière délimitant à la fois la zone des 200 milles marins et le plateau continental (Accord on the delimitation of the maritime border between Angola and Namibia, Nations Unies, 2004, *Delimitation Treaties Infobase*). Cette même source fournit par ailleurs le texte d'un traité conclu auparavant, le 28 février 1994, entre l'Afrique du Sud et la Namibie au sujet de Walvis Bay, lequel stipule que cette parcelle territoriale sera intégrée à la Namibie le 1er mars 1994. Ce même traité définit Walvis Bay comme incluant les îles d'Ichaboe et autres îlots et rochers mentionnés dans une loi de 1874.

60 Moller, L. E. (2003) The Outstanding Namibian Maritime Boundaries with Angola and South Africa, *IJMCL*, vol. 18, n° 2, p. 241-260.

1.2 Le statut international du Sud-Ouest africain (avis consultatif de 1950)

Le 6 décembre 1949, l'Assemblée générale des Nations Unies adopte une résolution par laquelle elle demande à la C.I.J. de donner un avis consultatif sur le statut international du Territoire du Sud-Ouest africain et sur les obligations internationales de l'Union sud-africaine qui en découlent. Outre la question générale relative à ce statut et aux obligations qui y sont rattachées, le Tribunal est prié de répondre aux questions spécifiques suivantes :

a) L'Union sud-africaine a-t-elle encore des obligations internationales en vertu du Mandat pour le Sud-Ouest africain et, si c'est le cas, quelles sont-elles ?

b) Les dispositions du Chapitre XII de la Charte sont-elles applicables au territoire du Sud-Ouest africain et, dans l'affirmative, de quelle façon le sont-elles ?

c) L'Union sud-africaine a-t-elle compétence pour modifier le statut international du Territoire du Sud-Ouest africain ou, dans le cas d'une réponse négative, qui a compétence pour déterminer et modifier le statut international du territoire ?[61]

La Cour rappelle brièvement les circonstances qui ont mené au présent avis. À la fin de la Première Guerre mondiale, le territoire du Sud-Ouest africain, alors possession allemande d'outre-mer, fait l'objet d'une renonciation à tous ses droits par l'Allemagne, en vertu de l'article 119 du traité de Versailles, en faveur des principales puissances alliées et associées. Après la guerre, ce territoire est alors placé sous mandat conféré à l'Union sud-africaine, qui obtient pleins pouvoirs d'administration et de législation sur le territoire, comme partie intégrante de l'Union. Cette fonction d'administration internationale reconnue au gouvernement de l'Union doit être exercée au nom de la Société des Nations afin de favoriser le bien-être et le développement des habitants. Après la Seconde Guerre mondiale, l'Union sud-africaine prétend que le mandat a pris fin et elle sollicite la reconnaissance par les Nations Unies de l'incorporation du territoire à l'Union sud-africaine. Les Nations Unies refusent leur accord et invitent plutôt l'Union sud-africaine à placer le territoire sous le régime de tutelle, en vertu des dispositions du Chapitre XII de la Charte des Nations Unies. Comme l'Union sud-africaine ne donne pas suite à cette invitation, l'Assemblée générale adopte la résolution du 6 décembre 1949.

Le Tribunal décide d'abord qu'il n'a pas à répondre séparément à la question générale « Quel est le statut international… », puisque l'examen des

---

61 *Statut international du Sud-Ouest africain, avis consultatif* : C.I.J. Recueil 1950, p. 129. Un résumé est disponible sur le site Internet de la C.I.J. : www.icj-cij.org.

questions particulières *a*, *b* et *c* donnera une réponse suffisante. La Cour passe donc directement à la question *a*, la première des questions particulières : « L'Union sud-africaine a-t-elle encore des obligations internationales en vertu du Mandat pour le Sud-Ouest africain et, si c'est le cas, quelles sont-elles ? »

Avant d'analyser ces obligations internationales, la Cour tient à préciser que ce régime des mandats, instauré en vertu de l'article 22 du Pacte de la Société des Nations, avait été créé pour donner effet à deux principes d'importance primordiale : celui de la non-annexion et celui qui proclamait que « le bien-être et le développement des habitants » formait « une mission sacrée de civilisation[62] ». La Cour explique aussi que le but de ce mandat, loin d'être celui qu'on définit en droit interne, le dépasse de beaucoup et qu'il a été conçu « dans l'intérêt des habitants du Territoire et de l'humanité en général[63] ». Ce statut international, reconnu par tous les membres de la Société des Nations, y compris l'Union sud-africaine, comportait certes le pouvoir d'administrer et d'appliquer au Territoire la législation de l'Union, « sous réserve des modifications nécessitées par les conditions locales », mais il n'attribuait « ni cession de territoire ni transfert de souveraineté » à l'Union[64]. Qui plus est, estime la Cour, le caractère international des fonctions reconnues à l'Union est mis en évidence par les dispositions des articles 6 et 7 du Mandat, qui soumettent l'exercice de ces fonctions à la surveillance du Conseil de la Société des Nations et à l'obligation de présenter des rapports annuels, et qui accordent à tous les membres de la Société des Nations la faculté de soumettre à la Cour permanente de Justice internationale (C.P.J.I.) tout différend avec l'Union portant sur l'interprétation ou l'application des dispositions de ce mandat.

L'autorité de l'Union sur le Territoire étant fondée sur ce mandat, ou bien ce dernier est expiré et alors l'Union n'y a plus d'autorité, ou bien ce mandat subsiste, de même que les droits qui y sont rattachés mais aussi les obligations qui en découlent. La Cour distingue à ce sujet deux types d'obligations internationales assumées par l'Union sud-africaine, les unes visant la mission sacrée de civilisation et concernant directement l'administration du Territoire, les autres s'adressant au mécanisme de mise en oeuvre, c'est-à-dire aux « garanties pour l'accomplissement de cette mission », assurées par la surveillance et le contrôle de la Société des Nations.

Dans les obligations du premier type, stipulées aux articles 2 à 5 du Mandat, la Cour constate, outre l'obligation générale « de favoriser au maximum le bien-être matériel et moral et le progrès social des habitants[65] », des

62 *Idem*, p. 132.
63 *Ibidem*.
64 *Ibidem*.
65 *Idem*, p. 133.

obligations particulières concernant le travail forcé, la traite des esclaves, le trafic des armements et des spiritueux, la liberté de conscience et de culte, l'éducation, les établissements militaires et même des dispositions particulières relatives aux missionnaires. Faisant référence à la Société des Nations, la Cour précise que toutes ces obligations « ne pouvaient devenir caduques pour la seule raison que cet organe de surveillance avait cessé d'exister[66] ». La Charte des Nations Unies elle-même, article 80, par. 1, prévoit que les droits des États et des peuples sont maintenus, ainsi que les dispositions des actes internationaux en vigueur concernant les territoires, jusqu'à ce que ceux-ci se retrouvent sous le régime de tutelle. Cela est confirmé, ajoute la Cour, par la résolution de la Société des Nations du 18 avril 1946 relativement aux territoires sous mandat, laquelle rappelle le principe de l'article 22 du Pacte selon lequel « le bien-être et le développement des peuples non encore capables de se diriger eux-mêmes dans les conditions particulièrement difficiles du monde moderne forment une mission sacrée de civilisation », alors que les membres eux-mêmes de la Société des Nations qui administrent actuellement des territoires ont « exprimé leur intention de continuer à administrer » ces territoires « jusqu'à ce que de nouveaux arrangements soient pris » avec les Nations Unies[67]. Le Tribunal constate que l'Union sud-africaine, dans plusieurs déclarations faites aussi bien aux Nations Unies qu'à la Société des Nations, avait reconnu que ses obligations continuaient d'exister. Ainsi, le représentant de l'Union déclare, devant l'Assemblée de la Société des Nations, le 9 avril 1946, que son gouvernement « continuera à s'en acquitter en pleine conscience et avec le juste sentiment de ses responsabilités, jusqu'au moment où d'autres arrangements auront été conclus[68] ». La Cour estime que ces déclarations, beaucoup plus qu'une « simple indication quant à la conduite future de ce Gouvernement[69] », constituent bel et bien une reconnaissance par l'Union de la continuation de ses propres obligations.

Quant au second groupe d'obligations, et à l'instar de ce qu'elle a dit à propos du premier type, la Cour considère que l'obligation de se soumettre à la surveillance n'a pas disparu pour la seule raison que l'organe de contrôle a cessé d'exister, les Nations Unies offrant d'ailleurs un nouvel organe international chargé de fonctions analogues. La Cour ajoute que la compétence de l'Assemblée générale « pour exercer un tel contrôle et pour recevoir et examiner des rapports se déduit des termes généraux de l'article 10 de la Charte qui autorise l'Assemblée générale à discuter toutes questions ou affaires rentrant dans le

---

66 *Ibidem.*
67 *Idem*, p. 134.
68 *Idem*, p. 135.
69 *Ibidem.*

cadre de la Charte et à formuler sur ces questions ou affaires des recommandations aux Membres des Nations Unies[70] ».

Par ailleurs, le droit de pétitions, qui n'était prévu ni dans le Pacte ni dans les dispositions du Mandat, a été organisé par le Conseil de la Société des Nations, de telle sorte que les pétitions adressées à la Société « par des communautés ou des éléments de la population des territoires sous Mandat seraient transmises par l'intermédiaire des Gouvernements mandataires qui pourraient y joindre les observations qu'ils jugeraient convenables[71] ».

En ce qui concerne la question *b)*, relative à l'applicabilité du chapitre XII de la Charte, la Cour constate, d'une part, que les territoires sous mandat n'ont pas été soumis automatiquement au nouveau régime international de tutelle, et, d'autre part, que les articles 75 et 77 de la Charte sont permissifs, se référant à des accords ultérieurs, lesquels supposent, bien sûr, le consentement des deux Parties, y compris celui de la Puissance mandataire. Le Tribunal précise que le mot « volontairement » employé à l'article 77 « s'explique par un excès de prudence et par le désir de donner des assurances de libre initiative aux États possédant de tels territoires[72] ». Il est vrai que la Charte n'a prévu qu'un seul régime, celui des tutelles, et qu'elle est muette sur les mandats, ce qui « permet de conclure qu'on s'attendait à ce que les Puissances mandataires suivent la voie normale tracée par la Charte », c'est-à-dire conclure des accords de tutelle, ce qui ne permet pas pour autant d'en déduire une obligation juridique de négocier, puisqu'il « n'appartient pas à la Cour de se prononcer sur les devoirs politiques ou moraux que ces considérations peuvent entraîner[73] ».

Enfin, sur la question *c)*, portant sur la compétence de l'Union pour modifier le territoire du Sud-Ouest africain, la Cour estime que l'Union n'a pas cette compétence pour le faire unilatéralement, puisque l'article 7 du Mandat déclare expressément que l'autorisation du Conseil de la Société des Nations est nécessaire. Le Tribunal rappelle que le procédé normal pour modifier ce statut consiste à placer le territoire sous le régime de tutelle au moyen d'un accord conclu selon les dispositions du Chapitre XII de la Charte. Les articles 79 et 85 de la Charte requièrent l'approbation de l'Assemblée générale pour les accords de tutelle, et on « peut admettre par analogie que la même procédure est applicable pour une modification au statut international du Territoire sous Mandat dont l'objet ne serait pas de le placer sous régime international de Tutelle[74] ».

La Cour ajoute que pareille solution est non seulement confirmée par l'action de l'Assemblée générale, mais aussi par l'attitude de l'Union sud-

---

70 *Idem*, p. 137.
71 *Ibidem*.
72 *Idem*, p. 139.
73 *Idem*, p. 140.
74 *Idem*, p. 142.

africaine. Les juges notent ainsi que le représentant de l'Union a déclaré, le 22 janvier 1946 devant la quatrième Commission de l'Assemblée générale, qu'il « ne serait fait aucune tentative en vue d'élaborer un accord avant que ne soit librement exprimée la volonté des populations européenne et indigènes[75] ». Le 9 avril 1946, devant la même Assemblée, le représentant déclare qu'il est « dans l'intention » de son gouvernement « d'exposer (...) les raisons pour lesquelles il conviendrait d'accorder au Sud-Ouest africain un statut aux termes duquel ce Territoire serait reconnu internationalement comme formant partie intégrante de l'Union[76] ». Le 4 novembre de la même année, le premier ministre de l'Union déclare devant cette Commission que « sa responsabilité internationale ne lui permettrait pas de profiter d'une situation créée par la guerre pour effectuer un changement dans le statut du Sud-Ouest africain sans consultation appropriée soit de tous les peuples de ce Territoire soit avec les organes internationaux compétents[77] ».

Puisque l'Union a estimé devoir soumettre au « jugement » de l'Assemblée générale, en tant qu'« organe international compétent », le projet d'incorporation du territoire, c'est dire qu'elle en a reconnu la compétence. La Cour note aussi que l'Assemblée a affirmé cette compétence par la résolution 65 (I) du 14 décembre 1946 par laquelle « elle ne saurait admettre » l'incorporation du Territoire à l'Union[78]. Les juges constatent aussi que cette dernière, à la suite de l'adoption de cette résolution, a décidé de maintenir le statu quo plutôt que de procéder à l'incorporation.

Dans le dispositif de l'arrêt, sur la question générale, la Cour décide à l'unanimité que « le Sud-Ouest africain est un territoire soumis au Mandat international assumé par l'Union sud-africaine le 17 décembre 1920 »; sur la question *a)*, elle décide, par 12 voix contre 2, que « l'Union sud-africaine continue à être soumise aux obligations internationales énoncées à l'article 22 du Pacte de la Société des Nations et au Mandat pour le Sud-Ouest africain ainsi qu'à l'obligation de transmettre les pétitions des habitants de ce Territoire, les fonctions de contrôle devant être exercées par les Nations Unies auxquelles les rapports annuels et les pétitions devront être soumis, et la référence à la Cour permanente de Justice internationale devant être remplacée par la référence à la Cour internationale de Justice, conformément à l'article 7 du Mandat et à l'article 37 du Statut de la Cour » ; sur la question *b)*, la Cour décide, à l'unanimité, que « les dispositions du Chapitre XII de la Charte s'appliquent au territoire du Sud-Ouest africain en ce sens qu'elles fournissent le moyen de placer le Territoire sous le Régime de Tutelle » ; elle décide aussi, par 8 voix

[75] *Ibidem.*
[76] *Ibidem.*
[77] *Ibidem.*
[78] *Idem*, p. 143.

contre 6, que « les dispositions du chapitre XII de la Charte n'imposent pas à l'Union sud-africaine l'obligation juridique de placer le Territoire sous le Régime de Tutelle » ; enfin, sur la question *c)*, la Cour décide à l'unanimité que « l'Union sud-africaine agissant seule n'est pas compétente pour modifier le statut international du Territoire du Sud-Ouest africain, et que la compétence pour déterminer et modifier ce statut international appartient à l'Union sud-africaine agissant avec le consentement des Nations Unies[79] ».

Dans l'opinion dissidente qu'il a émise au sujet de la question *b*, le juge De Visscher, tout en admettant que le chapitre XII de la Charte n'impose pas à l'Union sud-africaine l'obligation de conclure un accord de tutelle, estime par contre que ces dispositions imposent à l'Union l'obligation de négocier en vue de la conclusion d'un accord :

> La Charte a donné naissance à un régime international qui n'aurait jamais eu qu'une existence purement théorique si les Puissances mandataires ne s'étaient reconnu aucune obligation de négocier les accords opérant conversion de leur mandat en tutelle. C'est d'ailleurs un fait qu'en dehors de cas d'accession à l'indépendance et de celui de la Palestine, toutes les Puissances mandataires autres que l'Union sud-africaine ont consenti à cette conversion. L'obligation de se prêter à une négociation en vue de la conclusion d'un accord représentait le minimum de coopération internationale sans lequel tout le régime prévu et réglé par la Charte se serait écroulé. Il faut se souvenir, dans ce même ordre d'idées, que l'interprétation d'un grand texte constitutionnel international comme la Charte des Nations Unies ne saurait s'inspirer des conceptions individualistes qui prévalent généralement dans l'interprétation des traités ordinaires. (...) En reconnaissant son obligation de se prêter à la négociation d'un projet d'accord de tutelle, sans aliéner pour autant sa liberté d'en accepter ou d'en refuser les termes, une Puissance mandataire se conforme, dans un domaine particulièrement important, aux fins les plus hautes de l'Organisation des Nations Unies[80].

1.3 La procédure de vote concernant les rapports et pétitions (avis de 1955)

Un second avis consultatif, rendu le 7 juin 1955 et concernant la procédure de vote applicable aux questions touchant les rapports et pétitions relatifs au Territoire du Sud-Ouest africain, est demandé par l'Assemblée générale, à la suite de l'adoption de sa résolution 904 (IX) du 23 novembre 1954, qui

---

79 *Idem*, p. 143-144.

80 *Opinion dissidente du juge De Visscher*, p. 189-190.

indiquait son acceptation de l'avis de 1950 et mentionnait une résolution précédente, 749 A (VIII) du 28 novembre 1953, selon laquelle, « en l'absence d'un contrôle de l'Organisation des Nations Unies, les habitants du Territoire sont privés du contrôle international prévu par le Pacte de la Société des Nations », estimant alors « qu'elle manquerait à ses obligations envers les habitants du Sud-Ouest africain si elle n'assumait pas, à l'égard de ce territoire, les fonctions de contrôle précédemment exercées par la Société des Nations[81] ». La résolution 904 mentionnait aussi une autre résolution, celle du 11 octobre 1954, aux termes de laquelle avait été adopté un article spécial F quant à la procédure de vote et dans le but « d'appliquer, autant que possible et jusqu'à la conclusion d'un accord entre l'Organisation des Nations Unies et l'Union sud-africaine, la procédure suivie en la matière par le Conseil de la Société des Nations[82] ». La résolution 904 considère aussi qu'il est « souhaitable d'obtenir des éclaircissements » sur l'avis de 1950 et il est demandé à la Cour un autre avis sur les questions suivantes :

> *a)* L'article ci-après relatif à la procédure de vote que l'Assemblée générale devra suivre correspond-il à une interprétation exacte de l'avis consultatif de la Cour internationale de Justice en date du 11 juillet 1950 : "Les décisions de l'Assemblée générale sur les questions touchant les rapports et les pétitions relatifs au territoire du Sud-Ouest africain sont considérées comme questions importantes au sens du paragraphe 2 de l'article 18 de la Charte des Nations Unies" ?
>
> *b)* Si cette interprétation de l'avis consultatif de la Cour n'est pas exacte, quelle procédure de vote l'Assemblée générale devrait-elle suivre pour prendre des décisions sur les questions touchant les rapports et les pétitions relatifs au territoire du Sud-Ouest africain ?[83]

À l'unanimité, la Cour répond par l'affirmative à la première question posée, et elle se trouve donc dispensée d'examiner la seconde.

1.4 L'admissibilité de l'audition de pétitionnaires (avis de 1956)

La Cour sera de nouveau saisie pour avis consultatif par l'Assemblée générale, qui adopte, le 3 décembre 1955, la résolution par laquelle la question suivante est posée : « Le Comité du Sud-Ouest africain, créé par la résolution 749 A (VIII) de l'Assemblée générale, en date du 28 novembre 1953, se conformerait-il à l'avis consultatif rendu par la Cour internationale de Justice, le

---

81 *Sud-Ouest africain. Procédure de vote, avis consultatif du 7 juin 1955 :* C.I.J. Recueil 1955, p. 68. Un résumé de l'avis est disponible sur le site Internet de la Cour : www.icj-cij.org.

82 *Idem*, p. 69.

83 *Ibidem.*

11 juillet 1950, en accordant des audiences à des pétitionnaires sur des questions relatives au territoire du Sud-Ouest africain ?[84] » Dans son avis du 1er juin 1956, la Cour répond affirmativement par 8 voix contre 5.

Elle estime qu'il s'agit non pas de l'autorité du Comité d'accorder des audiences mais bien de savoir si l'Assemblée générale est habilitée à donner ce pouvoir au Comité. La Cour note que sous le régime de la Société des Nations, la question de l'octroi d'audiences n'est pas prévue par les textes, et que de telles audiences n'ont jamais été octroyées. Mais les textes ne parlent pas non plus du droit de pétition, qui a été reconnu par le Conseil de la Société des Nations Unies pour rendre plus effective sa fonction de surveillance ; et si le Conseil, compétent pour ce faire, l'avait jugé à propos, il l'aurait été aussi pour autoriser la Commission des mandats à accorder des audiences. La Cour note aussi que le Comité du Sud-Ouest africain, étant donné l'absence de coopération du mandataire, a été contraint de prévoir une procédure de remplacement pour la réception et le traitement de pétitions. Le Tribunal estime enfin qu'il n'est pas incompatible avec son avis de 1950 que l'Assemblée générale autorise une procédure pour l'octroi par le Comité du Sud-Ouest africain d'audiences à des pétitionnaires ayant déjà soumis des pétitions écrites, si elle considère que cette procédure est rendue nécessaire au maintien d'une surveillance internationale effective de l'administration du territoire sous mandat.

1.5 La présence continue de l'Afrique du Sud en Namibie (avis de 1971)

Un dernier avis consultatif[85] est rendu par la Cour, le 21 juin 1971, à la suite d'une requête émanant non plus de l'Assemblée générale mais du Conseil de sécurité, qui, par sa résolution 284 (1970) du 29 juillet 1970, pose la question suivante : « Quelles sont les conséquences juridiques pour les États de la présence continue de l'Afrique du Sud en Namibie, nonobstant la résolution 276 (1970) du Conseil de sécurité ?[86] » Dans les considérants de la résolution sont notamment invoquées « la responsabilité spéciale » des Nations Unies concernant le peuple et le territoire de la Namibie, ainsi que l'utilité d'un avis consultatif au Conseil de sécurité « pour la réalisation des objectifs recherchés » par le

---

84 *Admissibilité de l'audition de pétitionnaires par le Comité du Sud-Ouest africain (1955-1956), avis consultatif du 1er juin 1956* : C.I.J. Recueil 1956. Un résumé de l'avis est disponible sur le site Internet de la Cour : www.icj-cij.org.

85 Bollecker, Brigitte (1971) L'avis consultatif du 21 juin 1971 dans l'affaire de la Namibie (Sud-Ouest africain), *AFDI*, vol. 17, p. 81.

86 *Conséquences juridiques pour les États de la présence continue de l'Afrique du Sud en Namibie (Sud-Ouest africain) nonobstant la résolution 276 (1970) du Conseil de sécurité, avis consultatif* : C.I.J. Recueil 1971, p. 17. Ci-après cité *Avis de 1971*. Un résumé de l'avis est disponible sur le site Internet de la Cour : www.icj-cij.org.

Conseil. Il est par ailleurs mentionné dans l'arrêt que le président de la Cour s'est prévalu des dispositions de l'article 66, paragraphe 2, du Statut pour décider que les États membres des Nations Unies étaient susceptibles de fournir des renseignements écrits sur la question soumise à la Cour. Outre le secrétaire général, ont donné suite à cette invitation l'Afrique du Sud, les États-Unis, la Finlande, la France, la Hongrie, l'Inde, le Nigeria, le Pakistan, les Pays-Bas, la Pologne, la Tchécoslovaquie et la Yougoslavie.

La Cour rejette d'abord des objections formulées par l'Afrique du Sud quant à la participation de trois membres de la Cour à cette affaire, ces objections étant fondées sur des déclarations de ces trois juges à l'époque où ils représentaient leur gouvernement devant des organismes de l'ONU voués aux questions relatives à la Namibie, ou sur leur participation aux travaux de ces organismes. Se basant sur ses propres précédents, de même que sur ceux de la Cour permanente, le Tribunal estime qu'il ne convient pas d'appliquer l'article 17, paragraphe 2, de son Statut. La Cour rejette en outre deux demandes formulées par l'Afrique du Sud, l'une concernant l'autorisation de fournir une documentation supplémentaire sur les faits relatifs à la situation dans le territoire, l'autre portant sur un plébiscite organisé sous le contrôle conjoint de l'Afrique du Sud et de la Cour et portant sur la question de savoir si les habitants souhaitaient que "le territoire continue à être administré par le Gouvernement sud-africain ou soit désormais administré par les Nations Unies"[87]. La Cour, pour chacune de ces demandes, « n'estime pas avoir besoin d'explications ou de renseignements complémentaires[88] ».

La Cour rejette aussi une objection de l'Afrique du Sud selon laquelle le Tribunal n'a pas compétence pour rendre un avis consultatif, étant donné que la résolution 284 (1970) du Conseil de sécurité n'était pas valable pour les deux motifs suivants : deux membres permanents du Conseil de sécurité se sont abstenus lors du vote (Charte des Nations Unies, art. 27, par. 3) ; comme il s'agit d'un différend entre l'Afrique du Sud et d'autres membres des Nations Unies, l'Afrique du Sud aurait dû être appelée à participer aux discussions (Charte, art. 32), tandis que les membres du Conseil de sécurité parties au différend auraient dû s'abstenir de voter (Charte, art. 27, par. 3). La Cour estime au contraire que, depuis plusieurs années, l'abstention volontaire d'un membre permanent a toujours été interprétée comme ne faisant pas obstacle à l'adoption de résolutions. Quant à la question de la Namibie, qui avait été inscrite à l'ordre du jour en tant que *situation*, l'Afrique du Sud aurait dû attirer l'attention du Conseil de sécurité sur sa prétention qu'il s'agissait plutôt d'un *différend*.

L'Afrique du Sud soutient subsidiairement que, même si la Cour avait compétence, elle n'en devrait pas moins refuser de rendre un avis consultatif en

---

87 *Idem*, p. 20, par. 16.

88 *Idem*, p. 21, par. 18.

raison des pressions politiques auxquelles « elle aurait été ou pourrait être soumise[89] ». Cet argument est également rejeté par le Tribunal : « Il n'y a pas lieu pour la Cour de retenir ces observations portant sur la nature même de la Cour, organe judiciaire principal des Nations Unies, qui, en cette qualité, ne se prononce que sur la base du droit, indépendamment de toute influence ou de toute intervention de la part de quiconque, dans l'exercice de la fonction juridictionnelle confiée à elle seule par la Charte et par son Statut. Une cour (...) ne saurait agir d'une autre manière[90] ».

L'Afrique du Sud soutient en outre subsidiairement que la question dont il s'agit porte sur un différend existant entre l'Afrique du Sud et d'autres États. La Cour fait remarquer que l'Afrique du Sud, à titre de membre des Nations Unies, est liée par l'article 96 de la Charte qui autorise le Conseil de sécurité à demander un avis consultatif sur toute question d'ordre juridique. Que la Cour puisse avoir à se prononcer sur des questions juridiques au sujet desquelles l'Afrique du Sud et les Nations Unies s'opposent radicalement ne suffit pas à transformer l'affaire en un différend entre États, et l'article 83 du Règlement de la Cour n'a donc pas à être appliqué dans le présent cas, la Cour expliquant que, si un avis consultatif est demandé au sujet d'une question juridique « actuellement pendante entre deux ou plusieurs États », l'article 31 du Statut prévoit la nomination d'un juge *ad hoc*, comme l'a demandé sans succès l'Afrique du Sud.

Comme la Cour ne retient aucune raison pour laquelle elle devrait refuser de répondre à la demande d'avis consultatif, elle procède à l'examen de la question qui lui a été posée en faisant d'abord un historique du mandat, notamment la nature des mandats de type C, de même que le contenu et la portée de l'article 22 du Pacte de la Société des Nations dont elle cite quelques uns des paragraphes, particulièrement les paragraphes 1 et 2, qui visent la mission sacrée de civilisation et la responsabilité des nations développées, mais aussi les paragraphes suivants :

> 7. Dans tous les cas le Mandataire doit envoyer au Conseil un rapport annuel concernant les territoires dont il a la charge.
> 8. Si le degré d'autorité, de contrôle ou d'administration à exercer par le Mandataire n'a pas fait l'objet d'une convention antérieure entre les Membres de la Société, il sera expressément statué sur ces points par le Conseil.
> 9. Une commission permanente sera chargée de recevoir et d'examiner les rapports annuels des mandataires et de donner au Conseil son avis sur toutes les questions[91].

[89] *Idem*, p. 23, par. 28.
[90] *Idem*, p. 23, par. 29.
[91] *Idem*, p. 28-30, par. 45-49.

La Cour rappelle donc que la mission de civilisation était basée sur deux principes (non-annexion et promotion du développement) et elle estime que cette mission avait pour objectif ultime l'autodétermination et l'indépendance, encore qu'elle se déclare prête à reconnaître qu'il ressort de l'intention de certains participants à la conférence de paix de Paris, à l'origine de l'article 22, de faire des mandats C des outils « très proches, dans leur effet pratique, de l'annexion[92] ». La Cour ajoute que les dispositions de l'article 22 n'en sont pas moins claires :

> Il est vrai (...) qu'il y avait eu une tendance marquée à l'annexion des anciens territoires coloniaux ennemis. Quoi qu'il en soit, le résultat final de ces négociations – même s'il n'a pas été obtenu sans mal – a été le rejet de l'idée d'annexion. Prétendre qu'on peut méconnaître le sens évident de l'institution des mandats, en donnant aux dispositions explicites qui en expriment les principes une interprétation contraire à son but et à son objet, est une thèse insoutenable[93].

Le Tribunal rappelle aussi que l'évolution ultérieure du droit international au sujet des territoires non autonomes a fait de l'autodétermination un principe applicable à tous ces territoires. Ainsi, dans la Charte des Nations Unies, à l'article 73, la notion de mission sacrée de civilisation a été confirmée et étendue à tous les « territoires dont les populations ne s'administrent pas encore complètement elles-mêmes ». Une autre étape importante consiste dans la Déclaration sur l'octroi de l'indépendance aux pays et aux peuples coloniaux, mieux connue sous le nom de résolution 1514 (XV) du 14 décembre 1960.

La Cour estime en outre que l'histoire politique des territoires sous mandat ne doit pas être négligée. Ainsi rappelle-t-elle que tous les territoires ont été placés sous tutelle, à l'exception de la Namibie, et que sur 15 de ces territoires, non compris la Namibie, 2 seulement sont encore sous la tutelle des Nations Unies. Compte tenu de l'évolution politique, ajoute la Cour, « il n'y a guère de doute que la "mission sacrée de civilisation" avait pour objectif ultime l'autodétermination et l'indépendance des peuples en cause[94] ». À ce sujet, le Tribunal déclare ne pouvoir accepter la thèse selon laquelle les mandats C auraient eu un but et un objet différents des mandats A et B. Au contraire, dit-il, les garanties sont les mêmes, « aucune exception n'étant faite notamment pour des raisons de contiguïté géographique ». Lorsqu'il est dit, au paragraphe 6 de l'article 22 du Pacte de la Société des Nations, que les territoires ne sauraient "être mieux administrés que sous les lois du Mandataire, comme une partie intégrante de son territoire", ces territoires ne font pas pour autant l'objet de

---

92 *Idem*, p. 28, par. 45.
93 *Idem*, p. 30, par. 50.
94 *Idem*, p. 31, par. 53.

« cessions déguisées[95] », et la Puissance administrante n'a pas un titre spécial que ne détiennent pas les mandataires de type A ou B.

Examinant ensuite la situation créée par la disparition de la Société des Nations et l'instauration de l'Organisation des Nations Unies, la Cour rappelle la clause de sauvegarde que constituent les dispositions de la Charte, à l'article 80, paragraphe 1 : « À l'exception de ce qui peut être convenu dans les accords particuliers de tutelle (...), et jusqu'à ce que ces accords aient été conclus, aucune disposition du présent chapitre ne sera interprétée comme modifiant directement ou indirectement en aucune manière les droits quelconques d'aucun État ou d'aucun peuple ou les dispositions d'actes internationaux en vigueur auxquels des Membres de l'Organisation peuvent être parties[96] ». La Cour ajoute que le régime de tutelle instauré comportait une surveillance internationale « plus large et plus efficace[97] » que celle des mandats de la Société des Nations. Le Tribunal rappelle aussi la résolution du 14 décembre 1946 par laquelle l'Assemblée générale a constaté « *avec satisfaction* que l'Union sud-africaine (...) reconnaît l'intérêt et le souci que les Nations Unies témoignent pour la question du statut futur des territoires actuellement sous mandat », et elle a déclaré qu'elle « *ne saurait admettre* l'incorporation du territoire du Sud-Ouest africain à l'Union sud-africaine », ajoutant plus loin qu'elle « *recommande* que le territoire (...) soit placé sous le régime international de tutelle et invite le Gouvernement sud-africain à soumettre à l'examen de l'Assemblée générale un accord de tutelle pour ledit territoire[98] ». Pourtant, l'Afrique du Sud invoque divers titres pour justifier le maintien de sa présence en Namibie. Ainsi, son représentant fait devant la Cour la déclaration suivante :

> Le Gouvernement sud-africain estime qu'étant admise la caducité du mandat, il aurait le droit d'administrer le territoire grâce au jeu d'une série de facteurs qui sont *a)* la conquête initiale, *b)* une occupation prolongée, *c)* le maintien de la mission sacrée confiée et acceptée en 1920, *d)* le fait que son administration s'exerce au profit des habitants du territoire et qu'elle est voulue par eux. Dans ces conditions, le Gouvernement sud-africain ne saurait considérer qu'un État ou une organisation puisse avoir un meilleur titre à administrer le territoire[99].

Le représentant de l'Afrique du Sud déclare plus loin que de l'avis de son gouvernement, « aucune disposition juridique ne l'empêche d'annexer le Sud-Ouest africain[100] ». La Cour relate ensuite les longues négociations infructueuses qui ont entouré la question namibienne, de même que les nombreuses

---

[95] *Idem*, p. 32, par 54.
[96] *Idem*, p. 33, par. 58.
[97] *Idem*, p. 33, par. 56.
[98] *Idem*, p. 40, par. 76.
[99] *Idem*, p. 43, par. 82.
[100] *Idem*, p. 43, par. 83.

résolutions de l'Assemblée générale. Ainsi, par sa résolution 9 (I) du 9 février 1946, l'Assemblée générale, qui invitait les États administrateurs de mandat à soumettre des accords de tutelle, a obtenu la collaboration de tous, à l'exception de l'Afrique du Sud, qui ont placé effectivement les territoires sous ce régime ou ont offert l'indépendance ; par la résolution 141 (II) du 1er novembre 1947, elle a « prié instamment » l'Afrique du Sud de lui soumettre un accord de tutelle ; elle a regretté, aux termes de sa résolution 337 (IV) du 6 décembre 1949, que l'Afrique du Sud « ait retiré sa promesse antérieure (...) de présenter des rapports sur son administration ». Toutes les propositions, dit la Cour, « ont été rejetées par l'Afrique du Sud qui a refusé d'accepter le principe de la surveillance » des Nations Unies. Avant que le Conseil de sécurité n'adopte la résolution 276 (1970) par laquelle était déclarée illégale la présence de l'Afrique du Sud en Namibie, une autre résolution, la 2145 (XXI), était adoptée en 1966 par l'Assemblée générale concernant la cessation du mandat pour le Sud-Ouest africain. La Cour rappelle par ailleurs que les négociations avec la Namibie, loin de connaître plus de succès, ont atteint un cul-de-sac bien avant que l'Assemblée n'abandonne ses efforts ; de même les avis consultatifs précédents rendus par la Cour n'ont pas donné de résultats positifs[101].

Le Tribunal examine ensuite une prétention de l'Afrique du Sud et du gouvernement français selon laquelle la résolution 2145 ne serait pas valide pour le motif que l'Assemblée générale aurait outrepassé ses pouvoirs. La Cour tient d'abord à faire observer qu'elle n'a pas de pouvoirs de contrôle judiciaire ni de pouvoir d'appel concernant les décisions prises par des organes de l'Organisation des Nations Unies, et que la demande d'avis consultatif ne porte pas sur la validité de cette résolution, ni des résolutions connexes adoptées par l'Assemblée ou le Conseil de sécurité, pas plus que sur leur conformité avec la Charte. La Cour déclare qu'elle examinera pourtant ces objections avant de se prononcer sur les conséquences juridiques qui découlent de ces résolutions.

Les juges rappellent tout d'abord que la Charte des Nations Unies, à l'article 80, a instauré un rapport entre tous les membres de l'Organisation et chacun des mandataires, alors que l'un des principes fondamentaux régissant ce rapport « est qu'une partie qui renie ou ne remplit pas ses propres obligations ne saurait être considérée comme conservant les droits qu'elle prétend tirer de ce rapport[102] ». Lorsque la résolution 2145 mentionne, dans son dispositif, que l'Afrique du Sud « a failli à ses obligations » et que le mandat « est donc terminé[103] », elle met en œuvre l'application d'un principe général de droit international portant sur la cessation d'une relation conventionnelle par suite d'une violation, principe de droit coutumier qui a été codifié dans la Convention de

---

101 *Idem*, p. 43-45, par. 84-86.
102 *Idem*, p. 46, par. 91.
103 *Idem*, p. 46, par. 93.

Vienne sur le droit des traités, qui prévoit, à l'article 60, paragraphe 3, que l'extinction d'un traité est justifiée dans le seul cas d'une violation substantielle, laquelle est définie comme étant constituée par « *a)* un rejet du traité non autorisé par la présente Convention ; ou *b)* la violation d'une disposition essentielle pour la réalisation de l'objet ou du but du Traité[104] ». S'agissant du mandat qui avait été confié à l'Afrique du Sud, la Cour considère l'adoption de la résolution 2145 comme « l'exercice du droit de mettre fin à un certain rapport à la suite d'une violation délibérée et persistante d'obligations, qui détruit l'objet même et le but de ce rapport[105] ».

De l'avis de l'Afrique du Sud, le Pacte de la Société des Nations ne conférait pas à son Conseil le pouvoir de mettre fin à un mandat, même dans le cas d'une violation sérieuse des obligations du mandataire ou d'une faute grave de sa part, et l'Organisation des Nations Unies ne détient pas non plus ce pouvoir, puisqu'elle a hérité de pouvoirs qui ne peuvent être plus étendus. En supposant même que le Conseil avait le pouvoir de révoquer le mandat, il ne pouvait en user qu'en coopération avec le mandataire mais non unilatéralement. L'Afrique du Sud prétend aussi que la résolution 2145 contenait des prononcés que l'Assemblée générale n'avait pas compétence pour formuler, faute d'être un organe judiciaire, et que sa mise en œuvre aboutissait à un transfert de territoire. Quoi qu'il en soit, ajoute l'Afrique du Sud, un examen approfondi des faits aurait été nécessaire.

La Cour rejette chacune de ces prétentions en réitérant d'abord l'existence du principe de droit international général, incorporé dans la Convention de Vienne sur le droit des traités, en vertu duquel « le droit de mettre fin à un traité comme conséquence de sa violation doit être présumé exister pour tous les traités[106] », sauf les dispositions de l'article 60, paragraphe 5, en ce qui concerne la protection de la personne humaine prévue dans les traités de caractère humanitaire. En d'autres termes, poursuit la Cour, « le silence d'un traité à ce sujet ne saurait être interprété comme impliquant l'exclusion d'un droit dont la source se trouve en dehors du traité, dans le droit international général, et qui dépend de circonstances que l'on n'envisage normalement pas au moment de conclure le traité[107] ». Les juges ajoutent, s'agissant d'une révocation, qu'on ne saurait « exiger le consentement du fautif », car tirer argument du principe de l'unanimité dans de tels cas serait « postuler une impossibilité[108] ».

Quant à l'argument selon lequel l'ONU n'est pas un organe judiciaire, la Cour rappelle que les différends relatifs à la gestion d'un mandat ont été

---

104 *Idem*, p. 47, par. 94.
105 *Idem*, p. 47, par. 95.
106 *Idem*, p. 47, par. 96.
107 *Ibidem*.
108 *Idem*, p. 49, par. 101.

considérés, dans un avis consultatif précédent, « comme relevant de l'ordre politique[109] », et elle ajoute que « refuser le droit d'agir à un organe politique de l'Organisation des Nations Unies, successeur de la Société des Nations à cet égard, parce qu'il n'aurait pas compétence pour prendre ce qui est qualifié de décision judiciaire, ce serait non seulement contradictoire mais encore cela reviendrait à un déni total des recours disponibles contre les violations fondamentales d'un engagement international[110] ».

Est également rejetée la prétention selon laquelle la résolution 2145 aurait décidé un transfert de territoire, car l'Assemblée générale, en déclarant que l'Afrique du Sud n'avait plus aucun droit d'administrer le territoire, « n'a pas ainsi tranché des faits mais décrit une situation juridique. Il serait en effet inexact de supposer que, parce qu'elle possède en principe le pouvoir de faire des recommandations, l'Assemblée générale est empêchée d'adopter, dans des cas déterminés relevant de sa compétence, des résolutions ayant le caractère de décisions ou procédant d'une intention d'exécution[111] ». Quant à l'argument selon lequel l'Assemblée générale aurait dû, avant d'adopter la résolution 2145, procéder à un examen approfondi des faits, la Cour estime que l'inobservation par l'Afrique du Sud de son obligation de produire des rapports et de se soumettre à la surveillance ne peut être contestée.

Cependant, comme l'Assemblée générale ne disposait pas des pouvoirs nécessaires pour obtenir que l'Afrique du Sud se retire du territoire, elle a fait appel, conformément à l'article 11, paragraphe 2, de la Charte, au Conseil de sécurité, qui a agi dans l'exercice de ce qu'il considérait comme sa responsabilité principale, à savoir le maintien de la paix et de la sécurité, et qui a adopté en conséquence les résolutions pertinentes, notamment les résolutions 264 et 269 de 1969 et la 276 de 1970. Ainsi, dans le préambule de la résolution 264, le Conseil déclare que les actes du gouvernement sud-africain "visant à détruire l'unité nationale et l'intégrité territoriale de la Namibie par la création de Bantoustans" violent les dispositions de la Charte. Dans le dispositif de la résolution 269, paragraphe 3, le Conseil dit que l'occupation continue du territoire namibien "constitue une atteinte agressive à l'autorité de l'Organisation". Dans la résolution 276, au paragraphe 3 du dispositif, il est mentionné que "l'attitude de défi" de l'Afrique du Sud envers les décisions du Conseil "sape l'autorité des Nations Unies". Au paragraphe 2 du même dispositif, le Conseil déclare que cette présence est illégale, de même que toutes les mesures prises par le gouvernement sud-africain au nom de la Namibie, alors qu'au paragraphe 5, il est demandé "à tous les États, en particulier ceux qui ont des intérêts économiques

---

[109] C.I.J. Recueil 1966, p. 45.
[110] *Avis de 1971*, p. 49, par. 102.
[111] *Idem*, p. 50, par. 105.

et autres" en Namibie "de s'abstenir de toutes relations" avec l'Afrique du Sud qui sont incompatibles avec les dispositions du paragraphe 2[112].

Le Tribunal précise que l'article 24 de la Charte conférait au Conseil les pouvoirs nécessaires et que ses décisions ont été adoptées conformément aux buts et aux principes de la Charte. Aux termes de l'article 25, il incombe aux États membres de s'y conformer, y compris les membres du Conseil de sécurité qui ont voté contre et ceux des Nations Unies qui ne siègent pas au Conseil.

La Cour examine enfin les conséquences juridiques pour les États de la présence continue de l'Afrique du Sud en Namibie, car, dit-elle, il ne suffit pas qu'un organe compétent de l'ONU constate qu'une situation est illégale, il doit de plus déclarer que cette constatation ne peut rester sans conséquence. Le Tribunal décrit comme suit cette conséquence pour l'Afrique du Sud :

> Tant qu'elle laisse subsister cette situation illégale et occupe le territoire sans titre, l'Afrique du Sud encourt des responsabilités internationales pour violation persistante d'une obligation internationale. Elle demeure aussi responsable de toute violation de ses obligations internationales ou des droits du peuple namibien. Le fait que l'Afrique du Sud n'a plus aucun titre juridique l'habilitant à administrer le territoire ne la libère pas des obligations et responsabilités que le droit international lui impose envers d'autres États et qui sont liées à l'exercice de ses pouvoirs dans ce territoire. C'est l'autorité effective sur un territoire, et non la souveraineté ou la légitimité du titre, qui constitue le fondement de la responsabilité de l'État en raison d'actes d'autres États[113].

Cette présence illégale comporte une conséquence non seulement pour l'Afrique du Sud mais aussi pour les autre États. En effet, explique la Cour, tous les membres des Nations Unies sont tenus de reconnaître l'illégalité de cette présence sud-africaine en Namibie, et ils doivent notamment s'abstenir d'accorder à l'Afrique du Sud toute aide ou assistance de nature économique ou autre, qui serait de nature à affirmer l'autorité de l'Afrique du Sud dans le territoire, à la condition que ces restrictions n'aient pas pour conséquence de priver le peuple namibien des avantages qu'il peut retirer de la coopération internationale, en particulier en ce qui concerne les actes de l'état civil (naissances, mariages et décès). La Cour tient à faire remarquer qu'elle n'émet pas de directives quant aux autres actes, à savoir s'ils sont ou non permis, car cela relève, dit-elle, des organes politiques compétents de l'ONU agissant dans le cadre des pouvoirs qui leur sont conférés par la Charte. Ainsi, il appartient au Conseil de sécurité d'indiquer toutes mesures devant faire suite aux décisions qu'il a déjà prises. La Cour se borne donc à exprimer un avis sur les rapports avec le Gouvernement sud-africain qui doivent être considérés comme incom-

---

112 *Idem*, p. 51, par. 108.
113 *Idem*, p. 54, par. 118.

patibles avec la résolution 276 (1970), « parce qu'ils peuvent impliquer une reconnaissance du caractère légal de la présence sud-africaine en Namibie[114] ».

La Cour estime qu'il convient de distinguer entre les traités bilatéraux et les traités multilatéraux, car l'interdiction de les invoquer ou de les appliquer ne concerne que la première catégorie et ne s'étend pas aux traités multilatéraux de nature humanitaire. Par ailleurs l'interdiction couvre l'accréditation auprès de l'Afrique du Sud des missions diplomatiques ou spéciales dont la juridiction s'étendrait à la Namibie. Les États doivent de même signifier à l'Afrique du Sud qu'en entretenant des relations diplomatiques ou consulaires avec elle, ils n'entendent pas reconnaître pour autant son autorité sur la Namibie. Puisque la déclaration d'illégalité de la présence sud-africaine en Namibie est opposable *erga omnes*, c'est-à-dire à tous les États, et bien que les États non membres des Nations Unies ne soient pas liés par les articles 24 et 25 de la Charte, la résolution 276 (1970) du Conseil de sécurité les a invités à s'associer à l'action des Nations Unies concernant la Namibie. Quant aux conséquences générales de cette présence illégale, « tous les États doivent se souvenir qu'elle porte préjudice à un peuple qui doit compter sur l'assistance de la communauté internationale pour atteindre les objectifs auxquels correspond la mission sacrée de civilisation[115] ».

L'Afrique du Sud a exprimé à la Cour le désir de présenter des renseignements de fait supplémentaires pour éclairer les buts et les objectifs de sa politique de développement séparé (ou apartheid). Elle soutient en effet qu'on devrait pouvoir établir l'existence d'une violation des obligations internationales fondamentales imposées par le mandat et que, pour ce faire, il faudrait prouver que l'Afrique du Sud n'a pas exercé ses pouvoirs législatifs ou administratifs « en vue d'accroître de bonne foi, par tous les moyens en son pouvoir, le bien-être et le progrès des habitants[116] ». Celle-ci présente en outre une demande tendant à ce qu'un plébiscite soit organisé dans le territoire de la Namibie sous la surveillance conjointe de la Cour et du gouvernement sud-africain. Ces deux demandes sont rejetées :

> (...) la Cour estime qu'il n'est nul besoin de preuves sur les faits pour dire si la politique d'*apartheid* (...) en Namibie est conforme aux obligations internationales que l'Afrique du Sud a assumées aux termes de la Charte des Nations Unies. S'agissant de déterminer si les lois et décrets appliqués par l'Afrique du Sud en Namibie, qui sont de notoriété publique, violent les buts et les principes de la Charte (...), la question de l'intention ou du pouvoir discrétionnaire du gouvernement est sans

---

114 *Idem*, p. 55, par. 121.
115 *Idem*, p. 56, par. 127.
116 *Idem*, p. 56, par. 128.

pertinence ; il n'est pas nécessaire non plus d'apprécier les effets de ces mesures sur le bien-être des habitants.

C'est un fait incontesté (...) que la politique officielle du Gouvernement sud-africain en Namibie tend à une séparation physique complète des races et des groupes ethniques, chacun étant installé dans une zone distincte du territoire. Ainsi que l'Afrique du Sud l'a reconnu, la mise en œuvre de cette politique nécessite des mesures restrictives de contrôle, adoptées et appliquées officiellement dans le territoire par le pouvoir coercitif de l'ancien mandataire. Ces mesures ont pour objet de limiter, d'exclure ou de restreindre la participation des membres des groupes de population autochtones à certains types d'activité, à certains domaines d'étude ou de formation et à certains travaux ou emplois, et d'imposer aux autochtones des restrictions ou des prohibitions en matière de résidence et de déplacement dans de vastes régions du territoire[117].

Dans le dispositif[118], la Cour, répondant à la question « Quelles sont les conséquences juridiques pour les États de la présence continue de l'Afrique du Sud en Namibie, nonobstant la résolution 276 (1970) du Conseil de sécurité ? », décide, par 13 voix contre 2, que cette présence étant illégale, elle « a l'obligation de retirer immédiatement son administration de la Namibie et de cesser ainsi d'occuper le territoire » ; la Cour décide aussi, par 11 voix contre 4, que les États Membres des Nations Unies « ont l'obligation de reconnaître l'illégalité de la présence de l'Afrique du Sud en Namibie et le défaut de validité des mesures prises par elle au nom de la Namibie ou en ce qui la concerne, et de s'abstenir de tous actes et en particulier de toutes relations avec le Gouvernement sud-africain qui impliqueraient la reconnaissance de la légalité de cette présence et de cette administration, ou qui constitueraient une aide ou une assistance à cet égard » ; la Cour décide aussi, par 11 voix contre 4, qu'il incombe aux États qui ne sont pas membres des Nations Unies de « prêter leur assistance (...) à l'action entreprise par les Nations Unies en ce qui concerne la Namibie ».

1.6 Les requêtes du Liberia et de l'Éthiopie (arrêts de 1962 et de 1966)

Le 4 novembre 1960, le Liberia et l'Éthiopie déposent devant la C.I.J. deux requêtes introductives d'instance contre l'Union sud-africaine relatives à « l'existence persistante du Mandat pour le Sud-Ouest africain et les devoirs et le comportement de l'Union, en sa qualité de mandataire, découlant de ce

[117] *Idem*, p. 57, par. 129-131.
[118] *Idem*, p. 58, par. 133.

mandat[119] ». Le 30 novembre 1961, le gouvernement sud-africain soulève des exceptions à la compétence de la Cour pour connaître de l'affaire, lesquelles seront rejetées par la Cour, dans son arrêt du 21 décembre 1962, puis un arrêt sur le fond, rendu le 18 juillet 1966, rejettera les demandes du Liberia et de l'Éthiopie.

Dans leurs requêtes, réunies par la Cour le 20 mai 1961, les demandeurs allèguent notamment ce qui suit : le Sud-Ouest africain est un territoire sous Mandat conféré par les Puissances alliées pour être exercé par l'Union sud-africaine, et ce mandat est un traité en vigueur ; l'Union doit respecter les obligations internationales prévues au Pacte de la Société des Nations et dans le Mandat, et elle est tenue de se soumettre à la surveillance et au contrôle pour lesquels est qualifiée l'Assemblée générale des Nations Unies ; l'Union est tenue notamment à l'obligation d'adresser un rapport annuel et de transmettre les pétitions des habitants du Territoire, ce qu'elle n'a pas fait ; elle a apporté, sans autorisation de l'Assemblée générale, des modifications de fond aux dispositions du Mandat ; elle « n'a pas accru, par tous les moyens en son pouvoir, le bien-être matériel et moral ainsi que le progrès social des habitants du Territoire, en violation de l'article 2 du Mandat et de l'article 22 du Pacte, et elle a « le devoir de prendre sur-le-champ toutes les mesures possibles pour remplir ses obligations[120] » ; elle a pratiqué l'apartheid ; elle a adopté une législation, des règlements, des proclamations et des ordonnances qui « sont arbitraires, déraisonnables, injustes et contraires à la dignité humaine ; (...) qui suppriment les droits et les libertés des habitants (...), droits essentiels à l'évolution régulière vers l'autonomie[121].

Le gouvernement sud-africain, lors de l'audience du 11 octobre 1962, soutient dans ses conclusions que les deux demandeurs « n'ont pas de *locus standi* dans la présente procédure contentieuse » et que « la Cour n'a pas compétence pour connaître des questions de droit et de fait » soulevées par le Liberia et l'Éthiopie, « ni pour statuer sur ces questions », notamment pour les raisons suivantes[122] :

> *Premièrement*, en raison de la dissolution de la Société des Nations, le Mandat (...) n'est plus "un traité ou une convention en vigueur" au sens de l'article 37 du Statut de la Cour (...) ;
> *Deuxièmement*, ni le Gouvernement de l'Éthiopie ni le Gouvernement du Libéria ne sont "un autre Membre de la Société des Nations", ainsi

---

119 *Affaires du Sud-Ouest africain (Éthiopie c. Afrique du Sud ; Libéria c. Afrique du Sud), exceptions préliminaires, arrêt du 21 décembre 1962* : C.I.J. Recueil 1962, p. 321. Ci-après cité *Arrêt de 1962*. Un résumé de l'arrêt est disponible sur le site Internet de la Cour : www.icj-cij.org.

120 *Idem*, p. 323.

121 *Ibidem*.

122 *Idem*, p. 326.

que l'article 7 du Mandat pour le Sud-Ouest africain l'exige pour qu'il y ait *locus standi* ;

Troisièmement, le conflit ou désaccord que les Gouvernements de l'Éthiopie et du Libéria prétendent exister entre eux et le Gouvernement de la République sud-africaine n'est pas, eu égard à sa nature et à sa teneur, un "différend" comme il est prévu à l'article 7 du Mandat (...), et cela plus particulièrement en tant qu'aucun intérêt concret des Gouvernements de l'Éthiopie et/ou du Libéria ou de leurs ressortissants n'est en cause ou n'est affecté en l'espèce ;

Quatrièmement, le prétendu conflit ou désaccord n'est pas, eu égard à son état d'avancement, un "différend (...) qui ne soit pas susceptible d'être réglé par des négociations" au sens de l'article 7 du Mandat[123].

Avant d'examiner chacune de ces exceptions préliminaires, la Cour estime nécessaire d'analyser une question touchant l'existence du différend et d'exposer la nature et les caractéristiques du système de mandats établis par le Pacte de la Société des Nations, puisque les motifs qui servent de base à ces exceptions concernent généralement l'interprétation du mandat pour le Sud-Ouest africain. S'agissant de l'existence d'un différend, la Cour rappelle une définition de la C.P.J.I., dans l'affaire de 1925 des *Concessions Mavrommatis en Palestine*[124], selon laquelle un différend est « un désaccord sur un point de droit ou de fait, une contradiction, une opposition de thèses juridiques ou d'intérêts entre deux personnes ». Le Tribunal précise dans les termes suivants la nature et les conditions d'un différend :

> En d'autres termes, il ne suffit pas que l'une des parties à une affaire contentieuse affirme l'existence d'un différend avec l'autre partie (...) tout comme le simple fait que l'existence d'un différend est contestée ne prouve pas que ce différend n'existe pas. Il n'est pas suffisant non plus de démontrer que les intérêts des deux parties à une telle affaire sont en conflit. Il faut démontrer que la réclamation de l'une des parties se heurte à l'opposition manifeste de l'autre. D'après ce critère, l'existence d'un différend (...) ne saurait faire de doute puisqu'il résulte clairement de leurs attitudes opposées à propos de l'accomplissement des obligations du Mandat par le défendeur, en sa qualité de Mandataire[125].

Quant à la nature du mandat, la Cour fait observer que le mandat concernant le Sud-Ouest africain constitue, à l'instar de presque tous les autres, « un acte d'un type spécial, de nature composite, instituant un régime international nouveau. Il contient un accord précis portant attribution et acceptation

---

[123] *Idem*, p. 326-327.

[124] C.P.J.I., série A, numéro 2, p. 11. Cité dans l'*Arrêt de 1962*, p. 328.

[125] *Arrêt de 1962*, p. 328.

(…) conclu provisoirement ou à titre d'essai (…). C'est un instrument qui présente le caractère d'un traité ou d'une convention et qui incorpore les engagements internationaux du Mandataire définis par le Conseil et acceptés par le Mandataire[126] ».

Or, le défendeur soutient, dans sa première exception préliminaire, que ce mandat n'a jamais été un traité ou une convention, ou en tout cas ne l'est plus, depuis la dissolution de la Société des Nations. La Cour rejette cette prétention en rappelant qu'elle a été unanime, dans son *Avis consultatif de 1950*, à dire que l'article 7 relatif à l'obligation de l'Union sud-africaine de se soumettre à la juridiction obligatoire de la Cour demeurait en vigueur. Depuis lors, ajoute le Tribunal, rien ne s'est produit qui justifierait de revenir sur ces conclusions. La Cour précise que cette juridiction obligatoire a été effectivement transférée avant la dissolution de la Société des Nations à partir d'avril 1946, alors que la Charte des Nations Unies est entrée en vigueur en octobre 1945. L'Union sud-africaine, le Liberia et l'Éthiopie, devenus membres des Nations Unies depuis le dépôt de leurs ratifications en novembre 1945, sont soumis aux obligations de cette Charte, notamment celle d'accepter la juridiction obligatoire de la Cour à la place de celle de la Cour permanente.

Dans sa deuxième exception préliminaire, le défendeur soutient que tous les États réunis dans la Société des Nations ont cessé d'en être membres, lors de la dissolution de cette Société, le 19 avril 1946, et que, par conséquent, aucun État n'a de *locus standi* ni qualité pour invoquer la juridiction de la Cour dans tout différend entre lui et le défendeur en tant que mandataire. Or, dit la Cour, cette thèse « prétend se fonder sur le sens naturel et ordinaire des termes employés dans la disposition. Mais il ne s'agit pas là d'une règle d'interprétation absolue. Lorsque cette méthode d'interprétation aboutit à un résultat incompatible avec l'esprit, l'objet et le contexte de la clause ou de l'acte où les termes figurent, on ne saurait valablement lui accorder crédit[127] ».

La protection judiciaire, explique le Tribunal, était essentielle à la mise en œuvre de la mission sacrée, et l'un des motifs pour conclure que l'article 7 continue d'être applicable est qu'un accord était parvenu, lors de la session d'avril 1946, entre tous les membres de la Société des Nations en vue de continuer les différents mandats dans toute la mesure praticable, malgré la dissolution de la Société elle-même. La Cour rappelle à ce sujet que le délégué de l'Afrique du Sud a notamment déclaré, le 9 avril 1946, que l'Union sud-africaine poursuivra l'administration du territoire « en se conformant scrupuleusement aux obligations du mandat » et que la dissolution de la Société « ne diminue en rien les obligations qui découlent du Mandat[128] ». La Cour conclut

[126] *Idem*, p. 331.
[127] *Idem*, p. 336.
[128] *Idem*, p. 339-340.

qu'il ne pouvait y avoir « de reconnaissance plus claire de la continuation, après la dissolution de la Société des Nations, de ses obligations en vertu du Mandat pour le Sud-Ouest africain, y compris l'article 7[129] ».

Quant à la troisième exception selon laquelle le différend n'est pas un différend au sens prévu à ce même article du mandat, la Cour estime que ce dernier, quand il mentionne « tout différend quel qu'il soit », use de termes qui « sont larges, clairs et précis : ils ne donnent lieu à aucune ambiguïté et n'autorisent aucune exception[130] ». S'il s'agit d'un différend, le défendeur soutient, dans sa quatrième et dernière exception, qu'il ne s'agit pas pour autant d'un différend qui ne soit pas susceptible d'être réglé par des négociations avec les demandeurs et il n'y a eu par ailleurs aucune négociation en vue de son règlement. La Cour rejette cette dernière exception après avoir fait les constatations et tiré les conclusions suivantes : « Le fait que dans le passé les négociations collectives aient abouti à une impasse et le fait que les écritures et les plaidoiries des Parties (…) aient clairement confirmé que cette impasse demeure obligent à conclure qu'il n'est pas raisonnablement permis d'espérer que de nouvelles négociations puissent aboutir à un règlement[131] ». Le défendeur ayant de plus affirmé que des négociations directes entre les demandeurs et l'Union sud-africaine n'avaient jamais été engagées, la Cour ajoute que « ce qui importe en la matière ce n'est pas tant la forme des négociations que l'attitude et les thèses des Parties sur les aspects fondamentaux de la question en litige[132] ».

La Cour en arrive donc à la conclusion générale que l'article 7 du mandat est un traité ou une convention encore en vigueur dans le sens entendu par l'article 37 du Statut de la Cour, que le différend est de ceux qui sont prévus à cet article 7 et qu'il n'est pas susceptible d'être réglé par voie de négociations. Pour ces motifs, elle déclare dans le dispositif de l'arrêt, par huit voix contre sept, qu'elle a compétence pour statuer sur le fond du différend.

Dans l'arrêt sur le fond[133], qui sera rendu le 18 juillet 1966, la Cour, avant d'examiner les allégations des demandeurs, et notamment la question de savoir si des infractions ont été commises par l'Afrique du Sud, estime devoir régler prioritairement deux questions relevant du fond et susceptibles de rendre inutile tout examen des autres aspects de l'affaire. L'une de ces questions consiste à déterminer si le mandat subsiste et l'autre, plus fondamentale encore, porte sur la qualité des demandeurs, en l'occurrence leur droit ou intérêt juridique concernant l'objet de la requête. La Cour se demande donc si le

---

129 *Idem*, p. 340.
130 *Idem*, p. 343.
131 *Idem*, p. 345.
132 *Idem*, p. 346.
133 *Affaires du Sud-Ouest africain (Éthiopie c. Afrique du Sud* ; *Libéria c. Afrique du Sud), Deuxième phase, arrêt du 18 juillet 1966* : C.I.J. Recueil 1966, p. 4. Un résumé de l'arrêt est disponible sur le site Internet de la Cour : www.icj-cij.org.

mandataire avait une obligation directe, à titre individuel, envers les autres membres de la Société des Nations : « S'il résulte de la réponse à cette question que les demandeurs ne sauraient être considérés comme ayant le droit ou l'intérêt juridique invoqué, il s'ensuivra que, même à supposer établies les diverses infractions au Mandat pour le Sud-Ouest africain reprochées au défendeur, les demandeurs ne seront pas pour autant fondés à obtenir de la Cour les déclarations qu'ils sollicitent par leurs conclusions finales[134] ».

La Cour rappelle que le système des mandats, instauré par l'article 22 du Pacte de la Société des Nations, distinguait trois catégories de mandats (A, B et C) dont les différences répondaient « au caractère et à la situation géographique des territoires, au degré de développement de leurs populations et aux pouvoirs dévolus en conséquence aux autorités administrantes, c'est-à-dire aux Mandataires[135] ». Le Tribunal note par ailleurs que ces divers types de mandats présentaient entre eux des similitudes de structure : ainsi, chaque mandat était constitué, d'une part, par des articles définissant les pouvoirs du mandataire, ses obligations concernant les habitants du territoire et ses obligations envers la Société des Nations et les organes de celle-ci, ce que la Cour dénomme *dispositions relatives à la gestion* ; d'autre part, des articles conféraient directement aux États membres, dans leur intérêt individuel ou dans l'intérêt de leurs ressortissants, certains droits concernant les territoires sous mandat, c'est-à-dire les *dispositions relatives aux intérêts particuliers.* Puisque les dispositions de cette dernière catégorie ne font l'objet d'aucune contestation, la question à résoudre est de savoir si les États membres avaient à titre individuel un droit ou un intérêt juridique leur permettant de réclamer l'exécution des dispositions des mandats relatives à la gestion. Comme les demandeurs se présentent en qualité d'anciens membres de la Société des Nations et qu'ils revendiquent des droits dont jouissaient à cette époque les membres de cette Société, la Cour déclare devoir se placer à l'époque où le système des mandats a été institué :

> Elle doit tenir compte de la situation à cette date, qui est la date critique, et des intentions que les intéressés semblent bien avoir eues ou que l'on peut raisonnablement leur attribuer en fonction de la situation. Les intentions qu'ils auraient pu avoir si le Mandat avait été rédigé beaucoup plus tard, une fois connues certaines circonstances absolument imprévisibles à l'origine, comme la dissolution de la Société des Nations et ses suites, sont sans pertinence[136].

La Cour rappelle aussi ce qu'elle appelle un *élément fondamental* de la nature et de la structure juridiques de la Société des Nations, énoncé dans le Pacte à l'article 2, prévoyant que l'action de la Société s'exerce par une

---

[134] *Idem*, p. 22, par. 15.
[135] *Idem*, p. 20, par. 10.
[136] *Idem*, p. 23, par. 16.

Assemblée et un Conseil assistés d'un Secrétariat permanent. Les juges en déduisent que si cette action dans son ensemble s'exerçait de cette façon, « il en allait naturellement de même pour les États Membres qui, sauf disposition formelle du Pacte en sens contraire, ne pouvaient à titre individuel agir autrement en ce qui concernait les affaires relevant de la Société[137] ». Les juges rappellent aussi les dispositions de l'article 22 de ce document, selon lesquelles les tutelles étaient exercées « au nom de la Société[138] ». Ainsi, le Pacte ne prévoyait aucune garantie énoncée sous forme d'un droit pour tout Membre d'exiger, à titre individuel, la bonne exécution des mandats, pas plus qu'il ne formulait l'obligation imposée à chaque Membre de répondre de son administration devant un autre Membre, « et encore moins de saisir la Cour en la matière[139] ». Les États Membres n'en étaient pas pour autant des spectateurs impuissants ou passifs, puisqu'ils pouvaient soumettre à l'examen toute question intéressant les mandats et qu'ils pouvaient, par leur participation, influer sur les résultats.

La Cour estime aussi que les réclamations des demandeurs ne peuvent être fondées sur le fait que les actes du mandataire sont censés « constituer une menace à la paix ou pour les bonnes relations internationales », pas plus que sur les dispositions de l'article 11, paragraphe 2, du Pacte, prévoyant « le droit, à titre amical, de rappeler l'attention de l'Assemblée ou du Conseil sur toute circonstance (...) qui menace (...) de troubler la paix ou la bonne entente (...) dont la paix dépend », cette disposition pouvant « tout au plus constituer une raison pour les demandeurs (...) de chercher à savoir quelle était la situation juridique[140] ». Les demandeurs soumettent aussi à la Cour que des principes moraux et des considérations humanitaires suffisent à faire naître des droits et obligations juridiques, la Cour pouvant et devant en tenir compte. Mais celle-ci ne partage pas cet avis :

> La Cour juge le droit et ne peut tenir compte de principes moraux que dans la mesure où on leur a donné une forme juridique suffisante. Le droit, dit-on, répond à une nécessité sociale, mais c'est précisément pour cette raison qu'il ne peut y répondre que dans le cadre et à l'intérieur des limites de la discipline qu'il constitue (...).
>
> Des considérations humanitaires peuvent inspirer des règles de droit ; ainsi le préambule de la Charte des Nations Unies constitue la base morale et politique des dispositions juridiques qui sont énoncées ensuite. De telles considérations ne sont pas cependant en elles-mêmes des règles de droit. Tous les États s'intéressent à ces questions ; ils y ont

137 *Idem*, p. 23-24, par. 18.
138 *Idem*, p. 24, par. 20.
139 *Idem*, p. 25, par. 24.
140 *Idem*, p. 33, par. 46-47.

> un *intérêt*. Mais ce n'est pas parce qu'un intérêt existe que cet intérêt a un caractère spécifiquement juridique[141]. (…).
> Par suite, toutes les nations civilisées auraient un intérêt à son accomplissement. Un intérêt certainement : mais, pour que cet intérêt puisse prendre un caractère spécifiquement juridique, il faut que la mission sacrée elle-même soit ou devienne quelque chose de plus qu'un idéal moral ou humanitaire. (…) Mais il ne faut pas confondre l'idéal moral et les règles juridiques destinées à le mettre en application. (…) Une fois admis qu'une idée s'exprimera sous la forme d'un régime ou d'un système particulier, ses éléments juridiques sont ceux de ce régime ou de ce système. On ne saurait en introduire de nouveaux en se référant à l'idée de base, car on se trouverait de ce fait entraîné dans un processus sans fin[142].

La Cour ne retient pas non plus l'argument selon lequel les déclarations unilatérales, ou déclarations d'intention, par lesquelles les mandataires ont, lors de la dissolution de la Société des Nations, annoncé qu'ils étaient disposés à continuer à s'inspirer des mandats pour l'administration des territoires, auraient conféré des droits ou intérêts juridiques à titre individuel. La Cour examine enfin un dernier argument des demandeurs, dit de la nécessité, argument qui s'exprime comme suit :

> Puisque le Conseil n'avait aucun moyen d'imposer son point de vue au Mandataire et qu'un avis consultatif de la Cour n'aurait pu être obligatoire pour ce dernier, le Mandat aurait pu être tourné à volonté : il était par suite essentiel, à titre d'ultime sauvegarde ou garantie pour l'accomplissement de la mission sacrée de civilisation, que chaque Membre de la Société des Nations se voie reconnaître un droit ou intérêt juridique en la matière et puisse en dernier ressort agir directement à cet égard[143].

La Cour considère cet argument « comme sans fondement, du fait de son invraisemblance au regard de l'économie générale et de l'esprit du système[144] » et elle déclare qu'elle « ne tiendra pas compte du fait évident que, au cas où les auteurs du système des Mandats auraient réellement voulu que l'on puisse en dernier ressort imposer à un Mandataire, dans l'accomplissement de la mission sacrée de civilisation, une ligne de conduite ou une politique déterminée, ils ne s'en seraient pas remis à l'action aléatoire et incertaine des Membres de la Société des Nations à titre individuel, alors que s'offraient des méthodes

---

141 *Idem*, p. 34, par. 49-50.
142 *Idem*, p. 34-35, par. 51-54.
143 *Idem*, p. 46, par. 85.
144 *Idem*, p. 47, par. 88.

beaucoup plus immédiates et efficaces[145] ». Ainsi, précise la Cour, on aurait pu prévoir que les mandataires ne seraient pas admis à voter sur les questions relatives aux mandats, ou que ces mandataires ne pourraient être membres du Conseil aux fins des affaires de mandats. Le Tribunal ajoute que « l'intention n'a jamais été que le Conseil puisse imposer son point de vue » aux mandataires et que, « dans le domaine international, l'existence d'obligations dont l'exécution ne peut faire en dernier ressort l'objet d'une procédure juridique a toujours constitué la règle plutôt que l'exception[146] ».

Les juges estiment peu vraisemblable, que, d'une part, ont ait donné délibérément aux mandataires le pouvoir de bloquer par leur veto une décision du Conseil, et que, d'autre part, on ait en même temps conféré aux membres de l'Organisation le droit, à titre individuel, d'agir en justice dans les cas où les mandataires exerceraient leur veto. La Cour considère aussi que le risque de voir les mandataires agir contre l'opinion des autres membres du Conseil ou en violation des dispositions des mandats « a de toute évidence été consciemment accepté ; les faits ont d'ailleurs prouvé que ce risque était négligeable[147] ». L'action de la Société des Nations, compte tenu de ses méthodes et des procédures prévues, se traduisait par « la voie de la persuasion, de la discussion, de la négociation et de la coopération[148] ». De l'avis de la Cour, cet argument fondé sur la nécessité revient à dire qu'on devrait admettre « une sorte d'*actio popularis*, ou un droit pour chaque membre d'une collectivité d'intenter une action pour la défense d'un intérêt public », notion qu'on ne retrouve pas dans le droit international actuel, bien qu'elle puisse exister dans certains systèmes de droit interne. Les juges notent aussi que cet argument de la nécessité semble entièrement fondé sur des considérations *extrajuridiques* découvertes *a posteriori*.

> (...). La prétendue nécessité est née uniquement des événements ultérieurs, et non d'éléments inhérents au système des Mandats (...). Or cette nécessité, si elle existe, relève du domaine politique. Ce n'est pas une nécessité au regard du droit. Si la Cour devait maintenant, pour pallier les conséquences des événements, introduire dans le système des Mandats à titre de remède un élément entièrement étranger à sa nature et à sa structure véritables (...), elle s'engagerait dans un processus rétrospectif outrepassant ses fonctions de tribunal. (...) la Cour n'est pas un organe législatif. Sa mission est d'appliquer le droit tel qu'elle le constate et non de le créer[149].

---

145 *Idem*, p. 46, par. 86.
146 *Ibidem*.
147 *Idem*, p. 46, par. 87.
148 *Idem*, p. 47, par. 87.
149 *Idem*, p. 47-48, par. 89.

La Cour rappelle par ailleurs que les parties à un différend peuvent toujours lui demander de statuer *ex aequo et bono*, selon l'article 38, paragraphe 2, du Statut. Le tribunal examine aussi une prétention selon laquelle il serait fondé à combler des lacunes juridiques en appliquant « un principe téléologique d'interprétation aux termes duquel il faudrait donner aux instruments leur effet maximal en vue d'assurer l'accomplissement de leurs objectifs fondamentaux[150] ». La Cour fait observer que la portée de ce principe est très controversée et qu'elle ne doit pas avoir pour effet d'entraîner le tribunal hors du domaine de l'interprétation pour l'amener dans celui de la rectification ou de la révision. Le tribunal précise qu'on ne saurait « présumer qu'un droit existe simplement parce que son existence peut paraître souhaitable[151] ». Il rappelle à ce sujet le passage suivant, dans l'*Avis consultatif de 1950*, selon lequel le principe d'interprétation « exprimé par la maxime *ut res magis valeat quam pereat*, principe souvent désigné sous le nom de principe de l'effet utile, ne saurait autoriser la Cour à entendre la clause de règlement des différends insérée dans les traités de paix dans un sens qui (…) contredirait sa lettre et son esprit[152] ». En d'autres termes, la Cour, qui doit éviter de sortir du cadre normal de l'action judiciaire, ne saurait remédier à une lacune et ne serait pas « fondée à réparer une omission due à l'imprévoyance des auteurs du Mandat et à prendre en considération ce qu'on peut imaginer qu'ils auraient souhaité ou même auraient expressément prévu s'ils avaient su d'avance ce que réservait l'avenir[153] ».

Pour tous ces motifs, la Cour, par la voix prépondérante du président, les voix étant partagées sept contre sept, estime que « les demandeurs ne sauraient être considérés comme ayant établi l'existence à leur profit d'un droit ou intérêt juridique au regard de l'objet des présentes demandes[154] », et elle décide en conséquence de rejeter ces demandes.

1.7 Du mandat à la tutelle : le Royaume-Uni au Cameroun (arrêt de 1963)

Le 30 mai 1961, le Cameroun dépose une requête devant la Cour, priant celle-ci de dire que, dans l'application de l'accord de tutelle pour le territoire du Cameroun sous administration britannique, le Royaume-Uni n'a pas, en ce qui concerne le Cameroun septentrional, respecté certaines obligations découlant dudit accord, ce à quoi s'objecte le Royaume-Uni en soulevant des exceptions

---

150 *Idem*, p. 48, par. 91.
151 *Idem*, p. 48, par. 91.
152 *Ibidem*.
153 *Idem*, p. 48, par. 92.
154 *Idem*, p. 51, par. 99.

préliminaires qui seront accueillies par la Cour, par dix voix contre cinq, celle-ci se déclarant donc inhabile à statuer sur le fond de la demande du Cameroun.

Pour établir la compétence de la Cour, le Cameroun invoque dans sa requête l'article 19 de l'accord de tutelle, prévoyant que tout différend « quel qu'il soit, qui viendrait à s'élever entre l'Autorité chargée de l'administration et un autre Membre des Nations Unies relativement à l'interprétation ou à l'application des dispositions du présent Accord, sera, s'il ne peut être réglé par négociations ou un autre moyen, soumis à la Cour[155] ». Il est allégué notamment dans la requête que le Cameroun Nord « n'a pas été administré (...) comme un territoire distinct au sein d'une union administrative, mais comme une partie intégrante de la Nigeria », que les objectifs fixés par l'accord n'ont pas été atteints, à savoir « le développement d'institutions politiques libres, une part progressivement croissante pour les habitants du Territoire dans les services administratifs, leur représentation dans le corps consultatif et législatif et leur participation au gouvernement du Territoire », que la Puissance administrante n'était pas autorisée « à administrer le territoire, contrairement à la règle de l'unité, comme deux parties distinctes selon deux régimes administratifs, et avec deux évolutions politiques distinctes », que les conditions relatives à l'établissement des listes électorales « ont été interprétées de manière discriminatoire, en entendant d'une manière abusive la notion de résidence habituelle », enfin, que des « pratiques, actions ou inactions des autorités locales de tutelle (...) ont modifié le déroulement normal de la consultation[156] ».

La Cour rappelle, dans son arrêt du 2 décembre 1963 sur les exceptions préliminaires[157], que le territoire du Cameroun, jadis l'une des possessions à l'égard desquelles l'Allemagne avait renoncé à ses droits en vertu de l'article 119 du traité de Versailles du 28 juin 1919, a été divisé, conformément à une décision du Conseil des Quatre, en deux mandats de la Société des Nations, l'un administré par la France, l'autre par le Royaume-Uni qui a lui-même divisé, comme le prévoyait le mandat britannique, le territoire en deux entités, le Cameroun septentrional, administré comme faisant partie intégrante des deux provinces du nord du Nigeria (le Bornou et l'Adamaoua), et le Cameroun méridional, administré jusqu'en 1939 dans le cadre du Nigeria du Sud comme une province distincte, celle du Cameroun. Le Cameroun septentrional ne constituait pas en lui-même une unité géographique, puisqu'il comprenait deux parties séparées par une mince bande de territoire rattachée à ce qui était alors le protectorat britannique de la Nigeria. L'Assemblée générale des Nations Unies

---

[155] *Affaire du Cameroun septentrional (Cameroun c. Royaume-Uni), exceptions préliminaires, arrêt du 2 décembre 1963* : C.I.J. Recueil 1963, p. 15. Ci-après cité *Arrêt de 1963*. Un résumé est disponible sur le site Internet de la Cour : www.icj-cij.org, p. 25.

[156] *Idem*, p. 26.

[157] *Idem*, p. 15.

approuvera, le 13 décembre 1946, les accords de tutelles succédant aux mandats.

Le 1er janvier 1960, le territoire sous administration française accède à l'indépendance, sous le nom de République du Cameroun, tandis que le territoire sous administration britannique fait l'objet d'une recommandation de l'Assemblée générale des Nations Unies par laquelle l'autorité administrante se voit confier la tâche d'organiser des plébiscites afin de déterminer les aspirations des habitants. À la suite de ces plébiscites, le Cameroun méridional s'unit, le 1er octobre 1961, à la République du Cameroun, alors que le Cameroun septentrional rejoint, le 1er juin 1961, la Fédération de Nigeria (elle-même indépendante depuis le 1er octobre 1960). Le 21 avril 1961, l'Assemblée générale, par la résolution 1608 (XV), prend acte des résultats des plébiscites et décide que l'accord de tutelle pour le Cameroun britannique prendra fin quand les deux parties de ce territoire s'uniront, l'une à la République du Cameroun, l'autre au Nigeria. L'extinction de l'accord de tutelle sur le Cameroun septentrional intervient donc deux jours seulement après le dépôt de la requête introductive d'instance du Cameroun.

La Cour estime qu'il existe des éléments de base importants qui permettent de situer les questions soulevées par le Cameroun dans sa requête : ce sont les rapports des missions de visites dans les deux territoires sous tutelle (française et britannique), les débats du Conseil de tutelle et de la Quatrième commission de l'Assemblée générale, les rapports du commissaire des Nations Unies qui a surveillé les plébiscites, ainsi que trois des résolutions adoptées par l'Assemblée générale qui présentent un intérêt spécial pour l'intelligence de l'affaire : la première, la résolution 1350 (XIII) du 13 mars 1959, par laquelle l'Assemblée générale recommande que l'autorité administrante organise, sous la surveillance de l'ONU, des plébiscites séparés dans chacune des deux parties du Cameroun sous administration britannique « afin de déterminer les aspirations des habitants du Territoire au sujet de leur avenir[158] ». Au Cameroun septentrional, les résultats du plébiscite, tenu le 11 février 1961, favorisent la faculté d'accéder à l'indépendance tout en s'unissant à la République du Cameroun, tandis qu'au Cameroun méridional, le plébiscite du 7 novembre 1959 décide de la remise à plus tard d'une décision sur l'avenir du pays. Dans la résolution 1473 (XIV) du 12 décembre 1959, il est recommandé qu'un nouveau plébiscite soit organisé au cours duquel on demanderait à la population si elle souhaite accéder à l'indépendance en s'unissant à la République du Cameroun ou à la fédération de Nigeria. Dans cette même résolution il est recommandé au Royaume-Uni de prendre des mesures visant à effectuer sans retard la séparation administrative du Cameroun septentrional et de la Nigeria, cette séparation

---

158 *Idem*, p. 23.

devant être achevée le 1er octobre 1960. Enfin, la résolution 1608 (XV) du 21 avril 1961 se lit notamment comme suit :

> 2. *Prend acte* des résultats des plébiscites selon lesquels : a) La population du Cameroun septentrional a décidé, à une majorité importante, d'accéder à l'indépendance en s'unissant à la Fédération de Nigeria indépendante ; b) La population du Cameroun méridional a également décidé d'accéder à l'indépendance en s'unissant à la République du Cameroun indépendante ;
>
> 3. *Estime* que, les populations des deux parties du Territoire sous tutelle ayant librement exprimé, au cours d'un scrutin secret, leurs aspirations au sujet de leur avenir respectif conformément aux résolutions 1352 (XIV) et 1473 (XIV) de l'Assemblée générale, les décisions qu'elles ont prises par des moyens démocratiques, sous la surveillance de l'Organisation des Nations Unies, doivent immédiatement être mises en œuvre ;
>
> 4. *Décide* que, les plébiscites ayant eu lieu séparément avec des résultats différents, l'Accord de tutelle du 13 décembre 1946 relatif au Cameroun sous administration du Royaume-Uni prendra fin, conformément à l'alinéa *b* de l'article 76 de la Charte des Nations Unies et en accord avec l'Autorité administrante, dans les conditions suivantes : *a)* En ce qui concerne le Cameroun septentrional, le 1er juin 1961, au moment où le Cameroun septentrional s'unira à la fédération de Nigeria en tant que province séparée de la région du Nord de la Nigeria ; *b)* En ce qui concerne le Cameroun méridional, le 1er octobre 1961, au moment où le Cameroun méridional s'unira à la République du Cameroun[159].

Bien que le Cameroun ait voté contre cette résolution 1608 après avoir critiqué la manière dont le Royaume-Uni avait administré le Cameroun septentrional et organisé le plébiscite, la Cour constate qu'il est maintenant reconnu par les deux Parties que cette résolution a mis fin à l'accord de tutelle en date du 1er juin 1961.

La première des exceptions préliminaires soulevées par le Royaume-Uni est qu'il n'existe aucun différend entre lui et la République du Cameroun et que, s'il a pu en exister un à la date de la requête, ce différend se trouvait être entre le Cameroun et les Nations Unies. Le tribunal constate pourtant que les Parties ont des points de vue opposés au sujet de l'interprétation et de l'application de l'accord de tutelle, et que cela même révèle bel et bien l'existence d'un différend à la date de la requête. La Cour rejette également une autre exception préliminaire du Royaume-Uni fondée sur la prétendue inobservation de l'article 32, paragraphe 2, du Règlement prévoyant que la requête doit

---

159 *Idem*, p. 23-24.

préciser l'objet de la demande et indiquer un exposé des motifs sur lesquels est fondée cette demande. À l'instar de la C.P.J.I., elle estime qu'elle n'est pas tenue, dans le domaine international, d'attacher à des considérations de forme la même importance que dans le droit interne. La Cour, « consciente de la profonde inquiétude que les événements (...) ont suscitée chez le demandeur[160] », déclare qu'elle ne refuserait pas, à moins qu'une autre raison ne l'empêche, d'examiner l'affaire au fond en prenant pour motif l'absence de « la méthode opportune et appropriée pour soumettre la divergence d'opinions à la Cour[161] », ainsi que la C.P.J.I. l'avait décidé dans l'affaire de l'*Interprétation du statut du territoire de Memel.*

Les juges estiment qu'une analyse des faits tenant compte de certains principes directeurs peut suffire à résoudre les questions portées à son attention. Ainsi, la « proximité géographique » de la République du Cameroun et de l'ancien territoire sous tutelle du Cameroun septentrional, ainsi que le « degré d'affinité entre les populations de ces deux régions », ont incité la République du Cameroun à se préoccuper avec attention de l'évolution de l'ancien territoire sous tutelle[162] : « La Cour ne saurait méconnaître ce fait incontestable que, si le plébiscite du Cameroun septentrional n'avait pas été favorable à l'union avec la Fédération de Nigeria, il aurait été favorable à l'union avec la République du Cameroun. Les questions arrêtées par l'Assemblée générale n'offraient pas d'autre choix et aucune autre solution n'a été discutée à l'époque[163] ».

Bien sûr, dit la Cour, la République du Cameroun, devenue membre des Nations Unies le 20 septembre 1960, avait le droit d'introduire une instance et de saisir le tribunal par le dépôt d'une requête, mais « la saisine de la Cour est une chose et l'administration de la justice en est une autre[164] », ainsi que la Cour l'a déclaré dans l'affaire *Nottebohm* de 1953. Car, explique-t-elle, même si, une fois saisie, elle estime avoir compétence, « elle n'est pas toujours contrainte d'exercer cette compétence[165] », puisqu'il peut exister des limitations inhérentes à l'exercice de la fonction judiciaire. Ainsi, rappelle-t-elle, la C.P.J.I., dans l'affaire des *Zones franches de Haute-Savoie et du Pays de Gex*, a examiné d'office trois considérations la justifiant de refuser de trancher certaines questions soulevées par les Parties : elle a décidé, dans son ordonnance du 19 août 1929, qu'on ne peut lui imposer, à propos d'un traité, « de choisir entre des interprétations déterminées d'avance et dont il se pourrait qu'aucune ne correspondît à l'opinion qu'elle se serait formée[166] » ; elle a précisé ensuite, dans son

---

160 *Idem*, p. 28.
161 C.P.J.I., série A/B, numéro 49, p. 311. Cité dans l'*Arrêt de 1963*, p. 28.
162 *Arrêt de 1963*, p. 28.
163 *Idem*, p. 28-29.
164 C.I.J. Recueil 1953, p. 122. Cité dans l'*Arrêt de 1963*, p. 29.
165 *Arrêt de 1963*, p. 29.
166 C.P.J.I., série A, numéro 22, p. 15. Cité dans l'*Arrêt de 1963*, p. 29.

arrêt du 7 juin 1932 relative à la même affaire, qu'il « serait incompatible avec son Statut et avec sa position en tant que Cour de justice de rendre un arrêt dont la validité serait subordonnée à l'approbation ultérieure des Parties[167] » ; enfin, elle a ajouté, au sujet d'une disposition du compromis des Parties qui aurait impliqué une décision du tribunal portant notamment sur des exemptions douanières à prévoir, que la mission ainsi confiée à la Cour était « mal adaptée » à son rôle et que « le jeu d'intérêts économiques réciproques » soulevait des questions étrangères à son domaine[168]. Dans la présente affaire, le tribunal estime que le passage suivant constitue l'exposé le plus clair des explications du Cameroun sur ce qu'il requiert ou ne requiert pas de décider :

> Lorsqu'un État agit devant la Cour sur le fondement d'une disposition du genre de celle de l'article 19 de l'Accord de Tutelle (...), il peut sans doute, dans certains cas, demander à la Cour, outre la constatation qu'une violation de l'Accord de Tutelle a été commise, de déclarer que la Puissance administrante a le devoir de mettre fin à cette violation (...). Mais il ne peut en être ainsi que lorsqu'il s'agit de ce que l'on pourrait appeler une "violation continue", susceptible d'être interrompue à la suite de l'arrêt de la Cour. Lorsque, en revanche, la violation de l'Accord a été définitivement consommée et qu'il est matériellement impossible de revenir sur le passé, l'État requérant ne peut plus demander à la Cour que la constatation, avec force de chose jugée, que l'Accord de Tutelle n'a pas été respecté par la Puissance administrante.
>
> En l'espèce, les violations invoquées ont été définitivement consommées, et la République du Cameroun ne peut demander une *restitutio in integrum* tendant à ce que l'union avec la Nigeria et la division du Territoire n'aient pas eu lieu, ou que les objectifs prévus à l'article 6 de l'Accord aient été atteints, ou que la résolution 1473 ait été respectée[169].

La Cour rappelle que dans un livre blanc distribué en mars 1961 par le Cameroun à tous les membres des Nations Unies, il est allégué que la non-séparation du Cameroun septentrional et du Nigeria, « en supprimant une garantie essentielle de non-partialité a effectivement vicié le plébiscite », et que la seule solution acceptable « pour éviter qu'une monstrueuse injustice ne soit commise » est d'annuler ce plébiscite[170]. Or, cette demande a été rejetée aux termes de la résolution 1608, qui a eu un effet juridique définitif, peu importe « les motifs de l'Assemblée générale (...), qu'elle ait agi ou non entièrement sur le plan politique[171] ». Force est de constater qu'il n'est demandé à la Cour ni de

---

167 C.P.J.I., série A/B, numéro 46, p. 161. Cité dans l'*Arrêt de 1963*, p. 29.

168 *Idem*, p. 162. Cité dans l'*Arrêt de 1963*, p. 30.

169 *Arrêt de 1963*, p. 31.

170 *Idem*, p. 31-32.

171 *Idem*, p. 32.

corriger l'injustice alléguée, ni même d'accorder au Cameroun une réparation, pas plus qu'une révision ou une infirmation des conclusions de l'Assemblée générale, mais d'apprécier certains faits et d'en arriver à des conclusions s'écartant de celles énoncées par l'Assemblée dans la résolution 1608 :

> Si la Cour devait décider qu'elle peut connaître de l'affaire au fond et si, à la suite de la procédure sur le fond, elle décidait, entre autres, que l'établissement et le maintien de l'union administrative entre le Cameroun septentrional et la Nigeria contrevenaient à l'accord de tutelle, il n'en resterait pas moins vrai que l'Assemblée générale, agissant dans le cadre de la compétence qui lui est reconnue, n'a pas été convaincue que l'union administrative, ni d'autres facteurs allégués aient invalidé le plébiscite en tant que libre expression de la volonté des populations. Puisque, dans ses conclusions, le demandeur n'a pas prié la Cour de réviser la constatation à laquelle l'Assemblée générale est ainsi arrivée, une décision de la Cour selon laquelle, par exemple, l'autorité administrante aurait violé l'accord de tutelle n'établirait pas un lien de cause à effet entre cette violation et le résultat du plébiscite.
>
> Si la Cour devait poursuivre l'affaire (...), elle n'en serait pas moins dans l'impossibilité de rendre un arrêt effectivement applicable. Le rôle de la Cour n'est pas le même que celui de l'Assemblée générale. L'arrêt de la Cour n'infirmerait pas les décisions de l'Assemblée générale. L'arrêt ne remettrait pas en vigueur et ne ferait pas revivre l'accord de tutelle[172].

La Cour ajoute que l'ancien territoire sous tutelle ne serait pas rattaché au Cameroun, et son union avec le Nigeria ne serait pas invalidée. Le Royaume-Uni n'aurait ni le droit ni le pouvoir de prendre des mesures en faveur du Cameroun. Par application de l'article 59 du Statut, l'arrêt ne serait obligatoire ni pour le Nigeria, ni pour un autre État, ni pour un organe relevant des Nations Unies. Et le tribunal poursuit dans les termes suivants :

> La fonction de la Cour est de dire le droit, mais elle ne peut rendre des arrêts qu'à l'occasion de cas concrets dans lesquels il existe, au moment du jugement, un litige réel impliquant un conflit d'intérêts juridiques entre les parties. L'arrêt de la Cour doit avoir des conséquences pratiques en ce sens qu'il doit pouvoir affecter les droits ou obligations juridiques existants des parties, dissipant ainsi toute incertitude dans leurs relations juridiques. En l'espèce, aucun arrêt rendu au fond ne pourrait répondre à ces conditions essentielles de la fonction judiciaire[173].

---

172 *Idem*, p. 32-33.
173 *Idem*, p. 33-34.

Avec l'expiration de l'acte de tutelle, 1er juin 1961, aucun État membre des Nations Unies ne pouvait plus réclamer un droit qui aurait pu lui être reconnu à l'origine par cet accord : ni le Royaume-Uni qui était déchargé de sa mission d'autorité, ni le Nigeria auquel l'accord n'avait jamais imposé d'obligation et qui n'était pas partie à cet accord, ni les Nations Unies elles-mêmes. Il peut être soutenu par ailleurs que, si pendant la période de validité de cet accord l'autorité administrante avait été trouvée responsable d'un acte violant ses dispositions et comportant un préjudice envers un autre membre des Nations Unies ou l'un de ses ressortissants, la cessation de la tutelle n'aurait pas mis fin à l'action en réparation, mais la requête du Cameroun vise seulement la constatation d'un manquement au droit et ne présente aucune demande en réparation. D'autre part, même s'il était généralement admis que l'accord de tutelle visait une certaine forme de protection judiciaire que tout membre des Nations Unies avait le droit d'invoquer dans l'intérêt général, le tribunal estime que cette protection judiciaire a cessé avec l'expiration de l'accord de tutelle.

La Cour constate que le Cameroun a tenté de minimiser les conséquences d'un arrêt de celle-ci en faisant valoir que sa demande visait simplement à obtenir un énoncé de droit qui « constituerait (...) un témoignage vital pour le peuple camerounais[174] ». Le demandeur la prie même de ne pas envisager les suites de son arrêt, mentionnant à ce sujet l'affaire *Haya de la Torre* de 1951, dans laquelle elle était appelée par les deux Parties à opérer « un choix entre les diverses voies par lesquelles l'asile peut prendre fin. Mais ces voies sont conditionnées par des éléments de fait et par des possibilités que (...) les Parties sont seules en situation d'apprécier. Un choix entre elles ne pourrait être fondé sur des considérations juridiques, mais seulement sur des considérations de nature pratique ou d'opportunité politique[175] ». La Cour a seulement déclaré que l'asile devait prendre fin, mais sans indiquer de quelles manières. Mais il faut faire une distinction entre le jugement de 1951 et la présente affaire, car il s'agissait, dans le premier cas, de s'interroger sur la manière dont une décision peut être exécutée, tandis que dans l'affaire actuelle, on tient à examiner si l'arrêt rendu est susceptible d'exécution. On peut admettre par ailleurs une déclaration du Cameroun selon laquelle, « une fois l'arrêt rendu, l'usage que la partie gagnante en fait est une question qui se pose sur le plan politique et non sur le plan judiciaire[176] ».

Que la Cour ait eu ou non, au moment du dépôt de la requête, compétence pour trancher le litige, il n'en demeure pas moins que « les circonstances qui se sont produites depuis lors rendent toute décision judiciaire sans objet[177] »,

---

174 C.I.J. Recueil 1951, p. 78-79. Cité dans l'*Arrêt de 1963*, p. 37.
175 *Arrêt de 1963*, p. 30.
176 *Idem*, p. 37.
177 *Idem*, p. 38.

y compris tout jugement déclaratoire énonçant que le Royaume-Uni, avant l'expiration de l'accord de tutelle, avait contrevenu à ses dispositions. La Cour décide donc, dans le dispositif de l'arrêt, par dix voix contre cinq, qu'elle ne peut statuer sur le fond de la demande du Cameroun[178].

• • •

Une importante différence ressort de la comparaison entre le premier avis consultatif de 1950 et celui de 1971, puisque dans le premier cas, la Cour a clairement déclaré que le statut juridique du Sud-Ouest africain ne pouvait être modifié que conjointement (par l'Afrique du Sud elle-même avec le consentement des Nations Unies), tandis que dans le dernier avis, elle a estimé que l'Assemblée générale pouvait révoquer unilatéralement le mandat sans devoir recueillir le consentement du fautif, étant donné la présence illégale de l'Afrique du Sud, nonobstant la résolution 276 du Conseil de sécurité et que cette déclaration d'illégalité était opposable *erga omnes*. Ainsi, cette affaire est-elle importante dans l'étude du règlement des conflits, car elle met en lumière non seulement la capacité mais aussi l'opportunité de l'action concertée du forum diplomatique et du champ judiciaire dans la recherche de solution des litiges, d'autant que la déclaration d'illégalité, opposable *erga omnes*, a rappelé aux membres de la communauté internationale leur responsabilité à l'égard du seul territoire sous mandat qui ne soit pas passé sous tutelle.

Lorsque, par ailleurs, l'Éthiopie et le Liberia – les deux seuls États africains membres de la SDN – portent une demande contre l'Afrique du Sud, la Cour se trouve saisie de cette affaire la première fois par recours juridictionnel. Après avoir rejeté par un vote très serré les exceptions préliminaires de l'Afrique du Sud en 1962, elle décide, en 1966, que les requérants n'ont pas établi l'existence d'un droit ou d'intérêt juridique dans leur demande, notamment parce que les puissances mandataires étaient des agents de la SDN dans son ensemble et non de chacun de ses membres à titre individuel. On a fait remarquer à juste titre que cette décision, à nouveau très serrée puisqu'elle avait nécessité la prépondérance de voix du président, avait créé beaucoup d'irritation et que c'est peu de temps après que l'Assemblée générale, par sa résolution 2145 du 27 octobre 1966, avait décidé de révoquer le mandat de l'Afrique du Sud[179].

Dans l'affaire portée devant la Cour en 1963 par le Cameroun contre le Royaume-Uni, la demande était analogue à celles du Liberia et de l'Éthiopie, sauf que dans le premier cas, les obligations dont on reprochait l'inexécution ne provenaient plus d'un mandat mais d'une tutelle. Contrairement au cas

---

178 *Ibidem.*

179 Guillaume, Gilbert (1994) *Les grandes crises internationales et le droit,* p. 88-89.

précédent, la Cour ne s'est pas prononcée sur le fond, puisqu'elle a accueilli les exceptions préliminaires du Royaume-Uni et que les circonstances depuis l'introduction de la demande avaient rendu toute décision sans objet. Ainsi, la Cour a été dispensée de devoir expliquer les règles juridiques relatives à la tutelle et les distinctions à établir avec celles propres au mandat.

2

LE MAROC AU SAHARA OCCIDENTAL

> L'occupation étant en droit un moyen originaire d'acquérir pacifiquement la souveraineté sur un territoire, autrement que par voie de cession ou de succession, l'une des conditions essentielles d'une occupation valable était que le territoire considéré fût une *terra nullius* – un territoire sans maître – au moment de l'acte qui était censé constituer l'occupation. (…)
> En l'espèce, (…) au moment de la colonisation le Sahara occidental était habité par des populations qui, bien que nomades, étaient socialement et politiquement organisées en tribus et placées sous l'autorité de chefs compétents pour les représenter. (…) en colonisant le Sahara occidental, l'Espagne n'a pas agi comme un État qui établirait sa souveraineté sur une *terra nullius*.
>
> *Avis consultatif : C.I.J. Recueil 1975*, p. 39, par. 79 et 81.

> Les éléments et renseignements portés à la connaissance de la Cour montrent l'existence, au moment de la colonisation espagnole, de liens juridiques d'allégeance entre le sultan du Maroc et certaines des tribus vivant sur le territoire du Sahara occidental. (...) En revanche, la Cour conclut que les éléments (...) n'établissent l'existence d'aucun lien de souveraineté territoriale entre le territoire du Sahara occidental d'une part, le Royaume du Maroc ou l'ensemble mauritanien d'autre part. La Cour n'a donc pas constaté l'existence de liens juridiques de nature à modifier l'application de la résolution 1514 (…) quant à la décolonisation du Sahara occidental et en particulier l'application du principe d'autodétermination grâce à l'expression libre et authentique de la volonté des populations du territoire.
>
> *Idem,* p. 68, par. 162.

Après avoir rendu plusieurs avis consultatifs concernant l'affaire namibienne, la Cour est de nouveau priée de le faire, encore à la demande de l'Assemblée des Nations Unies, cette fois dans l'affaire du *Sahara occidental* – ce territoire désertique dont les côtes sont occupées par l'Espagne dès 1884 et qu'elle a pris « sous sa protection » jusqu'au retrait de ses troupes en 1975. Il ne s'agit plus, comme dans l'avis de 1971, de prononcer sur l'illégalité d'une occupation étrangère actuelle, puisque les troupes de la métropole ont déjà quitté, mais il est requis de la Cour de répondre à deux questions, la première étant de décider si ce territoire était, au moment de la colonisation, un territoire sans maître (une *terra nullius*), et si non, de déterminer quels étaient les liens juridiques de ce territoire avec le Maroc, d'une part, et l'ensemble mauritanien, d'autre part. Après avoir examiné les résolutions des Nations Unies relatives au droit à l'autodétermination et avoir entendu les prétentions de la Mauritanie, de l'Espagne et du Maroc, et notamment l'affirmation de ce dernier selon laquelle il détient sur ce territoire une souveraineté qui découle de sa possession immémoriale, la Cour répond aux deux questions. Mais avant d'examiner l'affaire, disons quelques mots du Maroc et du Sahara occidental.

2.1 Le Grand Maroc et la Marche Verte

Quelques jours suivant le retrait des dernières troupes coloniales espagnoles, soit le lendemain de l'avis consultatif de la Cour internationale de Justice rendu le 16 octobre 1975, 350 000 Marocains franchissent la frontière du Sahara occidental et occupent très rapidement les deux tiers de ce territoire désertique ; les troupes mauritaniennes font de même dans la partie méridionale jusqu'en 1979, alors qu'elle se retirent, incapables de résister à la pression du front POLISARIO – Frente por la liberacion del Seguet el hamra y Rio de Oro. Le Maroc occupe alors l'ensemble du territoire, mais soumis lui aussi au POLISARIO, il se résigne à ne conserver que le « Sahara utile » en le protégeant d'un mur de fortification de 2 500 kilomètres qui regroupe la capitale, la métropole et la principale mine, mettant ainsi l'empire chérifien à l'abri des forces du POLISARIO, retranchées en Algérie où se trouvent aussi des camps de réfugiés sahraouis et le gouvernement en exil.

En possédant le Sahara occidental, l'empire chérifien voit la superficie de son territoire, qui est de 446 550 km^2, augmentée de 266 000 km^2, et la longueur de ses côtes, qui est de 1 835 kilomètres, est accrue de 1 110 kilomètres, lui conférant alors une zone de pêche très large et particulièrement riche en ressources halieutiques, grâce à la présence du courant froid des Canaries, mais surexploitée, comme celle au large de la Namibie, avec la conséquence que les accords conclus avec l'Union européenne aux fins d'y autoriser ses navires hauturiers sont de plus en plus difficiles à proroger. Ainsi, avec une production de 898 467 tonnes en 2003, le Maroc arrive très loin devant les pays d'Afrique du Nord et dépasse même les productions de l'Afrique du Sud et de la Namibie[180]. En outre, des travaux exploratoires auraient révélé la présence de

[180] (2004) *Financial Times World Desk Reference*, p. 417.

pétrole *offshore* au large des côtes du Sahara occidental[181]. Quant aux principales ressources minière, le Maroc produit du manganèse, du fer, du plomb, du zinc, du sel et surtout des phosphates qui le placent au troisième rang mondial des pays producteurs et au premier rang des exportateurs, quand on combine sa production à celle du Sahara occidental, notamment la mine de Bou-Craa, facile à exploiter puisqu'elle est à ciel ouvert et que le minerai est transporté jusqu'à la mer par bande convoyeuse.

La population du Maroc est de 32,2 millions d'habitants, composée à 70% d'Arabes, à 29% de Berbères – ces peuples autochtones qui se réfugièrent dans les monts Atlas à l'arrivée des Arabes. Le pays compte aussi une minorité de 45 000 Juifs qui jouissent de leurs droits civils et de la liberté de religion. Quant à la population du Sahara occidental, dont nous avons déjà évoqué l'extrême faiblesse de la densité, elle est fort difficile à établir, puisque l'on constate des écarts importants selon la diversité des sources et qui témoignent aussi de la difficulté de définir ce qu'on entend par un Sahraoui, les sources officielles du gouvernement marocain estimant qu'il n'y a pas de Sahraoui mais que des Marocains ! Par ailleurs, un premier recensement, mené en 1974, a estimé cette population à 75 000. Or, estiment les Sahraouis, ce résultat doit être révisé à la hausse, puisque, au moment où il a été fait, plusieurs Sahraouis étaient alors installés dans d'autres pays à proximité de la frontière[182]. Aussi, d'autres sources estiment la population actuelle du Sahara occidental à 300 000 habitants, avec des projections à 400 000 et 600 000, respectivement en 2025 et 2050, et un taux d'accroissement actuel de 2,9%, le plus élevé d'Afrique du Nord et l'un des plus élevés d'Afrique où la moyenne est de 2,4. Par ailleurs, le taux de mortalité infantile est très élevé (134) alors que la moyenne africaine est de 88, et l'espérance de vie est basse (50 ans), la moyenne africaine étant à 52 ans[183]. Les Sahraouis se consacrent principalement à l'exploitation des phosphates, de la pêche et du nomadisme pastoral. Comme le taux de terres arables est à 0%, toute la nourriture doit être importée, à l'exception des fruits et légumes qu'on trouve dans quelques oasis.

L'agriculture du Maroc, à la merci des sécheresses, représente 15% du PIB de 128,3 milliards$ et occupe 40% de la population active, qui touche un revenu moyen de 4 000$ par année. La production agricole concerne principalement l'orge, le blé, les légumes, les olives, les agrumes et la vigne. Ajoutons que le pays est un producteur illicite de hachisch pour le marché de l'Europe et

---

181 Riché, Philippe (2004) *Le Maroc ouvre le territoire du Sahara occidental à l'exploration pétrolière* : www.arso.org.

182 Guillaume, Gilbert (1994) *Les grandes crises internationales et le droit*, p. 105.

183 (2004) *Population Reference Bureau* : www.prb.org.

un lieu de transit de la cocaïne de l'Amérique du Sud à destination de l'Europe[184].

Le plus occidental des pays du Maghreb – position géographique qui lui a donné son nom – est de même politiquement aligné sur la politique et l'économie occidentales. Ainsi, la plus ancienne monarchie du monde arabe a signé, en mars 2003, un traité de libre-échange avec les États-Unis, et elle prévoit le faire à plus long terme avec l'Union européenne. S'agissant de politique, notons que les islamistes ont fait irruption dans le paysage politique marocain. Par ailleurs, et à l'instar des autres pays de l'Afrique du Nord, le Maroc n'est plus à l'abri du terrorisme, puisque 5 attentats-suicides, tels ceux de Djerba en Tunisie, ont frappé des cibles occidentales ou juives, en mai 2003, à Casablanca, alors que 15 kamikazes, tous marocains, faisaient 43 morts, dont 8 étrangers. Quelques mois auparavant, on annonçait le démantèlement d'une cellule d'Al Qaeda, constituée de Saoudiens et de Marocains, condamnés en février 2003, pour avoir tenté des attaques sur des navires occidentaux dans le détroit de Gibraltar. On se souvient également de ce Marocain, trouvé coupable par un tribunal de Hambourg de complicité dans les attentats du 11 septembre 2001[185]. Aussi, ont été revues à la baisse les prévisions optimistes quant au tourisme, dans un pays où il constitue la seconde source de devises, après les transferts des Marocains à l'étranger. Car le Maroc est aussi un pays de chômeurs instruits, qui souffre d'une fuite des cerveaux, mais aussi une terre d'émigration clandestine. Ainsi, pour la seule année 2001, l'Espagne appréhendait 18 500 illégaux provenant du Maroc, dont 20% d'Afrique sub-saharienne[186].

Aucune des frontières maritimes du Maroc (avec la Mauritanie, l'Espagne et l'Algérie) n'a été délimitée, exception faite du cas suivant, tout à fait inusité. Le Maroc et la Mauritanie ont convenu de la délimitation, à la fois terrestre et maritime, de leur frontière, en concluant un accord[187], le 14 avril 1976, qui a consacré, à la faveur du retrait des forces coloniales espagnoles, la partition du Sahara occidental, occupé par le Maroc au nord (dans une région appelée Sakiet El Hamra) et par la Mauritanie au sud (dans le Tiris El Gharbia). Le document stipule que la frontière terrestre est constituée d'une ligne droite tracée du point d'intersection de la côte atlantique et du parallèle 24°N au point d'intersection du 23°N et du méridien 13°O. Quant à son prolongement en mer, qui divise le plateau continental, la ligne est définie, sans plus de précision, comme étant celle du parallèle 24°N, aucun point terminal n'étant mentionné.

---

184 *CIA World Fact Book 2004* : www.odci.gov/cia/publications/factbook.

185 (2003) *L'état du monde 2004*, p. 102-106.

186 (2004) *L'état de l'Afrique 2004*, p. 150-152.

187 Agreement relative to the establishment of an official boundary between the Islamic Republic of Mauritania and the Kingdom of Morocco. Canada (1983) *Délimitation de la frontière maritime dans la région du golfe du Maine (Canada/États-Unis d'Amérique). Annexes à la Réplique du Canada, La pratique des États*, p. 403-406.

Cette limite diverge considérablement, au profit du Maroc, d'une ligne hypothétique d'équidistance qui tiendrait compte de la présence des Canaries. Or, cette frontière sera *effacée,* lorsque la Mauritanie, incapable de soutenir son effort de guerre contre les colonnes du POLISARIO, renoncera, en août 1979, à ses revendications territoriales sur le Tiris El Gharbia annexé par le Maroc quelques jours plus tard.

La délimitation maritime avec l'Espagne n'est établie ni dans l'Atlantique ni en Méditerranée, car dans l'Atlantique, le Maroc ne reconnaît pas la légalité de la ligne établie unilatéralement par l'Espagne en 2002, aux fins de l'exploration des ressources minérales et du contrôle des réfugiés en provenance d'Afrique, et tracée selon l'équidistance des îles Canaries et des côtes du continent africain, alors qu'en Méditerranée, le contentieux ne pourra être résolu tant et aussi longtemps que le Maroc n'aura pas renoncé à ses revendications territoriales sur les présides espagnoles (Ceuta et Melilla), de même que sur les îles de Velez de la Gomera, Alhucemas et Chafarinas, à moins que l'Espagne elle-même n'y renonce. On se rappelle aussi l'incident de l'îlot au Persil, à 200 mètres à peine de la côte marocaine et sous souveraineté espagnole, quand des soldats marocains furent chassés *manu militari* après avoir occupé le rocher, en juillet 2002. Quant à la délimitation maritime du Maroc avec la Mauritanie, une nouvelle ligne n'a pas été convenue entre les deux États, pas plus que celle avec l'Algérie, ce qui, dans ce dernier cas, n'est pas sans évoquer les difficultés récurrentes d'administrer la frontière terrestre qui, si elle a été enfin démarquée après de longues négociations entrecoupées d'escarmouches, est souvent fermée par l'un ou l'autre des États, dans un contexte où le problème sahraoui demeure une sérieuse pomme de discorde[188].

2.2 Les étapes de la procédure

Par sa résolution 3292 (XXIX), adoptée le 13 décembre 1974 et parvenue au greffe de la Cour internationale de Justice le 21 décembre, l'Assemblée générale des Nations Unies décide de soumettre deux questions pour avis consultatif. Dans le texte de cette résolution[189], l'Assemblée générale rappelle, notamment, la résolution 1514 (XV) du 14 décembre 1960, qui contient la Déclaration sur l'octroi de l'indépendance aux pays et aux peuples coloniaux, et elle réaffirme le droit à l'autodétermination des populations du Sahara. De plus l'Assemblée prend note des déclarations des représentations du Maroc et de la Mauritanie, qui « se sont reconnus mutuellement intéressés au devenir du

---

188 *International Boundary Research Unit* (IBRU) : www-ibru.dur.ac.uk/database/ data. html.

189 Cette résolution est citée en partie dans *Sahara occidental. Avis consultatif : C.I.J. Recueil 1975*, p. 27, par. 40. Ci-après cité *Avis de 1975*. Un résumé est disponible sur le site Internet de la Cour : www.icj-cij.org.

territoire », ainsi que des déclarations de l'Algérie et de l'Espagne. Ce même texte énonce deux questions posées à la Cour dans les termes suivants : « I. Le Sahara occidental (Rio de Oro et Sakiet El Hamra) était-il, au moment de la colonisation par l'Espagne, un territoire sans maître *(terra nullius)* ? Si la réponse à la première question est négative, II. Quels étaient les liens juridiques de ce territoire avec le Royaume du Maroc et l'ensemble mauritanien ? »

Selon la résolution, il est demandé au Maroc, à la Mauritanie et à l'Espagne de transmettre à la Cour tout document ou renseignement susceptible d'élucider ces questions. De plus, on invite instamment la Puissance administrante, en l'occurrence l'Espagne, à surseoir au référendum qu'elle a envisagé d'organiser, aussi longtemps que l'Assemblée générale « ne se sera pas prononcée sur la politique à suivre pour accélérer le processus de décolonisation du territoire », en conformité avec la résolution 1514 et l'avis consultatif qui sera donné par la Cour. L'invitation est réitérée à tous les États à respecter les résolutions de l'Assemblée « sur les activités des intérêts étrangers, économiques et financiers, dans le territoire et à s'abstenir d'aider, par des investissements ou par une politique d'immigration, au maintien d'une situation coloniale dans le territoire ». L'Assemblée prie enfin le Comité spécial d'étudier et de suivre la situation dans le territoire, y compris par une mission de visite, et de faire rapport.

Le 6 janvier 1975, le greffier de la Cour notifie la requête pour avis consultatif à tous les États membres des Nations Unies, après que celle-ci eut jugé, dans son ordonnance du 3 janvier[190], qu'ils étaient susceptibles de fournir des renseignements sur les questions posées. Les États suivants soumettront des exposés écrits ou des lettres en réponse à la communication du greffe : Espagne, Maroc, Mauritanie, France, Chili, Colombie, Équateur, Panama, Costa Rica, Guatemala, Nicaragua et République Dominicaine. Dans une autre ordonnance, rendue le 22 mai 1975[191], la Cour a décidé, aux fins de la question préliminaire qu'était sa propre composition, que lors de l'adoption de la résolution 3292, « il paraissait y avoir un différend juridique relatif au territoire du Sahara occidental[192] » entre le Maroc et l'Espagne, mais que tel n'était pas le cas entre la Mauritanie et l'Espagne, en conséquence de quoi la Cour a décidé, par dix voix contre cinq, que le Maroc était fondé à désigner un juge *ad hoc*, tandis que la Mauritanie, par huit voix contre sept, ne l'était pas, car les conditions rendant applicables les articles 31 et 68 du Statut et 89 du Règlement n'étaient pas remplies. Le tribunal ajoute que ces conclusions « ne préjugent en rien la position de tout État intéressé[193] ».

---

190 *Sahara occidental, ordonnance du 3 janvier 1975*, C.I.J. Recueil 1975, p. 3.

191 *Sahara occidental, ordonnance du 22 mai 1975*, C.I.J. Recueil 1975, p. 6.

192 *Idem*, p. 7.

193 *Idem*, p. 8.

Dans son avis consultatif rendu le 16 octobre 1975, la Cour règle d'abord certaines questions de nature procédurale. Ainsi, elle estime être habilitée par l'article 65, paragraphe 1, du Statut à donner des avis consultatifs sur des questions juridiques à tout organisme ou institution dûment autorisée. Or, dit-elle, l'Assemblée générale des Nations Unies tient cette autorisation de l'article 96, paragraphe 1, de la Charte des Nations Unies, et les deux questions posées sont libellées en termes juridiques et soulèvent des problèmes de droit international, encore qu'elles impliquent aussi des questions de fait, et bien que la Cour ne soit pas invitée à se prononcer sur des droits et des obligations existants. Elle se déclare donc compétente pour connaître de la présente requête.

2.3 Les objections espagnoles

La Cour examine ensuite le bien-fondé d'objections soulevées par l'Espagne tendant à démontrer que le prononcé d'un avis consultatif serait incompatible avec la fonction judiciaire de la Cour. L'Espagne fait d'abord valoir qu'elle n'a pas consenti à ce que le tribunal se prononce sur les questions posées, étant donné les raisons suivantes : l'objet de ces questions est en substance identique à celui d'un différend relatif au même territoire que le Maroc lui avait proposé en septembre 1974 de soumettre conjointement à la Cour, ce à quoi elle s'était refusée ; la demande d'avis consultatif serait donc utilisée pour contourner le principe selon lequel la Cour n'a compétence pour régler un différend que de consentement entre les Parties, alors que ce consentement est toujours nécessaire pour le règlement judiciaire d'un différend concernant l'attribution de la souveraineté territoriale ; le tribunal ne possède pas les renseignements pour bien déterminer les faits. Ces arguments sont rejetés par la Cour :

> Le problème qui se pose entre le Maroc et l'Espagne au sujet du Sahara occidental ne concerne pas le statut juridique du territoire à l'heure actuelle mais les droits du Maroc sur ce territoire au moment de la colonisation. Le règlement de ce problème sera sans effet sur les droits que l'Espagne possède actuellement en tant que Puissance administrante mais il aidera l'Assemblée générale à se prononcer sur la politique à suivre pour accélérer le processus de décolonisation du territoire[194].

L'Espagne prétend aussi que les questions soumises à la Cour ont un caractère académique et qu'elles sont dépourvues d'objet ou d'effet pratique, car l'ONU a déjà déterminé la méthode à suivre pour la décolonisation du Sahara occidental, à savoir une consultation de la population autochtone au moyen d'un référendum organisé par l'Espagne sous les auspices de l'ONU.

---

[194] *Avis de 1975*, p. 27, par. 42.

2.4 Les résolutions relatives à la décolonisation

Le Maroc pense plutôt que l'Assemblée générale, loin d'avoir définitivement arrêté les principes et les techniques à suivre, demeure libre de choisir entre plusieurs solutions s'inspirant de deux principes fondamentaux : celui de l'autodétermination, prévu dans la résolution 1514, paragraphe 2, et celui de l'unité nationale et de l'intégrité territoriale, au paragraphe 6. Le Maroc ne manque pas de souligner que « la décolonisation peut prendre la forme de la réintégration d'une province dans le pays d'origine dont l'a détaché le fait colonial[195] ». La Mauritanie prétend, à l'instar du Maroc, que les questions posées à la Cour sont pertinentes, et elle insiste sur le caractère indissociable des deux principes invoqués par le Maroc, tout en ajoutant que l'Assemblée générale a été amenée à plusieurs reprises « à donner la priorité à l'intégrité territoriale, en particulier lorsque le territoire avait été créé par une Puissance colonisatrice au détriment de l'État ou du pays auquel il appartenait[196] ».

L'Algérie affirme pour sa part que le principe fondamental applicable à la décolonisation, tel qu'il est consacré par la Charte des Nations Unies, articles 1 et 55, et la résolution 1514, c'est bien celui du droit des peuples à disposer d'eux-mêmes, et que l'Assemblée générale a reconnu « le droit de la population du Sahara occidental à exercer l'autodétermination dans des conditions de liberté et d'authenticité[197] », principe dont l'application, ajoute-t-elle, a été acceptée par la Puissance administrante et appuyée par les pays de la région et des conférences internationales.

Puisque l'Espagne a soutenu que les deux questions posées à la Cour étaient sans objet, étant donné que l'ONU avait déjà arrêté les méthodes pour la décolonisation du Sahara occidental, la Cour estime nécessaire d'examiner une à une les résolutions concernant la décolonisation en général et celle du Sahara occidental en particulier, depuis la résolution 1514 jusqu'à la 3292 (XXIX) de 1974 par laquelle elle a été saisie. La Cour rappelle d'abord l'un des buts fixés par la Charte à l'article 1, paragraphe 2 : « Développer entre les nations des relations amicales fondées sur le respect du principe de l'égalité de droits des peuples et de leur droit de disposer d'eux-mêmes ». Les juges examinent ensuite la résolution 1514, par laquelle l'Assemblée générale proclame « la nécessité de mettre rapidement et inconditionnellement fin au colonialisme sous toutes ses formes et dans toutes ses manifestations », et qui, à cet effet, dispose notamment :

---

195 *Idem*, p. 29, par. 49.
196 *Idem*, p. 29-30, par. 50.
197 *Idem*, p. 30, par. 51.

2. Tous les peuples ont le droit de libre détermination ; en vertu de ce droit, ils déterminent librement leur statut politique et poursuivent librement leur développement économique, social et culturel. (...)
5. Des mesures immédiates seront prises, dans les territoires sous tutelle, les territoires non autonomes et tous autres territoires qui n'ont pas encore accédé à l'indépendance, pour transférer tous pouvoirs aux peuples de ces territoires, sans aucune condition ni réserve, conformément à leur volonté et à leurs vœux librement exprimés, sans aucune distinction de race, de croyance ou de couleur, afin de leur permettre de jouir d'une indépendance et d'une liberté complètes.
6. Toute tentative visant à détruire partiellement ou totalement l'unité nationale et l'intégrité territoriale d'un pays est incompatible avec les buts et les principes de la Charte des Nations Unies[198].

La Cour ajoute que cette résolution 1514 se trouve complétée, à certains égards, par la 1541 (XV), qui prévoit plus d'une manière pour un peuple non autonome d'accéder à une pleine autonomie, puisqu'il a le choix de devenir un État indépendant et souverain, de s'associer librement à un État indépendant ou encore de s'intégrer à cet État. Le principe VII de cette même résolution dispose : « La libre association doit résulter d'un choix libre et volontaire des populations du territoire en question, exprimé selon des méthodes démocratiques et largement diffusées ». Le principe XIX prévoit notamment ce qui suit : « L'intégration doit résulter du désir librement exprimé des populations du territoire, pleinement conscientes du changement de leur statut, la consultation se faisant selon des méthodes démocratiques et largement diffusées, impartialement appliquées et fondées sur le suffrage universel des adultes. L'Organisation des Nations Unies pourra, quand elle le jugera nécessaire, contrôler l'application de ces méthodes[199] ».

La résolution 2625 (XXV), intitulée Déclaration relative aux principes du droit international touchant les relations amicales et la coopération entre les États conformément à la Charte des Nations Unies, précise que l'association, l'intégration ou l'indépendance, prévues dans la résolution 1541, ne sont pas des choix limitatifs puisque la 2625 énonce « l'acquisition de tout autre statut politique librement décidé par un peuple ». Qui plus est, cette résolution impose aux États certaines obligations visant à mettre rapidement fin au colonialisme: « Tout État a le devoir de favoriser, conjointement avec d'autres États ou séparément, la réalisation du principe de l'égalité de droits des peuples (...) et d'aider l'Organisation des Nations Unies à s'acquitter des responsabilités que lui a conférées la Charte[200] ». S'agissant du principe d'autodétermination, défini

[198] Citée dans l'*Avis de 1975*, p. 31-32, par. 55.
[199] Citée dans l'*Avis de 1975*, p. 33, par. 57.
[200] Citée dans l'*Avis de 1975*, p. 33, par. 58.

comme étant celui de s'exprimer librement, la Cour croit nécessaire de préciser que la validité de ce principe n'est pas diminuée parce que l'Assemblée générale n'a pas toujours cru bon de faire appel à l'organisation d'une consultation des habitants de tel ou tel autre territoire et que ces « exceptions s'expliquent soit par la considération qu'une certaine population ne constituait pas un "peuple" pouvant prétendre à disposer de lui-même, soit par la conviction qu'une consultation eût été sans nécessité aucune, en raison de circonstances spéciales[201] ».

Le tribunal examine ensuite les résolutions qui concernent le Sahara occidental, tout en faisant observer l'utilité de comparer les dispositions le concernant et celles qui s'appliquent au territoire d'Ifni. La Cour rappelle que l'Espagne, en 1966, avait pris position, devant un Comité spécial, en faveur du droit à l'autodétermination de la population du Sahara occidental, avec l'assentiment de la Mauritanie et du Maroc, tandis que dans le cas d'Ifni, l'Espagne suggérait, à titre préliminaire, une prise de contact avec le Maroc. De même l'Assemblée générale, sur proposition de ce Comité spécial, a traité différemment Ifni et le Sahara occidental, dans sa résolution 2229 (XXI), puisque, dans le premier cas, elle demande à la Puissance administrante, « de prendre immédiatement les mesures nécessaires pour accélérer la décolonisation d'Ifni et d'arrêter avec le Gouvernement marocain, compte tenu des aspirations de la population autochtone, des modalités de transfert des pouvoirs », tandis que dans le cas du Sahara occidental, l'Espagne est invitée « à arrêter le plus tôt possible, en conformité avec les aspirations de la population autochtone (...) et en consultation avec les Gouvernements marocain et mauritanien et toute autre partie intéressée, les modalités de l'organisation d'un référendum qui sera tenu sous les auspices de l'Organisation des Nations Unies[202] ».

Comme le territoire d'Ifni est décolonisé en 1969 par suite de son transfert au Maroc, seul le Sahara occidental est mentionné dans les résolutions subséquentes : ainsi, dans celle de 1973, la 3162 (XXVIII), l'Assemblée générale déclare déplorer que la mission de l'ONU n'ait pas pu encore se rendre dans le territoire, alors que le Maroc et la Mauritanie ont acquiescé à la tenue d'un référendum sous le contrôle de l'ONU, tout en soutenant, lors des résolutions adoptées de 1966 à 1973, que le Sahara occidental faisait partie de leur territoire et que, par ailleurs, l'Espagne ne respectait pas les recommandations de l'Assemblée générale. La Cour note enfin que la résolution 3292 a introduit une modification significative en invitant la Puissance administrante « à surseoir au référendum[203] » qu'elle a envisagé d'organiser au Sahara.

---

201 *Idem*, p. 33, par. 59

202 Citée dans l'*Avis de 1975*, p. 34, par. 62.

203 *Idem*, p. 35, par. 66.

De l'examen des diverses résolutions relatives à la décolonisation, la Cour en vient à la conclusion que le droit à l'autodétermination, qui constitue un élément de base des questions qui lui sont adressées, laisse néanmoins à l'Assemblée générale « une certaine latitude quant aux formes et aux procédés selon lesquels ce droit doit être mis en oeuvre[204] ». Le tribunal estime que l'avis consultatif fournira à l'Assemblée des éléments juridiques utiles lorsqu'elle poursuivra l'examen du problème, et il passe donc à l'analyse des deux questions qui lui ont été posées, puisque ces questions ne sont pas sans objet et qu'il est compétent pour y répondre.

2.5 Le Sahara occidental était-il une *terra nullius* ?

Au sujet de la question I, « Le Sahara occidental (Rio de Oro et Sakiet El Hamra) était-il, au moment de la colonisation par l'Espagne, un territoire sans maître (*terra nullius*) ? », la Cour déclare qu'il faut d'abord situer le moment de cette colonisation, non pas en établissant une date critique comme on le fait dans le cas des litiges territoriaux puisqu'il ne s'agit pas de choisir entre deux titres opposés. Aux fins de cet avis consultatif, le moment de la colonisation par l'Espagne peut être considéré comme désignant la période commençant en 1884, année où elle a proclamé son protectorat sur le Rio de Oro. C'est donc eu égard au droit en vigueur à cette époque qu'il faut interpréter la notion juridique de *terra nullius*. La Cour, qui s'est inspirée de l'affaire du *Groenland oriental*[205] de 1933 entre le Danemark et la Norvège, rappelle que l'occupation est un moyen juridique originaire d'acquérir pacifiquement la souveraineté sur un territoire sans maître. Et le tribunal poursuit en ces termes :

> Quelles qu'aient pu être les divergences d'opinions entre les juristes, il ressort de la pratique étatique de la période considérée que les territoires habités par des tribus ou des peuples ayant une organisation sociale et politique n'étaient pas considérés comme *terra nullius*. On estimait plutôt en général que la souveraineté à leur égard ne pouvait s'acquérir unilatéralement par l'occupation de la *terra nullius* en tant que titre originaire, mais au moyen d'accords conclus avec des chefs locaux. Il est vrai que le terme occupation était parfois employé dans un sens non technique, comme désignant simplement l'acquisition de la souveraineté ; cela ne signifiait cependant pas que l'acquisition de la souveraineté par voie d'accords conclus avec les autorités du pays était considérée comme l'occupation d'une *terra nullius* au sens propre de ces termes. Au contraire, on voyait dans ces accords avec les chefs locaux, interprétés ou non comme opérant une cession effective du territoire, un

---

204 *Idem*, p. 36, par. 71.

205 *Statut juridique du Groenland oriental*, C.P.J.I. série A/B, numéro 53, p. 44-45 et 63-64.

mode d'acquisition dérivé et non pas des titres originaires acquis par l'occupation d'une *terra nullius*[206].

La Cour observe à ce sujet que l'Espagne, lors de ses négociations avec la France concernant les limites du territoire espagnol au nord du Rio de Oro (Sakiet El Hamra), n'a pas prétendu détenir la souveraineté, pas plus que dans l'ordonnance du 26 décembre 1884, par laquelle l'Espagne a proclamé qu'elle « prenait le Rio de Oro "sous sa protection", sur la base d'accords conclus avec les chefs des tribus locales », l'ordonnance se référant expressément aux "documents que les tribus indépendantes de cette partie de la côte" avaient signés devant le représentant de la Société espagnole des Africanistes, et annonçant que le roi avait confirmé "les actes d'adhésion"[207]. Le tribunal répond donc négativement à la question I.

2.6 Quels étaient les liens juridiques avec le Maroc et la Mauritanie ?

Conformément aux termes de la requête pour avis consultatif, « si la réponse à la première question est négative », la Cour doit répondre à la question II : « Quels étaient les liens juridiques de ce territoire avec le Royaume du Maroc et l'ensemble mauritanien ? » Les juges se demandent d'abord quel est le sens à donner à l'expression « liens juridiques », laquelle, disent-ils, doit s'apprécier par rapport à l'objet et au but de la résolution 3292. Le tribunal estime alors que l'expression doit être interprétée comme désignant les liens juridiques « qui pourraient influer sur la politique à suivre pour la décolonisation du Sahara occidental. À cet égard, la Cour ne saurait accepter l'opinion selon laquelle les liens juridiques qu'envisageait l'Assemblée générale en rédigeant la question II ne concernaient que des liens établis directement avec le territoire, indépendamment des êtres humains qui pouvaient s'y trouver. Une telle interprétation restreindrait par trop la portée de la question, car des liens juridiques existent normalement par rapport à des personnes[208] ».

La Cour estime que pour bien juger du régime juridique du Sahara occidental, y compris ses relations juridiques avec les territoires avoisinants, on doit tenir compte des caractéristiques très particulières de ce territoire, qui déterminaient, lors de la colonisation avec l'Espagne, le mode de vie des populations, de même que leur organisation sociale et politique. Étant donné la faiblesse et l'irrégularité des précipitations, le territoire était presque exclusivement exploité par des nomades pour l'élevage ou certaines cultures quand les conditions le permettaient. Le tribunal note que les conflits entre tribus n'étaient pas rares et

---

206 *Avis de 1975*, p. 39, par. 79-80.

207 *Idem*, p. 38-39, par. 81.

208 *Idem*, p. 41, par. 85.

que leurs parcours à travers le désert pouvaient être plus ou moins réguliers en fonction des points d'eau. Lorsque ceux-ci étaient permanents, ils étaient la propriété exclusive des tribus qui les avaient aménagés, bien que leur utilisation fût à l'avantage de tous, sous réserve de certains droits coutumiers. Le droit de pâture était également un droit en commun, mais les terrains utilisés pour les cultures pouvaient être affectés de droits privatifs. La Cour est aussi informée que toutes ces tribus, de religion musulmane, parcouraient de vastes étendues qui, loin d'être limitées au territoire du Sahara occidental, pouvaient recouvrir des parties du Maroc méridional, de l'Algérie, de la Mauritanie et même d'autres pays. Certaines des tribus avaient entre elles des liens de caractère non pas territorial, mais d'allégeance ou de vassalité. Chaque tribu se trouvait sous l'autorité d'un cheik et était régie non seulement par le droit musulman mais aussi par son propre droit coutumier.

2.7 Les prétentions marocaines

Comme le Maroc et la Mauritanie soutiennent des thèses parfois communes, parfois différentes, le tribunal décide de les examiner une à une, en commençant par celles du Maroc, qui définit les liens juridiques avec le Sahara occidental lors de la colonisation espagnole « comme des liens de souveraineté qui découleraient de sa possession immémoriale du territoire. Il affirme que cette possession immémoriale se fonde non sur un acte isolé d'occupation mais sur l'exercice public de la souveraineté, ininterrompu et incontesté, durant des siècles[209] ». La Cour est ici confrontée à une difficulté particulière, celle d'apprécier des faits invoqués qui parfois remontent à la conquête arabe au VIIe siècle, et elle ne manque pas de souligner que le caractère « lointain, irrégulier et souvent éphémère de nombre de ces faits confère une certaine ambiguïté aux documents historiques en tant que preuves de la possession du territoire aujourd'hui en cause[210] ».

Le Maroc invoque aussi le caractère désertique du Sahara occidental et la contiguïté géographique de celui-ci et du Maroc, tout en affirmant que les documents historiques suffisent à fonder sa prétention à un titre fondé sur un exercice continu d'autorité, d'après, dit-il, les principes mêmes appliqués dans l'affaire du *Groenland oriental* pour faire droit à la revendication du Danemark sur l'ensemble de cet immense territoire. La Cour rappelle une déclaration de l'affaire précédente selon laquelle la prétention de la souveraineté basée sur l'exercice continu de l'autorité implique "deux éléments dont l'existence, pour chacun, doit être démontrée : l'intention et la volonté d'agir en qualité de souverain, et quelque manifestation ou exercice effectif de cette autorité", bien qu'il

209 *Idem*, p. 42, par. 90.
210 *Idem*, p. 42, par. 91.

ne soit pas toujours nécessaire, dans des régions inhabitées ou faiblement peuplées, d'exiger "de nombreuses manifestations d'un exercice de droits souverains", en l'absence de toute prétention concurrente[211].

Pourtant, explique la Cour, ces deux situations peuvent être difficilement comparées, puisque, dans le cas du Sahara occidental, ce territoire, bien que faiblement peuplé, était traversé par des tribus organisées socialement et politiquement qui se déplaçaient constamment, alors que les heurts armés entre elles n'étaient pas rares. Or, dit le tribunal, le Maroc a peu de preuves à offrir quant à un exercice effectif et sans équivoque d'autorité :

> On ne peut pas remédier à cette difficulté en faisant appel à l'argument de l'unité ou de la contiguïté géographique. De fait, les renseignements dont la Cour dispose indiquent que l'unité géographique du Sahara occidental et du Maroc est assez contestable ; cela aussi tend à faire écarter toute application de la notion de contiguïté. Même si la contiguïté géographique (...) pouvait être prise en considération en l'occurrence, il n'en serait que plus difficile de concilier la rareté des preuves démontrant un exercice non équivoque d'autorité à l'égard du Sahara occidental avec la thèse marocaine de possession immémoriale[212].

La Cour s'inspire d'une autre affaire, celle des *Minquiers et Ecréhous*[213] de 1953 entre la France et le Royaume-Uni, et elle ajoute que ce qui doit déterminer sa réponse, ce n'est pas « ce que l'on peut indirectement déduire d'événements passés, ce sont les preuves qui se rapportent directement à un exercice effectif d'autorité au Sahara occidental au moment de la colonisation espagnole et pendant la période qui l'a immédiatement précédée[214] ». Compte tenu des balises dans le temps fixées par elle, la Cour passe à l'examen des faits allégués par le Maroc, en examinant d'abord une demande de celui-ci à l'effet que le tribunal tienne compte de la structure particulière de cet État. Cette demande, dit-elle, est légitime car aucune règle de droit international n'exige que l'État ait une structure particulière, celle-ci pouvant être prise en considération lorsqu'il s'agit d'évaluer les manifestations d'autorité étatique invoquées à l'appui de la souveraineté. La Cour décrit notamment comme suit le caractère particulier de l'État chérifien au moment de la colonisation espagnole du Sahara :

> Cette particularité tenait à ce qu'il était fondé sur le lien religieux de l'islam qui unissait les populations et sur l'allégeance de diverses tribus

---

211 *Statut juridique du Groenland oriental*, C.P.J.I série A/B, numéro 53, p. 45-46. Cité dans l'*Avis de 1975*, p. 42-43, par. 91-92.

212 *Idem*, p. 43, par. 92.

213 *Arrêt*, C.I.J. Recueil 1953, p. 57.

214 *Avis de 1975*, p. 43, par. 93.

au Sultan, par l'intermédiaire de leurs caïds ou de leurs cheiks, plus que sur la notion de territoire. Or, des liens religieux communs ont évidemment existé dans bien des régions du monde sans que cela implique un lien juridique de souveraineté ou de subordination à un souverain (...). D'autre part les liens politiques d'allégeance à un souverain ont souvent été un élément essentiel de la texture de l'État. Mais cette allégeance doit incontestablement être effective et se manifester par des actes témoignant de l'acceptation de l'autorité politique du souverain, pour pouvoir être considérée comme un signe de sa souveraineté[215].

Le Maroc affirme aussi, et cela n'a pas été contesté, que l'État chérifien, durant la période pertinente, était constitué de régions véritablement soumises au Sultan (*bled makhzen*) et de régions où les tribus ne lui obéissaient pas (*bled siba*). Le Maroc ajoute que ces deux types de rapports, loin d'affecter l'unité du Maroc, n'impliquaient pas une division territoriale mais exprimaient seulement deux modalités de relations entre le pouvoir central et les autorités locales ; et d'ailleurs, dans tous les cas, et en raison d'un fond culturel commun, l'autorité spirituelle du sultan était reconnue et acceptée, et la distinction entre ces deux types de bleds traduisait une volonté de contester les conditions d'exercice du pouvoir central plutôt que l'existence de ce pouvoir. La Cour note enfin que l'Espagne, la Mauritanie et le Maroc s'entendent pour reconnaître que les régions situées au nord du Sahara étaient comprises, à cette époque, dans le *bled siba* et que celui-ci faisait partie de l'État marocain.

À l'appui de sa prétention à la souveraineté sur le Sahara occidental, le Maroc a invoqué des actes par lesquels il aurait manifesté son autorité sur le plan interne, notamment des éléments tendant à prouver l'allégeance de caïds sahariens envers le Sultan, y compris des dahirs et autres documents concernant la nomination de caïds, la perception d'impôts coraniques et autres, de même que des décisions militaires à titre de résistance à la pénétration étrangère sur le territoire. L'Espagne, pour sa part, fait valoir ce qu'elle appelle « l'absence frappante » de tout document ou autre indice de nature à prouver l'autorité politique du Maroc sur le Sahara occidental, et elle conteste notamment la prétendue résistance à la pénétration étrangère en affirmant qu'il s'agissait tout au plus d'incursions sporadiques lancées pour le pillage ou la prise d'otages à rançonner. La Mauritanie, quant à elle, se déclare prête à reconnaître cette autorité sur certaines tribus mais pour la région du Nord exclusivement, les autres tribus faisant partie, dit-elle, de l'ensemble mauritanien. La Cour, pour sa part, résume comme suit sa position :

> Ainsi, même compte tenu de la structure spécifique de l'État chérifien, les éléments examinés jusqu'à présent n'établissent aucun lien de souveraineté territoriale (...). Ils ne montrent pas que le Maroc ait exercé

---

[215] *Idem*, p. 44, par. 95.

> une activité étatique effective et exclusive au Sahara occidental. Ils indiquent cependant qu'un lien juridique d'allégeance existait pendant la période pertinente entre le Sultan et certaines, mais certaines seulement, des tribus nomades du territoire[216].

Le Maroc a par ailleurs fait valoir l'existence d'actes internationaux qui, à son avis, auraient constitué la reconnaissance, directe ou indirecte, par d'autres États de sa souveraineté au sud du Noun et du Draa. Ces actes sont regroupés par la Cour en quatre rubriques : traités conclus, de 1767 à 1861, avec l'Espagne, les États-Unis d'Amérique et la Grande-Bretagne, qui contiennent notamment des dispositions relatives à la protection des marins en naufrage sur les côtes de l'oued Noun ou à sa proximité ; traité anglo-marocain de 1895 aux termes duquel la Grande-Bretagne aurait reconnu la souveraineté du Maroc, de l'oued Draa au cap Bojador ; correspondance diplomatique relative à l'application du traité de Tétouan de 1860, de même qu'un accord conclu avec l'Espagne concernant la cession d'Ifni et la cession de Tarfaya, qui attesteraient de la reconnaissance par l'Espagne de la souveraineté du Maroc au sud jusqu'au cap Bojador ; enfin, échange de lettres, en 1911, entre la France et l'Allemagne.

S'agissant du traité hispano-marocain de 1767 auquel le Maroc a fait grand état, et qui concernait l'établissement projeté d'un comptoir et d'une pêcherie des Canariens, il est stipulé, à l'article 18, dans la version arabe du texte, ce qui suit :

> Sa Majesté impériale met en garde les habitants des Canaries contre toute initiative d'aller pêcher sur les côtes d'oued Noun et au-delà. Il dégage toute responsabilité de ce qui leur arrivera de la part des Arabes du pays auxquels il est difficile d'appliquer les décisions, eux qui n'ont pas de résidence fixe, qui se déplacent comme ils veulent et plantent leurs tentes où ils entendent. Les habitants des Canaries sont certains d'être malmenés par les Arabes[217].

Si le Maroc prétend que le pouvoir de décision, en conformité avec cet article, était reconnu au sultan, en dépit de la difficulté d'appliquer les décisions, l'Espagne estime que cet article, loin de montrer la reconnaissance par l'Espagne de la souveraineté du sultan au sud de l'oued Noun, constitue au contraire un désaveu par le sultan de toute prétention à une autorité dans cette région. Le Maroc croit également que sa souveraineté a été reconnue par les dispositions du traité de commerce et de navigation du 20 novembre 1861, qui remplaçait celui de 1767, et qui, observe la Cour, était inspiré de clauses analogues dans des traités signés avec les États-Unis en 1836 et la Grande-Bretagne en 1856. Les dispositions pertinentes de l'article 38 de ce traité de 1861 sont notamment les suivantes :

---

216 *Idem*, p. 49, par. 107.
217 *Idem*, p. 50, par. 109.

Si un bâtiment espagnol, de guerre ou de commerce, échoue ou naufrage sur un point quelconque des côtes du Maroc, il sera respecté et protégé dans tout ce qu'il lui faudra conformément aux lois de l'amitié, et ledit bâtiment, avec tout ce qu'il contiendra, sera conservé et restitué à ses maîtres ou au consul général d'Espagne (...) Si un navire espagnol naufrageait à l'oued Noun ou en tout autre point de cette côte, le roi du Maroc emploiera tout son pouvoir pour sauver le capitaine et l'équipage (...), et il sera permis au consul général d'Espagne, au consul (...) de prendre toutes les informations ou renseignements qu'ils voudront[218].

Le Maroc ajoute que son interprétation des dispositions des traités de 1767 et de 1861 se trouve confirmée par des documents diplomatiques espagnols concernant la libération, en 1863, de neuf matelots capturés par des « Maures de la côte frontière », lors d'une expédition de pêche à bord du navire espagnol *Esmeralda*. Au terme de cet incident, qui s'était produit à plus de 180 milles au sud du cap Noun, les Maures avaient exigé une rançon, et le ministre d'Espagne au Maroc était alors intervenu auprès du sultan, en conformité avec le traité de 1861, pour qu'il « use de son pouvoir pour sauver les marins captifs[219] ». Libérés et se trouvant entre les mains du cheik Beyrouk dans le Noun, le ministre d'Espagne au Maroc est autorisé à lui remettre un présent en témoignage de gratitude. L'Espagne fait valoir par ailleurs certains documents selon lesquels ce cheik a informé les autorités espagnoles « qu'il avait résisté aux efforts du Sultan visant à lui arracher les prisonniers, et que leur liberté n'avait été obtenue que quand il avait lui-même "traité l'affaire avec la nation espagnole[220]". L'Espagne reconnaît là la preuve qu'au nord d'Agadir le Sultan « exerçait son pouvoir et était à même de commander, tandis qu'au sud d'Agadir, dans le Sous, le Noun et le Draa, il « négociait avec les pouvoirs locaux et ne commandait pas[221] ». Entre ces deux interprétations des traités de 1767 et de 1861, la Cour opte pour l'interprétation espagnole, puisque « les clauses susvisées ne sauraient être considérées comme emportant reconnaissance internationale de la souveraineté territoriale du Sultan au Sahara occidental. (...) elles doivent être interprétées comme concernant la manifestation de l'autorité ou de l'influence du Sultan (...) seulement sur le plan des liens d'allégeance ou de l'influence personnelle par rapport à certaines tribus nomades du territoire[222] ».

Comme preuve d'une reconnaissance internationale, le Maroc fait valoir également le traité anglo-marocain de 1895 (seconde rubrique) concernant

---

218 *Idem*, p. 51, par. 112.
219 *Idem*, p. 51, par. 113.
220 *Idem*, p. 52, par. 115.
221 *Ibidem*.
222 *Idem*, p. 53, par. 118.

l'acquisition, par le sultan, à la North West African Company d'une *factorie* établie auparavant au cap Juby à la suite d'accords conclus entre le cheik Beyrouk et Donald Mackenzie. L'une des clauses prévoit que si le gouvernement marocain conclut l'achat, « aucune Puissance ne pourra émettre de prétentions sur les territoires allant de l'oued Draa au cap Bojador et appelés Tarfaya (...) à l'intérieur parce que ces territoires appartiennent au Maroc » ; le Maroc s'engageait par ailleurs « à ne céder à personne aucune parcelle des terres *sus-désignées* sans l'accord du Gouvernement anglais[223] ». Pourtant, dit la Cour, l'interprétation marocaine ne concorde pas avec les faits tels qu'on peut les apprécier à la lecture de la correspondance diplomatique concernant la transaction sur la *factorie*. En effet, « la Grande-Bretagne s'engageait à ne plus s'opposer à l'avenir aux prétentions du Sultan sur les terres comprises entre le Draa et le cap Bojador, mais sans pour autant reconnaître une souveraineté marocaine préexistante sur ces terres. Bref, ce qu'obtenait le Sultan, c'était l'acceptation par la Grande-Bretagne non pas de sa souveraineté actuelle mais de ses intérêts dans la région[224] ».

Le tribunal estime, pour des motifs analogues, que les documents mentionnés dans les rubriques troisième et quatrième n'ont pas de valeur concluante. À propos des lettres annexées à l'accord franco-allemand du 4 novembre 1911, et à d'autres documents analogues, la Cour estime que « ces accords n'ont qu'une valeur restreinte à cet égard car leur but n'était ni de reconnaître une souveraineté existante sur un territoire ni d'en nier l'existence. Ils avaient plutôt pour but, dans des contextes divers, de reconnaître ou de réserver à l'une des parties ou aux deux une zone d'influence, au sens où l'entendait la pratique de l'époque[225] ». Bref, dit la Cour, cet échange de lettres ne peut constituer la preuve d'une reconnaissance des limites du Maroc, quand il indique que l'Allemagne « restera étrangère aux accords particuliers que la France et l'Espagne croiront devoir faire entre elles au sujet du Maroc, étant convenu que le Maroc comprend toute la partie de l'Afrique du Nord s'étendant entre l'Algérie, l'Afrique occidentale française et la colonie espagnole du Rio de Oro[226] ».

Quant à l'ensemble des actes internes et des actes internationaux invoqués par le Maroc, la Cour est d'avis que leurs conclusions « coïncident en ce que ni les unes ni les autres n'indiquent l'existence, à l'époque considérée, de liens juridiques de souveraineté territoriale entre le Sahara occidental et l'État marocain. Elles coïncident aussi en ce qu'elles indiquent l'existence d'un lien juridique d'allégeance entre le Sultan et certaines, mais certaines seulement, des

---

223 *Idem*, p. 54, par. 119.
224 *Idem*, p. 54, par. 120.
225 *Idem*, p. 56, par. 126.
226 *Idem*, p. 55, par. 124.

tribus du Sahara occidental et en ce qu'elles indiquent des manifestations d'une certaine autorité ou d'une certaine influence du Sultan à l'égard de ces tribus[227] ».

2.8 Les prétentions mauritaniennes

La Cour passe ensuite à l'examen des liens juridiques qui existeraient entre l'ensemble mauritanien et le Sahara occidental, mais comme il n'existait pas encore, au moment de la colonisation du Sahara par l'Espagne, d'État mauritanien, la Cour doit s'occuper, plutôt que de liens juridiques de souveraineté, de liens juridiques d'une autre nature, en recherchant préalablement ce en quoi consiste cet ensemble mauritanien, expression utilisée pour la première fois en 1974, lors de l'adoption de la résolution 3292 par l'Assemblée générale des Nations Unies, qui définit cette expression comme « l'ensemble culturel, géographique et social qui existait à l'époque dans la région du Sahara occidental et dans lequel allait se créer plus tard la République islamique de Mauritanie[228] ».

Celle-ci précise que cet ensemble géographique était constitué d'une région comprise entre l'oued Sakiet El Hamra au nord et le fleuve Sénégal au sud, et entre l'Atlantique à l'ouest et le méridien de Tombouctou à l'est. Cette région constituait, tant pour ses habitants que pour les autres communautés arabo-islamiques, un ensemble distinct, appelé le Bilad Chinguiti (ou pays chinguittien), « groupement humain caractérisé par une communauté de langue, de mode de vie et de religion[229] », qui possédait une structure sociale uniforme constituée de trois ordres : les tribus guerrières, par qui était exercé le pouvoir politique ; les tribus maraboutiques, qui, outre leurs activités économiques, pratiquaient la justice, l'enseignement, la théologie et la culture ; enfin, les tribus de *clients-vassaux*, sous la protection des deux premières. La Mauritanie ajoute qu'on retrouvait, dans le Bilad Chinguiti, deux types d'autorité politique : les émirats, au nombre de quatre, dont, notamment, celui de l'Adrar où se trouve la ville de Chinguiti, centre culturel au carrefour d'un important commerce caravanier, ainsi que les groupements de tribus non constitués en émirats. Ces groupements de tribus et ces émirats « étaient à la fois autonomes et indépendants et ne reconnaissaient aucun lien d'allégeance politique[230] » à l'égard du sultan du Maroc.

La Mauritanie reconnaît par ailleurs que ces émirats et ces tribus « n'étaient coiffés d'aucune structure hiérarchique commune » et que l'ensemble ne pouvait donc « à cet égard être assimilé à un État, ni à une

---

227 *Idem*, p. 56-57, par. 129.
228 *Idem*, p. 57, par. 131.
229 *Idem*, p. 58, par. 132.
230 *Idem*, p. 58, par. 134.

fédération ni même à une confédération, à moins que l'on ne soit prêt à donner ce nom aux liens politiques ténus unissant les tribus les unes avec les autres[231] ». L'ensemble n'en constituait pas moins « une communauté ayant sa cohésion propre, ses particularités et un système de droit saharien commun[232] » qui régissait, notamment, les points d'eau, les pâturages et le règlement des différends entre tribus. La Mauritanie « suggère que les concepts de nation et de peuple seraient les plus adéquats pour expliquer la situation[233] ». Cette communauté se manifestait notamment « lorsque son indépendance était en péril, comme le montre (...) le fait que les tribus conjuguèrent leurs efforts dans tout le pays chinguittien pour enrayer la pénétration française[234] ». La Cour ajoute ce qui suit à propos de la position de la Mauritanie :

> Elle souligne que, dans cette région aride, la vie pastorale oblige à rechercher continuellement des pâturages suffisants ainsi que des points d'eau, chaque tribu ayant ses zones de migration bien définies avec des itinéraires de migration connus et déterminés par l'emplacement (...) des cimetières, des terrains cultivés et des pâturages. Elle fait encore observer que les Puissances coloniales, en traçant les frontières, n'ont tenu aucun compte des facteurs humains et en particulier des territoires des tribus ou de leurs parcours de nomadisation qui ont été coupés en deux ou trois tronçons par ces frontières artificielles. Les tribus se sont néanmoins trouvées dans la nécessité de poursuivre leurs migrations traditionnelles[235].
>
> La Mauritanie ajoute que la France et l'Espagne ont reconnu cette nécessité de la vie dans la région en concluant, en 1934, un arrangement administratif pour éviter qu'il ne soit fait obstacle au nomadisme de ces tribus.

La Cour, après avoir considéré les caractéristiques de l'ensemble mauritanien, passe à l'examen des liens juridiques qui existeraient entre cet ensemble et le Sahara occidental au moment de la colonisation espagnole. À ce sujet, la Mauritanie rappelle que l'ensemble mauritanien s'étendait du fleuve Sénégal à l'oued Sakiet El Hamra et que la partie des territoires se trouvant actuellement sous administration espagnole au sud de cet oued était « partie intégrante de l'ensemble mauritanien » ; la Mauritanie estime aussi que la relation juridique entre l'ensemble mauritanien et la partie sous administration espagnole était par conséquent « une simple relation d'inclusion[236] ». La Mauritanie précise que l'ensemble mauritanien formait une entité unie par plusieurs liens (déjà décrits), tandis que les territoires administrés par l'Espagne ne

---

231 *Idem*, p. 59, par. 135.
232 *Idem*, p. 59, par. 136.
233 *Idem*, p. 60, par. 138.
234 *Idem*, p. 59, par. 136.
235 *Idem*, p. 59-60, par. 137.
236 *Idem*, p. 60, par. 139.

constituaient aucune identité propre, d'où la prétention que la région située au sud de l'oued Sakiet El Hamra faisait juridiquement partie de l'ensemble mauritanien, au-delà duquel commençait le royaume du Maroc.

2.9 Les prétentions espagnoles

L'Espagne conteste cette notion d'ensemble mauritanien en affirmant notamment que ce prétendu ensemble était, en réalité, constitué d'éléments hétérogènes, dont l'émirat d'Adrar, qui constituait une région distincte et indépendante des régions avoisinantes. L'Espagne estime en outre que la preuve de liens d'allégeance, loin d'avoir été apportée, révèle plutôt que les tribus du Sahara occidental ont mené une existence propre et indépendante de celle des autres tribus sahariennes et que le peuple sahraoui habitait « une région assez bien délimitée » où la vie est nomade, alors que celle des pays avoisinants, dont Chinguiti, est sédentaire. La Cour, à partir des renseignements dont elle dispose, paraît pencher plutôt du côté de la thèse de l'Espagne et elle rejette en tout cas la notion d'un ensemble mauritanien, tel qu'il a été défini par la Mauritanie :

> (...) au moment de la colonisation espagnole il existait de nombreux liens d'ordre racial, linguistique, religieux, culturel et économique entre des tribus et émirats dont les populations habitaient la région saharienne qui fait aujourd'hui partie du territoire du Sahara occidental et de la République islamique de Mauritanie. Cependant ces renseignements révèlent aussi l'indépendance des émirats et de nombre de ces tribus les uns à l'égard des autres et, malgré certaines formes d'activité commune, l'absence d'institutions ou d'organes, même réduits au minimum, qui leur auraient été communs. La Cour ne peut donc conclure (...) que les émirats et tribus existant dans la région constituaient (...) "une entité capable d'être bénéficiaire d'obligations incombant à ses membres[237]".

Cette dernière citation de la Cour est tirée de l'avis consultatif concernant les *Réparations des dommages subis au service des Nations Unies*, rendu en 1949[238], et la Cour de poursuivre dans les termes suivants :

> Que l'on définisse l'ensemble mauritanien comme le Bilad Chinguiti, (...) ou encore comme une forme de ligue ou d'association, la difficulté demeure qu'il n'avait pas le caractère d'une personne ou d'une entité juridique distincte des divers émirats et tribus qui le constituaient. On ne peut donc accepter la thèse suivant laquelle le Bilad Chinguiti aurait été une "entité" ou un "ensemble" mauritanien jouissant d'une certaine forme de souveraineté au Sahara occidental[239].

---

[237] *Idem*, p. 63, par. 149.

[238] C.I.J. Recueil 1949, p. 178, cité dans l'*Avis de 1975*, p. 63, par. 149.

[239] *Avis de 1975*, p. 63, par. 149.

La Cour ajoute qu'il n'existait pas non plus de liens « d'allégeance des tribus ni une "simple relation d'inclusion" dans une même entité juridique[240] ». Pourtant, estiment les juges, les éléments essentiels du mode de vie des nomades au moment de la colonisation espagnole (points d'eau, pâturages, terrains cultivés, cimetières, règlement des différends *intertribaux*) ont été « l'objet de droits tribaux et leur utilisation était d'une manière générale régie par des coutumes[241] ». De l'avis de la Cour, et bien que la preuve ne révèle pas que le Bilad Chinguiti ait existé en tant qu'entité juridique, les populations nomades de ce pays doivent « être considérées comme ayant possédé pendant la période pertinente des droits, y compris certains droits quant aux terres sur lesquelles elles nomadisaient », et que ces droits « constituaient des liens juridiques entre le territoire du Sahara occidental et l'ensemble mauritanien[242] ». Ces liens, indispensables au maintien de la vie dans la région, ne connaissaient pas de frontières entre les territoires.

2.10 Le chevauchement des liens juridiques

Enfin, le Maroc et la Mauritanie ont tous deux fait valoir ce qu'ils appellent « le chevauchement des liens juridiques[243] » que l'un et l'autre auraient eus avec le Sahara occidental au moment de sa colonisation par l'Espagne, et que ce chevauchement ne laissait subsister « aucun vide géographique[244] ». La Cour reconnaît que ces liens pouvaient en effet s'entrecroiser dans une certaine mesure, sans impliquer pour autant « ni souveraineté territoriale, ni co-souveraineté, ni inclusion territoriale dans une entité juridique[245] », et que ce chevauchement n'indique pas l'existence d'un Nord et d'un Sud sans vide intermédiaire, « mais plutôt qu'il traduit la difficulté de démêler ce qu'étaient les diverses relations[246] » dans cette région au moment de la colonisation. Sur la nature de ces liens juridiques, et compte tenu de l'ensemble de la preuve, la Cour en vient donc à la conclusion générale que des liens juridiques d'allégeance pouvaient exister entre le sultan du Maroc et certaines des tribus du Sahara occidental, et que certains droits relatifs à la terre constituaient des liens juridiques avec l'ensemble mauritanien. Pourtant, ajoute le tribunal, il ne s'agit pas de liens de souveraineté territoriale, si bien que doivent être appliqués la résolution 1514 de l'ONU relative à la décolonisation du Sahara occidental et le principe d'autodétermination des populations du territoire.

---

240 *Idem*, p. 64, par. 150.
241 *Idem*, p. 64, par. 152.
242 *Ibidem*.
243 *Idem*, p. 65, par. 153.
244 *Idem*, p. 66, par. 157.
245 *Idem*, p. 67, par. 158.
246 *Idem*, p. 67, par. 160.

2.11 L'avis de la Cour

Dans le dispositif de l'avis, la Cour décide, en ce qui concerne la question I, par treize voix contre trois, et en ce qui concerne la question II, par quatorze voix contre deux, de donner suite à la requête pour avis consultatif. La Cour décide également à l'unanimité, quant à la question I, que « le Sahara occidental (Rio de Oro et Sakiet El Hamra) n'était pas un territoire sans maître *(terra nullius)* au moment de la colonisation par l'Espagne » ; en ce qui concerne la question II, par quatorze voix contre deux, que « le territoire avait, avec le Royaume du Maroc, des liens juridiques possédant les caractères indiqués au paragraphe 162 du présent avis », et par quinze voix contre une, que « le territoire avait, avec l'ensemble mauritanien, des liens juridiques possédant les caractères indiqués au paragraphe 162 du présent avis[247] ».

Dans son opinion dissidente, le juge Ruda déclare avoir voté en faveur de la décision de la Cour en ce qui concerne sa réponse à la question I, de même que sur les droits de la Mauritanie, mais il se dissocie quant aux liens juridiques d'allégeance reconnus au Maroc, car dit-il, la Cour n'a pas répondu à la question posée par l'Assemblée générale, qui était de savoir « quels étaient les droits éventuels du Maroc et de l'ensemble mauritanien sur le territoire du Sahara occidental au moment de la colonisation espagnole[248] ». Il estime que la réponse aurait dû être qu'il n'existait pas de liens juridiques du Maroc, ni de nature territoriale, ni d'ailleurs de nature personnelle, car, dans ce dernier cas, la preuve ne révèle que des manifestations sporadiques d'allégeance et d'autorité, et que l'influence morale, religieuse et politique du sultan ne suffisait pas à créer de tels liens. Quant aux liens avec l'ensemble mauritanien, le juge Ruda considère qu'il s'agissait bien de liens sur le territoire, lesquels n'appartenaient pas, dit-il, à l'ensemble du Bilad Chinguiti, mais plutôt aux tribus, puisque celles-ci étaient « des unités politiques indépendantes qui possédaient des droits, notamment sur les pâturages, les puits et les cimetières, que les tribus se reconnaissaient mutuellement. Les zones de migration normale étaient le territoire de chaque tribu, ce qui n'empêchait pas certaines tribus de traverser souvent le territoire d'autres groupes[249] ». Le juge trouve la confirmation que ces liens ont été modifiés par le processus de colonisation dans l'arrangement administratif franco-espagnol de 1934, par lequel était reconnue la liberté traditionnelle des nomades de traverser les frontières.

---

247 *Idem*, p. 69, par. 163. Le par. 162 est cité plus haut. Pour une analyse de l'avis, consulter Shaw, M. (1978) The *Western Sahara* Case, *BYIL*, vol. 49, p. 119.

248 *Opinion dissidente du juge Ruda*, p. 175.

249 *Idem*, p. 176.

Le juge Gros, bien qu'il ait voté en faveur de l'avis, estime qu'il n'y a pas de différend entre le Maroc et l'Espagne, mais plutôt une question juridique soulevée par le Maroc devant l'Assemblée générale et que l'objet de cette question juridique est le suivant : « Le Maroc est-il en droit de réclamer la réintégration du Territoire dans le territoire national du Royaume du Maroc auquel il appartenait, selon cet État, au moment de la colonisation espagnole ?[250] » Le juge affirme que même si l'Espagne avait accepté d'appuyer la revendication du Maroc, cet acte aurait été dépourvu d'effet juridique sur le plan international. Comme les deux pays ont choisi formellement la décolonisation dans le cadre des Nations Unies, il n'existe pas de différend bilatéral détachable du débat multilatéral sur la décolonisation. Au sujet de son vote négatif sur la première question, le juge rappelle que la notion de *terra nullius* n'a jamais été invoquée par les États intéressés lors de la colonisation, et qu'aucun document n'a été produit pour affirmer cette notion au sujet du Sahara, les États parlant alors de zones d'influence. Le juge ajoute que « les tribus indépendantes qui parcouraient le Territoire ou s'y arrêtaient en certains lieux exerçaient une autorité de fait suffisamment reconnue pour qu'il n'y ait pas eu terre sans maître[251] ». Quant aux liens juridiques autres que ceux de la souveraineté territoriale, le juge déclare que s'il en avait eu la possibilité, il aurait voté contre la première partie du paragraphe 162, étant d'avis que ces liens, plutôt que d'être juridiques, sont « ethniques, religieux ou culturels, des liens de contact d'une civilisation avec ce qui lui est périphérique et extérieur et n'entament pas son caractère propre[252] ». Poursuivant sa critique d'un supposé lien juridique d'allégeance, le juge Gros déclare notamment ce qui suit :

> Comment parler d'un lien juridique d'allégeance, notion de droit féodal dans une société hiérarchisée à l'extrême où l'allégeance était une obligation formellement et publiquement assumée, connue de tous, invoquée de part et d'autre, et sanctionnée par des procédures et pas seulement la contrainte armée. La situation politique, au sens le plus large du mot, des tribus du désert est celle d'une indépendance affirmée par les armes entre ces tribus elles-mêmes et à l'égard de la périphérie de leurs territoires de parcours. (…) Dans l'état du dossier et des ouvrages de géographes, historiens, explorateurs ou militaires sur cette époque, le désert saharien et ses tribus ne reconnaissent pas d'allégeance au sens juridique du mot et des contacts ou relations épisodiques avec l'extérieur n'entament pas la singularité et l'exclusivisme de leur mode de vie. Si le désert est bien un monde à

---

250 *Déclaration du juge Gros*, p. 70, par. 1.
251 *Idem*, p. 75, par. 9.
252 *Idem*, p. 75-76, par. 10.

part, c'est un monde autonome dans la conception de ses rapports avec qui vit autrement[253].

Le juge Nagendra Singh rappelle, pour sa part, que si les méthodes de décolonisation sont du ressort exclusif de l'Assemblée générale, un tribunal n'excède pas ses pouvoirs en examinant les rapports entre l'existence de liens juridiques et le processus de colonisation, afin d'éclairer l'Assemblée. Il note aussi que la Cour est parvenue à la bonne conclusion en estimant que la nature des liens juridiques n'était pas telle qu'elle pût modifier l'application de la résolution 1514, et notamment l'application du principe de l'autodétermination. Le juge considère aussi que ces liens « n'étaient pas tels qu'ils puissent justifier aujourd'hui la réintégration ou la rétrocession du territoire sans consultation de ses habitants[254] », la raison étant que rien n'établit qu'un seul État, lors de la colonisation espagnole, incluant à la fois les territoires du Sahara et du Maroc, ou du Sahara et de la Mauritanie, ait été démembré par l'action du colonisateur, auquel cas aurait été justifiée sa reconstitution. Dans les présentes circonstances, ajoute-t-il, il n'y a pas lieu d'appliquer les dispositions du paragraphe 6 de la résolution 1514 selon lesquelles la destruction de l'unité nationale et de l'intégrité territoriale est incompatible avec la Charte des Nations Unies[255].

•••

À la première question posée, « Le Sahara occidental (...) était-il, au moment de sa colonisation par l'Espagne, un territoire sans maître (*terra nullius*) ? », la Cour a répondu très clairement et à l'unanimité par la négative, en se basant d'ailleurs sur sa propre jurisprudence (*Ecréhous et Minquiers*), de même que sur celle de la C.P.J.I. (affaire du *Groenland oriental* dans laquelle il a été décidé que si l'occupation est un mode juridique originaire d'acquisition pacifique d'un territoire sans maître, tel n'est pas le cas d'un territoire habité par des tribus ou des peuples qui possèdent un mode d'organisation sociale et politique).

Quant à la deuxième question, la réponse donnée à une très forte majorité est, elle aussi, très claire en ce qui concerne le Maroc, car la Cour a pris le soin de distinguer entre les liens d'allégeance (de nature personnelle) et ceux de nature territoriale, seuls ceux du dernier type étant susceptibles d'être attributifs de souveraineté. Pourtant, dans la réponse donnée par la Cour quant aux liens relatifs à la terre et certaines tribus de l'ensemble mauritanien sur laquelle elles

---

253 *Déclaration du juge Gros*, p. 76, par. 11.

254 *Déclaration du juge Nagendra Singh*, p. 79.

255 Pour une critique de l'avis, consulter Flory, Maurice (1975) L'avis de la Cour internationale de Justice sur le Sahara occidental (16 octobre 1975), *AFDI*, vol. 21, p. 253.

nomadisaient, la logique paraît d'autant moins convaincante que la distinction n'a pas été faite entre terre et territoire.

Dans un chapitre consacré au Sahara occidental, un éminent juriste n'a pas manqué de rappeler que l'affaire avait soulevé des questions d'un grand intérêt juridique et que l'avis consultatif du 16 octobre 1975, s'il donnait largement satisfaction à l'Espagne et à l'Algérie, était par ailleurs « si équilibré dans sa démarche prudente qu'au premier abord toutes les parties s'en déclarèrent satisfaites[256] ». C'est ainsi que le jour même de cet avis, le roi Hassan II déclare à la télévision marocaine que la Cour a donné satisfaction à son pays, et qu'il décide en conséquence d'organiser une marche pacifique de 350 000 hommes encadrés de 20 000 militaires qui pénètrent, le 6 novembre, en territoire saharien, alors que cette « marche verte » est dénoncée par le Conseil de sécurité dans une résolution par laquelle il communique sa « profonde préoccupation ».

Quelques jours plus tard, soit le 14 novembre, Rabat, Madrid et Nouakchott signent un accord par lequel l'Espagne affirme à nouveau sa décision de décoloniser le territoire et d'en cesser l'administration, qui sera confiée temporairement et conjointement aux trois signataires et à la *djemaa*, cette assemblée locale déjà mise en place par l'Espagne. Le 11 décembre, l'armée marocaine occupe la capitale, de même que le nord du territoire, tandis que la Mauritanie se trouve dans le sud. L'accord tripartite de novembre est déclaré nul et non avenu par le POLISARIO, qui proclame, le 27 février 1976, l'indépendance politique de la République arabe sahraouie démocratique (RASD), tout en dirigeant des mouvements de guérilla assez efficaces, notamment dans le sud, à un point tel que Nouakchott signe, en août 1979, un accord de paix avec Alger et le POLISARIO, puis se retire du territoire, non sans avoir reconnu, le 27 février 1984, la RASD comme État.

Le Maroc, toujours désireux mais incapable d'occuper efficacement et en permanence l'ensemble du territoire, décide alors, grâce à la technologie occidentale, de poursuivre la construction d'un mur de protection militaire de 2 500 kilomètres qui lui permettra de contrôler « le Sahara utile », essentiellement les principales villes et les exploitations de phosphates. En 1987, l'Assemblée générale de l'ONU endosse la résolution 104 de l'OUA d'Addis-Abeba par laquelle il est demandé au Maroc et au POLISARIO d'entrer en négociation directe en vue d'un cessez-le-feu, lequel est obtenu le 6 septembre 1991, sous la surveillance de la Mission des Nations Unies pour l'organisation d'un référendum au Sahara occidental (MINURSO).

---

256 Guillaume, Gilbert (1994) *op. cit.*, p. 114.

Partie II

LES CONFLITS RELATIFS AUX LIMITES MARITIMES ENTRE TERRITOIRES[257]

Plusieurs articles ont été consacrés à la distinction entre frontières terrestres et frontières maritimes. Examiner en détail cette question importante serait déborder largement les objectifs poursuivis dans cet ouvrage, mais il est nécessaire de faire une double comparaison, en montrant d'abord que les droits reconnus à l'État sont fort différents selon qu'il s'agit du territoire terrestre ou du territoire maritime, qui sont les objets mêmes de la délimitation ; en insistant ensuite sur la distinction entre les règles applicables en matière de délimitation. Nous évoquerons aussi le contexte géopolitique du continent africain dans son ensemble en le comparant brièvement à d'autres grandes régions du monde, pour montrer qu'ici le processus de délimitation maritime soutient assez bien la comparaison, tandis que la proportion de frontières maritimes délimitées par voie juridictionnelle est relativement très élevée.

La territorialisation des espaces maritimes : les zones sous juridiction nationale

Si les frontières terrestres marquent les limites de la souveraineté de l'État sur son territoire, les frontières maritimes divisent des espaces sur lesquels les juridictions exclusives, sauf la souveraineté sur la mer territoriale, ne concernent que des champs de compétence limitée qu'il faut distinguer selon

---

[257] Les chapitres de cette partie constituent des versions élaborées et modifiées des sections 6.1.2, 6.1.3, 6.2.1, 6.2.4, 6.2.9 et 7.1.2 de notre ouvrage *Les frontières maritimes internationales*, deuxième édition. Quant à la section consacrée à la territorialisation des espaces maritimes, dans l'introduction à la partie II, elle constitue une version abrégée et modifiée d'une section de l'introduction à ce même ouvrage.

trois types de zones : la zone contiguë, la zone économique exclusive et le plateau continental. Au-delà, ce sont la haute mer et la zone internationale des fonds marins (ou Zone), espaces sur lesquels l'État n'a aucune juridiction de nature territoriale (figure 2).

Dans la plupart des cas, les limites extérieures de ces zones sont déterminées unilatéralement et précèdent la délimitation de la frontière. Or l'exercice simultané ou successif des juridictions peut produire des zones de chevauchement qui, elles, doivent alors être divisées selon un mode qui n'est plus unilatéral, mais bilatéral ou juridictionnel (judiciaire ou arbitral).

Les eaux intérieures

Étant donné que les limites extérieures de chacune des zones sont mesurées à partir du littoral, il faut, avant d'examiner successivement les types de juridiction dont elles font l'objet, déterminer les eaux intérieures et observer les configurations de la côte, en distinguant, dans un premier temps, entre côte régulière et côte affectée d'une particularité : présence d'échancrures, chapelet d'îles à proximité, baie, baie historique, embouchure d'un fleuve, delta, récifs, constructions artificielles.

À défaut de l'une de ces particularités, la règle générale doit être appliquée, selon laquelle « la ligne de base normale (...) est la laisse de basse mer le long de la côte telle qu'elle est indiquée sur les cartes marines à grande échelle reconnues officiellement par l'État côtier » (art. 5). Or, la géographie étant ce qu'elle est, il faut bien reconnaître que la règle générale devient, en réalité, une règle d'exception, puisque l'État côtier a tendance à faire valoir l'une des particularités susmentionnées, auquel cas il « peut en fonction des différentes situations, établir les lignes de base selon une ou plusieurs des méthodes prévues dans les articles précédents » (art. 14). Les limites extérieures des zones sous juridiction nationale sont alors calculées à partir de lignes de base droites en deçà desquelles les eaux sont considérées comme intérieures et, par conséquent, assujetties à la souveraineté de l'État au même titre que les lacs et cours d'eau se trouvant sur son territoire[258]. En outre, le tracé de ces lignes de base droites permet à l'État côtier de gagner des espaces maritimes parfois considérables, notamment dans le cas des archipels, mais l'exercice illégal et abusif de cet acte unilatéral vient compliquer nécessairement le processus bilatéral de délimitation des frontières, surtout lorsque les côtes sont opposées plutôt qu'adjacentes.

La Convention sur le droit de la mer prévoit des règles générales mais aussi des règles spécifiques à divers types de configurations géographiques qu'il

---

[258] Art. 2, par. 1 ; art. 8, par. 1. Notons cependant que dans certains cas, le droit de passage inoffensif est pourtant garanti aux termes de l'art. 8, par. 2.

Figure 2

LES ZONES MARITIMES SOUS JURIDICTION NATIONALE

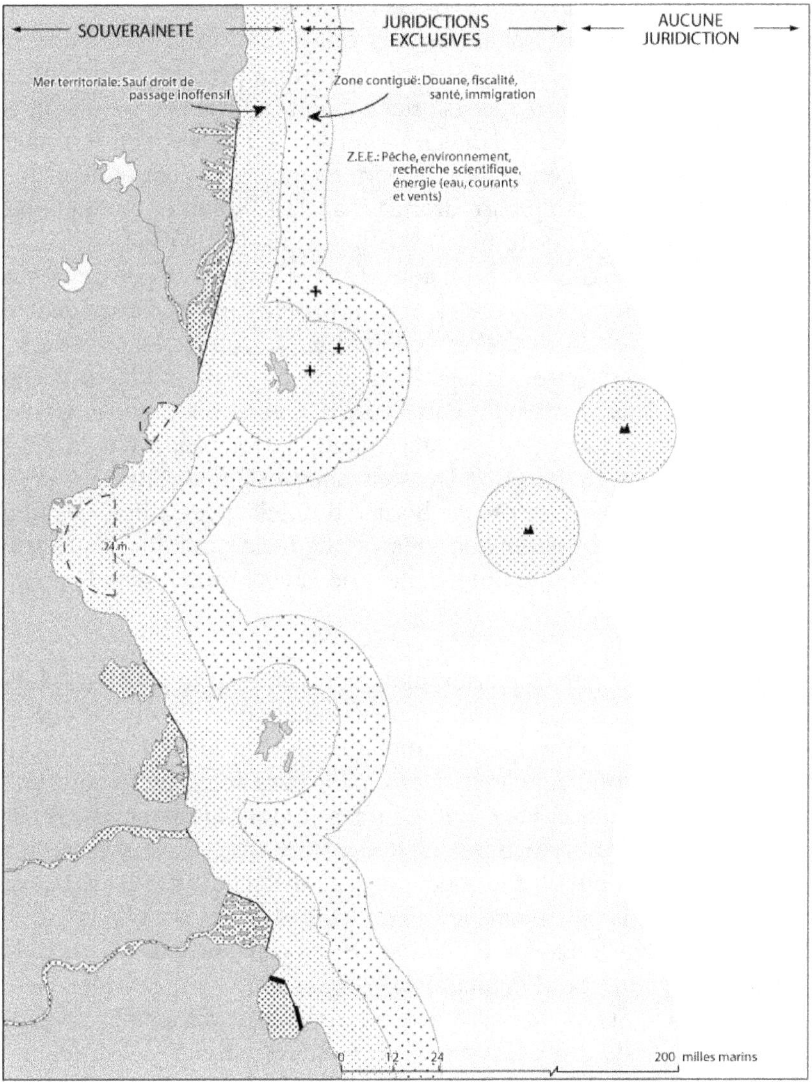

Source: Labrecque, Georges (1993) 37 Cahiers de géographie du Québec, n°101, p.186.

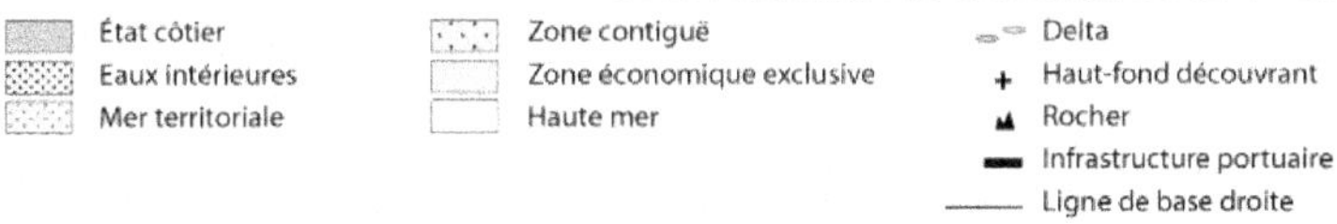

faut donc examiner brièvement tour à tour. D'ailleurs, dans les cas où deux États ont des côtes adjacentes, une partie de la frontière maritime divise souvent les eaux intérieures en deçà des lignes de base droites.

Côte « profondément échancrée et découpée »

La Convention prévoit, dans les cas où la côte est « profondément échancrée et découpée », que des lignes de base droites peuvent être tracées si certaines conditions se trouvent réalisées : des « points appropriés » doivent être choisis, ce qui exclut les hauts-fonds *découvrants*[259], « à moins que des phares ou des installations similaires émergées en permanence n'y aient été construits ou que le tracé de telles lignes de base droites n'ait fait l'objet d'une reconnaissance internationale générale »; de plus, ces lignes ne doivent être tirées « de manière telle que la mer territoriale d'un autre État se trouve coupée de la haute mer ou d'une zone économique exclusive »; enfin, ces tracés ne doivent pas « s'écarter sensiblement de la direction générale de la côte et les étendues de mer situées en deçà doivent être suffisamment liées au domaine terrestre pour être soumises au régime des eaux intérieures » (art. 7, par. 1, 3, 4 et 6). Ajoutons qu'il peut être tenu compte « des intérêts économiques propres à la région considérée dont la réalité et l'importance sont manifestement attestées par un long usage ». Dans le cas où une côte est bordée d'un chapelet d'îles, des lignes de base droites peuvent être tracées aux mêmes conditions ; de plus le chapelet d'îles doit se trouver « à proximité immédiate » de la côte (art. 7, par. 1).

Baie

Définie comme « une échancrure bien marquée dont la pénétration dans les terres par rapport à sa largeur à l'ouverture est telle que les eaux qu'elle renferme sont cernées par la côte et qu'elle constitue plus qu'une simple inflexion de la côte », il est requis que cette échancrure soit assez importante pour qu'on puisse tracer, à l'intérieur de la baie, un demi-cercle dont le diamètre est constitué de la droite imaginaire tirée en travers de l'entrée entre les laisses de basse mer. En outre, la baie ne peut être fermée que si la distance entre les laisses est d'au plus 24 milles marins ou si, dans le cas où les îles se trouvent dans l'axe de la ligne de fermeture, la longueur du diamètre ne dépasse pas ce maximum quand on calcule la somme des longueurs des droites entre ces îles. Dans le cas où la distance entre les laisses de basse mer est supérieure au maximum prévu, une ligne de base droite de 24 milles peut cependant être tracée à l'intérieur de la baie et sans qu'il soit tenu compte des points d'entrée naturels. Par ailleurs, la Convention de 1982 stipule que les dispositions relatives à ce type de configurations géographiques ne concernent que les baies dont un seul État est riverain (art. 10).

---

259 Ainsi écrit dans la Convention sur le droit de la mer, art. 13.

Baie historique

Ajoutons que ces dernières dispositions ne s'appliquent pas aux baies dites « historiques » (art. 10, par. 6), dont la Convention de 1982 ne donne pas de définition mais que la doctrine et la jurisprudence ont soumises à trois conditions cumulatives : la preuve doit pouvoir être apportée que l'État côtier exerce sur les eaux de la baie une souveraineté effective par l'application de lois et de règlements dans divers champs d'activités ; cette souveraineté, exercée clairement et exclusivement, l'a été de façon continue, pacifique et prolongée ; enfin, elle est reconnue expressément par les États tiers et notamment les voisins, ou, du moins, cette reconnaissance est tacite par tolérance ou absence de protestation. Précisons aussi que ce concept de baie historique couvre une réalité encore plus large, comme les eaux d'un archipel, d'un estuaire, d'un détroit, d'un fjord, d'un canal. Par ailleurs, une baie historique peut être ainsi qualifiée, même si les atlas lui assignent une autre description (par exemple, le golfe de Gabès).

Fleuve

À l'embouchure d'un fleuve, une ligne de base droite peut être tracée « entre les points limites de la laisse de basse mer sur les rives », à la condition que ce fleuve « se jette dans la mer sans former d'estuaire » (art. 9). Cette règle pose un problème d'interprétation dans la mesure où le texte anglais diverge du français : « If a river flows directly into the sea ». Remarquons enfin que la disposition relative aux fleuves est moins restrictive que celle qui concerne les baies, en ce qu'elle ne requiert pas qu'un seul État soit impliqué. Ainsi une ligne droite pourrait être tracée pour fermer un fleuve qui sert de frontière entre deux États.

Delta

Dans le cas où un cours d'eau forme un delta, plusieurs segments peuvent être tracés s'ils sont établis à partir de points appropriés le long de la laisse de basse mer la plus avancée, et à la condition que la côte soit « extrêmement instable en raison de la présence d'un delta et d'autres caractéristiques naturelles ». Il est prévu en outre que « même en cas de recul ultérieur de la laisse de basse mer, ces lignes de base droites restent en vigueur tant qu'elles n'ont pas été modifiées par l'État côtier » (art. 7, par. 2).

Atolls et récifs

Lorsqu'il existe des « parties insulaires d'une formation atollienne ou d'îles bordées de récifs frangeants », la ligne de base est la laisse de basse mer sur le récif, côté large (art. 6).

Constructions artificielles

Mentionnons enfin une dernière règle particulière, qui s'applique aux constructions artificielles : « (…) les installations permanentes faisant partie intégrante d'un système portuaire qui s'avancent le plus vers le large sont considérées comme faisant partie de la côte », sauf que les installations « situées au large des côtes et les îles artificielles ne sont pas considérées comme des installations portuaires permanentes » (art. 11). Cette dernière disposition vise notamment les rades. Pourtant, lorsque ces dernières « servent habituellement au chargement, au déchargement et au mouillage des navires » (art. 12), elles sont considérées comme faisant partie de la mer territoriale, qu'elles soient situées partiellement ou entièrement à l'extérieur de sa limite extérieure. Notons ici que les îles artificielles, installations et ouvrages peuvent être entourés d'une zone de sécurité d'une largeur maximale de 500 mètres. Par ailleurs, ces constructions artificielles n'ont pas le statut d'îles et n'ont donc pas de mer territoriale qui leur soit propre. De plus, leur présence est sans incidence sur la délimitation de la mer territoriale, de la zone économique exclusive et du plateau continental (art. 60, par. 5 et 8).

Les eaux archipélagiques

L'État archipel, tel Sao Tomé et Principe, est défini comme étant « constitué entièrement par un ou plusieurs archipels et éventuellement d'autres îles », alors que l'archipel est « un ensemble d'îles, y compris des parties d'îles, les eaux attenantes et les autres éléments naturels qui ont les uns avec les autres des rapports si étroits qu'ils forment intrinsèquement un tout géographique, économique et politique, ou qui sont historiquement considérés comme tels » (art. 46). L'île est « une étendue de terre entourée d'eau qui reste découverte à marée haute », laquelle a droit, comme tout territoire terrestre, à une mer territoriale, une zone contiguë, une zone économique exclusive et un plateau continental, à moins qu'elle ne soit constituée de « rochers qui ne se prêtent pas à l'habitation humaine ou à une vie économique propre », auxquels cas ils ne donnent droit qu'à une mer territoriale (art. 121).

C'est à partir des lignes de base archipélagiques droites que l'État établit les limites extérieures des zones relevant de sa juridiction (art. 48), trois conditions devant être réalisées : la longueur de chacune des lignes, entre les points extrêmes des îles les plus éloignées et des récifs découvrants de l'archipel, ne doit pas dépasser 100 milles marins, sauf que 3 % d'entre elles peuvent avoir une longueur maximale de 125 milles (art. 47, par. 2) ; le rapport de la superficie des eaux à celle des terres doit être compris entre 1 à 1 et 9 à 1 ; le tracé des lignes « ne doit pas s'écarter sensiblement du contour général de l'archipel » (art. 47, par. 3).

Ce tracé est soumis à d'autres conditions accessoires : les lignes ne peuvent être tirées vers ou depuis des hauts-fonds découvrants, « à moins que des phares ou des installations similaires émergées en permanence n'y aient été construits ou que le haut-fond ne soit situé, entièrement ou en partie, à une distance de l'île la plus proche ne dépassant pas la largeur de la mer territoriale »; ces lignes ne doivent avoir pour effet de couper la mer territoriale d'un autre État de la haute mer ou de sa zone économique exclusive ; dans le cas où « une partie des eaux archipélagiques d'un État archipel est située entre deux portions du territoire d'un État limitrophe », les droits et intérêts traditionnels de celui-là subsistent et doivent être respectés.

L'État archipel exerce sa souveraineté sur ses eaux archipélagiques, « quelle que soit leur profondeur ou leur éloignement de la côte », et cette souveraineté s'étend, comme dans le cas de la mer territoriale, à l'espace aérien au-dessus de ces eaux ainsi qu'au fond des eaux et au sous-sol. Pourtant, cette règle connaît deux exceptions. À la différence du droit de passage inoffensif dans la mer territoriale, les navires et aéronefs jouissent d'un droit de passage archipélagique, entendu comme « l'exercice sans entrave (...) à seule fin d'un transit continu et rapide » (art. 53, par. 3). Ce régime, semblable à celui du droit de passage en transit dans les détroits, doit donc être distingué du droit de passage inoffensif, puisqu'il ne peut être suspendu par l'État côtier et que, de surcroît, les sous-marins étrangers ne sont pas tenus de naviguer en surface et d'arborer leur pavillon. Cette dernière disposition ne vise que les zones où l'État archipélagique a désigné des voies de circulation, lesquelles « doivent suivre tous les chenaux servant normalement à la navigation, étant entendu qu'il n'est pas nécessaire d'établir entre un point d'entrée et un point de sortie donnés plusieurs voies de commodité comparables » (art. 53, par. 4). Ailleurs, dans les eaux archipélagiques, c'est le droit de passage inoffensif qui s'applique (art. 52, par. 1).

La mer territoriale

Si la largeur traditionnelle de 3 milles est privilégiée encore de nos jours par certains pays, c'est celle de 12 milles que la majorité des États adoptent, conformément aux dispositions du nouveau droit de la mer (art. 3). Pourtant d'autres pays, notamment africains, ont étendu la limite extérieure à 30 et même à 200 milles. Lorsque des hauts-fonds découvrants se trouvent en deçà de la limite extérieure de 12 milles, la largeur de la mer territoriale se trouve accrue, puisque c'est la laisse de basse mer sur ces hauts-fonds qui peut alors être prise (art. 13, par. 2). La souveraineté de l'État côtier, reconnue au delà de son territoire et de ses eaux intérieures, s'étend non seulement à la mer territoriale, mais aussi au fond de cette mer et à son sous-sol, de même qu'à l'espace aérien au-dessus de cette mer (art. 2).

Pourtant cette souveraineté n'est pas absolue, puisque l'État doit céder à tous les autres un « droit de passage inoffensif », qui doit être, de surcroît, « continu et rapide », ce qui n'interdit pas par ailleurs l'arrêt et le mouillage, « mais seulement s'ils constituent des incidents ordinaires de navigation ou s'imposent par suite d'un cas de force majeure ou de détresse » (art. 18). Le droit de passage peut être soumis à des voies de circulation désignées par l'État et assorties de dispositifs de séparation du trafic (art. 22). Une condition supplémentaire est imposée aux sous-marins et autres submersibles, qui sont « tenus de naviguer en surface et d'arborer leur pavillon » (art. 20), de même qu'aux navires à propulsion nucléaire ainsi qu'à ceux transportant des substances radioactives ou « intrinsèquement dangereuses ou nocives », lesquels doivent être munis des documents prévus par les accords internationaux pour ces types de navires (art. 23). Pourtant, l'État côtier peut suspendre temporairement l'exercice de ce droit de passage, dans le but d'assurer sa sécurité (art. 25, par. 3), dérogation qui n'est pas permise dans le cas des détroits internationaux (art. 45, par. 2).

La zone contiguë

Adjacente à la mer territoriale, la zone contiguë, qui peut s'étendre jusqu'à 24 milles marins des lignes de base, permet à l'État côtier d'exercer « le contrôle nécessaire » en vue de prévenir et de réprimer les infractions à ses lois et règlements douaniers, fiscaux, sanitaires ou d'immigration, commises sur son territoire ou dans sa mer territoriale (art. 33). Une disposition exceptionnelle accorde en outre à l'État le contrôle nécessaire en matière d'enlèvement d'objets archéologiques et historiques découverts au fond de la mer, dans la zone contiguë, mais sans préjudice des droits des propriétaires identifiables (art. 303).

La zone économique exclusive

Appelée aussi zone des 200 milles, dans les cas, bien sûr, où la situation géographique le permet, ou encore zone de pêche si l'État côtier n'entend exercer des activités que dans ce seul domaine, la zone économique exclusive lui accorde une juridiction exclusive, outre l'exploitation des ressources biologiques et non biologiques, dans les domaines suivants : recherche scientifique, installation d'îles artificielles, production d'énergie à partir de l'eau, des courants et des vents, protection du milieu marin (art. 56). Dans les cas où la « capacité d'exploitation » est inférieure à l'ensemble du volume admissible des captures, l'État autorise d'autres pays, notamment les États sans littoral et géographiquement désavantagés de la même région ou *sous-région*, à exploiter « le reliquat du volume admissible » selon une part appropriée. Cette participation, convenue par voie d'accord, ne peut être exigée des États côtiers « dont l'économie est très lourdement tributaire de l'exploitation des ressources biologiques de leur zone économique exclusive », et elle doit être déterminée par la prise en compte des faits suivants : nécessité d'éviter tous abus préjudiciables aux communautés de pêcheurs ou à l'industrie de la pêche des États côtiers ; besoins alimentaires de la population des États bénéficiaires ; enfin, effort déjà consenti à d'autres États. Pourtant, les États développés sans littoral ou géographiquement désavantagés n'ont le droit de participer que dans les zones des États qui sont, eux aussi, développés (art. 62, 69, 70 et 71). À ces divers droits dans la zone économique exclusive correspondent des obligations, notamment celles d'assurer à tous les autres États, qu'ils soient côtiers ou sans littoral, les libertés de navigation, de survol et de poser des câbles sous-marins et des pipelines (art. 58).

Le plateau continental

À la différence des autres zones, dont les limites extérieures sont établies selon des critères de distance exclusivement, les limites du plateau continental sont fixées juridiquement par une combinaison de facteurs : distance, bathymétrie, géomorphologie et sédimentologie. L'État côtier « exerce des droits souverains » sur son plateau en matière d'exploration et d'exploitation des ressources naturelles, celles-ci incluant les organismes vivants qui appartiennent aux espèces sédentaires, définies comme étant « les organismes qui, au stade où ils peuvent être pêchés, sont soit immobiles sur le fond ou au-dessous du fond, soit incapables de se déplacer autrement qu'en restant constamment en contact avec le fond ou le sous-sol ». Ces droits sont non seulement exclusifs mais aussi « indépendants de l'occupation effective ou fictive, aussi bien que de toute proclamation expresse » (art. 68 et 77).

Le plateau de l'État (figure 3) est désormais défini comme l'ensemble des « fonds marins et leur sous-sol au-delà de sa mer territoriale, sur toute l'étendue du prolongement naturel du territoire terrestre de cet État jusqu'au rebord externe de la marge continentale, ou jusqu'à 200 milles marins des lignes de base à partir desquelles est mesurée la largeur de la mer territoriale, lorsque le rebord externe de la marge continentale se trouve à une distance inférieure » (hypothèse 1, art. 76, par. 1). La Convention de 1982 précise par ailleurs que la marge est constituée par les fonds marins qui correspondent au plateau, au talus et au glacis ainsi que leur sous-sol (art. 76, par. 3).

Dans les cas où le rebord externe de la marge se trouve à plus de 200 milles marins, l'État côtier pourra choisir, parmi plusieurs hypothèses, celle qui l'avantage. Ainsi peut-il établir le rebord par une ligne tracée « par référence aux points fixes extrêmes où l'épaisseur des roches sédimentaires est égale au centième au moins de la distance entre le point considéré et le pied du talus » (hypothèse 2, art. 76, par 4 a). L'État peut aussi choisir une ligne établie « par référence des points fixes situés à 60 milles marins au plus du pied du talus continental (hypothèse 3, art. 76, par 4 a). Notons que dans les deux derniers cas, il y a présomption que le pied « coïncide avec la rupture de pente la plus marquée à la base du talus » (art. 76, par. 4 b). Par ailleurs, les lignes tracées dans les deux derniers cas doivent se trouver soit à une distance n'excédant pas 350 milles marins (hypothèse 4), soit 100 milles marins de l'isobathe de 2 500 mètres (hypothèse 5). Mais s'il se trouve une dorsale sous-marine, la limite extérieure ne peut être établie à plus de 350 milles (hypothèse 6). Par contre, est sans effet la présence de hauts-fonds, qu'ils se présentent sous forme de plateaux, seuils, crêtes, bancs ou éperons (art. 76, par. 5 et 6). Dans tous les cas où la limite extérieure se trouve à plus de 200 milles marins, la ligne ne peut être constituée de droites qui excèdent 60 milles marins (art. 76, par. 8).

En contrepartie des droits qui lui sont reconnus, l'État a certaines obligations, notamment celle d'acquitter, en nature ou en espèces, des contributions sur l'exploitation des ressources non biologiques au-delà de 200 milles marins, à partir de la sixième année de production d'un site donné, au taux de 1 % de la valeur ou du volume de la production, augmenté ensuite d'un point de pourcentage par année jusqu'à la douzième année (art. 82, par. 2). Est dispensé de telles contributions tout État en développement qui est importateur net d'un minéral extrait de son plateau continental, mais pour ce minéral seulement (art. 87, par. 3). Les contributions sont versées à l'Autorité, « qui les répartit entre les États Parties selon des critères de partage équitables, compte tenu des intérêts et besoins des États en développement, en particulier des États en développement les moins avancés ou sans littoral » (art. 82, par. 4).

Le partage des espaces maritimes : les facteurs et les méthodes de délimitation

Dans la mesure où la territorialisation des espaces maritimes produit une zone de chevauchement entre deux États, le processus de délimitation doit être envisagé. C'est nécessairement le cas entre États dont les côtes sont adjacentes ; de même qu'entre États dont les côtes sont opposées et à moins de 400 milles marins, où il faut alors délimiter les zones économiques exclusives, à moins de 48 milles (les zones contiguës) et à moins de 24 milles (les mers territoriales). La Convention des Nations Unies sur le droit de la mer prévoit que la délimitation de la zone économique exclusive et du plateau continental

Figure 3

LE PLATEAU CONTINENTAL SOUS JURIDICTION NATIONALE

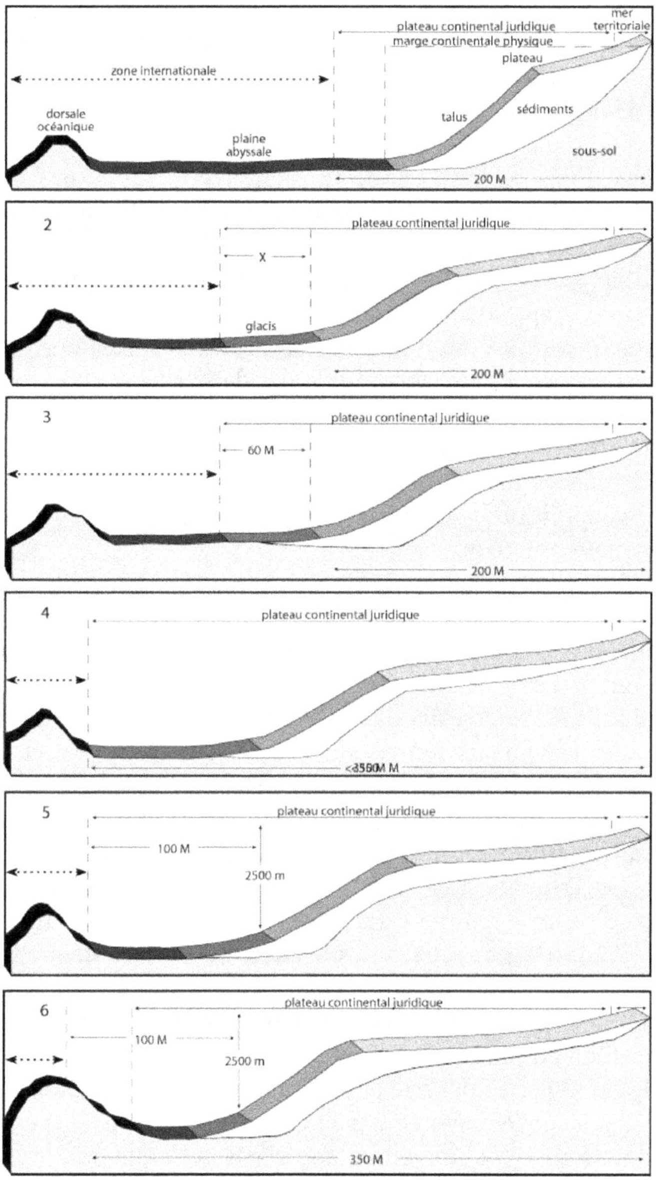

Source: D'après Le grand atlas de la mer

« est effectuée par voie d'accord conformément au droit international tel qu'il est visé à l'article 38 du Statut de la Cour internationale de Justice, afin d'aboutir à une solution équitable » (art. 74 et 83). Cette disposition du Statut prévoit que la Cour doit appliquer les conventions internationales, la coutume internationale, les principes généraux de droit « reconnus par les nations civilisées », de même que les décisions judiciaires et la doctrine des publicistes « les plus qualifiés des différentes nations, comme moyen auxiliaire de détermination des règles de droit ».

La Convention sur le droit de la mer prévoit par ailleurs, à l'article 15, qu'aucun des deux États « n'est en droit, sauf accord contraire entre eux, d'étendre sa mer territoriale au-delà de la ligne médiane dont tous les points sont équidistants des points les plus proches des lignes de base à partir desquelles est mesurée la largeur de la mer territoriale », et il est également prévu que cette disposition « ne s'applique cependant pas dans le cas où, en raison de l'existence de titres historiques ou d'autres circonstances spéciales, il est nécessaire de délimiter autrement la mer territoriale des deux États ».

La pratique des États, la doctrine et la jurisprudence révèlent que ces circonstances peuvent être de diverses natures : géographique, géomorphologique et géologique, historique, économique et culturelle, Xenvironnementale et biogéographique, géopolitique. Ajoutons que la Convention est muette sur la délimitation des zones contiguës.

Bien sûr, à défaut d'accord, les zones disputées peuvent faire l'objet d'une délimitation juridictionnelle (judiciaire ou arbitrale), si c'est le voeu des Parties, et le Tribunal devra alors appliquer les règles de délimitation énoncées ci-dessus, sauf si on lui a expressément demandé de juger *ex aequo et bono*.

Ainsi, dans l'affaire *Érythrée/Yémen*, le Tribunal d'arbitrage a rejeté, dans sa sentence, des arguments fondés sur l'histoire et, plus particulièrement, des titres historiques, en estimant qu'aucune des Parties n'avait su convaincre le Tribunal : « (…) there is the problem of the sheer anachronism of attempting to attribute to such a tribal (…) society the modern concept of a sovereignty title (…) » (par. 446). Le Tribunal a par ailleurs entériné, à la demande même des Parties, l'existence d'un régime traditionnel de pêche. Dans l'affaire *Libye/Tunisie*, la C.I.J. n'a pas retenu des arguments d'ordre économique, qui sont, dit-elle, « des facteurs quasiment extrinsèques » (par. 107), puisqu'un pays pauvre aujourd'hui peut être riche demain. Dans l'affaire *Libye/Malte*, la Cour n'a pas non plus retenu comme pertinents des arguments fondés sur la géologie et la géomorphologie, puisque dans le cas d'espèce le droit applicable se fonde « sur le principe d'adjacence mesurée par la distance » (par. 61). Il est un autre type de considérations qu'il est convenu d'appeler la conduite ou la pratique des Parties, laquelle peut révéler, le cas échéant, un consensus, un accord ou une reconnaissance des Parties, auxquels un Tribunal peut attribuer des effets de droit. Ainsi, dans l'affaire *Libye/Tunisie* précitée, le premier des deux segments de la frontière tracée par la Cour correspond à une ancienne ligne *de facto* déterminée aux fins de l'exploitation des éponges et observée tacitement pendant des années, outre qu'elle « concrétise la manière » (par. 96) dont les deux États ont accordé des concessions pétrolières. Par ailleurs, dans l'affaire *Cameroun/Nigeria*, la Cour a estimé que si l'emplacement de puits de pétrole peut révéler un consensus des Parties quant à la répartition des domaines maritimes, les puits « ne sauraient en eux-mêmes être considérés comme des circonstances pertinentes » (par. 304) susceptibles de justifier l'ajustement d'une médiane (ou équidistance) d'abord tracée à titre provisoire.

Qu'en est-il des méthodes de délimitation qui doivent être adaptées aux circonstances pertinentes à cette délimitation ? Dans chacune des deux affaires africaines de délimitation maritime où les côtes sont opposées, c'est la méthode de la médiane qui a été retenue par les tribunaux. Précisons par ailleurs que cette médiane stricte a été ajustée, dans l'affaire *Libye/Malte*, pour tenir compte d'une circonstance géographique importante, soit la très grande disparité dans les longueurs des côtes respectives des deux États. Dans l'affaire *Érythrée/Yémen*, le Tribunal a de même tracé une médiane, sauf que celle-ci fait abstraction de certaines formations insulaires parce qu'elles sont inhospitalières ou éloignées de la côte. Contrairement à l'affaire *Libye/Malte*, le Tribunal estime opportun de procéder à un test de proportionnalité, qui permet de vérifier le caractère équitable du résultat en comparant les longueurs des côtes et les portions maritimes attribuées à chaque pays.

Dans les autres affaires de délimitation maritime, où les côtes sont adjacentes plutôt qu'opposées, d'autres méthodes (ou combinaisons de méthodes) ont été utilisées. Ainsi, dans l'affaire *Libye/Tunisie*, le deuxième segment de la frontière est constitué d'une ligne géométrique, en l'occurrence une parallèle à la bissectrice de l'angle formé par deux lignes, l'une qui suit le littoral tunisien et l'autre qui englobe un archipel au large. Dans l'affaire *Guinée/Guinée-Bissau*, le segment principal de la frontière correspond à une perpendiculaire à la direction générale des côtes, tandis que dans l'affaire *Guinée-Bissau/Sénégal*, la frontière est décrite expressément comme un azimut dont le degré est spécifié.

La place du mode juridictionnel dans le contexte géopolitique africain

La géographie même du continent africain semble faciliter le processus de délimitation maritime, alors que force est de constater que ce processus est relativement peu avancé, tous modes de délimitation confondus (bilatéral, arbitral et judiciaire). En effet, l'Afrique ne comptait, avant 1998, que 10 frontières maritimes délimitées sur un total de plus de 50, en faisant même abstraction des nombreuses frontières interrégionales qui se trouvent en Méditerranée et en mer

Rouge. Or 10 frontières ont été délimitées récemment. Disons d'abord quelques mots de la géographie avant de comparer, dans chacune des *sous-régions*, la proportion de celles qui ont été délimitées par voie juridictionnelle dans l'ensemble du processus.

Un seul coup d'œil sur une carte générale du monde suffit pour apprécier les caractères généraux de la configuration d'ensemble de l'Afrique. Celle-ci ressort avec encore plus d'évidence quand on compare cette configuration avec celle de la péninsule eurasiatique, presque partout très découpée et profondément pénétrée par la mer, alors que la cuvette renversée du continent africain est massive et offre un contour sans caprice (figure 1). Abstraction faite de certains archipels (notamment Cap-Vert, Sao Tomé et Principe, Madagascar) et des quelques pays qui sont baignés par une mer semi fermée (Méditerranée, mer Rouge) les côtes, rectilignes et adjacentes plutôt qu'opposées, sont largement ouvertes sur des espaces océaniques : très peu d'îles se trouvent à proximité du littoral, qui viendraient compliquer la délimitation ; de rares voisins au large, pour exacerber les rivalités sur les enjeux, qui sont, dans certaines zones, considérables, notamment en matière de ressources halieutiques et d'hydrocarbures, lesquels ne sont pas toujours exploités au bénéfice des populations locales.

Les conditions politiques elles-mêmes sont-elles ou non susceptibles de favoriser le processus de délimitation maritime ? Aussi longtemps que sévissent les différends territoriaux en Afrique, nombreux mais souvent masqués par les conflits de type ethnique, le prolongement en mer d'une limite terrestre elle-même disputée se trouve compliqué d'autant que d'autres conflits éclatent « en amont » sous la pression d'États enclavés en quête de leur droit de transit et d'accès à la mer et au reliquat des captures admissibles. Qui plus est, nombre de contentieux sont empirés par des revendications illégales, certains États africains ayant proclamé des lignes de base droites au mépris des dispositions de la Convention sur le droit de la mer, notamment celles concernant la largeur de la mer territoriale. Par ailleurs, on peut observer que les frontières délimitées sont, pour la plupart, regroupées dans quatre *sous-régions* (Méditerranée centrale, Afrique de l'Ouest, golfe de Guinée, Tanzanie), comme si une délimitation réussie avait pour effet d'entraîner d'autres délimitations, comme si un État bien délimité avec un voisin souhaitait l'être avec les autres voisins (Tunisie avec Algérie, Italie et Libye ; Sénégal avec Guinée-Bissau, Gambie et Cap-Vert ; Guinée Équatoriale avec Sao Tomé et Principe et Nigeria ; Tanzanie avec Kenya, Mozambique et Seychelles).

En Méditerranée, cinq frontières africaines ont été délimitées : *Tunisie/Italie*, délimitée par voie d'accord en 1971 ; puis, la frontière intra-régionale *Libye/Tunisie*, décidée en 1982 par la C.I.J., appelée de nouveau à déterminer en 1985 la frontière *Libye/Malte* ; deux autres frontières sont ensuite délimitées par voie bilatérale : *Algérie/Tunisie* en 2002 et *Égypte/ Chypre* en 2003.

Dans l'océan Atlantique, le Sénégal à lui seul en compte trois : la frontière dont il a hérité de la France en 1960 et qu'il partage avec la Guinée-Bissau, laquelle sera entérinée par un Tribunal d'arbitrage en 1989 et confirmée par la C.I.J. en 1991; aussi, ses deux frontières avec la Gambie, délimitées par voie bilatérale en 1975 ; enfin, sa frontière avec le Cap-Vert, délimitée, elle aussi, par voie d'accord, en 1993. En 1976, le Maroc et la Mauritanie, qui occupent le Sahara occidental, concluent un accord de délimitation à la fois terrestre et maritime, mais la frontière est effacée depuis le retrait de la Mauritanie. Par ailleurs, c'est un Tribunal d'arbitrage qui délimite, en 1985, la frontière entre la Guinée-Bissau et la Guinée. La Guinée Équatoriale, pour sa part, est impliquée dans deux accords, d'abord avec Sao Tomé et Principe en 1999, ensuite avec le Nigeria en 2000. L'année suivante un autre accord est conclu, cette fois entre le Gabon et Sao Tomé et Principe, puis, en 2002, la C.I.J. délimite la frontière entre le Cameroun et le Nigeria. Quelques mois auparavant, un accord était signé entre l'Angola et la Namibie. Rappelons aussi cette médiation internationale concernant un différend entre le Gabon et la Guinée Équatoriale au sujet de la souveraineté sur certaines îles dans le golfe de Guinée et de la délimitation maritime. Il faut noter enfin, entre le Nigeria et Sao Tomé et Principe, la conclusion d'un accord, en 2001, concernant le développement conjoint d'une zone d'exploration et d'exploitation des ressources, notamment pétrolières, accord adopté sans préjudice d'une délimitation éventuelle et stipulant le partage du produit de ces ressources à 60% en faveur du Nigeria et 40 pour Sao Tomé et Principe.

Dans l'océan Indien, le processus de délimitation est compliqué par la présence de nombreuses formations insulaires dont certaines font l'objet de contentieux territoriaux, notamment dans le canal du Mozambique – route stratégique sillonnée par les pétroliers dans leur périple autour du continent. Les cinq frontières délimitées l'ont toutes été par voie d'accord bilatéral, trois de celles-là impliquant la Tanzanie, respectivement avec le Kenya en 1976, le Mozambique en 1988 et les Seychelles en 2002. L'année précédente, un accord était signé entre les Seychelles et la France. Cette dernière, en 1980, avait conclu un accord avec l'île Maurice, mais la délimitation était partielle, étant donné la persistance d'un contentieux insulaire.

Complétons ce rapide survol de la délimitation maritime en Afrique en rappelant la sentence arbitrale rendue en deux étapes (1998 et 1999) dans l'affaire *Érythrée/Yémen* en mer Rouge.

Il est remarquable de constater, avons-nous dit d'emblée en introduction générale, que 6 des 20 frontières maritimes délimitées en Afrique[260] l'ont été par

---

260 Nous considérons ici comme des frontières africaines les trois frontières interrégionales *Libye/Tunisie, Libye/Malte* et *Érythrée/Yémen*, et nous considérons comme une seule

voie juridictionnelle, une proportion de 30%, qui est de loin supérieure à celle qu'on retrouve à travers le monde avec moins de 8% (13 sur 168), mais aussi supérieure à celle dans chacun des autres continents : Amérique avec 1 sur 44 (2%) ; Europe avec 4 sur 54 (7%) ; Asie avec 1 sur 35 (moins de 3%) ; Océanie avec 0 sur 15 (0%). En retranchant même les deux frontières interrégionales que sont les frontières *Libye/Tunisie* et *Érythrée/Yémen*, le pourcentage de frontières africaines délimitées par voie juridictionnelle, avec 4 sur 18 (et donc 22%), est encore supérieur à celui de l'ensemble. En tenant compte des frontières interrégionales, elles représentent 46% (6 sur 13) de toutes les frontières maritimes décidées de la planète ![261]

Plan de la partie II

Nous examinerons tour à tour, selon un ordre chronologique, chacune des frontières maritimes qui ont été délimitées par voie juridictionnelle entre deux États africains ou un État africain et un État appartenant à un autre continent. Une première affaire est décidée, en 1982, par la Cour internationale de Justice, qui détermine la limite des plateaux continentaux, en Méditerranée centrale, entre la Libye et la Tunisie (chapitre 3). La Libye est à nouveau impliquée, en 1985, cette fois avec Malte, quand la C.I.J. détermine les plateaux continentaux respectifs des deux pays (chapitre 4). La même année, mais alors entre deux pays baignés par l'Atlantique, un Tribunal arbitral est prié de délimiter à la fois les mers territoriales, les plateaux continentaux et les zones économiques exclusives entre la Guinée et la Guinée-Bissau (chapitre 5). Cette dernière se retrouve, en 1989, avec le Sénégal, devant un Tribunal arbitral appelé à décider de la validité d'un accord bilatéral de délimitation des mers territoriales, des zones contiguës et des plateaux continentaux, cette sentence étant confirmée en 1991 devant la C.I.J. (chapitre 6). C'est ensuite un Tribunal d'arbitrage qui décide, en 1999, de la délimitation, en mer Rouge, des plateaux continentaux et des zones de pêche entre l'Érythrée et le Yémen, après avoir décidé, l'année précédente, de la souveraineté sur certains archipels disputés (chapitre 7).

Il y a aussi cette importante délimitation, à la fois lacustre, terrestre et maritime, entre le Cameroun et le Nigeria, que nous examinerons dans une autre partie, compte tenu de la complexité de l'affaire (partie 4, chapitre 12). Rappelons enfin que le Gabon et la Guinée Équatoriale font l'objet d'une médiation en ce qui concerne la délimitation de leur domaine maritime, laquelle pourrait être

---

frontière chacune des deux frontières jumelles *Gambie/Sénégal* et *Guinée Équatoriale/Sao Tomé et Principe*. Nous ignorons par ailleurs la frontière effacée *Maroc/Mauritanie*.

[261] Labrecque, Georges (2004) *Les frontières maritimes internationales*, deuxième édition.

juridictionnelle en cas d'échec diplomatique (nous en dirons quelques mots en conclusion générale).

3

LA FRONTIÈRE LIBYE/TUNISIE

> La Cour estime que ces considérations économiques ne sauraient être retenues pour la délimitation des zones de plateau continental relevant de chaque Partie. Il s'agit de facteurs quasiment extrinsèques, puisque variables et pouvant à tout moment faire pencher la balance d'un côté ou de l'autre de façon imprévisible, selon les heurs ou malheurs des pays en cause.
>
> *Arrêt, C.I.J.Recueil 1982,* par. 107.

> En résumé, il faut admettre que la géographie n'est pas équitable, que la nature ne peut être refaite et que la Cour n'a pas compétence pour anticiper ou mettre en œuvre une quelconque politique de justice sociale internationale allant au-delà des principes et règles du droit international en vigueur.
>
> *Idem, op. dissidente du juge Oda,* par.159.

Priée par la Libye et la Tunisie de leur indiquer les principes et règles applicables en matière de délimitation du plateau continental, la Cour internationale de Justice dispose d'abord, en 1981, d'une requête en intervention présentée par Malte et elle rend son jugement, l'année suivante, après avoir examiné les méthodes de délimitation proposées par les deux Parties (figure 4), lesquelles méthodes étaient fondées sur des facteurs d'ordre géomorphologique et géologique, non sans être appuyées par des arguments de nature historique et économique. Après avoir émis des considérations générales sur l'équité et sur l'opportunité de la méthode de l'équidistance, telle qu'elle a été examinée dans la jurisprudence précédente (notamment les affaires de la *Mer du Nord*) la Cour procède à la délimitation de la frontière, constituée de deux segments, le premier coïncidant avec une ligne préexistante *de facto* et le second tenant compte des circonstances géographiques propres à la région (en l'occurrence un changement de direction des côtes et la présences d'îles). Dans une décision divisée, la Cour s'estime enfin satisfaite de l'application du critère de la proportionnalité, tandis que trois des juges dissidents critiquent les considérations de la majorité relatives à la méthode de l'équidistance. Avant d'examiner cette affaire, brossons un tableau général des deux pays.

3.1 Entre voisins dans l'Union du Maghreb arabe

Entre la Libye et la Tunisie, les superficies des territoires et les populations respectives ne supportent pas la comparaison : la Libye, en effet, avec 1 800 000 km^2 et à peine 5,5 millions d'habitants, possède une étendue presque 11 fois supérieure à celle de la Tunisie (avec ses 163 600 km^2), mais une population d'origine arabe ou berbère à 97% qui représente à peine la moitié de celle de cette dernière (avec 9,8 millions), ce qui lui donne une densité de population de près de 20 fois inférieure (3,1 hab./km^2 pour la Libye et 58,4 hab./km^2 pour la Tunisie).

Si le Sahara n'est jamais très loin, ni en Tunisie ni en Libye, cela est encore plus vrai en Libye où le désert recouvre 90% d'un territoire dont le pourcentage de terres arables n'atteint que 1,03% (18,67% en Tunisie), ce qui évoque par ailleurs les travaux pharaoniques consentis pour l'aménagement de cette Grande rivière artificielle qui devrait assurer non seulement l'approvisionnement en eau depuis les nappes aquifères du Sud vers les agglomérations le long de la Méditerranée où se trouve 75% de la population, mais aussi l'irrigation de près de 150 000 hectares de terres, réduisant de ce fait l'importation libyenne des produits alimentaires, qui est actuellement de l'ordre de 75%, toutes choses qui ne se font pas facilement sans l'apport de capitaux étrangers, ce à quoi le colonel Khadhafi – le guide de la Révolution – s'est employé en souhaitant donner à son pays une respectabilité nouvelle et le soustraire de la liste des « États voyous », notamment par le règlement de l'attentat contre un appareil de la Panam, au-dessus de Lockerbie, le 21 décembre 1988 (270 victimes, dont 189 ressortissants américains), règlement qui mit fin, le 12 septembre 2003, aux sanctions de l'ONU. Un règlement est également intervenu, le 9 janvier 2004, dans l'affaire de l'attentat contre un appareil de l'UTA au-dessus du Niger, le 19 septembre 1989. Ajoutons que la Libye a annoncé, le 19 décembre 2003, l'abandon de son programme de développement des armes de destruction massive. Notons aussi que l'un des fils de Kadhafi aurait mené la médiation qui a abouti, en 2003, à la libération de quelques centaines de soldats marocains détenus par le front POLISARIO.

Ainsi, cette politique d'ouverture avec la société internationale semble prometteuse, y compris avec l'Afrique, politique qui a valu à la Libye d'être soutenue dans sa candidature, en 2003, à la présidence de la Commission des droits de l'homme des Nations Unies, en dépit de plusieurs abstentions d'États européens et de l'opposition des États-Unis[262]. On se rappelle aussi les tentatives de la Libye auprès de l'un ou l'autre de ses voisins pour réaliser finalement, le 17 février 1989, l'Union du Maghreb arabe (Mauritanie, Maroc, Algérie, Tunisie et Libye), qui demeure d'un succès mitigé, à cause notamment

---

262 (2004) *L'état de l'Afrique 2004*, p. 148-149.

Figure 4

LA FRONTIÈRE MARITIME LIBYE/TUNISIE

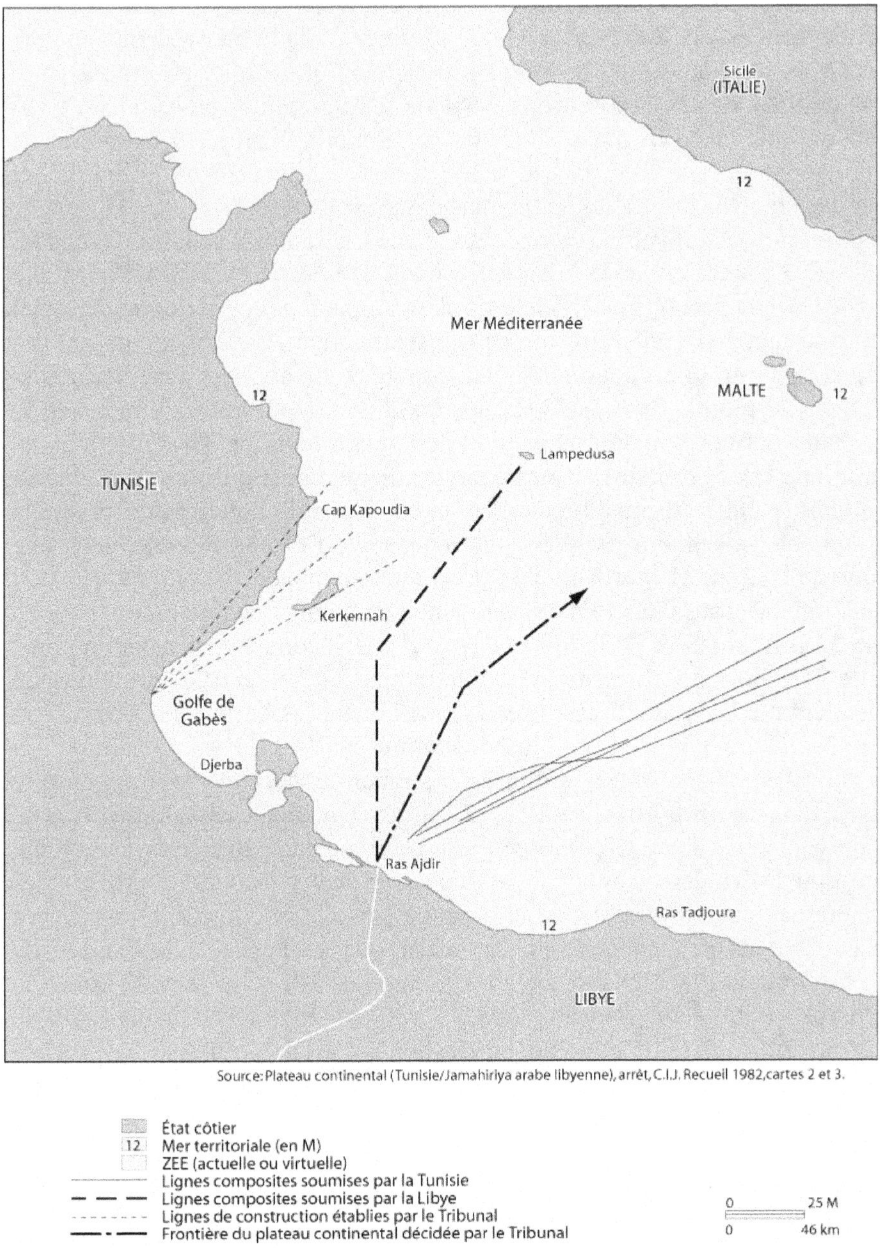

Source: Plateau continental (Tunisie/Jamahiriya arabe libyenne), arrêt, C.I.J. Recueil 1982, cartes 2 et 3.

de la question sahraouie et parce que les échanges commerciaux entre ces pays ne représentent que 5%, alors qu'ils atteignent les deux tiers avec l'Europe[263].

Si la distribution de l'eau en Libye pose des problèmes techniques considérables, le pétrole, par contre, regorge dans ce pays qui, à la faveur de la levée des embargos, espère pouvoir se maintenir, avec une production de 64,7 millions de tonnes en 2002, et 10 000 kilomètres de tubes (pétrole et gaz confondus), au troisième rang des pays producteurs d'Afrique, en lui assurant, avec plus de 95% de ses exportations, 75% de ses ressources budgétaires. Évoquons aussi l'annonce, en mars 2002, de cet important projet d'extraction et d'acheminement de gaz entre la Libye et l'Europe, au coût de 5 milliards$ et mené par des sociétés françaises, italiennes et japonaises.

Bien sûr, la Tunisie ne fait pas aussi bien, elle qui a produit cependant 3,6 millions de tonnes en 2002, mais elle peut être fière par ailleurs d'avoir été citée par le PNUD comme un modèle de développement économique et social (grâce notamment à la généralisation de l'enseignement et à l'émancipation des femmes) et d'avoir une économie beaucoup plus diversifiée avec les phosphates, le fer, le plomb, le zinc, le sel, les textiles, l'exportation de biens et de services, sans oublier son tourisme (800 000 travailleurs et 8% du PIB), qui pose par ailleurs des problèmes d'ordre environnemental et qui a souffert depuis le 11 septembre 2001 et, plus directement encore, depuis l'attentat terroriste de l'année suivante, attribué à des éléments locaux d'Al Qaeda, faisant, dans une synagogue de Djerba, 21 morts dont 14 d'origine allemande[264].

Comparons aussi les PIB et les revenus moyens par habitant, qui sont en Libye de 35 milliards$ et de 6 400 $, l'agriculture y contribuant dans une proportion de 9%, alors que 17% de la population en fait son activité, en cultivant le blé, les légumes, les arachides, le soya, les olives, les dattes et les agrumes, mais n'en demeure pas moins obligée d'importer 75% de sa nourriture. En Tunisie, le PIB est de 68,78 milliards$, auquel le secteur de l'agriculture contribue dans une proportion de 12% (22% des Tunisiens s'y adonnent) et le revenu moyen par habitant, comparable à celui de la Libye, est de 6 900$. Ajoutons que la Tunisie connaît à la fois l'une des plus faibles croissances démographiques en Afrique et une croissance économique annuelle de 5% au cours des 30 dernières années. Notons aussi que le Forum économique de Davos a récemment placé la Tunisie au 38e rang des 102 pays dans le domaine de la compétitivité économique globale[265]. Il est également intéressant de comparer les indicateurs de développement humain (IDH), qui sont rapprochés (0,783 en Libye et 0,740 en Tunisie), ce qui place la Libye au premier rang non

---

263 Geslin, Jean-Dominique (2004) Intégration, mode d'emploi, *in L'état de l'Afrique 2004*, p. 86-89.

264 (2003) *L'état du monde 2004*, p. 107-109.

265 (2004) *L'état de l'Afrique 2004*, p. 156-157.

seulement des pays du Maghreb mais parmi les premiers d'Afrique[266]. Quant à l'espérance de vie, elle atteint le chiffre respectable de 73 ans dans chacun des deux pays, au premier rang des pays d'Afrique du Nord.

En matière de frontières, la Tunisie affiche un palmarès assez remarquable, puisque toutes ses frontières, sauf celle avec Malte, sont délimitées et qu'aucune ne semble faire actuellement l'objet d'un différend. Notons cependant que la sécurité a été renforcée à la frontière avec l'Algérie, depuis que des islamistes algériens ont attaqué des douaniers tunisiens[267].

La Tunisie a été le premier État africain Partie à un accord de délimitation maritime[268] en Méditerranée, le 20 août 1971, lorsqu'elle convenait avec l'Italie d'une frontière qui divise le plateau continental exclusivement et qui est relativement longue, puisqu'elle se poursuit sur 443 milles marins entre des côtes essentiellement opposées, alors qu'elle sépare, à l'ouest, la Tunisie et la Sardaigne, et, à l'est, la Tunisie et la Sicile. Il est stipulé dans l'accord que la méthode de délimitation est une médiane, sauf à proximité de l'île Pantelleria et de l'archipel Pelagie auxquels un demi effet a été attribué par le tracé d'un arc de cercle dont le rayon est de 13 milles marins. Le même traitement a été accordé à l'îlot Lampione jusqu'à concurrence de 12 milles, du côté de la Tunisie. À l'instar des accords conclus notamment dans le golfe Persique, l'accord italo-tunisien contient une disposition relative à l'exploitation de gisements qui se trouveraient de part et d'autre de la ligne, auquel cas les Parties sont tenues de se consulter.

Plus d'une trentaine d'années plus tard, la Tunisie viendra conclure avec son voisin algérien, le 11 février 2002, un accord de délimitation maritime, défini, dans son titre même, comme un traité portant sur des arrangements provisoires[269], dont la durée est de six ans, à l'expiration desquels les Parties s'engagent à le proroger, à le réviser ou à conclure un accord définitif. Signé sans préjudice de la délimitation définitive, cet accord mentionne en son préambule qu'il vise à renforcer les liens de fraternité et de coopération, ainsi que les intérêts communs des deux peuples, aux fins de la construction de l'Union du Maghreb arabe. À l'instar de l'accord conclu avec l'Italie, et dans le cas où l'on

---

266 (2004) *Rapport mondial sur le développement humain : l'Afrique subsaharienne continue sa descente aux enfers*. Publié le 27 juillet 2004 sur le site Internet : www.fr.allafrica.com/stories/200407270230.html. Consulter aussi (2003) *L'état du monde 2004*, p. 87-203.

267 (2004) *Financial Times World Desk Reference*, p. 578.

268 Accord entre le Gouvernement de la République tunisienne et le Gouvernement de la République italienne relatif à la délimitation du plateau continental. Nations Unies (1989) *Les accords de délimitation des frontières maritimes (1970-1984)*, p. 177-183.

269 Agreement on Provisional Arrangements for the Delimitation of the Maritime Boundaries between the Republic of Tunisia and the Peoples's Democratic Republic of Algeria. Nations Unies (2004) *Delimitation Treaties Infobase*. Site Internet : www.un.org.

découvrirait des gisements de ressources minérales traversées par la frontière, il est prévu que les Parties s'engagent à se consulter et à coopérer ; cet engagement porte aussi sur les questions suivantes : conservation (notamment celle des ressources biologiques), recherche scientifique, prévention et punition des infractions en matière de santé, fiscalité, immigration, douane, enfin, lutte contre les menaces à la sécurité concernant l'environnement et la circulation des navires et des aéronefs.

La Libye peut se targuer d'être l'État africain qui s'est présenté le plus grand nombre de fois (3) devant la Cour internationale de Justice pour demander que soit réglé un différend territorial. Le dernier de ces différends, qui l'opposait au Tchad au sujet de la bande d'Aouzou, a été réglé en 1994 (chapitre 9). Quant aux autres frontières terrestres de la Libye, notons l'existence de différends avec l'Algérie et le Niger, la Libye revendiquant approximativement une zone de 32 000 km^2 dans la partie sud-est de l'Algérie et 25 000 km^2 au Niger[270]. Par ailleurs, la Libye a délimité par voie judiciaire deux de ses frontières maritimes, d'abord avec la Tunisie en 1982, puis avec Malte en 1985 (chapitre 4), et seules sont non délimitées ses frontières avec l'Italie, la Grèce et l'Égypte.

3.2 Le compromis

Aux termes d'un compromis signé à Tunis le 10 juin 1977, la Libye et la Tunisie priaient la Cour internationale de Justice d'indiquer « les principes et les règles du droit international qui peuvent être appliqués pour la délimitation de la zone du plateau continental[271] ». Il était également demandé à la Cour de tenir compte, « en prenant sa décision, des principes équitables et des circonstances pertinentes propres à la région, ainsi que des tendances récentes admises à la troisième Conférence sur le droit de la mer » (article 1). Le Tribunal devait aussi « clarifier avec précision la manière pratique par laquelle lesdits principes et règles s'appliquent dans cette situation précise, de manière à mettre les experts des deux pays en mesure de délimiter lesdites zones sans difficultés aucunes » (*ibid*). Le compromis prévoyait également que les deux Parties se réuniraient, sitôt l'arrêt rendu, pour appliquer ces principes en déterminant la ligne de délimitation par la conclusion d'un traité, et que dans le cas où elles ne parviendraient pas à un tel accord dans les trois mois, elles se présenteraient à

---

270 (2004) *CIA World Fact Book 2004*. Site Internet : www.odci.gov/ cia/publications/ factbook.

271 *Affaire du Plateau continental Tunisie/Libye,* arrêt, C.I.J. Recueil 1982. Ci-après cité : *Arrêt de 1982*. Article 1 du compromis, reproduit à la p. 21, par. 2. Le texte intégral de l'arrêt, de même qu'un résumé, sont disponibles sur le site Internet de la Cour : www.icj-cij.org.

nouveau devant la Cour pour lui demander « tous éclaircissements ou explications » (art. 3).

Les deux États, qui n'étaient pas Parties à la Convention de 1958 sur le plateau continental, avaient convenu que la méthode de l'équidistance n'était pas appropriée dans les circonstances[272].

3.3 La demande en intervention de Malte

La Cour rend son jugement le 24 février 1982, après avoir rejeté, le 14 avril 1981, une demande en intervention présentée par Malte et basée sur l'article 62 du Statut de la Cour, lequel dispose que dans le cas où un État « estime que, dans un différend, un intérêt d'ordre juridique est pour lui en cause », il peut s'adresser au Tribunal. La Cour reconnaît que Malte possède « un certain intérêt qui est sensiblement plus spécifique et plus direct que celui des États étrangers à cette région. Il reste que cet intérêt n'est pas par nature différent des intérêts d'autres États de la région[273] ». La Cour explique que Malte doit établir un intérêt d'ordre juridique pouvant être affecté par sa décision. Et la Cour d'ajouter : « Autoriser une telle "intervention" dans les circonstances particulières de l'espèce laisserait de surcroît les Parties dans l'incertitude sur le point de savoir si, et dans quelle mesure, elles doivent considérer leurs propres intérêts juridiques vis-à-vis de Malte comme faisant partie en réalité de l'objet de la présente instance[274] ».

3.4 Le faisceau de lignes soumises par la Tunisie

La Tunisie a proposé quatre lignes, très rapprochées, les deux premières étant inspirées par des facteurs géomorphologiques et géologiques, les deux autres par la géographie côtière. Les deux lignes qui sont fondées sur des facteurs géomorphologiques et géologiques reposent sur une application du principe du prolongement naturel. De l'avis de la Tunisie, le prolongement naturel tunisien s'étend d'ouest en est, « jusqu'aux zones comprises entre les isobathes des 250 et 300 mètres et, vers le sud-est, jusqu'à la zone constituée par les rides de Zira et de Zouara[275] ». La Tunisie poursuit en prétendant que le prolongement naturel de la Libye est orienté plutôt suivant une direction sud-ouest nord-est. La Tunisie soutient en outre que « la configuration générale des côtes des deux États se trouve reflétée avec une fidélité remarquable par les

---

272 *Arrêt de 1982,* p. 79, par. 109-111.

273 *Arrêt du 14 avril 1981. Requête de Malte à fin d'intervention,* C.I.J. Recueil 1981, p. 19, par. 33.

274 *Idem*, p. 20, par. 34.

275 Conclusions du contre-mémoire de la Tunisie, reproduites à la p. 28 de l'*Arrêt de 1982*, par. 15.

courbes bathymétriques dans la zone de délimitation et que ce fait n'est que la traduction de la structure physique et géologique de la région[276] ». À ce sujet, elle observe que « le phénomène de reproduction des lignes de rivage par les lignes bathymétriques, de part et d'autre de la frontière, permet de reporter sur ces dernières avec précision le point représentant la frontière qui sépare les deux territoires sur la côte et de marquer ainsi la limite de leurs prolongements respectifs en suivant l'orientation naturelle du plateau continental dans la zone frontière[277] ». La Tunisie note aussi la présence du sillon tripolitain, « véritable frontière naturelle sous-marine », défini par elle comme une vallée sous-marine à peu près parallèle à la côte libyenne et comprise entre les méridiens 13° et 15° de longitude Est[278], vallée qui prolonge le golfe de Gabès d'ouest en est pour s'enfoncer progressivement vers la mer Ionienne au-delà de l'escarpement de Malte-Misratah.

La première ligne tunisienne suit la ligne des crêtes constituée par les rides de Zira et de Zouara (de direction approximative ouest-est et suivant à peu près les parallèles de latitude 33° 20' et 33° 30' Nord), ainsi que « l'orientation générale des prolongements naturels des territoires des deux États vers la plaine abyssale de la mer Ionienne[279] ». La deuxième ligne constitue une version simplifiée de la première. La troisième est tracée « parallèlement à la bissectrice de l'angle formé par le littoral tuniso-libyen dans le golfe de Gabès[280] ». L'angle en question est formé par deux droites qui sont tracées respectivement du *ras* Mustapha (au cap Bon en Tunisie) et du *ras* Zarrouk en Libye, lesquelles se rencontrent tangentiellement au fond du golfe de Gabès[281]. La quatrième ligne est fondée sur le critère de la proportionnalité et elle est « déterminée d'après l'angle d'ouverture du littoral, à la hauteur de la frontière tuniso-libyenne, en proportion de la longueur des côtes concernées des deux États[282] », en l'occurrence deux tiers pour la Tunisie et un tiers pour la Libye.

3.5 Les facteurs géomorphologiques et géologiques de délimitation

Quant à la seule ligne proposée par la Libye, elle est constituée de deux segments, inspirés de critères différents : le premier segment, à proximité des côtes, est orienté franc nord et veut rendre compte du prolongement dans cette

---

276 *Ibidem*

277 *Idem*, p. 56, par. 64.

278 *Idem*, p. 41 et 55-56, par. 32, 63 et 64.

279 Conclusions du contre-mémoire de la Tunisie, reproduites à la p. 27 de l'*Arrêt de 1982*, par. 15.

280 *Idem*, p. 28, par. 15.

281 C'est ce qui appert de la figure 9.10 du mémoire de la Tunisie, p. 194.

282 *Ibidem*.

direction de la masse terrestre du continent africain dans son ensemble. L'argumentation libyenne se résume comme suit :

> 1) La notion du plateau continental comme prolongement naturel du territoire terrestre dans et sous la mer est le fondement de la notion juridique du plateau continental et un État a droit *ipso facto* et *ab initio* au plateau continental qui est le prolongement naturel de son territoire terrestre dans et sous la mer.
> 2) Le prolongement naturel du territoire terrestre d'un État dans et sous la mer, qui établit son titre *ipso jure* au plateau continental attenant, est déterminé par toute la structure physique de la masse terrestre indiquée principalement par la géologie.
> 3) Si elles ne produisent pas de rupture dans l'unité fondamentale du plateau continental, les dorsales sous-marines sur le lit de la mer n'apportent aucun fondement scientifique à un principe juridique de délimitation, même si leur existence est établie [[283]].
> 5) La direction du prolongement naturel est déterminée par le rapport général, géologique et géographique, entre le plateau continental et la masse terrestre continentale, et non par la direction occasionnelle ou accidentelle d'une section particulière du littoral.
> 6) En l'espèce le plateau continental au large de la côte de l'Afrique du Nord est un prolongement vers le nord de la masse terrestre continentale et, dans cette situation particulière, la méthode appropriée de délimitation des zones de plateau continental relevant de chaque Partie consiste donc à suivre la direction de ce prolongement vers le nord à partir du point terminal de la frontière terrestre[284].

La thèse libyenne, qui repose sur une interprétation de la théorie de la tectonique des plaques, est résumée comme suit par la Cour :

> (...) la région située devant cette côte, qui constitue le bloc pélagien, est le prolongement naturel vers le nord de la masse terrestre nord-africaine, dans la mesure où elle représente une marge continentale typique produite par les mouvements de plaques et les phénomènes de déchirement (...). La Libye soutient que le prolongement naturel de la Tunisie et de la Libye est en direction du nord parce que le mouvement de séparation des plaques continentales, qui pour l'essentiel était dans le sens nord-sud, a entraîné la création d'une marge continentale située au nord d'une côte orientée généralement d'est en ouest[285] .

---

[283] Cette assertion constitue de toute évidence une réplique aux arguments tunisiens relatifs à la géomorphologie.

[284] Conclusions du contre-mémoire de la Libye, reproduites aux p. 29-32 de l'*Arrêt de 1982*, par. 15.

[285] *Idem*, p. 52, par. 57.

La Cour poursuit ainsi, au sujet de la Libye :

Elle considère néanmoins que “la géographie appuie et confirme la géologie, laquelle établit que le prolongement naturel des masses terrestres dans et sous la mer est vers le nord”. Les faits invoqués à l’appui de cette affirmation sont que le bassin pélagien, unité géologique et physiographique, est un élément de la plaque africaine ; que ce bassin présente une nette affinité avec la masse terrestre africaine et est une région différente de celle des montagnes de l’Atlas en Tunisie ; et que les données relatives au faciès géologique confirment le prolongement vers le nord de la masse terrestre nord-africaine et son affinité fondamentale avec le plateau. Il s’agit, en affirmant cette harmonie entre les indications de la géologie et celles de la géographie, de renforcer la thèse de la délimitation des zones de plateau continental par une ligne qui prolongerait la frontière terrestre et refléterait cette orientation générale vers le nord[286].

Ces arguments géomorphologiques et géologiques, la Cour les rejette, aussi bien ceux de la Libye que ceux de la Tunisie, en précisant que la notion de prolongement naturel n’est utile aux fins d’une délimitation que dans la mesure où l’une des caractéristiques invoquées « marquerait une rupture ou solution de continuité telle qu’elle constituerait indiscutablement la limite de deux plateaux continentaux ou prolongements naturels distincts[287] ». Pourtant, la Cour estime devoir préciser plus loin qu’elle n’exclut pas « que certaines configurations géomorphologiques du fond de la mer, ne constituant pas vraiment des interruptions du prolongement naturel d’une Partie par rapport au prolongement de l’autre, puissent néanmoins être retenues aux fins de la délimitation, comme circonstances pertinentes propres à la région[288] ». Or, estime la Cour, la caractéristique géomorphologique la plus significative, le sillon tripolitain, ne peut être retenue puisque « cette vallée sous-marine ne présente de relief réellement accusé que dans une zone située nettement plus à l’est que la région à considérer aux fins de la délimitation[289] », soit au-delà du *ras* Tadjoura.

3.6 L’inopposabilité des actes unilatéraux

Mentionnons que le premier segment de la ligne libyenne date d’une loi pétrolière de 1955. À la hauteur approximative du *ras* Yonga (34° 20’N), la ligne proposée par la Libye s’infléchit ensuite pour tenir compte de ce qu’elle estime être un changement significatif de direction des côtes tunisiennes dans le

---

286 *Idem*, p. 54, par. 62.
287 *Idem*, p. 57, par. 66.
288 *Idem*, p. 58, par. 68.
289 *Idem*, p. 57, par. 66.

golfe de Gabès. La Cour rejette les motifs invoqués par la Libye, eu égard à sa loi pétrolière interne, en déclarant que les limites maritimes décrétées de façon unilatérale par un État sont sans effet juridique à l'égard des tiers qui n'y ont pas acquiescé[290]. La Cour rappelle à ce sujet un passage important de l'affaire des *Pêcheries* de 1951 dans laquelle le Royaume-Uni s'était opposé à la décision unilatérale du gouvernement norvégien de décréter des lignes de base droites le long de ses côtes à fjords et de considérer comme des eaux intérieures celles qui se retrouvaient en deçà de ces lignes : « La délimitation des espaces maritimes a toujours un aspect international : elle ne saurait dépendre de la seule volonté de l'État riverain telle qu'elle s'exprime dans son droit interne. S'il est vrai que l'acte de délimitation est nécessairement un acte unilatéral, parce que l'État riverain a seule qualité pour y procéder, en revanche la validité de la délimitation à l'égard des États tiers relève du droit international[291] ».

S'agissant de l'effet de cette loi pétrolière libyenne, la Cour a l'occasion de préciser que cet acte législatif interne n'a pas été considéré par la Tunisie comme étant une délimitation, et même si la Libye entend revendiquer des droits sur les ressources de son plateau, « le simple fait d'indiquer la ligne en question sur une carte n'est pas suffisant, même pour concrétiser sur le plan des relations internationales la revendication formelle d'une limite maritime ou d'une limite de plateau continental[292] ». Pour des raisons similaires au rejet par la Cour de la ligne libyenne de 1955, la ligne tunisienne appelée ZV (zénith vertical) 45° et relative aux pêcheries n'a pas été reconnue comme devant avoir des effets juridiques[293].

3.7 Les droits dits historiques

La Cour examine ensuite une argumentation de la Tunisie selon laquelle elle détiendrait des droits historiques dans une zone à l'intérieur de laquelle ses pêcheurs exerceraient depuis des siècles leurs activités, notamment par l'exploitation de bancs superficiels proches du rivage par installations fixes pour les espèces mobiles, de même que l'exploitation de bancs plus profonds pour les espèces sédentaires, en particulier les éponges. La Tunisie ajoute que ces activités continues ont fait l'objet de surveillance et de contrôle par les autorités tunisiennes en vertu de droits souverains reconnus ou du moins acceptés tacitement par des États tiers. La Tunisie affirme que la détermination de lignes de base droites en deçà desquelles les eaux sont intérieures est opposable à la Libye qui n'a pas protesté en temps utile.

---

290 *Idem*, p. 68-69, par. 91-92.
291 C.I.J. Recueil 1951, p. 132. Cité à la p. 67, par. 87 de l'*Arrêt de 1982*.
292 *Arrêt de 1982*, p. 69, par. 92.
293 *Idem*, p. 67, par. 88.

Au sujet de ces prétentions, la Cour émet d'abord des considérations générales en rappelant que les titres historiques « doivent être respectés et préservés, ainsi qu'ils l'ont toujours été en vertu d'un long usage[294] ». La Cour ajoute par ailleurs que le projet de convention de la troisième Conférence sur le droit de la mer – la Convention de 1982 n'est pas encore adoptée – ne définit pas les notions d'eaux historiques et de baies historiques (et la Cour ne le fera pas non plus). Celle-ci, qui examine la question de ces droits historiques dans le contexte d'une délimitation à effectuer et compte tenu du concept de proportionnalité, déclare ne pas être convaincue par l'argument de la Tunisie affirmant que les eaux intérieures ne doivent pas être prises en considération, et elle ne se prononce pas sur la validité des lignes de base droites ni sur leur opposabilité à la Libye. La Cour cite à nouveau l'affaire des *Pêcheries* selon laquelle les droits revendiqués « ne doivent être retenus que dans la mesure où ils paraîtraient déterminants pour décider la seule question en litige[295] », à savoir la méthode appropriée pour obtenir une délimitation équitable. La Cour estime ainsi que l'obligation de déterminer la validité de ces droits historiques n'existerait que dans le seul cas où la méthode de délimitation provoquerait ou risquerait de provoquer un empiétement sur la zone de droits historiques.

3.8 Les facteurs économiques de délimitation

La Cour rejette également des arguments de type économique soumis surtout par la Tunisie invoquant sa pauvreté en ressources agricoles et minérales par rapport à la Libye et précisant que les ressources ichtyologiques de ses eaux historiques ne sont qu'un complément à son économie nationale. La Libye a contesté la pertinence de cet argument fondé sur la pénurie économique ; elle a soutenu par ailleurs que la présence ou l'absence d'hydrocarbures dans les puits forés devait être prise en considération dans l'opération de délimitation. Après avoir déclaré que « les circonstances pertinentes propres à la région ne sont pas restreintes aux données de la géographie et de la géomorphologie », la Cour précise qu'elle « devait tenir compte comme il convient (...) des diverses considérations économiques dont l'une ou l'autre des Parties a souligné la pertinence[296] ». Ainsi, au sujet de puits de pétrole dans une zone à délimiter, la Cour estime que « cette présence peut, selon les faits, représenter un élément à considérer dans le processus au cours duquel tous les facteurs pertinents sont soigneusement pesés pour aboutir à un résultat équitable[297] ».

---

[294] *Idem*, p. 73, par. 100.
[295] C.I.J. Recueil 1951, p. 126. Cité à la p. 77, par. 105 de l'*Arrêt de 1982*.
[296] *Arrêt de 1982*, p. 65, par. 81.
[297] *Idem*, p. 77-78, par. 107.

Rappelant, dans son opinion dissidente, que « la géographie n'est pas équitable[298] », le juge Oda fait fort justement remarquer qu'aucun consensus, durant les travaux de la troisième Conférence sur le droit de la mer, n'a été établi, eu égard à la possibilité d'accorder des compensations aux pays enclavés ou géographiquement désavantagés dans l'exploitation des ressources minérales, comme cela a été le cas concernant les ressources halieutiques dans la zone économique des pays voisins.

3.9 Un précédent important

Rappelons ici très brièvement les affaires de la *Mer du Nord* – d'autant plus importantes pour la présente affaire qu'elles constituaient le seul précédent de la C.I.J. en matière de délimitation maritime – qui impliquaient l'ancienne R.F.A., les Pays-Bas et le Danemark, dont les côtes sont adjacentes, celles de l'Allemagne étant concaves et les côtes des deux autres étant convexes. Les juges eurent alors l'opportunité d'expliquer que les côtes concaves sont victimes d'iniquité, car la ligne de l'équidistance tend à infléchir les lignes de délimitation vers cette concavité, si bien que les lignes « se rencontrent inévitablement à une distance relativement faible de la côte »; tandis que celles qui sont tirées des côtes du Danemark et des Pays-Bas « s'écartent l'une de l'autre, de sorte que la zone de plateau continental devant cette côte tend à aller en s'élargissant[299] ». Comme les Parties n'avaient demandé à la Cour que les principes et règles applicables et qu'elles s'engageaient par la suite à délimiter les frontières par voie d'accord, la Cour énuméra les facteurs pertinents suivants sans tracer ces frontières :

1) la configuration générale des côtes des Parties et la présence de toute caractéristique spéciale ou inhabituelle ;
2) pour autant que cela soit connu ou facile à déterminer, la structure physique et géologique et les ressources naturelles des zones de plateau continental en cause [[300]] ;
3) le rapport raisonnable qu'une délimitation opérée conformément à des principes équitables devrait faire apparaître entre l'étendue des zones de plateau continental relevant de l'État riverain et la longueur de son littoral mesurée suivant la direction générale de celui-ci, compte tenu à cette fin des effets actuels ou éventuels de toute autre délimitation

---

298 *Idem*, p. 256, par. 159.

299 *Affaires du plateau continental de la mer du Nord entre la République fédérale d'Allemagne, le Danemark et les Pays-Bas*, arrêt, C.I.J. Recueil, 1969, p. 17-18, par. 8. Ci-après citées *Arrêt de 1969.*

300 La Cour nota le concept de l' « unité de gisement » et elle mit les Parties en garde contre les inconvénients de procéder à une délimitation qui divise un gisement sans avoir prévu des mesures communes d'exploration et d'exploitation.

du plateau continental effectuée entre États limitrophes dans la même région[301].

3.10 La frontière déterminée par la Cour

Ayant rejeté les arguments présentés par la Tunisie et la Libye, ayant noté l'opinion des Parties que l'équidistance n'était pas appropriée dans les circonstances, la Cour procède à la construction de sa ligne, constituée de deux segments, mais non sans avoir d'abord émis des considérations générales sur l'équité et sur les méthodes de délimitation. Au sujet de l'équité, la Cour s'exprime comme suit :

> L'équité en tant que notion juridique procède directement de l'idée de justice. La Cour, dont la tâche est par définition d'administrer la justice, ne saurait manquer d'en faire application. (...) On a souvent opposé l'équité aux règles rigides du droit positif, dont la rigueur doit être tempérée pour que justice soit rendue. (...) Il faut distinguer entre l'application de principes équitables et le fait de rendre justice *ex æquo et bono*, ce que la Cour ne peut faire que si les Parties en sont convenues[302].

Quant aux méthodes de délimitation, la Cour rappelle la décision, dans les affaires de la *Mer du Nord*, selon laquelle aucune règle obligatoire de droit coutumier n'impose l'équidistance comme méthode de délimitation du plateau continental, notamment quand les États sont limitrophes[303]. Les juges rappellent aussi l'arbitrage de 1977 concernant le *Plateau continental franco-britannique*, dans lequel diverses méthodes ont été utilisées[304]. La Cour ajoute que la pratique ultérieure des États, si elle atteste que cette méthode a été privilégiée dans un certain nombre de cas, montre par ailleurs que celle-ci a été écartée au profit d'autres méthodes. Le Tribunal rappelle aussi, à propos de la délimitation de la mer territoriale, que déjà en 1953 le comité d'experts de la Commission de droit international avait examiné des méthodes autres que celle de l'équidistance, dont la ligne de prolongement vers le large de la frontière terrestre, la perpendiculaire à la côte au point d'intersection de la frontière terrestre et la perpendiculaire à la ligne de direction générale de la côte[305]. S'agissant de la méthode de l'équidistance, la Cour fait sienne l'opinion émise dans les affaires de la *Mer du Nord* selon laquelle cette méthode « a l'avantage – peut-être aussi l'inconvénient –, de reproduire presque toutes les irrégularités des côtes prises

---

301 *Arrêt de 1969*, p. 54, par. 101.

302 *Arrêt de 1982*, p. 60, par. 71.

303 C.I.J. Recueil 1969, p. 46, par. 83 ; p. 53, par. 101. Évoqué aux p. 78-79, par. 109 de l'*Arrêt de 1982*.

304 *Arrêt de 1982,* p. 79, par. 109.

305 *Idem*, p. 84, par. 119. Évoqué à la p. 88, par. 126 de l'*Arrêt de 1982*.

comme bases » et qu'il est moins difficile d'y recourir lorsque les côtes sont opposées plutôt qu'adjacentes[306].

Le premier segment de la frontière tracée par la Cour forme avec le méridien un angle de 26° et il correspond approximativement à la perpendiculaire à la direction générale des côtes au point terminal de la frontière terrestre (*ras* Adjir)[307]. En fait, ce segment date d'une ligne *de facto* établie en 1913 par l'Italie, nouvelle puissance coloniale succédant aux droits de l'Empire ottoman, aux fins de « repousser » vers l'ouest les prétentions françaises en Tunisie exprimées selon la ligne ZV 45° et relative à la juridiction sur l'exploitation des éponges[308]. Cette ligne *de facto*, explique la Cour, « concrétise la manière » dont les deux États ont octroyé des permis de recherche ou d'exploitation pétrolière : « Cette ligne entre des concessions adjacentes, qui a été observée tacitement pendant des années et qui coïncide en outre à peu près avec la perpendiculaire à la côte au point frontière appliquée dans le passé comme limite maritime *de facto*, paraît être à la Cour d'une grande pertinence pour la délimitation[309] ».

La Cour estime par ailleurs que la ligne doit être réorientée à partir du point situé à 34°10'30"N – qui représente, à son avis, le point le plus occidental de la côte tunisienne entre les *ras* Adjir et Kapoudia –, étant donné l'existence de deux circonstances géographiques pertinentes : l'important changement de direction des côtes tunisiennes dans le golfe de Gabès, de même que la présence des îles Kerkennah[310]. La Cour évalue la nouvelle direction des côtes tunisiennes par le tracé d'une ligne droite reliant le point situé à 34°10'30"N et le *ras* Kapoudia. Elle décide par ailleurs d'attribuer un effet aux îles Kerkennah, compte tenu de leur étendue et de leur position : 11 milles seulement les séparent de la masse continentale par des eaux poissonneuses très peu profondes (4 mètres au plus, à l'exception de quelques fosses et chenaux) ; d'une superficie de 180 km^2, elles sont entourées d'îlots et de hauts-fonds formant une ceinture d'une largeur qui atteint 27 km et qui sont fréquentés depuis des temps

---

306 C.I.J. Recueil 1969, p. 36-37, par. 57. Évoqué à la p. 88, par. 126 de l'*Arrêt de 1982.*

307 *Arrêt de 1982*, p. 83-84, par. 117.

308 *Idem*, p. 70, 71 et 83, par. 93, 96 et 117.

309 *Idem*, p. 71, par. 96.

310 *Idem*, p. 88, par. 127. Pour une étude détaillée de l'effet des îles sur la délimitation maritime, consulter notamment Jayewardene, Hiran W. (1990) *The Regime of Islands in International Law* ; Bowett, Derek (1993) Islands, Rocks, Reefs, and Low-Tide Elevations in Maritime Boundary Delimitations, *in* J. I. Charney et L. M. Alexander, éds., *International Maritime Boundaries*, vol. 1, p. 131-151 ; Smith, Robert W. et Thomas, Bradford L. (1998) Island Disputes and the Law of the Sea : An Examination of Sovereignty and Delimitation Disputes, *Maritime Briefing*, vol. 2, n° 4 ; Labrecque, Georges (1998) Les îles de l'Atlantique comme circonstances pertinentes à la délimitation des frontières maritimes, *Norois*, vol. 45, n° 180, p. 653-665.

immémoriaux par les pêcheurs[311]. La Cour tire donc du point désigné une seconde ligne longeant les îles et les hauts-fonds au large. La ligne ainsi orientée est inclinée à 62° et la Cour estime qu'il serait excessif d'attribuer à l'archipel un effet entier. Jugeant en conséquence qu'un demi effet serait, dans les circonstances, suffisant et approprié, et s'inspirant en cela de divers cas dans la pratique des États, la Cour tire la bissectrice de l'angle formé par les deux lignes – celle qui exprime la direction générale du littoral et celle qui longe l'archipel à l'est – le second segment de la ligne de délimitation étant parallèle à ladite bissectrice et formant avec le méridien un angle de 52°[312].

Soumettant enfin son opération de délimitation au critère de la proportionnalité, la Cour s'estime satisfaite des résultats qui indiquent un rapport de 40 à 60 à l'égard des zones de plateau continental attribuées respectivement à la Libye et la Tunisie, tandis que les longueurs de leurs façades maritimes – exprimées par des lignes droites selon la direction générale des côtes, du *ras* Kapoudia au *ras* Tadjoura – se trouvent dans un rapport de 34 à 66[313]. Bien sûr, la ligne ne comporte pas de point terminal connu vers le nord-est, puisque sa longueur « dépendra de délimitations à convenir avec des États tiers[314] ».

3.11 Les opinions dissidentes

Dans cette décision divisée (10 voix contre 4), notons les dissidences respectives des juges Gros, Oda et Evensen, qui vont tous trois critiquer la décision de la majorité des juges pour avoir rejeté, à leur avis sans plus de justification, la méthode de l'équidistance. À la fin d'une très longue opinion (120 pages), le juge Oda recommande la délimitation du plateau continental entre la Libye et la Tunisie par « une ligne d'équidistance tracée à partir de leurs côtes respectives et ne tenant compte ni des hauts-fonds découvrants situés au large du rivage de chacune des Parties ni des îles Kerkennah[315] ». Le juge Evensen rappelle d'abord l'importance et le respect qu'il voue à la C.P.J.I. et à la C.I.J. « dont l'existence même et le patient labeur ont donné au monde en tumulte de bonnes raisons d'espérer le règne de la justice et l'instauration de la paix grâce aux efforts consentis pour ériger un nouvel ordre international fondé sur la légalité, sans recours aux armes et sans sacrifice inutile en vies humaines[316] ». Rappelant aussi la pratique des États, scandinaves notamment, le juge suggère en outre la création d'une zone d'exploitation en commun des ressour-

311 *Arrêt de 1982*, p. 88-89, par. 128.
312 *Idem,* p. 89, par. 129.
313 *Idem*, p. 91, par. 131.
314 *Idem,* p. 94, par. 133, *in fine*.
315 *Opinion dissidente du juge Oda*, p. 271, par. 184. Le texte intégral des opinions, de même que leur résumé, sont disponibles sur le site Internet de la Cour : www.icj-cij.org.
316 *Opinion dissidente du juge Evensen*, p. 278, par. 1.

ces minérales[317]. Le juge Gros, pour sa part, estime que la Cour a refait la géographie, particulièrement pour avoir tout simplement effacé la côte tunisienne :

> Il ne suffit pas de dire que la méthode de l'équidistance n'eût pas abouti à la délimitation la plus équitable, alors que les conditions de son exclusion n'ont été ni réunies, ni même examinées comme il se doit et alors que la Cour n'a pas examiné les résultats extraordinaires, anormaux et déraisonnables de sa propre manière de procéder.(...) Tous les éléments géographiques de la situation ont été ignorés non seulement quant à leur pertinence pour la délimitation mais aussi pour le contrôle de l'équitable auquel on prétendait arriver par d'autres techniques. (...) C'est un exemple parfait de remise en cause de la géographie[318].

•••

Cette frontière tracée par la Cour sera à nouveau disputée : invoquant une erreur matérielle – en l'occurrence la localisation cartographique du point le plus occidental de la côte tunisienne au fond du golfe de Gabès –, l'agent de la Tunisie dépose au greffe de la Cour, le 27 juillet 1984, une requête introductive d'instance par laquelle il demande la révision de l'arrêt du 24 février 1982. Décision sera rendue à l'unanimité le 10 décembre 1985, déclarant que la demande tunisienne « est sans objet et qu'il n'y a pas lieu à statuer à son sujet[319] ». Enfin, les deux États concluent, le 8 août 1988, un accord[320] confirmant la décision de la Cour.

Cette première décision « africaine » en matière de délimitation du plateau continental doit-elle être critiquée, à l'instar des trois dissidences mentionnées, pour avoir rejeté dans le cas d'espèce l'utilisation de la méthode de l'équidistance ? Nous ne le croyons pas. Il faut d'abord se rappeler qu'aux termes mêmes du compromis, il était expressément demandé à la Cour de tenir compte des nouvelles tendances révélées durant cette troisième Conférence des

---

317 *Idem*, conclusions, p. 320-323.

318 *Opinion dissidente du juge Gros*, p. 151, par. 15.

319 *Demande en révision et en interprétation de l'Arrêt du 24 février 1982 en l'affaire du Plateau continental (Tunisie/Jamahiriya arabe libyenne) (Tunisie c. Jamahiriya arabe libyenne),* arrêt, C.I.J. Recueil 1985, p. 230, par. 69 C. Le texte intégral de l'arrêt, de même qu'un résumé, sont disponibles sur le site Internet de la Cour : www.icj-cij.org.

320 Agreement between the Libyan Arab Socialist People's Jamahiriya and the Republic of Tunisia to Implement the Judgment of the International Court of Justice in the Tunisia/Libya Continental Shelf Case. Nations Unies (2004) *Maritime Space : Maritime Zones and Maritime Delimitation. State Practice on the Internet. Delimitation Treaties Infobase*. Le texte du traité est disponible sur le site Internet des Nations Unies : www.un.org.

Nations Unies sur le droit de la mer. Or celle-ci, on le sait, aboutira à l'adoption de la Convention sur le droit de la mer, qui se démarque des Conventions de 1958 dans lesquelles la méthode de l'équidistance était stipulée non seulement pour la délimitation de la mer territoriale mais aussi pour celle du plateau continental. Cette délimitation doit désormais, conformément à l'article 74, être établie « afin d'aboutir à un résultat équitable », aucune méthode n'étant dorénavant prévue explicitement.

Quant aux deux seuls cas de jurisprudence, le premier entre côtes adjacentes (*Mer du Nord*) et l'autre entre côtes principalement opposées (*Plateau continental franco-britannique*), les juges ont bien fait de retenir que la méthode de l'équidistance convient moins entre côtes adjacentes et que, de toute façon, elle n'est pas obligatoire, bien qu'on la trouve dans un grand nombre de cas dans la pratique des États.

4

LA FRONTIÈRE LIBYE/MALTE

> Le pouvoir générateur de droits de plateau continental procède non pas de la masse terrestre mais de la souveraineté sur cette masse terrestre. Et c'est par la façade maritime de cette masse terrestre, c'est-à-dire par son ouverture côtière, que cette souveraineté territoriale réalise concrètement ses droits de plateau continental.
>
> *Arrêt, C.I.J. Recueil 1985,* p. 41, par. 49.

> La règle d'équité exige l'égalité de traitement des parties. Dans les différends intéressant les frontières territoriales, y compris les frontières sous-marines, cette égalité de traitement ne signifie pas nécessairement l'attribution de parts égales. Une délimitation par parts égales n'est conforme à la règle d'équité que si l'ensemble des critères et des circonstances pertinentes justifie un tel résultat.
>
> *Idem, opinion dissidente du juge Mosler*, p. 119, par. non numéroté.

La seconde affaire de délimitation maritime, celle entre la Libye et Malte, ne concerne, comme dans le cas précédent entre la Tunisie et la Libye, que le plateau continental exclusivement, mais elle n'est plus entre deux États dont les côtes sont adjacentes et elle implique un État européen (figure 5). À l'instar du cas précédent, la Cour internationale de Justice décidera d'abord d'une requête en intervention de l'Italie et rendra sa décision, en 1985, par 14 voix contre 3. Si, contrairement à l'affaire précédente, les Parties n'indiquent pas spécifiquement, dans leur compromis, un choix de méthodes, la Cour a tôt fait de constater que la Libye plaide à nouveau des arguments de nature géomorphologique (prolongement physique de la masse africaine et présence d'une zone d'effondrement en Méditerranée), tandis que Malte privilégie la médiane entre côtes opposées. La Cour décidera finalement de cette dernière méthode, non sans avoir ajusté le tracé de cette ligne, compte tenu du concept de la proportionnalité plaidé par la Libye ou, plus précisément, de l'importante différence dans les longueurs respectives des côtes.

4.1 Entre l'Europe et l'Afrique, entre Gibraltar et Suez

Nous avons déjà mentionné la très faible densité de population de la Libye (avec 3,1 hab./km^2), alors que celle de Malte est la plus forte du monde (1 256 hab./km^2), exception faite de Singapour, 396 000 personnes habitant ce petit archipel (Malte, Gozo et Comino) d'à peine 316 km^2, sur une route stratégique en Méditerranée centrale. Cette population, marquée par les influences diverses qui ont tissé son histoire (arabe, sicilienne, normande, espagnole, italienne, britannique), est urbaine dans une proportion très élevée (91%), dépassant même la Libye avec 88%. Si, contrairement à la Libye, cette terre est dénuée de ressources naturelles, (y compris d'eau douce qu'elle doit produire par dessalement), les îles sont dotées de nombreuses baies et de bons ports qui disposaient peut-être le pays à la construction et à la réparation navales. Peut-être aussi ses habitants, d'origine phénicienne et carthaginoise, en ont-ils conservé les habiletés, et ce goût pour la mer évoque l'importance de ce petit pays comme fournisseur de pavillons de complaisance, lui qui possède une marine marchande de 1 176 navires de 1 000 tonnes et plus, au cinquième rang dans le monde. Il a souffert en tout cas de sa vocation navale, notamment durant les deux grandes guerres. Possession britannique à partir de 1814, il demeurera, lors de son indépendance en 1964, membre du Commonwealth britannique et il intégrera, le 1er mai 2004, l'Europe des 25 avec 9 autres États[321].

Cette entrée dans l'Union, pour laquelle Malte a amorcé des privatisations dans plusieurs secteurs, devrait lui conserver une prospérité économique basée notamment, outre le domaine naval, sur l'électronique, le textile, le sel et, surtout, le tourisme qui lui ont donné, en 2003, un PIB de 4,2 milliards et un RNB par habitant de 17 700$ (le tourisme représentant à lui seul trois fois la population de l'île et plus de 30% du PIB). Malte reçoit aussi d'importants transferts d'argent provenant de Maltais qui travaillent à l'étranger. Entre l'Europe et l'Afrique, à mi-chemin entre le détroit de Gibraltar et le canal de Suez, Malte a su mener une politique extérieure non-alignée, entretenant de bonnes relations à la fois avec l'Europe, l'Afrique, le Maghreb (y compris la Libye), le Moyen-Orient et même la Chine et la Russie avec lesquelles existent des liens commerciaux[322].

C'est principalement de la Libye que Malte importe son pétrole. Des travaux d'exploration ont révélé par ailleurs la présence de pétrole. Mentionnons aussi un projet d'exploitation des ressources de son plateau continental, mené conjointement avec la Tunisie, bien que leur frontière maritime ne soit pas, disions-nous, formellement délimitée, pas plus que la

---

321 Ce sont Chypre, l'Estonie, la Hongrie, la Lettonie, la Lituanie, la Pologne, la République tchèque, la Slovaquie et la Slovénie.

322 (2004) *Financial Times World Desk Reference*, p. 394-395.

Figure 5

LA FRONTIÈRE MARITIME LIBYE/MALTE

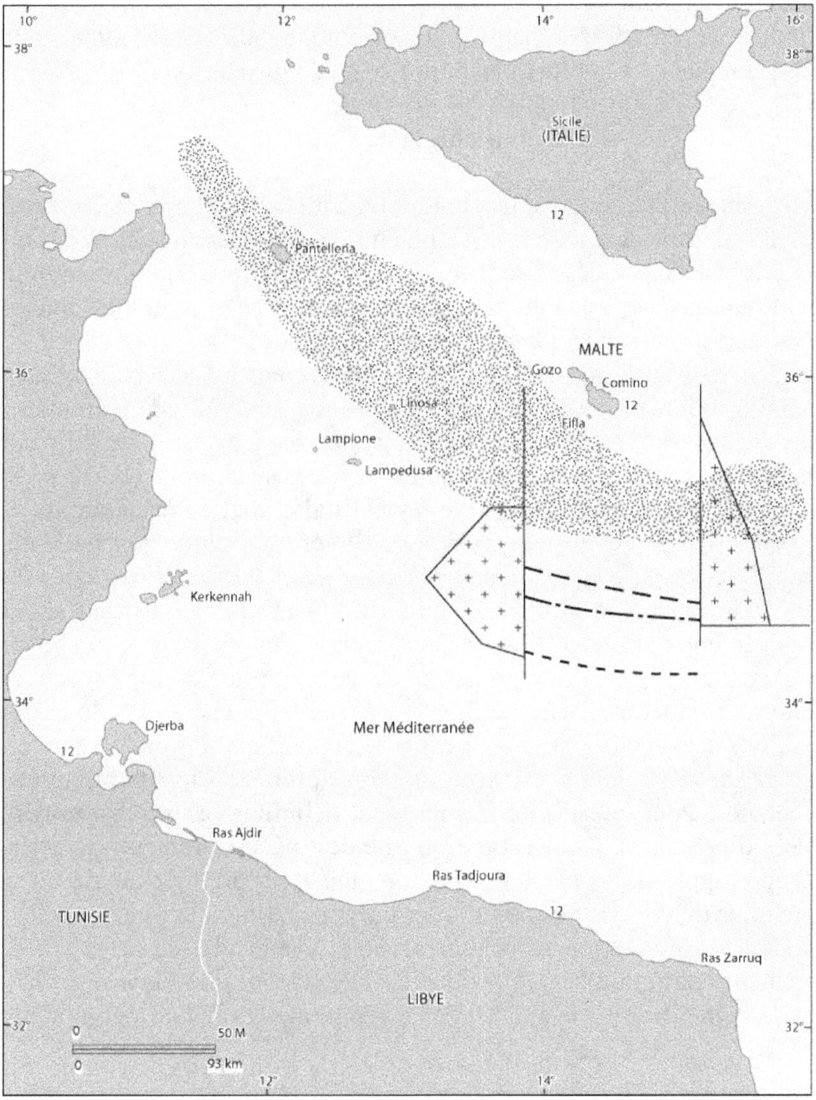

Source: Labrecque, Georges (1993) 37 Cahiers de géographie du Québec, n°101, p.204.

État côtier
12 Mer territoriale (en M)
ZEE (actuelle ou virtuelle)
Zone d'intérêts italiens
Zone d'effondrement alléguée par la Libye
Ligne d'équidistance stricte soumise par Malte
Ligne d'équidistance stricte Libye/Sicile
Frontière du plateau continental décidée par le Tribunal

frontière avec la Tunisie. Bref, la seule frontière de Malte qui soit délimitée est celle avec la Libye. Cette dernière n'a pas non plus délimité ses frontières maritimes avec la Grèce et avec l'Égypte.

Quant aux frontières terrestres de la Libye, nous avons déjà mentionné les différends qui existent avec l'Algérie et le Niger, outre celui qui a été réglé par voie judiciaire en 1994 (chapitre 9). Ajoutons que les frontières avec l'Égypte et le Soudan ne semblent pas faire l'objet de disputes.

4.2 La mission de la Cour

Aux termes d'un compromis signé à La Valette le 23 mai 1976 entre la Libye et Malte, il était demandé à la Cour internationale de Justice d'indiquer aux Parties « les principes et les règles de droit international qui sont applicables à la délimitation de la zone du plateau continental (...) afin qu'elles puissent délimiter ces zones sans difficulté par la voie d'un accord[323] ».

La Cour constate que les Parties, contrairement à l'affaire précédente *Libye/Tunisie*, n'indiquent pas, dans leur compromis, un choix de méthodes de délimitation. Avant de rendre son arrêt, et à l'instar de sa décision dans l'affaire précédente, la Cour aura rejeté, le 21 mars 1984, par 11 voix contre 5, une requête en intervention présentée cette fois par l'Italie, tout en déclarant qu'elle « ne saurait entièrement écarter la question de l'intérêt juridique de l'Italie ainsi que d'autres États de la région méditerranéenne », et qu'il « conviendra d'en tenir compte[324] ». Dans son arrêt du 3 juin 1985 – le premier portant sur des côtes exclusivement opposées[325] –, la Cour estime devoir d'abord rechercher l'intention des Parties par l'interprétation de ce compromis, car si elle doit exercer toute sa compétence, elle ne doit pas par ailleurs excéder cette compétence. Ainsi, observe-t-elle, Malte a exprimé le souhait que la limite soit tracée par la Cour, la Libye voulant seulement qu'elle se prononce sur les principes et règles applicables. Pour que les Parties puissent délimiter ces zones sans difficulté par voie d'accord, la Cour estime qu'elle doit nécessairement spécifier la ou les méthodes appropriées résultant d'une bonne application des règles et que les termes mêmes du compromis ne lui interdisent pas d'indiquer une ligne.

La Cour ne retiendra pas l'argumentation libyenne, basée sur le principe du prolongement naturel au sens physique, et elle tracera une ligne inspirée de la méthode de la médiane mais ajustée par translation vers le nord, compte tenu

---

[323] *Plateau continental (Jamahiriya arabe libyenne/Malte)*, arrêt, C.I.J. Recueil 1985. Ci-après cité : *Arrêt de 1985*. Article 1 du compromis, reproduit au par. 2. Le texte intégral de l'arrêt, de même qu'un résumé, sont disponibles sur le site Internet de la Cour : www.icj-cij.org.

[324] *Requête de l'Italie à fin d'intervention*, C.I.J. Recueil 1984, p. 25, par. 41. Le texte intégral de l'arrêt, de même qu'un résumé, sont disponibles sur le site Internet de la Cour : icj-cij.org.

[325] (1986) *ACDI*, vol. 24, p. 30.

des circonstances tenues pour pertinentes. Avant d'en arriver à l'application de cette méthode, la Cour rappelle, bien sûr, le droit en matière de délimitation et l'importance d'un examen minutieux des circonstances pertinentes. À ce sujet elle cite un passage célèbre de l'arrêt dans les affaires de la *Mer du Nord* :

> En réalité il n'y a pas de limites juridiques aux considérations que les États peuvent examiner afin de s'assurer qu'ils vont appliquer des procédés équitables et c'est le plus souvent la balance entre toutes ces considérations qui créera l'équitable plutôt que l'adoption d'une seule considération en excluant toutes les autres. De tels problèmes d'équilibre entre diverses considérations varient naturellement selon les circonstances de l'espèce[326].

4.3 La conduite des Parties

Contrairement à l'affaire précédente, il n'a pas été fait état de ligne *de facto*, et l'historique du différend se résume à peu d'éléments. La Cour note d'ailleurs que ni Malte ni la Libye ne prétend que dans le présent cas, on voie "se dessiner sur la carte une limite séparant *de facto* les zones des concessions et permis en vigueur" et pouvant constituer un indice de "la ligne ou des lignes que les Parties elles-mêmes ont pu considérer ou traiter en pratique comme équitables", à l'instar de l'affaire *Libye/Tunisie*[327]. Pourtant Malte a prétendu que la Libye avait gardé le silence jusqu'en 1973, à la suite de l'information par Malte, en 1965, qu'elle entendait délimiter le plateau continental par une ligne médiane[328]. Malte a ainsi soutenu qu'on pouvait déceler dans le comportement de la Libye "soit la confirmation du caractère équitable de la position maltaise, soit la preuve d'un acquiescement libyen qui empêcherait, en droit comme en fait, d'en contester la validité[329]". Malte a aussi affirmé que des concessionnaires étaient dispensés de procéder à des forages au delà de la limite nord de certaines concessions octroyées par la Libye, soit la médiane, ce qui confirme, selon Malte, la grande pertinence de cette méthode. Pourtant la Cour « n'a cependant pas pu déceler d'un côté ou de l'autre un type de comportement suffisamment net pour constituer soit un acquiescement soit une indication utile » susceptibles de déterminer sa décision[330].

---

[326] C.I.J. Recueil 1969, p. 50, par. 93. Cité au par. 48 de l'*Arrêt de 1985*.
[327] C.I.J. Recueil 1982, p. 84, par. 117-118. Cités au par. 24 de l'*Arrêt de 1985*.
[328] *Arrêt de 1985*, p. 28-29, par. 24.
[329] *Idem*, p. 28, par. 24.
[330] *Idem*, p. 29, par. 25.

4.4 L'argumentation de la Libye

La Libye, qui n'a pas signé la Convention de 1958 sur le plateau continental, a soutenu que la méthode de l'équidistance (ou médiane) n'est pas obligatoire et n'aboutirait pas à un résultat équitable dans les circonstances, qui sont d'abord géographiques : masse terrestre et son prolongement naturel, longueurs des côtes respectives des deux États et zone d'effondrement.

À l'instar de la position qu'elle avait adoptée en 1982 dans l'affaire qui l'opposait à la Tunisie, la Libye soumet que "le prolongement naturel des territoires terrestres respectifs des Parties dans et sous la mer est la base du titre sur les zones de plateau continental qui relèvent de chacune desdites Parties[331]". Or la Libye prétend que ce principe fournit dans le cas d'espèce un critère de délimitation, étant donné la présence d'une discontinuité fondamentale qui sépare deux plateaux dans une zone sous-marine d'effondrement qui se trouve au sud et au sud-ouest des îles maltaises et où existent des fosses de plus de 1 000 mètres et suivant une direction générale nord-ouest sud-est. La Libye affirme en conséquence qu'il y aurait lieu d'établir, par voie de négociation, "une ligne à l'intérieur et selon la direction générale de la zone d'effondrement[332]".

La Cour rejette l'argument libyen en rappelant que « les deux institutions du plateau continental et de la zone économique exclusive sont liées dans le droit moderne ». Elle précise que « le droit applicable au présent litige, c'est-à-dire à des prétentions portant sur des plateaux continentaux situés à moins de 200 milles des côtes des États en question, ne se fonde pas sur des critères géologiques ou géomorphologiques, mais sur un critère de distance de la côte, ou, pour reprendre l'expression traditionnelle d'adjacence, sur le principe d'adjacence mesurée par la distance[333] ». S'il est vrai, reconnaît la Cour, qu'une rupture de continuité peut constituer la limite de deux plateaux, elle estime par ailleurs que l'affaire de 1982 ne peut être invoquée ici puisqu'elle se légitimait par référence à une réglementation du titre lui-même « qui faisait à ces facteurs une place appartenant désormais au passé » quant aux fonds marins à moins de 200 milles des côtes[334]. La Cour ajoute que cet argument de la zone d'effondrement, outre qu'il soulève des difficultés juridiques insurmontables, implique un problème d'interprétation des preuves apportées par de très savants experts qui, d'un côté, affirment que la discontinuité fondamentale résulte de la présence d'une limite de plaque tectonique, de l'autre côté soutiennent que cette limite "secondaire" de plaque ne repose que sur une hypothèse ne pouvant être confirmée ou infirmée par les données disponibles :

---

331 Conclusions du mémoire de la Libye reproduites au par. 11, p. 18 de l'*Arrêt de 1985*.
332 *Idem*, p. 19.
333 *Idem*, p. 46, par. 61.
334 *Idem*, p. 36, par. 40.

La Cour ne peut accepter l'idée que pour statuer en l'espèce, elle devrait d'abord trancher un désaccord entre des hommes de science réputés sur l'interprétation plus ou moins plausible de données apparemment incomplètes ; car un critère nécessitant un tel jugement ou une telle évaluation lors d'une instance judiciaire, voire au cours de négociations entre gouvernements, ne convient manifestement pas comme règle juridique de délimitation applicable à titre général[335].

Quant à l'argument libyen relatif à la masse terrestre, il n'est pas non plus retenu par la Cour, puisque, dit-elle, cette thèse n'a pas d'appui dans la doctrine, la jurisprudence, la pratique des États et dans les travaux de la troisième Conférence des Nations Unies sur le droit de la mer. Rendre cette thèse digne de foi serait changer radicalement le rôle du lien entre la côte de l'État et son plateau continental : « Ce qui distingue un État côtier, qui a droit à un plateau continental, d'un État sans littoral, qui n'y a pas droit, ce n'est assurément pas la masse terrestre, que l'un comme l'autre possèdent, mais bien l'existence chez l'un et l'absence chez l'autre d'une façade maritime. Le lien juridique entre la souveraineté territoriale de l'État et ses droits sur certains espaces maritimes adjacents s'établit à travers ses côtes[336] ».

4.5 L'argumentation de Malte

Constituée de quatre îles habitées (Malte, Gozo, Comino et Cominotto) et de l'îlot inhabité de Fifla, Malte a fait valoir que les côtes respectives des Parties sont dans une situation d'opposition, et, se fondant sur le principe de distance, elle a soutenu que l'affaire constitue « un cas "classique" et sans problème d'application simple de la ligne médiane[337] ».

Pourtant, la Cour rejette cet argument voulant que « l'importance nouvellement accordée à la notion de distance de la côte ait eu pour effet, au moins dans une délimitation entre États se faisant face, de conférer la primauté à la méthode de l'équidistance ». La Cour ne peut non plus admettre l'argument voulant que la méthode de l'équidistance doive être forcément utilisée, à tout le moins comme étape préliminaire du processus de délimitation, car ce serait, ajoute-t-elle, donner du poids à l'idée de "proximité absolue" que le Tribunal n'a pas retenue dans les affaires de la *Mer du Nord*[338].

Quant à la pratique des États, la Cour a l'occasion d'examiner plus de 70 accords de délimitation interprétés différemment par la Libye et Malte, cette dernière prétendant que cette pratique « constitue nécessairement une indication

---

335 *Idem*, p. 36-37, par. 41.

336 *Idem*, p. 41, par. 49.

337 *Idem*, p. 50, par. 70.

338 C.I.J. Recueil 1969, p. 30, par. 41. Citées à la p. 37, par. 42 de l'*Arrêt de 1985*.

précieuse et digne de foi des critères normaux de l'équité », tandis que la Cour « n'éprouve quant à elle aucun doute au sujet de l'importance de la pratique étatique, mais elle est d'avis que, quelle que soit l'interprétation qu'on puisse en donner, cette pratique ne suffit pas à prouver l'existence d'une règle prescrivant le recours à l'équidistance ou à toute autre méthode tenue pour obligatoire[339] ».

À l'instar des Parties dans les affaires *Libye/Tunisie* et *Guinée/Guinée-Bissau* mais sans plus de succès, Malte fait valoir également des arguments d'ordre économique en invoquant notamment l'absence de ressources énergétiques, l'étendue limitée de ses activités de pêche et ses besoins de pays insulaire en voie de développement. Malte tente en effet de convaincre le Tribunal de l'opportunité d'examiner ces circonstances, « parmi les considérations d'équité pertinentes, servant non à dicter une délimitation mais à juger du caractère équitable d'une délimitation établie d'une autre manière[340] ». À propos de cet argument de nature économique, la Cour rappelle que le concept de zone économique exclusive comporte des avantages spécifiques reconnus aux États dits en développement et relatifs à l'exploitation des ressources de cette zone, sans pour autant porter sur son extension ou sa délimitation. Le Tribunal cite par ailleurs un passage de l'arrêt dans les affaires de la *Mer du Nord*, prévoyant que les ressources du plateau continental, "pour autant que cela soit connu ou facile à déterminer[341]", pourraient constituer des circonstances pertinentes à la délimitation, puisqu'elles représentent l'objectif même poursuivi par les États dans leurs efforts à se faire reconnaître une partie des fonds marins. Pourtant, dit la Cour, les Parties n'ont fourni aucune indication à ce sujet. À l'instar de sa décision dans l'arrêt de 1982, elle émet les remarques générales suivantes visant à rejeter ces facteurs comme étant non pertinents : « La Cour ne considère cependant pas qu'une délimitation doive être influencée par la situation économique relative des deux États concernés, de sorte que le moins riche des deux verrait quelque peu augmentée, pour compenser son infériorité en ressources économiques, la zone de plateau continental réputée lui appartenir[342] ».

Malte soulève aussi des arguments de type stratégique en affirmant que la sécurité et les intérêts relatifs à la défense nationale constituent des considérations équitables, l'équidistance étant alors la méthode appropriée puisqu'elle donne à chaque État une aire soumise à son contrôle qui se trouve d'une étendue comparable. Ces arguments sont également rejetés par la Cour pour le motif que la frontière qu'elle se propose de tracer n'est pas « proche de l'une ou l'autre

---

339 *Arrêt de 1985*, p. 38, par. 44.

340 *Idem*, p. 41, par. 50.

341 C.I.J. Recueil 1969, p. 54, par. 101 D 2. Cité à la p. 41, par. 50 de l'*Arrêt de 1985*.

342 *Arrêt de 1985*, p. 41, par. 50.

Partie au point que les questions de sécurité entrent particulièrement en ligne de compte en l'espèce[343] ».

4.6 Le statut d'État insulaire

Malte rappelle aussi son statut d'État insulaire en faisant allusion au traitement qui a été accordé aux îles Anglo-Normandes aux termes de l'arbitrage de 1977 concernant la délimitation du plateau continental *France/Royaume-Uni*. Si Malte et la Libye sont d'accord pour dire que le titre au plateau continental est le même pour une île que pour un continent, Malte établit par ailleurs une distinction entre l'État insulaire et l'île dépendante politiquement d'un État continental, le droit international attribuant dans la délimitation « un effet qui varie suivant leur dimension, leur situation géographique, leur population et leur économie[344] ». À ce sujet, le Tribunal s'exprime dans les termes suivants :

> Selon la Cour, le problème n'est pas qu'un "État insulaire" jouirait d'une sorte de statut spécial pour les droits sur le plateau continental ; du reste Malte insiste sur le fait qu'elle n'aspire pas à un tel statut. C'est simplement que, Malte étant indépendante, la relation entre ses côtes et celles de ses voisins n'est pas la même que si elle faisait partie du territoire de l'un d'entre eux. En d'autres termes, les limites maritimes pourraient fort bien se présenter différemment dans la région si les îles maltaises, au lieu de constituer un État indépendant, faisaient partie du territoire de l'un des pays voisins. Cet aspect de la question est lié non seulement au fait que Malte est un groupe d'îles et un État indépendant, mais aussi à la situation des îles dans le cadre géographique d'ensemble, et cela surtout dans une mer semi fermée[345].

Malte invoque enfin le principe de l'égalité souveraine des États pour justifier son choix de la méthode de l'équidistance et pour s'objecter à un ajustement basé sur la différence entre les longueurs des côtes, par application du critère de proportionnalité, ce qui n'a pas non plus convaincu la Cour. Malte a en effet affirmé que les États étant égaux et également souverains, les projections en mer de cette souveraineté ont une égale valeur juridique, peu importe les longueurs respectives de leurs côtes. Le Tribunal explique ici que dans l'hypothèse où les États auraient opté pour le principe d'une répartition du plateau strictement proportionnelle à la longueur des côtes, « leur consentement à cette règle n'aurait pas violé le principe d'égalité souveraine entre eux[346] ». De

---

[343] *Idem*, p. 42, par. 51.
[344] *Idem*, p. 42, par. 52.
[345] *Idem*, p. 42, par. 53.
[346] *Idem*, p. 43, par. 54.

plus, estime la Cour, « l'existence d'un titre égal *ipso jure* et *ab initio* des États côtiers n'implique pas l'égalité de l'étendue de leur plateau[347] », ce qui écarte la possibilité de rejeter la longueur des côtes comme circonstance pertinente à la délimitation.

4.7 Le concept de proportionnalité

L'argument de la proportionnalité, c'est la Libye, bien sûr, qui l'a invoqué en y accordant une très grande importance. Ainsi, dans ses cinquième et sixième conclusions, elle affirme que « les principes équitables n'exigent pas qu'un État possédant une faible longueur de côte soit traité comme s'il possédait un vaste rivage » et que l'application de ces principes, dans la situation géographique particulière du cas soumis à la Cour, « veut que la délimitation tienne compte des importantes différences de longueur entre les côtes respectives orientées vers la zone où doit se faire la délimitation[348] ». Le Tribunal reconnaît d'emblée que cette question mérite un examen attentif et il estime même que la proportionnalité « est en relation étroite aussi bien avec le principe supérieur de l'équité qu'avec l'importance de la côte en tant que source des droits sur le plateau continental[349] ». La Cour considère aussi que cette source repose sur le principe que la nature doit être respectée et que des côtes comparables ne doivent pas être « traitées différemment à cause d'une bizarrerie technique due à une méthode particulière de tracé d'une ligne de délimitation ».

Dans les affaires de la *Mer du Nord*, les juges ont mentionné, dans le dispositif de l'arrêt, que parmi les facteurs à prendre en considération se trouve le rapport raisonnable qu'une délimitation opérée conformément à des principes équitables devrait faire apparaître entre l'étendue des zones de plateau continental relevant de l'État riverain et la longueur de son littoral mesurée suivant la direction générale de celui-ci, compte tenu à cette fin des effets actuels ou éventuels de toute autre délimitation du plateau continental effectuée entre États limitrophes dans la même région[350]. Le rôle de la proportionnalité a été également précisé dans les termes suivants dans l'arbitrage du plateau continental *France/Royaume-Uni*, et alors même que les arbitres font référence à l'affaire précédente :

> Le concept de proportionnalité n'est que l'expression du critère ou du facteur qui permet de déterminer si une distorsion aboutit à une délimitation inéquitable du plateau continental entre les États côtiers intéressés. Le facteur de proportionnalité peut se présenter sous la forme

347 *Ibidem*.
348 *Idem*, p. 45, par. 58.
349 *Idem*, p. 43, par. 55.
350 *Arrêt de 1969*, p. 54, par. 101.

d'un rapport entre l'étendue du plateau continental et la longueur des côtes (...). Mais il peut également s'agir – cela est plus courant – d'un facteur permettant d'établir si des caractéristiques géographiques ou configurations particulières ont un effet raisonnable ou déraisonnable, équitable ou inéquitable sur le tracé d'une limite équidistante. (...) il ne peut jamais être question de refaire entièrement la nature, par exemple d'égaliser la situation d'un État dont les côtes sont étendues à celle d'un État dont les côtes sont réduites (...). La proportionnalité doit donc être utilisée comme un critère ou un facteur permettant d'établir si certaines situations géographiques produisent des délimitations équitables et non comme un principe général qui constituerait une source indépendante de droits sur des étendues de plateau continental[351].

4.8 Le tracé de la frontière

Pour mettre en œuvre le processus de délimitation, la Cour établit d'abord les coordonnées de l'aire de cette délimitation, soit une zone comprise entre les méridiens 13°10'E et 15°10'E, et ce conformément à la demande d'intervention logée par l'Italie aux fins de réserver ses intérêts dans la perspective de délimitations futures qui l'impliqueraient avec la Tunisie d'une part et la Libye d'autre part.

Tenant compte du fait que la délimitation à effectuer devrait être établie entre des côtes se faisant face et rappelant qu'en l'espèce le fondement du titre au plateau continental est le principe de distance, la Cour juge que « le tracé d'une ligne médiane entre ces côtes, à titre d'élément provisoire dans un processus devant se poursuivre par d'autres opérations, correspond à la démarche la plus judicieuse en vue de parvenir finalement à un résultat équitable[352] ». Mais dans la construction de cette ligne médiane provisoire, la Cour ne tient pas compte de la présence de l'îlot inhabité de Fifla – appréciation qui a été tenue pour arbitraire[353]. Pourtant, la Cour ne fait ici que reprendre le raisonnement du Tribunal dans les affaires de la *Mer du Nord* dont le passage suivant est cité : "les zones de plateau continental se trouvant au large d'États dont les côtes se font face (...) se rencontrent, se chevauchent et ne peuvent donc être délimitées que par une ligne médiane ; si l'on ne tient pas compte des îlots, des rochers ou des légers saillants de la côte, dont on peut éliminer l'effet exagéré de déviation

351 Citation aux p. 44-45, par. 57, de l'*Arrêt de 1985*.

352 *Arrêt de 1985*, p. 47, par. 62.

353 McDorman, Ted L. (1986) The Libya-Malta Case : Opposite States Confront the Court, *ACDI*, vol. 24, p. 361.

par d'autres moyens, une telle ligne doit diviser également l'espace dont il s'agit[354]".

4.9 Les motifs pour un ajustement de la ligne

La Cour décide que cette ligne doit être ajustée, compte tenu de deux circonstances géographiques jugées, selon elle, pertinentes : « primo, le cadre géographique d'ensemble dans lequel les îles maltaises apparaissent comme un accident relativement modeste dans une mer semi fermée ; secundo, la disparité considérable des longueurs des côtes pertinentes des deux Parties[355] ». À l'égard de ce deuxième motif, la Cour considère « la nécessité d'éviter dans la délimitation toute disproportion excessive entre l'étendue de la zone de plateau continental relevant de l'État côtier et la longueur de la partie pertinente de son littoral mesurée suivant la direction générale de la côte[356] ».

La Cour estime pour ces raisons qu'un résultat équitable ne peut être obtenu qu'en déplaçant vers le nord la ligne médiane stricte. Pour juger de la translation qui convient dans les circonstances, la Cour trace une médiane hypothétique stricte (34°36'N au méridien 15°10'E) entre la Libye et l'Italie (la Sicile), ce qui fait abstraction de la présence de Malte. Elle considère approprié de déplacer la médiane stricte dans une proportion de 75 % vers le nord[357], ce qui représente 18', opération estimée également arbitraire et contradictoire avec le but déclaré de ne pas refaire la géographie[358]. La Cour ne juge pas nécessaire de vérifier par un test de proportionnalité le caractère équitable de la ligne ainsi obtenue, car elle « ne pense pas qu'il soit conforme aux principes de l'opération de délimitation d'essayer de parvenir à un rapport arithmétique préétabli »; et plus loin : « La conclusion de la Cour à cet égard est qu'il n'y a certainement pas de disproportion évidente entre les surfaces de plateau attribuées à chacune des Parties, au point que l'on pourrait dire que les exigences du critère de proportionnalité en tant qu'aspect de l'équité ne sont pas satisfaites[359] ». À vrai dire, c'est avec beaucoup de précaution que la Cour tient à fonder son choix de ne pas procéder à un tel test. Aussi, précise-t-elle encore :

> Il a été souligné que cette opération ne doit servir qu'à vérifier l'équité du résultat obtenu par d'autres moyens. Mais se livrer à des calculs de proportionnalité pour vérifier un résultat est une chose ; c'en est une autre que de prendre acte, durant l'opération de délimitation, de

---

354 C.I.J. Recueil 1969, p. 36, par. 57. Cité à la p. 47, par. 62 de l'*Arrêt de 1985*.

355 *Arrêt de 1985*, p. 52, par. 73.

356 *Idem*, dispositif, p. 57, par. 79.

357 *Idem*, p. 52, par. 73. La Cour n'a fourni, à vrai dire, aucune explication pour justifier cette proportion.

358 McDorman, Ted L. (1986) *op. cit.*, p. 361.

359 *Arrêt de 1985*, p. 55, par. 75.

l'existence d'une très forte différence de longueur des littoraux et d'attribuer à cette relation entre les côtes l'importance qu'elle mérite, sans chercher à la quantifier, ce qui ne serait approprié que pour évaluer à posteriori les rapports entre les côtes et les surfaces. Les deux opérations ne s'excluent pas mutuellement, pas plus qu'elles ne se confondent au point que l'une rendrait forcément l'autre superflue.

4.10 Les opinions dissidentes

Des 17 juges 3 ont exprimé des opinions dissidentes par lesquelles est critiquée la décision du Tribunal d'avoir exclu la zone nord-est afin de protéger les intérêts des tiers, en l'occurrence l'Italie. Mais du point de vue des fonctionnalistes, ce jugement constitue un pas en avant en ce qu'il adopte une approche macrographique en tenant compte des caractères physiques d'un ensemble régional[360].

Le juge Schwebel, dans son opinion dissidente, définit la ligne de délimitation établie par le Tribunal comme étant « abusivement tronquée dans le but de ménager les prétentions de l'Italie[361] », et il estime que cette médiane dite corrigée n'est pas suffisamment justifiée par les principes de droit et d'équité applicables dans ce cas. Aussi s'interroge-t-il sur le déplacement de cette ligne : « Mais, si la proportionnalité n'est pas le motif qui amène la Cour à déplacer vers le nord la ligne de délimitation, la question reste posée : quel est ce motif ? À cette question, la Cour ne répond pas franchement. Elle semble plutôt fonder essentiellement son arrêt sur une intuition, qui la pousse à accorder une prime à la Libye parce que ses côtes sont tellement plus longues que celles de Malte[362] ». Après avoir noté que la Cour était appelée pour la première fois à se prononcer sur une question relative à des côtes opposées plutôt qu'adjacentes, le juge fait observer que c'est bien à ce dernier type que les juges songeaient dans les affaires de la *Mer du Nord*.

À la fin de son opinion, le juge Schwebel reconnaît que la Cour a certes raison de dire que toute ligne médiane peut être soumise à une correction, dans la mesure où il doit être tenu compte des circonstances spéciales. Et le juge d'ajouter : « Mais je ne puis admettre que ses allusions énigmatiques à la longueur des côtes, à la distance entre les côtes, au faible nombre des points de base et au contexte géographique d'ensemble suffisent à motiver le choix de la ligne de délimitation qu'elle a retenue en l'espèce. Et ces références tronquées

360 Johnston, Douglas, M. (1988) *The Theory and History of Ocean Boundary Making*, p. 210.

361 *Opinion dissidente du juge Schwebel*, p. 172, par. non numéroté. Le texte intégral des opinions, de même que leur résumé, sont disponibles sur le site Internet de la Cour : www.icj-cij.org.

362 *Idem*, p. 183, par. non numéroté.

ne sont pas non plus de nature à créer le sentiment de cohérence et de prévisibilité auquel aspirent à juste titre la Cour elle-même et le monde du droit[363] ».

• • •

L'année suivant l'arrêt, le 10 novembre 1986, la Libye et Malte concluent un accord de délimitation du plateau continental qui est conforme aux dispositions de cet arrêt[364]. Cette frontière est donc à la fois décidée et agréée, à l'instar de celle qui délimite la Guinée-Bissau et le Sénégal, mais, dans ce dernier cas, elle a été agréée avant d'être décidée.

Si, contrairement à l'affaire précédente *Libye/Tunisie*, la Cour n'a pas cru bon de procéder à un test de proportionnalité pour des raisons qu'elle explique par ailleurs, il n'en demeure pas moins qu'elle est très laconique dans son choix d'opérer une translation de 18 minutes (pourquoi pas 24 ?) d'une médiane qui peut être appropriée *a priori*, étant donné que les côtes sont ici opposées. D'ailleurs les juges dissidents n'ont pas manqué l'occasion de critiquer cette opération. Par ailleurs, la Cour rappelle clairement qu'il n'y a pas de limites juridiques aux divers types de circonstances dont un Tribunal peut tenir compte, comme cela a été exprimé dans les affaires de la *Mer du Nord*.

---

363 *Idem*, p. 187.

364 Agreement between the Republic of Malta and the Great Socialist People's Libyan Arab Jamahiriya Implementing Article III of the Special Agreement and the Judgment of the International Court of Justice. Nations Unies (2004) *Maritime Space : Maritime Zones and Maritime Delimitation. State Practice on the Internet. Delimitation Treaties Infobase*. Le texte du traité est disponible sur le site Internet des Nations Unies : www.un.org.

5

LA FRONTIÈRE GUINÉE/GUINÉE-BISSAU

> Dans ce silence des textes, il est fortement à présumer que les négociateurs n'ont jamais envisagé autre chose que des frontières terrestres. (...) les conversations se sont en effet ouvertes au lendemain de la conférence de Berlin de 1884-1885, où les puissances coloniales avaient cherché à prévenir les conflits en réglant les conditions d'occupation de leurs possessions côtières en Afrique sans se préoccuper à cet égard des eaux territoriales.
>
> *Sentence du 14 février 1985. R.S.A.*, vol. 19, par. 79.

> Une méthode valable pour le Tribunal consiste à commencer par embrasser d'un coup d'œil l'ensemble de la région de l'Afrique occidentale et à rechercher une solution tenant compte d'une façon globale de la forme de ses côtes. Il s'agit alors non plus de se limiter au *littoral court*, mais de considérer le *littoral long*. Or, tandis que le littoral continu des deux Guinée (...) est plutôt concave, celui de l'Afrique de l'Ouest est incontestablement convexe.
>
> *Idem*, par. 108.

L'affaire *Guinée/Guinée-Bissau* est originale, dans le contexte africain, à plus d'un titre. À la suite des deux affaires entre pays méditerranéens, la délimitation concerne deux États baignés par l'Atlantique. Ceux-ci ne s'adressent plus à la Cour internationale de Justice mais plutôt à un Tribunal arbitral, qui doit décider à la fois de la mer territoriale, du plateau continental et de la zone économique exclusive – ce qui constitue un précédent dans les annales juridictionnelles internationales, non seulement africaines mais mondiales[365]. En outre, il est demandé au Tribunal, aux termes du compromis, de décider si un ancien traité conclu par les deux Puissances coloniales de l'époque – la convention de 1886 – a déterminé ou non une frontière maritime entre les possessions, et, si la réponse est négative, le Tribunal est alors requis de tracer cette frontière. Ainsi, ce dernier, après avoir examiné le contenu du document de

---

365 Un an auparavant, l'arrêt de la C.I.J., dans l'affaire *Canada/États-Unis*, dite du *Golfe du Maine*, constituait aussi un précédent international en ce que, pour la première fois, une délimitation maritime portait à la fois sur la zone de pêche et le plateau continental.

1886, en arrive à la conclusion que la ligne prévue (qui coïncide avec un parallèle) n'est pas une frontière mais une limite de répartition des îles. Aussi, le Tribunal, après avoir considéré les méthodes proposées par chacun des deux pays (parallèle, équidistance stricte, équidistance ajustée), décide-t-il à l'unanimité de tracer une frontière constituée de trois segments inspirés d'autant de méthodes différentes, le principal étant une perpendiculaire à la direction générale des côtes (figure 6).

5.1 Le voisinage des deux Guinées

Si la Guinée peut se targuer d'avoir été la seule colonie française ayant refusé le statut de membre de la Communauté française proposé par le président de la République et d'avoir obtenu relativement tôt son indépendance (le 2 octobre 1958), la Guinée-Bissau la gagnera par ailleurs beaucoup plus tard (le 10 septembre 1974) et au prix d'une longue guerre d'indépendance menée par Amilcar Cabral, qui entraînera d'ailleurs avec elle la libération des autres colonies portugaises en Afrique et comptera même pour beaucoup dans la chute du régime de Salazar[366]. La Guinée et la Guinée-Bissau sont toutes deux, avec 13 autres pays, membres de la Communauté économique des États de l'Afrique de l'Ouest (CEDEAO), qui exerce aussi une influence politique dans la *sous-région*, notamment via la Force ouest-africaine d'interposition (Economy Monitoring Group), intervenue au Liberia, en Sierra Leone et en Côte-d'Ivoire. La Guinée-Bissau est en outre membre, avec 13 autres pays, de la Zone franc[367].

La Guinée, avec une superficie de 245 900 km^2 et une population de 9 246 000 habitants, a une densité de population de 37,6 hab./km^2, qui est très rapprochée de celle de la Guinée-Bissau, avec ses 38,4 hab./km^2 (population de 1 388 000 sur une territoire de 36 120 km^2). En Guinée-Bissau, les ethnies principales sont les Balanta (30%) et les Fula (20%), les religions étant réparties comme suit : croyances indigènes (50%), islam (45%) et christianisme (5%). En Guinée, les Peuls représentent 40% de la population et les Malinke 30%, tandis que l'islam atteint une proportion très élevée de 85%.

La Guinée-Bissau, avec un indice de développement humain qui la place au 166e rang sur 175 (la Guinée, 157e), demeure l'un des pays les plus pauvres de la planète, malgré certains atouts dont elle dispose, notamment des réserves de pétrole *offshore* non encore exploitées et une zone de pêche riche mais qui souffre de surexploitation, comme d'ailleurs celle de la Guinée. À lui seul, le secteur de l'agriculture représente 62% du PIB et occupe 82% de la population (principalement le noix de cajou dont elle est l'un des premiers

366 Ramsay, Jeffress et Edge, Wayne (2004) *Africa*, p. 187-192.

367 Geslin, Jean-Dominique (2004) Intégration, mode d'emploi, *in L'état de l'Afrique 2004*, p. 86-89.

Figure 6

LA FRONTIÈRE MARITIME GUINÉE/GUINÉE-BISSAU

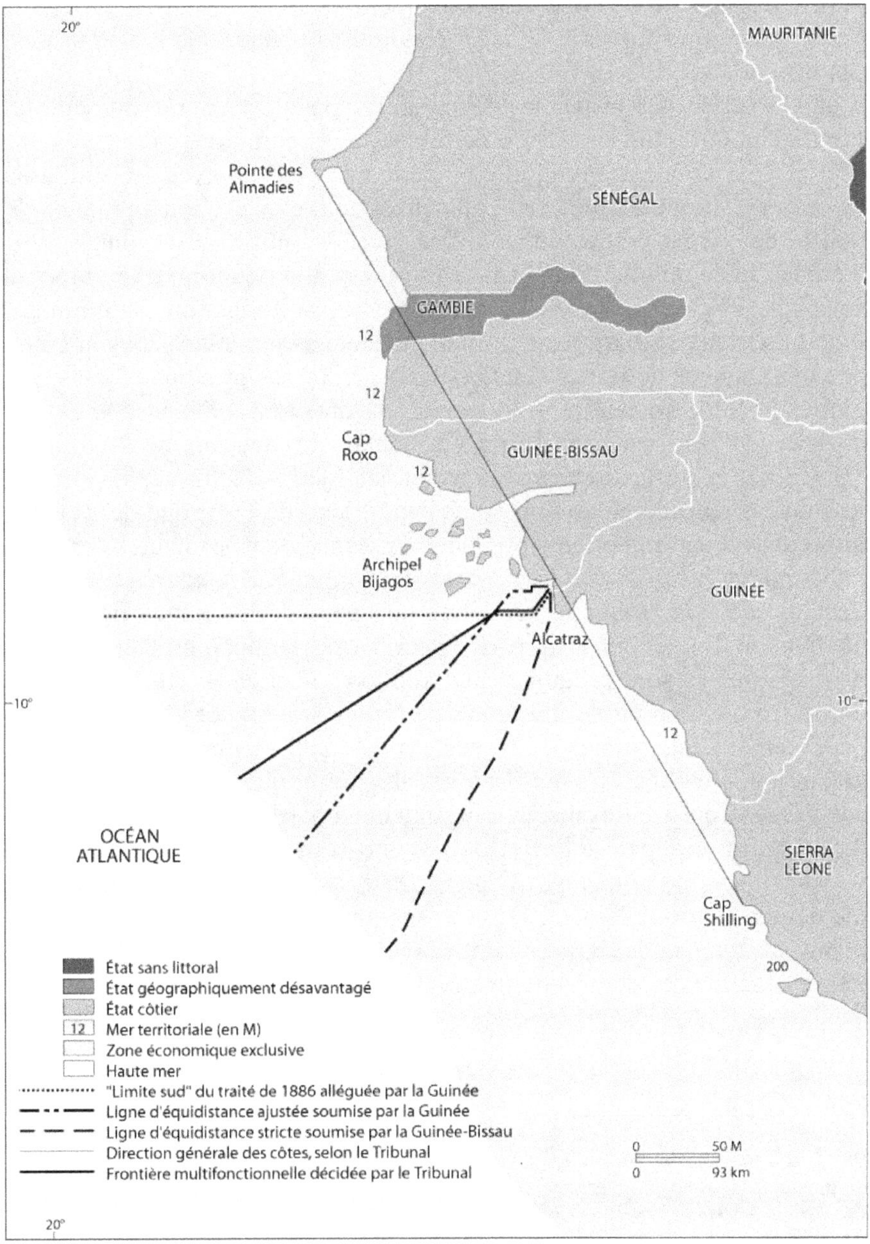

producteurs du monde, mais aussi le riz, le maïs, les haricots, le tapioca, le coton et les produits de la pêche), tandis que ce secteur est de 25% en Guinée avec 80% de la population qui s'y adonne (riz, café, ananas, tapioca, bananes). Le revenu moyen par habitant n'est que de 900$, alors qu'il est de 2 100$ en Guinée, les deux pays se trouvant respectivement au 211e et au 168e rangs sur 231[368]. Selon une autre source, la Guinée-Bissau et la Guinée sont au 184e et au 151e rangs sur une liste de 191[369].

Cette dernière, à l'instar de bien d'autres pays d'Afrique, possède un sous-sol très riche qui représente 95% de toutes ses exportations : diamants, or, uranium, et surtout la bauxite dont elle possède en réserves, avec 5,6 milliards de tonnes, le tiers de toutes celles de la planète et dont elle est, bon an mal an, le premier ou le deuxième producteur mondial, avec 17 millions de tonnes vendues par année, mais qu'elle transforme très peu – sa production d'alumine ne représentant que 2% de la production mondiale et sa production d'aluminium étant même inexistante. Aussi, les autorités guinéennes projettent-elles la construction de deux usines de transformation à proximité des principaux sites, qui sont exploités par une société dont le capital est détenu à 49% par l'État et à 51% par Halco Mining, un consortium occidental[370]. Tout comme la Guinée-Bissau, la Guinée a aussi un très bon potentiel hydro-électrique, et elle est d'ailleurs souvent considérée comme le château d'eau de l'Afrique de l'Ouest, car certains cours d'eau importants prennent naissance dans les hautes terres de ce pays, notamment les fleuves Niger, Sénégal, Gambie et Konkouré.

Aucune des six frontières terrestres que possède la Guinée ne semble faire actuellement l'objet de différend. Par ailleurs, il faut rappeler que des incursions majeures se sont produites aux frontières avec la Sierra Leone et le Liberia où se trouve un nombre important de réfugiés et que ces incursions ont été particulièrement meurtrières entre septembre 2000 et mars 2001. Notons aussi que la frontière avec la Côte-d'Ivoire, de même que plusieurs autres en Afrique de l'Ouest, ont été fragilisées à la suite de la partition de fait de ce pays, entraînant ce qu'on a appelé « l'effet de domino sous-régional[371] ». Des deux frontières maritimes que possède la Guinée, celle avec la Sierra Leone n'a pas encore été délimitée formellement. Dans ce dernier cas, la méthode utilisée par le Tribunal d'arbitrage dans l'affaire Guinée/Guinée-Bissau – la perpendiculaire à la direction générale des côtes – pourrait offrir un résultat équitable.

---

368 (2004) *CIA World Fact Book 2004* : www.odci.gov/cia/publications/factbook. Cette liste inclut plusieurs pays non souverains.

369 (2004) *Financial Times World Desk Reference*, p. 282-285.

370 (2004) Transformer en Guinée, *in L'état de l'Afrique 2004*, p. 58.

371 (2004) Les répliques du séisme ivoirien, *in L'État de l'Afrique 2004*, p. 161.

5.2 La convention de 1886

À la suite d'un compromis d'arbitrage signé le 18 février 1983, la Guinée et la Guinée-Bissau prient un Tribunal de délimiter, par une seule ligne, à la fois la mer territoriale, la zone économique exclusive et le plateau continental. Le Tribunal d'arbitrage rendra sa sentence à l'unanimité[372] le 14 février 1985.

La question principale en litige porte sur l'interprétation de la convention de 1886 relative à la délimitation des possessions françaises et portugaises dans l'Afrique occidentale et, notamment, de la disposition suivante : « Appartiendront au Portugal toutes les îles comprises entre le méridien du cap Roxo, la côte et la limite sud formée par une ligne qui suivra le thalweg de la rivière Cajet et se dirigera ensuite au sud-ouest à travers la passe des Pilotes pour gagner le 10°40' latitude nord avec lequel elle se confondra jusqu'au méridien du cap Roxo[373] ». Ce document décrit en outre la frontière, laquelle suit une ligne « conformément au tracé indiqué sur la carte n° 1 annexée à la présente convention ». De plus, le Portugal « reconnaît le protectorat » de la France sur les territoires du Fouta-Djallon, tandis que la France « s'engage à ne pas exercer son influence dans les limites attribuées » à la Guinée portugaise. Le compromis signé par les Parties pose les questions suivantes :

> La convention du 12 mai 1886 entre la France et le Portugal détermine-t-elle la frontière maritime entre les possessions respectives de ces deux États en Afrique de l'Ouest ?
>
> Quelle valeur juridique peut-on attribuer aux protocoles et documents annexes de la convention de 1886 pour l'interprétation de ladite convention ?
>
> Selon les réponses données aux deux questions ci-dessus, quel est le tracé de la ligne délimitant les territoires maritimes qui relèvent respectivement de la République de Guinée-Bissau et de la République populaire révolutionnaire de Guinée ?[374]

Le compromis stipule aussi que la décision doit être « pleinement motivée » et qu'elle « doit comprendre le tracé de la ligne frontière sur une carte », le Tribunal étant habilité à désigner des experts techniques pour l'assister dans cette tâche.

Les Parties à l'instance, qui réitèrent leur attachement au principe de l'intangibilité des frontières reconnu notamment dans la déclaration solennelle

---

[372] *Affaire de la Délimitation de la frontière maritime entre la Guinée et la Guinée-Bissau. Sentence du 14 février 1985.* R.S.A., vol. 19, p. 149-196. Publiée aussi dans (1985) *RGDIP*, vol. 89, p. 484. Ci-après citée : *Sentence de 1985*.

[373] Article 1, *in fine*. La Convention est citée *in extenso* au par. 45 de la *Sentence de 1985*.

[374] Article 2. Reproduit au par. 1 de la *Sentence de 1985*.

de la réunion des chefs d'État et de gouvernement de l'OUA tenue au Caire en 1964, conviennent aussi toutes deux que la convention de 1886 a défini clairement les frontières terrestres[375] et que cette dernière doit en outre servir de document de base pour la délimitation de la frontière maritime commune aux deux pays ; mais là s'arrête leur convergence d'opinions : et tandis que la Guinée-Bissau soutient que la convention n'a aucunement déterminé une quelconque frontière maritime, son seul objet ayant été de désigner les îles qui seraient sous la souveraineté du Portugal, la Guinée prétend au contraire que la « limite sud » prévue à la Convention constitue jusqu'au méridien du cap Roxo une frontière maritime, et elle soumet en conséquence cette ligne comme devant inspirer la délimitation[376]. Le Tribunal aura en effet l'occasion de constater que si les Parties conviennent que les îles à l'intérieur d'un périmètre donné sont en pleine souveraineté au Portugal, la Guinée et la Guinée-Bissau sont par contre « en désaccord sur le point de savoir si le périmètre ainsi défini remplit également une autre fonction, celle de séparer les îles et les eaux portugaises des îles et des eaux françaises, c'est-à-dire d'établir une frontière maritime générale[377] ».

5.3 Les frontières proposées par la Guinée et la Guinée-Bissau

La Guinée, consciente de l'effet d'amputation de la ligne 10° 40' quand elle est combinée à celle qui sert de frontière entre le Sénégal et la Guinée-Bissau, modifiera *in extremis* la direction de cette ligne pour la faire bifurquer, à partir du méridien du cap Roxo, vers le sud et, au besoin, la faire coïncider avec l'azimut 240°. La Guinée soutient aussi qu'il n'existe pas de méthode de délimitation meilleure *a priori* que d'autres, et que l'utilisation conjointe de parallèles évite l'amputation et l'enclavement pour la raison évidente que jamais ils ne se rencontreront. La Guinée rappelle que la méthode du parallèle a été retenue pour la délimitation par voie d'accord entre le Sénégal et la Gambie, de même que partiellement entre le Kenya et la Tanzanie et que, de plus, elle défend cette position concernant sa frontière à être délimitée entre elle et la Sierra Leone[378]. La Guinée propose par ailleurs une autre ligne, construite selon la méthode de l'équidistance mais faisant fi de la présence de l'archipel des Bijagos.

---

375 Pour une brève étude de la frontière terrestre, consulter U.S. Department of State (1974) *International Boundary Study* : *Guinea-Guinea-Bissau Boundary,* n° 142, p. 1-10.

376 Les conclusions respectives du mémoire et du contre-mémoire de la Guinée et de la Guinée-Bissau sont citées au par. 16 de la *Sentence de 1985*.

377 *Sentence de 1985*, par. 47.

378 Cette frontière, établie unilatéralement par la Guinée, ne paraît pas avoir été reconnue par la Sierra Leone.

Quant à la Guinée-Bissau, elle soumet aussi une ligne d'équidistance, beaucoup plus orientée vers le sud, puisqu'elle tient compte de l'archipel. Au soutien de son choix, la Guinée-Bissau rappelle qu'on ne doit pas refaire la nature et que la méthode de l'équidistance rend compte des facteurs de proximité géographique, quitte à modifier, au besoin, la ligne qui en résulte, par le choix, notamment, d'autres points de référence sur la côte. Au sujet de l'île d'Alcatraz, sous souveraineté guinéenne mais sise « du mauvais côté » de la frontière suggérée, la Guinée-Bissau reconnaît les droits de la Guinée sur une enclave de deux milles marins, à partir de la laisse de basse mer, tout autour de l'île.

5.4 Limite ou frontière, terre ou mer ?

Le Tribunal arbitral aura d'abord à décider si, oui ou non, la convention de 1886 a déterminé une frontière maritime entre les possessions respectives de la France et du Portugal. Comme l'expression *limite sud* utilisée dans cette convention peut porter à confusion, le Tribunal s'interroge sur le sens à donner au mot *limite* et au mot *frontière*, tout en observant que la Guinée considère ces mots comme deux synonymes, tandis que la Guinée-Bissau estime que le mot *limite* a une signification moins précise. Le Tribunal prend connaissance d'un dictionnaire général de la langue française, contemporain de la convention de 1886, lequel définit la *limite* comme la "partie extrême où se termine, où s'arrête un territoire, un domaine" et la *frontière* comme la "limite qui sépare le territoire d'un État de celui d'un État voisin[379]". Et le Tribunal de déclarer : « On voit par là que le territoire enfermé dans une limite n'est pas obligatoirement celui d'un État et qu'une limite n'est pas obligatoirement une frontière[380] ». Le Tribunal ajoute qu'il choisit de partir de l'hypothèse que la convention comporte à ce sujet une incertitude.

Quant à la carte annexée à ce document, le Tribunal observe que les lignes qui y sont dessinées perdent leur valeur probante, dans la mesure où ce qui est sur terre est indiqué par des tirets, tandis que sur mer ou dans le Cajet, il s'agit de pointillés. Ainsi, poursuit le Tribunal, la limite sud et la frontière terrestre sont marquées de manière différente, alors que la limite sud et le méridien du cap Roxo sont indiqués de la même façon, ce méridien n'étant pas une frontière tandis que le thalweg du Cajet en est une !

Le Tribunal en vient par ailleurs à la conviction que « l'usage fréquent des termes *possessions* et *territoire* dans le texte de la convention prouve que celle-ci avait bien pour objet les possessions coloniales de la France et du

---

379 *Dictionnaire général de la langue française du commencement du XVIIe siècle jusqu'à nos jours*, de Hatzfeld et Darmester, cité au par. 49 de la *Sentence de 1985*.

380 *Sentence de 1985*, par. 50.

Portugal en Afrique de l'Ouest, mais que l'absence totale des mots *eaux*, *mer*, *maritime* ou *mer territoriale* constitue un indice sérieux de ce qu'il était essentiellement question de possessions terrestres[381] ». Les membres du Tribunal ajoutent qu'au lendemain de la Conférence de Berlin de 1884-85, les Puissances coloniales avaient voulu prévenir les conflits en établissant les conditions d'occupation de leurs possessions côtières en Afrique sans s'intéresser au statut des eaux territoriales. Cette technique, courante à l'époque, permettait d'éviter de devoir nommer les îles, du reste souvent mal connues. Le Tribunal rejette ainsi l'argument soumis par la Guinée.

5.5 La pratique ultérieure des Parties

Quant à la pratique ultérieurement suivie par les Parties dans l'application du traité, le Tribunal constate que tout au cours de la période coloniale, aucun des documents pertinents ne fait état d'une frontière aquatique autre que celle du thalweg du Cajet. Qui plus est, aucune activité n'a été déployée à proximité de la limite sud, ce qui laissait donc une large zone d'indétermination, où aucun incident n'a été rapporté. Lorsque, pour la première fois, en 1958, cette limite sud est franchie, à la suite de l'octroi par le Portugal d'une concession pétrolière, le gouvernement portugais, « en acceptant que l'étendue de la concession dépasse » la limite sud, et le gouvernement français, « en ne protestant pas au nom de la Guinée au moment où c'était encore à lui de le faire, ont manifesté leur conviction que la convention n'avait pas établi de frontière maritime entre les deux Guinée[382] ».

Qu'en est-il de la période de la décolonisation, se demande ensuite le Tribunal ? La preuve offerte à lui révèle que ni la Guinée ni la Guinée-Bissau n'ont reconnu cette limite sud comme étant une frontière. Bien au contraire, elles ont voulu exercer unilatéralement leurs juridictions exclusives respectives au delà même de cette ligne, notamment quand elles ont décrété des lignes de base droites. La Guinée, qui affirme avoir ignoré l'existence de la convention de 1886, de même que l'octroi d'une concession en 1958, est reconnue par le Tribunal pour le « courage exemplaire avec lequel, dans des conditions d'une extrême difficulté, (…) elle a dû assumer sa tâche à dater de l'indépendance[383] ». Mais le Tribunal ajoute ce qui suit : « Toutefois, s'il est concevable compte tenu de certaines circonstances et s'il peut être sans conséquence qu'une concession étrangère récente passe inaperçue, il ne semble pas possible, en l'état actuel du droit international et des relations internationales, d'opposer à des États tiers l'ignorance, pendant de longues années, d'un traité

381 *Idem*, par. 56.
382 *Idem*, par. 63.
383 *Idem*, par. 65.

de frontières largement publié et dont les effets peuvent s'observer sur le terrain ».

Quelle était la pratique contemporaine à la convention de 1886, se demande aussi le Tribunal ? À sa connaissance, aucun des instruments de l'époque n'a attribué une souveraineté en mer sur une zone autre que celle des eaux territoriales alors admises, soit trois milles marins : ainsi, parmi les exemples fournis par les Parties, on peut mentionner le traité de paix de 1783 entre les États-Unis et la Grande-Bretagne au sujet des îles de la côte atlantique ; la convention de 1867 entre les États-Unis et la Russie concernant l'Alaska ; le traité de paix de 1898 entre les États-Unis et l'Espagne au sujet des Philippines ; la convention sino-britannique de 1898 portant sur le statut de Hong Kong. Le Tribunal estime qu'il y a là « des faits objectifs qui, mieux que toutes spéculations sur les arrière-pensées des deux gouvernements, imposent une conclusion[384] ».

Ainsi, l'interprétation du texte de 1886 et la pratique ultérieure des Parties amènent le Tribunal à répondre, dans l'ordre inverse, aux deux premières questions soumises, à savoir que les documents annexés à la convention ont un rôle important à jouer dans son interprétation et que celle-ci n'a pas déterminé une frontière maritime. Ainsi, le Tribunal « n'a pas non plus à rechercher si le principe de l'*uti possidetis* s'applique ou ne s'applique pas aux frontières maritimes[385] ». Les deux premières réponses étant négatives, le Tribunal doit répondre à la troisième question en indiquant le tracé de la frontière maritime entre les deux États.

5.6 Les méthodes de délimitation

Le Tribunal se demande si la « limite sud », coïncidant avec le parallèle 10°40' de latitude Nord, peut constituer pour d'autres raisons une frontière appropriée aux circonstances géographiques, et il rappelle que cette limite n'a été chevauchée, jusqu'en 1958, ni par la France ni par le Portugal. Il émet pourtant l'opinion que cette ligne, combinée à la frontière entre la Guinée-Bissau et le Sénégal, a pour effet, au large d'Alcatraz, de produire un certain effet d'enclavement au détriment de la Guinée-Bissau.

Quant aux lignes d'équidistance soumises par les Parties, le Tribunal les rejette également comme étant inappropriées, compte tenu, d'une part, de la convexité du littoral de la Guinée-Bissau (archipel inclus) et, d'autre part, de la concavité de celui de la Guinée. Ce raisonnement n'est pas sans rappeler celui des juges dans les affaires de la *Mer du Nord* de 1969 dans lesquelles on expliquait avec nombre de détails l'effet, sur une ligne d'équidistance, des côtes

---

[384] *Idem*, par. 81.

[385] *Idem*, par. 85.

convexes des Pays-Bas et du Danemark, lesquelles sont causes d'iniquité, et des côtes concaves de la R.F.A., coincée entre ces deux voisins et victimes de cette iniquité. Ayant jugé inappropriées les lignes d'équidistance, de même que celle du parallèle 10°40 N, il reste au Tribunal à déterminer une frontière qui soit conforme à la règle de droit et aux circonstances pertinentes, par l'utilisation de méthodes bien adaptées, afin d'aboutir à un résultat équitable.

Le Tribunal arbitral rappelle d'abord qu'il n'existe pas de méthode *a priori* meilleure que d'autres, que chaque cas est un *unicum* et que la décision à prendre doit « s'opérer selon des lignes simples, bien adaptées à la précision des cartes dont dispose le Tribunal et à l'outillage technique des usagers[386] ».

Le Tribunal déclare qu'il « ne peut en aucune façon négliger le plateau continental, ne serait-ce qu'en raison des richesses potentielles dont il devrait être porteur et qui sont essentielles pour les pays en développement[387] », mais il n'en rejette pas moins les arguments propres à la géomorphologie sous-marine soumis par les deux Parties, qui reconnaissent du reste le caractère d'unicité relative du plateau continental. Le Tribunal paraît par ailleurs devoir baser sa décision sur la configuration générale du littoral. Il rappelle, en effet, que « pour faire reposer une délimitation sur une base équitable et objective, il faut autant que possible chercher à assurer à chaque État le contrôle des territoires maritimes situés en face de ses côtes et dans leur voisinage[388] ». Il faut donc déterminer à la fois la direction générale du littoral et l'ensemble des espaces maritimes soumis à la délimitation, opérations d'autant plus importantes qu'elles permettent de vérifier, le cas échéant, si la délimitation, une fois arrêtée, répond au critère de la proportionnalité.

Le Tribunal affirme aussi qu'une délimitation équitable « ne peut ignorer les autres délimitations déjà effectuées ou à effectuer dans la région[389] ». Les arbitres reconnaissent, bien sûr, qu'il s'agit là d'une évaluation approximative, mais ils ont en vue l'hypothèse d'un changement de frontière entre la Guinée-Bissau et le Sénégal et/ou entre la Guinée et la Sierra Leone.

La question du littoral pose des problèmes moins cruciaux, bien que susceptibles d'interprétation : la longueur des côtes respectives de la Guinée et de la Guinée-Bissau (y compris les Bijagos) est estimée être approximativement la même pour les deux pays (154 milles). Quant à la direction générale du littoral, le Tribunal envisage, pour la déterminer, diverses possibilités : enveloppe extérieure des côtes et de leurs îles par la construction d'un arc de cercle ou d'un polygone à angles saillants ou rentrants ; ligne droite reliant deux points côtiers sur le continent, du cap Roxo à la pointe Sallatouk, ou de la pointe des

386 *Idem*, par. 90.
387 *Idem*, par. 114.
388 *Idem*, par. 92.
389 *Idem*, par. 93.

Almadies (Sénégal) au cap Shilling (Sierra Leone). C'est cette dernière ligne que retiendra le Tribunal comme représentant le plus fidèlement la configuration générale de la côte occidentale de l'Afrique. Le Tribunal estime que cette approche est appropriée, d'autant que les Parties ne lui ont soumis « aucune preuve de la nécessité de tenir compte, aux fins de la délimitation, d'un littoral plus restreint[390] ».

Le Tribunal procède enfin à la délimitation de la frontière. Inspirée d'une méthode composite, cette ligne est constituée de trois segments. Les deux premiers (AB et BC), à proximité du littoral, coïncident avec la « limite sud » stipulée à la Convention de 1886, jusqu'à 12 milles marins à l'ouest de l'île d'Alcatraz. Le Tribunal considère que la méthode est appropriée dans les circonstances : cette « limite sud » – ligne *de facto* qui a été respectée jusqu'en 1958 par les deux Puissances coloniales – part de l'extrémité de la frontière terrestre à un point du thalweg de la rivière Cajet à son embouchure, puis elle emprunte sur une vingtaine de milles la passe des Pilotes en suivant une direction qui correspond assez bien à celle de la frontière terrestre, tout en étant à peu près perpendiculaire à la direction générale des côtes à cet endroit. Atteignant le parallèle 10°40' N, la ligne bifurque alors (segment BC) pour suivre la même direction jusqu'à douze milles à l'ouest de l'île d'Alcatraz (point C), ce qui permet d'attribuer à l'île la largeur maximale de mer territoriale dans cette direction. Mais à partir du point C, la ligne bifurque pour coïncider avec une perpendiculaire à la direction générale des côtes, telle qu'elle a été établie par le Tribunal. Son azimut est de 236° et elle se poursuit jusqu'à la limite extérieure des zones maritimes reconnues à chaque État par le droit, soit 200 milles marins de la côte, ou plus si le rebord extérieur du plateau continental se trouve à une plus grande distance.

5.7 La perpendiculaire : une méthode peu utilisée

La méthode de délimitation adoptée par le Tribunal pour la majeure partie de la frontière – une perpendiculaire à la direction générale de côtes – peut sembler originale dans la mesure où les arbitres n'invoquent aucun précédent, tiré de la jurisprudence ou de la pratique des États, pour retenir cette méthode, qui peut paraître d'autant plus inusitée que l'échelle adoptée pour la construction de cette ligne est *macrogéographique*. Pourtant, on trouve dans la jurisprudence quelque cas où la méthode a été adoptée.

Considérée comme la plus ancienne des méthodes de délimitation, la perpendiculaire était déjà utilisée, en 1909, dans l'arbitrage de la délimitation

---

390 *Idem,* par. 92.

des mers territoriales entre la Norvège et la Suède, celui de *Grisbadarna*[391], ce riche banc de crustacés se trouvant au large du point terminal de leur frontière terrestre. Il est vrai que les mers territoriales étaient d'une largeur de quatre milles marins tout au plus, mais cette méthode n'en fut pas moins utilisée dans une région de côtes à fjords où la direction générale est difficile à déterminer. Dans cette affaire, les Parties demandaient aux arbitres de tracer une frontière dans le cas où le Tribunal en arriverait à une première conclusion que le traité de 1661 établissant la frontière terrestre n'avait pas disposé de la délimitation maritime, en tout ou en partie. Le Tribunal décida d'entériner une partie de la frontière maritime comme devant se trouver à équidistance des îles et des rochers, mais opta pour la perpendiculaire là où le traité n'établissait pas clairement cette délimitation, car, dit le Tribunal, une telle ligne est facile à indiquer et à observer. Comme cette ligne, inclinée à 20° vers le sud-ouest, coupait la partie nord des bancs et que les Parties elles-mêmes avaient exprimé le souhait qu'on évitât de diviser des bancs importants, le Tribunal corrigea d'un degré l'orientation de la ligne afin de la faire passer approximativement à équidistance entre les bancs Grisbadarna et Skjottegrunde. Les arbitres motivèrent leur décision en déclarant que le résultat obtenu était supporté par plusieurs faits mis en preuve : notamment que la pêche dans ce secteur était pratiquée depuis beaucoup plus longtemps, de façon plus intensive et en plus grand nombre par les Suédois que par les Norvégiens ; que ceux-là avaient exercé leurs droits et accompli leurs responsabilités en se livrant à la cartographie de cette zone et en y installant des balises et un phare, sans protestation de la part de la Norvège, alors que les Norvégiens y avaient montré beaucoup moins d'intérêt. Le Tribunal d'arbitrage ajouta qu'il existe un principe de droit bien établi selon lequel il faut éviter de changer un état de fait ancré depuis longtemps et que cette règle doit trouver spécialement application lorsque des intérêts privés sont en jeu[392].

La méthode de la perpendiculaire a été également retenue par la C.I.J., mais combinée seulement à d'autres méthodes, dans l'affaire du *Golfe du Maine* de 1984, dans laquelle il était demandé aux juges de délimiter, par une ligne unique, la zone des 200 milles marins et le plateau continental entre les États-Unis et le Canada[393]. La méthode était proposée avec beaucoup d'insistance par les États-Unis qui résumaient comme suit les avantages de la perpendiculaire : « This method gives effect to the broad geographical relationship between neighboring States and disregards local coastal irregularities. It also lends itself to adjustment to take into account the relevant circumstances in the area[394] ».

---

391 *Délimitation d'une certaine partie de la frontière maritime entre la Norvège et la Suède*, R.S.A., vol. 11. Disponible aussi dans *AJIL*, vol. 4, p. 226.

392 Labrecque, Georges (2004) *op. cit.*, p. 246-248.

393 *Délimitation de la frontière maritime dans la région du golfe du Maine (Canada/États-Unis d'Amérique*, C.I.J. Recueil 1984, p. 246. Ci-après cité *Arrêt de 1984*.

394 *Memorial*, p. 149.

Approche « macrogéographique », de répliquer le Canada soumettant alors aux juges que cette méthode n'avait été généralement utilisée que dans les cas de délimitation de la mer territoriale. Le Canada poursuivait en notant que « dans la nature, les côtes rectilignes sont l'exception plutôt que la règle, [et que] les conditions géographiques nécessaires à l'application de la méthode de la perpendiculaire sont rarement réunies ». De plus, comme la perpendiculaire « fait intervenir une ligne à cap constant, elle ne reflète qu'une seule direction de la côte et ne peut pas tenir compte de configurations côtières plus complexes[395] ». Le Canada ajoutait que si cette méthode avait été adoptée par la C.I.J. pour le premier segment de la frontière *Tunisie/Libye*, en l'occurrence la ligne des 26°, ce n'était pas pour ses vertus intrinsèques, mais pour tirer des conséquences juridiques de la conduite des Parties.

Les juges ont reconnu, dans l'affaire du *Golfe du Maine*, que la perpendiculaire « est vraisemblablement la méthode la plus ancienne qui soit venue à l'esprit dès le moment où des problèmes de délimitation de la mer territoriale entre États limitrophes se sont posés » et que cette même méthode « s'est révélée utilement, quoique partiellement, applicable aussi à la délimitation du plateau continental dans des accords bilatéraux[396] ». Pourtant, estiment les juges, les conditions géographiques, dans le cas du golfe du Maine, excluent une utilisation adéquate de pareille ligne :

> On peut difficilement imaginer un cas se prêtant moins à l'application de cette méthode de délimitation que celui du golfe du Maine, où le point de départ de la ligne à tracer se situe juste dans l'un des angles du rectangle dans lequel la délimitation doit être établie. [...] En fait, l'on ne voit pas comment la méthode de la perpendiculaire à la direction générale de la côte d'un continent pourrait être appliquée à une portion, limitée mais tout de même considérable, de cette côte, où la configuration géographique réelle dévie si nettement d'une telle direction générale[397].

Pourtant, et par quatre voix contre une, la Chambre de la Cour opte pour une frontière construite selon une combinaison de méthodes parmi lesquelles on retrouve la perpendiculaire et qui est constituée de trois segments : à l'intérieur du golfe, bissectrice de l'angle formé par deux perpendiculaires aux lignes de direction générale des côtes, puis, là où les côtes sont dans une relation d'opposition plutôt que d'adjacence, médiane corrigée pour tenir compte de l'importante différence de longueurs des côtes respectives des Parties, ainsi que de la présence d'une île à laquelle on attribue un demi effet ; à l'extérieur du golfe, perpendiculaire à la ligne imaginaire de fermeture de ce golfe, et ce

---

395 *Contre-mémoire du Canada*, p. 278-286.
396 *Arrêt de 1984*, p. 320, par. 175.
397 *Idem*, p. 320, par. 376.

jusqu'au dernier point de chevauchement des zones de 200 milles revendiquées respectivement par les Parties, compte tenu du fait qu'on ne trouve plus de référence géographique qui puisse inspirer le choix d'une méthode. Notons aussi une importante dissidence du juge Gros, qui rappelle qu'on ne doit pas refaire la géographie, ce qu'il reproche à la Chambre d'avoir fait quand elle associe le golfe à un rectangle :

> La fin étant établie d'abord, les moyens suivent. Ceci apparaît dès la description des faits, au début de l'arrêt, exercice classique de toute décision de délimitation, généralement restreint à la description géographique de la situation ; ce n'est pas le cas ici où la Chambre interprète déjà les faits géographiques pour préparer ce qu'elle en fera dans l'utilisation des méthodes et corrections d'une ligne qui n'est plus justifiée par ses mérites propres (...). L'idée que le golfe est un rectangle n'a pas d'autre utilité que de préparer la découverte qu'un angle dans le nord du golfe permettra de tracer une bissectrice ; le choix de lignes imaginaires qui créent des côtés du rectangle mythique finissant dans une zone qui ne relève pas de la compétence de la Chambre est présenté comme une représentation frappante de la nature. Le golfe n'est pas un rectangle (…) mais cela va permettre précisément de lui trouver un quatrième côté à l'entrée du golfe qui sera une ligne indispensable pour justifier la direction du dernier segment de la ligne en permettant de tracer une perpendiculaire depuis cette ligne irréelle de fermeture du golfe jusqu'à la côte des États-Unis (...).
>
> Lorsqu'on dit parfois que la géographie est neutre, la formule implique que les choses sont ce qu'elles sont et elle confirme l'adage qu' "il n'est jamais question de refaire la nature entièrement" (arrêt de 1969, par. 91). La géographie est plutôt impartiale que neutre en ce sens qu'elle est décisive pour une délimitation et, en elle-même, ne donne aucune préférence à un État plutôt qu'à l'autre. Le juge ne peut donc pas modifier la situation géographique par des représentations, que ce soit une ligne, un rectangle ou un angle, qui sont sa propre vision des faits et qui modifient les faits[398].

5.8 La non pertinence des facteurs d'ordre économique

Notons enfin que le Tribunal rejette les arguments de nature économique, présentés par les Parties en matière de pêche, de ressources pétrolières et de transport maritime. Ainsi, la Guinée-Bissau a fait valoir notamment son intérêt dans le libre accès au port de Buba par le chenal d'Orango et l'estuaire du rio Grande. Pourtant, estime le Tribunal, « il ne serait ni juste ni équitable de fonder

---

398 *Opinion dissidente du juge Gros*, p. 379-380.

une délimitation sur l'évaluation de données qui changent en fonction de facteurs dont certains sont aléatoires[399] ». Et comme si le besoin était ressenti de justifier le rejet des facteurs d'ordre économique, le Tribunal prend la précaution de préciser ce qui suit :

> Certains États peuvent avoir été dessinés par la nature d'une manière favorable à l'établissement de leurs frontières ou à leur développement économique ; d'autres peuvent avoir été désavantagés. Les frontières fixées par l'homme ne devraient pas avoir pour objet d'augmenter les difficultés des États ou de compliquer leur vie économique. Il est vrai que le Tribunal n'a pas le pouvoir de compenser les inégalités économiques des États intéressés en modifiant une délimitation qui lui semble s'imposer par le jeu de considérations objectives et certaines. Il ne saurait non plus accepter que les circonstances économiques aient pour conséquence de favoriser l'une des Parties au détriment de l'autre en ce qui concerne cette délimitation. Il ne peut toutefois perdre de vue la légitimité des prétentions en vertu desquelles les circonstances économiques sont invoquées, ni contester le droit des peuples intéressés à un développement économique et social qui leur assure la jouissance de leur pleine dignité. Le Tribunal pense que ces préoccupations économiques si légitimement avancées par les Parties doivent pousser tout naturellement celles-ci à une coopération mutuellement avantageuse susceptible de les rapprocher de leur objectif qui est le développement[400].

Ayant retenu les seules circonstances qu'il estime être pertinentes dans ce cas, le Tribunal trace la frontière maritime entre la Guinée et la Guinée-Bissau, après avoir établi que la convention de 1886 entre la France et le Portugal n'a pas déterminé la frontière maritime entre leurs possessions respectives en Afrique de l'Ouest. Procédant au tracé d'une ligne *de novo*, le Tribunal répond au vœu exprimé par les Parties en indiquant la frontière sur une carte. Il choisit celle-ci à petite échelle, afin qu'elle puisse comprendre le littoral de l'Afrique occidentale au moins depuis le cap Roxo jusqu'à la pointe Sallatouk et s'étendre suffisamment pour montrer la majeure partie des espaces maritimes des deux États.

• • •

Nous avons déjà évoqué l'originalité de la méthode de la perpendiculaire, compte tenu de son utilisation dans un contexte *macrogéographique*, et même si elle a déjà été utilisée, disions-nous, dans les affaires de *Grisbadarna*

[399] *Sentence de 1985*, par. 122.
[400] *Idem*, par. 123.

et du *Golfe du Maine.* Ajoutons que le Tribunal, dans l'affaire *Guinée/Guinée-Bissau*, s'est peut-être inspiré aussi de la frontière *Guinée-Bissau/Sénégal*, délimitée par un échange de notes, en 1960, entre les puissances coloniales, dans lequel cette frontière est décrite « comme une ligne droite, orientée à 240° [401] » et qu'un éminent géographe a définie comme étant une perpendiculaire à la direction générale des côtes, sans fournir par ailleurs d'explication au soutien de son affirmation[402].

Hormis ce cas, qui fera, en 1989, l'objet d'un arbitrage entérinant la frontière de 1960, et les trois précédents déjà signalés (affaires *Norvège/Suède, Libye/Tunisie* et *Canada/États-Unis*), on peut dire que les arbitres, dans l'affaire *Guinée/Guinée-Bissau*, ont fait œuvre d'originalité, si l'on excepte de même les rares cas que l'on peut répertorier dans la pratique des États : frontière Argentine/Uruguay, délimitée en 1973, pour ce qui concerne le segment au delà de la ligne de fermeture du Rio de la Plata, et nonobstant la phraséologie utilisée dans le document[403], le géographe du Département d'État des États-Unis estimant qu'il s'agit bel et bien d'une perpendiculaire à cette ligne de fermeture du golfe[404] ; peut-être aussi la frontière Brésil/Uruguay, déterminée en 1972 par un traité stipulant qu'elle sera établie « dans une direction sensiblement perpendiculaire à la ligne générale de la côte[405] », tout en précisant que cette ligne a un azimut de 128 degrés.

Ajoutons qu'à notre connaissance, un seul cas, depuis l'affaire *Guinée/Guinée-Bissau* de 1985, peut être trouvé dans la pratique des États[406] où l'utilisation de la perpendiculaire est expressément mentionnée dans l'accord : il s'agit de la frontière Estonie/Lettonie[407], délimitée en 1996, qui, dans le golfe de Riga, coïncide avec des arcs de cercle à 12 milles marins des côtes, à proximité

---

401 Tribunal arbitral pour la *Délimitation de la frontière maritime Guinée-Bissau/ Sénégal.* Sentence du 31 juillet 1989, RSA, vol. 20. Elle est publiée aussi dans *RGDIP* (1990) vol. 94, n° 1, p. 204-277. Ce passage de la note est cité au par. 80 de la Sentence.

402 Prescott, J.R.V. (1985) *The Maritime Political Boundaries of the World*, p. 324.

403 « …la frontière maritime latérale et la frontière du plateau continental (…) sont définies par une ligne d'équidistance, qui est déterminée par les méthodes fondées sur les côtes adjacentes ». Traité concernant le Rio de la Plata et la frontière maritime y afférente, art. 70. Nations Unies (1992) *Les accords de délimitation des frontières maritimes (1970-1984)*, p. 108-127.

404 US Department of State, *Limits in the Seas*, n° 64, p. 15.

405 Échange de notes constituant un accord entre l'Uruguay et le Brésil relatif à la démarcation définitive de l'embouchure de la rivière Chui et de la frontière maritime latérale. Nations Unies (1992) *Les accords de délimitation des frontières maritimes (1970-1984)*, p. 105-107.

406 Pour une revue générale de la pratique des États, consulter Charney, J.I., Alexander, L.M. et Smith, R. W., éds (1993-2002) *International Maritime Boundaries*, 4 vol.

407 Agreement between the Republic of Estonia and the Republic of Latvia on the Maritime Delimitation in the Gulf of Riga, the Strait of Irbe and the Baltic Sea. (1997) *IJMCL*, vol. 12, n° 3, p. 372-374.

de l'île estonienne Ruhnu, alors que dans la Baltique, au delà du golfe, elle consiste dans une perpendiculaire à la ligne de fermeture de ce golfe.

Quant aux frontières délimitées par voie juridictionnelle depuis l'affaire *Guinée/Guinée-Bissau*, elles concernent toutes, sauf l'affaire *Guinée-Bissau/Sénégal*, des côtes où prédomine la relation d'opposition plutôt que d'adjacence, et il va sans dire alors qu'il est trop tôt pour estimer la portée de cette affaire sur les méthodes de délimitation retenues par les tribunaux.

Les avis des auteurs sont partagés en ce qui concerne les qualités intrinsèques de cette méthode de délimitation. Ainsi, on l'a jugée inappropriée, dans l'affaire *Guinée/Guinée-Bissau*, parce qu'elle « tend à refaire la nature au profit de la Guinée[408] ». On a aussi affirmé que son utilisation révèle en général son caractère arbitraire, compte tenu de la difficulté de trouver dans la nature une côte rectiligne et de déterminer la direction générale de cette côte[409]. Ajoutons que non seulement la direction générale de cette côte pose de sérieux problèmes d'application, mais aussi la longueur pertinente de cette même côte relève à notre avis de l'interprétation la plus difficile. Il est vrai que les côtes du continent africain sont très peu découpées, si on les compare à l'Europe par exemple, et que cette méthode de la perpendiculaire peut être appropriée, comme on l'a prétendu[410]. On a aussi émis des réserves sur le choix de cette méthode en estimant que le Tribunal a pris une liberté qui « nuit à la sécurité des relations juridiques entre États et ne permet aucune prévisibilité dans la délimitation du plateau continental[411] ».

Par ailleurs, cette approche a été saluée par les fonctionnalistes parce qu'elle tient compte des intérêts des tiers dans l'ensemble régional[412]. Faut-il ajouter que cet intérêt n'est pas facile à estimer, notamment dans les régions où les réserves en ressources sont réévaluées à la hausse ou à la baisse ? On a dit aussi de cet arbitrage qu'il contribuait à promouvoir la stabilité du droit de la délimitation maritime[413]. On a aussi fait valoir l'effet utile de cette approche puisqu'elle simplifie le tracé maritime et que son acceptation « tend à démontrer

---

408 David, Éric (1985) La sentence arbitrale du 14 février 1985 sur la délimitation de la frontière maritime Guinée-Guinée-Bissau. *AFDI*, vol. 31, p. 386.

409 Legault, L. et Hankey, B. (1993) Method, Oppositeness and Adjacency, and Proportionality in Maritime Boundary Delimitation, *in* J. I. Charney et L.M. Alexander, éds., *International Maritime Boundaries*, vol. 1, p. 213-214.

410 On a en effet émis l'opinion que cette méthode « sied bien aux côtes africaines qui ne souffrent pas de complications géographiques majeures ». Yacouba, Cissé (2001) *Droit des espaces maritimes et enjeux africains*, p. 283.

411 Les sources du droit relatif à la délimitation du plateau continental, *in Le droit international au service de la paix, de la justice et du développement, Mélanges offerts à Michel Virally*, p. 180.

412 Johnston, D. M. (1988) *The Theory and History of Ocean Boundary-Making*, p. 200.

413 Kwiatkowska, B. (1997) Equitable Maritime Boundaries Delimitation, *ODIL*, vol. 91, nº 2, p. 93.

la volonté des États africains à rendre plus fonctionnelles leurs frontières (…) en ce sens que les divers États côtiers africains devront s'apercevoir de l'intérêt qu'ils ont à exploiter sans délai les ressources de la mer, plutôt que de guerroyer au sujet d'une simple ligne en mer arbitraire et invisible, et surtout lorsque les ressources, notamment d'hydrocarbures, restent inconnues, et parfois même inexistantes[414] ». Il est incontestable en effet que la perpendiculaire offre l'avantage d'une méthode simple dans son tracé et qu'elle produit peut-être aussi une frontière facile à respecter, notamment pour les petits équipages qui se livrent à la pêche selon des activités traditionnelles et qui ne sont pas munis d'instruments sophistiqués de navigation.

Ainsi, cette méthode, qui possède des qualités non négligeables, sera probablement privilégiée par les tribunaux dans les cas de délimitation entre côtes adjacentes, qui constituent la grande majorité des cas en Afrique, où ces côtes, loin d'être découpées comme en Europe, sont plutôt régulières et rectilignes. La Guinée-Bissau elle-même, dotée qu'elle est d'une multitude d'îles, constitue une exception qui confirme la règle générale, et pourtant, le Tribunal n'a pas hésité à rechercher une direction générale des côtes pour tracer la perpendiculaire.

Mais l'affaire *Guinée/Guinée-Bissau* est également importante pour une autre raison et dans la mesure où les tribunaux seront sans doute appelés de nouveau à se prononcer sur d'autres traités coloniaux dans lesquels les Parties avaient prévu, à la fin du XIXe siècle, la répartition d'îles mal connues – tel le différend actuel entre le Gabon et la Guinée Équatoriale. Or le Tribunal, en 1985, a clairement répondu par la négative à la question de savoir si de telles lignes doivent être considérées comme des frontières, la question de l'intangibilité des frontières maritimes ne se posant donc plus dans ces cas.

Ainsi, le Tribunal a accordé une grande importance à la géographie en tant que circonstance pertinente à la délimitation, mais il n'a pas retenu, suivant en cela les deux affaires précédentes, les facteurs d'ordre économique.

---

414 Yacouba, Cissé (2001) *op. cit.*, p. 243.

6

LA FRONTIÈRE GUINÉE-BISSAU/SÉNÉGAL

> En donnant droit de cité à l'*uti possidetis*, les dirigeants africains avaient *exclusivement* en vue la question de l'intangibilité des frontières terrestres. (...) Seule la crainte des États africains nouvellement indépendants de voir cette situation potentiellement explosive faire éclater des États encore fragiles après les reflux coloniaux a poussé les dirigeants (...) "à ratifier" sagement, une seconde fois en quelque sorte, l'Acte général de Berlin (...). On n'avait jamais songé aux frontières maritimes, qui ne pouvaient intéresser qu'un horizon différent, le milieu aquatique, où par définition ces problèmes ethniques ne se posaient pas.
>
> *Sentence du 31 juillet 1989*, RSA, vol. 20, *opinion dissidente du juge Bedjaoui*, p. 165, par. 28.

> Enfin, nous croyons appliquer le droit là où nous ne créons parfois qu'un climat d'un saisissant surréalisme. C'est ce qui risque de se produire en particulier si on applique les mêmes critères pour déceler et analyser la pratique dans deux États aussi différents qu'un État développé et un autre qui ne l'est pas. La pratique exprime réellement un choix, une volonté et une rationalité lorsqu'elle est le fait d'un État développé (...). Par contre, est-on certain que la pratique reflète effectivement un choix et une volonté libres lorsqu'elle est le fait de pays écrasés par un sous-développement en tous domaines (...) ?
>
> *Idem*, p. 181-182, par. 70.

Comme dans l'affaire *Guinée/Guinée-Bissau* précédente, les Puissances coloniales sont encore dans le décor, si l'on peut s'exprimer ainsi. En effet, la frontière maritime entre la Guinée-Bissau et le Sénégal a été d'abord délimitée aux termes d'un échange de notes[415], le 26 avril 1960, entre le Portugal et la

---

[415] Échange de notes entre la France et le Portugal concernant la frontière maritime entre le Sénégal et la Guinée portugaise. Elles sont publiées dans *Limits in the Seas*, n° 68 ; de même que dans Nations Unies (2004) *Maritime Space : Maritime Zones and Maritime Delimitation. State Practice on the Internet. Delimitation Treaties Infobase.* Le texte du traité est disponible sur le site Internet des Nations Unies : www. un.org.

France, et elle peut être considérée comme la première frontière établie en Afrique et la sixième dans le monde, au delà de la mer territoriale[416]. Mais contrairement au cas précédent, le traité conclu par les Puissances coloniales ne concernait pas les frontières terrestres, mais sera déclaré par le Tribunal comme ayant explicitement stipulé le tracé d'une frontière maritime (figure 6), le Tribunal ayant donc, cette fois, à se prononcer sur la question de savoir si le principe de l'intangibilité des frontières s'applique aux frontières maritimes. Comme il répond par l'affirmative, il n'aura pas à tracer *ex novo* cette frontière qui, d'abord délimitée par voie bilatérale, sera par ailleurs disputée puis décidée[417], 29 ans plus tard, par le Tribunal d'arbitrage donnant raison au Sénégal qui demandait d'entériner l'accord de 1960, tandis que la Guinée-Bissau en plaidait l'inopposabilité et l'inexistence. Cette dernière s'adresse ensuite à la Cour internationale de Justice qui, le 12 novembre 1991, rejette une demande en nullité de la sentence. Deux ans plus tard, les deux États se retrouvent à la table de négociations pour conclure un accord concernant l'exploitation conjointe des ressources biologiques et minérales de la mer.

6.1 Entre héritiers de la première frontière maritime en Afrique

Le Sénégal, avec une population de 10 900 000 habitants sur une territoire d'une superficie de 196 700 km^2, a donc une densité de population de 55,4 hab./km^2, ce qui représente, par rapport à sa voisine, la Guinée-Bissau, un territoire approximativement 4 fois plus grand, mais une population près de 8 fois plus importante et une densité près de 1,5 fois plus forte. Pays multiethnique très riche culturellement, il a su conserver jusqu'ici sa cohésion, exception faite du problème casamançais. Les ethnies principales sont les Wolofs (43%), les Peuls (24%) et les Sérères (15%), dans un pays où la religion est l'islam à 95%.

Le Sénégal est le plus à l'ouest des pays de l'Afrique de l'Ouest, celui-là même d'où sont partis tant de négriers pour l'Amérique, et c'est aussi dans cette ancienne colonie française que le président Bush fils a choisi de commencer l'une de ses tournées africaines. Aujourd'hui encore, Dakar est l'un des ports les plus importants de l'Afrique de l'Ouest.

Souvent salué comme un modèle de démocratie en Afrique, ce qui le distingue de la Guinée-Bissau avec ses régimes militaires, le Sénégal a une stature internationale, grâce à la renommée du président Senghor, mais aussi par la contribution de ce pays au maintien de la paix et par la promotion qu'il a su

[416] Des frontières avaient été délimitées auparavant entre les États suivants : Royaume-Uni (Trinité et Tobago) et Venezuela, en 1942 ; Chili et Pérou, en 1952 ; Équateur et Pérou, en 1952 ; Norvège et URSS, en 1957 ; Bahreïn et Arabie saoudite, en 1958.

[417] Tribunal arbitral pour la *Délimitation de la frontière maritime Guinée-Bissau/Sénégal*. Sentence du 31 juillet 1989, RSA, vol. 20, p. 119. Ci-après citée : *Sentence de 1989*. Elle est publiée aussi dans *RGDIP* (1990) vol. 94, n° 1, p. 204-277.

faire du Nouveau partenariat pour le développement de l'Afrique (NEPAD). À l'instar de la Guinée-Bissau, le Sénégal est membre de la Communauté économique des États de l'Afrique de l'Ouest (CEDEAO) dont il a assuré en 2002 la présidence[418].

Pourtant le Sénégal, s'il n'atteint pas la misère de la Guinée-Bissau, a bien besoin, lui aussi, de développement. Ainsi, le revenu moyen par habitant n'est que de 1 600$ et le PIB de moins de 17 milliards$, le secteur de l'agriculture représentant 18% avec 70% de la population qui s'y adonne (arachide qu'il exporte, mais aussi millet, maïs, sorgho, tomate, coton et riz). Cette dernière denrée, que le Sénégal doit importer pour nourrir sa population, sera produite grâce à l'irrigation de plusieurs milliers d'acres assurée par la récente construction des barrages de Diama et de Manantali. Ajoutons que le cannabis y est cultivé illégalement et que le pays est un lieu de transbordement de l'héroïne du Sud-Ouest et du Sud-Est de l'Asie en direction de l'Europe et de l'Amérique du Nord[419]. Il souffre aussi, à l'instar de la Guinée-Bissau et de la Guinée, de la surexploitation de sa zone de pêche, riche au demeurant, 402 202 tonnes ayant été prises en 2003, dont une partie importante par des navires hauturiers étrangers auxquels le Sénégal a cédé des quotas[420].

Par ailleurs, le pays est assez peu doté en ressources minérales, exception faite du fer et des phosphates, qui ont connu une très forte baisse des cours durant ces dernières années. Pourtant, des travaux exploratoires ont révélé des réserves probables de pétrole au large de la Casamance. Faute de pouvoir en faire l'exploitation, étant donné la faiblesse des infrastructures de transport et la rébellion dans cette région, le Sénégal doit importer son énergie, en espérant pouvoir utiliser bientôt, à moindre coût, l'électricité produite par le barrage de Manantali au Mali.

Quant aux frontières terrestres du Sénégal, celle avec la Mauritanie[421] a fait, en 1989, l'objet d'affrontements violents, la dispute portant sur la délimitation précise de celle-ci dans le fleuve Sénégal, dans un contexte où le Sénégal, projetant de construire un barrage sur le fleuve du même nom et d'y utiliser l'eau pour irriguer ses terres, a été critiqué par la Mauritanie qui craignait une perturbation de son agriculture traditionnelle, laquelle repose, dans cette zone, sur les inondations saisonnières de ce cours d'eau. Les frontières terrestres avec la Gambie[422], avec laquelle il fut confédéré de 1982 à 1989, et dont on peut observer le tracé inusité établi par des arcs de cercle, sont sporadiquement

---

418 Geslin, Jean-Dominique (2004) Intégration, mode d'emploi, *in L'état de l'Afrique 2004*, p. 86-89.

419 (2004) *CIA World Fact Book 2004* : www.odci.gov/cia/publications/factbook.

420 (2004) *Financial Times World Desk Reference*, p. 510-511.

421 Consulter à ce sujet (1967) Mauritania-Senegal Boundary, *IBS*, n° 78, p. 1-9.

422 Consulter à ce sujet Brownlie, Ian (1979) *African Boundaries. A Legal and Diplomatic Encyclopaedia.*

fermées, étant donné leur franchissement illégal, notamment la frontière méridionale.

Des quatre frontières maritimes du Sénégal, une seule n'est pas encore délimitée, probablement pour une raison qui n'est pas sans rappeler les difficultés que pose la gestion de la frontière terrestre, plus précisément fluviale, puisque le point initial de cette frontière en mer doit normalement coïncider avec le point terminal de la frontière fluviale. Or la dispute porte sur la question de savoir si ce point se trouve sur la rive droite ou à la médiane des deux rives. Quant aux deux frontières avec la Gambie, délimitées par voie d'accord[423] le 4 juin 1975, elles sont constituées essentiellement de deux lignes astronomiques qui encadrent le très court littoral gambien (32 km) et qui délimitent à la fois la zone de pêche et le plateau continental. Au sujet de la frontière septentrionale, qui coïncide avec le parallèle 13°35'36''N, on a émis l'opinion qu'elle avait « pris appui sur le comportement antérieur des deux souverains territoriaux qui avaient accordé des concessions pétrolières dont les limites s'alignaient rigoureusement » sur ce parallèle[424]. Le Sénégal signe ensuite avec l'archipel du Cap-Vert, le 17 février 1993, un accord de délimitation[425] de la zone économique exclusive et du plateau continental stipulant que la méthode est une médiane corrigée pour des raisons pratiques de simplification, et tracée entre, d'une part, les lignes de base droites du Sénégal, là où elles existent, à défaut de quoi ce sont les lignes de base normales, et, d'autre part, les lignes de base archipélagiques du Cap-Vert – ce qui a pour effet de mettre sous la juridiction de ce petit État archipélagique une plus grande portion d'espaces maritimes particulièrement riches en ressources halieutiques.

Si toutes les frontières de la Guinée-Bissau (tant maritimes que terrestres) sont délimitées, l'une d'entre elles, la frontière terrestre avec le Sénégal, est particulièrement fragilisée, étant donné le conflit qui est envenimé par les mouvements séparatistes sénégalais en Casamance, ceux-ci prétendant que cette région n'a jamais été colonisée par la France[426].

6.2 L'accord franco-portugais de 1960

La note française, acceptée par le gouvernement portugais, décrit la frontière comme suit :

---

[423] Frontières maritimes : Gambie/Sénégal. Nations Unies (1989) *Les accords de délimitation des frontières maritimes (1970-1984)*, p. 102-104.

[424] Bardonnet, D. (1989) Frontières terrestres et frontières maritimes, *AFDI*, vol. 35, p. 38.

[425] Traité sur la délimitation de la frontière maritime entre la République du Cap-Vert et la République du Sénégal. Nations Unies (1995) *Évolution récente de la pratique des États*, n° IV, p. 179-183.

[426] International Boundary Research Unit (IBRU) : www-ibru.dur.ac.uk/database/ data.html.

Jusqu'à la limite extérieure des mers territoriales, la frontière serait définie par une ligne droite, orientée à 240°, partant du point d'intersection du prolongement de la frontière terrestre et de la laisse de basse mer, représenté à cet effet par le phare du cap Roxo.
En ce qui concerne les zones contiguës et le plateau continental, la délimitation serait constituée par le prolongement rectiligne, dans la même direction, de la frontière des mers territoriales[427].

Cette ligne d'azimut, qui paraît favoriser la Guinée-Bissau à proximité du littoral et le Sénégal plus au large, a été décrite non seulement comme étant perpendiculaire à la direction générale des côtes[428], mais aussi comme suivant « la direction générale de la ligne d'équidistance [traduction] »[429], mais elle paraît s'en éloigner considérablement si on la compare à la ligne hypothétique d'équidistance tracée par le Canada, dans l'affaire du *Golfe du Maine*, pour mettre en évidence ce type de méthode[430].

6.3 Le compromis d'arbitrage de 1985

Le 12 mars 1985, la Guinée-Bissau et le Sénégal signaient un compromis d'arbitrage priant un Tribunal de se prononcer sur le contenu de l'accord de 1960. Cette démarche constituait au fond l'aboutissement d'une situation de plus en plus conflictuelle[431] entre des voisins devenus depuis indépendants (le Sénégal en 1960 et la Guinée-Bissau en 1974) mais dont les racines se prolongeaient avant même l'indépendance du Sénégal. Ainsi, la France s'était objectée, en 1958, à un décret portugais qui autorisait le ministre de l'Outre-mer à octroyer des concessions à la société Esso, mais des négociateurs des deux Puissances établirent, le 10 septembre 1959, des recommandations qui seront à l'origine de l'accord de 1960. À la fin des années 1970, la Guinée-Bissau s'opposera à l'exploitation d'hydrocarbures par le Sénégal dans une zone jugée litigieuse, ce qui donnera lieu à plusieurs incidents maritimes et aériens[432], et elle contestera, en 1984, la construction sénégalaise d'une plate-forme de forage. L'année suivante, le Sénégal protestera auprès du secrétaire général de

---

427 Pour une brève étude de la frontière terrestre, on peut consulter U.S. Department of State (1974) *International Boundary Study* : *Guinea-Bissau-Senegal Boundary*, n° 141, p. 1-12.

428 Prescott, J.R.V. (1985) *The Maritime Political Boundaries of the World*, p. 324.

429 Underwood, Peter C. (1988) Ocean Boundaries and Resources Development in West Africa, *in* Johnston, Douglas M. et Saunders, Phillip M., éds., *Ocean Boundary Making* : *Regional Issues and Developments*, p. 247.

430 Pourtant, le Canada n'a pas hésité à qualifier de non équidistante la frontière entre la Guinée-Bissau et le Sénégal. *Délimitation de la frontière maritime dans la région du golfe du Maine (Canada/États-Unis d'Amérique). La pratique des États*, p. 23 et 90.

431 (1990) Chronique des faits internationaux, *RGDIP,* vol. 94, n° 1, p. 136.

432 *Sentence de 1989*, par. 18-25.

l'ONU concernant la promulgation par la Guinée-Bissau d'une loi instaurant un nouveau système de lignes de base droites. Enfin, le compromis d'arbitrage sera libellé notamment comme suit :

> L'accord conclu par un échange de lettres, le 26 avril 1960, et relatif à la frontière en mer, fait-il droit dans les relations entre la République de Guinée-Bissau et la République du Sénégal ?
> En cas de réponse négative à la première question, quel est le tracé de la ligne délimitant les territoires maritimes qui relèvent respectivement de la République de Guinée-Bissau et de la République du Sénégal ?[433]

6.4 L'argumentation de la Guinée-Bissau

La Guinée-Bissau demandait au Tribunal de déclarer nulle la frontière délimitée par l'accord de 1960 et elle soumettait, à l'égard de la délimitation de la mer territoriale, « une ligne d'équidistance en direction de l'azimut de 247, à partir des lignes de base des deux États ». Quant à la délimitation du plateau continental et de la zone économique exclusive, elle soutenait que « l'examen de toutes les circonstances pertinentes et la recherche des méthodes appropriées afin d'aboutir à une solution équitable donnant des résultats se situant entre les directions des azimuts de 264 et 270, c'est entre ces deux lignes que devra être fixée la délimitation maritime entre les deux États[434] ».

La Guinée-Bissau invoquait plusieurs types de motifs pour lesquels l'accord de 1960 ne faisait pas droit dans ses relations avec le Sénégal. Elle soumettait d'abord des causes d'inexistence et de nullité, notamment l'incompatibilité de l'accord avec des normes internationales du *jus cogens*, dont le droit des peuples à disposer d'eux-mêmes, alors que le processus de libération était déjà en cours lors de la conclusion de l'accord de 1960, ce qui restreignait donc le *jus tractatus* de l'État colonisateur de même que son corollaire, le principe de la souveraineté permanente sur les ressources naturelles. La Guinée-Bissau précisait que l'accord constituait une aliénation de territoire et que, par ailleurs, le Portugal et la France, à titre de puissances coloniales, « ne disposaient plus de la plénitude de la souveraineté nécessaire pour conclure[435] ». Rejetant le raisonnement de la Guinée-Bissau, le Tribunal précisa que dans « ce processus de formation d'un mouvement de libération nationale, la question juridique ne consiste pas à identifier l'instant précis où celui-ci est né en tant que tel. Ce qu'il importe de savoir, c'est à partir de quand son activité a eu une

[433] Article 2 du compromis, cité au par. 1 de la *Sentence de 1989.*

[434] Conclusions de la procédure orale de la Guinée-Bissau, reproduites au par. 16 de la *Sentence de 1989.*

[435] Argument de la Guinée-Bissau, cité au par. 46 de la *Sentence de 1989.*

portée internationale[436] ». Le Tribunal poursuivit en soulignant que cette activité a une portée internationale lorsqu'elle constitue « dans la vie institutionnelle de l'État territorial un événement anormal qui le force à prendre des mesures exceptionnelles, c'est-à-dire lorsque, pour dominer ou essayer de dominer les événements, il se voit amené à recourir à des moyens qui ne sont pas ceux que l'on emploie d'ordinaire pour faire face à des troubles occasionnels[437] ».

Au titre des causes d'inexistence et de nullité, la Guinée-Bissau invoquait également la violation du droit interne (constitutionnel) portugais, étant donné que l'accord de 1960 avait été conclu sans le consentement de l'Assemblée nationale portugaise. Le Tribunal, se livrant à une étude de ce droit tel qu'il existait au moment de l'accord, rejeta l'argument de la Guinée-Bissau en notant que des conventions beaucoup plus importantes, dont la Charte des Nations Unies, n'avaient pas non plus été ratifiées, et que, de surcroît, la France était de bonne foi[438].

Outre ces causes d'inexistence et de nullité, la Guinée-Bissau soumettait des causes d'inopposabilité. À l'instar du Sénégal, elle reconnaissait le principe de l'*uti possidetis* et, à ce titre, elle ne contestait pas le fait que les frontières terrestres avaient été délimitées par la convention de 1886 conclue alors entre deux puissances coloniales[439]. La Guinée-Bissau soutenait par ailleurs que ce principe ne pouvait être appliqué à la délimitation des frontières maritimes. Elle prétendait aussi qu'il n'existe pas de cas où la question de la succession d'États a été posée pour des frontières maritimes. Le Tribunal rappela, au contraire, des cas de frontières asiatiques (Malaysia, Philippines et Brunei) qui présentent sur leurs cartes des lignes remontant à l'époque coloniale et qui n'en sont pas moins considérées comme des limites maritimes[440].

La Guinée-Bissau signalait en outre « la nécessité de distinguer les délimitations anciennes de celles – plus récentes – qu'il faudrait alors soustraire au champ d'application de la règle de l'*uti possidetis* », argument également rejeté par le Tribunal pour le motif que de tels accords « ne doivent remplir aucune condition spéciale d'antériorité pour être opposables à l'État successeur[441] ».

La Guinée-Bissau alléguait également l'absence de publicité de l'accord de la part du Portugal. Elle invoquait même l'état d'analphabétisme et le niveau culturel très bas de la population. De l'avis du Tribunal, ce défaut de publicité était contredit par les faits. En outre, la Guinée-Bissau se plaignait du non enregistrement de l'accord au secrétariat de l'ONU, argument rejeté par le Tribunal

436 *Sentence de 1989*, par. 51.
437 *Ibidem*.
438 *Idem*, par. 59.
439 Convention de 1886 relative à la délimitation des possessions françaises et portugaises dans l'Afrique occidentale.
440 *Sentence de 1989*, par. 64.
441 *Idem*, par. 67-68.

pour la raison que cela ne constitue pas un motif pour ne pas invoquer l'accord[442].

Quant au sens et à la portée de l'expression « une ligne droite orientée à 240 », la Guinée-Bissau soumettait qu'« il n'y a pas de ligne droite sur le globe terrestre et qu'il en résulte une imprécision technique qui rendrait l'Accord inapplicable, car il n'est pas précisé si la ligne en question est une ligne loxodromique ou géodésique[443] ». Le Tribunal disposa de cet argument en précisant qu'il ne pouvait s'agir d'une ligne géodésique, « car une telle ligne ne remplirait pas la condition d'observer l'orientation de 240, attendu qu'elle offre la particularité de ne pas couper les méridiens et les parallèles sous un angle constant. La seule ligne qui remplirait cette condition serait une loxodromie[444] ».

6.5 L'argumentation du Sénégal

Le Sénégal, quant à lui, demandait au Tribunal de juger que, par l'échange de notes du 26 avril 1960, la France et le Portugal ont, « dans le plein exercice de leur souveraineté et conformément aux principes qui régissent la validité des traités et accords internationaux, procédé à la délimitation d'une frontière en mer [d'autant que cet accord a été] conforté et complété par le comportement ultérieur des Parties contractantes autant que par celui des États souverains qui leur ont succédé[445] ». Le Sénégal demandait donc au Tribunal de reconnaître la délimitation prévue à l'accord concernant la mer territoriale, la zone contiguë et le plateau continental. Puisque le Tribunal avait rejeté les arguments de la Guinée-Bissau relatifs à l'existence et à l'inopposabilité de l'accord et que, de surcroît, il notait que ces trois types d'espaces maritimes sont nommément prévus au texte, il le déclara donc valide et il retint l'interprétation sénégalaise.

S'agissant du plateau continental dont les limites extérieures ne sont pas précisées aux termes de l'accord, le Sénégal demandait au Tribunal de prononcer la délimitation jusqu'à la limite des 200 milles. Ce dernier, rappelant que deux critères juridiques servaient, en 1960, à déterminer l'étendue du plateau continental (la ligne bathymétrique et l'exploitabilité), précisa que, dans ce dernier cas, il existe « une conception dynamique du plateau continental, puisque sa limite extérieure était fonction du développement de la technologie et, par conséquent, susceptible de se déplacer de plus en plus vers le large ». Le Tribunal accorda donc la demande faite par le Sénégal en concluant que l'accord de 1960 « délimite le plateau continental entre les Parties dans toute l'étendue de la

---

442 *Idem*, par. 69-76.
443 Réplique de la Guinée-Bissau, citée au par. 86 de la *Sentence de* 1989.
444 *Ibidem*.
445 Conclusions du contre-mémoire du Sénégal, citées au par. 15 de la *Sentence de 1989*.

définition actuelle de cet espace maritime[446] ». Or, cette définition[447] autorise l'État côtier à fixer, sous certaines conditions, les limites extérieures du plateau continental au delà des 200 milles ; et dans la mesure où l'étendue du plateau continental justifierait le Sénégal de se prévaloir de ces dispositions, on peut se demander si le Tribunal n'a pas prononcé *ultra petita*.

Outre la mer territoriale, la zone contiguë et le plateau continental, le Sénégal demandait que la délimitation s'appliquât également à la « colonne d'eaux surjacente » – soit la zone économique exclusive – pour le motif, notamment, que cela serait conforme à l'évolution du droit de la mer, assurerait des rapports de bon voisinage et de sécurité en évitant des lacunes et répondrait à une pratique subséquente à l'accord de 1960 entre les deux pays et à « l'acquiescement de chaque État à la législation de l'autre sur l'étendue vers le large des différents espaces maritimes », donnant ainsi « naissance à un accord tacite ou à une coutume bilatérale[448] ». Loin d'être convaincu de ces arguments, le Tribunal estima plutôt que « l'accord de 1960 doit être interprété à la lumière du droit en vigueur à la date de sa conclusion » et il rappela avec raison que le concept de zone économique exclusive n'existait pas à cette époque[449].

Ayant donc rejeté tous les arguments de la Guinée-Bissau et ayant retenu en partie ceux du Sénégal, le Tribunal, par deux voix contre une, a décidé, le 31 juillet 1989, que l'accord de 1960 faisait droit entre les Parties en ce qui concerne la mer territoriale, la zone contiguë et le plateau continental.

6.6 La règle de l'*uti possidetis* s'applique-t-elle aux frontières maritimes ?

Dans son opinion dissidente, le juge Bedjaoui exprime son désaccord en deux volets : il estime d'abord que le traité de 1960 est inopposable à la Guinée-Bissau, de telle sorte qu'il n'a plus à se prononcer sur sa validité ; le juge procède ensuite à une délimitation *ex novo* des espaces maritimes.

Si l'on examine la question des "acteurs" de la succession d'États, explique le juge, il faut considérer que le Sénégal, n'étant plus juridiquement un territoire d'outre-mer de la France lors de la signature de l'accord, est donc un État partie à cet accord, tant pour y avoir participé à titre de membre de la Communauté française que pour s'y être fait représenter par la France, tandis que la province de Guinée est alors sous la responsabilité du Portugal, État unitaire. Ainsi, lors de la conclusion de cet accord, le Sénégal n'est pas un État successeur, tandis que la Guinée-Bissau peut être considérée comme un État

---

[446] *Sentence de 1989*, par. 85.
[447] Convention des Nations Unies sur le droit de la mer, art. 76.
[448] *Sentence de 1989*, par. 83.
[449] *Idem*, par. 85.

tiers à cet accord, lorsque l'Assemblée populaire émet, le 24 septembre 1973, une déclaration générale de non succession. Aussi, poursuit le juge, la Guinée-Bissau a adopté une position claire qui, par application du principe de la *tabula rasa*, l'autorise à rejeter toute succession à cet accord de 1960, puisqu'elle a écarté tous les traités conclus par le Portugal pour sa province guinéenne. Le juge rappelle une disposition conventionnelle selon laquelle un État "nouvellement indépendant n'est pas tenu de maintenir un traité en vigueur et d'y devenir partie du seul fait qu'à la date de la succession d'États le traité était en vigueur à l'égard du territoire auquel se rapporte la succession d'États[450]".

Par ailleurs, poursuit le juge dissident, il importe de se demander si l'accord de 1960, par son contenu matériel de traité frontalier, « comporte une spécificité telle qu'elle permettrait de mettre en échec ce principe (...) qu'est la *tabula rasa*[451] », lequel comporte une exception, précisément en matière de frontière.

Le juge dénonce aussi la distinction, introduite dans la sentence, entre l'*uti possidetis*, tel qu'il a été appliqué en Amérique latine par les anciennes colonies d'un même empire (espagnol), et celui qui serait proprement africain, s'appliquant aussi bien à des colonies qui n'appartiennent pas au même empire :

> Ce faisant, la sentence paraît prête à prendre deux directions contradictoires, d'une part pousser implicitement à une différentiation de régimes juridiques pour des frontières terrestres, mais d'autre part affirmer une unité de régime pour des frontières terrestres et maritimes. Si l'on trouve assez de raisons pour distinguer déjà entre les régimes des frontières terrestres, à plus forte raison devrait-on s'interdire de reconnaître un même régime juridique à la fois aux frontières terrestres et maritimes[452].

Le juge Bedjaoui prétend en effet que l'*uti possidetis* ne devrait pas s'appliquer aux frontières maritimes, étant donné que les différences de milieux sont à la fois patentes et irréductibles, si bien que la notion de souveraineté et ce qui en découle, notamment l'inviolabilité territoriale, « n'ont pas, ou pas encore, leur place dans les espaces maritimes », de telle sorte que l'État côtier n'est pas fondé à empêcher indistinctement, dans les zones qui relèvent de sa juridiction exclusive, toute activité légitime. Le juge rappelle ici une règle de bon sens selon laquelle on ne crée des règles, pour protéger un héritage, que si cet héritage existe. Or, dit-il, les pères fondateurs des institutions politiques africaines « pouvaient d'autant moins songer à légiférer sur la question de l'intangibilité des frontières maritimes que celles-ci n'existaient pratiquement pas. En fait, il

---

[450] Convention de Vienne de 1978 sur le droit des traités, art. 16.
[451] *Opinion dissidente du juge Bedjaoui*, p. 160, par. 14.
[452] *Idem*, p. 162, par. 20.

n'y avait tout simplement pas d'héritage colonial à préserver en matière de frontières maritimes ![453] »

Le juge dissident ajoute qu'une autre notion, celle d'effectivité, s'applique plus difficilement dans les espaces maritimes, enfin, que les accords frontaliers terrestres, loin d'être soumis, à l'instar des maritimes, au principe du résultat équitable, sont négociés librement. Et le juge de s'exprimer comme suit : « Je n'aperçois pas, dans l'état actuel du droit, au nom de quel critère on pourrait justifier l'application automatique de l'*uti possidetis* à deux types d'espaces différents et le faire ainsi pour un principe qui, comme celui-là, constitue une exception à la *tabula rasa* et à la souveraineté de l'État, donc d'interprétation stricte[454] ». Le juge ne manque pas non plus l'occasion de faire observer que non seulement l'application du principe aux frontières maritimes est mal fondée en droit, mais que cette application aux frontières terrestres elles-mêmes connaît une période de contestation et parvient difficilement à maintenir son intégrité.

Quant à la jurisprudence, le juge déclare qu'elle se résume à un seul cas, auquel a fait allusion le Tribunal en épousant la position du Sénégal : il s'agit de l'affaire de 1978 de la *Mer Égée*[455], dans laquelle la C.I.J., le 19 décembre 1978, rejetait pour défaut de compétence une requête qui avait été déposée deux ans auparavant par le gouvernement de la Grèce, requête rejetée notamment pour le motif que le communiqué conjoint du 31 mai 1975 n'avait pas pour objet ni pour effet un engagement des deux gouvernements (grec et turc) d'accepter inconditionnellement que le différend soit soumis à la Cour par requête unilatérale. L'un des passages de l'arrêt se lit comme suit : « Qu'il s'agisse d'une frontière terrestre ou d'une limite du plateau continental, l'opération de délimitation entre États voisins est essentiellement la même. Elle comporte le même élément inhérent de stabilité et de permanence et est soumise à la règle qui veut qu'un traité de limites ne soit pas affecté par un changement fondamental de circonstances ». Le juge rappelle que dans cette affaire, la Turquie, pour établir l'incompétence de la Cour, avait invoqué une réserve de la Grèce à l'Acte d'arbitrage de 1928 pour exclure tout différend de nature territoriale. Estimant que les questions relatives à l'étendue du plateau continental tombent dans cette catégorie de différend, la Cour donna raison à la Turquie, non sans avoir reçu maintes critiques. Quoi qu'il en soit, estime le juge dissident, il s'agit d'un arrêt isolé, inspiré d'une conception géographique du plateau, elle-même fondée sur la notion de prolongement naturel, qui a été remplacée par une définition juridique intégrant le critère de distance.

---

453 *Idem*, p. 165, par. 29.

454 *Idem*, p. 167, par. 32.

455 *Affaire du plateau continental de la mer Égée (Grèce c. Turquie), Compétence de la Cour*, C.I.J. Recueil 1978, p. 3. Cité dans l'*opinion dissidente du juge Bedjaoui*, p. 172, par. 46.

Le juge n'en convient pas moins que dans tous les cas de délimitation, le but poursuivi, stabilité et permanence, est le même. Pourtant, ajoute-t-il, les divers types de délimitation, terrestre (à la surface ou dans le sous-sol), fluviale, lacustre et maritime, doivent être adaptés à leur milieu, puisque le droit « n'est pas une construction abstraite complètement détachée de la réalité qu'elle entend régir » et que « le *droit commun* des frontières maritimes et celui des frontières terrestres diffèrent matériellement, en ce que le premier est particulier et le second général[456] ». Ainsi, le juge dissident déclare ne pas pouvoir suivre le Tribunal quand celui-ci affirme que "d'un point de vue juridique il n'existe aucune raison d'établir des régimes différents selon l'élément matériel où la limite est fixée[457]", et le juge d'ajouter que la *ratio legis* de la stabilité des frontières terrestres se justifie par la paix des populations qui occupent le territoire, les espaces maritimes étant par ailleurs inoccupés. Or, dit-il, l'*uti possidetis* est une exception au caractère relatif des traités, donc une exception d'interprétation stricte puisqu'elle limite le principe de la souveraineté de l'État.

Le juge insiste sur le caractère relativement récent des frontières maritimes et il rappelle que le Tribunal lui-même n'a relevé que deux cas où des frontières maritimes étaient en jeu en Amérique latine, « continent par excellence de l'*uti possidetis*[458] » : les affaires du *Canal de Beagle* et du *Golfe de Fonseca*. Dans la première affaire, impliquant l'Argentine et le Chili en 1977, le Tribunal d'arbitrage, agissant au nom de la reine d'Angleterre, se prononça sur la délimitation sans appliquer la règle, alors que dans le second cas, la Cour centraméricaine de Justice décida, en 1917, sur des questions qui ne concernaient pas la délimitation, mais plutôt le statut juridique de cette baie historique et des limites extérieures des mers territoriales d'El Salvador, du Honduras et du Nicaragua. Aucun de ces deux cas, ajoute le juge, n'est donc pertinent sur la question de savoir si l'*uti possidetis* est applicable aux frontières maritimes. Quant à l'opinion du Tribunal concernant les limites maritimes de trois pays d'Asie, le juge dissident considère qu'elle est sans pertinence :

> Il ne suffit pas d'affirmer que "les cartes géographiques de la Malaisie, des Philippines et du Brunei, par exemple, présentent comme limites maritimes les lignes dont l'origine remonte à l'époque coloniale". Il faut surtout prouver que lesdites lignes ont été imposées à ces États nouvellement indépendants par application d'une règle supposée d'obligation de succéder aux traités coloniaux de délimitation maritime.

---

456 *Idem*, p. 168, par. 36-37.

457 Par. 63 de la *Sentence de 1989*, cité dans l'*opinion dissidente du juge Bedjaoui*, p. 168, par. 36.

458 *Idem*, p. 173-174, par. 48-50.

La réponse est radicalement non. C'est par la voie conventionnelle que ces limites ont été acceptées par les États intéressés[459].

Le juge dissident en arrive à la conclusion que d'abord, l'accord de 1960 ne peut être opposé à la Guinée-Bissau en tant que traité, elle qui n'a pas exprimé son consentement à y être liée, ensuite que ce pays ne peut avoir succédé automatiquement à un traité de frontière maritime par la seule application du principe de l'*uti possidetis.*

6.7 Le droit ne doit pas refaire la géographie

Puisque, de l'avis du juge dissident, l'échange de lettres franco-portugais de 1960 ne peut être opposé à la Guinée-Bissau, il passera au deuxième volet de son opinion en procédant *ex novo* à la délimitation, mais non sans rappeler d'abord l'importance de ne pas refaire la nature à son avantage et d'examiner les données de la géographie, qui « fournit des éléments physiques irréductibles et *inescamotables* d'une réalité qui devrait s'imposer indiscutablement à tous[460] ». Pourtant, observe le juge, les deux Parties ont des visions irréconciliables selon les distances qu'elles choisissent de prendre face à la réalité qu'il faut appréhender. Ce n'est pas sans humour que le juge dissident s'exprime comme suit, dans ce qui nous semble être une critique implicite mais acerbe de l'approche *macrogéographique* retenue par le Tribunal dans la précédente affaire *Guinée/Guinée-Bissau,* lorsque ce dernier adoptait comme frontière une perpendiculaire à la direction générale des côtes, estimée selon une longueur telle qu'elle englobe deux pays tiers (de la pointe des Almadies au Sénégal jusqu'au cap Shilling en Sierra Leone) :

> Pour trancher ces désaccords partisans, j'ai le devoir de ne pas examiner de très loin comment se présente toute la côte occidentale de l'Afrique. Je ne puis, du moins dans cette phase d'identification et de prise en compte des facteurs géographiques pertinents, regarder encore de plus haut, comme d'un satellite, toute la carte de l'Afrique. Cela ne m'intéresse pas non plus de regarder la Terre de Sirius, et de dire, détaché, qu'elle est ronde et convexe. Ce qui est pertinent, c'est la côte, ou plus exactement la portion de côte de chacun des deux États qui demandent la détermination de leur frontière en mer[461].

Ce qui semblait être une critique implicite de l'affaire précédente devient une critique explicite lorsque le juge dissident déclare plus loin, dans une note en bas de page, que le Tribunal, en 1985, « était préoccupé de répartir en toute équité le facteur de la "divergence" » en forgeant le concept de littoral

---

459 *Idem,* p. 175, par. 52.

460 *Opinion dissidente du juge Bedjaoui,* p. 192, par. 99.

461 *Idem,* p. 192-193, par. 99-100.

long opposé à celui de littoral court. Le juge Bedjaoui ajoute que le Tribunal a ainsi négligé le point de vue du juge Koretsky, dans les affaires de la *Mer du Nord*, quand ce dernier estimait que “les considérations *macrogéographiques* n'ont absolument aucune pertinence, sauf dans l'hypothèse improbable où l'on souhaiterait redessiner la carte politique d'une ou de plusieurs régions du monde[462]”. Le juge estime par ailleurs que le recours à la macrogéographie est légitime, mais seulement *a posteriori* et afin de vérifier si un résultat équitable a été atteint au terme de la délimitation, résultat qui ne doit être obtenu que par la prise en considération des côtes « pertinentes » et dans la mesure seulement où les circonstances en l'espèce peuvent s'y prêter. Le juge rappelle d'ailleurs que cette notion de côtes pertinentes a trouvé application dans les affaires *Libye/Tunisie* et *Libye/Malte*.

S'agissant de côtes pertinentes, le juge estime que seul le littoral sénégalais de Casamance est pertinent, la délimitation Gambie/Sénégal constituant une rupture incontournable, tandis que le littoral de la Guinée-Bissau, avec sa multitude d'îles et de rochers, est défini par le juge en termes poétiques comme étant « un bouclier terrestre tenu par un gigantesque Neptune face aux flots[463] », ou encore « cette gigantesque patte d'oie, ou ces hippopotames assoupis dans l'eau »[464]. Ainsi le juge estime que la configuration du littoral de la Guinée-Bissau est incontestablement convexe, circonstance qui doit être prise en considération, mais il rejette par ailleurs la pertinence, dans ce cas, des facteurs d'ordre géomorphologique et géologique, qui avaient été plaidés avec beaucoup d'insistance dans les affaires *Libye/Tunisie* et *Libye/Malte*, tout en émettant plus loin l'opinion que la jurisprudence n'a pas tenu compte de la géologie pour insuffisance de preuves scientifiques plutôt que pour motif de non pertinence :

> L'idée d'une “limite naturelle”, constituée par des montagnes, des cours d'eau, ou divers accidents caractéristiques de la nature, n'a jamais pu s'imposer aux États pour la délimitation de leurs frontières terrestres alors même que cette limite est visible à l'œil nu. Il est douteux que la science juridique accepte pour les espaces maritimes ce qu'elle refuse pour les espaces terrestres, et donne droit de cité à des “limites naturelles” constituées par un accident géologique important et significatif alors qu'une telle limite, elle, n'est pas visible à l'œil nu[465].

---

462 *Plateau continental de la mer du Nord,* C.I.J. Recueil 1969, p. 162. Passage cité dans *l'opinion dissidente du juge Bedjaou*i, p. 195, par. 104, note 19.

463 *Idem*, p. 196, par. 108.

464 *Idem*, p. 197, par. 111.

465 *Idem*, p. 197, par. 114.

6.8 Une délimitation *ex novo*

Ayant ainsi déterminé quelles étaient les circonstances pertinentes à la délimitation, notamment la configuration du littoral, le juge estime que le problème majeur consiste à estimer ce que l'équité requiert comme traitement pour la présence de l'archipel au large des côtes de la Guinée-Bissau. Le juge observe que la direction générale des côtes guinéennes, abstraction faite des îles, est de 132 °, ce qui, dit-il, ne serait pas équitable, car cela exclut les îles pertinentes, notamment celle sur laquelle se trouve Bissau, la capitale. Par ailleurs, une orientation générale tenant compte des îles les plus pertinentes (Caravela, Uomo et Orango) présente une orientation de 160 °. Le juge s'inspire alors de plusieurs affaires[466] dans lesquelles il a été décidé de n'accorder qu'un effet partiel aux territoires insulaires. Ainsi, le juge rappelle que cette solution a été adoptée, dans l'affaire *France/Royaume-Uni*[467] de 1977, dans laquelle le Tribunal d'arbitrage n'a reconnu qu'un demi effet à l'archipel britannique des Sorlingues, à 21 milles marins des côtes. La même solution a été retenue, ajoute le juge, dans l'affaire *Libye/Tunisie*[468] de 1982, alors que la C.I.J. a décidé de traiter ainsi l'archipel tunisien des Kerkennah, à 11 milles des côtes. Le juge mentionne aussi l'affaire *Libye/Malte*[469] de 1985 dans laquelle les îles maltaises n'ont obtenu qu'un effet d'un quart.

Ainsi, le juge estime d'un azimut 146° la ligne représentant un demi effet insulaire et constituée de la bissectrice de l'angle ayant pour sommet le cap Roxo et pour côtés, d'une part la direction générale de la façade occidentale de l'archipel guinéen des Bijagos (Roxo-Acudama, 160°), et d'autre part la direction de la côte continentale (Roxo-Catunco, 132°).

Par ailleurs, et contrairement à ce qu'a soutenu le Portugal, le juge Bedjaoui ne voit nulle part que la Guinée-Bissau ait accepté l'azimut 240° comme limite de sa mer territoriale, requérant plutôt le Tribunal d'appliquer le droit de la mer, soit une ligne d'équidistance, laquelle, poursuit le juge, donne un azimut de 247°. Ainsi, estime-t-il, la frontière à être tracée partira du cap Roxo sans tenir compte de l'azimut 240°. La frontière déterminée *ex novo* est alors une ligne d'azimut 252°, constituée de la bissectrice de l'angle ayant pour sommet le cap Roxo et pour côtés, d'une part la direction générale de la côte du Sénégal (358°), et, d'autre part, la direction générale de la façade maritime guinéenne selon un demi effet attribué à ses îles principales (146°).

---

[466] *Idem*, p. 206-207, par. 144.

[467] Le juge ne mentionne pas le passage pertinent de la sentence.

[468] C.I.J. Recueil 1982, par. 128.

[469] C.I.J. Receuil 1985, par. 73.

6.9 Le concept de proportionnalité

Le juge Bedjaoui se demande ensuite si le résultat obtenu est équitable, et pour ce faire, examine, dans la foulée des affaires *Libye/Tunisie* et *Libye/Malte*, le concept de proportionnalité qui, dit-il, constitue certes un élément de vérification de ce résultat équitable, mais qui est de surcroît un critère de délimitation comme tel. Ainsi, la différence de longueur des côtes, qui était si grande dans l'affaire *Libye/Malte*, doit s'incarner dans un critère juridique équitable et elle ne s'exprime pas dans un rapport arithmétique aveugle et automatique, mais bien selon une formule souple et maniable :

> Le principe de l'égalité des États vient conforter et non pas déstabiliser le critère de proportionnalité ainsi défini. D'abord, une délimitation n'est pas un partage ; c'est une opération juridique. L'égalité entre États signifie que les souverainetés de la Guinée-Bissau et du Sénégal sont juridiquement d'égale valeur et d'égale portée et donc qu'elles sont susceptibles, l'une comme l'autre, de générer, par leurs projections respectives en mer des zones de plateau continental. Mais le principe de l'égalité entre États ne dit pas que chaque État a droit à un plateau continental égal en étendue à celui d'un autre État. On n'atteint l'égalité juridique qu'en traitant différemment deux éléments physiques eux-mêmes différents : les longueurs de côtes[470].

Le juge estime que la proportionnalité dans le présent cas est satisfaite, puisque la longueur des côtes pertinentes du Sénégal est de 44 milles marins (du cap Roxo à la frontière méridionale avec la Gambie), celle de la Guinée-Bissau de 85 milles (du cap Roxo à Ponta Ancumbe) – un rapport de 33 à 67 –, tandis que les superficies maritimes attribuées respectivement à chaque État sont de 52 260 km^2 et de 103 176 km^2 – rapport presque identique à celui de la longueur des côtes.

6.10 La demande en nullité de la sentence arbitrale

Toujours est-il que la frontière décidée par la sentence arbitrale du 31 juillet 1989 allait être de nouveau contestée, puisque, deux jours après son prononcé, la Guinée-Bissau rejetait ses conclusions et, par la voix de son ambassade à Paris, se déclarait « prête à rouvrir les négociations afin de parvenir à une solution complète et définitive réalisant la délimitation équitable souhaitée[471] ». Le 12 novembre 1991, un jugement de la C.I.J. rejettera la demande de la Guinée-Bissau visant à faire déclarer nulle la sentence.

---

470 *Opinion dissidente du juge Bedjaoui*, p. 211, par. 156.

471 (1990) Chronique des faits internationaux, *RGDIP*, vol. 94, n° 1, p. 136.

Le Sénégal prétend, bien sûr, que la sentence de 1989 est valide et obligatoire pour la Guinée-Bissau, tandis que cette dernière demande à la Cour, dans les conclusions de sa procédure écrite, de décider que cette sentence "est frappée d'inexistence par le fait que, des deux arbitres ayant constitué en apparence une majorité en faveur du texte de la sentence, l'un a, par une déclaration annexe, exprimé une opinion en contradiction avec celle apparemment votée[472]". La Guinée-Bissau demande aussi à la Cour, dans les mêmes conclusions, de juger que

> cette prétendue décision est frappée de nullité absolue, le Tribunal ayant négligé de répondre à la seconde question posée par le compromis d'arbitrage, alors que sa réponse à la première question ouvrait la nécessité d'une réponse à la seconde, ne s'étant pas conformé aux dispositions du compromis arbitral par lesquelles il était demandé au Tribunal de décider sur la délimitation de l'ensemble des espaces maritimes, de le faire par une ligne unique et d'en porter le tracé sur une carte et n'ayant pas motivé les restrictions ainsi abusivement apportées à sa compétence[473].

Le compromis d'arbitrage prévoit, à l'article 4, que le Tribunal "ne pourra statuer que s'il est au complet", et que ses décisions "seront prises à la majorité de ses membres". L'article 9, alinéa 2, stipule que la décision du Tribunal "doit comprendre le tracé de la ligne frontière sur une carte" et que celui-ci pourra désigner un ou des experts techniques "pour l'assister dans la préparation de cette carte". Ajoutons que l'alinéa 3 de ce même article prévoit que la décision "sera pleinement motivée[474]".

6.11 La décision de la Cour de 1991

Après avoir rappelé ces dispositions du compromis d'arbitrage, la Cour résume la sentence dans les termes suivants : l'accord de 1960 doit être interprété selon le droit alors en vigueur et il est opposable aux deux Parties ; il ne délimite que les espaces maritimes qui existaient à l'époque : mer territoriale, zone contiguë, plateau continental (dans toute l'étendue de la définition actuelle de cet espace), mais non pas la zone économique exclusive. La Cour a ensuite l'occasion de noter une déclaration du Tribunal selon laquelle la deuxième question du compromis "n'appelle pas une réponse de sa part", étant donné les conclusions auxquelles il est arrivé ; et il ajoute qu'il "n'a pas jugé utile, étant

---

472 *Affaire relative à la sentence arbitrale du 31 juillet 1989 (Guinée-Bissau c. Sénégal),* arrêt, C.I.J. Recueil 1991, p. 53. Ci-après cité : *Arrêt de 1991*. Le texte intégral de l'arrêt, de même qu'un résumé, sont disponibles sur le site Internet de la Cour : www.icj-cij.org.

473 Conclusions de la Guinée-Bissau, citées dans l'*Arrêt de 1991*, p. 56-57, par. 10.

474 Compromis d'arbitrage, reproduit partiellement dans l'*Arrêt de 1991*, p. 58-59, par. 14.

donné sa décision, de joindre une carte comprenant le tracé de la ligne frontière[475]".

La Cour prend de plus connaissance d'une déclaration du président du Tribunal, jointe à la sentence, selon laquelle la réponse donnée à la première question "aurait pu être plus précise". Et le président d'ajouter qu'il aurait lui-même répondu comme suit : "L'accord conclu par un échange de lettres, le 26 avril 1960, et relatif à la frontière en mer, fait droit dans les relations entre la République de Guinée-Bissau et la République du Sénégal en ce qui concerne la mer territoriale, la zone contiguë et le plateau continental, mais il ne fait pas droit quant aux eaux de la zone économique exclusive ou à la zone de pêche[476]". Pour l'intelligence du premier motif de nullité allégué par la Guinée-Bissau, la Cour cite la suite de la déclaration du président, laquelle se lit notamment dans les termes suivants :

> Cette réponse partiellement affirmative et partiellement négative est, à mon avis, la description exacte de la situation juridique existant entre les Parties. (...) cette réponse aurait habilité le Tribunal à traiter dans la sentence la deuxième question posée par le compromis arbitral. La réponse *partiellement* négative à la première question aurait attribué au Tribunal une compétence *partielle* pour répondre à la deuxième, c'est-à-dire pour le faire dans la mesure où la réponse à la première question eût été négative.
>
> Dans ce cas, le Tribunal aurait été compétent pour délimiter les eaux de la zone économique exclusive ou la zone de pêche entre les deux pays. De cette façon, le Tribunal aurait pu trancher le différend d'une manière complète car, en vertu de la réponse à la première question du compromis arbitral, il aurait déterminé la limite pour la mer territoriale, la zone contiguë et le plateau continental, comme la sentence vient de le faire, et, moyennant la réponse à la deuxième question, le Tribunal aurait pu déterminer la limite pour les eaux de la zone économique exclusive ou la zone de pêche, limite qui aurait pu ou non coïncider avec la ligne établie par l'accord de 1960[477].

La Cour cite également un passage de l'opinion dissidente du juge Bedjaoui, qui estime que cette déclaration "montre bien que la sentence est incomplète et non conforme à la lettre et à l'esprit du compromis quant à la ligne unique voulue par les Parties". Et ce dernier d'ajouter que pareille déclaration, quand elle émane du président du Tribunal lui-même, "justifie de

---

475 *Sentence de 1989*, par. 87, citée dans l'*Arrêt de 1991*, p. 60, par. 17.

476 *Idem*, citée dans l'*Arrêt de 1991*, p. 60, par. 19.

477 *Déclaration du président du Tribunal*, citée dans l'*Arrêt de 1991*, p. 60-61, par. 20.

s'interroger plus fondamentalement sur l'existence d'une majorité et la réalité de la sentence[478]".

Après avoir décidé que l'absence de l'un des arbitres à la séance où la sentence a été lue n'affecte pas la validité de cette sentence, la Cour examine la thèse principale de la Guinée-Bissau selon laquelle la sentence est inexistante pour le motif qu'elle est fondée sur une absence de majorité. La demanderesse prétend en effet que la déclaration du président contredisait et invalidait son vote. La Cour rejette cette affirmation en estimant que la formulation de la réponse souhaitée à la première question était, dans l'esprit du président, préférable et non pas obligatoire. Quoi qu'il en soit, ajoute la Cour, cette contradiction ne pouvait prévaloir contre la position adoptée par le président lors du vote pour la sentence. La Cour examine ensuite tour à tour les motifs invoqués subsidiairement par la Guinée-Bissau pour faire prononcer la nullité absolue de la sentence : excès de pouvoir, défaut de motivation, absence de carte.

Au sujet des deux premiers motifs, la Cour reconnaît que la sentence n'est pas à l'abri de la critique, et elle estime regrettable que le Tribunal n'ait pas fait figurer, dans le dispositif de la sentence, la décision prise de ne pas répondre à la seconde question du compromis. Pourtant, dit la Cour, le Tribunal a approuvé, par deux voix contre une, la décision de ne pas répondre à cette question pour les motifs qu'il a exposés. La Cour en conclut qu'il n'y a pas eu omission de statuer. Il est vrai, précise la Cour, que la réponse à la première question « aboutissait à une délimitation partielle. Mais elle n'en était pas moins une réponse complète et affirmative à la première question (...) Dès lors, le Tribunal a pu, sans méconnaître manifestement sa compétence, juger que la réponse qu'il avait donnée à la première question n'était pas négative, et que par suite il n'avait pas compétence pour répondre à la seconde[479] ».

La Cour examine enfin le dernier argument de la Guinée-Bissau qui invoque la nullité de la sentence pour le motif que le Tribunal n'a pas tracé la frontière sur une carte et que sa décision n'a pas été motivée suffisamment à ce sujet. Pourtant, observe la Cour, il est énoncé dans cette sentence que l'accord de 1960 "détermine clairement la frontière maritime pour ce qui a trait à la mer territoriale, à la zone contiguë et au plateau continental", tout en précisant que la méthode utilisée consiste dans "une ligne droite orientée à 240°" et que cette formulation "permet d'écarter toute ligne géodésique", si bien que la ligne doit être loxodromique, ce qui est conforme aux "croquis attachés aux travaux préparatoires" de cet accord de 1960[480]. Que le Tribunal ait déclaré n'avoir pas jugé utile, étant donné sa décision de ne pas répondre à la deuxième question, de

478 *Opinion dissidente du juge Bedjaoui*, par. 161, citée dans l'*Arrêt de 1991*, p. 61, par. 20.
479 *Arrêt de 1991*, p. 73, par. 60.
480 *Sentence de 1989*, par. 80, 85, 86 et 88, cités dans l'*Arrêt de 1991*, p. 73 et 74, par. 62.

joindre une carte indiquant la frontière, la Cour estime que sa motivation est suffisante, même si elle est brève, puisqu'il a paru au Tribunal « inutile de faire porter sur une carte une ligne connue de tous et dont il avait précisé les ultimes caractéristiques[481] ». La Cour en arrive ainsi à la conclusion que « l'absence de carte ne saurait constituer dans les circonstances de l'espèce une irrégularité de nature à entacher la sentence arbitrale d'invalidité[482] ».

Pour tous ces motifs, la Cour rejette, à l'unanimité, les conclusions de la Guinée-Bissau selon lesquelles la sentence arbitrale de 1989 est frappée d'inexistence ; elle rejette de même, par 11 voix contre 4, les conclusions visant à faire prononcer la nullité absolue de cette sentence ; la Cour rejette aussi, par 12 voix contre 3, les conclusions selon lesquelles c'est à tort que le Sénégal prétend imposer à la Guinée-Bissau l'application de la sentence ; enfin, elle dit, par 12 voix contre 3, que la sentence est valable et obligatoire pour les deux États[483].

6.12 Une délimitation inachevée ?

Les juges Aguilar Mawdsley et Ranjeva se déclarent convaincus, dans leur opinion dissidente commune, que la Cour aurait dû prononcer la nullité de la sentence, en faisant d'abord observer que cette même Cour a, d'une part, validé cette sentence, et, d'autre part, montré les faiblesses et les lacunes de celle-ci. Pourtant, les Parties elles-mêmes ont manifesté leur volonté commune d'en arriver à une solution définitive de l'ensemble du différend, notamment en annonçant qu'elles étaient disposées à aménager par voie judiciaire ou conventionnelle les effets d'une nullité de la sentence. Force est de constater que, « sur le plan du droit strict, aucune certitude ne peut être établie quant à une solution définitive du différend[484] », au terme d'une procédure trop coûteuse et trop longue « pour des États dont les économies, principalement pour la Partie demanderesse, sont tributaires des ressources de la mer ». Les deux juges rappellent que la C.I.J., en tant qu'organe judiciaire principal de la communauté internationale, a une mission spécifique qui est d'assurer la paix, la sécurité et le développement des relations amicales entre les États ; c'est ainsi que sera « consolidée la confiance, placée par les États, notamment les États en développement, dans ce mode de règlement des différends[485] ».

---

481 *Idem*, p. 74, par. 63.

482 *Idem*, p. 74, par. 64.

483 *Idem*, p. 75-76, par. 69.

484 *Opinion dissidente commune* des juges Aguilar Mawdsley et Ranjeva, p. 120-121, par 3. Le texte intégral des opinions et des déclarations, de même que leur résumé, sont disponibles sur le site Internet de la Cour : www.icj-cij.org.

485 *Idem*, p. 121, par. 5.

Or, dans le présent cas, les deux juges affirment que la procédure arbitrale est émaillée de divers faits regrettables, notamment la technique de travail du Tribunal, la durée de la procédure, l'absence injustifiée d'un arbitre, le caractère inachevé de la délimitation et la déclaration du président. Si ces faits, pris isolément, ne sont pas suffisants pour justifier en droit la nullité de la sentence, ils constituent par ailleurs « un faisceau de faits qui, d'une part, sont de nature à faire naître un doute très sérieux qui affecte directement la valeur intrinsèque d'une décision de justice et qui, d'autre part, sont la cause d'effets destructeurs quant à l'autorité même de la sentence, et de sa capacité à servir de base au règlement du différend[486] ». Les deux juges dissidents considèrent que le Tribunal, en décidant de ne pas répondre à la seconde question et en refusant de joindre une carte, a statué *infra petita*, commettant ainsi un excès de pouvoir par omission et ce sans motivation :

> D'une manière générale, la valeur démonstrative de la conclusion logique se conçoit aisément dans les rapports de causalité. En revanche la logique juridique relève plus des relations d'imputabilité. La conclusion logique, dans ces conditions, peut apparaître pertinente lorsqu'en droit il s'agit d'assurer l'effectivité, la consolidation d'un droit déjà consacré. Au contraire, elle est nettement insuffisante pour justifier le rejet d'une requête tendant à obtenir le respect d'un droit (...). Dans le cas de rejet d'une demande, la conclusion logique équivaut à une absence de motifs[487].

À l'instar de ses deux collègues dissidents, le juge Thierry estime que la Cour aurait dû prononcer la nullité de la sentence, qui n'a pas abouti à une délimitation complète. Pourtant, dit le juge, la volonté commune des Parties était de parvenir à la détermination d'une frontière maritime unique, et la mission du Tribunal était de se consacrer à cette tâche. Le juge conteste la prémisse du syllogisme de la Cour qu'il présente, non sans humour, dans les termes suivants : « 1) le Tribunal n'était pas tenu en tout état de cause de régler le différend complètement ; 2) le Tribunal a réglé le différend partiellement ; 3) donc la sentence est valide[488] ».

• • •

---

486 *Idem*, p. 122, par. 7.

487 *Idem*, p. 128, par. 22.

488 *Opinion dissidente du juge Thierry*, p. 183, par. non numéroté.

La Guinée-Bissau et le Sénégal concluent, le 14 octobre 1993, un accord[489] selon lequel les deux États conviennent d'exploiter conjointement les espaces maritimes dans une zone entre les azimuts 268° et 220° tracés depuis le cap Roxo, à l'exception des mers territoriales respectives, encore que la pêche à petite échelle y sera autorisée (art.1). L'accord prévoit en outre que le partage du produit des ressources halieutiques provenant de cette zone est établi à 50% pour chacun des deux pays, tandis que celui du plateau continental revient au Sénégal dans une proportion de 85% (art. 2). Il est stipulé aussi que l'accord est conclu pour une durée de 20 ans (art. 8).

L'affaire Guinée-Bissau/Sénégal est la première où a été posée la question de savoir si le principe de l'intangibilité des frontières, bien connu en matière terrestre, s'applique également aux frontières maritimes. Bien que la réponse à cette question demeure d'une importance assez limitée pour le continent africain lui-même – compte tenu du fait que très peu, sinon aucune autre frontière maritime n'a été délimitée par les Puissances coloniales avant les indépendances –, la question n'en demeure pas moins très intéressante d'un strict point de vue juridique, parce qu'elle soulève une question préalable, celle de savoir jusqu'où il faut pousser la logique de la distinction entre milieu terrestre et milieu marin. C'est un euphémisme de déclarer que le Tribunal d'arbitrage, confronté qu'il était de répondre à la question, a été fort laconique en mentionnant essentiellement qu'il ne voyait pas de distinction à établir entre les deux types de milieux et que, par voie de conséquence, la règle de l'intangibilité devait s'appliquer indistinctement. Aussi, il nous semble assez peu surprenant mais fort heureux qu'une forte dissidence – en l'occurrence celle du juge Bedjaoui – ait été inscrite. Est-elle convaincante pour autant ?

Notons en tout cas que les opinions des auteurs sont partagées sur la question. Parmi ceux estimant que l'*uti possidetis* s'applique aux frontières maritimes[490], nous retenons une opinion récente selon laquelle la résolution de 1964 n'a pas fait de distinction entre ces deux types de frontières, en conséquence de quoi, si l'on applique « le principe qu'il ne faut pas interpréter là où la loi n'interprète pas, il faut admettre qu'il ne faut pas distinguer là où la loi ne distingue pas[491] ». D'autres, à l'instar du juge Bedjaoui, considèrent au contraire que la règle ne s'y applique pas. Ainsi, dans une publication récente[492], on s'est

---

489 Management and cooperation agreement between the Government of the Republic of Senegal and the Government of the Republic of Guinea-Bissau. *Law of the Sea Bulletin* (1996) n° 31, p. 40-41.

490 Consulter notamment Antonopoulos, C. (1996) The Principle of *Uti Possidetis Juris in* Contemporary International Law ; Kohen, M. G. (1997) *Possession contestée et souveraineté territoriale.*

491 Yacouba, Cissé (2001) *Droit des espaces maritimes et enjeux africains*, p. 230.

492 Lalonde, Suzanne (2002) *Determining Boundaries in a Conflicted World. The Role of* Uti possidetis, p. 134.

rangé derrière l'opinion du juge dissident en faisant valoir notamment les motifs suivants : les frontières maritimes reposent sur le droit davantage que les frontières terrestres (en particulier avec la cristallisation du concept de zone économique exclusive) ; le territoire maritime n'est pas concerné par l'occupation humaine ; les considérations historiques ont généralement peu d'impact dans le domaine maritime ; la relation entre frontière maritime et principe de l'autodétermination est d'une nature différente.

7

LA FRONTIÈRE ÉRYTHRÉE/YÉMEN

> In the end neither Party has been able to persuade the Tribunal that the history of the matter reveals the juridical existence of an historic title, or of historic titles, of such long-established, continuous and definitive lineage to these particular islands, islets and rocks as would be a sufficient basis for the Tribunal's decision. And it must be said that, given the waterless and uninhabitable nature of these islands and islets and rocks, and the intermittent and kaleidoscopically changing political situations and interests, the conclusion is hardly surprising.
>
> *Eritrea-Yemen Arbitration. Award, First Stage*, par. 449.

> In finding that the Parties each have sovereignty over various of the Islands the Tribunal stresses to them that such a sovereignty is not inimical to, but rather entails, the perpetuation of the traditional fishing regime in the region. (...) In the exercise of its sovereignty over these islands, Yemen shall ensure that the traditional fishing regime of free access and enjoyment for the fishermen of both Eritrea and Yemen shall be preserved for the benefit of the lives and livelihoods of this poor and industrious order of men.
>
> *Idem*, par. 526.

La délimitation entre l'Érythrée et le Yémen revêt une grande importance pour plusieurs raisons : d'abord, il s'agit de la première frontière maritime, tous modes (bilatéral et juridictionnel) confondus, qui soit réglée en mer Rouge (figure 7) ; de plus cette frontière l'a été par un tribunal d'arbitrage qui a procédé en deux phases, décidant, dans un premier temps, le 9 octobre 1998, de la question de la souveraineté territoriale sur certaines îles et de la portée du différend, puis, dans un second temps, le 17 décembre 1999, de la délimitation maritime proprement dite ; aussi ce Tribunal confirme, nonobstant toute délimitation formelle, l'existence d'un régime traditionnel de pêche qui donne aux nationaux des deux pays un libre accès à l'ensemble de cette région.

Ainsi, le Tribunal est-il amené à examiner, dans la première phase, les concepts de proximité géographique et d'unité naturelle, de même que les règles juridiques d'acquisition du territoire, notamment les titres et les effectivités, puis il procède, dans la seconde phase, à la délimitation, après avoir observé que la situation géographique générale est celle de côtes opposées, tout en distinguant cependant la présence de sous-groupes insulaires qui se trouvent dans trois secteurs différents et auxquels il s'agit de savoir si leur importance relative justifie de leur reconnaître un effet entier, partiel ou nul sur le tracé de la médiane.

7.1 De nouveaux voisins dans la corne de l'Afrique

L'affaire est également importante pour la raison que le règlement de ce conflit concerne une zone hautement stratégique, puisque certaines des îles disputées se trouvent à proximité du détroit de Bab el Mandeb, ce goulot d'étranglement d'une largeur d'à peine 30 kilomètres qui permet d'acheminer une partie importante du pétrole de la péninsule arabique et du golfe Persique. Si ces îles minuscules sont difficilement habitables et sans attraits, elles sont néanmoins sur l'une des routes de navigation les plus achalandées au monde depuis l'ouverture du canal de Suez en 1869. D'abord peu remarquées par les habitants des pays côtiers, sauf par les pêcheurs, elles reçurent par ailleurs une attention considérable de la part des puissances coloniales rivales, notamment la Grande-Bretagne et l'Italie, qui les occupèrent même temporairement.

La délimitation intervient entre deux nouveaux voisins, si l'on peut dire. En effet, l'Érythrée, d'une part, dans la corne de l'Afrique, n'a rejoint le concert des nations que récemment (24 mai 1993, date de son indépendance) et au prix d'une guerre très dure contre l'Éthiopie dont elle a fait sécession. À l'inverse, le Yémen d'aujourd'hui, dans la partie sud-est de la péninsule arabique, est le produit de l'unification, le 22 mai 1990, du Yémen du Nord (qui avait obtenu lui-même son indépendance, en novembre 1918, de l'Empire ottoman) et du Yémen du Sud (de tendance marxiste, indépendant du Royaume-Uni depuis le 30 novembre 1967). Le Yémen, qui avait appuyé l'Iraq dans la première guerre du Golfe, est l'un des pays soupçonnés d'être les plus actifs en matière de terrorisme. On se souvient, notamment, des attentats perpétrés en 2001 contre le croiseur *USS Cole* en 2001 et contre le pétrolier *Limburg* en 2002.

Le territoire du Yémen, dont l'étroite plaine côtière longe les grandes chaînes précambriennes de l'Hadramaout et de l'Assir, a plus de quatre fois la superficie de celle de l'Érythrée (527 970 km^2 et 121 320 km^2 respectivement), alors que sa population est de 20 025 000 habitants, celle de l'Érythrée étant de 4 447 000, ce qui représente des densités très rapprochées de 26,4 et de 27,28 hab./km^2. Le pourcentage de population rurale est particulièrement élevé dans chacun de ces deux pays (75% au Yémen et même 81% en Érythrée). D'un point de vue ethnique et religieux, ces deux populations sont très différentes : celle du Yémen est constituée d'Arabes à 95% et elle professe l'islam à 97%

Figure 7

LES FRONTIÈRES MARITIMES DANS LA MER ROUGE

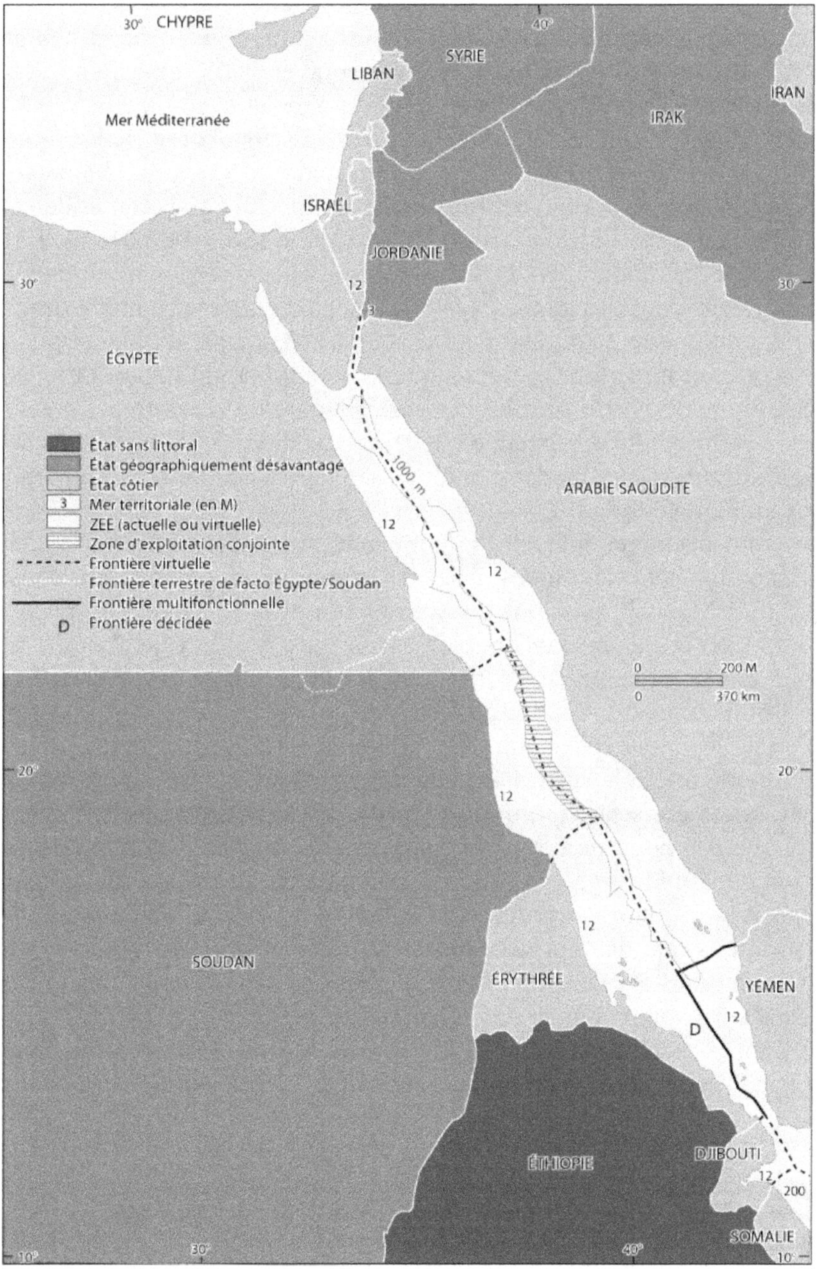

(dont 55% de Sunnites et 42% de Chiites). Notons aussi que le Yémen est le second pays du monde, après sa voisine, l'Arabie saoudite, à avoir adopté cette religion[493]. Quant aux caractères ethniques et religieux de l'Érythrée, nous aurons l'occasion d'en dire quelques mots en comparant ce pays avec l'Éthiopie (chapitre 11).

Sont très comparables les revenus moyens par habitant, parmi les plus faibles du monde, notamment celui de l'Érythrée avec 700$ (ex-aequo avec la Guinée-Bissau au 184e rang sur 193) et celui du Yémen avec à peine 100$ de plus (au 149e rang). Quant aux pourcentages de la population active qui se consacre à l'agriculture et au pastorat, ils sont identiques (approximativement 80% dans chacun des pays, qui sont tous deux producteurs de coton et de café, l'Érythrée cultivant aussi le tabac, tandis qu'on trouve le qat au Yémen). En ce qui concerne la pêche, notamment celle qui est pratiquée de façon traditionnelle, elle est importante dans les deux pays. Quant aux ressources minérales, on trouve de l'or, du cuivre et du sel dans chacun de ces pays, de même que du zinc et de la potasse en Érythrée, tandis que le Yémen produit aussi du nickel, du marbre et du charbon. Le pétrole, dont on présume qu'il existe des réserves en Érythrée, a été produit au Yémen, en 2001, à raison de 438 500 bbl. Les deux pays fondent aussi des espoirs dans le tourisme, en particulier pour la plongée sous-marine en mer Rouge.

Des cinq frontières maritimes du Yémen, seules celles avec l'Érythrée et l'Arabie saoudite sont délimitées. Elles ne le sont pas avec Djibouti, dans le détroit de Bal el Mandeb, pas plus qu'avec Oman et la Somalie, compliquées qu'elles sont, dans ces deux derniers cas, par la présence de l'île Socotra dont on devrait d'abord convenir de l'effet à lui attribuer sur le tracé des lignes. Quant à la frontière avec l'Arabie saoudite, ce n'est que récemment, soit le 12 juin 2000, que les deux pays ont conclu un accord[494], tout à fait inusité, puisqu'il qui porte à la fois sur les sections terrestre et maritime de la frontière. Quant à cette première section, qui, dit le traité, n'était pas encore délimitée, il est convenu que son point de départ se trouve au *jbel* al-Tha'r et qu'elle se termine au point de latitude 19 Nord et de longitude 52 Est. Il est en outre convenu que toute position militaire sera interdite à moins de cinq kilomètres de cette frontière. Ajoutons que des nomades résistent à la démarcation de cette frontière, notamment dans les zones où l'Arabie saoudite procède à la construction d'un mur de sécurité pour stopper des activités illégales[495].

Quant à la section maritime de la frontière, qui délimite à la fois le plateau continental et la zone économique exclusive, il est stipulé que la ligne

---

493 (2004) *Financial Times World Desk Reference*, p. 240-241 et 630-631.

494 International Border Treaty between the Republic of Yemen and the Kingdom of Saudi Arabia. Nations Unies (2004) *Delimitation Treaties Infobase*. Site Internet : www.un.org.

495 (2004) *CIA World Fact Book 2004*. Site Internet : www.odci.gov/cia/publications/ factbook.

coïncide avec le parallèle de latitude jusqu'au point de coordonnées 16° 24' 14,8'' Nord et 42° 09' 00'' Est, après quoi cette ligne bifurque en direction du sud-ouest jusqu'à un point dont les coordonnées sont désignées, puis suit de nouveau un parallèle de latitude en direction ouest jusqu'à l'extrémité de la frontière maritime entre les deux États, sans mentionner l'existence du triple point avec un État tiers, en l'occurrence l'Érythrée.

À l'instar du processus de délimitation des frontières intéressant l'Érythrée (chapitre 11), on peut dire que ce processus est à la fois récent et peu avancé dans le cas du Yémen.

7.2 Le compromis

Aux termes d'un accord[496] conclu le 21 mai 1996, les deux États, après avoir rappelé les initiatives et les efforts de l'Éthiopie et de l'Égypte pour les rapprocher, déclarent renoncer à l'usage de la force et décident de faire appel à un Tribunal d'arbitrage. Il est expressément prévu que ce Tribunal devra, en ce qui concerne les questions relatives à la souveraineté territoriale, décider en conformité avec les principes et pratiques du droit international, sur la base, notamment, des titres historiques. Les deux États conviennent en outre de mandater la France pour assurer la surveillance, en particulier en exerçant la liberté de survol et de navigation. Le même jour, l'Érythrée et le Yémen émettent un communiqué conjoint par lequel les deux gouvernements, conscients de leurs responsabilités face à la communauté internationale, expriment leur désir de régler pacifiquement le conflit qui a mené aux incidents de 1995, en contribuant ainsi à la stabilité et à la paix dans la région.

7.3 Les titres et les effectivités

Quelques jours après la première sentence[497] du 9 octobre 1998, le drapeau yéménite était hissé, le 1er novembre, sur l'île de la Grande Hanish, mettant ainsi un terme à un conflit entre deux peuples qui entretenaient depuis plusieurs siècles des relations amicales. Pourtant, l'Érythrée fondait ses revendications sur une chaîne de titres de plus de cent ans et sur le principe de l'occupation effective. S'agissant des titres, l'Érythrée a expliqué qu'ils lui avaient été dévolus, en 1993, lors de son accession à l'indépendance, l'Éthiopie

---

496 Agreement on Principles. Disponible sur le site Internet de la Cour : www.pca-cpa.org.

497 *Eritrea-Yemen Arbitration. Award of the Arbitral Tribunal in the First Stage (Territorial Sovereignty and Scope of the Dispute),* RSA, vol. 22, p. 211. Ci-après citée *Sentence de 1998*. Disponible également sur le site Internet de la C.I.J. : pca-cpa.org. Pour une analyse de cette décision dans sa première phase, consulter Distefano, Giovanni (2000) La sentence arbitrale du 9 octobre 1998 dans l'affaire du différend insulaire entre le Yémen et l'Érythrée, *AFDI*, vol. 46, p. 851-889.

ayant elle-même acquis ses titres de l'Italie, en dépit d'une période d'occupation militaire britannique durant la Seconde Guerre mondiale. L'Érythrée fait valoir, notamment, des accords conclus entre l'Italie et les chefs indigènes, les agissements de cette dernière depuis 1915, l'application des traités de Sèvres et de Lausanne, l'occupation effective de l'Italie sans protestation du Yémen, l'accord anglo-italien de 1938 confirmant le *statu quo*, la Constitution de l'Éthiopie qui inclut les îles dans le territoire national et le fait que celles-ci se trouvent à l'intérieur de la mer territoriale de l'Éthiopie, enfin, le contrôle effectif de l'Éthiopie, de 1953 à 1991. Ainsi, affirme l'Érythrée, l'Éthiopie a fait valoir sa souveraineté par la surveillance aérienne et maritime, la vérification des passeports des travailleurs étrangers sur les îles, l'exercice de la juridiction criminelle, la réglementation en matière d'activités d'exploration pétrolière, la pêche, etc. S'agissant de pêche, l'Érythrée affirme que les pêcheurs érythréens dépendent de cette activité autour des îles pour la conservation de leur mode de vie. Enfin, prétend l'Érythrée, le Yémen n'a maintenu aucune présence officielle sur les îles, et ce n'est qu'en 1995, année des principales hostilités entre les deux États, que des patrouilleurs érythréens vont découvrir un petit contingent civil et militaire yéménite engagé dans l'aménagement d'un centre de villégiature sur la Grande Hanish. Les forces érythréennes occuperont alors cette île, tandis que les forces yéménites feront de même sur les îles Zuqar.

Le Yémen, pour sa part, fait valoir un titre défini comme étant original, historique et traditionnel, et il appuie ses prétentions sur les preuves cartographiques, les déclarations de l'iman et l'attitude des États tiers étalée sur une longue période. Le Yémen précise que le royaume existait déjà au VIe siècle avant Jésus-Christ et qu'il n'a pas été privé de son titre par son incorporation, entre 1538 et 1635, dans l'Empire ottoman, et de nouveau, de 1872 à 1918. Il ajoute que le *vilayet* ottoman du Yémen était reconnu, dans l'empire, comme une unité administrative et territoriale distincte qui incluait les îles, telle qu'en font foi, prétend-il, les travaux cartographiques des XVIIe, XVIIIe et XIXe siècles. Il fait valoir aussi le principe de l'unité naturelle ou géographique, en arguant que cette doctrine est un corollaire du concept de titre traditionnel ou historique, lequel se trouve confirmé par des actes de souveraineté et l'existence de liens économiques et sociaux entre le continent et les îles.

Le Tribunal fait remarquer que les dispositions mêmes de l'accord d'arbitrage requièrent, aux termes de cette première phase, une décision portant *sur* la souveraineté : « The result furthermore is to be an award "on" territorial sovereignty not an award "of" territorial sovereignty[498] ». Tout en se déclarant incapable d'accepter la proposition selon laquelle le droit en matière de territoire terrestre et celui concernant la délimitation maritime sont différents et sans pertinence l'un par rapport à l'autre, le Tribunal déclare : « There can be no

---

[498] *Sentence de 1998*, par. 102.

question of even “prefiguring”, much less drawing, any maritime boundary line, whether median or indeed a line based on equitable principles, in this first stage of the arbitration[499] ».

Concernant les prétentions basées sur les titres historiques, notamment par le Yémen qui allègue le traité de Lausanne de 1923 par lequel l'Empire ottoman a renoncé aux îles, le Tribunal déclare avoir examiné ces prétentions avec attention, mais ne pas avoir été convaincu. Ainsi, précise-t-il :

> Yemen certainly existed before the region came to be under the domination of the Ottomans. But there must be some question whether the Imam, who at that period dwelt in and governed a mountain fortress, had had sway over “the islands”. Further, there is the problem of the sheer anachronism of attempting to attribute to such a tribal, mountain and Muslim medieval society the modern Western concept of a sovereignty title, particularly with respect to uninhabited and barren islands used only occasionally by local, traditional fishermen[500].

Le Tribunal rappelle à ce sujet les affaires du *Groenland oriental* de 1933 et de l'*Île de Palmas* de 1928, de même que celle des *Minquiers et Ecréhous* de 1953 entre la France et le Royaume-Uni dans laquelle il a été décidé que l'usage et la possession doivent être appréciés dans l'histoire relativement récente. D'ailleurs, observe le Tribunal, ni le Yémen ni l'Éthiopie n'ont eu, avant le départ des Britanniques en 1967, beaucoup d'occasions de faire valoir leurs ambitions sur les îles, alors que ces derniers veillaient à perpétuer les incertitudes du traité de Lausanne quant au statut juridique de ces îles.

7.4 Les notions de proximité et d'unité naturelle

Parmi les autres facteurs susceptibles d'éclairer ces incertitudes, le Tribunal est amené à considérer la situation géographique de ces ensembles archipélagiques se trouvant dans une mer relativement étroite entre des côtes opposées. Les arbitres estiment qu'il existe une présomption selon laquelle une île à proximité d'une côte appartient à l'État côtier, à moins que l'autre État ne soit en mesure de prouver clairement un meilleur titre. C'est ainsi que le Tribunal est amené à examiner ce que le Yémen appelle le principe de l'unité naturelle ou géophysique, concept dont le Tribunal ne conteste pas l'existence mais qu'il interprète dans les termes suivants :

> Thus, the authorities speak of “entity” or “natural unity” in terms of a presumption or of probability and moreover couple it with proximity, contiguity, continuity, and such notions, well known in international law as not in themselves creative of title, but rather of a possibility or

---

499 *Idem*, par. 113.
500 *Idem*, par. 446.

presumption for extending to the area in question an existing title already established in another, but proximate or contiguous, part of the same "unity"[501].

Pourtant, et nonobstant ces théories relatives à l'unité naturelle, le Tribunal, en ce qui concerne sa tâche première qui est de décider de la souveraineté, examine tour à tour cinq sous-groupes, puisque le poids de la preuve et l'argumentation des Parties conduisent à des résultats différents selon les sous-groupes d'îles et même selon certaines des îles. C'est ainsi que le Tribunal considère en premier lieu les Mohabbakahs, les Haycocks et les Zuqar-Hanish, puis deux autres sous-groupes situés plus au nord, les Jabal al-Tayr et les Zubayr.

7.5 Des sous-groupes insulaires à distinguer

En ce qui concerne les deux premiers sous-groupes, le Tribunal, après avoir examiné les facteurs historiques et juridiques, en arrive à la conclusion qu'ils relèvent de la souveraineté de l'Érythrée. Dans le cas du troisième sous-groupe, celui des Zuqar-Hanish, le Tribunal estime que le Yémen a fait une démonstration plus convaincante de sa présence et de son autorité sur les îles, notamment par l'expédition Ardoukoba menée sous l'égide du gouvernement, par la construction en 1993 d'une piste d'atterrissage pour assurer des activités récréatives aux employés de la société pétrolière Total, de même que par l'émission en 1995 à une compagnie yéménite d'un permis d'aménagement touristique sur la Grande Hanish aux fins de la plongée sous-marine. Le Tribunal déclare être conforté dans sa décision par la preuve révélant que les îles se trouvaient sous la juridiction de la côte arabe durant la période de l'Empire ottoman, outre des documents du Foreign Office démontrant une expectative persistante selon laquelle les îles retourneraient ultimement sous le contrôle arabe.

Quant aux deux derniers sous-groupes, qui non seulement se trouvent au nord à une distance considérable, mais aussi éloignés entre eux, et tout à la fois loin des côtes, encore que plus rapprochés du Yémen, le Tribunal constate que les actes d'autorité sont encore plus rares sur ces ensembles isolés. Pourtant, le Tribunal les attribue au Yémen, principalement pour deux raisons : ce dernier, invité à Londres à l'occasion d'une conférence tenue en 1989 concernant les îles munies de phares, a accepté les responsabilités relatives à ces phares, sans pour autant en revendiquer alors formellement la souveraineté. Le Tribunal rappelle la grande importance que ces phares ont jouée au XIXe siècle et même au XXe, et précise que cette acceptation de l'offre yéménite constitue une preuve de confiance et la présomption que cette offre donnera lieu à une pré-

---

501 *Idem*, par. 462.

sence continue. Et le Tribunal ajoute : « Repute is also an important ingredient for the consolidation of title[502] ». L'autre raison concerne deux accords pétroliers, sans opposition de l'Éthiopie, conclus par le Yémen respectivement en 1973 avec Shell et en 1985 avec Hunt. S'agissant d'activités pétrolières dans l'ensemble de la région, le Tribunal a eu l'occasion de constater que l'Éthiopie et l'Érythrée avaient également conclu des accords avec certaines sociétés, mais contrairement au Yémen qui juge important ce type d'activités pour établir sa souveraineté, l'Érythrée considère ces accords comme peu pertinents. Le Tribunal estime que ces contrats, bien que d'importantes quantités d'hydrocarbures n'aient pas été découvertes dans la région, méritent la considération des arbitres dans la mesure où ils peuvent révéler certaines effectivités :

> The offshore petroleum contracts entered into by Yemen, and by Ethiopia and Eritrea, fail to establish or significantly strengthen the claims of either party to sovereignty over the disputed islands.
>
> Those contracts however lend a measure of support to a median line between the opposite coasts of Eritrea and Yemen, drawn without regard to the islands, dividing the respective jurisdiction of the parties[503].

En rendant cette décision relative à la souveraineté territoriale, le Tribunal ne perd pas de vue qu'il existe dans la région un régime traditionnel en matière de pêche, et que la sentence doit être rendue en conformité avec le vœu exprimé par les Parties dans leur communiqué conjoint du 21 mai 1996, lorsqu'elles souhaitaient une sentence de nature à établir à nouveau et à développer une coopération bilatérale durable et fondée sur la confiance. Le Tribunal rappelle l'importance de tenir compte des traditions juridiques dans la région, compte tenu du fait que les idées occidentales sur la souveraineté territoriale sont étrangères à ces peuples : « In making this award on sovereignty, the Tribunal has been aware that Western ideas of territorial sovereignty are strange to peoples brought up in the Islamic tradition and familiar with notions of territory very different from those recognized in contemporary international law[504] ».

À l'unanimité, le Tribunal en arrive à la conclusion générale que la souveraineté territoriale appartient à l'Érythrée sur les îles, îlots, rochers et hauts-fonds découvrants formant les Mohabbakah, de même que les Haycock et les South West Rocks, tandis que le Yémen détient la souveraineté sur l'ensemble des Zuqar-Hanish, ainsi que sur l'île de Jabal al-Tayr et l'ensemble des Zubayr. Les deux États concluent, quelques jours à peine après la première

---

502 *Idem*, par. 516.
503 *Idem*, par. 436-437.
504 *Idem*, par. 526.

sentence, un accord établissant un comité conjoint pour une coopération bilatérale[505].

7.6 Régime traditionnel de pêche et délimitation

Lors de la deuxième phase portant sur la délimitation[506], le Tribunal rappelle d'abord qu'il lui a été demandé, aux termes de l'accord relatif à l'arbitrage, de trancher en tenant compte de la Convention des Nations Unies sur le droit de la mer et de tout autre facteur pertinent, tout en considérant sa propre opinion sur les questions concernant la souveraineté territoriale. Celui-ci rappelle aussi que l'Érythrée et le Yémen proposent tous deux des lignes basées sur la médiane, mais ces lignes, loin de coïncider, divergent beaucoup, notamment dans le secteur nord, alors qu'elles sont rapprochées dans le secteur sud, là où la mer accuse une moins grande largeur. L'Érythrée propose une médiane qui se trouve à équidistance des deux côtes sans tenir compte des îles, ainsi qu'une autre ligne, appelée médiane historique, qui prend en compte les îles de l'Érythrée mais non celles du Yémen qui se trouvent au milieu de la mer. Quant à la ligne proposée par ce dernier, elle est à équidistance entre la côte continentale de l'Érythrée (y inclus certains points sur les îles Dahlak) et les côtes de toutes les îles du Yémen.

Avant d'examiner les méthodes de délimitation qu'il décide d'appliquer, le Tribunal a l'occasion de considérer les prétentions des Parties en ce qui concerne la valeur des cartes géographiques, de même que l'importance économique à l'égard des pêches en tant que circonstance pertinente à la délimitation.

Comme dans bien d'autres affaires soumises devant les tribunaux, les deux Parties ont produit un important dossier cartographique, en se livrant une véritable guerre sur l'interprétation de ces cartes et se reprochant mutuellement d'avoir mené des campagnes systématiques pour indiquer les îles comme leur appartenant. Le Tribunal estime que les cartes doivent être considérées et qu'elles sont, à titres divers, pertinentes dans la présente affaire, encore que, ajoute-t-il, elles doivent être utilisées avec circonspection : « Although the Tribunal must be wary of this evidence in the sense that it cannot be used as

---

505 Treaty Establishing the Joint Yemeni-Eritrean Committee for Bilateral Cooperation between the Government of the Republic of Yemen and the Government of the State of Eritrea. Nations Unies (2004) *Maritime Space : Maritime Zones and Maritime Delimitation. State Practice on the Internet. Delimitation Treaties Infobase.* Site Internet : www.un.org.

506 *Eritrea-Yemen Arbitration. Award. Phase II : Maritime Delimitation*, RSA, vol. 22, p. 335. Disponible également sur le site Internet de la C.I.J. : pca-cpa.org. Ci-après citée *Sentence de 1999.* Pour une analyse de cette décision dans sa seconde phase, consulter Yoshifumi, Tanaka (2001) Reflections on the Eritrea/Yemen Arbitration of 17 December 1999 (Second Phase : Maritime Delimitation), *NILR*, vol. 47, n° 2, p. 197-225.

indicative of legal title, it is nonetheless "important evidence of general opinion or repute" in the sense advanced by Yemen. (...) The evidence is, as in all cases of maps, to be handle with great delicacy[507] ».

Comme pour la preuve cartographique, le Tribunal a l'occasion de constater une confusion sinon une contradiction dans la preuve relative à l'économie des pêches. Par ailleurs, les arbitres font observer que les arguments avancés de part et d'autre par chacune des Parties visent directement à établir que la délimitation doit respecter les pratiques historiques, qu'elle doit éviter d'avoir un effet catastrophique sur l'économie locale ou la santé de la population. Le Tribunal déclare ne pas avoir la possibilité ni éprouver la nécessité de parvenir à la conclusion que le Yémen ou l'Érythrée accuse une dépendance telle qu'une ligne de délimitation particulière devrait être suggérée. Et le Tribunal de conclure : « For the above reasons, the evidence and arguments advanced by the Parties in the matter of fishing and fisheries could have no significant effect on the Tribunal's determination of the delimitation that would be appropriate under international law in order to produce an equitable solution between the Parties[508] ».

En ce qui concerne le régime traditionnel de pêche, le Tribunal a l'occasion d'apporter certaines précisions quant à l'application de ce régime, non sans avoir d'abord rappelé que l'islam consacre un droit inhérent aux besoins nutritionnels assurés par la pêche d'une côte à l'autre avec un libre accès de chaque côté, et que ce droit à l'égalité entre les pêcheurs vaut également pour les États dans leurs relations mutuelles. Ce régime traditionnel de pêche inclut la collecte des perles et des coquillages, mais ne concerne que les activités artisanales des pêcheurs qui peuvent utiliser les îles pour s'abriter temporairement et faire sécher les produits de leur pêche et les vendre, sans discrimination, dans les ports de l'un ou l'autre des deux pays. Il va sans dire que ce régime ne bénéficie pas aux nationaux d'États tiers.

7.7 La méthode appropriée de délimitation

Passant ensuite à la délimitation maritime, le Tribunal réitère une observation faite maintes fois par les tribunaux et les commentateurs à l'effet que la méthode de l'équidistance convient mieux *a priori* et aboutit à des résultats équitables lorsqu'elle est tracée entre des côtes qui sont opposées. Le Tribunal décide donc de retenir cette méthode de la médiane entre les côtes continentales des deux États, d'autant que les contrats en matière pétrolière favorisent cette solution, comme le Tribunal a déjà eu l'occasion de l'observer lors de la pre-

507 *Sentence de 1999,* par. 388.
508 *Idem*, par. 74.

mière phase. Il décrit ensuite ce tracé de façon plus précise, en distinguant, du nord au sud, les différents secteurs.

7.8 La délimitation dans le secteur nord

Le Tribunal identifie, dans ce secteur, trois problèmes principaux : la présence des îles Dahlak du côté de l'Érythrée ; l'existence de l'île isolée de Jabal al-Tayr au milieu de la mer ; enfin, la multitude d'îles et de rochers le long des côtes du Yémen. En ce qui concerne les Dahlak, le Tribunal constate que ce tapis d'îles, pour utiliser une expression de l'Érythrée, est très peuplé et forme une partie intégrante de la configuration côtière, si bien que les eaux entre ces îles constituent des eaux intérieures et que la ligne de base de la mer territoriale se trouve à la frange externe de ce système insulaire[509]. Le Tribunal note que le Yémen semble convenir que les Dahlak constituent une formation appropriée pour l'établissement de lignes de base, et il décide que les points de base seront sur la ligne des basses eaux de certaines de ces îles, côté large. Quant aux îles Jabal al-Tayr et Zubayr, le Tribunal estime qu'elles ne doivent pas être prises en compte, isolées et inhospitalières qu'elles sont, loin des côtes du Yémen. Comme ces formations ne peuvent être utilisées pour le tracé de la médiane, le Tribunal se demande alors quels points retenir sur la côte du Yémen. Il note alors la présence de nombreuses îles côtières et de récifs, ainsi que de l'île de Kamaran, de dimensions relativement importantes et habitée, laquelle forme une baie. À n'en pas douter, explique le Tribunal, voilà des formations qui font partie intégrante de la côte et qui doivent donc avoir un effet sur le tracé de la médiane. Quant aux îles au nord de Kamaran, dont celle de Tiqfash, elles semblent constituer un chapelet d'îles le long de la côte, ce qui est visé par les dispositions de la Convention des Nations Unies sur le droit de la mer, et donc avoir, elles aussi, un effet sur la médiane.

7.9 La délimitation dans le secteur intermédiaire

Le Tribunal examine la situation dans ce secteur en commençant par la zone étroite qui se trouve entre l'extrémité sud-ouest des îles Hanish sous souveraineté yéménite et les îles érythréennes (Mohabbakahs, High Island, Haycocks et South West Rocks), là où se pose le problème du chevauchement des mers territoriales. Le Tribunal rejette le proposition yéménite d'enclaver les îles érythréennes se trouvant à plus de 12 milles marins de ses côtes continentales, tout en faisant observer les difficultés pratiques d'une telle méthode dans l'environnement immédiat d'une voie importante de navigation maritime internationale. Le Tribunal songe aussi à des considérations économiques et

---

509 *Idem*, par. 139.

stratégiques, en citant ici un passage de la sentence arbitrale rendue dans l'affaire *Guinée/Guinée-Bissau* de 1985 : « As stated in the award, our principal concern has been to avoid, by one means or another, one of the Parties finding itself faced with the exercise of rights, opposite to and in the immediate vicinity of its coast, which might interfere with its right to development or put its security at risk[510] ».

Le Tribunal retient donc la méthode de l'équidistance stricte, telle qu'elle est prévue à l'article 15 de la Convention de 1982 pour la délimitation des mers territoriales, sauf le cas de titre historique ou autres circonstances spéciales. Or, ajoute-t-il, non seulement il n'y en a pas qui justifierait un ajustement mais aussi la méthode retenue aboutit à un résultat équitable. Aux fins de la connexion entre la ligne délimitant les mers territoriales et la première qui a été tracée (entre les plateaux et les zones économiques exclusives), le Tribunal choisit de délimiter selon deux segments de lignes géodésiques, pour éviter d'amputer la mer territoriale générée par le groupe Zuqar-Hanish, ce qui donne un tracé, dit le Tribunal, très rapproché de la limite extérieure de la mer territoriale de ces îles.

7.10 La délimitation dans le secteur méridional

Quant au secteur sud, là où les mers territoriales cessent de chevaucher, la méthode retenue par le Tribunal consiste dans une médiane stricte entre les deux côtes continentales, sauf en ce qui concerne la baie d'Assab, où la ligne de base droite fermant cette baie a été utilisée, puisqu'on est en présence d'eaux intérieures. Le point terminal sud de cette frontière, de même que le point nord, sont très rapprochés des points triples avec les États tiers respectifs, en l'occurrence Djibouti et l'Arabie saoudite, cette dernière délimitant sa frontière avec le Yémen, six mois après la sentence, par voie d'accord bilatéral.

Le Tribunal examine enfin le principe de proportionnalité et rappelle à ce sujet certains passages de la jurisprudence, notamment dans les affaires de la *Mer du Nord* de 1969 et du *Plateau continental franco-britannique* de 1977. Dans ce calcul des ratios de la longueur des côtes respectives mesurée selon leur direction générale et des superficies maritimes dévolues, le Tribunal estime que cette longueur inclut le contour extérieur de l'archipel des Dahlak. Selon les calculs des experts consultés, ajoute-t-il, le ratio des côtes du Yémen et de l'Érythrée est de 1 : 1.31 ; celui des zones maritimes étant de 1 : 1.09. Le Tribunal en arrive donc à la conclusion que la frontière tracée par ses soins ne comporte pas de disproportion.

---

510 *Idem*, par. 157.

•••

On a dit de cette décision qu'elle comptait parmi les cas les plus importants de toute l'histoire juridictionnelle internationale de la délimitation maritime[511], notamment parce qu'elle confirme l'application de la méthode de la médiane entre États dont les côtes sont opposées et qu'elle règle un double différend, portant à la fois sur la souveraineté territoriale insulaire et la délimitation maritime.

Il est vrai, en effet, que le Tribunal a retenu cette méthode de délimitation par une médiane, à l'instar de ce qui avait été décidé dans la seule autre affaire africaine qui impliquait aussi des côtes opposées, l'affaire *Libye/Malte*. Par ailleurs, le Tribunal n'a pas été confronté à une application du critère de proportionnalité avec les mêmes difficultés que posait la première affaire, où la disproportion était considérable, même si le Tribunal avait à décider de la question de savoir si les archipels devaient être considérés ou non comme faisant partie intégrante des côtes pertinentes. Aussi, à l'instar notamment de l'affaire *Libye/Tunisie*, le Tribunal s'est demandé quel était l'effet approprié à attribuer aux îles sur le tracé de la médiane, compte tenu de leur étendue, de leur proximité de la côte et, le cas échéant, de l'importance de leur population.

Quant aux circonstances, autres que géographiques, pertinentes à la délimitation, le Tribunal se trouve conforté dans le choix d'une médiane, laquelle respecte la répartition des contrats pétroliers, ce qui n'est pas sans rappeler l'affaire *Tunisie/Libye*. Les facteurs d'ordre économique, et plus précisément les allégations de forte dépendance économique à l'égard des ressources, ne sont pas retenus par le Tribunal – qui se conforme en cela à une jurisprudence bien établie – mais il acquiesce à la demande des Parties en entérinant le régime de pêche traditionnelle.

---

[511] Kwiatkowska, Barbara (2000) Landmark Progress in the Acquisition of Territorial Sovereignty and Equitable Maritime Boundary Delimitation, *BSB*, vol. 8, n° 1, p. 66.

Partie III

LES CONFLITS RELATIFS AUX LIMITES TERRESTRES ENTRE TERRITOIRES

Cinq frontières terrestres délimitées, depuis 1945, par voie juridictionnelle (y compris la frontière *Cameroun/Nigeria*), c'est peu dans l'ensemble des frontières terrestres que comptent les 53 États souverains du continent africain. Pourtant, de ces cinq frontières, quatre ont été délimitées par la C.I.J., et c'est plus que partout ailleurs à travers le monde : en effet, l'Amérique n'en compte que deux (la frontière *Honduras/Nicaragua*[512], décidée en 1960, et la frontière *El Salvador/Honduras*[513] en 1992, qui a fait l'objet d'une demande en révision en 2002) ; l'Europe aucune[514] et l'Asie une seule (la vieille affaire *Cambodge/ Thaïlande*[515], décidée en 1962). Ce nombre de frontières africaines établies par voie juridictionnelle risque même d'augmenter, compte tenu de plusieurs facteurs : leur effet d'entraînement, l'efficacité des résultats si l'avenir le confirme, la contestation ouverte du principe de l'*uti possidetis* chez certains géographes, le caractère prétendument artificiel de plusieurs de ces frontières et les difficultés accrues du fait qu'un grand nombre d'entre elles sont non démarquées, la constatation que le mode non pacifique des règlements conduit à des catastrophes inéluctables, la sédentarisation des populations, enfin les exigences de la sécurité.

---

512 Affaire dite de la *Sentence arbitrale rendue par le roi d'Espagne le 23 décembre 1906.*

513 Affaire dite du *Différend frontalier terrestre, maritime et insulaire.*

514 Nous faisons ici abstraction de trois affaires qui ne sont pas, *stricto sensu*, des affaires de délimitation terrestre : l'arrêt concernant la *Souveraineté sur certaines parcelles frontalières (Belgique/Pays-Bas)* rendu en 1959 ; l'arrêt de 1997 dans le *Projet Gabcikovo-Nagymaros (Hongrie-Slovaquie)*, qui concerne l'application d'un traité portant sur un barrage ; enfin, l'avis consultatif relatif aux *Conséquences juridiques de l'édification d'un mur dans le Territoire palestinien occupé*, rendu en 2004.

515 Affaire dite du *Temple de Préah Vihéar.*

Contrairement aux frontières maritimes, il n'existe pas, en droit conventionnel, de méthodes obligatoires de délimitation des frontières terrestres, ce qui oblige les tribunaux à examiner très attentivement les traités dans lesquels ces méthodes sont prévues et les cartes pertinentes, à défaut de quoi l'examen des effectivités prend une importance accrue. S'il n'existe pas de méthodes obligatoires, la pratique des États est par ailleurs très riche et fort diversifiée, tant en Afrique que partout à travers le monde et les tribunaux, tout comme la doctrine, ont dégagé certains principes et établi des présomptions applicables, le cas échéant, aux méthodes stipulées.

Présomptions et principes

Ainsi, dans les cas où des cours d'eau se déplacent, la distinction suivante a été faite. Soit le cours d'eau se déplace d'une façon brutale et subite (*avulsion*), et alors ce changement ne comporte pas une modification de la frontière, qui reste dans l'ancien lit, comme cela a été décidé notamment par la Cour Suprême des États-Unis en 1892 dans l'affaire *Nebraska v. Iowa* et en 1943 dans l'affaire *Kansas v. Missouri*[516]. Notons que cette question d'avulsion n'a été soulevée, jusqu'à présent, dans aucune des affaires africaines. Par ailleurs, elle a été présentée récemment par El Salvador dans sa requête en révision de la décision de 1992 concernant la frontière terrestre *El Salvador/Honduras*[517]. Or, la Cour n'a pas eu à se prononcer sur les effets juridiques de l'avulsion alléguée, puisqu'elle a rejeté, en 2003, cette requête en décidant que même si cette avulsion était prouvée, avec les conséquences que le requérant croyait pouvoir en tirer, de telles constatations ne pourraient remettre en cause la décision de 1992 prise sur une autre base – en l'occurrence sur le comportement d'El Salvador tout au long du XIXe siècle.

Si, plutôt que d'assister à un changement subit du cours d'eau, on constate un déplacement lent et graduel selon un processus d'érosion et d'accumulation qui désavantage l'un des riverains et qui avantage l'autre, la frontière suit alors le déplacement du cours d'eau, puisque le titulaire du titre sur le domaine accru jouit de la présomption qu'il occupe effectivement l'espace augmenté au fur et à mesure de l'accroissement selon le principe de la contiguïté avec la reconnaissance des autres. Mais le droit à l'accroissement n'existe que s'il y a déjà une occupation effective du domaine accru. Cette dernière règle du déplacement graduel a été appliquée notamment par le Tribunal

516 United States Supreme Court Reports, vol. 143, p. 359, et vol. 322, p. 213. Ces deux affaires sont mentionnées dans Ian Brownlie (2003) *Principles of Public International Law*, 6e édition, p. 144-145.

517 Affaire de la *Demande en révision de l'arrêt du 11 septembre 1992 en l'affaire du* Différend frontalier terrestre, insulaire et maritime (El Salvador/Honduras ; Nicaragua (intervenant)).

d'arbitrage dans l'affaire du *Chamizal* – une parcelle territoriale comprise entre l'ancien et le nouveau lit du Rio Grande, disputée alors par les États-Unis et le Mexique, qui avaient auparavant, par le traité de 1848, convenu que la frontière suivait la ligne médiane du fleuve.

Qu'en est-il du thalweg, souvent utilisé comme méthode de délimitation et défini comme étant le milieu du principal chenal d'un cours d'eau navigable ? Le professeur Brownlie, référant à plusieurs autorités[518], estime que cette doctrine ne comporte pas d'obligation : « This and associated geographical doctrines are presumptions and principles of equity rather than mandatory rules[519] ». Pourtant, il écrit, un peu plus loin dans le même ouvrage : « The principle of delimitation apparently established in the law is that of the *thalweg* (…)[520] ». L'auteur ajoute que les conditions géographiques sont très variables, y compris à l'intérieur d'un même système fluvial, que l'enseignement des livres est peu utile et que l'expertise judiciaire est alors requise pour déterminer cette frontière.

Le professeur Emanuelli estime, quant à lui, que « certains principes généraux » s'appliquent pour aider à définir une frontière en litige. Ainsi l'auteur distingue quatre catégories de situations : dans les régions montagneuses, la ligne des plus hautes crêtes ; dans les cours d'eau, le thalweg s'ils sont navigables, la médiane s'ils ne le sont pas, le bras principal s'il y en a plus d'un ; dans les régions côtières ou montagneuses, la ligne de partage des eaux ; dans le cas de décolonisation, les anciennes frontières coloniales. À l'appui de ses assertions, l'auteur mentionne les affaires suivantes : *Cambodge/Thaïlande* de 1962, *Québec/Terre-Neuve* de 1927 *(Labrador)* et *Argentine/Chili* de 1966 et de 1994 (affaires de la *Frontière des Andes* et de la *Laguna del desierto*)[521]. En tout cas, dans l'affaire *Botswana/Namibie*, la Cour estime que « la navigation semble avoir été un élément qui a orienté le choix des puissances contractantes[522] » – bien qu'elles aient pu errer sur la nature des lieux – quand elles ont conclu des traités portant sur la répartition de leurs sphères d'influence respectives. Dans l'affaire *Érythrée/Éthiopie*, la Commission de délimitation, après avoir constaté que les traités pertinents ne faisaient que mentionner les cours

---

518 Boggs, S.W. (1940) *International Boundaries* ; Lapradelle, Paul de (1928) *La frontière* ; Verzijl, J. H. W. (1968-92) *International Law in Historical Perspective*, vol. 3, p. 513-621 ; Cukwurah, A. O. (1967) *The Settlement of Boundary Disputes in International Law* ; De Visscher, Charles (1969) *Problèmes de confins en droit international public* ; Rousseau, Charles (1970-1983) *Droit international public*, vol. 3, p. 231-272 ; Brownlie, Ian (1979) *African Boundaries*.

519 (2003) *Principles of Public International Law*, p. 120.

520 *Idem*, p. 159.

521 (1998) *Droit international public*, p. 147.

522 *Île de Kasikili/Sedudu*, arrêt, C.I.J. Recueil 1999, par. 44. Le texte intégral de l'arrêt, de même qu'un résumé, sont disponibles sur le site Internet de la Cour : www.icj-cij.org.

d'eau frontaliers sans pour autant spécifier l'endroit précis de cette frontière, note aussi que les deux Parties expriment des vues similaires en ce qu'elles « favoured the adoption in principle of the main channel as the line of division[523] ». Mais comme les Parties ont exprimé aussi le vœu que la question soit reportée au stade ultérieur de la démarcation, la Commission a été dispensée d'examiner le contenu véritable de cette règle, tout en maintenant le *statu quo* et en déclarant que cette frontière devrait être déterminée lors de la saison sèche en référence à sa localisation dans le principal chenal[524].

Un autre principe général, l'équité, peut aussi être appliqué, mais de façon subsidiaire, comme cela est affirmé dans l'affaire *Burkina Faso/Mali*. Ainsi, la Chambre de la C.I.J. déclare prendre en considération l'équité « telle qu'elle s'exprime dans son aspect *infra legem*[525] » et elle divise en deux parties égales une mare, tout en rappelant ce passage des affaires de la *Mer du Nord*, selon lequel "l'équité n'implique pas nécessairement l'égalité[526]".

Il existe par ailleurs d'autres règles qui concernent non plus les méthodes de délimitation mais d'autres aspects des frontières terrestres : l'*uti possidetis*, déjà évoqué ; la clause dite *rebus sic stantibus* selon laquelle un engagement ne peut être unilatéralement dénoncé tant et aussi longtemps que « les choses restent en l'état », un changement fondamental de circonstances ne pouvant par ailleurs être invoqué, selon l'article 62 de la Convention de Vienne sur le droit des traités, à l'encontre d'un traité de frontières – qui serait alors remis en cause notamment à la suite d'une décolonisation –, d'autant que cette clause tacite doit être interprétée restrictivement puisqu'elle constitue une dérogation à l'application du principe fondamental *pacta sunt servanda*. Ajoutons que la claire détermination des frontières terrestre n'est pas une nécessité dans la définition du territoire de l'État, et cela a été expressément dit dans les affaires de la *Mer du Nord* (par. 46). Pourtant, précise la Chambre, en aucun cas l'équité ne doit servir à modifier une frontière clairement déterminée, aussi peu satisfaisante soit-elle (par. 149).

Puisque les frontières ont une fonction de paix et de sécurité, les traités qui les consacrent créent des situations qui s'imposent *erga omnes*, et ils peuvent bien prendre fin sans que pour autant la frontière en soit effacée. Ce principe de la stabilité des frontières, examiné notamment dans l'affaire

---

523 *Decision Regarding Delimitation of the Border between the State of Eritrea and the Federal Democratic Republic of Ethiopia. Eritrea-Ethiopia Boundary Commission*, sentence, par. 7.2. Ci-après citée *Sentence de 2002*. Le texte intégral de la sentence est disponible sur le site Internet de la Cour permanente d'arbitrage : www.pca-cpa.org.

524 *Idem*, par. 7.3.

525 *Différend frontalier*, arrêt, C.I.J. Recueil 1986, p. 562, par. 28. Le texte intégral de l'arrêt, de même qu'un résumé, sont disponibles sur le site Internet de la Cour : www. icj-cij.org. Ci-après cité *Arrêt de 1986*.

526 C.I.J. Recueil 1969, arrêt, par. 91. Cité au par. 150 de l'*Arrêt de 1986*.

Libye/Tchad, est renforcé par la Convention de Vienne sur le droit des traités, laquelle prévoit que la succession d'États n'affecte pas les régimes territoriaux et frontaliers (art. 11 et 12). D'ailleurs, la Charte des Nations Unies elle-même interdit l'usage de la force contre l'intégrité territoriale de l'État (art. 2 (4)), et la Résolution 2625 (XXV) vient préciser que tout État doit s'abstenir de la menace ou de la force « pour violer les frontières internationales existantes » de tout autre État.

Divers types de conflits et de frontières terrestres

Est-il nécessaire ou seulement utile de distinguer entre conflit territorial et conflit frontalier ? La question a été posée dans l'affaire *Burkina Faso/Mali*, la Cour estimant que dans l'un ou l'autre de ces deux types de conflit, l'effet de la décision est de délimiter une frontière. Notons par ailleurs que souvent les deux questions sont posées dans le compromis ou la requête : ainsi, dans l'affaire *Botswana/Namibie*, il était demandé à la Cour de décider de la souveraineté sur une île disputée (conflit territorial) *et* de la frontière le long de cette île ; dans l'affaire *Cameroun/Nigeria*, le Cameroun demandait à la Cour de déterminer la souveraineté sur la presqu'île de Bakassi et de délimiter la frontière. La distinction est peut-être plus claire en matière maritime, dans la mesure où, dans certains cas, la seule question posée à la Cour concerne la souveraineté territoriale sur un archipel (par exemple les affaires non africaines *Indonésie/Malaysia* et *Malaysia/Singapour*), les Parties ayant choisi de poursuivre les négociations sur la frontière, et compte tenu, bien sûr, de la décision. Autrement, la seule question posée concerne la délimitation (c'est le cas de toutes les affaires maritimes africaines, sauf l'affaire *Érythrée/Yémen*, dans laquelle le Tribunal, rappelons-le, a répondu à deux questions dans deux sentences séparées, la première portant sur la souveraineté sur certains archipels en mer Rouge, la seconde sur la frontière).

Existe-t-il une « bonne » frontière terrestre, par exemple la frontière dite naturelle, meilleure que la frontière artificielle ? La distinction entre les deux types a fait couler beaucoup d'encre et elle est malencontreusement encore appliquée très commodément à un continent comme l'Afrique quand on dit que la frontière artificielle a été tracée d'un seul trait par le choix d'une ligne astronomique ou géométrique (parallèle de latitude, méridien de longitude, arc de cercle, parallèle à la ligne de sinuosité de la côte à une distance déterminée) et qu'elle fait donc fi des réalités du terrain et...des ethnies, tandis que la frontière naturelle est « visible », plus facile à défendre et moins à contester, parce qu'elle coïncide avec la présence d'un accident géographique, par exemple un cours d'eau. Mais alors, de quel cours d'eau s'agit-il ? Et encore, celui sur la carte ou celui nommé dans le traité, dans les cas, nombreux, où il y a divergence ? Et quand le cours d'eau a été repéré, la frontière passe-t-elle à la rive, droite ou gauche, ou bien est-elle la médiane entre ces rives, abstraction faite ou compte tenu, en totalité ou en partie, des îles qui s'y trouvent, ou coïncide-t-elle avec le thalweg, et, dans ce dernier cas, s'agit-il de celui du principal chenal de navigation ou d'un autre ? Et quels sont les critères pour établir l'importance de la navigation ? La frontière suit-elle le déplacement du cours d'eau ? La ligne artificielle est-elle une meilleure frontière parce qu'elle ne bouge pas et qu'elle est facile à tracer, telles celles qu'on trouve en grand nombre en Afrique, notamment dans les zones désertiques ? Il peut aussi s'agir de déterminer, parmi plusieurs sources d'eau, laquelle indiquera un point de la frontière, alors que l'instrument juridique pertinent ne mentionne qu'une seule source. On pourrait prolonger la litanie des questions qui se posent et qui sont posées au Tribunal dans les affaires de frontières en matière de cours d'eau, comme ce fut le cas notamment dans l'affaire *Botswana/Namibie* et comme la Cour devra examiner dans l'affaire *Bénin/Niger* récemment portée devant elle.

Outre la frontière hydrographique, il existe d'autres types, notamment la frontière orographique (ligne des crêtes, ligne de partage des eaux), qui posent des problèmes d'interprétation et dont nous dirons quelques mots en introduction à la partie IV – puisque c'est dans l'affaire *Cameroun/Nigeria* que ces difficultés ont été le mieux mises en évidence. D'autres éléments, aussi hétéroclites qu'un tumulus, un arbre, un rocher, peuvent être prévus dans un traité aux fins de délimiter une frontière. Aussi, on comprend que les difficultés surgissent quand il s'agit de faire reposer cette frontière sur des éléments déplacés, disparus ou impossibles à identifier.

Notons aussi que dans certains cas, c'est une infime partie de la frontière que le Tribunal est appelé à délimiter (le cas ultime étant la détermination de cette frontière dans le chenal nord-est qui baigne une île d'une superficie d'à peine 3 kilomètres carrés ; dans d'autres cas, le Tribunal est prié de délimiter toute la frontière terrestre (affaire *Érythrée/Éthiopie*) et même son prolongement en mer (affaire *Nigeria/Cameroun*).

Rappelons enfin que l'affaire *Érythrée/Éthiopie* est la seule affaire africaine où il a été demandé expressément au Tribunal de procéder non seulement à la délimitation, mais aussi à la démarcation, le compromis prévoyant, outre cette demande spécifique, que le cartographe de l'ONU devra voir à ce qu'il soit procédé sans délai à cette opération. Dans les autres cas, ou bien rien n'est prévu, ou bien le compromis mentionne l'engagement des Parties à réaliser cette opération par le biais d'une commission mixte, comme dans le cas *Burkina/Faso*, où les Parties ont néanmoins demandé à la Cour de nommer à cet effet des experts pour les assister dans cette tâche.

D'abord les traités

Un autre type de difficultés consiste dans la contradiction entre la définition d'une frontière selon un instrument juridique donné et la représentation de cette frontière sur une carte annexée à cet acte, ainsi que le Tribunal a pu le constater dans l'affaire *Nigeria/Cameroun*. S'agissant de cartes géographiques, les tribunaux internationaux ont adopté une attitude de prudence, notamment dans l'affaire *Burkina Faso/Mali*, quant à la force probatoire de ces cartes, lesquelles ne constituent jamais, à elles seules, un titre territorial, à moins d'être annexées à un texte officiel dont elle font partie intégrante, auquel cas elles peuvent constituer l'un des éléments exprimant la volonté de l'État ou des États concernés. Il va sans dire que cette prudence est aussi de mise lorsqu'il s'agit de cartes anciennes dressées à petite échelle et dont la topographie et la toponymie ne correspondent pas à celles des cartes récentes.

Parfois un seul traité a été nécessaire à la délimitation d'une frontière (ou du secteur qui est objet de litige) : ainsi, dans l'affaire *Botswana/Namibie*, la convention de 1890 entre l'Allemagne et le Royaume-Uni, conclue aux fins de répartir les sphères d'influence respectives des deux puissances coloniales, mais néanmoins considérée par la Cour comme stipulant une délimitation formelle. Dans d'autres cas, la délimitation de la frontière aura nécessité la conclusion de plusieurs traités : ainsi, dans l'affaire *Érythrée/Éthiopie*, la Commission de délimitation aura à examiner trois traités conclus en 1900, 1902 et 1908 entre l'Italie et l'Éthiopie, qui concernent respectivement les secteurs central, occidental et oriental de la frontière. Par ailleurs, le compromis même prévoit que la délimitation doit être prononcée conformément à ces trois traités, et la Commission n'a donc pas à rechercher, parmi la succession de tous les traités qui ont pu être signés au cours de l'histoire coloniale, quel est celui ou ceux qui doivent régler le litige, tandis que dans l'affaire *Libye/Tchad*, le compromis ne fait référence à aucun traité de nature frontalière, la Libye prétendant dans ses conclusions qu'aucun traité existant n'a eu pour effet de délimiter la frontière dans la zone en litige, alors que le Tchad affirme que cette frontière a été bel et bien déterminée par le traité d'amitié et de bon voisinage conclu entre la France et la Libye en 1955.

C'est au traité que doit s'attacher d'abord l'examen par le Tribunal, comme l'a fait notamment la C.I.J. dans l'affaire *Botswana/Namibie*, alors que sont disséquées les dispositions de la Convention de Vienne sur le droit des traités, laquelle prévoit que tout traité « doit être interprété de bonne foi suivant le sens ordinaire à attribuer aux termes du traité dans leur contexte et à la lumière de son objet et de son but ». La Convention prévoit aussi que le contexte comprend, outre le texte et les annexes, tout accord ou instrument ayant rapport au traité et intervenu à l'occasion de la conclusion de ce traité, comme, à titre complémentaire, les travaux préparatoires et les circonstances pertinentes dans lesquelles la conclusion a eu lieu. C'est d'ailleurs selon ces mêmes règles d'interprétation que la Cour a décidé, dans cette affaire, que le traité de 1890 avait délimité une frontière, même si sa fonction première était de répartir des zones d'influence. La Convention sur le droit des traités précise aussi qu'il sera tenu compte, en même temps que du contexte, de la pratique suivie ultérieurement par les Parties. Ainsi, dans l'affaire *Érythrée/Éthiopie*, la Commission de délimitation ira jusqu'à ajuster, dans le secteur d'une ville-frontière, le tracé de la frontière, alors que la méthode de délimitation de celle-ci est clairement prévue dans un traité, afin, dit-elle, de se conformer à une pratique établie par les Parties et de répondre à leur intérêt commun.

Ajoutons que cette conduite des Parties, ou plutôt d'une Partie, est parfois alléguée pour tenter de convaincre un tribunal que la souveraineté sur une parcelle territoriale doit être reconnue par prescription acquisitive – étant donné une possession à titre de souverain, immémoriale, paisible, publique, ininterrompue et reconnue, tacitement ou expressément, par la Partie adverse. Ainsi, dans l'affaire *Botswana/Namibie*, cette dernière n'a pas eu de succès avec l'argument de la prescription acquisitive, puisque la Cour estima que la tribu occupante n'avait que des liens d'allégeance avec la puissance souveraine – ce qui n'est pas sans évoquer l'affaire du *Sahara occidental* et l'argument marocain de la possession immémoriale.

S'agissant de l'interprétation des traités, le problème peut se poser lorsqu'une effectivité est en concurrence avec un titre clairement établi, auquel cas elle doit alors céder le pas à ce dernier. Par ailleurs, elle peut jouer un rôle essentiel dans l'interprétation du titre si celui-ci ne détermine pas avec précision l'étendue territoriale concernée, *a fortiori* s'il n'existe aucun titre. Un autre problème d'interprétation est soulevé quand existent diverses versions d'un traité qui se contredisent, comme dans l'affaire *Érythrée/Éthiopie* dans laquelle la difficulté provenait de la comparaison entre les versions amharique, italienne et française. Mais dans tous les cas, c'est l'intention des Parties que recherche le Tribunal dans la lecture du traité, comme cela a été clairement expliqué dans l'affaire *Libye/Tchad*.

Quand deux Parties sont d'anciennes colonies relevant d'une même puissance, comme dans le cas de l'affaire *Burkina Faso/Mali*, ce n'est plus, bien sûr, l'interprétation de traités internationaux que doit scruter le Tribunal, mais bien celle du droit interne – en l'occurrence, dans le cas mentionné, le droit français d'outre-mer, le Tribunal étant alors requis de rechercher la limite administrative entre ces deux entités pour y appliquer l'*uti possidetis*, qui « gèle » le titre territorial. C'est donc dire que si la frontière doit être appréciée à la lumière du droit interne, le droit international n'en est pas exclu pour autant.

Plan de la partie III

De toutes les frontières terrestres que compte l'Afrique (les fluviales et les lacustres comprises), six seulement ont été délimitées, en tout ou en partie, par voie juridictionnelle (judiciaire ou arbitrale). Comme nous l'avons fait pour la partie II, nous examinerons chacune selon un ordre chronologique, en commençant par la frontière entre le Burkina Faso et le Mali, deux pays du Sahel, délimitée par la Cour internationale de Justice en 1986 (chapitre 8). Cette même Cour est appelée à nouveau, en 1994, à trancher entre le Tchad, un autre pays du Sahel, et la Libye, en déterminant la souveraineté territoriale sur la bande d'Aouzou, et, par le fait même, la frontière (chapitre 9). Une fois de plus, en 1999, la C.I.J. est saisie, cette fois par deux pays d'Afrique australe, le Botswana et la Namibie, de décider à la fois de la souveraineté sur une île dans le Chobe et du chenal de ce cours d'eau par où doit passer la frontière (chapitre 10). Ensuite, entre deux pays de la corne de l'Afrique, l'Érythrée et l'Éthiopie, une commission d'arbitrage délimite, en 2002, la frontière et doit, en outre, procéder à la démarcation dans des conditions rendues difficiles par l'état des relations diplomatiques entre les deux pays (chapitre 11).

Rappelons que nous avons préféré examiner dans une autre partie (chapitre 12 de la partie IV) la frontière lacustre et terrestre entre le Cameroun et le Nigeria, de même que son prolongement en mer. Rappelons aussi cette affaire de la frontière entre le Bénin et le Niger, en instance depuis 2003.

8

LA FRONTIÈRE BURKINA FASO/MALI

> (L'intangibilité des frontières) constitue un principe général, logiquement lié au phénomène de l'accession à l'indépendance, où qu'il se manifeste. Son but évident est d'éviter que l'indépendance et la stabilité des nouveaux États ne soient mises en danger par des luttes fratricides nées de la contestation des frontières à la suite du retrait de la puissance administrante. (…) À première vue (...) ce principe en heurte de front un autre, celui du droit des peuples à disposer d'eux-mêmes. Mais en réalité le maintien du *statu quo* territorial en Afrique apparaît souvent comme une solution de sagesse visant à préserver les acquis des peuples qui ont lutté pour leur indépendance et à éviter la rupture d'un équilibre qui ferait perdre au continent africain le bénéfice de tant de sacrifices.
>
> *Arrêt, C.I.J. Recueil 1986*, p. 566-567, par. 25.

> Dans le cas où le fait correspond exactement au droit, où une administration effective s'ajoute à l'*uti possidetis juris*, l'effectivité n'intervient en réalité que pour confirmer l'exercice du droit né d'un titre juridique. Dans le cas où le fait ne correspond pas au droit, où le territoire objet du différend est administré effectivement par un État autre que celui qui possède le titre juridique, il y a lieu de préférer le titulaire du titre. Dans l'éventualité où l'effectivité ne coexiste avec aucun titre juridique, elle doit inévitablement être prise en considération. Il est enfin des cas où le titre juridique n'est pas de nature à faire apparaître de façon précise l'étendue territoriale sur laquelle il porte. Les effectivités peuvent alors jouer un rôle essentiel pour indiquer comment le titre est interprété dans la pratique.
>
> *Idem*, p. 586-587, par. 63.

Le Burkina Faso et le Mali possèdent une frontière commune d'une longueur approximative de 1 300 kilomètres (1 380 selon le premier et 1 297 d'après le second). Si la majeure partie de cette frontière a pu être délimitée par voie d'accord bilatéral, subsiste, en 1986, ce que les deux voisins appellent, aux termes de leur compromis soumis à la Cour, une zone contestée, « constituée par une bande de territoire qui s'étend du secteur Koro (Mali) Djibo (Haute-Volta) jusques et y compris la région du Béli[527] », ce dernier étant défini comme le plus important des cours d'eau temporaires de la région, coulant vers le sud-est depuis les pentes orientales du massif de Hombori et jusque dans le fleuve Niger. Ce Béli, en saison sèche, ne constitue plus qu'un chapelet de 11 mares, particulièrement convoitées dans une zone de nomadisation « qui souffre de la sécheresse et où l'accès à l'eau est donc d'une importance vitale[528] ».

Par une lettre conjointe datée du 14 octobre 1983 et déposée au greffe de la Cour le 20 du même mois, le Mali et la Haute-Volta transmettent un compromis signé le 16 septembre précédent par lequel les deux Parties se déclarent désireuses de parvenir rapidement à un règlement du différend frontalier, « fondé notamment sur le respect du principe de l'intangibilité des frontières héritées de la colonisation[529] ». Ainsi, les deux États demandent à une Chambre de la Cour d'établir le tracé de cette frontière dans la zone contestée, les deux voisins s'engageant, aux termes de ce même compromis, à procéder, dans l'année suivant l'arrêt[530], à la démarcation de la frontière, ce pour quoi ils prient la Chambre de désigner à ce sujet trois experts pour les assister dans la réalisation de cette opération.

La Chambre rend d'abord une ordonnance en mesures conservatoires concernant notamment le retrait des forces armées en présence. Après avoir émis des considérations générales sur la distinction entre conflit frontalier et conflit territorial, la Chambre examine le principe de l'intangibilité des frontières, puis passe à l'étude du droit français d'outre-mer, puisque, dit-elle, la question ne relève pas exclusivement du droit international mais elle implique aussi que soit déterminée la limite administrative, en 1959-1960, entre ces deux anciens territoires de l'Afrique occidentale française. Ainsi, la Chambre examine-t-elle, à la lumière des textes législatifs, réglementaires et administratifs applicables, la preuve pertinente qui lui est soumise, particulièrement le rôle de l'acquiescement, celui des cartes géographiques et celui des effectivités coloniales. La Chambre procède alors à sa tâche essentielle, la détermination de la frontière par laquelle se trouvent répartis notamment les villages et les mares en litige, tout en ayant recours, rappelle-t-elle, à l'équité *infra legem*, et bien que telle ou telle frontière coloniale puisse s'avérer peu satisfaisante.

---

527 *Différend frontalier*, arrêt, C.I.J. Recueil 1986, p. 562, par. 16. Ci-après cité *Arrêt de 1986.* Le texte intégral de l'arrêt, de même qu'un résumé, sont disponibles sur le site Internet de la Cour : www. icj-cij.org.

528 *Opinion individuelle du juge Abi-Saab*, p. 663, par. 13.

529 *Arrêt de 1986,* p. 557, par. 2.

530 Pour une analyse générale de l'arrêt, consulter notamment Decaux, E. (1986) L'arrêt de la Chambre de la Cour Internationale de Justice dans l'affaire du différend frontalier (Burkina Faso/République du Mali) (arrêt du 22 décembre 1986), *AFDI*, vol. 32, p. 215-238.

8.1 Au cœur du Sahel, deux voisins enclavés

Parmi les États les plus pauvres de la planète, avec des revenus per capita respectifs de 900$ et de 1 100$ qui les placent au 177e et au 178e rangs sur 193, le Mali et le Burkina Faso se sont trouvés tous les deux tout près du dernier rang des États, en 2003, pour ce qui concerne l'indice de développement humain, le Mali au 172e rang et le Burkina au 173e. Avec un pourcentage d'alphabétisation de 26% et de 25%, le Mali et le Burkina sont respectivement aux 190e et au 191e rangs sur 193[531]. Ces pays du Sahel (rivage en arabe), qui sont tous les deux aux prises avec de sérieux problèmes de désertification et de déforestation, doivent en outre, à l'instar de plusieurs autres pays d'Afrique, relever le redoutable défi que pose leur situation d'enclavement. Le Burkina Faso devra de plus faire face, d'ici 2025, à des difficultés d'approvisionnement en eau, son nom paraissant en tout cas sur la liste des pays (avec le Nigeria, le Niger, le Ghana, le Togo, le Zimbabwe, la Tanzanie, l'Ouganda, les Comores et le Cap-Vert) disposant de 1 000 et 1 700 m^3 par personne et par an[532].

Le Mali, avec une étendue de 1 240 000 km^2, est au 4e rang des pays d'Afrique pour la superficie du territoire, avec une population de 11 957 000 habitants, ce qui représente une densité de 9,6 hab./km^2, constituée de Musulmans à 90%, les principales ethnies étant les Mande dont les Bambara (50%), les Peuls (17%) et les Touaregs et les Maures (10%). Ce vaste territoire ne comporte pourtant que 3,77% de terres arables, et la population est occupée à 80% dans les secteurs de l'agriculture et de la pêche (45% du PIB), essentiellement dans les zones irriguées par le Niger, qui constitue une voie de communication sur 1 815 kilomètres et qui offre au Mali un important potentiel hydro-électrique, comme d'ailleurs le fleuve Sénégal, outre les aménagements déjà existants de Selingue et de Manatali, toutes choses qui ne vont pas par ailleurs sans affecter l'environnement.

Au Burkina, la proportion de Musulmans est réduite à 50% et celle des Animistes atteint 40%, tandis que les ethnies principales sont les Mossis à plus de 40%, mais il y a aussi des Peuls, des Bobos et des Mandés. Le territoire du Burkina, plus de quatre fois plus petit avec 274 200 km^2 et une population légèrement supérieure (13 575 000 habitants) a une densité relativement élevée de 49,5 hab./km^2 dont plusieurs centaines de milliers migrent chaque année, quand les conditions politiques n'y font pas obstacle, dans les pays voisins, notamment la Côte-d'Ivoire et le Ghana, en quête d'emplois saisonniers dans l'agriculture.

S'agissant de cette activité, mentionnons notamment le coton dont le Burkina Faso, comme le Mali, sont les deux plus grands producteurs de

---

531 (2004) *Financial Times World Desk Reference*, p. 156-157 et 392-393.

532 Ploye, François (2004) Environnement. Avant la dernière goutte, *L'état de l'Afrique 2004*, p. 114-115.

l'Afrique, avec respectivement, selon les prévisions 2003-2004, 210 000 et 256 000 tonnes, sur les 1 457 000 tonnes que produit l'Afrique subsaharienne, qui se mobilise contre les subventions versées par les États-Unis et l'Union européenne à leurs producteurs[533]. La population du Burkina Faso, occupée à 90% dans le secteur agricole (35% de son PIB), a dû faire face à de sévères sécheresses que les autorités ont combattues en aménageant deux importants barrages hydro-électriques, à Bagre et à Kompienga, qui ont permis l'irrigation de certaines zones et la réduction de l'importation d'énergie. Le Burkina et le Mali ont dû souvent faire appel à l'aide internationale pour leurs besoins alimentaires. Notons par ailleurs, principalement dans le cas du Burkina, les projets de coopération en milieu rural, consistant dans la distribution d'outils et de fournitures médicales, ainsi que l'aménagement à petite échelle de nouveaux puits et de moulins. Outre la production du coton, les deux pays font pousser le maïs, le riz, le millet, l'arachide, mais cette production est fragilisée par les aléas climatiques.

Les deux pays possèdent aussi diverses ressources naturelles qu'il exploitent peu ou pas du tout : cuivre, bauxite, marbre, phosphates et or. Avec la chute des prix de cette dernière ressource sur le marché mondial, le Burkina Faso a dû fermer, en 1999, sa principale mine d'or. Ce dernier possède aussi du manganèse, de l'argent et du zinc, tandis que le Mali a des diamants, du tungstène et du pétrole.

Le Burkina et le Mali sont membres de la Zone franc et de la Communauté économique des États de l'Afrique de l'Ouest[534], mais l'économie de ces deux pays enclavés est à la merci des problèmes de transport et se trouve directement affectée par les troubles politiques de pays voisins, tels ceux de la Côte-d'Ivoire. Ainsi, les deux pays ont-ils souffert lorsque les transits des marchandises par Abidjan ont été arrêtés durant la crise sévissant dans ce pays. Soixante-dix pour cent des échanges extérieurs du Mali se font par ce port, et le pays tente de résoudre cette contrainte des transports par l'interconnexion des routes et l'alternative que constitue la mise en concession du chemin de fer Bamako-Dakar au consortium canado-français Canac-Getma.

Notons, parmi les différends frontaliers impliquant le Burkina Faso, celui avec le Bénin, qui accuse le premier de déplacer des piliers de démarcation où se trouve impliquée la souveraineté sur deux villages. Les frontières avec le Liberia et la Côte-d'Ivoire sont le lieu d'asile de réfugiés et de rebelles en provenance de ces pays[535]. Subsisterait également le commerce illégal des diamants

---

533 Goumeziane, Smaïl (2004) Coton : les raisons de la colère, *L'état de l'Afrique 2004*, p. 48-49.

534 Geslin, Jean-Dominique (2004) Intégration, mode d'emploi, *L'état de l'Afrique 2004*, p. 86-89.

535 (2004) *CIA World Fact Book 2004*. Site Internet : www.odci.gov/cia/publications/ factbook.

à la frontière avec la Sierra Leone. Quant aux frontières du Mali, il ne semble pas y avoir actuellement de différend.

8.2 Les mesures conservatoires

Avant l'expiration du délai imparti pour le dépôt de leur contre-mémoire, les deux États formulent des demandes parallèles en indication de mesures conservatoires. Dans son ordonnance du 10 janvier 1986, la Chambre, à l'unanimité, indique les mesures suivantes tendant à ce qui suit :

A. Le Gouvernement du Burkina Faso et le Gouvernement de la République du Mali veillent l'un et l'autre à éviter tout acte qui risquerait d'aggraver ou d'étendre le différend dont la Chambre est saisie ou de porter atteinte au droit de l'autre Partie à obtenir l'exécution de tout arrêt que la Chambre pourrait rendre en l'affaire ;

B. Les deux gouvernements s'abstiennent de tout acte qui risquerait d'entraver la réunion des éléments de preuve nécessaires à la présente instance ;

C. Les deux gouvernements continuent à respecter le cessez-le-feu institué par accord entre les deux chefs d'État le 31 décembre 1985 ;

D. Les deux gouvernements retirent leurs forces armées sur des positions ou à l'intérieur des lignes qui seront, dans les vingt jours suivant le prononcé de la présente ordonnance, déterminées par accord entre lesdits gouvernements, étant entendu que les modalités du retrait des troupes seront fixées par ledit accord et que, à défaut d'un tel accord, la Chambre indiquera elle-même ces modalités par voie d'ordonnance ;

E. En ce qui concerne l'administration du territoire contesté, la situation antérieure aux actions armées qui sont à l'origine des demandes en indication de mesures conservatoires ne soit pas modifiée[536].

Les deux États sont invités à communiquer tout accord qui interviendrait conformément au point D, et, le 24 janvier 1986, le Mali transmet en effet le communiqué final de la première conférence extraordinaire des chefs d'État et de gouvernement des pays membres de l'accord de non-agression et d'assistance en matière de défense (ANAD), ce communiqué mentionnant notamment que le Mali et le Burkina Faso (ancienne Haute-Volta) avaient accepté « de retirer toutes leurs forces armées de part et d'autre de la zone contestée et de leur faire regagner leur territoire respectif[537] ».

---

536 Un résumé de l'ordonnance est disponible sur le site Internet de la Cour, dans le *Résumé des arrêts, avis consultatifs et ordonnances.*

537 *Arrêt de 1986*, p. 559, par. 10.

8.3 Les positions respectives des Parties

Le Burkina Faso, dans ses conclusions lors de l'audience du 24 juin 1986, demande à la Chambre de tracer comme suit la frontière dans la zone contestée. À l'ouest du point de coordonnées géographiques ML (0 40' 47'' ouest et 15 00' 03'' nord), le Burkina Faso estime que « la ligne est celle qui résulte de la carte de l'Institut géographique national français au 1/200 000, édition 1960, les villages de Dioulouna, Oukoulou, Agoulourou et Koubo étant situés en territoire burkinabé », alors qu'à l'est de ce point ML, « la ligne suit les indications de la lettre 191 CM2 du 19 février 1935 et de la carte au 1/500 000, édition 1925, jusqu'à la pointe nord de la mare d'In Abao », à partir d'où la ligne suit le tracé de cette même carte, « laissant au Burkina Faso la région du Béli, jusqu'au point triple avec la frontière du Niger qui est constitué par les monts N'Gouma, situés au nord du gué de Kabia[538] ». Quant au Mali, lors de cette même audience du 24 juin 1986, il demande à la Chambre de s'abstenir de déterminer le point triple et prétend plutôt que la frontière devrait passer par les points suivants :

> Lofou, l'enclos en forme de mosquée situé à 2 kilomètres au nord de Diguel, un point situé à 3 kilomètres au sud de Kounia, le baobab de Selba, le Tondigaria, Fourfaré Tiaiga, Fourfaré Wandé, Gariol, Gountouré Kiri, un point à l'est de la mare de Kétiouaire dont les coordonnées géographiques sont les suivantes : longitude 0° 44' 47'' ouest, latitude 14° 56' 52'' nord, la mare de Raf Naman, et de ce point suit le marigot en passant notamment par la mare de Fadar-Fadar, la mare d'In Abao, la mare de Tin Akoff et la mare d'In Tangoum pour aboutir au gué de Kabia[539].

8.4 Conflit frontalier et conflit territorial

Avant de passer à l'examen des règles juridiques applicables et des moyens de preuve soumis par le Burkina Faso et le Mali, puis à la détermination de la frontière, la Chambre a l'occasion de noter que les Parties, qui ont longuement discuté de la distinction entre conflit frontalier et conflit d'attribution territoriale, semblent avoir toutes deux convenu que le différend en l'espèce porte plutôt sur un conflit de délimitation, celui-ci concernant « une parcelle géographiquement non autonome », tandis que l'autre type aurait pour objet « l'attribution de la souveraineté sur l'ensemble d'une entité géographique[540] ». Et la Chambre de préciser :

---

[538] *Idem*, p. 560-561, par. 15.

[539] *Ibidem*.

[540] *Ibidem*.

En fait, dans la très grande majorité des cas, comme en l'espèce, la distinction ainsi schématisée ne se résout pas ultimement en un contraste de genres mais exprime bien plutôt une différence de degrés dans la mise en œuvre de l'opération considérée. En effet chaque délimitation, aussi étroite que soit la zone controversée que traverse le tracé, a pour conséquence de répartir les parcelles limitrophes de part et d'autre de ce tracé. (...) Par ailleurs l'effet d'une décision judiciaire, qu'elle soit rendue dans un conflit d'attribution territoriale ou dans un conflit de délimitation, est nécessairement d'établir une frontière[541].

La Chambre mentionne à ce sujet que certaines conventions récentes de codification, telles la Convention de Vienne sur le droit des traités (art. 62) et celle concernant la succession d'États en matière de traités (art. 11), contiennent des expressions comme "frontière établie par traité" et "traité établissant une frontière" pour viser les traités de délimitation aussi bien que les traités d'attribution territoriale ou de cession. Les juges ajoutent à ce sujet qu'il convient de dissiper un malentendu résultant de cette distinction, celle-ci ayant l'effet, notamment, de mettre en opposition les titres juridiques et les effectivités, alors que les premiers, loin de se référer exclusivement à la preuve documentaire, concernent aussi bien tout moyen de preuve pouvant établir l'existence de ce droit que la source elle-même de ce droit.

Le Tribunal passe alors à l'examen des règles juridiques applicables, en considérant successivement le principe de l'intangibilité des frontières héritées de la colonisation, l'équité, le droit français d'outre-mer et l'évolution de l'organisation administrative, enfin, les questions préalables de l'acquiescement éventuel du Mali et de la détermination du point triple.

8.5 Le principe de l'intangibilité des frontières

La Chambre observe que les deux États en litige, de même que le Niger, sont d'anciennes colonies françaises regroupées sous la désignation d'Afrique occidentale française, le Burkina Faso correspondant à la colonie de la Haute-Volta et le Mali à celle du Soudan (anciennement Soudan français). Puisque les Parties elles-mêmes, aux termes de leur compromis, ont prié la Cour de trancher le différend sur la base de ce principe, le Tribunal saisit l'occasion pour en expliquer l'importance, notamment pour les pays africains, et qu'il s'agit là d'un principe de portée générale dont l'application n'est certes pas circonscrite à l'Amérique hispanique du XIXe siècle où il est né, puisque ce principe est

---

541 *Idem*, p. 563, par. 17. Pour une distinction entre ces types de conflits, consulter notamment Bardonnet, Daniel (1976) Les frontières terrestres et la relativité de leur tracé, *in RCADI*, p. 9 ; Kohen, M.G. (1995) Le règlement des différends territoriaux à la lumière de l'arrêt de la C.I.J. dans l'affaire Libye/Tchad, *RGDIP*, vol. 99, n° 2, p. 301-333.

logiquement lié au phénomène de l'accession à l'indépendance, où qu'il se manifeste : « Il faut voir, dans le respect par les nouveaux États africains des limites administratives et des frontières établies par les puissances coloniales, non pas une simple pratique qui aurait contribué à la formation graduelle d'un principe de droit international coutumier dont la valeur serait limitée au continent africain comme elle l'aurait été auparavant à l'Amérique hispanique, mais bien l'application en Afrique d'une règle de portée générale[542] ».

La Chambre tient à préciser que ce principe de l'*uti possidetis juris* est constitué de deux éléments principaux. Le premier, mis en évidence par le génitif latin *juris*, reconnaît au titre juridique une prééminence sur la possession effective comme fondement de la souveraineté, sa finalité étant, lors de l'accession à l'indépendance des colonies espagnoles d'Amérique, de faire obstacle aux visées de puissances coloniales concurrentes non américaines sur des régions assignées par la métropole à l'une ou l'autre des circonscriptions mais demeurées inexplorées ou inoccupées. Le second élément assure le respect des limites territoriales lors de l'accession à l'indépendance, aussi bien celles séparant des unités administratives ou des colonies d'une même puissance – les limites internes devenant alors des frontières internationales – que les frontières ayant déjà ce statut parce qu'elles séparaient deux colonies relevant d'États différents, ou une colonie et un État indépendant ou un protectorat ayant conservé sa personnalité juridique internationale[543].

Les juges ajoutent que les nombreuses déclarations solennelles consacrées à l'intangibilité des frontières de la part d'hommes d'États africains ou d'organes de l'OUA « ont manifestement une valeur déclaratoire et non pas constitutive », puisqu'elles ne font que reconnaître et confirmer un principe existant, et ces déclarations « ne préconisent pas la formation d'un principe nouveau ou l'extension à l'Afrique d'une règle seulement appliquée, jusque-là, dans un autre continent[544] ». La Chambre explique aussi pourquoi les nouveaux États africains ont délibérément choisi d'appliquer le principe de l'intangibilité des frontières, qui peut paraître en contradiction avec un autre principe tout aussi sacré en Afrique, celui du droit des peuples à disposer d'eux-mêmes : « On peut (…) se demander comment le principe ancien a pu survivre aux conceptions nouvelles du droit international telles qu'elles se sont exprimées en Afrique où la série des indépendances et l'émergence de jeunes États se sont

542 *Arrêt de 1986*, p. 565, par. 20-21.

543 Pour une étude détaillée de l'*uti possidetis* terrestre, consulter Sanches Rodriguez (1997) L'*uti possidetis* et les effectivités dans les contentieux territoriaux et frontaliers, *RCADI*, vol. 263, p. 153-381 ; Lalonde, Suzanne (2002) *Determining Boundaries in a Conflicted World. The Role of* Uti possidetis ; Corten, Olivier et *als.*, dir. (1999) *Démembrements d'États et délimitations territoriales : l'*uti possidetis *en question(s).*

544 *Arrêt de 1986*, p. 566, par. 24.

traduites par une certaine contestation du droit international classique[545] ». Or, poursuit le Tribunal, le maintien du *statu quo* territorial en Afrique répond à un besoin vital de stabilité pour assurer un avenir aux indépendances[546].

8.6 L'équité et le droit franąais d'outre-mer

Quant à l'application de l'équité dans le présent cas, et puisque les Parties n'ont pas autorisé la Chambre à statuer *ex æquo et bono*, celle-ci « prendra en considération l'équité telle qu'elle s'exprime dans son aspect *infra legem,* c'est-à-dire cette forme d'équité qui constitue une méthode d'interprétation du droit et en est l'une des qualités[547] ». Le Tribunal constate par ailleurs que les deux Parties ont des vues différentes sur la question, le Mali considérant que l'équité est inséparable de l'application du droit international, alors que le Burkina Faso fait observer que la notion de principes équitables, fréquemment invoquée en matière de délimitation maritime, est inconnue dans le domaine de la délimitation terrestre.

Les Parties conviennent que si le tracé de la frontière relève de l'application du droit international, la question doit être appréciée aussi à la lumière du droit colonial français, dit droit d'outre-mer. La Chambre doit en effet déterminer quelle était la limite administrative, en 1959-1960, séparant deux anciens territoires français d'outre-mer en Afrique occidentale française. Or cette ligne était nécessairement définie d'après la législation française applicable à ces territoires. Le Tribunal précise d'ailleurs à ce sujet ce qui suit :

> Le droit international – et par conséquent le principe de l'*uti possidetis* – est applicable au nouvel État (...) non pas avec effet rétroactif mais immédiatement et dès ce moment-là. Il lui est applicable *en l'état*, c'est-à-dire à l'instantané du statut territorial existant à ce moment-là. Le principe de l'*uti possidetis* gèle le titre territorial ; il arrête la montre sans lui faire remonter le temps. Ainsi le droit international ne fait-il aucun renvoi au droit établi par un État colonisateur non plus qu'à aucune règle juridique établie unilatéralement par un État quelconque ; le droit interne français (...) peut intervenir, non en tant que tel (...), mais seulement comme un élément de fait, parmi d'autres, ou comme moyen de preuve et de démonstration de ce qu'on a appelé le "legs colonial", c'est-à-dire de l'instantané territorial à la date critique[548].

---

545 *Idem*, p. 566, par. 25.

546 Pour une analyse de ce principe, consulter Naldi, Gino J. (1987) The Case Concerning the Frontier Dispute (Burkina Faso/Republic of Mali : *Uti Possidetis* in an African Perspective, *ICLQ*, p. 893-903.

547 *Arrêt de 1986*, p. 567-568, par. 28.

548 *Idem*, p. 568, par. 30.

Afin de pouvoir déterminer, pour chacune des Parties, le legs colonial auquel doit s'appliquer l'*uti possidetis,* et près avoir relaté l'organisation administrative territoriale de l'Afrique occidentale française avec sa pyramide de circonscriptions (colonies, cercles, subdivisions, cantons, villages), la Chambre relate l'historique des deux colonies depuis 1919, mais pas au-delà, cela n'étant pas nécessaire puisque les territoires actuels du Mali et du Burkina Faso faisaient tous deux partie, avant cette date, de la colonie du Haut-Sénégal et Niger. En 1960, le Mali accède à l'indépendance, succédant alors à la République soudanaise, elle-même issue, en 1959, d'un territoire d'outre-mer nommé Soudan français. Quant à la Haute-Volta, elle est créée en 1919, supprimée en 1932, puis reconstituée par une loi de 1947 selon laquelle les limites du « territoire de la Haute-Volta rétabli » seraient « celles de l'ancienne colonie de la Haute-Volta à la date du 5 septembre 1932[549] ». Accédant à l'indépendance en 1960, la Haute-Volta prend le nom de Burkina Faso en 1984. Les deux Parties s'accordent pour dire que lors de leur indépendance, il y avait une frontière bien définie, et la mission des juges sera de déterminer quelle est la frontière héritée de l'administration française, c'est-à-dire celle séparant, dans la zone en litige, la frontière entre les territoires d'outre-mer du Soudan et la Haute-Volta, telle qu'elle existait en 1959-1960.

8.7 Le rôle de l'acquiescement

Mais la Chambre estime qu'il convient d'examiner au préalable un argument du Burkina Faso fondé sur le comportement du Mali, au cours des négociations qui ont précédé la conclusion des accords de délimitation des quelque 1 000 kilomètres de frontières qui ne font plus l'objet de contestation, ainsi que son attitude à l'égard des travaux d'une commission de médiation de l'OUA tenue en 1975. Le Mali, de l'avis du Burkina Faso, aurait alors accepté comme obligatoire la solution du différend esquissée par cette même commission. Le Burkina Faso invoque notamment, à l'appui de ses prétentions, la déclaration suivante du chef de l'État du Mali à l'agence France-Presse :

> Le Mali (…) s'étend sur 1 240 000 kilomètres carrés, nous ne pouvons nous battre de manière injustifiée, pour un bout de territoire d'une longueur de 150 kilomètres. Même si la Commission de l'Organisation de l'unité africaine décide objectivement que la ligne de frontière passe par Bamako, le gouvernement que je préside s'inclinera devant la décision[550].

Le Tribunal explique que « cet argument basé sur l'acquiescement aurait pour effet, s'il s'avérait exact, de rendre inutile toute recherche destinée à

---

[549] *Idem*, p. 569, par. 32.
[550] *Idem*, p. 571, par. 36.

établir la frontière héritée de la période coloniale[551] ». La Chambre estime par ailleurs que cette déclaration ne concernait pas des négociations entre les deux Parties et qu'il s'agit plutôt d'un acte unilatéral ne comportant pas d'effets juridiques au regard du différend. Elle rejette aussi un autre argument du Burkina Faso selon lequel il y aurait eu acquiescement de la part du Mali quant aux principes de délimitation retenus par la sous-commission juridique : « Si ces principes et règles sont applicables en tant qu'éléments de droit (...), ils le sont quelle qu'ait été l'attitude du Mali ; dans le cas contraire, la Chambre ne pourrait en tenir compte que si les deux Parties le lui avaient demandé, ou avaient réservé à ces règles et principes une place spéciale dans le compromis, à titre de "règles expressément reconnues par les États en litige"[552] », conformément au Statut de la Cour, article 38, par. 1 *a*.

8.8 La détermination du point triple

Le Tribunal règle une autre question préalable, celle de savoir de quels pouvoirs il dispose au regard de la fixation du point triple qui constitue le point terminal oriental de la frontière entre les Parties. Celles-ci ont des vues opposées à ce sujet, puisque la prétention du Burkina Faso est que la Chambre est tenue, en vertu du compromis, de déterminer ce point, tandis que le Mali soutient, tout au contraire, que cette opération ne peut être effectuée par elle, pas plus que par les Parties sans l'accord du Niger. L'argumentation du Burkina prévaudra, la Chambre estimant en effet que cette question relève de sa compétence, étant donné que le compromis énonce en termes clairs l'intention commune des Parties de confier au Tribunal le soin de tracer la frontière dans toute la zone contestée. Le Tribunal tient à préciser que sa compétence n'est pas limitée du seul fait que le point terminal de la frontière se trouve sur la frontière d'un État tiers non partie à l'instance, étant donné que les droits du Niger sont protégés par l'article 59 du Statut de la Cour. Il incombe donc à la Chambre de constater jusqu'où va la frontière héritée de l'État colonisateur, en l'occurrence l'emplacement du point terminal de la frontière à l'est.

Les juges estiment que le document fondamental, parmi tous les textes législatifs, réglementaires ou administratifs cités par les Parties, c'est la loi française du 4 septembre 1947 prévoyant que les limites du territoire rétabli seraient celles de l'ancienne colonie de la Haute-Volta à la date du 5 septembre 1932[553]. Ces limites étaient toujours, au moment de l'accession à l'indépendance en 1960, celles qui existaient en 1932. La Chambre note par ailleurs que les textes et les documents produits ne comportent aucune description complète du tracé

---

551 *Idem*, p. 570, par. 34.
552 *Idem*, p. 575, par. 42.
553 *Idem*, p. 580, par. 51.

de la limite entre le Soudan français et la Haute-Volta pendant les deux périodes de co-existence de ces colonies (1919-1932 et 1947-1960). D'une portée limitée, ces documents font l'objet de controverses entre les Parties quant à leur valeur juridique ou leur interprétation.

Outre la loi de 1947, le Tribunal est d'avis qu'il existe des documents essentiels, qu'il nomme par ordre chronologique : le décret de mars 1919, créant la colonie de la Haute-Volta ; l'arrêté de décembre 1922, pris par le gouverneur général de l'Afrique occidentale française pour la réorganisation de la région de Tombouctou ; l'arrêté d'août 1927, pris par le gouverneur général par intérim pour déterminer les limites de la Haute-Volta et du Niger, modifié par l'erratum d'octobre 1927 ; le décret de septembre 1932, supprimant la colonie de la Haute-Volta ; l'échange de lettres, en 1935, entre le gouverneur général et les lieutenants gouverneurs du Soudan français et du Niger ; enfin, l'arrêté de novembre 1935 pris par le gouverneur par intérim pour la délimitation de cercles (Bafoulabé, Bamako et Mopti).

8.9 Le matériau cartographique

Le Burkina Faso et le Mali ont produit aussi un matériau cartographique volumineux et diversifié, tout en examinant en profondeur la question théorique de la force probante de la cartographie et sa valeur juridique comparée avec les divers éléments de preuve présentés[554]. Si les deux Parties conviennent que le titre prééminent est le titre législatif et réglementaire, le Mali fait observer que les autres preuves, dont les cartes et le comportement des autorités administratives, doivent être appréciés selon divers critères, tandis que le Burkina Faso reconnaît la primauté des textes sur les cartes, même si, précise-t-il, « le titre peut être écrit ou cartographique[555] ». La Chambre, au stade actuel de son raisonnement, tient ici à formuler ce qu'elle considère être un principe – qui sera du reste maintes fois cité dans les affaires ultérieures :

> En matière de délimitation de frontières ou de conflit territorial international, les cartes ne sont que de simples indications, plus ou moins exactes selon les cas ; elles ne constituent jamais – à elles seules et du seul fait de leur existence – un titre territorial, c'est-à-dire un document auquel le droit international confère une valeur juridique intrinsèque aux fins de l'établissement des droits territoriaux. Certes, dans quelques cas, les cartes peuvent acquérir une telle valeur juridique mais cette valeur ne découle pas alors de leurs seules qualités intrinsèques : elle

---

[554] Pour une étude brève mais claire de la valeur probante des cartes géographiques, consulter notamment Rushworth, Dennis (1997-98) Mapping in Support of Frontier Arbitration : Maps as Evidence, *IBRU BSB*, Winter, p. 51-55.

[555] *Arrêt de 1986*, p. 582, par. 53.

résulte de ce que ces cartes ont été intégrées parmi les éléments qui constituent l'expression de la volonté de l'État ou des États concernés. Ainsi en va-t-il, par exemple, lorsque des cartes sont annexées à un texte officiel dont elles font partie intégrante. En dehors de cette hypothèse clairement définie, les cartes ne sont que des éléments de preuve extrinsèques, plus ou moins fiables, plus ou moins suspects, auxquels il peut être fait appel, parmi d'autres éléments de preuve de nature circonstancielle, pour établir ou reconstituer la matérialité des faits[556].

La Chambre ajoute que la valeur probante des cartes dépend de leur fiabilité technique, laquelle, reconnaît-elle, s'est beaucoup accrue avec les progrès de la photographie aérienne et l'utilisation du satellite. Pourtant, dit-elle, « seules en sont résultées une fidélité plus grande dans la représentation cartographique de la nature et une correspondance de plus en plus exacte entre l'une et l'autre[557] ». Le Tribunal estime que les indications relevant de l'intervention humaine (il nomme la toponymie et la figuration des limites politiques) « n'en sont pas pour autant plus fiables[558] ». S'agissant des frontières politiques, il précise que « les erreurs sont, de l'avis des cartographes, encore fréquentes, notamment lorsque cette figuration se rapporte à des confins d'accès difficile[559] ». Outre les considérations relatives à la fiabilité des cartes, les juges estiment que leur force probante dépend de la neutralité de leur source par rapport aux Parties impliquées dans un différend et par rapport à ce différend même. Et la Chambre d'ajouter :

> Mais même là où les garanties ci-dessus décrites sont réunies, la valeur juridique des cartes reste limitée à celle d'une preuve concordante qui conforte une conclusion à laquelle le juge est parvenu par d'autres moyens, indépendants des cartes. En conséquence, hormis l'hypothèse où elles ont été intégrées parmi les éléments qui constituent la volonté de l'État, les cartes ne peuvent à elles seules être considérées comme des preuves d'une frontière car elles constitueraient dans ce cas une présomption irréfragable, équivalant en réalité à un titre juridique. Elles n'ont de valeur que comme preuves à caractère auxiliaire ou confirmatif, ce qui exclut également la possibilité de leur conférer la qualité de présomptions *juris tantum* ou réfragables, ayant pour effet de renverser le fardeau de la preuve[560].

La Chambre examine ensuite les cartes qui ont été produites par les Parties et constate qu'elle n'a « à sa disposition aucune carte qui illustrerait

---

556 *Idem*, p. 582, par. 54.
557 *Idem*, p. 582, par. 55.
558 *Idem*, p. 583, par. 55.
559 *Ibidem*.
560 *Idem*, p. 583, par. 56.

d'une manière officielle et directe le libellé des quatre textes susvisés, essentiels en l'espèce, alors même que, selon la volonté de leurs auteurs, deux de ces textes devaient être accompagnés de telles cartes[561] ». La loi de 1947 elle-même – considérée comme le texte fondamental – ne faisait référence à aucune carte, et les Parties n'ont pu identifier la carte, en supposant qu'il y en eût une, utilisée par le législateur français « afin d'avoir une image plus claire de ces limites[562] ». Quant à celle de l'arrêté de 1927 et de son erratum, ce texte ne procure aucune information sur l'organisme qui l'aurait réalisée ou l'autorité qui l'aurait approuvée. Les cartes jointes à la lettre 191 CM2 de 1935 et à l'arrêté 2728 AP de la même année n'ont pu être retrouvées ! Le Tribunal fait observer ici que la documentation cartographique crée « un double paradoxe » en ce que, d'une part, une masse considérable de cartes ont été déposées pour une région en partie inconnue et que, d'autre part, aucun tracé frontalier indiscutable ne peut y être dégagé. À cela « s'ajoute le fait assez curieux que (…) chaque fois qu'il est question d'une carte annexée à un acte réglementaire ou jointe à un document administratif que la Chambre doit interpréter, c'est précisément cette carte-là, parmi toutes les autres que les Parties ont pu assembler, qui fait défaut. Ces circonstances dictent d'emblée une vigilance particulière dans l'examen du dossier cartographique[563] ».

Les juges estiment que deux cartes produites présentent cependant une importance toute particulière dans cette affaire : la carte des colonies de l'Afrique occidentale française au 1/500 000, édition de 1925, dressée par le service géographique de l'Afrique occidentale française à Dakar et imprimée à Paris, dite carte Blondel la Rougery, du nom de son imprimeur ; celle de l'Afrique de l'Ouest au 1/200 000, publiée par l'Institut géographique national français (IGN) et originairement éditée entre 1958 et 1960. Au sujet de la carte Blondel la Rougery, la Chambre prend connaissance d'une lettre de juillet 1935 concernant un projet de texte définissant des limites de circonscription et adressée par le service géographique de l'AOF au directeur des affaires politiques et administratives du gouvernement général de l'AOF :

> Il y aurait lieu de provoquer des précisions supplémentaires et de demander au lieutenant gouverneur du Soudan de vouloir bien se conformer aux directives de la circulaire n° 93 CM2 du 4 février 1930 qui stipule que "l'arrêté doit se borner à donner des indications générales et à spécifier dans un article spécial que la limite est celle qui est tracée sur la carte (…) jointe au présent arrêté".

561 *Idem*, p. 584, par. 57.
562 *Idem*, p. 583, par. 57.
563 *Idem*, p. 584, par. 58.

> La carte à utiliser doit être celle qui est publiée par le service géographique du gouvernement général – à la plus grande échelle qui existe[564].

La Chambre estime que ce texte, loin de créer une obligation aux administrateurs de se référer à la carte publiée à la plus grande échelle qui existait lorsqu'ils s'informaient de l'emplacement de limites, leur prescrivait seulement d'utiliser cette carte comme fond quand il fallait reporter des limites existantes sur une carte, quelle qu'elle fût. Le Tribunal en déduit que « les limites administratives figurant sur la carte (…) ne jouissent d'aucune autorité particulière en elles-mêmes[565] ». Quant à la carte IGN de 1958-1960, la Chambre note d'abord qu'elle comporte un tracé dont un segment est indiqué en croisillons continus dans l'édition originale, mais en croisillons discontinus dans des éditions postérieures. Les juges observent aussi que les deux États considèrent que la carte est fiable dans son ensemble, notamment quant à la topographie et la toponymie. La Chambre examine par ailleurs une note établie par l'IGN et datée du 27 janvier 1975, informant le lecteur que des cartes de la frontière avaient été levées avant l'indépendance des deux États, et fournissant certaines précisions quant aux procédés retenus pour le tracé des frontières sur ces cartes :

> Puis, à l'aide des textes, les opérateurs ont essayé de mettre en place la frontière par rapport au fond de carte. Malheureusement l'imprécision des textes a empêché de tracer une limite suffisamment sûre dans certaines parties : en effet certains noms cités dans les textes n'ont pas été retrouvés, d'autres correspondaient à des villages disparus ou déplacés, ou bien encore la configuration réelle du terrain (tracé des rivières, position des montagnes) apparaissait comme différente de celle décrite par les anciens levés d'itinéraires.
>
> La frontière réelle était alors mise en place d'après les renseignements fournis par les chefs des circonscriptions frontalières et d'après les renseignements recueillis sur le terrain auprès des chefs de villages et de populations[566].

Que conclure de ce texte, se demande le Tribunal ? Que la carte établie en 1958-1960 par un organisme neutre (l'IGN) constitue une représentation visuelle des textes disponibles et des renseignements recueillis sur le terrain, sans avoir pour autant la valeur de titre juridique, et la Chambre ne peut en déduire que le tracé frontalier qui y est figuré par des croisillons dans les éditions successives « correspond parfaitement à la limite héritée de l'administration coloniale[567] », car elle doit considérer la question de savoir si les éléments de preuves fournis par la carte corroborent les autres preuves. Par

---

564 *Idem*, p. 584-585, par. 60.
565 *Idem*, p. 585, par. 60.
566 *Idem*, p. 585-586, par. 61.
567 *Idem*, p. 586, par. 62.

ailleurs, ajoutent les juges, et compte tenu de la neutralité de la source et de la date à laquelle ont été effectués les levés, « si toutes les autres preuves font défaut ou ne suffisent pas pour faire apparaître un tracé précis, la valeur probante de la carte de l'IGN devient déterminante[568] ».

8.10 Les effectivités coloniales

Parmi les éléments de preuve qui doivent être éventuellement considérés, le Mali et le Burkina Faso invoquent les effectivités coloniales, définies par la Chambre dans cette affaire comme « le comportement des autorités administratives en tant que preuve de l'exercice effectif de compétences territoriales dans la région pendant la période coloniale[569] ». À ce stade-ci de son examen de l'affaire, le Tribunal souligne la complexité des effectivités et il déclare que leur valeur sera examinée dans chaque cas d'espèce. La Chambre tient néanmoins à expliquer en termes généraux la relation juridique entre ces effectivités et les titres qui fondent l'application du principe de l'*uti possidetis*. Elle distingue, pour ce faire, diverses éventualités : quand le fait correspond exactement au droit, l'effectivité ne fait que confirmer le titre, tandis que dans le cas de non concordance entre le fait et le droit (le territoire contesté est administré par un autre État que le titulaire du titre), ce dernier doit être préféré. Par ailleurs, si l'effectivité ne coexiste avec aucun titre, elle doit être prise en considération, notamment lorsque le titre ne démontre pas avec précision l'étendue territoriale, auquel cas le rôle de l'effectivité devient essentiel aux fins de l'interprétation du titre.

8.11 Les textes législatifs, réglementaires et administratifs

Avant de passer à l'examen des derniers moyens de preuve invoqués par les Parties, en l'occurrence les textes législatifs, réglementaires et administratifs, la Chambre tient à rappeler le caractère très particulier de l'affaire en ce qui concerne les faits à démontrer ou les preuves à produire, notamment la difficile recherche de la situation frontalière dans une région mal connue à l'époque, pauvre en infrastructures de transport, peuplée en grande partie de nomades, qui a fait l'objet de documents législatifs qui n'ont pas tous été publiés et de cartes qui se contredisent ou qui sont douteuses, sans compter la difficulté d'analyser les documents administratifs d'un système de gouvernement qui n'existe plus depuis plus de trente ans (c'était en 1986). En dépit des efforts des deux États pour mettre à la disposition du Tribunal un dossier aussi complet que possible, la Chambre « ne peut pas avoir la certitude de statuer en

---

568 *Ibidem*.

569 *Idem*, p. 586, par. 63.

pleine connaissance de cause », et elle n'écarte pas la possibilité qu'il puisse « exister d'autres documents précieux[570] ». Ainsi, poursuivent les juges, la solution du litige « ne peut être cherchée dans une application systématique de la règle relative à la charge de la preuve[571] », et, par ailleurs, « le rejet éventuel de tel ou tel argument, motif pris de ce que les allégations de fait sur lesquelles il repose n'ont pas été prouvées, ne suffit pas en lui-même pour que la thèse contraire puisse être retenue[572] ».

Enfin, la Chambre examine de plus près les titres législatifs et réglementaires, ainsi que les documents administratifs invoqués par les Parties, afin de pouvoir en apprécier la valeur et de les utiliser, le cas échéant, pour indiquer la frontière dans le secteur auquel ces documents se rapportent. Au sujet du premier de ces textes dans l'ordre chronologique, en l'occurrence l'arrêté du 31 décembre 1922 portant réorganisation de la région de Tombouctou, le Tribunal, constatant l'accord des Parties pour reconnaître sa validité et sa pertinence, réserve la question de son interprétation à un stade ultérieur.

L'arrêté du 31 août 1927 pris par le gouverneur général par intérim de l'AOF pour déterminer les limites des colonies du Niger et de la Haute-Volta, et modifié par un erratum du 5 octobre 1927, est considéré par les Parties comme pertinent en tant qu'il se réfère au point triple, mais il fait l'objet de divergence de vues quant à sa validité, le Mali prétendant que ces deux textes « sont viciés par une erreur de fait, de telle sorte que le Burkina Faso ne serait pas fondé à s'en prévaloir utilement[573] ». La Chambre estime que ces deux documents « n'ont d'autre valeur que celle d'un élément de preuve. (...) La valeur de l'arrêté comme preuve de l'emplacement du point terminal de la limite entre le Soudan français et la Haute-Volta est une question indépendante[574] ».

Le décret du 5 septembre 1932, qui abrogeait celui du 1er mars 1919 créant la colonie de la Haute-Volta, avait donc pour effet de supprimer celle-ci. Par l'effet combiné de ce décret et de l'arrêté du gouverneur général du 17 novembre de la même année, les cercles qui avaient composé la Haute-Volta seront rattachés soit au Soudan français soit au Niger. Les juges font remarquer que c'est dans ce contexte administratif qu'est intervenu, en 1935, un échange de lettres, celle du 19 février 1935 (191 CM2) adressée aux lieutenants gouverneurs du Niger et du Soudan français par le gouverneur général de l'AOF, et la réponse du lieutenant gouverneur du Soudan français, le 3 juin 1935.

Le gouverneur général propose une description de la limite entre le Niger et le Soudan français, étant donné que la limite « n'a actuellement qu'une

570 *Idem*, p. 587, par. 64.
571 *Idem*, p. 587, par. 65.
572 *Idem*, p. 588, par. 65.
573 *Idem*, p. 590, par. 68.
574 *Idem*, p. 591-592, par. 72.

valeur de fait résultant de textes ne comportant pas la description géographique de cette limite. Il m'apparaît nécessaire pour assurer dans des conditions satisfaisantes le règlement des diverses questions administratives (...) ainsi que pour son report précis sur la carte, de fixer par un texte la limite dont il s'agit[575] ». Le lieutenant gouverneur du Soudan, dans sa réponse, ne propose qu'une modification. Le projet, qui n'a pas eu de suite, fait l'objet de controverse entre les Parties quant à son interprétation, la question étant de savoir si la limite proposée s'en tenait à la description d'une limite de fait existante (thèse déclaratoire du Burkina Faso) ou si la lettre reflétait l'intention de définir *de novo* la limite de droit (thèse modificatrice du Mali). La Chambre conclut que la définition de la limite visée dans la lettre 191 CM2 « correspondait, dans l'esprit aussi bien du gouverneur général que de tous les administrateurs qui ont été consultés, à la situation existante[576] ».

Le 27 novembre de cette même année 1935, l'arrêté 2728 AP est pris par le gouverneur général par intérim de l'Afrique occidentale française au sujet de la délimitation des cercles de Bafoulabé, Bamako et Mopti (Soudan français). Celui-ci était limitrophe du cercle de Ouahigouya, soudanais à l'époque, puis à nouveau voltaïque à partir de 1947. Cette limite devait alors constituer de nouveau la limite entre les territoires de la Haute-Volta et du Soudan jusqu'à l'indépendance. La limite orientale du cercle soudanais de Mopti est décrite dans l'arrêté comme « une ligne sensiblement nord-est laissant au cercle de Mopti les villages de Yoro, Dioulouna, Oukoulou, Agoulourou, Koubo[577] ». Les Parties s'opposent sur la question de savoir si la ligne prévue dans le texte, en laissant au cercle de Mopti ces cinq villages, a eu pour effet d'attribuer à ce cercle des villages qui faisaient partie auparavant d'un autre cercle (prétention du Burkina Faso) ou si, au contraire, la définition de cette ligne impliquait que ces villages appartenaient déjà au cercle de Mopti (thèse du Mali). De son examen du texte de l'arrêté et du contexte administratif dans lequel il a été conçu, la Chambre estime qu'il existe au moins une présomption que cet arrêté n'avait pas pour but ni pour effet de modifier les limites de 1935 entre les cercles soudanais de Mopti et de Ouahigouya, aucune modification n'étant intervenue entre 1932 et 1935. La Chambre précise que les éléments documentaires et cartographiques permettant de localiser les villages ne sont pas de nature à renverser la présomption selon laquelle l'arrêté avait un caractère déclaratoire.

Au terme de son étude des divers documents présentés par les Parties (lois, règlements, textes administratifs, cartes, etc.), le Tribunal arrive notamment à la conclusion que la lettre du gouverneur général de l'AOF en date du 19 février 1935 « valait description de la limite existant à l'époque entre le Soudan

575 *Idem*, p. 594, par. 75.
576 *Idem*, p. 600, par. 85.
577 *Idem*, p. 601, par. 87.

français et le Niger[578] ». S'agissant de la mise en oeuvre de ces documents, la Chambre déclare avoir comme tâche principale d' « identifier les éléments topographiques utilisés comme points de repère dans ces documents et à les localiser tant sur les cartes que sur le terrain, en les situant par rapport aux toponymes modernes[579] ». Ce faisant, les juges examinent les relations qui peuvent être établies entre les éléments d'information fournis par ces divers documents, et ils observent alors que sur certains points ils paraissent se contredire (notamment à cause des lacunes de la cartographie), alors que souvent ils sont en harmonie et se renforcent mutuellement. Ainsi, l'arrêté de 1922 et la lettre de 1935 se renforcent en ce qu'ils mentionnent tous deux la mare d'In Abao comme l'un des points de repère par lequel passait la ligne. De même en est-il de la lettre de 1935 et de l'arrêté de 1927, qui situent le point terminal sur les hauteurs de N'Gouma. Quant au rapport entre la lettre de 1935 et l'arrêté 2728 AP du 27 novembre 1935, la Chambre estime qu'il est encore plus significatif, quoique plus compliqué : par exemple, « en cas de conflit entre la topographie et les coordonnées, il faut s'en tenir à la topographie[580] ». Pour établir le rapport entre ces deux documents, le Tribunal estime qu'il y a lieu de tenir compte tout particulièrement de l'administrateur du cercle de Mopti, qui « a retourné » au lieutenant gouverneur du Soudan français les feuilles Hombori et Mopti de la carte au 1/50 000, « après y avoir tracé au crayon bleu les limites telles qu'il les connaissait et que c'est sur la base de ces feuilles et non pas d'un exemplaire vierge de la feuille Hombori que le service géographique a mis au point la définition des limites du cercle destinée à être inscrite dans l'arrêté 2728 AP ». Voilà pourquoi, expliquent les juges, sa conclusion se trouve confirmée quant au rejet de « l'argument selon lequel la figuration (…) des villages de Koubo, Agoulourou et Oukoulou au sud de la limite qu'elle comporte, démontre que l'arrêté 2728 AP a eu pour effet de les transférer du cercle de Ouahigouya au cercle de Mopti[581] ».

8.12 La répartition des villages et des mares

La Chambre examine enfin ce qui constitue sa tâche essentielle, c'est-à-dire la détermination de la frontière entre le Mali et le Burkina Faso dans la zone contestée. Pour ce faire, elle doit d'abord déterminer le point terminal de la frontière déjà établie d'un commun accord, en l'occurrence déterminer l'extrémité ouest de la zone contestée. Bien que les Parties n'aient pas clairement indiqué ce point, le Tribunal croit pouvoir conclure qu'elles reconnaissent

---

578 *Idem*, p. 610, par. 106.
579 *Ibidem*.
580 *Idem*, p. 614, par. 110.
581 *Idem*, p. 614, par. 111.

pourtant toutes deux le tracé, indiqué sur la carte de l'Afrique de l'Ouest au 1/200 000 éditée par l'IGN, au sud du point de coordonnées géographiques 1° 59' 01'' ouest et 14° 24' 40'' nord (point A de la carte jointe à l'arrêt). C'est à partir de ce point que le Tribunal a pour mission d'indiquer la frontière commune vers l'est.

En ce qui concerne le secteur désigné comme étant celui des « quatre villages », la Chambre estime devoir d'abord analyser le sens à donner au mot « village », puisque les textes réglementaires fixant les limites des circonscriptions, notamment l'arrêté 2728 AP, s'en tiennent généralement à la mention des villages qui les constituent sans apporter d'autre précision géographique. Comme il arrive que les habitants d'un village cultivent des terrains qui en sont assez éloignés, séparés même par des terres incultes, en s'installant dans des « hameaux de culture » dépendant de ce village, il faut se demander si les hameaux de culture font partie ou non des villages dont ils dépendent. La situation se trouve ici compliquée, puisqu'il s'agit d'une région dans laquelle des villages changent d'emplacement ou de nom, au fil des années, quand ils ne disparaissent pas tout simplement. Si, dans le système colonial, le village a pu, à des fins administratives, comprendre l'ensemble des terrains qui en dépendaient, la Chambre « est loin d'être convaincue que, lorsqu'un village constituait un élément servant à définir la composition – et partant l'extension géographique – d'une entité administrative plus large, les hameaux de culture aient toujours dû être pris en considération pour le tracé de la limite de cette entité[582] ». Pourtant, ajoute la Chambre, il ne faut pas systématiser à l'excès cette distinction entre le village comme entité et les terrains qui en dépendent. C'est donc seulement après avoir examiné tous les éléments d'information et les circonstances propres à chaque cas qu'elle sera en mesure de décider si un terrain déterminé doit être considéré comme partie intégrante du village, en dépit de la discontinuité territoriale, ou, au contraire, comme hameau satellite exclu des limites du village.

Puisque l'arrêté 2728 AP définit la limite entre les cercles de Mopti et d'Ouahigouya par référence aux villages « laissés » au cercle de Mopti, la Chambre a pour tâche d'identifier ces villages et de déterminer leur extension territoriale. Le caractère malien du village de Yoro n'est pas contesté par le Burkina Faso. Les Parties s'entendent aussi quant à la première partie de la frontière, laquelle prend une direction nord à partir du point A jusqu'au point de coordonnées 1° 58' 49'' ouest et 14° 28' 30'' nord (point B).

En ce qui concerne le village de Dionouga, les Parties s'entendent pour l'assimiler au village de Dioulouna mentionné dans l'arrêté. Le Tribunal estime pouvoir déduire de l'information à sa disposition, notamment des travaux de piste entrepris sur l'ordre des administrateurs concernés, que « la limite

---

582 *Idem*, p. 616-617, par. 116.

administrative existant au moment considéré de l'époque coloniale coupait la piste reliant Dioulouna/Dionouga à Diguel à une distance approximative de 7,5 kilomètres au sud de Dionouga et que le tracé de la frontière entre le Burkina Faso et le Mali fait donc de même[583] » (point C).

La Chambre note que la situation des villages de Kounia et d'Oukoulourou correspond à celle des deux villages cités dans l'arrêté, et elle estime par ailleurs qu'il est sans importance que ces villages existent ou non aujourd'hui, leur disparition éventuelle étant sans effet sur la limite définie à l'époque. Quant à Koubo, au sujet duquel subsiste une certaine confusion de toponymes, les juges déclarent ne pas être en mesure d'établir avec certitude si c'est le village de Kobou ou le hameau de Kobo qui correspond au village de Koubo que mentionne l'arrêté. Le hameau ne se trouvant qu'à 4 kilomètres du village, la Chambre réserve la question de l'emplacement précis de la frontière, mais déclare d'emblée qu' « il y a lieu de les considérer comme un tout et de tracer la frontière de façon à les laisser tous deux au Mali[584] ».

Le Tribunal estime dès lors qu'une ligne tracée à une distance approximative de 2 kilomètres au sud des villages actuels de Kounia et d'Okoulourou correspond à la limite décrite par l'arrêté 2728 AP. Elle passe par le point de coordonnées 1° 46' 38'' ouest et 14° 28' 54'' nord (point D) et par le point de coordonnées 1° 40' 40'' ouest et 14° 30' 03'' nord (point E).

Au delà du point E, la Chambre est confrontée à un problème très particulier, qui consiste à établir l'identité, la situation et l'extension de quatre mares (celles de Toussougou, de Kétiouaire, de Soum et d'In Abno) auxquelles font référence l'arrêté de 1922, celui de 1935 ou la lettre de 1935, alors que les cartes en font des représentations contradictoires. Ainsi l'arrêté de 1935 mentionne que la ligne se prolonge dans une direction « sensiblement nord-est », tout en « passant au sud de la mare de Toussougou pour aboutir en un point situé à l'est de la mare de Kétiouaire[585] », tandis qu'aucune des cartes contemporaines de l'arrêté n'indique de mares portant ces noms. Quant à la mare de Soum, le problème est moins nébuleux et la Chambre estime qu'il s'agit d'une mare frontalière, bien qu'elle ne trouve « pas d'indice datant de la période coloniale qui permettrait d'affirmer que la ligne doit passer au nord de la mare, au sud de celle-ci ou la diviser[586] ». Le Tribunal rappelle ici sa mission, qui est de tracer une ligne précise en ayant recours à l'équité *infra legem*, et qu'il doit être tenu compte des circonstances, notamment celles dans lesquelles les commandants des deux cercles limitrophes, l'un au Mali et l'autre en Haute-Volta, ont reconnu dans un accord de 1965, quoique non entériné, que la mare

583 *Idem*, p. 619, par. 121.
584 *Idem*, p. 621, par. 126.
585 *Idem*, p. 622, par. 127.
586 *Idem*, p. 630, par. 142.

devait être partagée. Pourtant, ajoute la Chambre, le recours à la notion d'équité ne peut avoir pour effet de modifier une frontière établie :

> Dans le contexte africain en particulier, on ne saurait invoquer les insuffisances manifestes, du point de vue ethnique, géographique ou administratif, de maintes frontières héritées de la colonisation pour affirmer que leur modification s'impose ou se justifie par des considérations d'équité. Ces frontières, aussi peu satisfaisantes soient-elles, jouissent de l'autorité de l'*uti possidetis* et sont à ce titre entièrement conformes au droit international contemporain. Hormis le cas d'une décision rendue, avec l'assentiment des Parties, *ex æquo et bono*, "il ne s'agit pas simplement d'arriver à une solution équitable, mais d'arriver à une solution équitable qui repose sur le droit applicable"[587].

Les juges concluent que la mare de Soum doit être divisée de façon équitable, soit par la division, en part égales, de son étendue maximale pendant la saison des pluies, la frontière la traversant alors d'ouest en est. Quant à la mare d'In Abno, la Chambre examine l'arrêté de 1922, qui détermine la limite occidentale du cercle de Gao selon « les mares de Oussodia Mersi (et) Inabao », puis, « à partir de ce point », selon « la limite septentrionale de la Haute-Volta[588] ». Le Tribunal estime que cette mare est celle qui se trouve au confluent de deux marigots, l'un dont le cours est d'ouest en est, l'autre du nord au sud, et elle considère que, « en l'absence d'indications plus précises et plus fiables sur la relation entre la ligne frontière et la mare (…), elle doit conclure que la frontière traverse la mare de façon à la diviser entre les deux Parties[589] ».

À l'est de la mare de Soum, la Chambre estime que la lettre 191 CM2 de 1935, comme en conviennent d'ailleurs les Parties, est le document auquel il faut se référer, et qu'aucun problème de choix de carte ne se pose dans le secteur : « En l'absence d'autres indications tendant à l'infirmer, l'interprétation de la lettre 191 CM2 qui s'impose est que celle-ci visait une ligne droite reliant le mont Tabakarech au point triple où convergeaient les limites des cercles de Mopti, Ouahigouya et Dori. (…) Quelles que soient les insuffisances de la carte Blondel la Rougery en ce qui concerne l'orographie de la région, la Chambre ne voit pas d'obstacle à assimiler le mont Tabakarach (…) à celui qui figure sur la carte de l'IGN (…) sous le toponyme de Tin Tabakat[590] ». Les juges en concluent que la frontière, depuis le point G, se poursuit selon une direction nord/nord-est jusqu'au mont Tabakarech, tel qu'il est identifié sur la carte de l'IGN sous le nom de Tin Tabakat (point H).

---

587 *Idem*, p. 633, par. 149. La citation de la Chambre est tirée de l'affaire de la *Compétence en matière de pêcheries,* C.I.J. Recueil 1974, p. 33, par. 78.

588 *Arrêt de 1986*, p. 637, par. 157.

589 *Idem*, p. 640, par. 162.

590 *Idem*, p. 636-637, par. 156.

8.13 Frontière orographique ou hydrographique ?

Quant à la région du Béli, la Chambre note que les deux Parties ont longuement débattu du choix qui s'offrait à la puissance coloniale entre une frontière hydrographique suivant ce cours d'eau et une frontière orographique correspondant à la ligne de faîte des élévations qui se trouvent au nord du marigot. « Quelle qu'ait pu être la politique générale de l'administration coloniale dans ce domaine[591] », le Tribunal voit dans la lettre 191 CM2 la preuve que la limite orographique a été préférée. Il s'agit alors de déterminer, à la lumière de toutes les cartes et documents disponibles, le tracé précis de la ligne définie dans la lettre de 1935, tracé que la carte Blondel n'avait indiqué qu'approximativement. La Chambre rappelle à ce sujet que la carte de l'IGN a obtenu l'approbation des deux Parties, du moins quant à la représentation de la topographie, et elle « ne voit donc pas de raison de s'écarter de la ligne en croisillons discontinus qui y figure et lui semble représenter avec une plus grande précision la limite indiquée[592] » sur la carte Blondel et reprise par la lettre 191 CM2, sauf en ce qui concerne la partie la plus orientale de la ligne à propos du problème de la situation du mont N'Gouma.

8.14 La détermination de la frontière et le dispositif de l'arrêt

Dans la région des mares et du Béli, et pour toutes ces considérations, la Chambre détermine comme suit la frontière : depuis le point E, la ligne se dirige en ligne droite jusqu'au point F, situé à 2,6 kilomètres approximativement au sud de la mare de Toussougou, puis atteint la mare de Soum (point G) qu'elle traverse, pour suivre alors la ligne IGN à partir du point H jusqu'au point I, où elle s'infléchit vers le sud-est pour atteindre le Béli et aller en ligne droite jusqu'au point J, sis sur le bord ouest de la mare d'In Abao, et au point K, sur le bord est de cette mare, ces deux derniers points devant être, conformément au compromis, déterminés avec l'aide des experts désignés. Du point K, la ligne remonte vers le nord-est pour rejoindre la ligne IGN au point où celle-ci, après avoir quitté le Béli vers le nord-est, se prolonge en direction sud-est comme limite orographique (point L).

En ce qui concerne le dernier segment de la frontière, se pose le problème de l'emplacement des « hauteurs de N'Gouma » auxquelles fait référence l'erratum à l'arrêté de 1927 relatif aux limites entre la Haute-Volta et le Niger, erratum qui établissait la frontière comme une ligne partant des hauteurs de N'Gouma et passant au gué de Kabia. Les juges réitèrent l'observation selon

---

591 *Idem*, p. 641, par. 164.
592 *Ibidem*.

laquelle on ne doit pas écarter d'emblée le texte de l'arrêté et de son erratum mais plutôt en apprécier la valeur probante aux fins de la détermination du point terminal de la frontière. Le Tribunal note que les cartes de l'époque, notamment la carte Blondel La Rougery de 1925, situent le mont N'Gouma au nord du gué de Kabia, alors que la carte au 1/200 000 de l'IGN de 1960 attribue le nom de N'Gouma à une hauteur située au sud-est du gué, et l'existence d'élévations au nord du gué se trouve confirmée par des constatations sur le terrain en 1975. La Chambre estime ainsi, dès lors que l'on n'a pas constaté « l'existence d'une tradition orale remontant au moins à 1927, qui aurait contredit les indications fournies par les cartes et les documents de l'époque[593] », que le gouverneur général « a décrit une limite existante qui passait par des hauteurs au nord du gué de Kabia, et que les administrateurs considéraient, à tort ou à raison, que ces hauteurs étaient appelées par les populations locales "hauteurs de N'Gouma"[594] ». Le Tribunal recherche alors, parmi les hauteurs qui entourent le gué, le point terminal de la limite, le fixant à 3 kilomètres au nord du gué (point M).

La Chambre « se plaît à reconnaître l'attachement des deux Parties à la justice internationale et au règlement pacifique des différends[595] », et décide, à l'unanimité, dans son arrêt du 22 décembre 1986, que le tracé de la frontière entre les deux États dans la zone contestée est le suivant :

> 1) Partant d'un point de coordonnées géographiques 1° 59' 01" ouest et 14° 24' 40'' nord (point A), la ligne prend une direction nord en suivant la ligne en croisillons discontinue qui figure sur la carte de l'Afrique de l'ouest au 1/200 000 éditée par l'Institut géographique national (IGN) français (ci-après dénommée "la ligne IGN") jusqu'au point de coordonnées géographiques 1° 58' 49'' ouest et 14° 28' 30'' nord (point B).
> 2) Au point B, la ligne s'infléchit vers l'est et coupe la piste reliant Dionouga et Diguel à approximativement 7,5 kilomètres de Dionouga en un point de coordonnées géographiques 1° 54' 24'' ouest et 14° 29' 20'' nord (point C).
> 3) Du point C, la ligne passe à une distance approximative de 2 kilomètres au sud des villages de Kounia et d'Oukoulourou par le point de coordonnées géographiques 1° 46' 38'' ouest et 14° 28' 54'' nord (point D) et le point de coordonnées 1° 40' 40'' ouest et 14° 30' 03'' nord (point E).
> 4) Du point E, la ligne continue tout droit jusqu'à un point de coordonnées géographiques 1° 19' 05'' ouest et 14° 43' 45'' nord (point F) situé à 2,6 kilomètres approximativement au sud de la mare de Toussougou.

---

593 *Idem*, p. 647, par. 173.
594 *Ibidem*.
595 *Idem*, p. 649, par. 178.

5) Du point F, la ligne continue tout droit jusqu'au point de coordonnées géographiques 1° 05' 34'' ouest et 14° 47' 04'' nord (point G) situé sur le rivage ouest de la mare de Soum, qu'elle traverse en suivant une direction générale d'ouest en est et en la divisant en parts égales entre les deux États ; elle remonte ensuite selon une direction générale nord nord-est pour rejoindre la ligne IGN au point de coordonnées géographiques 0° 43' 29'' ouest et 15° 05' 00'' nord (point H).

6) Du point H, la ligne suit la ligne IGN jusqu'au point de coordonnées géographiques 0° 26' 35'' ouest et 15° 05' 00'' nord (point I) ; de là, elle s'infléchit vers le sud-est et continue tout droit jusqu'au point J défini ci-dessous.

7) Les points J et K, dont les coordonnées géographiques seront déterminées par les Parties avec l'aide des experts désignés conformément à l'article IV du compromis, répondent à trois conditions : ils se situent sur le même parallèle de latitude ; le point J se trouve sur le rivage ouest de la mare d'In Abao et le point K sur le rivage est de cette mare ; la ligne tracée entre eux aura pour effet de diviser l'étendue de la mare en parts égales entre les Parties.

8) Au point K, la ligne s'infléchit vers le nord-est et continue tout droit jusqu'au point de coordonnées géographiques 0° 14' 44'' ouest et 15° 04' 42'' nord (point L) et, de ce point, elle continue tout droit jusqu'à un point de coordonnées géographiques 0° 14' 39'' est et 14° 54' 48'' nord (point M) situé approximativement à 3 kilomètres au nord du gué de Kabia.

B. Que la Chambre désignera ultérieurement, par ordonnance, trois experts conformément à l'article IV, alinéa 3, du compromis du 16 septembre 1983[596].

• • •

Si cet arrêt a pu sembler à certains fastidieux et « technique », la Chambre devant trancher parmi une multitude de textes, de cartes et de situations compliquées par la nature des divers terrains, la décision n'en est pas moins importante pour plusieurs raisons. D'abord, un tribunal international était appelé, pour la première fois en Afrique, à délimiter la frontière entre deux pays très pauvres où le moindre marigot constitue un enjeu vital pour les populations locales. Or, cela a été fait avec minutie, et en dépit de difficultés considérables, tout au long de cette frontière. De plus, la Chambre de la Cour s'est acquittée de

596 *Idem*, p. 649-650, par. 179. Pour une analyse de ce principe, consulter NALDI, Gino J. (1987) The Case Concerning the Frontier Dispute (Burkina Faso/Republic of Mali : *Uti Possidetis* in an African Perspective, *ICLQ*, p. 893-903.

sa tâche, alors que la situation politique entre les deux États avait été à ce point détériorée que des combats violents avaient eu lieu. Ainsi, le travail d'un tribunal peut-il contribuer non seulement à dire le droit mais aussi à rapprocher les Parties et, ultimement, à éviter la détérioration d'une situation explosive. À cet égard, l'ordonnance en mesures conservatoires, notamment les dispositions relatives au cessez-le-feu et au retrait des forces en présence, a-t-elle été salutaire. Elle inspirera d'ailleurs des ordonnances similaires dans d'autres affaires africaines (*Libye/Tchad, Érythrée/Éthiopie, Cameroun/ Nigeria*).

De plus, cet arrêt, avec la force que procure son unanimité, a apporté des précisions à une règle fondamentale pour le continent africain – celle de l'intangibilité des frontières. Par ailleurs d'aucuns ont estimé que la Chambre avait introduit une distinction inopportune et susceptible de confusion en déclarant que les États africains, en respectant ce principe, consacraient l'application en Afrique d'une règle de portée générale. Il est vrai que la phraséologie utilisée n'était peut-être pas très heureuse, alors qu'il fallait d'abord faire ressortir le fait que ce principe n'était pas l'exclusivité d'une région et d'une époque (l'Amérique espagnole du XIXe siècle).

Par ailleurs l'arrêt a expliqué avec beaucoup de clarté et dans des formules lapidaires les rôles respectifs du titre juridique et de l'effectivité dans l'exercice d'un droit. Notons enfin l'importance de la contribution de l'arrêt dans la portée et le rôle des cartes géographiques comme éléments de preuve, les dispositions y relatives étant d'ailleurs maintes fois citées par la suite.

9

LA FRONTIÈRE LIBYE/TCHAD

> Le penchant colonial pour les lignes géométriques illustré par la forme en « fer à cheval » (de l'hinterland tripolitain de lord Salisbury) a laissé en Afrique une forte concentration d'États dont on a tracé les frontières sans tenir aucun compte, ou presque, des facteurs liés à la géographie, aux caractères ethniques, à la commodité économique, ou à l'existence de moyens de communication acceptables, qui, ailleurs, ont joué un rôle, dans les délimitations frontalières.
>
> *C.I.J. Recueil 1994, op. individuelle du juge Ajibola,* p. 52-53, par. 8.

> La présente affaire rappelle un ordre mondial aujourd'hui révolu. En traits éloquents, elle éclaire une époque où le développement du droit international tendait à l'édification d'un système juridique étayant la projection au niveau mondial de la puissance d'une seule région, où, à des égards importants, ce droit était à la fois façonné et administré par des membres influents d'une communauté fermée, où celle-ci, la soi-disant communauté internationale, ressemblait peu au monde d'alors, et moins encore au monde actuel.
>
> *Idem, op. individuelle du juge Shahabuddeen,* p. 44.

Après plusieurs années de discorde, notamment au sujet de la souveraineté territoriale sur la bande d'Aouzou, la Libye et le Tchad concluent en 1989 un accord-cadre par lequel ils réitèrent le cessez-le-feu et confient à la Cour internationale de Justice le soin de déterminer leur frontière commune. Celle-ci rend sa décision en 1994 en statuant que le traité de 1955 établit cette frontière.

9.1 La bande d'Aouzou, au Tchad ou à la Libye ?

Depuis son indépendance en 1960, le Tchad aura connu près de quatre décennies de guerre civile dans laquelle aura péri 10% de sa population dans des affrontements entre le Sud, qui regroupe la majeure partie d'une population composée principalement de Noirs chrétiens ou animistes, et le Nord peuplé d'Arabes musulmans, d'où provient le pouvoir politique mais où se trouvent encore des factions rebelles armées. Ce Nord évoque aussi la principale pomme de discorde entre le Tchad et la Libye – la bande d'Aouzou, aux confins des deux pays mais du côté tchadien, une zone désertique, inhospitalière et pauvre d'une superficie de 530 000 km^2, connue sous l'appellation tchadienne de Bet (Borkou-Ounianga, Ennedi et Tibesti) dont la population, inférieure à 100 000 habitants, ne serait tchadienne qu'à 2%. C'est cette parcelle territoriale, revendiquée par le colonel Kadhafi comme partie intégrante du territoire national, qui sera occupée plusieurs fois, de 1973 à 1994, par les troupes libyennes pour avoir accès, a-t-on estimé[597], aux minéraux de cette zone (notamment l'uranium) et pour pouvoir exercer une influence sur la politique tchadienne.

Le Tchad, avec ses 1 284 000 km^2 et une population de 9 539 000 habitants, a donc une faible densité de 7,4 hab./km^2, population qui est toutefois plus de deux fois celle de la Libye qui, disions-nous (au chapitre 3) est de 3,1 hab./km^2. Le revenu moyen par habitant au Tchad (1 200$) est à peine le quart de celui de la Libye (6 400$) et les secteurs de l'agriculture et de la pêche constituent 38% du PIB mais il occupent plus de 80% de la population, notamment dans la production du coton, comme au Burkina et au Mali, et dans l'élevage. Notons aussi la pratique de la pêche dans le lac Tchad, qui, partagé avec le Nigeria, le Cameroun et le Niger, est un objet de convoitise et de dispute internationales, alors que ce pays, déjà aride, souffre d'une désertification qui se poursuit et où le pourcentage de terres arables n'atteint que 2,78%.

Quant aux ressources minérales, le Tchad possède, outre l'uranium, le chrome, le tungstène, le titane, l'or, le natron et le kaolin, sans oublier l'exploitation récente du pétrole, nonobstant l'enclavement du Tchad, grâce au consortium des sociétés Exxon Mobil, Chevron et Petronas qui ont investi 3,7 milliards$ dans les champs de Doba, dont les réserves ont été estimées à 1 milliard de barils, qui, en raison de 225 000 barils par jour, est acheminé par un oléoduc de 1 070 kilomètres jusqu'au port camerounais de Kribi, ce qui demeure néanmoins loin de la production de la Libye, au troisième rang des pays d'Afrique, derrière le Nigeria et l'Algérie, avec, disions-nous, 64,7 tonnes pour l'année 2002. Mentionnons ici que le Tchad et le Cameroun sont membres de la Zone franc de cette *sous-région* et de la Communauté économique des États de l'Afrique centrale (CEEAC)[598]. Ajoutons que cet immense projet pourra rapporter, au cours des 25 prochaines années, 1 milliard$ par année, dont 12,5% en royautés à l'État tchadien, qui, sous la pression de la Banque mondiale, a dû au préalable promulguer une loi concernant l'utilisation des revenus (80% devant être versés à des secteurs prioritaires, 10% déposés dans un fonds

---

[597] (2004) *CIA World Fact Book 2004.* Site Internet : www.odci.gov/cia/publications/ factbook.

[598] Geslin, Jean-Dominique (2004) Intégration, mode d'emploi, *L'état de l'Afrique 2004*, p. 86-89.

destiné aux générations futures, 5% au développement de la région de Doba et les derniers 5% utilisés à la discrétion du gouvernement)[599].

Parmi les différends frontaliers, notons la requête du Nigeria, rejetée par le Tchad, de procéder à une nouvelle démarcation de la frontière. Dans le lac Tchad, les frontières lacustres avec les trois autres États impliqués ont fait l'objet d'un traité de délimitation, mais celui-ci n'a pas été encore ratifié. On observe aussi des escarmouches à la frontière avec la République centrafricaine. Quant à celle que partagent le Tchad et le Soudan, se trouvent, de part et d'autre, des groupes rebelles et de réfugiés, dans le contexte de la guerre civile au Soudan, ce qui n'a pas empêché le Tchad d'agir comme médiateur dans ce conflit. Plus récemment, dans la province du Darfour, dans l'ouest du Soudan, plus de 30 000 civils ont été tués et près d'un million de personnes déplacées par les combats, en conséquence de quoi le Conseil de sécurité des Nations Unies a adopté, le 30 juillet 2004, une résolution[600] prévoyant notamment un embargo sur les ventes d'armes et demandant aux autorités de désarmer et de poursuivre en justice les miliciens arabes qui s'en prennent aux rebelles de certaines tribus africaines, et le président de la France a demandé aux militaires français déjà positionnés au Tchad d'assurer le transport humanitaire et de sécuriser la frontière internationale[601].

9.2 L'accord-cadre

Un accord-cadre, conclu le 31 août 1989, a été communiqué à la Cour par chacune des deux Parties. Ce document, après avoir évoqué en son préambule certains instruments et quelques grands principes (résolutions de l'OUA, règlement des différends par des moyens pacifiques, égalité souveraine des États, non recours à la menace ou à l'emploi de la force, respect de l'intégrité territoriale, non-ingérence dans les affaires intérieures), se lit notamment comme suit :

> Article 2. À défaut d'un règlement politique à leur différend territorial, les deux parties s'engagent : a) à soumettre le différend au jugement de la Cour internationale de Justice ; b) à prendre des mesures d'accompagnement au règlement juridictionnel, à savoir sur le retrait des forces des deux pays des positions qu'elles occupent actuellement en date du 25 août 1989 dans la région litigieuse sous la supervision d'une commission d'observateurs africains, et à s'interdire toute implantation nouvelle sous quelque forme que ce soit dans ladite

599 (2004) *L'état de l'Afrique 2004*, p. 213.

600 Résolution 1556 du Conseil de sécurité. Site Internet des Nations Unies : www.un.org.

601 Leopold, Evelyn (2004) L'ONU presse Khartoum de mettre fin aux exactions au Darfour, *Le Devoir*, 31 juillet et 1er août 2004, cahier A6.

région ; c) à procéder audit retrait à des distances à convenir ; d) à observer lesdites mesures d'accompagnement jusqu'à ce que la Cour internationale de Justice rende un arrêt définitif sur le litige territorial.
Article 3. Tous les prisonniers de guerre seront libérés.
Article 4. (Les deux États) réitèrent leurs décisions sur le cessez-le-feu instauré entre eux et s'engagent en outre à cesser toute forme d'hostilité, notamment à : a) cesser toute campagne médiatique hostile ; b) s'abstenir de s'immiscer directement ou indirectement, sous aucune forme, sous aucun prétexte et en aucune circonstance, dans les affaires intérieures et extérieures de leurs pays respectifs ; c) s'interdire tout appui politique, matériel, financier et militaire à toutes les formes hostiles à l'un ou l'autre des deux pays ; d) procéder à la signature d'un traité d'amitié, de bon voisinage et de coopération économique et financière entre les deux pays.
Article 5. Les deux parties décident de la mise sur pied d'une commission mixte qui sera chargée d'arrêter les dispositions en vue de l'application du présent accord et de veiller à prendre toute mesure nécessaire à cet effet.
Article 6. Le comité ad hoc de l'Organisation de l'unité africaine (OUA) sur le différend Libye/Tchad sera appelé à assurer le suivi de la mise en œuvre des dispositions du présent accord (...)[602].

9.3 Les positions respectives des Parties

Les conclusions de la Libye, tant dans le mémoire, le contre-mémoire et la réplique qu'à l'audience, énoncent d'abord les considérations générales suivantes : « *Eu égard* aux divers traités, accords, conventions et arrangements internationaux et à leur effet ou absence d'effet sur le présent différend (...), *Compte tenu* des autres faits et circonstances ayant une incidence sur cette affaire (...), *À la lumière* de la conduite des Parties, de celle d'autres États ou de forces politiques, séculières ou religieuses dont la conduite a une incidence sur les droits et titres revendiqués par les Parties, ainsi que de la conduite des peuples autochtones dont les territoires sont l'objet du présent différend, *En application* des principes et règles de droit international pertinents en l'espèce[603] », la Libye demande à la Cour de décider comme suit :

1. Qu'il n'existe, à l'est de Toummo, aucune frontière entre la Libye et le Tchad en vertu d'aucun accord international existant ;

---

[602] *Affaire du différend territorial (Jamahiriya arabe libyenne/Tchad)*, C.I.J. Recueil 1994, par. 2. Ci-après cité *Arrêt de 1994*. Le texte intégral de l'arrêt est disponible sur le site Internet de la Cour : www.icj-cij.org.

[603] *Idem*, par. 17.

2. Que, dans ces conditions, pour décider de l'attribution des territoires respectifs entre la Libye et le Tchad conformément aux règles de droit international applicables en l'espèce, les facteurs suivants sont pertinents : i) le territoire en question, à toutes les époques pertinentes, n'était pas terra nullius ; ii) à toutes les époques pertinentes, le titre sur le territoire appartenait aux peuples habitant ledit territoire, qui étaient des tribus, des confédérations de tribus ou d'autres peuples devant allégeance à l'Ordre senoussi et qui avaient accepté l'autorité senoussi dans leur lutte contre les empiétements de la France et de l'Italie sur leurs terres ; iii) à toutes les époques pertinentes, ces peuples autochtones faisaient partie des peuples libyens des points de vue religieux, culturel, économique et politique ; iv) au niveau international, il existait une communauté de titres entre le titre des peuples autochtones et les droits et titres de l'Empire ottoman, transmis à l'Italie en 1912 et hérités par la Libye en 1951 ; v) toute revendication du Tchad repose sur la revendication héritée de la France ; vi) la revendication française sur la zone en litige reposait sur des "actes internationaux" qui n'ont pas créé de frontière territoriale à l'est de Toummo, et il n'existe aucun autre fondement valable pour étayer la revendication française sur la zone en litige ;
3. Qu'à la lumière des facteurs ci-dessus la Libye a un titre incontestable sur tout le territoire situé au nord de la ligne tracée (sur certaines cartes de la Libye), c'est-à-dire la zone délimitée par une ligne qui part de l'intersection de la frontière orientale du Niger et du 18e parallèle nord, continue dans une direction exactement sud-est jusqu'à ce qu'elle rencontre le 15e parallèle nord, puis suit ce parallèle vers l'est jusqu'à sa jonction avec la frontière existante entre le Tchad et le Soudan[604].

Le Tchad, dans ses conclusions, demande à la Cour de dire et juger « que sa frontière avec la Jamahiriya arabe libyenne est constituée par la ligne suivante : du point d'intersection du 24e degré de longitude est de Greenwich avec le parallèle 19°30' de latitude nord, la frontière se dirige jusqu'au point de rencontre du tropique du Cancer avec le 16e degré de longitude est de Greenwich ; de ce dernier point elle suit une ligne se dirigeant vers le puits de Toummo jusqu'au 15e degré est de Greenwich »[605].

En bref, et si l'on souhaite comparer les deux positions, le Tchad estime que le traité de 1955 a déterminé une frontière entre les deux États, il en décrit

---

604 *Ibidem.*

605 *Ibidem.* L'argument libyen selon lequel le titre sur le territoire appartenait aux confédérations de tribus dans leur lutte contre les empiétements de la France et de l'Italie a été interprété comme une incapacité de la France à pacifier ces tribus et a été comparé avec l'argument du Maroc, dans l'affaire du *Sahara occidental*, prétendant que l'Espagne n'avait jamais pu conquérir les tribus de l'intérieur de ce territoire. Consulter à ce sujet Castellino, Joshua et Allen, Steve (2003) *Title to territory. A Temporal Analysis*, p. 138.

le tracé et il demande à la Cour de dire que c'est bien cette frontière. Au contraire, la Libye affirme qu'il n'existe pas de frontière et elle prie la Cour de régler un différend territorial aux « confins » des deux pays. Si, aux termes de leurs conclusions, les Parties ne s'entendent pas sur la nature du différend (territorial ou frontalier ?)[606], l'accord-cadre qu'elles avaient signé, et dont les notifications respectives constitueront le compromis saisissant la Cour, ne mentionne qu'un « conflit territorial ».

9.4 Les documents pertinents

La Cour observe que le différend entre la Libye et le Tchad « a pour toile de fond une longue et complexe histoire d'activités militaires, diplomatiques et administratives[607] » durant laquelle se sont retrouvés comme acteurs la France, la Grande-Bretagne, l'empire ottoman, l'Italie, l'Ordre senoussi, laquelle histoire est reflétée dans plusieurs traités, échanges de correspondance, documents d'archives et certaines cartes anciennes. Le Tribunal tient à examiner les documents qui lui paraissent pertinents[608].

La Cour note d'abord que plusieurs accords sont intervenus entre la France et la Grande-Bretagne à la fin du XIXe siècle et au début du XXe, et ensuite avec l'Italie, relativement à leurs zones respectives d'influence. Leur présence continuant de s'étendre, il deviendra en outre nécessaire de conclure entre ces puissances, de même qu'avec l'empire ottoman, des accords portant sur les frontières. Deux accords entre la France et la Grande-Bretagne, conclus respectivement en août 1890 et juin 1898, reconnaissent la sphère de l'autre dans certaines régions africaines. Une déclaration ultérieure, conclue en mars 1899, prévoit que la convention de 1898 devait être complétée, notamment par ce qui suit : « il est entendu en principe qu'au nord du 15e parallèle la zone française sera limitée[609] » par une ligne qui était spécifiée dans le texte mais qui n'était tracée sur aucune carte, sauf que, quelques jours après l'adoption de la déclaration, la France en publie le texte dans un *Livre jaune* qui comporte, cette fois-là, une carte. La France conclut aussi avec l'Italie un accord sous forme d'échange de lettres en décembre 1900 et en novembre 1902 aux termes desquelles les intérêts de l'Italie étaient reconnus comme suit : « par la limite de l'expansion française en Afrique septentrionale (…) on entend bien la frontière de la Tripolitaine indiquée par la carte annexée à la déclaration du 21 mars

---

606 Pour une distinction entre ces deux types de conflits, voir notamment Bardonnet, Daniel (1976) Les frontières terrestres et la relativité de leur tracé, *in RCADI*, p. 9 ; Kohen, M.G. (1995) Le règlement des différends territoriaux à la lumière de l'arrêt de la C.I.J. dans l'affaire Libye/Tchad, *RGDIP*, vol. 99, n° 2, p. 301-333.

607 *Arrêt de 1994*, par. 24.

608 *Idem*, par. 24-35.

609 *Idem*, par. 28.

1899 »[610], en l'occurrence la carte du *Livre jaune*. La Grande-Bretagne, conformément à un échange de lettres, en mars 1902, donne à l'Italie les mêmes assurances.

En mai 1910, le gouvernement tunisien et l'empire ottoman concluent un accord aux fins de définir la frontière entre la régence de Tunis et le *vilayet* de Tripoli, puis l'Italie établit sa souveraineté sur les provinces turques de Tripolitaine et de Cyrénaïque, par les traités d'Ouchy et de Lausanne d'octobre 1912.

En septembre 1919, un accord est conclu entre la France et la Grande-Bretagne aux termes duquel les deux pays s'entendent sur une interprétation de la déclaration de mars 1899. Quelques jours plus tard, la France, par échange de lettres avec l'Italie, détermine la frontière entre la Tripolitaine et les possessions de la France à l'ouest de Toummo. En juillet 1923, une disposition du traité de paix de Lausanne prévoit l'abolition définitive des privilèges subsistants de la Turquie en Libye, puis, en janvier 1924, un protocole sous forme d'échange de notes détermine la frontière entre l'Afrique équatoriale française et le Soudan anglo-égyptien. La frontière entre la Libye et le Soudan sera définie en juillet 1934 par un échange de notes entre la Grande-Bretagne, l'Italie et l'Égypte. L'année suivante, en janvier, l'Italie conclut avec la France un traité relatif à la frontière entre la Libye et les possessions françaises limitrophes à l'est de Toummo, mais ce traité – dénommé dans la présente affaire traité non ratifié de 1935 –, n'entrera jamais en vigueur, faute d'échange des instruments de ratification.

L'Italie vaincue signera, en février 1947, un traité de paix par lequel elle renonce à tous ses droits sur ses possessions en Afrique (Libye, Érythrée et Somalie italienne). Comme les quatre puissances alliées (France, Grande-Bretagne, États-Unis, URSS) n'arrivent pas à s'entendre sur le sort de ces territoires, l'Assemblée générale des Nations Unies, saisie de la question, recommandera que la Libye, « composée de la Cyrénaïque, de la Tripolitaine et du Fezzan, (soit) constituée en un État indépendant et souverain[611] ». Après la proclamation de cette indépendance en décembre 1951 et sa reconnaissance en février 1952, la Libye conclut avec le Royaume-Uni et les États-Unis des accords prévoyant une présence militaire. Par ailleurs, la Libye informe la France en 1954 qu'elle n'entend pas renouveler avec elle l'accord militaire provisoire du 24 décembre 1951, jour de la proclamation de l'indépendance ! Les deux États signeront pourtant un important traité, en août 1955, qualifié de traité d'amitié et de bon voisinage, qui comprend quatre conventions jointes et huit annexes et qui concerne, outre la question de la frontière, la coopération économique, la culture et le retrait des forces de la France du Fezzan.

---

610 *Idem*, par. 29.
611 *Idem*, par. 34.

S'agissant de la frontière, la Cour note que la détermination de celle-ci était indispensable pour la France, puisque son autorité avait été contestée dans certaines parties de ses territoires jouxtant la Libye à l'ouest et au sud, notamment à l'ouest de Toummo. Par contre, à l'est, la France se considérait protégée par ses accords de 1898, 1899 et 1919 avec la Grande-Bretagne, et elle souhaitait voir la Libye reconnaître leur portée d'une part, et l'inapplicabilité du traité de 1935 d'autre part[612].

9.5 Le traité « inégal » de 1955

Tant la Libye que le Tchad « reconnaissent que le traité de 1955 constitue le point de départ logique de l'examen des questions portées devant la Cour », et les deux États déclarent ne pas contester la validité de cet accord. Pourtant, « bien que le traité ait été conclu "sur la base d'une égalité, d'une indépendance et d'une liberté complètes" », la Libye a fait valoir qu'à l'époque de sa conclusion, « elle manquait d'expérience pour mener des négociations difficiles avec une puissance qui bénéficiait d'une longue expérience internationale. La Libye s'est fondée sur cette allégation pour donner à entendre que les négociateurs français avaient cherché à profiter de sa méconnaissance des faits pertinents, qu'elle avait par suite été mise en situation désavantageuse s'agissant des dispositions relatives aux frontières, et que la Cour devait prendre cette circonstance en considération pour interpréter le traité… »[613].

La Cour déclare devoir examiner d'abord le traité de 1955, et particulièrement l'article 3, pour décider s'il en résulte ou non une frontière conventionnelle entre les territoires du Tchad et de la Libye. Cet article 3 stipule que les deux Parties contractantes « reconnaissent que les frontières séparant les territoires de la Tunisie, de l'Algérie, de l'Afrique occidentale française et de l'Afrique équatoriale française d'une part, du territoire de la Libye d'autre part, sont celles qui résultent des actes internationaux en vigueur à la date de la constitution du Royaume Uni de Libye, tels qu'ils sont définis dans l'échange de lettres ci-jointes (annexe 1) ». Celle-ci se lit en particulier en ces termes : « Il s'agit des textes suivants : la convention franco-britannique du 14 juin 1898 ; la déclaration additionnelle du 21 mars 1899 à la convention précédente ; les accords franco-italiens du 1er novembre 1902 ; la convention entre la République française et la Sublime Porte du 12 mai 1910 ; la convention franco-britannique du 8 septembre 1919 ; l'arrangement franco-italien du 12 septembre 1919[614] ». La Cour, après avoir fait remarquer que « reconnaître » une frontière, « c'est avant tout "accepter" cette frontière, c'est-à-dire tirer les conséquences

---

612 *Idem*, par. 35.
613 *Idem*, par. 36.
614 *Idem*, par. 40.

juridiques de son existence, la respecter et renoncer à la contester pour l'avenir[615] », rejette une prétention de la Libye selon laquelle « les parties au traité de 1955 n'ont entendu reconnaître que les frontières qui avaient été antérieurement fixées par des actes internationaux[616] », et que, par conséquent, le traité aurait confirmé les seules frontières existantes (par exemple entre la Tunisie et la Libye), sans jamais les créer là où elles n'existaient pas, comme dans le Sud.

La Libye prétend en effet n'avoir été liée, lors de son accession à l'indépendance, que par la convention franco-ottomane de 1910 et l'arrangement franco-italien de 1919. Or ces instruments ne concernent pas des territoires qui sont en litige dans cette affaire. Quant à l'accord de 1899, poursuit la Libye, ce n'est pas une frontière qui a été définie, mais plutôt les limites de sphères d'influence. En ce qui concerne l'échange de lettres franco-italien de 1902, la Libye estime qu'il n'était plus en vigueur, étant donné la renonciation par l'Italie de tous ses droits ou pour défaut de notification de l'échange de lettres.

La Cour estime qu'elle n'a pas à statuer sur ce type de questions, mais que le plus important est de rechercher la volonté des Parties. Ainsi peuvent-elles convenir qu'une certaine ligne, peu importe son statut antérieur, sera désormais la frontière : « S'il s'agissait déjà d'une frontière, celle-ci est purement et simplement confirmée. S'il ne s'agissait pas d'une frontière, le consentement des parties à la “reconnaître” comme telle confère à la ligne une force juridique qui lui faisait auparavant défaut. Une telle reconnaissance peut revêtir diverses formes… »[617]. La Cour rappelle, à titre d'exemple, l'affaire de 1962 opposant la Thaïlande et le Cambodge, dite du *Temple de Préah Vihéar*[618], dans laquelle la validité de la ligne tracée sur la carte était fondée sur la conduite des Parties qui l'avaient reconnue comme étant la frontière, en dépit du fait que cette ligne ne correspondait pas à la ligne de partage des eaux, alors que le texte du traité de délimitation stipulait cette méthode.

Le Tribunal rejette aussi une prétention de la Libye selon laquelle l'article 3 du traité de 1955 mentionne les frontières « au pluriel » pour le motif que les Parties n'entendaient pas régler l'ensemble de la frontière mais bien certaines de leurs frontières seulement. La Cour explique ici que l'usage du pluriel veut rendre compte de la diversité des territoires limitrophes de la Libye administrés par la France, ainsi que la diversité de leurs statuts juridiques (Tunisie, un protectorat ; Algérie, un groupe de départements ; Afrique occidentale et Afrique équatoriale françaises, groupes de territoires d'Outre-

---

[615] *Idem*, par. 42.
[616] *Idem*, par. 43.
[617] *Idem*, par. 45.
[618] C.I.J. Recueil 1962, p. 33. Citée au par. 45 de l'*Arrêt de 1994*.

mer). La Cour rappelle aussi l'*Avis consultatif de 1925*, relatif à l'interprétation du traité de Lausanne concernant la frontière de la Turquie, selon lequel « il est naturel que tout article destiné à fixer une frontière soit, si possible, interprété de telle sorte que, par son application intégrale, une frontière précise, complète et définitive soit obtenue[619] ». La Cour s'exprime encore plus clairement dans l'affaire *Belgique/Pays-Bas* de 1959 : « Toute interprétation qui ferait tenir la convention de délimitation comme laissant en suspens et abandonnant à une appréciation ultérieure du statu quo la détermination de l'appartenance à l'un ou l'autre État des parcelles litigieuses, serait incompatible avec cette intention commune[620] ».

La Cour rejette également un argument de la Libye selon lequel on ne devrait tenir compte, pour déterminer la frontière, que des seuls actes internationaux en vigueur au moment de son indépendance. Or, prétend-t-elle, les accords mentionnés à l'annexe 1 n'étaient plus en vigueur à ce moment. Par ailleurs, a-t-elle ajouté, d'autres actes, qui ne sont pas énumérés à l'annexe, pourraient être pertinents. Le Tribunal déclare à ce sujet que « les parties auraient pu indiquer les frontières en en précisant littéralement le tracé ou en portant celui-ci sur une carte, à titre d'illustration ou à tout autre titre ; elles auraient pu faire l'un et l'autre. Elles ont décidé de procéder différemment, et de dresser d'un commun accord la liste des actes internationaux dont résultaient les frontières, mais la méthode qu'elles ont choisie ne suscite aucune difficulté d'interprétation[621] ». La Cour en conclut donc que l'accord de 1955 traduit clairement l'intention des Parties et qu'une interprétation autre irait à l'encontre d'un principe admis en jurisprudence, celui de l'effet utile. Le Tribunal ajoute que ses conclusions sont d'ailleurs renforcées par l'examen du contexte du traité, en particulier la conclusion de la convention de bon voisinage, en même temps que le traité, laquelle contient plusieurs articles portant sur la frontière, par exemple l'article 13 stipulant que les nomades titulaires d'une carte de circulation « pourront traverser librement la frontière[622] ».

Les travaux préparatoires confirment, eux aussi, l'interprétation du texte du traité : ainsi, d'après le procès-verbal libyen des négociations tenues à Tripoli en juillet et août 1955, le premier ministre de la Libye proposait « que la question des frontières "soit ajournée jusqu'au moment où le côté libyen aura eu le temps d'étudier le sujet ; des experts pourront alors être envoyés travailler

---

619 *Interprétation de l'article 3, paragraphe 2, du traité de Lausanne, avis consultatif, 1925*, C.P.J.I. série B, numéro 12, p. 20. Cité au par. 47 de l'*Arrêt de 1994*.

620 *Souveraineté sur certaines parcelles frontalières*, arrêt, C.I.J. Recueil 1959, p. 221-222. Citée au par. 47 de l'*Arrêt de 1994*.

621 *Arrêt de 1994*, par. 51.

622 Cité au par. 54 de l'*Arrêt de 1994*.

avec les experts français afin de parvenir à un accord sur la démarcation"»[623]. Or, expliquent les juges, la démarcation présuppose la délimitation.

9.6 La détermination de la frontière

La Cour conclut donc, après avoir interprété le texte du traité de 1955 et ses travaux préparatoires, qu'une frontière commune a bel et bien été définie. Elle examine ensuite quelle est cette frontière, en 1955, entre la Libye et l'Afrique équatoriale française, telle qu'elle résulte des actes internationaux auxquels renvoie le traité. Avant de passer à l'étude de chacun de ces actes (déclaration de 1899, échange de lettres franco-italien de 1902, convention franco-britannique de 1919), le Tribunal rappelle que le traité non ratifié de 1935 ne paraît pas dans la liste de l'annexe 1. Pourtant, dit la Cour, ce traité, qui définissait en détail une frontière, était le plus complet de tous les traités frontaliers antérieurs à celui de 1955. Les juges ajoutent que « cette omission est d'autant plus significative[624] » que l'attention sur la région avait été attirée par un incident franco-libyen survenu à Aouzou quelques mois avant la signature du traité de 1955.

La déclaration de 1899, qui complète la convention franco-britannique de juin 1898, définit une ligne limitant la sphère d'influence de la France au nord-est vers l'Égypte et la vallée du Nil, où se trouve déjà la Grande-Bretagne. Le paragraphe 3 de la déclaration se lit comme suit :

> Il est entendu en principe qu'au nord du 15ᵉ parallèle la zone française sera limitée au nord-est et à l'est par une ligne qui partira du point de rencontre du tropique du Cancer avec le 16ᵉ degré de longitude est de Greenwich (13° 40' est de Paris), descendra dans la direction du sud-est jusqu'à sa rencontre avec le 24ᵉ degré de longitude est de Greenwich (21° 40' est de Paris), et suivra ensuite le 24ᵉ degré jusqu'à sa rencontre au nord du 15ᵉ parallèle de latitude avec la frontière de Darfour telle qu'elle sera ultérieurement fixée[625].

La Cour observe que cette disposition, outre le fait qu'elle ne sera illustrée d'une carte qu'un peu plus tard dans le *Livre jaune*[626], est ambiguë, étant donné que l'expression « en principe » ne règle pas la question de savoir si l'orientation est rigoureusement ou non sud-est, puisque le point d'intersection avec le 24ᵉ méridien n'est pas indiqué. Cette imprécision de la déclaration de

---

623 Cité au par. 55 de l'*Arrêt de 1994*.

624 *Arrêt de 1994*, par. 57.

625 *Idem*, par. 58.

626 Sur la carte du *Livre jaune* est figurée la limite de la zone française, orientée est sud-est, « pour aboutir approximativement au point d'intersection » du 24ᵉ méridien et du 19ᵉ parallèle Nord (*idem*, par. 58).

1899 sera corrigée aux termes de la convention franco-britannique de septembre 1919, dont le dernier paragraphe se lit comme suit :

> Il est entendu que la présente convention ne modifiera en rien l'interprétation donnée à la déclaration du 21 mars 1899, d'après laquelle les termes de l'article 3 "elle se dirigera ensuite vers le sud-est jusqu'au 24e degré de longitude est de Greenwich (21° 40' est de Paris)" signifient "elle prendra une direction sud-est jusqu'au 24e degré de longitude est de Greenwich au point d'intersection dudit degré de longitude avec le parallèle 19° 30' de latitude"[627].

Comme le point terminal de la ligne est précisé aux termes de la convention de 1919, et puisque les États parties à cette convention sont les mêmes que ceux de l'accord de 1899, la Cour estime que l'interprétation donnée en 1919 constitue, à partir de cette date, l'interprétation correcte et contraignante de la déclaration précédente, et qu'elle est donc opposable à la Libye en vertu du traité de 1955. La Cour en déduit donc que la ligne définie dans l'instrument de 1919 constitue bien la frontière à l'est du 16e méridien Est.

Quant à la frontière à l'ouest de ce méridien, la Cour examine l'échange de lettres franco-italien de novembre 1902, lequel fait référence aussi bien à l'échange de lettres précédent (1900) qu'à la déclaration de 1899. Cet échange de 1902 mentionne que « par la limite de l'expansion française en Afrique septentrionale visée dans (la) lettre précitée du 14 décembre 1900, on entend bien la frontière de la Tripolitaine indiquée par la carte annexée à la déclaration du 21 mars 1899[628] ». Une ligne de la carte du *Livre jaune* représente en effet la frontière de la Tripolitaine : à partir du point d'intersection du 16e méridien est et du tropique du Cancer, la ligne se dirige vers un point qui se trouve « immédiatement au sud de Toummo[629] », après avoir coupé le 15e méridien Est sur lequel, précise le Tribunal, se trouvait, à partir de 1930, la frontière entre l'Afrique occidentale et l'Afrique équatoriale françaises. La Cour ajoute que cette ligne, déterminée par l'échange de lettres de 1902, se trouve notamment confirmée par une convention jointe au traité de 1955 et relative au retrait des forces françaises stationnées au Fezzan.

Non seulement cette frontière existe, mais elle est permanente, précise le Tribunal, en dépit du fait qu'il soit stipulé dans l'instrument de 1955, article 11, que « le présent Traité est conclu pour une durée de vingt années[630] ». La Cour explique en effet que lorsqu'une frontière « a fait l'objet d'un accord, sa persistance ne dépend pas de la survie du traité par lequel ladite frontière a été

---

627 *Idem*, par. 59.
628 *Idem*, par. 61.
629 *Idem*, par. 63.
630 *Idem*, par. 72.

convenue[631] ». La frontière demeure donc, puisque toute autre interprétation aurait pour effet de rendre inapplicable le principe fondamental de la stabilité des frontières, qu'il ne faut pas confondre avec celui de l'intangibilité des frontières. Dans un chapitre consacré à l'affaire *Libye/Tchad*, le juge Gilbert Guillaume a fait à bon droit remarquer que si la Cour a choisi d'aborder la question de la permanence de la frontière, bien que les Parties elles-mêmes aient préféré la laisser dans l'ombre, c'était pour contrer la possibilité que l'une des Parties, dès le lendemain de l'arrêt, invoque la clause de dénonciation, avec préavis d'un an, stipulée dans ce traité. La Cour a donc estimé utile, explique le juge, de préciser que le caractère permanent de la frontière définie dans ce traité subsistait à toute dénonciation et que cette frontière ne pouvait donc être modifiée que d'un commun accord[632].

9.7 La conduite des Parties

Après avoir déterminé le tracé de chacun des deux segments de la frontière, telle qu'elle résulte du traité de 1955, la Cour examine la conduite des Parties, après ce traité, relativement aux frontières. Aucun accord ultérieur entre la France et la Libye et la France ou la Libye et le Tchad n'a remis en cause la frontière qui découlait du traité de 1955. Bien au contraire, les traités subséquents confortent l'idée qu'une frontière déterminée existait et que les deux États agissaient en conséquence. Ainsi, l'accord de 1966 concernant les relations de bon voisinage prévoit des dispositions portant sur la circulation des populations « de part et d'autre de la frontière », et le traité d'amitié, de coopération et d'assistance mutuelle de décembre 1972 consacre le respect des principes de l'OUA. L'accord de 1974 stipule, à l'article 2, que « les frontières entre les deux pays s'inspirent d'une conception coloniale à l'élaboration de laquelle les deux peuples et nations n'ont pas participé et cette question ne doit faire obstacle ni à leur coopération, ni à leurs relations fraternelles ». Quant à l'accord signé en janvier 1981, il est mentionné, à l'article 11, que « les deux parties décident d'ouvrir les frontières (…) et ce pour permettre aux citoyens libyens et tchadiens de circuler en toute liberté et sans conditions, et pour réaliser la fusion entre les deux peuples frères[633] ».

La Cour analyse ensuite la conduite des Parties, après le traité de 1955, lorsque des problèmes frontaliers étaient soulevés devant des instances internationales[634]. Les dimensions du territoire du Tchad, spécifiées par la France comme étant de 1 284 000 km^2 (dont 538 000 pour le BET), et publiées après

---

631 *Idem*, par. 73.
632 Guillaume, Gilbert (1994) *Les grandes crises internationales et le droit*, p. 314.
633 *Arrêt de 1994*, par. 66 et 67.
634 *Idem*, par. 68-71.

l'indépendance par les Nations Unies, n'ont pas été contestées par la Libye. Le Tchad a par ailleurs toujours soutenu que la bande d'Aouzou faisait partie de son territoire, et il a porté plainte, en 1977, à l'OUA après l'occupation par la Libye de cette zone, ce à quoi cette dernière a répliqué que la frontière était celle du traité de 1935. Le Tchad avait même déjà porté plainte, en 1971, devant l'Assemblée générale des Nations Unies, pour immixtion dans ses affaires intérieures et extérieures, puis en 1977, 1978 et de 1982 à 1987, pour occupation illégale d'une partie intégrante de son territoire national. Le Conseil de sécurité était informé, en février 1978, que la Libye avait négligé de justifier ses prétentions devant l'OUA et qu'elle avait refusé de participer aux travaux du comité d'experts. Le Tchad s'est plaint à nouveau devant le Conseil de sécurité en 1983, 1985 et 1986, la Libye soutenant pour sa part qu'elle n'avait pas à plaider devant une instance politique incompétente à statuer sur des questions juridiques. La Cour conclut que « tout ce qui précède montre que la conduite du Tchad n'a pas varié en ce qui concerne l'emplacement de la frontière »[635], mais elle ne qualifie pas la conduite de la Libye.

Dans les derniers paragraphes de l'arrêt[636] précédant le dispositif, la Cour, parvenue à la conclusion qu'une frontière était convenue entre les Parties dans le traité de 1955, déclare qu'il n'est pas nécessaire d'étudier l'histoire des confins que revendique la Libye sur la base d'un titre hérité (d'abord des peuples autochtones, puis de l'Ordre senoussi, de l'Empire ottoman et de l'Italie). Le Tribunal n'a pas non plus à s'attarder sur l'applicabilité des principes de l'*uti possidetis* et de l'intangibilité des frontières[637], puisque c'est la Libye elle-même, partie originelle au traité, « qui conteste la façon dont ledit traité a réglé la question territoriale ou de frontière[638] ». Aussi, et pour les mêmes motifs, sont invoquées les notions de *terra nullius*, d'effectivités, de sphères d'influence et d'hinterland.

9.8 La décision de la Cour

Par 16 voix contre 1, la Cour décide que la frontière est définie par le traité d'amitié et de bon voisinage conclu le 10 août 1955 entre la France et la Libye, et elle dit que le tracé de cette frontière est le suivant : du point d'intersection du 24e méridien Est et du parallèle 19° 30' Nord, une ligne droite qui va jusqu'au point d'intersection du tropique du Cancer et du 16e méridien

---

635 *Idem*, par. 71.
636 *Idem*, par. 75 et 76.
637 À ce sujet, consulter notamment Kohen, M.G. (1995) *op. cit.*, en particulier les p. 327-330.
638 *Arrêt de 1994*, par. 75. Pour une analyse générale de l'affaire, consulter Guillaume, Gilbert (1994) *op. cit.*, p. 297-315.

Est, puis, de ce dernier point, une droite allant jusqu'au point d'intersection du 15e méridien Est et du 23e parallèle Nord[639].

Dans son opinion dissidente, le juge *ad hoc* Sette-Camara précise que si les « confins Libye/Tchad » constituent une zone désertique, inhospitalière et pauvre, cette terre, si faiblement habitée soit-elle, n'est pas pour autant une *terra nullius* susceptible d'occupation : le territoire, déjà occupé par des tribus autochtones et des confédérations organisées sous l'autorité de l'Ordre senoussi, « était soumis à la souveraineté distante et relâchée de l'Empire ottoman, qui marquait sa présence par une délégation de pouvoirs à la population locale[640] ». Quant aux puissances européennes qui voulaient se partager l'ensemble du continent africain à des fins coloniales, elles ne sont pas allées « au-delà d'une répartition de futures sphères ou zones d'influence, puisque l'absence de *terra nullius* excluait toute possibilité d'occupation, hormis une conquête pure et simple par des forces armées[641] ». En conséquence, et pour « atténuer les heurts de leurs ambitions respectives, les puissances se virent dans l'obligation de négocier des solutions conventionnelles[642] ».

Le juge *ad hoc* Sette-Camara affirme que ni les Parties, ni la Cour n'ont su exploiter ce qu'il appelle une solution de compromis consistant à choisir entre deux lignes justes et équitables : une première, rapprochée de la ligne décrite dans l'accord de 1935 ; une seconde, la ligne sud-est de 1899, qu'il considère non seulement comme la plus incontestable mais peut-être aussi comme la plus équitable, ligne qu'on voit encore sur des cartes récentes, le juge donnant comme exemple la carte de 1988 de l'OUA, annexée au rapport de son sous-comité sur le différend entre la Libye et le Tchad. Le juge poursuit en déclarant que « ces lignes auraient eu pour avantage de partager le massif du Tibesti entre les deux pays. Or, il est inutile de souligner l'importance du massif du Tibesti pour la défense éventuelle des deux pays, comme l'ont affirmé à maintes reprises les deux Parties[643] ».

Le juge dissident affirme que cette affaire posait deux questions « qui appelaient une réponse », le juge laissant entendre que l'arrêt ne l'a pas fait. Première question : «Y a-t-il, ou y a-t-il jamais eu, une frontière conventionnelle » entre la Libye et le Tchad ?[644] Le juge répond par la négative en rappelant que la seule tentative (le traité Laval-Mussolini de 1935) a échoué pour les raisons que l'on sait. Deuxième question : les conventions mentionnées à l'annexe 1 du traité de 1955 entre la Libye et la France « sont-elles

639 *Arrêt de 1994*, par. 77.

640 *Opinion dissidente du juge ad hoc Sette-Camara*, p. 93. Le texte intégral de chacune des opinions est disponible sur le site Internet de la Cour : www.icj-cij.org.

641 *Ibidem.*

642 *Idem,* p. 94.

643 *Idem*, p. 103.

644 *Idem*, p. 95.

effectivement des traités frontaliers auxquels s'appliquent la déclaration du Caire de 1964 prévoyant notamment la règle de l'*uti possidetis* et la Convention de Vienne de 1978 sur la succession d'États, autrement dit échappent-elles ipso facto à l'application de la règle générale de la *tabula rasa* ?[645] » Le juge dissident estime que la ligne de la déclaration de 1899, loin d'être une frontière, était tout au plus une division des sphères d'influence, le premier ministre britannique, lord Salisbury, affirmant même que le seul but de la ligne était de fixer les limites de l'expansion française dans la région.

Le juge Ajibola, dans son opinion individuelle, déclare être d'accord avec la majorité quand elle décide qu'il s'agit d'une affaire portant non pas sur l'attribution d'un territoire, mais sur la délimitation d'une frontière, puisque les Parties sont liées par le traité de 1955. Le juge profite de l'occasion pour rappeler que l'Afrique « panse, dans l'amertume, les blessures que son passé colonial lui a infligées », et il rappelle que les frontières en Afrique sont, dans la plupart des cas et encore plus qu'ailleurs dans le monde, des lignes artificielles et des « vestiges de cet héritage colonial peu enviable », qui « émergent, de temps à autre, dans les soulèvements discordants d'ordre social, politique et même économique[646] ». À propos du caractère artificiel de ces frontières qui sont l'objet d'incessants différends, le juge ajoute qu'elles ont été établies soit par accords convenus entre les puissances ou avec les populations autochtones, soit par conquête ou occupation, et qu'elles sont, pour la plupart, des lignes droites tracées sur la planche à dessin. Le juge rapporte à ce sujet une déclaration de lord Salisbury, en 1890, selon laquelle "nous avons (...) tiré des traits sur des cartes représentant des territoires où aucun homme blanc n'a jamais pénétré ; nous nous distribuons montagnes, rivières et lacs, freinés par le seul petit handicap de ne pas connaître l'emplacement desdits montagnes, rivières et lacs"[647]. Le juge rappelle aussi qu'aux lendemains de leur indépendance, quatre des États africains (Somalie, Maroc, Ghana et Togo) se sont lancés dans des politiques d'irrédentisme, alors que d'autres, en contestant les frontières héritées, sont entrés en conflits armés (Somalie et Kenya, Somalie et Éthiopie, Maroc et Mauritanie, Maroc et Algérie, Togo et Ghana).

À l'instar du juge Ajibola, le juge Shahabuddeen adopte, dans son opinion individuelle, une position très critique face à la politique coloniale des puissances européennes en Afrique, y compris le système juridique qui a permis de la mettre en œuvre. Le juge rappelle que la Libye et le Tchad « ont néanmoins admis, à juste titre, qu'il ne s'agissait pas de juger les mœurs juridiques de ce temps-là. Ainsi, peut-être est-ce le droit de l'époque qui resterait

645 *Ibidem.*

646 *Opinion individuelle du juge Ajibola*, p. 52, par. 7.

647 *Mémoire de la Libye*, vol. 1, p. 25, par. 3.01 ; *The Times*, 7 août 1890. Cités dans l'*opinion individuelle du juge Ajibola*, p. 53, par. 9.

déterminant s'il était nécessaire d'examiner un certain nombre de problèmes hérités du passé[648] ».

9.9 Le principe de la stabilité des frontières

Ce même juge élabore ensuite des considérations très intéressantes, jurisprudence à l'appui, sur le principe de la stabilité des frontières[649], évoqué très brièvement dans l'arrêt. Ainsi, se demande-t-il, la question est de savoir si ce principe contribue à établir l'interprétation selon laquelle le traité de 1955 doit être compris comme ayant « pour but de régler toutes les questions de frontières, et pas seulement certaines d'entre elles[650] ». En d'autres termes, il s'agit de se demander si, de ce principe, découle une présomption selon laquelle un traité frontalier « vise à régler de manière exhaustive la totalité des frontières[651] » entre les parties contractantes. Le juge explique que ce principe, « tel qu'il s'applique à une frontière fixée conventionnellement, s'articule sur l'existence d'un accord aux fins de délimitation d'une frontière ; il n'intervient qu'après que cette existence a été établie et il vise à donner l'effet voulu à l'accord. Il n'a pas pour effet de faire naître un accord frontalier là où il n'y en a pas[652] ».

Le juge Shahabuddeen, poursuivant son étude du principe de la stabilité des frontières, est amené à examiner plus en détails l'affaire du *Traité de Lausanne*, et plus spécifiquement l'article 3, lequel prévoit notamment avoir "pour but de fixer la frontière de la Turquie, de la mer Méditerranée à la Perse", et qu'elle sera, dans la région intéressant l'Irak, "déterminée à l'amiable entre la Turquie et la Grande-Bretagne dans un délai de neuf mois", à défaut de quoi "le litige sera porté devant le Conseil de la Société des Nations"[653]. À la principale question posée dans l'avis : "Quelle est la nature de la décision à prendre par le Conseil (sentence arbitrale, recommandation ou simple médiation) ?"[654], la Cour a répondu que "les Parties ont voulu, au moyen du recours au Conseil, assurer une solution définitive et obligatoire du litige qui pourrait venir à les séparer,

---

648 *Opinion individuelle du juge Shahabuddeen*, p. 44.

649 Pour une analyse de ce principe, voir notamment Abi-Saab, Georges (1990) La pérennité des frontières en droit international, *Relations internationales*, n° 64, p. 345-346 ; Lalonde, S. (2002) *Determining Boundaries in a Conflicted World. The Role of* Uti possidetis, notamment les p. 138-171 ; Kaikobad, K.H. (1983) Some Observations on the Doctrine of Continuity and Finality of Boundaries, *BYIL*, vol. 54, p. 119ss ; Bardonnet, Daniel (1976) Les frontières terrestres et la relativité de leur tracé, *in RCADI*, p. 9ss.

650 *Arrêt de 1994*, par. 48.

651 *Opinion individuelle du juge Shahabuddeen*, p. 45.

652 *Ibidem*.

653 C.P.J.I. série B, numéro 12, p. 18-19. Cité dans l'*opinion individuelle du juge Shahabuddeen*, p. 46-47.

654 *Idem*, p. 47.

c'est-à-dire la détermination définitive de la frontière"[655]. Et la Cour a ajouté : "Non seulement les termes employés (*fixer*, *déterminer*) ne s'expliquent que par une intention d'établir une situation définitive ; mais il résulte encore de la nature même d'une frontière et de toute convention destinée à établir les frontières entre deux pays, qu'une frontière doit être une délimitation précise dans toute son étendue"[656]. Le juge interprète ces dernières remarques de la Cour comme visant la fonction du Conseil et non pas comme affirmant une présomption que l'accord frontalier s'étendait à l'intégralité des territoires contigus.

Le juge examine aussi l'affaire de *Jaworzina* concernant trois parcelles territoriales disputées par la Pologne et la Tchécoslovaquie, qui firent l'objet d'une décision rendue le 27 septembre 1919 par le Conseil suprême des principales puissances alliées, lequel délimita les parcelles en vue de l'organisation d'un plébiscite qui n'eut jamais lieu, ce qui amena d'autres procédures de règlement du différend. À la prétention de la Pologne selon laquelle la délimitation n'avait plus de validité par suite de la renonciation au plébiscite, la Cour a déclaré que cette décision du Conseil "a fixé, une fois pour toutes, les territoires contestés, et que les décisions successives, rendues en vue du règlement du même différend, doivent être considérées comme se rapportant aux territoires ainsi délimités"[657]. Par ailleurs, le juge observe que dans l'affaire du *Monastère de Saint-Naoum*, la Cour n'a pas tenté d'interpréter indûment le principe de la stabilité des frontières quand elle a décidé que la décision de Londres du 11 août 1913 avait établi certains segments de la frontière albanaise, mais non cette partie dans la région de Saint-Naoum, où elle "était bien restée indécise[658]".

À propos de l'observation de la Cour, dans l'affaire du *Temple de Préah Vihéar*, selon laquelle, "lorsque deux pays définissent entre eux une frontière, un de leurs principaux objectifs est d'arrêter une solution stable et définitive", le juge Shahabuddeen considère que cette disposition ne signifie pas que leurs objectifs « est que cette frontière suive toute l'étendue de leurs territoires contigus[659] ». En effet, ajoute-t-il, on peut imaginer des cas où les zones contiguës sont si vastes que les Parties ont convenu de déterminer la frontière dans un secteur donné uniquement.

À l'instar du juge Shahabuddeen, des précisions ont été apportées au principe de la stabilité des frontières dans un article consacré précisément à

---

655 *Ibidem*.

656 *Idem*, p. 47-48.

657 C.P.J.I. série B, numéro 8, p. 23. Cité dans l'*opinion individuelle du juge Shahabuddeen*, p. 48.

658 C.P.J.I. série B, numéro 9, p. 20. Cité dans l'*opinion individuelle du juge Shahabuddeen*, p. 49.

659 *Idem*, p. 50.

l'affaire *Libye/Tchad* et dans lequel l'auteur[660] n'hésite pas à affirmer que l'aspect le plus novateur de cet arrêt, sur le plan des règles relatives à la souveraineté territoriale, consiste justement dans le développement du principe de frontières stables et définitives, lesquelles répondent, dit-il « à une nécessité logique secrétée par le système international lui-même ». Ce principe, ajoute-t-il, « né sans doute comme un simple raisonnement judiciaire, constitue à l'heure actuelle une règle de droit international général[661] ». L'auteur examine la jurisprudence, mais non sans avoir d'abord établi la distinction entre le caractère définitif et le caractère stable des frontières, ce dernier faisant référence à l'impossibilité de les remettre en question unilatéralement, tandis que le premier caractère indique que les frontières ne sont pas établies provisoirement, ce qui n'empêche en aucun cas les Parties de modifier de consentement ces frontières :

> Qui dit caractère définitif ne dit pas immutabilité des frontières. Il serait inconcevable d'interpréter ce principe comme signifiant qu'une frontière, une fois établie, reste ainsi fixée pour l'éternité. En revanche, ce que le principe veut exprimer est le fait que, lorsque les États déterminent une frontière, celle-ci ne pourra subir aucune modification si ce n'est par les moyens autorisés par le droit international, notamment à travers un accord des parties destiné à modifier le tracé de la frontière jusqu'alors existante[662].

L'auteur ajoute que la pratique internationale interprète le principe de la même manière, comme en font foi les nombreux traités de délimitation, ainsi que l'attitude des États lors des conférences de codification au sujet de la non-applicabilité de la règle de la *tabula rasa* et de la *clausula rebus sic stantibus*. Dans les cas, dit-il, où un traité établit des limites pour une durée limitée, les Parties conviennent, comme dans les accords de cessez-le-feu ou d'armistice, que les lignes ne constituent pas des frontières et ne préjugent pas les États, l'auteur donnant en exemples les armistices conclus par Israël lors des guerres après 1948.

Outre la jurisprudence citée par le juge Shahabuddeen, l'auteur examine certains cas où ce même principe de la stabilité et de la permanence a été consacré. Ainsi, dans l'affaire du *Canal de Beagle* de 1977 opposant l'Argentine au Chili, les arbitres disaient ce qui suit, à propos du traité de 1881 : "This title suggests the spirit and intention of the Treaty as a whole, for a limit, a boundary, across which the jurisdictions of the respective bordering States may not pass, implies definitiveness and permanence". Par ailleurs, ajoute-t-il, la

---

660 Kohen, Marcelo G. (1995) Le règlement des différends territoriaux à la lumière de l'arrêt de la C.I.J. dans l'affaire Libye/Tchad, *RGDIP*, vol. 99, n° 2, p. 301-333.

661 *Idem*, p. 320-321.

662 *Idem*, p. 322.

sentence rendue dans l'affaire *Dubai/Sharjah* sembler relativiser l'applicabilité du principe, dans les cas où les frontières résultent non pas d'un traité mais d'un acte administratif : « (...) the principle of the stability of boundaries – boundaries established here by administrative decisions and not arising by Treaty or in consequence of an arbitral award – depends precisely upon their recognition and effective application in subsequent practice[663] ». Quant au lien entre la stabilité des frontières et la sécurité internationale, l'auteur relève le passage suivant de l'opinion individuelle du juge Ajibola, au sujet de l'affaire du *Temple de Préah Vihéar* : « Peut-être cette décision de la Cour, inspirée du principe *quieta non movere*, visait-elle à garantir le règlement définitif et sûr de tout différend porté devant elle, et à éviter ainsi des contestations sans fin, pouvant à l'occasion dégénérer en hostilités et en conflits armés[664] ».

En conclusion, ce même auteur affirme l'extrême importance de cette affaire *Libye/Tchad*, pour deux raisons principales : l'arrêt décide qu'en la présence d'un titre (notamment un traité), seul un nouvel accord des volontés clairement exprimé et témoigné par le comportement des Parties est susceptible de déplacer ce titre ; la pérennité des frontières est consacrée par un principe, et ce dans le cas même où le traité qui les détermine cesse d'exister, à moins, bien sûr, qu'elles ne soient modifiées de consentement mutuel. L'auteur estime aussi que cette affaire « témoigne par ailleurs d'un élargissement du champ opératoire du règlement juridictionnel[665] », en se distanciant d'une tendance observée dans les cas *Burkina Faso/Mali* et *El Salvador/Honduras*. L'auteur explique ainsi que certains litiges territoriaux ont longtemps été considérés comme non justiciables, l'enjeu étant tel, pour une Partie ou les deux, qu'une possibilité de perdre, même minime, ne pouvait être conçue. Si l'arrêt, poursuit-il, est d'une sobriété telle qu'il ne répond pas à toutes les questions, il faut par ailleurs souligner son acceptation de bonne grâce (y compris par la Partie entièrement perdante) et l'extrême rapidité avec laquelle les Parties ont assuré son exécution, puisque dès le 4 avril 1994, elles concluaient un traité[666] prévoyant cette exécution, laquelle s'est réalisée sous la surveillance du Groupe d'observateurs des Nations Unies dans la bande d'Aouzou (Gonuba)[667].

• • •

---

663 *ILR*, vol. 91, p. 584.

664 *Opinion individuelle du juge Ajibola*, p. 65, par. 57.

665 Kohen, Marcelo G. (1995) *op. cit.*, p. 331-332.

666 Le texte est disponible notamment dans (1994) *RGDIP*, vol. 98, p. 801-802.

667 Rapport du secrétaire général (S/1994/512, 27 avril 1994) et Résolutions 910 et 915 du Conseil de sécurité du 14 avril et du 4 mai 1994.

Si on a pu dire de ce jugement qu'il était assez peu élaboré, il a été par ailleurs rendu à une très forte majorité, et toujours est-il que la Libye, qui avait été fort satisfaite des deux arrêts précédents rendus en matière de délimitation maritime, a perdu, dans cette affaire, un gros morceau, mais elle n'en a pas moins reconnu, à la surprise de certains observateurs, qu'elle devait se conformer à l'arrêt, bien que sa présence sur le terrain puisse laisser croire le contraire.

10

LA FRONTIÈRE BOTSWANA/NAMIBIE

> Selon la Namibie, quatre conditions doivent être remplies pour que la possession d'un État puisse engendrer un titre par prescription : "1. La possession de l'État (...) doit être exercée à titre de souverain. 2. La possession doit être paisible et ininterrompue. 3. La possession doit être publique. 4. La possession doit se prolonger pendant un certain temps". (...) De l'avis de la Cour, la Namibie n'a pas prouvé avec le degré de précision et de certitude nécessaire que des actes d'autorité étatique susceptibles de fonder autrement l'acquisition d'un titre par prescription selon les conditions qu'elle a énoncées auraient été accomplis par ses prédécesseurs ou par elle-même sur l'île de Kasikili/Sedudu.
>
> *Arrêt, C.I.J. Recueil 1999*, par. 94 et 99.

> If there is a natural reserve which, in the interests of the ecosystem and of biological diversity, cannot be divided without lasting damage, this is a factor which the Court can no less ignore than a sacred site or archaeological preserve which must be maintained in its integrity if it is to be preserved. (...) The establishment of a joint régime, in cases where it is appropriate, would be one of the equitable bases on which the Court could proceed (...).
>
> *Idem, op. dissidente du juge Weeramantry*, par. 91 et 107.

Conformément à un compromis conclu entre le Botswana et la Namibie, la Cour internationale de Justice était appelée à décider, en 1999, de deux questions liées : la souveraineté sur une île d'à peine quelques kilomètres carrés et la frontière devant passer soit dans le chenal nord soit dans le chenal sud du cours d'eau baignant cette île. Si, à prime abord, le problème ne semblait pas très important, étant donné la très faible superficie de territoire en jeu et la longueur tout à fait négligeable de la frontière en litige, il s'est avéré, au cours des procédures, puis à la lecture de l'arrêt, y compris des dissidences et des opinions individuelles, que la question mettait en évidence non plus seulement la répartition géographique d'une parcelle territoriale infime, mais aussi la nécessité d'une approche qui tienne compte des impératifs environnementaux et de la gestion conjointe entre deux États voisins que la nature a favorisés en terme de ressources biologiques fragiles.

Ce même compromis priait la Cour de répondre aux deux questions conformément aux règles du droit international et aux dispositions du traité de 1890, qui procédait au partage des sphères d'influence entre l'Allemagne et la Grande-Bretagne. Ainsi, la Cour est-elle amenée à examiner, à la lumière de la Convention de Vienne sur le droit des traités, l'objet et le but de cet instrument, et, principalement le sens à attribuer aux expressions « centre du chenal principal » dans la version anglaise ou « thalweg » dans la version allemande, suivant lequel doit passer la frontière. Aussi, la Cour s'attache-t-elle à déterminer les critères de détermination de ce chenal (profondeur, largeur, débit, physionomie générale, configuration du profil du lit, navigabilité). Ainsi, la Cour déclare-t-elle lequel, du chenal nord ou du chenal sud, détermine la frontière (figure 8), en estimant par ailleurs que sa conclusion, loin d'être contredite par les travaux préparatoires et les circonstances dans lesquelles le traité de 1890 a été conclu, est étayée par la conduite ultérieure des Parties, y compris la présence intermittente d'une tribu sur l'île – présence, dit la Cour, qui était sans lien avec une quelconque prétention territoriale, les conditions de la prescription acquisitive n'étant donc pas réunies. Ce rejet de la doctrine en l'espèce fera par ailleurs l'objet de quelques dissidences ou d'opinions individuelles, de même que cette approche, jugée trop rigide, qui consiste à prononcer sur une délimitation linéaire et formelle au lieu d'aborder la question comme celle d'une gestion conjointe et d'un partage des ressources hydriques plutôt que de leur répartition.

10.1 Un enjeu de 3,5 kilomètres carrés

Le Botswana est l'un de ces rares pays africains qui, depuis son indépendance en 1966, a connu une vie politique exempte de régimes militaires et marquée par une nette progression des conditions économiques et sociales, si ce n'était le record peu enviable détenu par ce pays au premier rang mondial, en pourcentage, de personnes séropositives (38,8% de la population adulte)[668], ce qui donne au Botswana une espérance de vie de 30,76 ans, la plus faible non seulement d'Afrique mais du monde, alors qu'elle était relativement élevée, avec 69 ans, en 1995. On a ainsi estimé, pour l'année 2004, le rang du Botswana au 225ᵉ sur 225, alors que ceux de la Namibie et de l'Afrique du Sud sont respectivement au 216ᵉ (40,53 ans) et au 207ᵉ (44,19)[669]. Cette population ethniquement homogène (plus de 80% est Tswana) compte 1 562 000 personnes et occupe un territoire de 600 370 km^2, donc une densité remarquablement

---

668 Bastin, Juliette (2004) Santé. Un défi continental, *L'état de l'Afrique 2004*, p. 116-117.

669 (2004) *CIA World Fact Book 2004*. Site Internet : www.odci.gov/cia/publications/ factbook.

Figure 8

LA FRONTIÈRE BOTSWANA/NAMIBIE

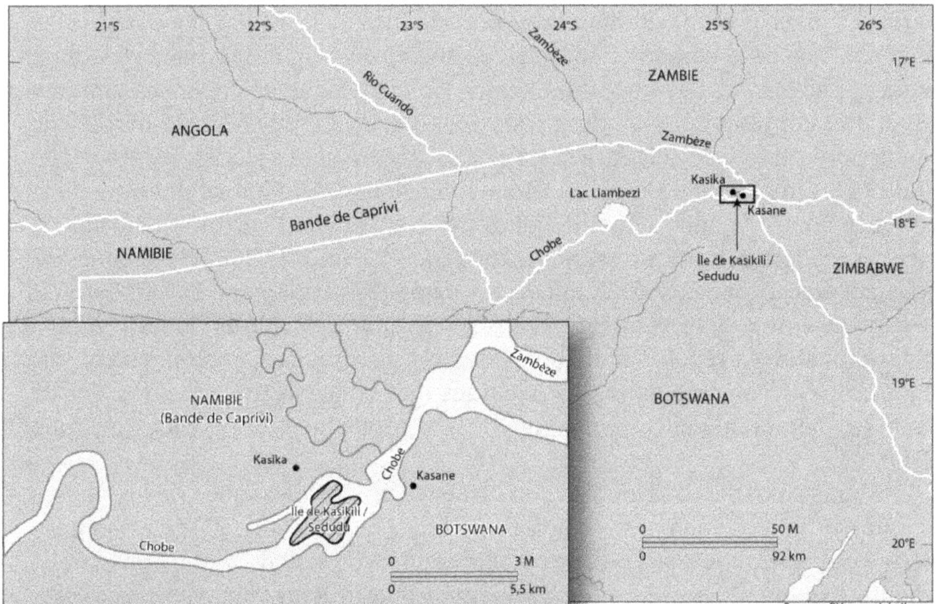

Source : CIJ, www.icj-cij.org.

faible de 2,6 hab./km^2, très rapprochée de celle de la Namibie avec, disions-nous, moins de 2,4 hab./km^2.

Doté d'un sous-sol très riche, le Botswana possède cuivre, nickel, argent, fer, charbon, potasse et sel, sans oublier, bien sûr, le diamant qui représente, à lui seul, plus du tiers de son PIB de 13,9 milliards$ et les neuf dixièmes de ses revenus d'exportation, assurant un revenu moyen per capita de 8 800$, parmi les plus élevés d'Afrique (devant la Namibie avec 7 100$ mais derrière l'Afrique du Sud avec 10 7000$) dans une économie cependant très liée à celle du voisin du Sud (90% des échanges) et favorisée par un bon système routier qui compense pour le handicap de l'enclavement que n'a pas à supporter la Namibie avec ses 1 572 kilomètres de côtes et les quais de Walvis Bay, parmi les rares en eaux profondes dans la région. Pourtant, le Botswana a réduit sa dépendance vis-à-vis des ports sud-africains avec l'inauguration en 1998 de la route trans-kalahari[670]. Au sujet du diamant, précisons que le Botswana était, en 2002, au premier rang mondial des producteurs, avec 25% des 7,2 milliards $ de la production totale, suivi de la Russie (21%), de l'Angola (13%), de l'Afrique du Sud (11%), de la Namibie et du Canada (chacun 7%). Notons aussi, dans la lutte menée contre le commerce illégal des gemmes et de leur trafic aux fins de financer des guerres, cette initiative, menée par certaines ONG et soutenue par l'ONU, appelée processus de Kimberley (capitale du diamant en Afrique du Sud) suivant lequel les États signataires s'engagent à exporter leurs produits dans des emballages réputés inviolables et à refuser l'achat de gemmes en provenance de pays non signataires[671]. Ajoutons que le Botswana est, à l'instar de la Namibie, membre de la Communauté de développement de l'Afrique australe (SADC)[672].

S'agissant des ressources du Botswana, notons que de sérieuses contraintes environnementales, notamment la désertification et les ressources limitées en eau (les terres arables ne représentent que 0,61% de l'ensemble, l'agriculture que 4% du PIB), n'empêchent pas par ailleurs le pays de favoriser les mesures de conservation de la nature, ce qui stimule une autre industrie porteuse de devises, le tourisme aristocratique – ce qui évoque aussi le litige avec la Namibie, qui porte sur un espace exigu mais réputé pour être l'un des paradis les plus sauvages d'Afrique, quand le Botswana en compte bien d'autres, notamment le Kalahari, les chutes Victoria et le delta intérieur de la rivière Okavango.

---

670 (2004) *Financial Times World Desk Reference*, p. 142-143.

671 Letourneux, Frédérique (2004) Haro sur les diamants de la guerre, *L'état de l'Afrique 2004,* p. 56.

672 Geslin, Jean-Dominique (2004) Intégration, mode d'emploi, *L'état de l'Afrique 2004*, p. 86-89.

Quant aux frontières terrestres de la Namibie, notons des différends au sujet du point de convergence de sa frontière avec celles du Botswana, de la Zambie et du Zimbabwe, de même que la présence en Namibie de réfugiés rebelles angolais, ce qui fragilise l'état des relations politiques entre les deux États. Le Botswana connaît aussi certains différends à sa frontière avec le Zimbabwe, notamment dans la zone de la ville de Francistown, au nord-est du pays, dans un contexte où la situation est exacerbée par le passage de Zimbabwéens séropositifs tentant de bénéficier des soins gratuits au Botswana et par la contamination du cheptel botswanais par la fièvre aphteuse en provenance du Zimbabwe[673].

Au sujet de la frontière entre le Botswana et la Namibie, notons certains différends, le long du corridor de Caprivi, notamment dans les marais de Situngu, à proximité de la rivière Linyanti, de même que dans la zone des chutes de Popa, là où la Namibie projette la construction du barrage hydro-électrique de l'Okavango[674]. Rappelons aussi l'existence du problème auquel est confrontée la capitale, Windoek, avec le mouvement sécessionniste qui s'organise, depuis quelques années, dans ce corridor de Caprivi, bien qu'ait été réglée la question du litige entre ces deux États concernant la souveraineté territoriale sur une île inhabitée et minuscule, appelée en Namibie « Kasikili » et au Botswana « Sedudu », baignée par les chenaux nord et sud du Chobe, à une vingtaine de kilomètres de l'embouchure de celui-ci dans le fleuve Zambèze. Tout près de l'île, du côté de la Botswanie, se trouve le siège d'un parc national voué à la protection d'une multitude d'espèces d'animaux sauvages. Au nord de l'île, en Namibie, cette partie de la bande de Caprivi est située à l'intérieur de la plaine d'inondation saisonnière du Zambèze. L'île, qui s'élève à 927 mètres au-dessus du niveau moyen de la mer, fait partie de cette plaine et est soumise à des inondations qui commencent en mars et durent plusieurs mois.

10.2 L'origine du conflit

La Cour note que le conflit trouve son origine au XIXe siècle dans la course entre les puissances coloniales de l'Europe pour le partage de l'Afrique. Ainsi, au printemps de 1890, des négociations sont entamées entre l'Allemagne et la Grande-Bretagne en ce qui concerne leur commerce et leurs zones d'influence dans ce continent, et notamment dans le sud-ouest, où la Grande-Bretagne veut protéger les voies commerciales du sud au nord, à travers le lac Ngami, jusqu'aux chutes Victoria, alors que l'Allemagne, qui a déjà revendiqué une partie importante du territoire appelé le Sud-Ouest africain, cherche auprès de Londres des garanties pour un accès au Zambèze. Ces négociations sont

673 (2004) *L'État de l'Afrique 2004*, p. 238.

674 (2004) *CIA World Fact Book 2004*. Site Internet : www.odci.gov/cia/publications/ factbook.

fructueuses puisqu'elles aboutissent à la conclusion du traité de 1890, qui concerne plusieurs régions d'Afrique (Afrique orientale, Sud-Ouest, Togo et Zanzibar) et qui délimite comme suit, à l'article III, les sphères d'influence réservées respectivement à l'Allemagne et à la Grande-Bretagne, dans le Sud-Ouest africain :

> 1. Au sud, par une ligne qui part de l'embouchure de l'Orange et suit vers l'amont la rive nord de ce fleuve jusqu'à son intersection avec le 20e degré de longitude est.
>
> 2. À l'est, par une ligne qui part du point d'intersection susmentionné et suit le 20e degré de longitude est jusqu'à son intersection avec le 22e parallèle de latitude sud, suit ce parallèle vers l'est jusqu'à son intersection avec le 21e degré de longitude est ; puis suit ce méridien vers le nord jusqu'à son intersection avec le 18e parallèle de latitude sud ; suit ce parallèle vers l'est jusqu'au Chobe, et suit le centre du chenal principal de ce fleuve jusqu'à son confluent avec le Zambèze, où elle s'arrête.
>
> Il est entendu qu'en vertu de cet arrangement, l'Allemagne a libre accès au Zambèze depuis son protectorat par une bande de territoire qui en aucun point ne doit avoir une largeur inférieure à 20 milles anglais.
>
> La sphère d'influence réservée à la Grande-Bretagne est bornée à l'ouest et au nord-ouest par la ligne susmentionnée. Elle comprend le lac Ngami.
>
> Le cours de la frontière décrite ci-dessus est tracé d'une façon générale d'après une carte établie officiellement pour le Gouvernement britannique en 1889[675].

La Cour rappelle ensuite brièvement les diverses mutations subies, au cours du siècle suivant, par les territoires en cause. Ainsi, le 30 septembre 1966, l'ancien protectorat britannique du Bechuanaland déclare son indépendance sous le nom de République indépendante du Botswana, tandis que l'administration par l'Allemagne du Sud-Ouest africain a été beaucoup plus courte, puisque dès le début de la Première Guerre mondiale, la bande de Caprivi est occupée et administrée par des forces britanniques venues de la Rhodésie du Sud. En 1919, la Société des Nations charge l'Afrique du Sud d'administrer le territoire du Sud-Ouest africain en vertu d'un mandat, sauf que l'administration de la bande de Caprivi sera déléguée par l'Afrique du Sud, de 1921 à 1929, aux autorités du protectorat britannique du Bechuanaland. Bien qu'il ait été mis fin au mandat de l'Afrique du Sud sur le Sud-Ouest africain par

---

675 *Île de Kasikili/Sedudu (Botswana/Namibie)*, arrêt, C.I.J. Recueil 1999, par. 21. Ci-après cité *Arrêt de 1999*. Le texte intégral de l'arrêt, de même qu'un résumé dans l'*Annexe au communiqué de presse 99/53 bis*, sont disponibles sur le site Internet de la Cour : www.icj-cij.org.

l'adoption de la résolution 2145 par l'Assemblée générale des Nations Unies en 1966, et malgré le prononcé d'un avis consultatif de la Cour internationale de Justice, le 21 juin 1971, déclarant l'illégalité de la présence sud-africaine, l'Afrique du Sud continue de contrôler *de facto* ce territoire jusqu'à l'accession de la Namibie à l'indépendance, le 21 mars 1990.

Peu de temps après cette déclaration d'indépendance, des divergences de vues apparaissent entre les deux États quant à l'emplacement de la frontière autour de l'île de Kasikili/Sedudu. Incapables de régler le différend, les Parties font appel aux bons offices du président du Zimbabwe, qui obtient, en mai 1992, l'adoption d'un communiqué par lequel la question devra être résolue par des moyens pacifiques en soumettant la détermination de la frontière à une commission mixte d'experts techniques, qui procède, de septembre 1993 à août 1994, aux levés dont elle est chargée, et qui déclare dans son rapport final, publié le 20 août 1994, que faute d'être parvenue à une conclusion acceptée de part et d'autre sur la question qui lui était posée, elle recommande le recours au règlement pacifique du différend sur la base des règles et principes applicables du droit international. En février 1995, les présidents du Zimbabwe, du Botswana et de la Namibie décident que le différend sera soumis à la Cour internationale de Justice, pour règlement définitif et obligatoire, suite à quoi un compromis est déposé au greffe de la Cour, le 29 mai 1996, priant celle-ci de « déterminer, sur la base du traité anglo-allemand du 1er juillet 1890 et des règles et principes du droit international, la frontière entre la Namibie et le Botswana autour de l'île de Kasikili/Sedudu ainsi que le statut juridique de cette île[676] ».

10.3 Les conclusions respectives des Parties

Dans ses conclusions, le Botswana, lors de la procédure orale, demande à la Cour de juger que la souveraineté sur l'île de Kasikili/Sedudu lui appartient exclusivement, puisque le chenal nord et ouest du Chobe au voisinage de l'île constitue le « chenal principal » du Chobe conformément aux dispositions de l'accord anglo-allemand de 1890 (art. III, par. 2). Le Botswana demande en outre à la Cour de déterminer la frontière autour de l'île sur la base du thalweg dans le chenal nord et ouest du Chobe[677].

Quant à la Namibie, dans ses conclusions, lues à l'audience, et identiques à celles qui avaient été présentées dans sa réplique, elle demande notamment à la Cour de décider que le chenal situé au sud de l'île est le chenal principal du Chobe. Elle prie aussi le Tribunal de décider que « la Namibie et ses prédécesseurs ont occupé et utilisé l'île de Kasikili et ont exercé sur elle leur

---

676 Cité au par. 2 de l'*Arrêt de 1999*.
677 Citées au par. 10 de l'*Arrêt de 1999*.

juridiction souveraine au su et avec l'acquiescement du Botswana et de ses prédécesseurs, depuis 1890 au moins » ; que la frontière autour de l'île « suit le centre (c'est-à-dire le thalweg) du chenal sud du Chobe » ; que l'île « fait partie du territoire soumis à la souveraineté de la Namibie[678] ».

10.4 L'interprétation du traité de 1890

La Cour déclare d'abord que sa tâche lui est dictée par le compromis et que cette tâche est double, soit déterminer à la fois la frontière entre le Botswana et la Namibie autour de l'île de Kasikili/Sedudu et le statut juridique de cette île, et que pour ce faire, elle doit se fonder sur les règles et principes du droit international et sur le traité de 1890, celui-ci devant être interprété selon la Convention de Vienne de 1969 sur le droit des traités, notamment l'article 31 que les deux États, bien que non parties à cet instrument, reconnaissent comme étant applicable en tant qu'expression du droit international coutumier. Selon cet article 31 :

> 1) Un traité doit être interprété de bonne foi suivant le sens ordinaire à attribuer aux termes du traité dans leur contexte et à la lumière de son objet et de son but.
> 2) Aux fins de l'interprétation d'un traité, le contexte comprend, outre le texte, préambule et annexes inclus : *a)* tout accord ayant rapport au traité et qui est intervenu entre toutes les parties à l'occasion de la conclusion d'un traité ; *b)* tout instrument établi par une ou plusieurs parties à l'occasion de la conclusion du traité et accepté par les autres parties en tant qu'instrument ayant rapport au traité.

La Cour note aussi que les deux États se réfèrent aux principes de la Charte des Nations Unies et de la Charte de l'OUA, ainsi qu'à la résolution AHG/Rés. 16 (1), adoptée au Caire le 21 juillet 1964 par la conférence des chefs d'État et de gouvernement de l'OUA. Aux termes de cette résolution, les États membres de l'Organisation s'engagent notamment à respecter les frontières existant au moment où ils ont accédé à l'indépendance, par application du principe de l'*uti possidetis juris*.

S'agissant de l'interprétation du traité de 1890 selon la Convention de Vienne de 1969, la Cour rappelle qu'elle doit être fondée avant tout sur le texte du traité lui-même, mais qu'il peut être fait appel à titre complémentaire à des moyens tels les travaux préparatoires et les circonstances dans lesquelles le traité a été conclu, comme cela a été explicité dans l'affaire *Libye/Tchad*[679]. La Cour estime par ailleurs que rien, dans l'interprétation du sens des mots retenus

---

678 Citées au par. 9 de l'*Arrêt de 1999*.

679 *Différend territorial (Jamahiriya arabe libyenne/Tchad)*, arrêt, C.I.J. Recueil 1994, p. 21-22, par. 41.

en 1890, ne s'oppose à ce qu'elle tienne compte de l'état présent des connaissances scientifiques, tel qu'il appert du matériau documentaire produit. Ainsi, est-elle appelée à examiner le sens de la disposition situant la limite entre les sphères d'influence des parties contractantes dans le « chenal principal » du Chobe (art. III, par. 2 du traité de 1890), sans autre précision ou critère permettant de l'établir. Elle note par ailleurs que la version anglaise parle du « centre » du chenal principal *(centre of the main channel)* et que la version allemande retient le terme « thalweg » de ce chenal *(Thalweg des Hauptlaufes)*.

Le Botswana et la Namibie divergent d'opinion quant à la méthode appropriée dans l'interprétation de ces expressions. Ainsi, le Botswana considère que dans "une partie d'un cours d'eau qui comporte une bifurcation, ce qui est le cas du Chobe au voisinage de l'île de Kasikili/Sedudu, les deux chenaux ont chacun leur *thalweg* respectif. Cependant, le *thalweg* du chenal principal se trouvera à une altitude plus basse que le *thalweg* de l'autre chenal. Seul le *thalweg* du chenal principal peut être logiquement relié au *thalweg* du chenal en amont du point de bifurcation et en aval du point de confluence[680]". Par conséquent, prétend le Botswana, la frontière autour de l'île se trouve établie en déterminant le thalweg du Chobe, qui identifie le chenal principal du fleuve, les mots « *des Hauptlaufes* » n'ajoutant donc rien au texte.

La Namibie estime plutôt qu'il faut d'abord déterminer le chenal principal du Chobe autour de l'île et ensuite décider où se trouve le centre de ce chenal : « Il faut d'abord localiser le "chenal principal" et ce n'est forcément qu'après qu'on peut rechercher le "centre". Cette observation vaut également pour la traduction allemande du passage en question, "*im Thalweg des Hauptlaufes...*" Comme dans le texte anglais, il faut d'abord localiser le "*Hauptlauf*" et ne rechercher où se situe le "Thalweg" qu'après avoir trouvé le premier. On ne saurait localiser le "*Hauptlauf*" en cherchant d'abord à trouver le "Thalweg"[681] ».

Le Tribunal note que les termes « thalweg d'un cours d'eau » et « centre d'un cours d'eau », loin d'être identiques, présentent, dans les traités de délimitation de frontières, des définitions diverses. Ainsi, le mot « thalweg » peut désigner « le chemin le plus propre à la navigation » sur le fleuve, la ligne « déterminée par la suite des sondages les plus profonds » ou « la ligne médiane du chenal principal qu'empruntent les bateliers descendant le fleuve[682] ». La Cour note aussi que ces traités « désignent généralement aujourd'hui le thalweg comme frontière lorsque le cours d'eau est navigable et la ligne médiane entre

---

680 Cité au par. 22 de l'*Arrêt de 1999.*

681 Cité au par. 23 de l'*Arrêt de 1999.*

682 *Idem*, par. 24.

les deux rives lorsqu'il ne l'est pas, sans que l'on puisse toutefois constater l'existence d'une pratique totalement cohérente en la matière[683] ».

Le Tribunal considère par ailleurs que les parties au traité de 1890 ont peut-être utilisé comme synonymes interchangeables les termes « centre du chenal principal » et « *Thalweg des Hauptlaufes* », alors que trois ans avant la conclusion de ce traité, l'Institut de droit international avait mentionné ce qui suit, dans un projet de règlement : “La frontière des États séparés par un fleuve est marquée par le thalweg, c'est-à-dire par la ligne médiane du chenal[684]”, le terme « chenal » étant compris comme désignant le passage ouvert à la navigation dans le lit d'un fleuve, comme l'indique d'ailleurs le titre du projet.

Compte tenu, dit la Cour, de la Convention de Vienne de 1969 sur le droit des traités, (art. 33, par. 3) prévoyant que « les termes d'un traité sont présumés avoir le même sens dans les divers textes authentiques », et puisque les deux Parties, au cours de la procédure, n'ont pas exprimé des positions réellement différentes, la Cour considère donc que les mots « centre du chenal principal » inclus dans le paragraphe 2 de l'article III du traité de 1890 ont le même sens que les mots « *Thalweg des Hauptlaufes* ». Le Tribunal déclare aussi utiliser, dans le présent arrêt, le terme « chenal » dans un sens large, puisque le Botswana et la Namibie eux-mêmes ont employé ce mot pour désigner chacun des deux bras du Chobe qui entourent l'île, sans retenir le sens plus strict de ce terme désignant la voie navigable d'un fleuve ou de l'un de ses bras.

10.5 Les critères de détermination du chenal principal

La Cour estime que le véritable différend porte sur l'emplacement du chenal principal où se trouve la frontière, le Botswana soutenant que celle-ci doit être déterminée sur la base du thalweg dans le chenal nord et ouest du Chobe, tandis que la prétention de la Namibie est qu'elle suit le centre du chenal sud de ce cours d'eau, c'est-à-dire son thalweg. Puisque les parties contractantes ont utilisé l'expression « chenal principal » dans le projet de traité, il doit être présumé, de l'avis du Tribunal, qu'elles ont voulu lui attribuer un sens précis. La tâche de la Cour est alors de rechercher le sens ordinaire de l'expression « chenal principal » en examinant les critères les plus couramment utilisés en droit international et dans la pratique des États, que les Parties ont invoqués.

Avant de considérer ces critères, les juges observent que les experts ne s'entendent pas sur les particularités du Chobe, le Botswana le décrivant comme “un cours d'eau pérenne indépendant du Zambèze, pourvu d'un profil stable,

683 *Ibidem.*

684 Alinéa 2 de l'article 3 du Projet de règlement international de navigation fluviale, adopté à Heidelberg le 9 septembre 1887. *AIDI,* 1887-1888, p. 182, cité au par. 25 de l'*Arrêt de 1999.*

d'un écoulement continu vers l'aval et de rives visibles et stables", la Namibie affirmant au contraire que le Chobe "est très souvent à sec sur une large fraction de son cours, de sorte qu'il n'est pas navigable sur la plus grande partie de sa longueur[685]". Quoi qu'il en soit, la Cour déclare ne pas avoir à tenir compte de ces particularités, à moins que celles-ci n'aient une incidence dans le secteur de l'île.

S'agissant d'identifier le « chenal principal », la Cour constate que les deux États sont d'accord pour identifier plusieurs critères, sauf qu'ils divergent d'opinion sur leur importance relative, leur degré de pertinence et leur applicabilité. Le Tribunal estime qu'il doit prendre en considération l'ensemble de ces critères, plutôt que de se fonder sur un seul et unique. La Cour s'inspire d'ailleurs de divers ouvrages scientifiques, notamment d'un dictionnaire d'hydrologie[686], qui définit le « chenal principal » comme étant « le plus large, le plus profond, celui surtout qui transite les débits les plus importants ». La Cour fait aussi mention de l'arbitrage relatif au *Rio Palena* de 1966 entre le Chili et l'Argentine, dans lequel le Tribunal désigné par la reine d'Angleterre a considéré divers critères pour déterminer le chenal principal d'un cours d'eau frontalier[687]. Avant d'examiner chacun des critères, les juges constatent que les deux États sont d'accord, à la lecture de nombreuses photographies aériennes, pour dire que la situation hydrologique de l'île n'a pas connu de changement radical depuis les cent dernières années et que les chenaux du Chobe sont restés relativement stables. La Cour examine ensuite chacun des critères permettant de déterminer lequel des deux chenaux est le chenal principal : la profondeur, la largeur, le débit, la visibilité, la configuration du profil du lit, enfin, la navigabilité[688].

Quant au premier des critères examinés, celui de la profondeur, et malgré les difficultés inhérentes à la réalisation de sondages et à l'interprétation de leurs résultats, le Tribunal en arrive quand même à la conclusion que le chenal le plus profond est le chenal sud, non seulement en termes de profondeur moyenne, mais aussi en ce qui concerne la profondeur minimale.

La largeur d'un fleuve, qui peut varier, bien sûr, selon les divers niveaux de ses eaux, a souvent été déterminée en fonction des basses eaux : le Tribunal mentionne ici l'affaire *Vermont c. New Hampshire*, rendue par la Cour suprême des États-Unis[689] en mai 1933. Cette largeur, poursuit la Cour, a aussi été établie selon le niveau moyen des eaux, comme dans le cas de la sentence arbitrale rendue en janvier de la même année par le Tribunal spécial de

---

685 *Idem*, par. 28.

686 *Dictionnaire français d'hydrologie de surface avec équivalents en anglais, espagnol, allemand* (1986), Paris, Masson, p. 66.

687 *Argentina-Chile Frontier Case* (1966) RSA, vol. 16, p. 177-180 ; *ILR*, vol. 38, p. 94-98.

688 *Arrêt de 1999*, par. 31-40.

689 *United States Reports*, vol. 289, p. 619. Citée au par. 33 de l'*Arrêt de 1999*.

délimitation constitué en exécution du traité d'arbitrage *Guatemala/ Honduras*[690]. Hormis la période des inondations, il appert des photographies aériennes et des images satellitaires que le chenal nord est le plus large.

Quant au critère du débit, auquel les deux États accordent une grande importance, la Cour, qui fait face à des données irréconciliables, estime pourtant que le chenal principal doit être déterminé par la laisse des basses eaux plutôt que par les lignes de crues, puisque, lors de ces crues, l'île est submergée, les deux chenaux ne pouvant plus alors être distingués.

Le chenal sud présenterait une meilleure visibilité ou une physionomie générale qui permettrait de le reconnaître plus facilement que le chenal nord. Cet argument a été présenté par la Namibie, qui définit l'arête du Chobe comme un escarpement d'une cinquantaine de mètres et bien visible. Or, prétend la Namibie, la rive droite du chenal sud, lequel suit cette arête, offre une pente raide et des contours bien définis qui la rendent facile à discerner. La Cour rejette cet argument puisqu'une partie seulement de la rive droite est bien reconnaissable à distance.

Les juges examinent aussi un critère concernant la configuration du profil du lit du chenal, présenté cette fois par le Botswana. Si le chenal nord du Chobe, observe la Cour, ne comporte pas de ces sinuosités qui caractérisent les bras secondaires des cours d'eau, le chenal sud montre de telles sinuosités. Or, prétend la Namibie, ces sinuosités révèlent justement l'importance de ce chenal puisqu'elles sont dues au dépôt des sédiments. La Cour ne peut en conclure que la configuration du profil de son lit révèle que le chenal sud constituerait le prolongement principal du Chobe.

Le Tribunal étudie enfin un dernier critère, celui de la navigabilité d'un cours d'eau, entendue comme la résultante de la profondeur, de la largeur et du volume d'eau transportée de ce cours d'eau. Le Botswana soutient que la navigabilité et l'accès aux voies navigables représentaient, lors de la conclusion du traité de 1890, des considérations essentielles, tandis que la Namibie fait observer que le chenal sud du Chobe connaît une importante activité aux fins de la navigation touristique. La Cour convient en effet de l'importance de l'utilisation du chenal sud par des embarcations touristiques à fond plat pour le spectacle de la faune, mais elle n'en conclut pas pour autant que le chenal sud est plus propice que le nord à la navigation. Elle estime plutôt que les deux chenaux manquent de profondeur, mais que le nord offre quand même les meilleures conditions de navigation.

Ayant terminé l'étude de ces divers critères, la Cour en conclut que le chenal nord du Chobe autour de l'île de Kasikili/Sedudu « doit être considéré comme son chenal principal suivant le sens ordinaire des termes figurant dans la

---

690 RSA, vol. 2, p. 1365. Citée au par. 33 de l'*Arrêt* de *1999*.

disposition pertinente du traité de 1890[691] ». Le Tribunal ajoute que cette conclusion est d'ailleurs étayée par les résultats de divers examens faits sur place et consignés dans des rapports, notamment les suivants : en 1912, le rapport de reconnaissance du capitaine de police Eason, du Bechuanaland ; en janvier 1948, le rapport conjoint Trollope-Redman, respectivement magistrat de la partie orientale de la bande de Caprivi et commissaire de district de Kasane (Bechuanaland) ; enfin, en juillet 1985, le rapport conjoint d'une commission mixte d'experts de l'Afrique du Sud et du Botswana. La Cour aura d'ailleurs l'opportunité d'examiner en détail chacun de ces rapports pour juger de la conduite ultérieure des Parties.

10.6 L'objet et le but du traité de 1890 : le partage des sphères d'influence

Le Tribunal se demande ensuite comment et dans quelle mesure l'objet et le but du traité de 1890 peuvent clarifier le sens à attribuer à ses termes. Ce traité ne visait pas à délimiter des frontières à proprement parler mais à déterminer des sphères d'influence, bien que force est de reconnaître que les deux États acceptent néanmoins ce traité comme déterminant la frontière entre leurs territoires. La préoccupation majeure de chaque contractant était alors de protéger la sphère soumise à son influence contre toute intervention de l'autre et d'exclure ainsi tout risque de différend. Ainsi, l'article VII du traité de 1890 prévoit ce qui suit :

> Les deux puissances s'engagent à ne pas intervenir dans une sphère d'influence attribuée à l'autre puissance (...). Chaque puissance s'interdit, à l'intérieur de la sphère d'influence de l'autre puissance, de procéder à des acquisitions, de conclure des traités, d'accepter des droits souverains ou des protectorats ou de contrarier l'expansion de l'influence de l'autre puissance.
>
> Il est entendu qu'aucune personne physique ou morale de l'une ou de l'autre puissance ne peut exercer de droits souverains dans une sphère attribuée à l'autre puissance, sans le consentement de cette dernière[692].

En choisissant les termes « centre du chenal principal », les puissances contractantes avaient l'intention d'établir une frontière séparant leurs sphères d'influence, et ce même dans le cas d'un cours d'eau ayant plusieurs chenaux, et au sujet desquels elles savaient que leurs informations étaient rudimentaires quant au nombre, aux particularités, à la navigabilité et à l'importance relative de ces chenaux. Cette situation explique, dit la Cour, la méthode choisie pour définir la frontière méridionale de la bande de Caprivi. Le Tribunal note aussi

---

691 *Arrêt de 1999*, par. 41.

692 Cité dans l'*Arrêt de 1999*, par. 43.

que les parties contractantes, dans l'affaire *Cambodge/Thaïlande* de 1962 (*Temple de Préah Vihéar*), ont adopté une approche similaire, ce qui faisait dire aux juges qu'il existe des traités frontaliers "qui se bornent à se référer à la ligne de partage des eaux ou à la ligne de crête, sans prévoir en outre une délimitation", et qu'il s'agit là d'une "façon évidente et commode de décrire la frontière objectivement quoiqu'en termes généraux[693]".

La Cour estime que « les grands fleuves de l'Afrique ont traditionnellement offert aux puissances colonisatrices des voies de pénétration à l'intérieur du continent africain », et que la navigation semble avoir été un élément déterminant dans le choix des parties contractantes lorsqu'elles ont procédé à la délimitation de leurs sphères d'influence. C'est ainsi que l'Allemagne, désireuse d'avoir un accès au Zambèze, a exigé une bande de territoire d'au moins 20 milles anglais. Pourtant, ajoute le Tribunal, cette zone, qui permet certes d'atteindre ce cours d'eau, est difficile à pratiquer à cause des inondations régulières, alors que sa limite méridionale est constituée par le Chobe, apparemment supposé être navigable comme le suggère l'utilisation du terme « thalweg » dans le texte allemand du traité, ces problèmes étant « selon toute probabilité, mal connus à l'époque ». La Cour estime également que si les parties contractantes, pour séparer leurs sphères d'influence, ont adopté le centre du chenal principal du Chobe, « assurant ainsi une frontière sûre et reconnaissable à distance dans une voie d'eau supposée navigable », on peut penser que la libre navigation sur ce fleuve n'était pas leur seule préoccupation, puisqu'elles entendaient en outre « procéder à une délimitation aussi précise que possible de leurs sphères d'influence respectives[694] ».

Ce raisonnement est appuyé, de l'avis du Tribunal, par les travaux préparatoires du traité concernant le sud-ouest de l'Afrique et notamment la bande de Caprivi. Ainsi, l'accord provisoire paraphé le 17 juin 1890 par lord Salisbury et le comte Hatzfeldt stipule, à l'article II, que « la ligne de démarcation se portera à l'est, longeant le centre du fleuve Tschobi jusqu'à son confluent avec le Zambèze », sans référence à un chenal. Le projet d'accord, établi ensuite par les négociateurs britanniques et allemands et transmis au Foreign Office le 21 juin 1890, ajoute une précision en prévoyant que la ligne « suit le centre de ce fleuve jusqu'à son confluent avec le Zambèze, où elle s'arrête ». Quelques jours plus tard, soit le 25 juin 1890, la partie britannique propose d'ajouter, après les mots « suit le centre », les mots « du chenal principal », proposition acceptée par la partie allemande et traduite par : « *in der Thal-Linie des Hauptlaufes dieses Flusses* ». Le mot *Thal-Linie* est ensuite remplacé par le mot *Thalweg*. La Cour observe à ce sujet que le texte allemand est une

---

693 *Arrêt du 15 juin 1962 (fond)*, C.I.J. Recueil 1962, p. 34-35. Cité dans l'*Arrêt de 1999*, par. 43.

694 *Arrêt de 1999*, par. 45.

traduction littérale de la proposition britannique et suit le texte anglais, ce qui permet de supposer, dit-elle, que ces termes sont synonymes et que les deux textes, anglais comme allemand, expriment correctement et avec précision la volonté des parties contractantes[695].

S'agissant de la conduite ultérieure du Botswana et de la Namibie au traité de 1890 en tant qu'élément d'interprétation de celui-ci, la Cour rappelle d'abord la Convention de Vienne de 1969 sur le droit des traités, et notamment le paragraphe 3 de l'article 31, qui prévoit qu'il sera tenu compte, en même temps que du contexte :

> *a)* de tout accord ultérieur intervenu entre les parties au sujet de l'interprétation du traité ou de l'application de ses dispositions ;
> *b)* de toute pratique ultérieurement suivie dans l'application du traité par laquelle est établi l'accord des parties à l'égard de l'interprétation du traité[696].

10.7 Les principaux documents et la conduite ultérieure des Parties

La Cour passe ensuite à l'examen des documents de 1912, de 1951 et de 1984, invoqués principalement par le Botswana[697]. Quant au rapport du capitaine Eason, daté du 5 août 1912, et mentionnant notamment que « ...c'est sans aucun doute le chenal nord qui doit être considéré comme le chenal principal[698] », le Tribunal estime que ni ce rapport ni les circonstances qui l'entourent ne constituent une pratique ultérieurement suivie dans l'application du traité de 1890, au sens de la Convention de Vienne. La Cour précise que le rapport Eason ne semble pas avoir été communiqué à l'Allemagne, et que le gouvernement britannique n'a jamais donné suite aux propositions d'arbitrage qu'il contenait.

En 1947, un transporteur du Bechuanaland, M. Ker, qui voulait utiliser le chenal nord du Chobe pour y transporter du bois d'œuvre par barges, obtient l'autorisation nécessaire de l'administrateur pour la bande de Caprivi, le major Trollope, mais fait également une demande similaire aux autorités du Bechuanaland. Un long échange de correspondance s'ensuivra, qui donnera lieu, en 1951, au *gentlemen's agreement* suivant entre le major Trollope et M. Dickinson, nouveau commissaire de district à Kasane (Bechuanaland) :

> *a)* nous admettons ne pas être du même avis sur le problème juridique relatif à l'île de Kasikili et la question connexe de la voie d'eau septentrionale ;

---

695 *Idem*, par. 46.
696 Cité au par. 48 de l'*Arrêt de 1999*.
697 *Arrêt de 1999*, par. 47-80.
698 *Idem*, par. 53.

> *b)* les arrangements administratifs que nous prenons ci-après sont absolument sans préjudice du droit des responsables du protectorat et de ceux de la bande de Caprivi de poursuivre l'examen de la question juridique visée à l'alinéa *a)* s'il est jugé souhaitable de le faire à un moment quelconque et ces arrangements ne pourront pas être invoqués pour soutenir que l'un ou l'autre des territoires a admis quoi que ce soit ou bien a renoncé à quelque prétention que ce soit ; et
> *c)* compte tenu de ce qui précède, la situation redevient celle qui existait *de facto* avant que toute la question prenne un aspect litigieux en 1947, c'est-à-dire que l'île de Kasikili continuera d'être utilisée par les membres des tribus du Caprivi et que la voie d'eau septentrionale continuera de servir de "voie de circulation ouverte à tous"[699].

La Cour conclut que ces événements, qui se sont déroulés entre 1947 et 1951, ne peuvent constituer une pratique ultérieurement suivie dans l'application du traité de 1890, étant donné l'absence d'accord entre l'Afrique du Sud et le Bechuanaland quant à l'emplacement de la frontière autour de l'île et le statut de cette île.

En octobre 1984, après un échange de coups de feu entre des militaires du Botswana et de l'Afrique du Sud, il est décidé par les autorités des deux États de réaliser une étude conjointe visant à déterminer si le chenal principal du Chobe se trouve au sud ou au nord de l'île. Les conclusions du rapport d'étude, déposé en juillet 1985, se lisent comme suit :

> Le chenal principal du Chobe contourne maintenant l'île Sidudu/Kasikili par l'ouest et par le nord (...). Les preuves dont on dispose semblent indiquer que tel a été le cas au moins depuis 1912. Il n'a pas été possible de vérifier si une inondation particulièrement violente a changé le cours du fleuve entre 1890 et 1912. Le capitaine Eason (déclare dans le) rapport mentionné précédemment que des inondations ont eu lieu en 1899 et en juin et juillet 1909. À supposer que le chenal principal du fleuve ne se soit jamais trouvé au sud de l'île, il est probable que l'érosion de la vallée Sidudu (...) a provoqué l'ensablement partiel du chenal sud. Des photographies aériennes (...) prises en 1925, 1943, 1972, 1977, 1981 et 1982 (...) ne font apparaître aucun changement important de l'emplacement des chenaux[700].

Le 4 novembre 1985, le ministère des Affaires étrangères du Botswana transmet officiellement copie de cette étude conjointe au ministère des Affaires étrangères de l'Afrique du Sud. Aux termes de la note jointe à l'étude, il est demandé à l'Afrique du Sud « si elle souhaite convoquer une réunion pour

[699] *Idem*, par. 60.
[700] *Idem*, par. 64.

adopter formellement le rapport[701] ». À la connaissance du Tribunal, l'Afrique du Sud n'a jamais donné suite à cette requête. Par ailleurs, le 13 octobre 1986, des responsables du Botswana et de l'Afrique du Sud convoquèrent une réunion au cours de laquelle la partie sud-africaine « propos(a) le maintien du *statu quo* jusqu'à ce que les circonstances politiques puissent permettre des négociations directes entre le Botswana et la Namibie indépendante », tandis que le représentant botswanais estimait « qu'il n'y avait nul besoin de négociations puisqu'une commission mixte d'experts Botswana/Afrique du Sud avait confirmé que l'île appartenait au Botswana[702] ».

Quelques semaines après cette réunion, soit le 22 octobre 1986, le Botswana envoie à l'Afrique du Sud un télégramme par lequel il affirme sa souveraineté sur l'île Sidudu/Kasikili, « comme cela a été confirmé par la commission mixte d'experts » de juillet 1985, et le Botswana informe en conséquence l'Afrique du Sud qu'il a « depuis lors occupé l'île de Sidudu/Kasikili et compte que le Gouvernement de l'Afrique du Sud respectera la souveraineté et l'intégrité territoriale de la République du Botswana en ce qui concerne l'île[703] ».

De l'avis du Botswana, « la décision prise, en décembre 1984, de réaliser une étude conjointe, et l'ensemble des instruments en relation avec cette décision, y compris l'étude de juillet 1985 elle-même, constituent un "accord intergouvernemental"[704] » selon lequel la frontière autour de l'île se trouve dans le chenal nord du Chobe. La Namibie prétend au contraire que les discussions menées en 1984 et 1985 n'ont pas mené à un accord sur la frontière, et elle ajoute que l'étude conjointe de juillet 1985 n'était pas « auto-exécutoire ». La Namibie précise enfin que ni l'Afrique du Sud ni le Botswana ne pouvait, après l'expiration, en 1966, du mandat de l'Afrique du Sud sur le Sud-Ouest africain, conclure un accord frontalier portant sur ce territoire.

Après avoir examiné les documents de 1984 et de 1985, la Cour conclut que l'Afrique du Sud et le Botswana ne se sont entendus, somme toute, que sur l'envoi de la commission mixte d'experts, sans pour autant se reconnaître juridiquement liés par les résultats du levé conjoint de juillet 1985. Quant à la conduite ultérieure des Parties, la Cour arrive donc à la conclusion générale qu'il n'y a pas eu d'accord entre l'Afrique du Sud et le Botswana sur l'application du traité de 1890. Mentionnant que la conclusion se suffit à elle-même, le Tribunal ajoute pourtant que ces deux États n'avaient pas compétence en 1984 et 1985 pour passer un tel accord, puisque, par une résolution de l'Assemblée générale des Nations Unies datée du 27 octobre 1966, il avait été

701 *Idem*, par. 65.
702 *Idem*, par. 66.
703 *Ibid.*
704 *Idem*, par. 67.

mis fin au mandat de l'Afrique du Sud sur le Sud-Ouest africain, mesure d'ailleurs approuvée par le Conseil de sécurité dans une résolution du 30 janvier 1970. La Cour retient donc un argument qui avait été présenté par la Namibie. Le Tribunal rappelle aussi qu'il avait lui-même, dans son *Avis consultatif du 21 juin 1971*[705], examiné la question de la présence de l'Afrique du Sud en Namibie et déclaré notamment cette présence illégale et, par conséquent, l'obligation de l'Afrique du Sud de retirer sans délai son administration de la Namibie et de cesser l'occupation du territoire.

La Namibie invoque, elle aussi, la conduite ultérieure des Parties au traité de 1890, conduite qui consiste dans « le contrôle et l'utilisation de l'île de Kasikili par les Masubia de la bande du Caprivi, l'exercice de la juridiction sur l'île par les autorités responsables namibiennes et le silence gardé par le Botswana et ses prédécesseurs pendant près d'un siècle en pleine connaissance de cause ». La Namibie précise que les membres de la tribu des Masubia, tribu de la partie orientale de la bande de Caprivi, ont assuré une présence continue sur l'île au moins entre 1890 et la fin des années 1940, et que depuis le début de la période coloniale au moins et probablement bien avant, l'île était un espace agricole cultivé et occupé de façon continue, exclusive et ininterrompue « dans la mesure où les conditions matérielles sur l'île le permettaient ». La Namibie poursuit en expliquant que l'île et le village de Kasika constituaient une communauté bien organisée, « dont le centre de gravité se déplaçait d'un endroit à l'autre en fonction de ce que dictait la crue annuelle ». L'Allemagne, puis ses successeurs, incorporèrent les institutions locales des Masubia au régime d'administration coloniale en les utilisant comme rouages pour exercer leur autorité, les Masubia constituant ainsi un élément-clef du système d'administration indirecte qui prévalait dans la région. La Namibie ajoute que tous ces faits, connus des autorités du Bechuanaland installées juste de l'autre côté du Chobe, n'ont fait l'objet ni d'objections ni de protestations, au moins jusqu'à la fin des années 1940[706].

La Cour, qui réserve à plus tard l'analyse d'un argument de la Namibie relatif à la prescription, examine la question de savoir si la présence très ancienne, et qui n'a pas fait l'objet d'objections, de membres de la tribu des Masubia sur l'île de Kasikili/Sedudu constitue une « pratique ultérieurement suivie dans l'application du traité par laquelle est établi l'accord des parties à l'égard de l'interprétation du traité », conformément à la Convention de Vienne de 1969 sur le droit des traités (art. 31, par. 3 *b*). La preuve d'une telle pratique suppose que deux éléments au moins soient établis : d'abord, que l'occupation

---

705 *Conséquences juridiques pour les États de la présence continue de l'Afrique du Sud en Namibie (Sud-Ouest africain) nonobstant la résolution 276 (1970) du Conseil de sécurité*, C.I.J. Recueil 1971, p. 58, par. 133. Cité au par. 69 de l'*Arrêt de 1999*.

706 *Arrêt de 1999*, par. 71.

de l'île par cette tribu « ait participé de la conviction des autorités du Caprivi que la frontière fixée par le traité de 1890 suivait le chenal sud du Chobe » ; et aussi, que ce fait « ait été pleinement connu et accepté par les autorités du Bechuanaland comme confirmant la frontière fixée par le traité[707] ».

Il est vrai, observe le Tribunal, que les premières cartes de la région figuraient la frontière dans le chenal sud du Chobe, « compte tenu de la présence intermittente sur l'île de populations venues de la bande de Caprivi », mais aucune ne constituait une interprétation officielle du traité de 1890. Pourtant, poursuit la Cour, « rien ne montre (...) que cette présence ait eu un lien avec des prétentions territoriales des autorités capriviennes. Il n'est d'ailleurs pas inhabituel que les habitants de régions frontalières en Afrique traversent les frontières en question, pour des raisons liées à l'agriculture ou au pacage, sans que les autorités d'un côté ou de l'autre de ces frontières s'en alarment[708] ».

Par ailleurs, la Cour rappelle la pertinence des documents de 1912, de 1948 et de 1985. Dans le premier, le capitaine Eason a affirmé que le chenal nord devait « être considéré comme le chenal principal » du Chobe autour de l'île, tout en mentionnant que les autochtones qui vivaient à Kasika, en territoire allemand, y pratiquaient la culture. Le rapport Trollope-Redman de 1948 établit que les deux administrateurs y estimaient que le chenal principal englobait l'île dans le protectorat du Bechuanaland, et que celle-ci était utilisée, sans objection du Bechuanaland, par les membres des tribus de la partie orientale de la bande de Caprivi. Enfin, le rapport d'étude conjointe de 1985 fait état de ce que le bétail du Caprivi traversait le fleuve à la nage lorsque le pâturage manquait du côté du Caprivi, tout en laissait entendre que « les séjours sur l'île étaient devenus plus rares au cours des dernières années ». Et la Cour d'ajouter : « Il semble par conséquent que, du côté du Bechuanaland, puis du Botswana, la présence intermittente des Masubia sur l'île n'ait inquiété personne et ait été tolérée, à tout le moins, parce qu'elle n'apparaissait pas liée à une interprétation des termes du traité de 1890[709] ». La Cour en conclut que l'utilisation paisible et ouverte de l'île, pendant des années, par les Masubia du Caprivi oriental ne constitue pas une « pratique ultérieurement suivie dans l'application du traité » de 1890, au sens de l'alinéa *b)* du paragraphe 3 de l'article 31 de la Convention de Vienne. Plus généralement encore, la Cour conclut que la conduite ultérieure des Parties au traité de 1890 n'a donné lieu à aucun accord entre les Parties au sujet de l'interprétation du traité ou de l'application de ses dispositions, au sens de l'alinéa *a)* du même paragraphe, pas plus qu'elle n'a donné lieu à une quelconque pratique suivie dans l'application du traité par laquelle est établi

---

707 *Idem*, par. 74.
708 *Ibidem*.
709 *Ibidem*.

l'accord des Parties à l'égard de l'interprétation du traité, au sens de l'alinéa *b)* de cette disposition.

Pourtant, le Tribunal rappelle encore que les levés effectués sur le terrain en 1912, en 1948 et en 1985 ont désigné le chenal nord et ouest du Chobe comme constituant le « chenal principal » du fleuve autour de l'île, et que les faits alors consignés n'ont pas, comme tels, été contestés à l'époque. Ces faits, s'ils ne constituent pas une pratique ultérieure des Parties au traité de 1890 quant à l'interprétation de celui-ci, n'en étayent pas moins les conclusions auxquelles est parvenue la Cour en interprétant le paragraphe 2 de l'article III du traité suivant le sens ordinaire à attribuer à ses termes.

10.8 Le matériau cartographique

Comme éléments de preuve à l'appui de leurs thèses respectives, le Botswana et la Namibie ont déposé devant la Cour une multitude de cartes géographiques[710] dont certaines remontent à 1880 et qui sont d'origines diverses (Allemagne, Grande-Bretagne, Afrique du Sud, Botswana, Namibie, Organisation des Nations Unies). Bien sûr, les deux États ont des opinions diamétralement opposées sur la valeur de ces cartes.

Ainsi, la Namibie estime que la plupart des cartes produites, y compris celles qui proviennent de sources coloniales britanniques, « tendent à indiquer que la frontière (…) se trouve dans le chenal sud du Chobe », et la Namibie en déduit « une forme spéciale de "pratique ultérieurement suivie" et (...) aussi un aspect de l'exercice de la compétence et de l'acquiescement à celle-ci qui aboutit à l'acquisition d'un titre par prescription[711] ». La Namibie invoque alors l'affaire du *Temple de Préah Vihéar*, « selon laquelle l'acceptation, par les parties à une convention, d'une carte figurant une frontière peut constituer une interprétation de cette convention dérogeant à ses termes exprès[712] ».

Le Botswana, qui attache une importance moindre aux cartes, estime que la plupart des cartes anciennes « sont trop peu détaillées, ou d'une échelle trop petite, pour être utiles en l'espèce[713] ». Pourtant, ajoute-t-il, lorsque les explorateurs européens procédaient à « un levé un tant soit peu détaillé du Chobe, à partir des années 1860 et par la suite, un chenal nord autour de l'île était connu et régulièrement représenté[714] ». Le Botswana n'en déduit pas que la frontière se trouve de ce fait dans le chenal nord, estimant que le rôle de la Cour

---

710 *Idem*, par. 81-87.

711 *Idem*, par. 82.

712 *Arrêt du 15 juin 1962 (fond)*, C.I.J. Recueil 1962, p. 6 ss. Citée au par. 82 de l'*Arrêt de 1999*.

713 *Arrêt de 1999*, par. 83.

714 *Ibid.*

est de trouver une carte qui exprime l'accord des Parties, ce qui serait le cas, prétend-il, de celle annexée au rapport d'étude de 1985.

Quelle est la valeur probante des cartes, se demande la Cour ? Cette dernière rappelle à ce sujet l'affaire *Burkina Faso/Mali*[715] dans laquelle elle a déclaré que « les cartes ne sont que de simples indications (...) ; elles ne constituent jamais, à elles seules et du seul fait de leur existence, un titre territorial[716] ». Le Tribunal mentionne aussi une disposition du traité de 1890 (art. III, par. 2), selon laquelle il est prévu que la frontière est tracée « d'une façon générale d'après une carte officiellement établie pour le Gouvernement britannique en 1889 ». Or, cette carte ne comporte aucun tracé de frontière ; qui plus est, cette carte n'a pas été annexée au traité de 1890, encore qu'une version postérieure ait été jointe au traité, dans les archives du Foreign Office.

La Cour a déjà fait observer que certaines des cartes publiées après la conclusion du traité de 1890, lorsque la frontière y était représentée, l'avaient illustrée pendant un certain nombre d'années dans le chenal sud du Chobe, ce qui n'impliquait pas que cette représentation de la frontière fût commandée par le traité de 1890. Cette représentation était peut-être, à l'origine, liée à la présence des Masubia sur l'île. Par ailleurs, l'échange de correspondance entre les autorités sud-africaines et celles du Bechuanaland indique des divergences de vues sur le statut de l'île et la localisation de la frontière, qui « s'étaient figées, en 1951, au point de rendre nécessaire un arrangement local *de facto*[717] ». La Cour est donc d'avis que les Parties, loin de s'entendre sur des cartes, ont manifesté à leur sujet peu d'intérêt, les considérant comme exactes ou inexactes selon leurs prétentions respectives. Et les juges d'ajouter :

> Eu égard à l'absence de toute carte traduisant officiellement la volonté des parties au traité de 1890, ainsi que de tout accord exprès ou tacite entre celles-ci ou leurs successeurs sur la validité de la frontière représentée sur une carte (…), et compte tenu du caractère incertain et contradictoire du matériau cartographique qui lui a été soumis, la Cour ne s'estime pas à même de tirer des conclusions du dossier cartographique produit en l'espèce. Si celui-ci ne peut dès lors "conforte(r) une conclusion à laquelle le juge est parvenu par d'autres moyens, indépendants des cartes" (…), il n'est pas davantage susceptible de modifier les résultats de l'interprétation textuelle du traité de 1890 à laquelle la Cour a procédé ci-dessus[718].

---

715 *Différend frontalier (Burkina Faso/République du Mali),* C.I.J. Recueil 1986, p. 582, par. 54. Citée au par. 84 de l'*Arrêt de 1999.*

716 Cité au par. 84 de l'*Arrêt de 1999.*

717 *Idem*, par. 85.

718 *Arrêt de 1999*, par. 87. La Cour réfère à deux affaires : *Temple de Préah Vihéar*, arrêt, fond, C.I.J. Recueil 1962, p. 33-35 ; *Différend frontalier Burkina Faso/République du Mali*, arrêt, C.I.J. Recueil 1986, p. 583, par. 56.

Cette interprétation fait passer la frontière dans le chenal nord du Chobe. La Cour rappelle par ailleurs que l'étude des travaux préparatoires du traité a révélé que les parties contractantes s'attendaient toutes deux à ce que la navigation sur le Chobe fût possible, et qu'elles entendaient exploiter cette possibilité. Bien qu'elles aient, en 1890, utilisé de façon interchangeable les termes « thalweg » et « centre du chenal », le Tribunal estime que « le terme "thalweg" exprime, de façon plus précise que ne le fait l'expression "centre du chenal", l'intention commune de tirer parti des possibilités de navigation[719] ». De plus, note la Cour, le Botswana et la Namibie ont convenu que le thalweg était constitué par la ligne des sondages les plus profonds, et elle en conclut que la frontière suit cette ligne dans le chenal nord autour de l'île.

10.9 La doctrine de la prescription acquisitive

La Cour examine ensuite la doctrine de la prescription acquisitive, qui a été soulevée par la Namibie pour fonder, à titre subsidiaire, sa revendication sur l'île. La Namibie soutient en effet qu'« en vertu de l'occupation et de l'utilisation continues et exclusives de l'île de Kasikili ainsi que de l'exercice d'une juridiction souveraine sur cette île depuis le début du siècle, au vu et au su des autorités responsables au Bechuanaland et au Botswana et avec leur acceptation et acquiescement, la Namibie a acquis un titre par prescription sur l'île[720] ».

Puisqu'il a été, selon le compromis, demandé à la Cour de se référer aux règles et principes du droit international, celle-ci estime que ce compromis l'autorise non seulement « à interpréter le traité de 1890 à la lumière de ceux-ci, mais également à faire une application indépendante desdits règles et principes[721] ». Le Tribunal décide donc d'entendre les arguments de la Namibie concernant la prescription, laquelle est soumise à la réalisation de plusieurs conditions : la possession doit être exercée à titre de souverain et se prolonger pendant un certain temps ; elle doit aussi être publique, paisible et ininterrompue. La Cour constate que les deux États conviennent des conditions requises à l'acquisition d'un titre par prescription, mais elles s'opposent sur les conséquences juridiques de la présence des Masubia sur l'île, le Botswana la considérant comme une simple activité « privée » sans pertinence en droit international, la Namibie affirmant que ses prédécesseurs ont exercé sur l'île une autorité étatique lui conférant un titre. La Cour rejette l'argumentation de la Namibie :

---

719 *Arrêt de 1999*, par. 88.
720 *Idem*, par. 90.
721 *Idem*, par. 93.

Il résulte de cet examen que, même si des liens d'allégeance ont pu exister entre les Masubia et les autorités du Caprivi, il n'est pas établi que les membres de cette tribu occupaient l'île "à titre de souverain", c'est-à-dire y exerçaient des attributs de la puissance publique au nom de ces autorités. Au contraire, il ressort du dossier de l'affaire que les Masubia utilisaient l'île de façon intermittente, au gré des saisons et selon leurs besoins, à des fins exclusivement agricoles ; cette utilisation, antérieure à l'établissement de toute administration coloniale dans la bande de Caprivi, semble s'être ensuite poursuivie sans être liée à des prétentions territoriales de la Puissance administrant le Caprivi[722].

Par ailleurs, il est vrai, poursuit le Tribunal, que l'Afrique du Sud, en 1947, a fait valoir la présence des Masubia sur l'île pour revendiquer un titre par prescription, alors que la question frontalière dans la région se posait pour la première fois entre les autorités locales du protectorat du Bechuanaland et celles de l'Afrique du Sud, le « chenal principal » du Chobe autour de l'île étant alors considéré comme le chenal nord. Mais dès ce moment, explique la Cour, les autorités du Bechuanaland ont affirmé que la frontière se trouvait dans le chenal nord et que l'île était partie intégrante du protectorat ; elles ont ainsi refusé de reconnaître les prétentions de l'Afrique du Sud sur l'île, tout en admettant la nécessité de protéger les tribus du Caprivi : « La Cour en infère d'une part que, pour le Bechuanaland, les activités des Masubia sur l'île étaient une question indépendante de celle du titre sur celle-ci, et d'autre part que, lorsque l'Afrique du Sud a officiellement revendiqué ce titre, le Bechuanaland n'a pas accepté cette revendication, ce qui excluait un acquiescement de sa part[723] ».

10.10 La décision de la Cour

Elle en conclut donc, après avoir interprété le traité de 1890, que la frontière « suit la ligne des sondages les plus profonds dans le chenal nord du Chobe[724] », et que, la doctrine de la prescription étant inapplicable au présent cas, l'île « fait partie du territoire du Botswana[725] ». La Cour conclut également, compte tenu du communiqué de Kasane du 24 mai 1992, que « les Parties se sont mutuellement garanti la liberté de navigation, sur les chenaux autour de l'île de Kasikili/Sedudu, pour les bateaux de leurs ressortissants battant pavillon national[726] ». Ce communiqué prévoyait en effet que les présidents de la Namibie et du Botswana avaient convenu que l'interaction sociale existante

---

722 *Idem*, par. 98.
723 *Idem*, par. 99.
724 *Idem*, par. 100.
725 *Ibidem*.
726 *Idem*, par. 103.

entre les deux populations « devait se poursuivre » ; que les activités économiques comme la pêche « devaient continuer, étant entendu qu'aucun filet de pêche ne devait être tendu en travers du fleuve » ; enfin, que « la navigation devait rester sans entrave et, entre autres, les touristes devaient pouvoir se déplacer librement[727] ».

En conséquence de tout ce qui précède, la Cour décide, par 11 voix contre 4, que la frontière « suit la ligne des sondages les plus profonds dans le chenal nord du fleuve Chobe autour de l'île »; par 11 voix contre 4, que l'île « fait partie du territoire de la République du Botswana » ; enfin, à l'unanimité, que, dans les deux chenaux autour de l'île, « les ressortissants et les bateaux battant pavillon de la République du Botswana et de la République de Namibie doivent bénéficier, sur pied d'égalité, du régime du traitement national[728] ».

10.11 La doctrine de la prescription acquisitive, revue et corrigée

Parmi les opinions dissidentes, notons celle du juge Parra-Aranguren, qui estime que l'accord des Parties à l'égard de l'interprétation du traité (Convention de Vienne de 1969 sur le droit des traités, art. 31, par. 3, alinéa *b*) peut être établi non seulement par la conduite commune des deux Parties, mais aussi par les actes d'une seule si l'autre y manifeste son acquiescement ou ne s'y oppose pas. Ainsi, au sujet de l'occupation de l'île par la tribu des Masubia, l'examen des rapports Eason (1912), Trollope/Redman (1948) et Renew (1965) l'amène à formuler les conclusions suivantes :

> (...) the Masubia of the Eastern Caprivi were the only tribesmen who occupied Kasikili/Sedudu Island, at least until 1914 ; (...) their occupation of Kasikili/Sedudu Island was peaceful and public ; and (...) even Botswana acknowledged that their chiefs "became *in a certain sense* agents of the colonial administration" (...). Therefore, in my opinion, the subsequent practice of Germany and Great Britain reflected their understanding that Kasikili/Sedudu Island formed part of German South West Africa and that the southern channel of the Chobe River was the "main channel"[729].

Le juge ajoute que la pratique ultérieure des parties à l'accord de 1890 ne peut être prise en considération que jusqu'au début de la Première Guerre mondiale, lorsque le Caprivi oriental a été occupé par des forces rhodésiennes

---

727 *Idem*, par. 102.

728 *Idem*, par. 104.

729 *Opinion dissidente du juge Parra-Aranguren*, par. 88. Le texte intégral des opinions et des déclarations, de même que leur résumé dans l'*Annexe au communiqué de presse 99/53 bis,* sont disponibles sur le site Internet de la Cour : www.icj-cij.org.

en septembre 1914, alors que leur contrôle sur le Sud-Ouest africain n'était que *de facto*. À partir de 1920 et pendant toute la durée du mandat pour le Sud-Ouest africain, aucune des parties au traité de 1890 n'avait compétence pour reconnaître, par accord ou par la pratique ultérieure, que le chenal principal du Chobe était la frontière, puisque cette interprétation aurait modifié le territoire assujetti au mandat. L'accord établi à l'origine a donc été maintenu, et le juge Parra-Aranguren en conclut que l'île de Kasikili/Sedudu fait partie de la Namibie et que le chenal sud du Chobe est le chenal principal que vise l'accord anglo-allemand de 1890.

À l'instar du juge Parra-Aranguren, le juge Weeramantry exprime son désaccord, dans son opinion dissidente, à propos de l'occupation des Masubia, qui ont, dit-il, utilisé l'île avec constance et sans objection pendant plus de cinquante ans après la signature du traité, et sans reconnaissance de leur part d'un titre au profit d'un autre État. Ces faits amènent le juge à penser qu'entre les parties contractantes et leurs représentants il était entendu à l'époque que les Masubia ne franchissaient pas les frontières nationales. En examinant ce qu'il appelle les indices de l'occupation, le juge estime que celle-ci doit être évaluée dans le contexte de conditions géographiques particulières et du mode de vie de l'époque, et il s'inspire de certaines observations faites dans l'affaire du *Groenland oriental* de 1933 entre le Danemark et la Norvège :

> Quite apart from the flood factor, there may well have been a lack of regularity in Masubian occupation of this territory, as is characteristic of a society which does not follow a regular routine year in and year out. Concepts of settled occupation, in default of which a territory is deemed unoccupied and even *res nullius*, which traditional principles of international law have led us to expect, must consequently be discarded in approaching a case such as the present. One recalls, in this context, judicial observations such as those in the *Legal Status of Eastern Greenland* (...), holding that even slender proof may satisfy a court of the exercise of sovereign rights in cases of thinly populated or unsettled territory, where the other party cannot make out a superior claim.
>
> Was the Masubian use and occupation of this territory, in the years immediately succeeding the Treaty, an occupation that was merely permissive, under some external authority, or was it resorted to on the basis that the occupiers felt entitled to such occupation without seeking the permission of any external authority ? If the latter was the case, their occupation must be presumed to be occupation under the State of which they were the subjects, rather than under any other State which claimed to have authority over the territory[730].

[730] *Opinion dissidente du juge Weeramantry*, par. 32-33.

Le juge observe que les administrations coloniales, à l'époque de la signature du traité de 1890 où étaient exacerbées les rivalités entre puissances, étaient particulièrement attentives aux incursions étrangères sur leur propre territoire, y compris dans les régions frontalières faiblement peuplées, surtout lorsque ces incursions paraissaient aller à l'encontre des dispositions du traité :

> If, indeed, there are such incidents and, as in this case, they are openly conducted, the administrative authorities would naturally register their concern. If, on the contrary, they are aware of significant acts pointing to a particular understanding of the Treaty, and take no steps indicative of a different understanding, the natural conclusion to be drawn from such conduct is that such acts of use and occupation accorded with their contemporaneous understanding of the Treaty[731].

Estimant que cette occupation n'a fait l'objet ni de protestation ni de déclaration expresse de tolérance, le juge n'en conclut pas pour autant que les règles de la prescription ont joué définitivement en faveur de la Namibie : « This may not have been occupation by a sovereign government such as is necessary for the acquisition of title by adverse prescription, though it could come close to such an interpretation[732] ».

Comme l'ont fait les juges Parra-Aranguren et Weeramantry, le juge Rezek, dans son opinion dissidente, considère que l'occupation effective de l'île par les Masubia du Caprivi est déterminante dans l'affaire, mais il paraît aller encore plus loin que les deux premiers, puisqu'il considère que cette seule occupation « serait de nature à justifier la prescription acquisitive », et qu'il en serait de même si l'interprétation du traité de 1890 à la lumière de l'histoire et de la géographie du Chobe conduisait effectivement à la localisation du chenal principal au nord de Kasikili/Sedudu, auquel cas il déclarerait encore pouvoir « affirmer que la prescription acquisitive de la Namibie était parachevée avant même l'indépendance des deux anciennes colonies : une prescription assortie de tous ses éléments, y compris l'acquiescement de l'autre puissance coloniale[733] ». Puisque la Cour est compétente, suivant le compromis, pour statuer sur la base du traité anglo-allemand du 1er juillet 1890 et des règles et principes du droit international, le juge estime que les doctrines de la prescription sont applicables, lesquelles « expriment des règles coutumières du droit des gens, par ailleurs de très anciennes règles coutumières, fondées sur des principes généraux comme celui de l'effectivité et celui de la bonne foi, ainsi que sur des impératifs de la raison tels que la considération du temps qui passe et de l'inertie[734] ».

---

731 *Idem*, par. 30.
732 *Idem*, par. 36.
733 *Opinion dissidente du juge Rezek*, par. 12.
734 *Idem*, par. 11.

Le juge Rezek ne partage pas non plus l'opinion de la majorité des juges affirmant que l'allégeance des Masubia ne suffisait pas, ceux-ci étant des personnes privées. Pourtant, estime le juge, elles sont « la plus parfaite évidence d'une occupation pacifique, qui mérite la protection du droit. Des personnes privées, non pas des agents d'État, ont écrit l'histoire de l'*uti possidetis* dans une partie considérable du continent américain, où elles ont modifié le tracé des frontières, souvent à rebours des titres des puissances coloniales[735] ». Le juge est aussi en désaccord avec la déclaration de la majorité selon laquelle il ne suffit pas d'établir que des liens d'allégeance existaient entre les Masubia et les autorités du Caprivi mais aussi que les membres de cette tribu occupaient l'île à titre de souverain :

> Pour moi, l'*animus* de l'occupation, sa nature et ses effets doivent être appréciés suivant le milieu et l'époque. Je me demande, ainsi, de quels gestes, de quels signes les Masubia auraient dû assortir leur présence sur l'île de Kasikili/Sedudu, pour que l'on reconnaisse qu'ils étaient là "à titre de souverain". Vider de toute valeur juridique l'occupation indigène de l'île, considérer que ce peuple était dépourvu des droits nécessaires pour s'y trouver "à titre de souverain", c'est quelque chose qui à mon avis n'aurait de sens que si l'on était encore à la première moitié du siècle et si la controverse sur la frontière n'opposait pas les successeurs de l'Allemagne et de la Grande-Bretagne, mais les deux puissances elles-mêmes[736].

Mentionnons incidemment ici une déclaration du juge Ranjeva, au sujet de la proposition énoncée au paragraphe 98 de l'arrêt selon laquelle, « même si des liens d'allégeance ont pu exister entre les Masubia et les autorités du Caprivi, il n'est pas établi que les membres de cette tribu occupaient l'île "à titre de souverain", c'est-à-dire y exerçaient des attributs de la puissance publique au nom de ces autorités ». Le juge, qui s'est rallié à la majorité, estime par ailleurs, dans sa déclaration, que cette proposition « n'a pas une portée à caractère général, elle ne vise que les circonstances particulières de la présente affaire[737] ».

Toujours à propos des conditions relatives à la prescription acquisitive, citons une opinion parue dans une chronique de jurisprudence et portant sur une comparaison entre droit international et droit interne, selon laquelle, en droit interne, « ce n'est pas l'écoulement du temps qui confère un titre de propriété, mais un événement, le terme d'une échéance ou l'expiration d'un délai fixé par la loi. Ce fait précis qui provoque l'acquisition d'un titre légitime n'est pas

---

[735] *Idem*, par. 14.
[736] *Idem*, par. 13.
[737] *Déclaration du juge Ranjeva*, par. 2.

défini en droit international. Il en résulte que la possession ne peut être consolidée que par le consentement des États intéressés[738] ».

Quant au juge Fleischhauer, sa dissidence porte sur les deux premiers paragraphes du dispositif, mais non pas sur le troisième, puisqu'il partage l'opinion de la majorité selon laquelle les conditions requises à l'application de la prescription acquisitive n'existent pas en faveur de la Namibie. Le juge estime cependant que la Cour aurait dû préciser que l'Afrique du Sud ne pouvait, conformément aux dispositions du mandat, prescrire en sa faveur, puisqu'elle administrait non pas à titre de souverain, mais comme mandataire, pas plus qu'elle ne pouvait le faire à cause de l'article 22 du Pacte de la Société des Nations, qui interdit les cessions de territoires ou les transferts de souveraineté. Le juge rappelle à ce sujet l'avis consultatif de 1950 dans l'affaire du *Sud-Ouest africain*[739], de même que la décision de l'Assemblée générale de l'ONU de mettre fin au mandat en 1966, ainsi que l'*Avis consultatif de 1971* par lequel la présence de l'Afrique du Sud en Namibie a été déclarée illégale[740]. Il va sans dire, ajoute le juge, qu'il manquait alors une condition fondamentale à l'exercice de la prescription, soit une possession paisible.

10.12 Frontières et limites de sphères d'influence

En examinant les différences entre traités de sphères d'influence et traités de frontières au sens strict, le juge Weeramantry s'exprime ainsi :

> The distinction I draw is in relation to the degrees of specificity of the two kinds of treaties. In the colonial past, the colonizing powers would sometimes in broad terms define their respective spheres of influence. It was of course necessary to establish the lines of division between them, but the primary purpose of the exercise was to make clear the broad extents of territory over which one or the other could pursue their activities without interference by the other. As Oppenheim has observed, they arose from "the uncertainty of the extent of an occupation, and the tendency of the colonizing states to extend an occupation constantly and gradually into the interior or hinterland of an occupied territory". (...)
>
> These agreements were arrangements with "a certain provisionality", and when in due course the parties took control of the areas respectively reserved, the delimitation would attain the status of a boundary

738 Weckel, Philippe (2000) Chronique de jurisprudence internationale. Ordonnance du 21 octobre 1999, *RGDIP*, vol. 104, p. 248.

739 *Statut international du Sud-Ouest africain, Avis consultatif* : C.I.J. Recueil 1950, p. 132. Cité dans l'*opinion dissidente du juge Fleischhauer*, par. 11.

740 C.I.J. Recueil 1971, p. 16. Référence dans *l'opinion dissidente du juge Fleischhauer*, par. 11.

description (...). Thus a sphere of influence did not necessarily mean that the power claiming it already had control and possession of it, but this was clearly the objective towards which it intended to move.

It has also been observed that "(t)he term Sphere of influence is one to which no very definite meaning is as yet attached" (...), and "rather implies a moral claim than a true right" (...).

There are thus certain elements of provisionality and lack of precise definition associated with the concept, which can assume some relevance where, in a later interpretation of the Treaty, a question of uncertainty regarding the exact definition of a boundary needs to be resolved[741].

Le juge estime que l'un des intérêts de distinguer entre traité de sphère d'influence et traité de frontière est que, dans le premier cas, le juge a une plus grande flexibilité pour établir la frontière, à la condition qu'il ne s'écarte pas des dispositions de ce traité ; il donne aussi une plus grande appréciation dans l'application des principes équitables, ainsi que la latitude nécessaire pour établir des dispositions relatives à la protection de l'environnement ; enfin, il autorise la Cour à prendre en considération certains facteurs, de telle sorte qu'on évitera de tracer une ligne entre une population donnée et la terre qu'elle utilise depuis longtemps. Le juge rappelle qu'il s'agit d'interpréter un traité portant sur un règlement très large et couvrant plusieurs régions du continent africain. Voilà pourquoi il estime que l'interprétation doit éviter d'être restrictive, car autrement, « a literal interpretation of a zones of influence treaty would perhaps represent an overly formalistic approach to an essentially human problem[742] ».

10.13 Le critère de navigabilité

Le juge Fleischhauer note ce qu'il appelle une contradiction entre, d'une part, l'objet et le but du traité de 1890, et, d'autre part, le contexte dans lequel il a été conclu. Puisque cet objet et ce but étaient de déterminer, entre deux zones d'influence, une limite qui fût facile à déterminer, la meilleure méthode aurait été, après celle des méridiens et des parallèles, celle de l'arête du Chobe, sur la rive sud, puisqu'elle est, dit le juge, clairement visible, y compris en période d'inondations. Par ailleurs, le contexte dans lequel fut choisi, en conformité avec le traité, le principal chenal de navigation comme frontière était d'assurer aux deux parties contractantes un libre accès au Zambèze par le Chobe dont le meilleur chenal, du moins en période sèche, paraissait être le nord, étant donné sa plus grande profondeur et sa plus grande largeur. Bien sûr, ajoute le juge, les deux parties contractantes, en misant sur les qualités du Chobe pour la

[741] *Opinion dissidente du juge Weeramantry*, par. 94-95.
[742] *Idem*, par. 99.

navigation, étaient dans l'erreur. Il ne s'agit pas d'une erreur dans le traité, visée à l'article 48 de la Convention de Vienne sur le droit des traités, auquel cas une partie au traité peut en invoquer l'existence pour faire valoir que son consentement à être lié a été vicié, mais il s'agit plutôt, estime le juge, d'une erreur dans les motivations qui ont poussé les parties à utiliser le terme chenal principal du cours d'eau. Or l'erreur ne devrait pas jouer contre l'une seule des deux parties, en l'occurrence la Namibie, compte tenu du fait que la navigation, reliée au tourisme, est concentrée essentiellement dans le chenal sud :

> Interpretation of the term "the main channel of that river/*Hauptlauf dieses Flusses*" in favour of the northern channel would deprive Namibia from having an equitable share in the only navigational use of the Chobe there is to share. That would run directly counter to the intention of the parties to split the river evenly. Therefore the interpretation of the term "main channel of that river/*Hauptlauf dieses Flusses*" in favour of the northern channel would not be compatible with the principle of good faith which, according to Article 31, paragraph 1, of the Vienna Convention, governs all treaty interpretation. Interpretation of the term "main channel of that river/*Hauptlauf dieses Flusses*" in favour of the southern channel, however, would correspond to what the parties wanted to achieve regarding the River Chobe. It would be a good faith interpretation of the term because it would split evenly between the Parties the only channel that is of some navigational interest[743].

Le juge Weeramantry critique, lui aussi, l'examen par la Cour des critères permettant de déterminer le chenal principal, et notamment celui de navigabilité, qu'il considère comme inapproprié aux fins de la détermination du chenal principal et auquel on ne peut pas accorder une importance définitive. Le juge avoue éprouver, pour quatre raisons, des difficultés considérables à parvenir à une conclusion définitive qui soit fondée sur les preuves scientifiques dans ce cas : d'abord, il constate qu'elles sont extrêmement complexes et que les experts eux-mêmes ont des vues opposées ; en outre, il doute sérieusement que la question doive être résolue par une preuve scientifique quand cette question requiert d'élucider le sens courant des termes du traité de 1890 ; de plus, il n'existe pas de principes définis permettant d'établir un ordre de priorités parmi les divers critères ; enfin, « even if the scientific evidence were applicable, it would be legal criteria that would determine which aspect if any of the vast amount of scientific data placed before the Court would be determinative. There are no clear cut legal principles for determining this which are sufficient to outweigh the principles of interpretation discussed already[744] ».

---

743 *Opinion dissidente du juge Fleischhauer*, par. 9.
744 *Opinion dissidente du juge Weeramantry*, par. 70.

Le juge rappelle que si la navigation et le transport ont mis en évidence l'importance du thalweg comme méthode de délimitation, ceux-ci sont utilisés essentiellement par le tourisme, qui utilise, dans la vaste majorité des cas, le chenal sud plutôt que le nord : « Apart from this being a strong indication of the thalweg being in the southern channel, it also raises the equitable consideration that both riparian States should have an equal right to use this main navigational route[745] ». S'agissant de considérations d'équité, le juge s'exprime comme suit :

> If the boundary is decided to be the channel which is not suited to carry the bulk of the vessels using the river, both States would not be able to use the river equitably. To hold in the present case that the northern channel is the boundary would, by denying Namibia the use of the southern channel, cause far greater loss to Namibia than the loss that would ensue to Botswana if the southern channel were held to be the boundary, in which case Botswana would be denied only the use of the northern channel which is comparatively of far less value[746].

10.14 Délimitation formelle ou régime de gestion conjointe ?

Au sujet de l'application de l'équité, le juge Weeramantry rappelle les affaires de la *Mer du Nord* de 1969, alors que les juges ont estimé que certains facteurs pertinents devaient être pris en considération pour corriger l'application d'une ligne d'équidistance stricte, de même que l'affaire *Burkina Faso/Mali* de 1986 dans laquelle la Cour a évité de séparer des villages de leurs terres environnantes, mais n'a pas hésité par ailleurs à diviser des mares, inspirée par ces mêmes considérations d'équité. La délimitation n'est pas qu'un pur exercice de géométrie, soutient le juge, et une réserve naturelle doit être maintenue dans son intégrité pour être préservée.

Le juge multiplie les exemples de gestion conjointe tirés de la pratique des États dans des domaines aussi divers que l'exploration et l'exploitation des ressources, biologiques ou minérales, la gestion des cours d'eau et les aménagements hydro-électriques, l'irrigation, l'usage des terres arables et des zones de pâturages, les sites de pèlerinage, les droits de passage, la prohibition d'exercer certaines types d'activités dans des zones déterminées, etc.[747] Le juge rappelle aussi la résolution 3129 du 13 décembre 1973 portant sur la coopération en matière environnementale concernant les ressources partagées par deux ou plusieurs États, la Convention d'Alger de 1968 par laquelle 29 États africains se sont engagés à protéger la flore et la faune, de même que la Convention des Nations Unies sur le droit de la mer, qui contient plusieurs dispositions faisant

745 *Idem*, par. 78.
746 *Idem*, par. 77.
747 *Idem*, par. 110.

aux États une obligation de coopérer en matière d'environnement, notamment les États baignés par une mer fermée ou semi fermée. Il évoque en outre l'affaire *Gabcikovo/Nagymaros* de 1997, qui a mis en lumière l'importance des accords bilatéraux dans ce domaine. Le juge estime donc que si la souveraineté sur l'île Kasikili/Sedudu doit être reconnue à la Namibie, celle-ci a par ailleurs l'obligation de négocier avec le Botswana un accord portant sur un régime conjoint mutuellement acceptable et conclu dans le cadre des principes consacrés par la Convention relative à la biodiversité de 1992. De l'avis du juge, cette obligation de prendre en considération les questions environnementales actuelles, y compris dans l'interprétation d'un traité qui remonte à 1890, fait partie de la tâche de la Cour, lorsqu'elle examine un problème de délimitation :

> Environmental standards transcend temporal barriers, as this Court noted when in *Gabcíkovo*, it observed : "Such new norms have to be taken into consideration, and such new standards given proper weight, not only when States contemplate new activities but also when continuing with activities begun in the past" (...).
>
> Consequently, in environmental matters, today's standards attach themselves to yesterday's transactions, and must be given due effect in judicial determinations stemming from them.
>
> This aspect can be formulated even more strongly in the present case, because the question referred to the Court requires a determination in accordance with "the rules and principles of international law", and also because the Court is obliged to take into account the environmental obligations assumed by the Parties through multilateral treaties[748].

10.15 Les ressources hydriques partagées

Dans son opinion individuelle, le juge Kooijmans estime que le principe de l'utilisation équitable et raisonnable des ressources hydriques partagées fait partie du droit international. Or, poursuit-il, le Chobe autour de l'île est d'abord utilisé à des fins touristiques et constitue donc une portion d'un cours d'eau au sens de la Convention de 1997 sur le droit relatif aux utilisations des cours d'eau internationaux à des fins autres que la navigation. Bien que cette convention ne soit pas entrée en vigueur, le juge considère qu'elle consacre certaines règles, notamment celle de l'utilisation équitable des eaux. Le juge rappelle que l'idée du cours d'eau conçu comme un tout unitaire était déjà reconnue aux termes de la Résolution de Salzbourg de 1961 et des Règles de Helsinki de 1966, alors que la Convention de 1997 le définit comme suit : « "Watercourse" means a system of surface waters and groundwaters constituting by virtue of their physical relationship a unitary whole and normally flowing into a common

---

[748] *Idem*, par. 89.

terminus[749] ». Le juge rappelle aussi que, déjà en 1929, la Cour permanente de Justice internationale, dans l'affaire de l'*Oder*, insistait sur la communauté d'intérêts, à des fins de navigation, de tous les États riverains, à l'exclusion de tout privilège préférentiel de l'un d'eux[750]. Dans l'affaire *Gabcíkovo-Nagymaros*, ajoute-t-il, ce principe a été consacré tout aussi bien aux cours d'eau non navigables, comme cela est prévu dans la Convention de 1997[751]. Le juge estime par ailleurs que les Parties ont elles-mêmes reconnu implicitement, dans leur communiqué conjoint de Kasane, que le Chobe constitue un ensemble unitaire, peu importe la frontière.

• • •

Il y a fort à parier que la question de la prescription acquisitive vienne à nouveau hanter les prétoires dans les affaires de délimitation territoriale en Afrique, et il serait peu surprenant qu'elle soit plaidée dans bien d'autres affaires, dans ce continent où les frontières héritées des puissances coloniales ont été qualifiées d'arbitraires et peu adaptées au mode de vie traditionnel des populations qui ont continué de les franchir, à la fin du XIXe siècle, au gré de leurs besoins et de ceux de leurs troupeaux. Or, l'arrêt, loin de faire l'unanimité sur cette question, a fait l'objet de quelques opinions dissidentes très fortes qui mettent en évidence la difficulté d'établir la preuve de l'existence des conditions requises à l'application de la doctrine de la prescription acquisitive. Car, comment établir clairement, outre la difficulté d'établir les faits historiques, l'existence d'une possession à titre de souverain sur un espace géographique parcouru depuis des siècles par diverses tribus à la faveur des climats et des vicissitudes de la vie ?

Par ailleurs, il faut saluer la sagesse des juges, notamment dans les dissidences, quand ils montrent l'importance de régler les litiges *infra petita*, mais non sans montrer des préoccupations environnementales.

Quant à la valeur probante des cartes géographiques, l'arrêt répète et consolide ce qui avait été dit dans l'affaire *Burkina Faso/Mali*, puis répété dans l'affaire *Libye/Tchad*, au sujet de leur importance toute relative, *a fortiori* quand elles sont contradictoires, comme la Cour a eu l'occasion de le constater dans cette dernière affaire.

---

749 Article 2 *a)* de la Convention de 1997, cité dans l'*opinion individuelle du juge Kooijmans*, au par. 25.

750 *Territorial Jurisdiction of the International Commission of the River Oder, Judgment Number 16, 1929*, P.C.I.J., Series A, Number 23, p. 27. Affaire mentionnée dans *l'opinion individuelle du juge Kooijmans* au par. 30.

751 *Affaire relative au projet Gabcíkovo-Nagymaros (Hongrie/Slovaquie),* C.I.J. Recueil 1997, p. 56, par. 85.

S'agissant d'approche environnementale et de gestion conjointe, préconisées avec force dans certaines dissidences, l'avenir dira si elles marqueront la jurisprudence dans une région riche dans sa biodiversité et tout à la fois fragile.

11

LA FRONTIÈRE ÉRYTHRÉE/ÉTHIOPIE

> As to activity on the ground, the actions of a State pursued *à titre de souverain* can play a role, either as assertive of that State's position or, expressly or impliedly, contradictory of the conduct of the opposing State. (...) It is also important to bear in mind that conduct does not by itself produce an absolute and indefeasible title, but only a title relative to that of the competing State. (...) Eventually, but not necessarily so, the legal result may be to vary a boundary established by a treaty.
>
> *Sentence*, par. 3.29.

> The Commission is also aware that maps, however informative they may appear to be, are not necessarily accurate or objective representations of the realities on the ground. Topography is dependent upon the state of knowledge at the time the maps were made, and particularly with older maps this may have been inadequate. When man-made features are surimposed, such as places of habitation or territorial limits, there is room for political factors to play a part. Particularly in the case of a map portraying a boundary which is in the interests of the Party responsible of the map, the possibility exists that they are self-serving.
>
> *Idem*, par. 3.19.

La délimitation de la frontière *Érythrée/Éthiopie* par voie juridictionnelle offre un cas unique en Afrique, et ce pour plusieurs raisons. D'abord, la nécessité de la déterminer procède d'une sécession réussie. De plus, la mission confiée à la Commission d'arbitrage est double, celle-ci devant délimiter la frontière puis la démarquer, cette dernière opération étant rendue compliquée par les séquelles et les traces que la guerre a laissées sur le terrain. C'est également la première fois, conformément à ce même compromis, qu'il est demandé expressément assistance à l'ONU, notamment en matière de transfert de contrôle territorial, de changement de résidence et de cartographie. L'Assemblée générale, de même que le Conseil de sécurité, adopteront d'ailleurs plusieurs résolutions pour tenter de régler le litige – ce qui n'est pas sans évoquer l'action concertée de ces organisations internationales, notamment dans les affaires relatives à la *Namibie* et au *Sahara occidental*. De plus, est créée une Commission des réclamations et de l'indemnisation chargée de décider des pertes, dommages ou blessures subis à la suite de ce conflit, qui, s'il n'est pas unique dans le contexte d'une délimitation en Afrique, aura été particulièrement violent. Le compromis prévoit d'ailleurs, à l'instar des affaires *Burkina Faso/Mali* et *Libye/Tchad*, l'instauration d'un cessez-le-feu et le rapatriement des prisonniers.

L'Érythrée et l'Éthiopie, qui se déclarent attachées au principe du respect des frontières existant au moment de l'indépendance, admettent également que la totalité de la frontière est déterminée par trois documents, en conséquence de quoi la Commission procède à l'examen des traités de 1900, 1902 et 1908 conclus entre l'Éthiopie et l'Italie, qui concernent respectivement les secteurs central, occidental et oriental de la frontière. La Commission scrute aussi la conduite ultérieure des Parties, qui, estime-t-elle, peut modifier, dans certaines circonstances, les dispositions mêmes d'un traité, position qui suscitera un scepticisme chez certains observateurs de la scène juridictionnelle internationale.

À la suite de la sentence sur la délimitation, rendue le 13 avril 2002, la Commission décidera, le 24 juin 2002, d'une demande d'interprétation, de rectification et de consultation des Parties, présentée par l'Éthiopie qui a allégué des erreurs matérielles. Avant comme après ces décisions, la Commission aura tenu des audiences et rendu d'autres décisions relatives aux réclamations, notamment celle du 28 avril 2004 concernant le front central.

11.1 De nouveaux voisins dans la corne de l'Afrique

Dans cette corne de l'Afrique déjà tourmentée par les troubles en Somalie, au Soudan et à Djibouti, l'Érythrée déclare son indépendance, le 24 mai 1993, devenant ainsi non seulement le plus jeune État d'Afrique mais aussi le seul qui émane d'une sécession réussie, et cette sécession, elle la réalise contre l'Éthiopie, qui non seulement dispute avec l'Égypte le titre du plus vieil État d'Afrique mais qui est aussi le seul qui ait résisté à la colonisation des puissances européennes, exception faite de la brève occupation italienne, de 1936 à 1941. Aussi, l'Éthiopie, qui a vécu de 1974 à 1991 sous la férule d'une junte militaire convertie au socialisme, se retrouve-t-elle enclavée, comme tant d'autres pays d'Afrique, et, désormais privée de ses 2 234 kilomètres de côtes, doit-elle chercher à favoriser une alternative aux ports d'Assab et d'Assawa sur la mer Rouge, en négociant des ententes avec Djibouti principalement mais aussi avec le Soudan (dans ce dernier cas Port-Soudan, qui, avec l'acheminement par oléoduc du pétrole du Sud, va prendre une importance stratégique accrue).

Le territoire éthiopien est constitué principalement de hauts plateaux et d'une chaîne centrale coupés par la Rift Valley. C'est dans ces hauts plateaux que le Nil Bleu prend sa source, précisément dans le lac Tana, pour se déverser ensuite au Soudan en confluant avec le Nil Blanc à Kharthoum. Ce territoire éthiopien a désormais une étendue de 1 127 127 km^2 – ce qui demeure près de 10 fois celle de l'Érythrée avec, disions-nous au chapitre 7, 121 320 km^2 – et sa population est de 15 fois supérieure à celle de sa voisine avec 67 851 000 habitants contre 4 447 000, les densités respectives étant de 60 et de 37 hab./km^2. L'Éthiopie compte près d'une centaine d'ethnies, les principales étant les Oromos (40%), les Amharas et les Tigréens (32%) et les Somalis (6%). En Érythrée on trouve aussi des Tigréens qui, avec les Kunamas, composent 40% de la population, tandis que les Tigrinyas constituent à eux seuls 50%. Ces deux pays abritent des Afars (4% de chacune des populations).

L'Érythrée et l'Éthiopie, qui ne sont pas sans ressources, sont par ailleurs loin de pouvoir les exploiter dans des conditions maximales, étant aux prises avec des problèmes environnementaux similaires (déforestation, désertification, sécheresses, érosion des sols), auxquels il faut ajouter, dans le cas de l'Éthiopie, les secousses sismiques et les éruptions volcaniques, et dans les deux cas la destruction d'infrastructures dans la foulée d'une guerre frontalière qui a sévi deux années et demie pour se terminer à la fin de 2000. Outre ces difficultés, ajoutons que les deux pays sont menacés, d'ici 2025, de difficultés en eau potable, l'Éthiopie risquant une pénurie (avec moins de 1 000 m^3 par personne et par an) et l'Éthiopie menacée d'approvisionnement (entre 1 000 et 1 700 m^3)[752].

Les PIB de l'Éthiopie et de l'Érythrée sont respectivement de 48,47 et de 3,3 milliards$. Les revenus moyens par habitant sont identiques, à 700$, ce qui place ces deux pays aux 220e et au 221e rangs sur la liste mondiale des 231 pays recensés[753]. Par ailleurs les pourcentages du secteur de l'agriculture sont fort différents, celle-ci contribuant à 52,3% du PIB en Éthiopie et à seulement 17% en Érythrée ; cette activité est occupée, disions-nous, à 80% par les Érythréens et dans cette même proportion par les Éthiopiens, alors que le pourcentage de terres arables est de 9,9% en Éthiopie et qu'il n'atteint que 3,87% en Érythrée. Notons que dans le cas de l'Éthiopie, l'importante production de café (une exportation de 156 millions$ en 2002), affectée par ailleurs par la chute des prix, a donné lieu à une recrudescence de la production du qat pour la consommation locale mais aussi pour l'exportation en Somalie et à Djibouti où sa consommation est légale. Mais l'Éthiopie produit aussi le tabac, la patate, le maïs, le coton, les céréales. Ajoutons que l'Éthiopie est un lieu de transit de

---

752 Ploye, François (2004) Environnement. Avant la dernière goutte, *L'état de l'Afrique 2004*, p. 114-115.

753 (2004) *CIA World Fact Book 2004*. Site Internet : www.odci.gov/cia/publications/ factbook.

l'héroïne provenant de l'Asie (du Sud-Est et du Sud-Ouest) et destinée à l'Europe et à l'Amérique du Nord, de même que de la cocaïne à l'Afrique du Sud.

Quant aux sous-sols, les deux pays possèdent des réserves d'or, de cuivre, de potasse, de gaz naturel, l'Éthiopie disposant en outre de platine et d'énergie hydro-électrique, tandis que l'Érythrée possède du zinc, du sel, probablement du pétrole et des ressources halieutiques. Ajoutons que les deux pays sont, avec dix-huit autres, membres du Marché commun de l'Afrique orientale et australe (COMESA), qui est dominé par le poids de l'Égypte et qui a peine à fonctionner, étant donné la multitude de conflits dans cette zone[754].

Parmi les différends territoriaux et frontaliers de l'Éthiopie, qui est le siège actuel de l'Union africaine, notons l'existence d'une frontière *de facto* avec la Somalie dans la région d'Oromo, où l'armée éthiopienne est déjà intervenue, alors qu'elle maintient des alliances avec des chefs de clan qui s'opposent au gouvernement et qu'elle jouit de facilités de transport et de commerce avec les sécessionnistes. Quant à la frontière avec le Soudan, qui l'accuse également de supporter des rebelles, sa démarcation se trouve suspendue par la guerre civile entre le Nord musulman et le Sud chrétien[755].

11.2 Le compromis

Le 13 avril 2002, une première décision au fond est rendue par une commission d'arbitrage, chargée de délimiter et de démarquer la frontière entre l'Érythrée et l'Éthiopie[756], et constituée conformément à un accord[757] signé entre les Parties à Alger le 12 décembre 2000 et dont l'art. 4, al. 1[758] stipule qu'elles réaffirment le principe du respect des frontières existant au moment de l'indépendance conformément à la résolution 16 adoptée au Caire en 1964, lors d'un sommet de l'OUA. Il est aussi convenu que les cinq membres de cette commission ont le mandat de déterminer cette frontière en se basant sur les traités coloniaux de 1900, de 1902 et de 1908 conclus entre l'Éthiopie et l'Italie, de même que sur le droit international applicable, étant expressément entendu

---

[754] Geslin, Jean-Dominique (2004) Intégration, mode d'emploi, *L'état de l'Afrique 2004*, p. 86-89.

[755] International Boundary Research Unit (IBRU) : www-ibru.dur.ac.uk/database/ data.html.

[756] *Decision Regarding Delimitation of the Border between the State of Eritrea and the Federal Democratic Republic of Ethiopia. Eritrea-Ethiopia Boundary Commission.* Rendered on April 13 2002. Disponible sur le site Internet de la Cour permanente d'arbitrage : www.pca-cpa.org. Ci-après citée *Sentence de 2002.*

[757] Agreement Between the Government of the Federal Democratic Republic of Ethiopia and the Government of the State of Eritrea.

[758] Reproduit dans la *Sentence de 2002*, par. 1.2.

que cette commission n'a pas le pouvoir de statuer *ex æquo et bono* (art. 4, al. 2).

Le Cartographe de l'ONU agira à titre de secrétaire de la Commission et il aura notamment pour tâche d'identifier les sections de la frontière qui ne semblent pas être en litige. Il aura également pour mission de communiquer au secrétaire général de l'ONU et à celui de l'OUA la décision finale concernant la délimitation, et il devra sans délai voir à ce qu'il soit procédé à la démarcation (art. 4, al. 7). Il est en outre stipulé dans le compromis que la délimitation et la démarcation sont finales et sans appel, chaque Partie s'engageant à respecter cette frontière, aussi bien que l'intégrité territoriale et la souveraineté de l'autre État (art. 4, al. 15). Les Parties requièrent par ailleurs l'assistance de l'ONU pour faciliter la résolution des problèmes occasionnés par un transfert de contrôle territorial, y compris les conséquences découlant d'un changement de résidence par suite de tel transfert (art. 4, al. 16).

Les Parties s'engagent à cesser en permanence leurs activités militaires et à ne plus faire usage ou menace de l'usage de la force (art. 1). Il est en outre stipulé que tous les prisonniers de guerre seront rapatriés ; de même que toute personne déplacée par suite de la guerre devra être retournée à son lieu de résidence (art. 2). Aux fins de déterminer les origines du conflit, une enquête sera menée concernant les incidents du 6 mai 1998 et tout autre incident antérieur qui aurait pu contribuer à la mésentente entre les Parties quant à leur frontière commune.

De plus, sera établie une Commission d'indemnisation avec le mandat de décider de toute réclamation pour perte, dommage ou blessure subis par l'un des gouvernements contre l'autre et par toute personne, y compris toute personne morale, par suite du conflit et résultant d'une violation du droit international humanitaire, y inclus des Conventions de Genève de 1949, sauf les réclamations résultant du coût des opérations militaires, de leur préparatifs ou de l'usage de la force, à moins qu'ils ne constituent des violations au droit (art. 5, al. 1).

11.3 La tâche de la Commission de délimitation et de démarcation

La Commission est informée que les deux Parties admettent que la frontière dans sa totalité est déterminée par les trois traités. Elle observe aussi que chacun de ces instruments concerne un secteur particulier de la frontière, qui n'a jamais été démarquée : ainsi, le traité de 1900 servira de base pour déterminer la frontière dans le secteur dit central, soit de la confluence des rivières Mareb et Mai Ambessa à un point qui se trouve au nord-ouest du lac Salé ; le traité de 1902 prévoit la délimitation dans le secteur oriental, depuis le triple point avec le Soudan jusqu'à la confluence des deux cours d'eau susnommés ; enfin, le traité de 1908 stipule que la délimitation va du lac Salé à la frontière avec Djibouti.

Avant d'examiner en détail chacun de ces traités en vue de leur application dans leurs secteurs respectifs, la Commission émet des considérations générales relatives à l'histoire, aux règles d'interprétation des traités, au droit international applicable (y inclus les références à la résolution du Caire de 1964), enfin, à la conduite des Parties telle qu'elle peut être révélée par les cartes pertinentes, les activités sur le terrain (les effectivités) et les actes diplomatiques de reconnaissance ou d'opposition.

11.4 Les vicissitudes de l'histoire

Les deux États ont connu des histoires fort différentes[759] puisque l'Éthiopie est depuis très longtemps, et sauf une brève période d'occupation italienne en 1935, un membre indépendant de la communauté internationale, tandis que le statut de l'Érythrée a changé à maintes reprises et que son indépendance n'a été acquise qu'en 1993 au terme d'une guerre longue et meurtrière.

Avant les années 1880, une portion importante du territoire érythréen est sous la férule de l'Empire ottoman et de l'Égypte, alors que l'Italie commence à faire sentir sa présence coloniale dans la région, d'abord dans le port d'Assab et ensuite à Massawa, pour être enfin stoppée par la résistance de l'Éthiopie avec laquelle elle conclut, en 1889, le traité d'Uccialli par lequel est déterminée la frontière entre l'empire de l'Éthiopie et les possessions italiennes de l'Érythrée, lesquelles deviennent, l'année suivante, la Colonie de l'Érythrée. Le traité de 1889 est dénoncé par l'Éthiopie en 1893, une bataille s'ensuit, perdue par l'Italie en 1896, puis trois accords frontaliers sont conclus successivement (1900, 1902 et 1908). Pourtant, la frontière n'est pas entièrement délimitée et nulle part elle n'est démarquée.

L'Italie, qui envahit, occupe et annexe l'Éthiopie en 1935, est ensuite expulsée en 1941 par le Royaume-Uni qui établit une administration militaire des deux pays depuis Addis-Abeba, laquelle est dissoute l'année suivante, alors qu'un accord est conclu avec l'empereur Hailé Sélassié qui retrouve le contrôle de l'Éthiopie, cependant que le territoire de l'Érythrée demeure jusqu'en 1952 sous férule britannique. Aux termes du traité de paix de 1947, l'Italie renonce à tous ses droits et titres sur ses possessions en Afrique, et l'Assemblée générale des Nations Unies, compte tenu de l'impossibilité des puissances alliées de s'entendre dans les délais requis sur l'Érythrée, adopte la résolution 390A (V) par laquelle il est recommandé, le 2 décembre 1950, que l'Érythrée soit constituée comme une unité autonome au sein de la fédération éthiopienne et sous la

[759] Pour un bref rappel historique, consulter la *Sentence de 2002*, par. 2.6-2.13.

souveraineté de la Couronne d'Éthiopie. Ainsi est constituée, le 11 septembre 1952, la Fédération d'Érythrée et d'Éthiopie, alors que, ce même jour, l'Éthiopie déclare nuls les traités conclus en 1900, 1902 et 1908 et abroge, quelques semaines plus tard, la Constitution de l'Érythrée, dissout son Parlement et incorpore celle-ci comme province de l'Éthiopie.

C'est dans ce contexte politique tumultueux que se développe un mouvement armé de résistance érythréenne, tandis que les forces éthiopiennes iront jusqu'à déposer, en 1974, l'empereur qui est alors remplacé par une junte militaire poursuivant la guerre contre le Front Démocratique Révolutionnaire du Peuple (EPLF) qui contrôle néanmoins, à la fin des années 1980, la majeure partie de l'Érythrée, sauf Asmara et Massawa, qui tombent à leur tour peu de temps après. S'ensuit une conférence de paix durant laquelle il est décidé de reconnaître le droit du peuple érythréen de déterminer son statut politique dans le cadre d'un référendum qui favorisera l'indépendance dans une proportion de 99% et ouvrira la porte des Nations Unies à l'Érythrée, le 27 avril 1993. Reconnue deux jours plus tard par l'Éthiopie, elle sera, en mai 1998, de nouveau en proie aux hostilités avec cette dernière. Enfin, un compromis est signé en 2000, qui donne à la Commission le mandat de régler le litige frontalier.

11.5 Les règles d'interprétation des traités

La Commission rappelle ici une règle maintes fois expliquée, notamment dans l'affaire *Botswana/Namibie*, établissant qu'un traité doit être interprété de bonne foi et selon le sens ordinaire des mots, compte tenu du contexte dans lequel a été conclu cet instrument, ainsi qu'à la lumière de son objet et de sa finalité. En somme, ajoute la Commission, ce qu'il convient de rechercher, c'est la « volonté commune » des Parties, comme cela a été mentionné, dit-elle, dans l'affaire *Palena* de 1966 dont elle cite le passage suivant : "The Court is of the view that it is proper to apply stricter rules to the interpretation of an Award determined by an Arbitrator than to a treaty which results from negociation between two or more Parties, where the process of interpretation may involve endeavouring to ascertain the common will of those Parties. In such cases it may be helpful to seek evidence of that common will in preparatory documents or even in subsequent action of the Parties[760]".

11.6 La conduite ultérieure des Parties

La Commission a également l'occasion d'examiner la pratique (ou la conduite) ultérieure des Parties qui, dit-elle, a joué un rôle majeur dans les

---

760 *Argentina/Chile Frontier Case* (1966), *ILR*, vol. 38, p. 89. Citée dans la *Sentence de 2002*, par. 3.4.

arguments soulevés par l'Éthiopie et l'Érythrée, et à laquelle elle accorde elle-même une importance certaine : « The function of such practice is not, it must be emphasized, relevant exclusively to the interpretation of the Treaties. It is quite possible that practice or conduct may affect the legal relations of the Parties even though it cannot be said to be practice in the application of the Treaty or to constitute an agreement between them[761] ».

La Commission cite aussi un passage de l'affaire des *Prêts serbes* de 1929, portant sur des contrats qui, estime-t-elle, doivent être associés à des traités aux fins de la présente discussion, et dans laquelle la C.P.J.I. disait ce qui suit : "If the subsequent conduct of the Parties is to be considered, it must be not to ascertain the terms of the loans, but whether the Parties by their conduct have altered or impaired their rights[762]". La Commission rappelle également, que la C.I.J., dans le passage suivant de l'Avis consultatif de 1971 relatif à la *Namibie*, avait expliqué pourquoi elle rejetait la prétention de l'Afrique du Sud selon laquelle la résolution de l'ONU requérant cet avis était nulle pour le motif que deux membres du Conseil permanent de sécurité étaient absents :

> (T)he proceedings of the Security Council extending over a long period supply abundant evidence that presidential rulings and the positions taken by members of the Council, in particular its permanent members, have consistently and uniformly interpreted the practice of voluntary abstention by a permanent member as not constituting a bar to the adoption of resolutions (…). This procedure followed by the Security Council, which has continued unchanged after the amendment in 1965 of Article 27 of the Charter, has been generally accepted by Members of the United Nations and evidences a general practice of that Organization[763].

Ainsi, la Commission considère que la conduite des Parties peut modifier les dispositions d'un traité, ce qui, précise-t-elle, demeure une question d'appréciation par le Tribunal. La Commission examine à ce sujet d'autres affaires (celles du *Temple de Préah Vihéar,* de *Taba* et des *Essais nucléaires*) en émettant l'opinion générale qui suit : « Thus, the effect of subsequent conduct may be so clear in relation to matters that appear to be subject of a given treaty that the application of an otherwise pertinent treaty provision may be varied, or may even cease to control the situation, regardless of its original meaning[764] ».

---

761 *Sentence de 2002*, par. 3.6.

762 *Serbian Loans*, PCIJ Series A, Numbers 20/21, p. 38. Cité dans la *Sentence de 2002*, par. 3.6.

763 *Conséquences juridiques pour les États de la présence continue de l'Afrique du Sud en Namibie (Sud-Ouest africain) nonobstant la résolution 276 (1970) du Conseil de sécurité, avis consultatif,* C.I.J. Recueil 1971, p. 22 (dans la version anglaise). Cité dans la *Sentence de 2002*, par. 3.7.

764 *Sentence de 2002*, par. 3.8.

La Commission rappelle très laconiquement que dans l'affaire du *Temple de Préah Vihéar*, la C.I.J. a examiné la doctrine de l'estoppel. Précisons ici que cette affaire avait été introduite par le Cambodge à propos d'un différend avec la Thaïlande qui aurait violé la souveraineté territoriale du Cambodge sur la région du temple de Préah Vihéar. Le litige était occasionné par le fait que la frontière indiquée sur une carte avait été erronément tracée comme suivant la ligne de partage des eaux – ainsi que le stipulait le traité – alors que tel n'était pas le cas. La Thaïlande soutenait que, faute de l'approbation des travaux d'une commission de délimitation, la frontière devait suivre, conformément à la convention de 1904, la véritable ligne de partage des eaux, point de vue que n'a pas partagé la Cour, puisque, de l'avis de celle-ci, le problème essentiel était de savoir si les Parties avaient adopté la carte et la ligne qu'elle indiquait comme représentant le résultat des travaux de délimitation de la frontière, conférant ainsi un caractère obligatoire à cette carte. La Thaïlande expliquait que si elle avait adopté une attitude purement passive, pareille attitude ne devait pas être interprétée comme un consentement de sa part à ce que la frontière corresponde à la ligne de partage des eaux. La Thaïlande ajoutait que la communication des cartes par les autorités françaises avait été, en quelque sorte, unilatérale, qu'elle n'avait pas été invitée à en accuser formellement réception et qu'elle ne l'avait pas fait. La Cour a estimé plutôt qu'un accusé réception très net ressortait incontestablement de la conduite de la Thaïlande :

> Même s'il n'en avait pas été ainsi il est clair que les circonstances étaient de nature à appeler dans un délai raisonnable une réaction de la part des autorités siamoises, au cas où celles-ci auraient voulu contester la carte ou auraient eu de graves questions à soulever à son égard. Or, elles n'ont réagi ni à l'époque ni pendant de nombreuses années et l'on doit, de ce fait, conclure à leur acquiescement. *Qui tacet consentire videtur si loqui debuisset ac potuisset*[765] ».

La Commission rappelle que ce processus a été décrit par diverses dénominations (estoppel, forclusion, acceptation, accord tacite), bien que sa substance ne varie pas :

> But in each case the ingredients are the same : an act, course of conduct or omission by or under the authority of one party indicative of its view of the content of the applicable legal rule – whether of treaty or customary origin ; the knowledge, actual or reasonably to be inferred, of the other party, of such conduct or omission ; and a failure by the latter party within a reasonable time to reject, or dissociate itself from, the position taken by the first. Likewise, these concepts apply to the

---

765 *Ibidem*.

> attitude of a party to its own conduct : it cannot subsequently act in a manner inconsistent with the legal position reflected in such conduct[766].

À l'appui de ces explications, la Commission invite le lecteur, en note en bas de page à consulter l'affaire des *Essais nucléaires*[767] en mentionnant mais sans plus, les pages 266 et 267, qui concernent, dit-elle, les effets juridiques des déclarations unilatérales. Ajoutons qu'il s'agissait pour la C.I.J., dans cette affaire, d'examiner si les déclarations des autorités françaises répondaient à l'objet de la requête de l'Australie visant à ce qu'il soit mis un terme aux essais nucléaires atmosphériques dans le Pacifique Sud. La Cour a expliqué alors que ces déclarations revêtent la forme d'actes unilatéraux de droit ou de fait et qu'elles peuvent créer par elles-mêmes des obligations juridiques lorsque cet État entend être lié par de telles déclarations, auquel cas il est tenu de suivre une ligne de conduite conforme à celles-ci, qui sont alors obligatoires, même si elles surviennent hors du cadre des négociations, aucune contrepartie n'étant nécessaire, non plus qu'une acceptation ultérieure ni même la réaction ou la réplique d'autres États, puisque ce serait incompatible avec leur caractère unilatéral, qu'elles soient verbales ou écrites. Et la C.I.J. ajoute :

> L'un des principes de base qui président à la création et à l'exécution d'obligations juridiques, quelle qu'en soit la source, est celui de la bonne foi. La confiance réciproque est une condition inhérente de la coopération internationale, surtout à une époque où, dans bien des domaines, cette coopération est de plus en plus indispensable. Tout comme la règle du droit des traités *pacta sunt servanda* elle-même, le caractère obligatoire d'un engagement international assumé par déclaration unilatérale repose sur la bonne foi. Les États intéressés peuvent donc tenir compte des déclarations unilatérales et tabler sur elles : ils sont fondés à exiger que l'obligation ainsi créée soit respectée[768].

Dans l'arbitrage de *Taba*[769] de 1988 entre Israël et l'Égypte, la preuve révélait que, contrairement à l'accord pertinent prévoyant que chaque pilier frontalier devait être visible à partir du précédent, le dernier ne possédait pas cette qualité. Pourtant, le Tribunal estima que la position de ce pilier avait été, durant la période critique, reconnue et acceptée par les Parties, l'erreur ne pouvant plus être alléguée :

> Where the States concerned have, over a period of more than fifty years, identified a marker as a boundary pillar and acted upon that basis, it is no longer open to one of the Parties or to third States to challenge

766 *Idem*, par. 3.9.

767 *Essais nucléaires (Australie c. France),* arrêt, C.I.J. Recueil 1974, p. 267-268.

768 *Idem*, p. 268, par. 46.

769 *Arbitral Award in the Dispute concerning certain Boundary Pillars between the Arab Republic of Egypt and the State of Israel* (1988), R.S.A., vol. 20, p. 1. Aussi dans *ILR*, vol. 80, p. 226, et dans (1988), *ILM*, vol. 27, p. 1421.

that longheld assumption on the basis of an alleged error. The principle of the stability of boundaries (...) requires that boundary markers, long accepted as such by the States concerned, should be respected and not open to challenge indefinitely on the basis of error[770] ».

11.7 Le dossier cartographique

L'Éthiopie et l'Érythrée ont déposé devant la Commission un grand nombre de cartes (281), dont certaines sont des copies de cartes plus anciennes, mais qui n'en constituent pas moins à certaines conditions, estime-t-elle, la preuve de la conduite constante d'une Partie. Aussi a-t-elle accordé aux cartes d'assez longs développements, en déclarant d'emblée, à l'instar des autres affaires, telles les affaires *Burkina Faso/Mali* et *Libye/Tchad*, les précautions qui s'imposent, tout en leur reconnaissant une grande qualité, celle de l'expression de la volonté des États – ce qui n'est pas sans évoquer la notion sacro-sainte de consensualisme des Parties au contrat en droit privé interne : « The Commission is aware of the caution with which international tribunals view maps. Those which are made authoritative by, for example, being annexed to a treaty as a definitive illustration of a boundary delimited by the treaty, are in a special category, since they "fall into the category of physical expressions of the will of the State or the States concerned"[771] ».

La Commission estime que les précautions d'usage n'impliquent pas que les cartes soient mises de côté, tout au contraire. Elle rappelle à ce sujet que ces cartes, lorsque jointes à un traité, en acquièrent la validité légale et lient les Parties. Dans les autres cas, la carte mérite encore d'être examinée : « It needs to be scrutinized with the greatest care, since the detail it contains can greatly assist in giving specific meaning to an otherwise insufficiently detailed verbal description[772] ».

La Commission ajoute qu'une carte, lorsqu'elle est produite par une agence officielle de l'une des Parties, à une échelle telle qu'elle figure avec une clarté suffisante la zone frontalière disputée, et quand elle est disponible pour achat ou examen, peut comporter des conséquences juridiques si la Partie adverse n'a pas manifesté sa réaction. Et la Commission précise ce qui suit : « Also, in considering the general significance of map evidence, if that evidence is uncertain and inconsistent, its value will be reduced in relation to the endorsement of a conclusion arrived at by other means, as also its support for any alteration of a result reached on the basis of textual interpretation[773] ».

---

770 *Idem*, par. 235. Cité dans la *Sentence de 2002*, par. 3.11.
771 *Idem*, par. 3.18.
772 *Idem*, par. 3.20.
773 *Idem*, par. 3.25.

11.8 Les effectivités

À l'instar d'autres affaires africaines, notamment l'affaire *Botswana/ Namibie*, la Commission émet des considérations générales relatives au rôle que peuvent jouer les effectivités, comprises comme activités sur le terrain et menées à titre de souverain, que ce soit pour affirmer la position de l'État ou pour contredire, tacitement ou expressément, celle de l'autre État. Ces activités, poursuit-elle, peuvent porter sur diverses questions et être de nature législative, administrative ou judiciaire :

> There is no set standard of duration and intensity of such activity. Its effect depends on the nature of the terrain and the extent of its population, the period during which it has been carried on and the extent of any contradictory conduct (including protests) of the opposing State. It is also important to bear in mind that conduct does not by itself produce an absolute and indefeasible title, but only a title relative to that of the competing State. The conduct of one Party must be measured against that of the other. Eventually, but not necessarily so, the legal result may be to vary a boundary established by a treaty[774].

Dans le présent cas, a-t-on fait observer, la Commission, a utilisé systématiquement le procédé qui consiste à faire entrer les effectivités territoriales en concurrence avec le traité, si bien que ce dernier « n'est plus considéré que comme un titre imparfait qui doit encore être confirmé par la pratique postérieure. Par conséquent, sur les portions de territoire englobées par la frontière conventionnelle l'insuffisance dans l'exercice de l'autorité publique entraîne la désuétude de la souveraineté[775] ».

11.9 Les lignes fluviales

La Commission émet aussi des considérations générales en ce qui concerne les secteurs où la frontière suit un cours d'eau, car, dit-elle, si ces éléments géographiques constituent des caractéristiques essentielles dans les traités de 1900 et de 1902, ceux-ci ne précisent pas pour autant où, dans les cours d'eau, la frontière doit passer. La Commission note par ailleurs que les Parties adoptent toutes deux le principe du chenal principal, sans mentionner s'il s'agit de la ligne du chenal le plus profond. Les Parties n'ont pas non plus exprimé le

---

774 *Idem*, par. 3.29.

775 Weckel, Philippe, dir. (2002-03) Chronique de jurisprudence internationale. Cour permanente d'arbitrage. Commission du tracé de la frontière Érythrée-Éthiopie. Décision du 13 avril 2002 relative à la délimitation de la frontière, *RGDIP*, vol. 106, n° 3, p. 696, par. 15.

choix d'une ligne permanente déterminée par référence à des coordonnées géographiques. Elles ont par ailleurs exprimé le souhait que cette question soit examinée à un stade ultérieur, lors de la démarcation. La Commission répond donc à leur vœu en décidant cependant que cette frontière sera tracée selon le principal chenal au moment de la saison sèche et qu'entre-temps le *statu quo* sera maintenu. Elle mentionne aussi qu'il devra être tenu compte des droits coutumiers des populations locales à leur accès aux cours d'eau.

11.10 La frontière dans le secteur central (traité de 1900)

C'est le premier des trois traités, celui de 1900, qui doit déterminer la frontière entre les Parties. Celui-ci stipule ce qui suit, à l'article 1, dans sa version anglaise : "The line Tomat-Todluc-Mareb-Belesa-Muna, traced on the map annexed, is recognized by the two Contracting Parties as the boundary between Eritrea and Ethiopia[776]". Par ailleurs, le traité de paix du 26 octobre 1896 stipule, à l'article 4, que les Parties doivent, dans le délai d'un an, déterminer par accord la frontière définitive et que d'ici à ce que cette dernière soit établie, elles "agree to observe *the status quo ante*, strictly prohibiting either of them from crossing the provisional frontier, determined by the courses of the Mareb, Belesa, and Mouna Rivers[777]".

Ainsi, note la Commission, les deux Parties, en adoptant la ligne Mareb-Belesa-Mouna stipulée au traité de 1900, « were evidently confirming, in a legally definitive manner, a line that – though not specifically delimited – had been accepted in practice for several years on a *de facto* or provisional basis, and which was identified as a dividing line between the two regions of Acchele Guzai (falling within Eritrea) and Agame (falling within Ethiopia)[778] ». Quant au but et à l'objet de ce traité, la Commission observe que la seule indication expresse à ce sujet réside dans le court préambule qui mentionne « in the desire to regulate the question of the frontier between the Colony of Eritrea and Ethiopia which has remained open since the conclusion of the Treaty of Peace of Addis Ababa of the 26th October 1896[779] ». La Commission note par ailleurs que rien dans les deux traités n'indique expressément que la ligne Mareb-Belesa-Muna n'ait été convenue aux fins d'une division entre les régions de Guzai et d'Agame. Et la Commission d'ajouter :

> The fact that, in Article IV of the 1896 Peace Treaty, the Parties agreed provisionally to observe the *status quo ante* does not in the Commission's view import into the terms of the subsequent 1900 Treaty a

[776] Reproduit au par. 4.2 de la *Sentence de 2002.*
[777] *Idem*, par. 4.6.
[778] *Idem*, par. 4.5.
[779] *Idem*, par. 4.55.

requirement that that Treaty must itself be interpreted as having as its object and purpose the maintenance of the division between Acchele Guzai and Agame. The Commission is of the view that such considerations are too remote from the 1900 Treaty to affect the conclusions to be drawn from the terms of the Treaty read together with its annexed map[780].

La Commission estime aussi que ces deux régions sont généralement identifiées par leurs noms respectifs, sans pour autant posséder de limites territoriales spécifiques. La Commission est également informée que les Parties, incapables de s'entendre dans le délai prévu d'un an, selon le traité de 1896, conclurent néanmoins le traité de 1900, après que l'empereur d'Éthiopie eut renoncé, moyennant la somme de 500 000 lires, à une frontière beaucoup plus au nord. La Commission observe aussi que si le traité comporte une description très peu détaillée de la frontière (tant de la topographie que de la toponymie), les mots « as traced on the map annexed » donnent alors à cette carte une importance toute particulière : « (t)he map contained the Parties' agreed delineation of the boundary that they intended to adopt. Although the Treaty map consists primarily of the depiction of a line, with a very few names identifying some locations near that line, the Commission considers that the same rules and principles of interpretation must be applied to the map as apply to the words used in the Treaty[781] ».

Dans ce secteur central, les deux Parties reconnaissent d'ailleurs que la ligne tracée sur la carte jointe au traité constitue une illustration de son contenu et possède la même force que le traité lui-même. Cette carte n'en comporte pas moins des difficultés d'interprétation parce qu'elle a été établie à très petite échelle (1 :1 000 000) et que les informations qu'elle indique ne correspondent pas exactement à la topographie et à la toponymie figurant sur les cartes modernes. Ces difficultés ne font pourtant pas obstacle à l'accord des Parties quant au cours de la frontière entre les points 9 et 12, soit depuis le point de jonction des rivières Mareb et Mai Ambessa, là où la frontière suit le cours de la Mareb jusqu'à sa confluence avec la Belessa, qu'elle remonte ensuite jusqu'au point de confluence de celle-ci avec la Belessa B. Les Parties s'entendent aussi sur le cours de la frontière entre les points 27 et 28, le long de l'Endeli.

Entre les points 12 et 27, les prétentions respectives sont opposées puisque l'Érythrée estime que la frontière doit suivre le cours de la Belesa A puis celui de la Muna jusqu'au point de confluence de celle-ci avec l'Endeli (point 27), tandis que l'Éthiopie considère plutôt que cette ligne doit emprunter la Belesa B, puis la Belesa C et l'Endeli. L'Érythrée prétend que la portion de la rivière Belesa figurée sur la carte de 1900 comme étant jointe à la Muna

780 *Idem*, par. 4.56.
781 *Idem*, par. 4.8.

correspond à la portion occidentale de ce cours d'eau tel qu'il apparaît sur une carte de 1894. L'Éthiopie, quant à elle, interprète le traité de 1900 comme comportant trois éléments : elle estime d'abord que la formule « Mareb-Belesa-Muna » doit être interprétée comme reflétant une intention de figurer une division administrative *de facto* entre deux districts, celui du nord se trouvant sous contrôle italien, celui du sud sous contrôle abyssinien ; elle considère en outre qu'une comparaison entre la carte de 1900 et une carte moderne établie à partir d'une photo satellitaire montre que la première figure inadéquatement les cours d'eau ; enfin, l'Éthiopie affirme que la mention, dans le traité, des noms Belesa et Muna ne concerne pas les cours d'eau pertinents.

Compte tenu du traité de 1900 et de la carte qui y est annexée, la Commission décide, à l'unanimité, que la frontière, dans le secteur central, commence à la confluence des rivières Mai Ambessa et Mareb (point 9), qu'elle suit alors cette dernière en direction est jusqu'à sa confluence avec la Belesa (point 11) qu'elle emprunte ensuite jusqu'au point où la Belesa joint les Belesa A et B (point 12). La frontière remonte cette dernière dont elle diverge ensuite pour laisser à l'Érythrée Tserona qu'elle contourne à une distance approximative de 1 kilomètre, d'une manière à être déterminée avec une plus grande précision lors de la démarcation. Rejoignant la Belesa B, la frontière se dirige vers le sud jusqu'au point 14, où elle bifurque alors vers le sud-ouest pour traverser un cours d'eau tributaire non nommé qui coule depuis cette direction et ce jusqu'à la source de ce dernier (point 15) à partir duquel elle traverse la chute d'eau par une ligne droite jusqu'à la source d'un tributaire de la Belesa A (point 17). Elle continue ensuite jusqu'à la Belesa A pour suivre la ligne revendiquée par l'Érythrée jusqu'au point 18, de façon à laisser à l'Érythrée Fort Cadorna et ses environs, ce point 18 se trouvant à 100 mètres à l'ouest du milieu de la route conduisant de Adigrat à Zalambessa. De ce dernier point, la frontière est parallèle à la route à une distance de 100 mètres, côté ouest, jusqu'à 1 kilomètre au sud de la ville. Pour laisser cette ville et ses environs à l'Éthiopie, la frontière bifurque vers le nord-ouest en contournant la ville à une distance approximative de 1 kilomètre jusqu'au point 20, tout en laissant les anciennes douanes érythréennes à l'intérieur de ce pays. Du point 20, la frontière descend la Muna jusqu'à la Enda Dashim (point 21) puis elle bifurque vers le nord-ouest pour suivre cette dernière jusqu'au point 22 qu'elle quitte alors pour suivre au nord l'un de ses tributaires jusqu'au point 23. De ce point, la frontière bifurque vers le nord-est pour suivre un tributaire plus élevé jusqu'à sa source (point 24). Elle suit alors une droite jusqu'à la source d'un tributaire de la Endeli (point 25) qu'elle suit jusqu'au point 26 où elle rejoint cette dernière qu'elle descend ensuite jusqu'à sa confluence avec la Muna (point 27) où elle suit alors la Muna/Endeli, laquelle s'appelle aussi la Ragali, près de Rendacoma (approximativement au point 28). La frontière continue en empruntant la

Muna/Endeli/Ragali jusqu'au point 29, au nord du lac Salé, et coïncide enfin avec deux droites reliant respectivement les points 29 et 30, puis 30 et 31.

Précisons que la Commission a choisi de déterminer la frontière, conformément au traité et à la carte, comme suivant la rivière Ragali jusqu'au point 29, mais pas plus loin. La Commission a ainsi voulu régler une double difficulté : la présence, dans le secteur, d'un delta intérieur constitué d'une multitude de petits chenaux instables, de même que le problème de l'identification de la ligne devant suivre ladite rivière[782].

Avant de déterminer cette frontière conformément au traité de 1900 et à la carte, la Commission a examiné la question de savoir si la conduite des Parties pouvait être telle que des ajustements à la ligne soient requis, et elle a décidé que non, sauf de rares exceptions. Ainsi, dans la portion occidentale de la rivière Belesa, elle a modifié la ligne en deux endroits seulement. Tserona, qui autrement aurait été attribuée à l'Éthiopie, est mise du côté de l'Érythrée, car la Commission a dû tenir entièrement compte, dit-elle, d'une admission de l'Éthiopie lorsqu'elle déclare, dans sa réplique : « Fort Cadorna, Monoxeito, Guna Guna and Tserona » étaient « mostly (...) undisputed Eritrean places [783] ». Cette attribution territoriale, décidée « sur la seule base d'une affirmation ambiguë » de l'Éthiopie, fait dire à un observateur qu' « il regrette infiniment cette méthode inacceptable qui consiste à prendre les plaideurs au piège des mots » et qui « illustre bien les méfaits d'une conception excessivement procédurière de l'estoppel ». Et celui-ci d'ajouter : « Vraisemblablement les arbitres ont souhaité accorder une petite compensation à l'Érythrée dans un partage qui globalement ne l'avantage guère[784] ».

La région d'Acran, où se trouve Fort Cadorna, est mise de même en territoire érythréen, mais pour des motifs différents qui tiennent, dans ce cas, à l'effectivité : « The Commission is satisfied that the evidence of Eritrean activity is sufficient, in terms of administrative range, quantity, area and period, to justify treating the Acran region as part of Eritrea[785] ». Dans la portion orientale de la rivière Belesa, un seul ajustement a été fait, pour mettre, cette fois, le poste frontière de Zalambessa du côté de l'Éthiopie, étant donné le nombre considérable de gestes administratifs posés par cette dernière et, de surcroît, les admissions de l'Érythrée.

Si l'on compare les lignes proposées par les deux Parties par rapport à la frontière décidée par la Commission dans ce secteur central, on peut dire que, globalement, la Commission donne satisfaction à l'Érythrée dans le sous-secteur des rivières Belesa, mais satisfaction à l'Éthiopie dans le sous-secteur de la

---

782 *Idem*, par. 4.54.
783 *Idem*, par. 4.69.
784 Weckel, Philippe, dir. (2002-03) *op. cit.*, p. 701, par. 27.
785 *Sentence de 2002*, par. 4.71.

Ragali, alors que dans la zone occupée par les bassins de la Muna et de l'Endeli, la frontière passe, grosso modo, entre les deux lignes.

11.11 La frontière dans le secteur occidental (traité de 1902)

Le traité de 1902, qui doit déterminer la frontière dans le secteur oriental, depuis le triple point avec le Soudan jusqu'à la confluence des rivières Mareb et Mai Ambessa (point 9), est un traité trilatéral impliquant les droits de la Grande-Bretagne au Soudan, et il ne comporte pas de carte, contrairement au traité précédent auquel il apporte par ailleurs des modifications. Dans ce secteur, la difficulté principale provient du fait que les trois textes du traité (amharique, anglais et italien) désignent sous des noms différents une même rivière, appelée Maiten dans le texte amharique et Maiteb dans les deux autres. La difficulté se trouve accrue du fait que plusieurs cartes fournissent des informations divergentes quant à aux appellations des cours d'eau et à la localisation de leur confluence. Pourtant, les Parties ne contestent pas la frontière à l'ouest de la confluence des rivières Setit et Maiteb (point 3), non plus qu'à l'est de la confluence des rivières Mareb et Mai Ambessa (point 9). Entre ces deux points, l'Érythrée et l'Éthiopie conviennent aussi que la frontière est généralement orientée nord-est, mais l'Éthiopie estime que cette frontière suit la Maiteb jusqu'à sa source pour ensuite coïncider avec une droite jusqu'au point 9, tandis que l'Érythrée affirme que cette frontière doit plutôt remonter la Setit jusqu'à sa confluence avec la Maiten (Tenné) (point 8) et ensuite être constituée d'une droite jusqu'à ce même point 9. Contrairement à l'accord de 1900, celui de 1902 ne contient pas de disposition prévoyant que dans le cas d'une erreur cléricale, l'empereur d'Éthiopie se fondera sur le texte amharique. La traduction anglaise de la version amharique se lit comme suit, à l'article 1 du traité :

> The new frontier will start from Khor Um Hagar and Setit River junction and will follow the River Setit to the junction of the Mai Ten and Setit Rivers. From this junction, the frontier will leave Ala Takura in Eritrea and go to the junction of Mereb and Mai Anbessa. The boundary between the junction of the Mai Ten and Setit to the junction of Mereb and Mai Anbessa will be decided after representatives of the Italian government and the Ethiopian government look into the question and reach agreement. The representatives entrusted with this decision will decide in such a way that the Negroes of the Cunama tribe are in Eritrean territory[786].

Ainsi, la tâche de la Commission est de déterminer, conformément aux dispositions du traité de 1902 et au droit applicable, la rivière à laquelle réfère ce traité comme étant celle qui joint la Setit. À cet effet, elle rappelle la règle

786 Reproduit dans la *Sentence de 2002*, par. 5.3.

selon laquelle l'interprétation d'un traité doit être établie en tenant compte de son objet et de son but, de même que du contexte dans lequel se sont déroulées les négociations, enfin, de la conduite des Parties. Retenant la règle de la contemporanéité, la Commission est informée qu'une seule carte a été utilisée lors des négociations entourant la conclusion du traité de 1902, cette carte étant la carte Mai Daro, laquelle montre que le cours d'eau nommé Meeteb sur celle-ci, ainsi que le mont appelé Ala Tacura, *ne pouvaient* se trouver à proximité de la Maiteb occidentale.

Qui plus est, note la Commission, la mention, dans le traité, de la tribu des Cunama reflète l'intérêt grandissant de l'Italie pour ce secteur, tel qu'il est notamment clairement exprimé par le contenu d'un rapport d'instructions donné par le ministre italien des Affaires étrangères au consul général, le 22 mars 1897 : « (...) in order to add the tribe of the Cunama to the Eritrean Colony, to keep the trade roads to Gonda and the vast fertile basin of the Tzana free and under our complete control, thus anticipating and satisfying the desires and fair requests of the Commissioner for Eritrea[787] ». La Commission ajoute que rien, dans la conduite des Parties, aussi bien avant qu'après la période des années 30, alors que la situation s'était cristallisée, ne permet de croire qu'elle a été modifiée.

La Commission, après avoir examiné la preuve relative au secteur occidental, en arrive à la conclusion que l'intention commune des Parties, lors de la conclusion du traité de 1902, n'était pas de déterminer la frontière comme étant dans la Maiteb occidentale ; que le territoire des Cunama s'étendait loin à l'est et au sud-est de la ligne revendiquée par l'Éthiopie ; que les négociateurs avaient une connaissance suffisante des limites générales figurées sur la carte Mai Daro.

Ainsi, la Commission retient la thèse de l'Érythrée et elle décide, à l'unanimité, que la frontière, dans le secteur occidental, commence au triple point avec le Soudan (point 1) et qu'elle suit le milieu de la rivière Setit en direction de l'est jusqu'à sa confluence avec la Tomsa (point 6) et que, depuis ce dernier point, elle se dirige ensuite vers le nord-est en empruntant une ligne droite jusqu'à la confluence des rivières Mareb et Mai Ambessa (point 9)[788].

Au sujet de l'intégration de la tribu des Cunama à l'Érythrée, nous faisons nôtre l'opinion suivante selon laquelle cette intégration peut être raisonnablement considérée comme le but du traité et que la décision de la Commission, en satisfaisant l'Érythrée, « semble ainsi faire la part belle aux exigences du colonisateur ». Et ce même observateur d'ajouter, à propos de l'objet du traité :

---

787 *Idem*, par. 5.31.
788 Dispositif, par. 8.1.

Néanmoins son objet ne saurait être défini sans tenir compte de l'attitude restrictive du Négus qui était déterminé à faire le moins de concessions territoriales possible. Faut-il pour autant regretter ce parti pris apparent que manifeste la Commission du tracé ? Sa mission n'était pas de maintenir ou de confirmer une situation ambiguë créée pendant l'époque coloniale. Elle était tenue d'interpréter le traité de 1902 d'une manière permettant de fixer effectivement la frontière entre deux États africains modernes[789].

11.12 La frontière dans le secteur oriental (traité de 1908)

Le secteur oriental, qui va du point le plus à l'est établi par le traité de 1900 (au nord du lac Salé) jusqu'à la frontière avec Djibouti, a été décrit par l'Éthiopie comme une zone inhospitalière, très peu peuplée et parcourue par des populations itinérantes dont les relations sociales ne s'expriment pas au sein de villages, mais aux points d'eau qu'ils partagent[790]. Aux fins de l'interprétation du traité de 1908 qui détermine la frontière dans ce secteur, la Commission prend connaissance des articles 1 et 2, consacrés à la délimitation et à la démarcation :

> From the most easterly point of the frontier established between the Colony of Eritrea and the Tigre by the Treaty of the 10th July, 1900, the boundary continues south-east, parallel to and at a distance of 60 kilometers from the coast, until it joins the frontier of the French possessions of Somalia.
>
> The two Governments undertake to fix the above-mentioned frontier-line on the ground by common accord and as soon as possible, adapting it to the nature and variation of the terrain.

Voilà donc, observe la Commission, une méthode géométrique de délimitation, expressément prévue, laquelle avait été recommandée en 1898 par l'empereur au négociateur italien et qui, de l'avis même des deux Parties, a servi de *modus vivendi* jusqu'à la conclusion du traité de 1908, comme d'ailleurs il appert du dossier cartographique. La Commission ajoute qu'il ne s'agit plus ici d'une frontière « naturelle », telle celle qui suit un cours d'eau, mais bien d'une frontière dont la méthode tient dans une formule dont l'application requiert au préalable des décisions subsidiaires, notamment la définition à donner au mot côte, laquelle doit exclure, de l'avis de la Commission, la présence des îles.

La Commission estime qu'il convient d'utiliser une image satellitaire de la côte : « To move the line inland in a rational manner, a straight line, (...) will

---

789 Weckel, Philippe, dir. (2002-03) *op. cit.*, p. 699-700, par. 21.

790 Traduction libre d'une citation de la Commission, *Sentence de 2002*, par. 6.8.

produce a line describing the general direction of the coast in this sector[791] ». Pourtant, reconnaît la Commission, reproduire, à 60 kilomètres de la côte, les sinuosités de celle-ci produit une frontière difficile à administrer, et pour simplifier cette ligne, elle désigne à cette fin neuf points joints par des droites, qui tiennent compte de certains ajustements, notamment à Bure, point frontière pour le trafic routier qui va de l'Éthiopie au port d'Assad. Il est décidé qu'à cet endroit, la frontière sera légèrement déplacée, par rapport à ce qui est prévu dans le traité de 1908, et qu'elle passera à équidistance des deux *checkpoints*, ce qui, du reste, est conforme à la pratique établie par les Parties et à leur intérêt commun.

La Commission précise qu'il s'agit là de la seule effectivité qui soit de nature à comporter une modification à la méthode géométrique prévoyant les 60 kilomètres, avec les seuls ajustements nécessaires à la prise en compte du terrain, lors de la démarcation, comme il est stipulé à l'article 2. Les articles suivants (3, à 6 incl.) du traité de 1908 prévoient en effet des dispositions relatives aux populations qui vivent à proximité de la frontière et dont les activités sont considérées être sans effet sur la délimitation de cette frontière. Ces articles, consacrés aux droits ancestraux, aux obligations, à la dépendance politique et aux activités transfrontalières de ces populations, se lisent comme suit :

> The two Governments undertake to establish by common accord and as soon as possible the respective dependence of the tribes bordering the frontier on the basis of their traditional and usual residence.
>
> The two Governments undertake to recognize reciprocally the ancient rights and prerogatives of the tribes bordering the frontier without regard to their political dependence, especially as regards the working of the salt plain, which shall, however, be subject to the existing taxes and pasturage dues.
>
> The two Governments formally undertake to exercise no interference beyond the frontier-line, and not to allow their dependent tribes to cross the frontier in order to commit acts of violence to the detriment of the tribes on the other side ; but should questions or incidents arise between or on account of the tribes bordering the frontier the two Governments shall settle them by common accord.
>
> The two Governments mutually undertake not to take any action, nor to allow their dependent tribes to take any action, which may give rise to questions or incidents or disturb the tranquility of the frontier tribes.

Ainsi, la Commission fait-elle remarquer que la dépendance politique des populations, loin de déterminer la frontière, sera établie *après* que la frontière aura été établie. Par ailleurs, les droits ancestraux et les prérogatives seront mutuellement reconnus nonobstant le tracé de cette frontière. En somme et pour

791 *Idem*, par. 6.21.

résumer, la Commission conclut que le mode de délimitation prévu au traité de 1908 (art. 1) « is geometric, excluding *effectivités* prior to 1908, with adjustments to the geometric line to be made only to take account of the nature and variation of the terrain ». Quant aux effectivités postérieures à la conclusion du traité (construction de routes, de chemins de fer, de téléphones, perception de taxes, exploitation minière, postes frontières, etc.), la Commission estime que celles-ci, et sans égard au poids qu'elles devraient avoir, confirment de toute façon l'existence de la frontière géométrique plutôt que de suggérer un ajustement de celle-ci. La Commission en arrive aux mêmes conclusions en ce qui concerne les cartes qui, dit-elle, sont ou bien d'une approximation impressionniste, ou bien à trop petite échelle ou bien font défaut de se conformer au texte du traité.

Pour toutes ces raisons, la Commission en conclut, en ce qui concerne le secteur oriental, qu'une délimitation a été effectuée selon les dispositions du traité, et que cette frontière devra servir de base à la démarcation, quitte à l'adapter à la nature et aux variations du terrain. Elle décide, à l'unanimité, que la frontière commence au point 31 et qu'elle continue en empruntant une série de lignes droites joignant dix points (32 à 41), ce dernier se trouvant sur la frontière avec Djibouti, et le point 40 étant à égale distance des deux *check-points* à Bure. C'est à bon droit qu'on a mentionné le double intérêt qu'offre l'examen de ce secteur, puisque l'incidence de l'évolution des techniques cartographiques y est manifeste, de même que cette « curieuse projection inversée[792] » qui ne définit plus une limite maritime, mais plutôt une frontière terrestre depuis la côte.

La Commission ajoute qu'une carte définitive de la frontière à une échelle de 1 : 25,000 sera produite pour chacun des trois secteurs (occidental, central et oriental), sitôt que cette frontière sera démarquée et que seront déterminées les coordonnées géographiques exactes des piliers.

11.13 La requête de l'Éthiopie

À l'instar d'autres affaires (*Usine de Chorzow*, *Mer du Nord* et, plus récemment, *Cameroun/Nigeria*), la Commission rejettera, le 24 juin 2002, une demande éthiopienne d'interprétation, de rectification et de consultation des Parties, en déclarant qu'elle n'a pas commis d'erreur matérielle et que les questions tranchées par elle avec l'autorité définitive du jugement ne peuvent faire l'objet de nouvelles discussions, lesquelles ne sont pas pour autant irrémédiablement exclues au stade ultérieur de la démarcation.

Parallèlement aux efforts déployés sur le plan juridique, l'Éthiopie, désormais à la merci de l'Érythrée quant à l'accès au port d'Assab, entreprenait

---

792 Weckel, Philippe, dir. (2002-03) *op. cit.*, p. 702, par. 24.

des activités diplomatiques pour assurer le libre transit de ses marchandises par Port Soudan et Djibouti. C'est ainsi qu'elle conclut, à peine deux jours après la décision de la Commission de délimitation, soit le 15 avril, un accord avec Djibouti qui lui garantissait un accès à la mer Rouge[793].

11.14 Les difficultés de la démarcation

La Commission n'a pas ménagé les efforts, après avoir rendu sa décision sur la délimitation, pour rendre possible le succès de la deuxième étape, soit la démarcation, laquelle requiert le déminage préalable des champs de bataille pour permettre l'observation sur le terrain dans une zone démilitarisée de sécurité temporaire. Pourtant, devant les représentants des Parties réunis à La Haye, le 19 novembre 2003, le président de la Commission a déploré le manque de progrès dans l'opération de cette démarcation, sans pour autant faire preuve de pessimisme à outrance, et il a souligné que la Commission, étant donné les positions rigides des Parties, ne pouvait rien faire de plus :

> Despite the serious difficulties in the peace process resulting from continuous delays in the implementation of the decision of the Eritrea-Ethiopia Boundary Commission (EEBC) and unhelpful inflammatory rhetoric of the parties in this regard, the overall situation (…) remained relatively stable during the period under review. (…) Cooperation with the parties on the ground remained relatively good, although Eritrea continues to hinder UNMEE freedom of movement in the Zone and areas adjacent to it[794].

Tant avant qu'après le prononcé de la décision, de l'information générale a été fournie par le président de la Commission au secrétaire général de l'ONU. Ainsi, ce dernier a-t-il reçu des rapports les 19 juin, 5 septembre et 13 décembre 2001, les 8 mars, 30 août et 20 décembre 2002, les 6 mars, 21 mars, 23 juin, 4 septembre et 19 décembre 2003, ainsi que le 5 mars 2004[795]. La Commission a tenu des réunions internes, les 10 et 11 août 2003, concernant des questions techniques liées à la démarcation. Ces questions de démarcation avaient fait également l'objet de plusieurs rencontres avec les Parties intéressées (6 et 7 novembre 2002, 8 et 9 février 2003, 20 et 21 mars 2003), à la suite desquelles la Commission a émis, le 7 novembre 2002, une décision intitulée Déterminations, ainsi que, le 7 juillet 2003, une décision relative aux Directives

---

793 *Idem*, p. 705-706, par. 31.

794 *Annexes to the Progress Report of the Secretary-General on Ethiopia and Eritrea.* UN Doc. S/2003/1186, par. 2.

795 UN Doc .S/2001/608 ; UN Doc. S/2001/843 ; UN Doc. S/2001/1194 ; UN Doc. S/2002/245 ; UN Doc. S/2002/977 ; UN Doc. S/2002/1393 ; UN Doc. S/2003/257 ; Progress Reports of the Secretary-General on Ethiopia and Eritrea : UN Doc. S/2003/665 ; UN Doc. S/2003/858 ;UN Doc. S/2003/1186 ; UN Doc. S/2004/180.

concernant la démarcation, conformément à l'article 15. Par ailleurs, et après avoir pris connaissance des commentaires émis par les deux États, les 24 janvier, 15 avril et 2 mai 2003, la Commission a décidé d'émettre des instructions pour la mise en oeuvre du plan de travail[796]. Le 17 juillet 2002, elle rendait une ordonnance établissant un bureau sur le terrain, à Adigrat en Éthiopie, ainsi qu'une ordonnance à la suite d'une requête de l'Érythrée en mesures provisoires.

11.15 La Commission d'indemnisation

Après avoir entendu les Parties sur des questions relatives à la juridiction et à la procédure, la Commission rendit, en août 2001, les Décisions 1 à 5 concernant la préparation et la présentation des réclamations respectives. La Commission a tenu des audiences, du 11 au 21 novembre 2003, relatives aux réclamations des deux Parties portant sur le front central, à la suite desquelles une décision partielle a été rendue le 28 avril 2004. Des audiences ont été également tenues, les 9 et 19 mars 2004, concernant les réclamations à propos du Home Front. Dans la partie de sa décision d'avril 2004 qui concerne les réclamations de l'Érythrée, la Commission déplore, dans son commentaire général, les vues diamétralement opposées des Parties concernant les faits pertinents qui, bien qu'elles ne soient pas surprenantes, étant donné la confusion et l'incertitude engendrées par les opérations militaires, rendent très difficile la recherche de la vérité, laquelle se trouve être la première victime[797]. Ainsi, la Commission déclare devoir s'en tenir à des preuves claires et convaincantes, compte tenu de la gravité particulière de certaines des allégations.

La Commission décide que le droit applicable, concernant les questions précédant l'adhésion de l'Érythrée, le 14 août 2000, aux conventions de Genève de 1949, est le droit international coutumier, y compris le droit coutumier humanitaire, et que ces conventions s'appliquent en ce qui concerne les questions postérieures à cette adhésion. Dans son évaluation de la preuve, la Commission doit apprécier des dommages survenus souvent durant une longue période de temps, dont les causes peuvent être multiples et dont la responsabilité de l'État doit être parfois combinée avec d'autres responsabilités[798]. Par exemple, l'Éthiopie est trouvée responsable, dans une proportion de 100%, de la

---

796 *Schedule of the order of activities ahead as at July 2003.*

797 *Eritrea Ethiopia Claims Commission, Partial Award-Central Front, Eritrea's Claims 2, 4, 6, 7, 8 & 22*, par. 5. Référence, dans la décision, à un commentaire généralement attribué au sénateur américain Hiram Johnson, un opposant à la participation des États-Unis à la Première Guerre mondiale.

798 *Idem*, par. 29.

destruction des deux édifices du ministère de l'Agriculture, à Senafe, et de 90% de la destruction de l'hôpital[799].

• • •

Nous avons évoqué d'emblée, dès l'introduction à ce chapitre, le caractère unique de cette affaire *Érythrée/Éthiopie* parce que non seulement elle résulte d'une sécession réussie, mais aussi, notamment, parce que les Parties, conformément au compromis, priaient la Commission d'arbitrage de délimiter la frontière puis de la démarquer.

Bien sûr, la Commission, dont la tâche première était de procéder à la délimitation d'une très longue frontière, a été confrontée à des difficultés considérables qui étaient d'établir « la volonté commune » des Parties, telle qu'elle était censée révélée dans trois anciens traités dans lesquels abondent les incertitudes et même les contradictions entre les textes et les cartes, notamment ceux de 1900 et de 1902. Aussi, la Commission s'est-elle mise à la recherche de l'objet et du but de chacun de ces traités, tout en accordant une part importante à la conduite des Parties, en procédant à l'attribution de parcelles territoriales (par exemple l'intégration de la tribu des Cunama à l'Érythrée) qui répondent aux exigences du colonisateur sans par ailleurs apprécier les réticences de l'empereur à céder du territoire. On a aussi reproché à la Commission une conception très procédurière de l'*estoppel*, pour avoir ajusté la ligne sur la seule base d'une admission ambiguë, afin, semble-t-il, d'accorder une petite compensation à une Partie (encore à l'Érythrée) que le règlement global n'avantageait pas. Par ailleurs, la délimitation dans le secteur oriental, où les problèmes d'interprétation étaient moins compliqués, a montré l'aide précieuse que peuvent apporter les techniques nouvelles en matière de cartographie.

Pourtant, il reste à la Commission de délimitation et de démarcation à réaliser le second volet de sa tâche, qui est de procéder à la démarcation de la frontière sur un terrain qu'il faut d'abord déminer, et entre deux Parties qui n'ont pas oublié les séquelles d'une guerre récente. Pour assurer, dans des délais raisonnables, le succès de cette deuxième opération, l'Assemblée générale et le Conseil de sécurité auront à poursuivre leurs activités de soutien au travail de la Commission.

Rappelons enfin un autre aspect qui fait l'originalité de l'affaire : la mise sur pied d'une enquête pour déterminer les circonstances dans lesquelles on peut établir les origines du conflit. Cette enquête indépendante permet non seulement d'établir les responsabilités, à l'abri des protagonistes pris dans leur rhétorique de guerre, mais aussi de mettre en œuvre la Commission des

---

[799] *Idem*, dispositif, par. 7.

réclamations dont la création est prévue dans le compromis, laquelle est chargée de décider des pertes, dommages ou blessures subis à la suite de ce conflit, qui, s'il n'est pas unique dans le contexte d'une délimitation en Afrique, aura été particulièrement violent.

Partie IV

UN CONFLIT FRONTALIER COMPLEXE : LACUSTRE, TERRESTRE ET MARITIME

Le différend frontalier entre le Cameroun et le Nigeria a revêtu une importance exceptionnelle, dans un contexte où la tension politique était très vive entre les deux voisins. Bien sûr, le principe de l'intangibilité des frontières était en cause, et cette seule question méritait une grande attention, mais aussi plusieurs autres raisons ont donné à l'affaire un intérêt tout particulier. Observons d'abord que la longue frontière va du lac Tchad, au coeur du continent, jusque dans le golfe de Guinée, au voisinage des espaces maritimes revendiqués par la Guinée Équatoriale. Et si, dans ce premier secteur, elle traverse une région pauvre où l'eau est indispensable, elle délimite par ailleurs en mer une zone où les ressources en hydrocarbures sont très riches. Pour la première fois, un tribunal international sera appelé à établir, par une même occasion, à la fois la portion terrestre et la portion maritime d'une frontière. Il est vrai que dans l'affaire de 1992 du golfe de Fonseca, dite du *Différend frontalier terrestre, insulaire et maritime* entre le Honduras, El Salvador et le Nicaragua, la Cour a été priée de délimiter la frontière terrestre et de déterminer la souveraineté territoriale sur certaines îles en litige dans le golfe de Fonseca ; par ailleurs, le différend maritime ne concernait pas un problème de délimitation mais plutôt la détermination du statut juridique de ce golfe – que la Cour a qualifié de condominium. Outre la question frontalière proprement dite opposant le Cameroun au Nigeria, la Cour a eu à se prononcer sur une revendication territoriale du Cameroun relative à la péninsule de Bakassi, laquelle détermine nécessairement le tracé de la frontière maritime.

De plus, il sera demandé à la Cour de trancher sur des demandes en responsabilité internationale, et elle devra aussi, tout au long de cette très longue affaire (huit ans), décider de requêtes de natures diverses, notamment d'une intervention de la Guinée Équatoriale. S'agissant de cette intervention, et pour la deuxième fois seulement dans l'histoire de la Cour internationale de Justice, un État en obtiendra l'autorisation. Rappelons ici qu'elle avait reconnu ce droit au Nicaragua, en 1990, dans l'affaire du *Golfe de Fonseca*, mais qu'elle a rejeté l'intervention de Malte dans l'affaire *Libye/Tunisie* en 1982, puis celle de l'Italie dans l'affaire *Libye/Malte* en 1985.

Notons que, des cinq affaires africaines de délimitation terrestre (*Burkina Faso/Mali*, *Libye/Tchad*, *Botswana/Namibie*, *Érythrée/Éthiopie*, *Cameroun/Nigeria*), seule cette dernière a été introduite autrement que par compromis, le Cameroun ayant procédé par requête unilatérale, puis par une requête additionnelle. Il n'est pas surprenant, dans de tels cas, que des exceptions préliminaires soient soulevées quant à la compétence de la Cour, lesquelles, dans le cas du Nigeria, ont été rejetées.

Comme nous l'avons mentionné dans l'introduction à la partie III, la conduite d'une Partie est parfois invoquée devant le Tribunal pour faire la preuve d'un transfert de souveraineté par prescription acquisitive sur une parcelle territoriale – étant donné une possession à titre de souverain, immémoriale, paisible, publique, ininterrompue et reconnue, tacitement ou expressément, par la Partie adverse. Ainsi, dans l'affaire *Cameroun/Nigeria*, la Cour a rejeté comme étant *contra legem* l'argument nigérian de consolidation historique dans la région du lac Tchad et dans la péninsule de Bakassi.

La frontière peut être établie par référence à un cours d'eau – ce qui pose des difficultés d'interprétation particulièrement bien illustrées dans l'affaire *Botswana/Namibie*, mais peut-être encore plus dans l'affaire *Cameroun/Nigeria*. Dans cette dernière affaire, un autre type a été examiné en détail, soit la frontière orographique. Celle-ci est-elle meilleure que la frontière hydrographique ? Mais alors, s'agit-il de retenir la ligne de partage des eaux ? Précisons, comme dans l'affaire *Cameroun/Nigeria*, que les juges ont examiné la question de savoir si la frontière correspondait, dans tel secteur, à la ligne correcte de partage des eaux ou à la ligne erronée de partage des eaux, puisqu'un instrument juridique prévoyait que la frontière adoptée devait être celle de la ligne erronée ! Mais la frontière peut être aussi déterminée par la ligne de crête, et la Cour peut être amenée à identifier ce que l'instrument juridique qualifie de « pic assez proéminent ».

Une autre difficulté peut résulter du fait que des repères matériels nommés dans l'instrument juridique, telles des bornes, ont disparu, difficulté posée dans l'affaire *Nigeria/Cameroun*. Il peut s'agir aussi d'erreurs matérielles contenues dans l'instrument juridique, qui fait mention, par exemple, d'une vallée orientée nord-est puis sud-est, alors qu'il n'en existe pas dans le secteur, comme dans cette dernière affaire.

12

LA FRONTIÈRE CAMEROUN/NIGERIA

Dans l'ensemble, il ressort de la jurisprudence que, si l'existence d'un accord exprès ou tacite entre les parties sur l'emplacement de leurs concessions pétrolières respectives peut indiquer un consensus sur les espaces maritimes auxquels elles ont droit, les concessions pétrolières et les puits de pétrole ne sauraient en eux-mêmes être considérés comme des circonstances pertinentes justifiant l'ajustement ou le déplacement de la ligne de délimitation provisoire.

Arrêt, C.I.J. Recueil 2002, par. 304.

Le rappel du caractère inégalitaire et négateur inhérent à la pratique coloniale vis-à-vis des indigènes et des colonies relève actuellement de la vérité élémentaire ; il en résulte un devoir de mémoire à l'égard de ces *injustices* et en même temps une reconnaissance d'un fait historique. La destruction de la personnalité internationale est acquise par un acte de force : la *debellatio* ou dans le cadre d'un accord entre égaux. Mais affirmer le caractère consenti d'une disparition de la personnalité internationale est à la limite du dol.

Idem, opinion individuelle du juge Ranjeva, idem, par. 3.

Avant de statuer sur le fond le 10 octobre 2002, la Cour internationale de Justice rend une ordonnance, en 1996, par laquelle il est requis, notamment, que les deux pays maintiennent l'arrêt des hostilités dans la presqu'île de Bakassi et qu'ils doivent prêter assistance à la mission d'enquête de l'ONU. La Cour rejette ensuite, en 1998, sept des huit exceptions préliminaires soulevées par le Nigeria, mais elle accueille, l'année suivante, une requête en intervention de la Guinée Équatoriale.

Dans l'examen sur le fond, et après avoir décrit le cadre géographique et le contexte historique dans lequel se sont succédé les traités, la Cour considère d'abord la délimitation dans la région du lac Tchad, le Cameroun prétendant que cette délimitation a déjà été effectuée par la Commission du bassin du lac Tchad, tandis que le Nigeria affirme que cette opération ne peut lui être opposée, tout en faisant valoir ce qu'il appelle la consolidation historique.

La Cour passe ensuite à l'examen de la frontière terrestre (figure 9) depuis le lac Tchad jusqu'à la péninsule de Bakassi, en observant que les deux Parties conviennent que cette délimitation est déjà effectuée par trois instruments portant respectivement sur trois secteurs distincts, tout en divergeant d'opinion sur l'interprétation et l'application de ces documents. La Cour est alors confrontée à divers types de problèmes tels la référence à un seul cours d'eau alors qu'il existe plusieurs bras, identification d'une source parmi plusieurs, identification de la ligne de partage des eaux, de la ligne erronée de partage des eaux, de la ligne de crête, de la localisation de villages, repérage de bornes disparues, contradiction entre le texte et la représentation cartographique de la frontière, etc.

Une fois la frontière terrestre déterminée, la Cour examine la question de la souveraineté territoriale sur la presqu'île de Bakassi, le Cameroun faisant valoir l'existence d'un titre conventionnel qu'il estime en sa faveur, alors que le Nigeria considère cet instrument comme dépourvu de validité et réitère le concept de consolidation historique. Il va sans dire que l'attribution à l'une ou à l'autre des Parties de la souveraineté sur la presqu'île a nécessairement un impact direct sur le tracé de la frontière maritime – dernière opération de délimitation à laquelle s'attache la Cour après avoir entendu les arguments du Cameroun qui fait valoir l'existence d'un accord conclu à cet effet, alors que le Nigeria affirme qu'une délimitation *de novo* est à effectuer qui tienne compte, notamment, de la conduite des Parties en matière pétrolière.

La délimitation achevée, la Cour se prononce enfin sur la requête du Cameroun et la demande reconventionnelle du Nigeria concernant la responsabilité internationale de la Partie adverse et la demande de réparation pour actes illicites, notamment divers incidents frontaliers, faisant obligation aux deux États de procéder au retrait des troupes qui se retrouvent, à la suite de la délimitation, dans le territoire du voisin.

12.1 Un poids lourd vs un poids moyen

Notons d'abord la différence entre ces deux États, d'un point de vue constitutionnel, puisque le Cameroun est un État unitaire qui vit, depuis son indépendance, une relative stabilité politique, alors que le Nigeria, qui a connu une quinzaine d'années de régime militaire, a modifié sa constitution en 1999, tout en conservant son système fédéral constitué actuellement de 36 états et un territoire, avec une capitale qui a migré d'Abidjan, sur la côte, à Abuja, au centre du pays. Si les deux États sont engagés sur la voie de la démocratie (elle « est en cours de construction » au Nigeria, selon les mots du prix Nobel de littérature en 1986, Wole Soyinka), les défis demeurent de taille, notamment la

Figure 9

LA FRONTIÈRE TERRESTRE CAMEROUN/NIGERIA

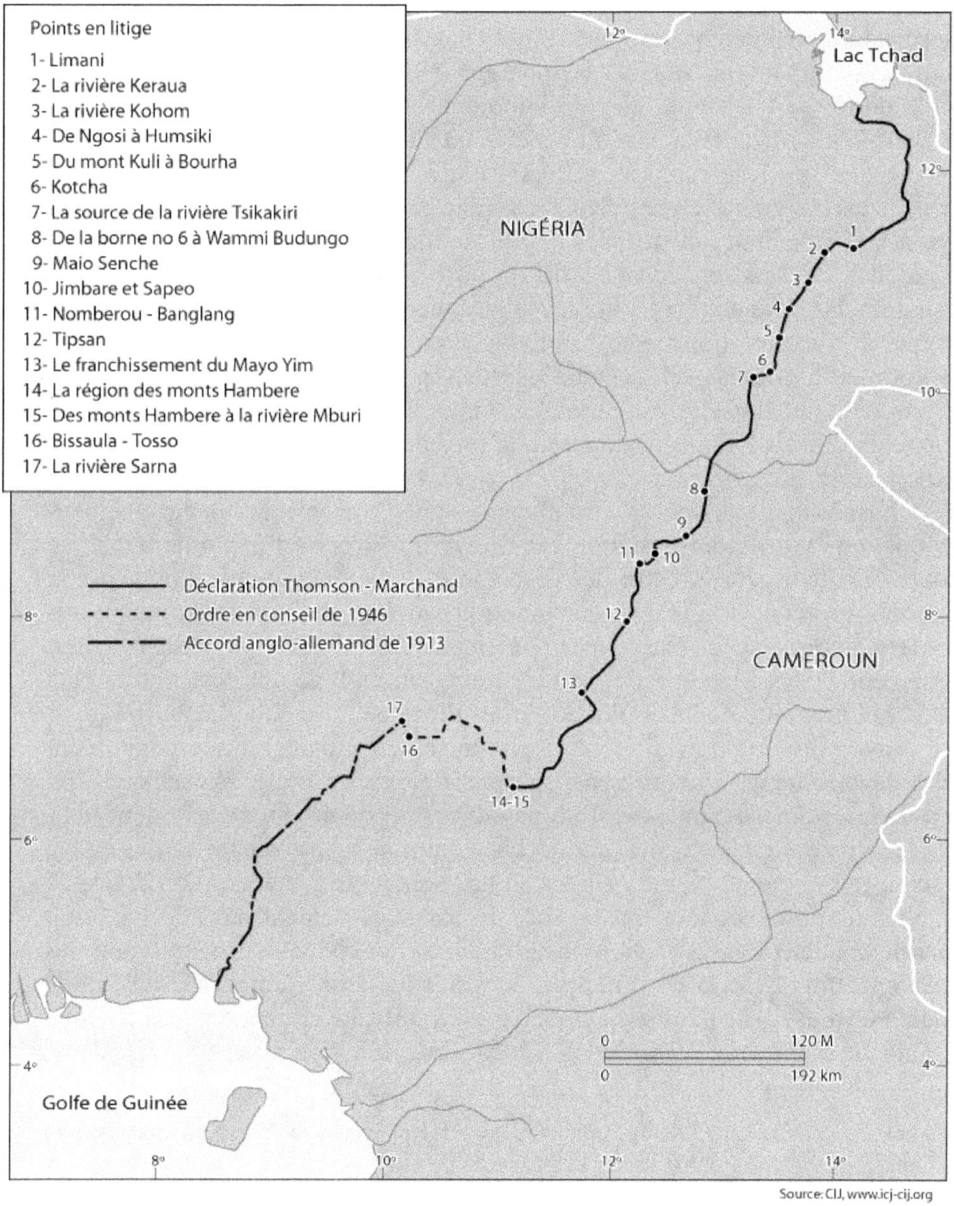

Source: CIJ, www.icj-cij.org

lutte à la mauvaise gouvernance et à la corruption, laquelle y est considérée comme endémique, le Nigeria et le Cameroun étant classés respectivement au 132e et au 124e rangs dans la liste des 133 pays examinés en 2003 par l'ONG Tranparency International. Le Nigeria est également considéré comme un pays non coopératif et il paraît sur la liste noire dressée par le Groupe d'action financière sur le blanchiment de capitaux (GAFI) dans la lutte contre le financement du terrorisme. Pourtant, il faut reconnaître, à l'actif du bilan du Nigeria, ce géant endormi de l'Afrique, un rôle important au niveau international, notamment dans le maintien de la paix au Liberia, en Côte-d'Ivoire et en Sierra Leone, de même que son leadership au NEPAD (New Partnership for African Development), par la voix du président Obasanjo, pour la promotion de la bonne gouvernance des États, du respect des droits de la personne et du règlement régional des conflits, en échange de quoi on souhaite une aide accrue, des investissements étrangers et une levée des barrières douanières qui privent l'Afrique de l'exportation de ses produits. Pourtant, le Nigeria fut expulsé du Commonwealth durant quelques années pour sa piètre performance en matière de droits de la personne. Le Cameroun a connu, lui aussi, un rayonnement international, en 2002, alors qu'il a assumé la présidence du Conseil de sécurité de l'ONU.

Les deux États ont en commun de sérieux problèmes environnementaux, notamment une déforestation rapide, ce qui évoque l'exploitation d'une ressource précieuse dans cette deuxième forêt du monde, encore plus par le Cameroun, qui était en 2002 le deuxième producteur de bois en grumes (derrière le Gabon), avec une superficie forestière de 23 858 hectares, qui représentent 51% de la superficie du territoire, un taux de déforestation annuel de -0,9% et la moitié de sa production étant illégale[800]. Le Nigeria souffre aussi d'une grave pollution de l'air et de l'eau en milieu urbain, causée notamment par les déversements d'hydrocarbures dans le delta du Niger. Avant que l'on découvre, en 1988, la cargaison d'un navire rempli de produits hautement toxiques, le Nigeria était le site de déchets chimiques provenant d'Europe[801]. Rappelons aussi que le Nigeria est sur la liste des pays menacés, d'ici 2025, de difficultés d'approvisionnement en eau, disposant seulement de 1 000 à 1 700 m^3 par personne et par an[802]. Notons enfin, en ce qui concerne le Cameroun, les risques encourus avec la construction de l'oléoduc Doha, aménagé sans étude préalable d'impact sur l'environnement et pourtant subventionné par la Banque mondiale, de même que les problèmes de la surexploitation de sa zone de pêche,

---

800 Chatelain, Carole, dir. (2004) Forêt tropicale : l'exploitation en question, *Géo*, n° 305, p. 110-121. Consulter aussi Ploye, François (2004) La forêt d'Afrique centrale sous haute surveillance, *L'état de l'Afrique 2004*, p. 60-61.

801 (2004) *Financial Times World Desk reference*, p. 443.

802 Ploye, François (2004) Environnement. Avant la dernière goutte, *L'état de l'Afrique 2004*, p. 114-115.

ainsi que de l'activité volcanique, le Mont Cameroun, le plus élevé de l'Afrique de l'Ouest, étant un volcan actif, et l'émanation épisodique de gaz toxiques des volcans des lacs Nyos et Monoun[803].

Le Nigeria est, de loin devant l'Égypte et l'Éthiopie, l'État le plus peuplé d'Afrique, avec 137 253 000 habitants, répartis en plus de 250 ethnies, parmi lesquelles les Hausa et les Fulani (29%, au nord), les Yoruba (21%, à l'ouest) et les Ibo (18%, à l'est) sont les plus importantes, les Musulmans se trouvant au nord et les Chrétiens au Sud dans des proportions similaires. Au 9e rang des pays les plus peuplés de la planète, le Nigeria atteindra, en 2050, 307 millions d'habitants, classé alors au 6e rang[804]. Pays multiethnique, d'une grande richesse culturelle, où le pouvoir n'a pas toujours su renoncer à exploiter les tensions, le Nigeria a récemment attiré l'attention de la communauté internationale, notamment lors des procès de deux femmes accusées d'adultère et passibles de mort par lapidation selon l'application de la charia, et encore à l'occasion du concours de Miss Univers, alors qu'un journaliste rapportait l'événement en ajoutant que Mahomet lui-même n'aurait pas hésité à prendre pour épouse l'une de ces femmes. Sa richesse culturelle, le Nigeria la doit en bonne partie à la présence du fleuve Niger, cette grande voie de communication qui, traversant tout le pays, a contribué à mettre en contact, au fil des siècles, tant d'ethnies diverses, qui, hélas, se sont parfois heurtées dans le sang, tel ce massacre de 40 000 Ibo minoritaires dans le Nord en 1966, ceux de l'est répliquant alors en tentant de réaliser la sécession de la nouvelle république du Biafra, au coût d'une guerre qui dura quelques années et fit 2 millions de morts.

La population actuelle du Cameroun, plus de 8 fois inférieure (avec 16 064 000 habitants), est constituée de diverses ethnies (Ewondos, Peuls, Bétis-Bulus, Doualas, Bamilékés, Bassas) qui sont de confession musulmane dans une plus faible proportion (20%), les croyances indigènes et les religions chrétiennes retenant 40% pour chaque catégorie. La densité de population du Nigeria est de 148,6 hab./km^2, sur un territoire de 923 400 km^2, qui représente plus de 4 fois celle du Cameroun sur un territoire deux fois moins étendu de 475 440 km^2 (33,8 hab./km^2). Quant aux langues parlées, rappelons que l'anglais est la langue officielle du Nigeria, alors que le Cameroun est le seul État d'Afrique où le français et l'anglais sont les deux langues officielles, ce qui n'est pas sans évoquer son double, et même son triple, héritage colonial avec la partition du Cameroun allemand en deux entités sous mandats respectifs attribués par la Société des Nations à Paris et à Londres.

Bien qu'ils partagent une longue frontière, le Cameroun et le Nigeria appartiennent à deux communautés économiques différentes, le premier étant,

---

803 Ramsay, Jeffress et Edge, Wayne (2004) *Africa*, p. 26-29.

804 Haub, Carl (2004) *Using Global Population Projections*, Population Reference Bureau : www.prb.org.

avec 10 autres pays, membre de la Communauté économique des États de l'Afrique centrale (CEEAC), tandis que le Nigeria est le membre fondateur de la Communauté économique des États de l'Afrique de l'Ouest (CEDEAO) sur laquelle il continue de peser de tout son poids, puisque plus de la moitié de la population et du PIB de la zone provient de ce pays[805]. L'un des défis du Nigeria, qui est aussi membre de l'OPEP, est de diversifier une économie qui, jusqu'à récemment, a été dépendante du pétrole, dont il était le premier producteur d'Afrique, en 2002, avec 98,6 des 376,4 tonnes de toute l'Afrique, très loin devant le Cameroun avec 3,7 tonnes, et qui représentait 20% de son PIB de 110,8 milliards$ et 95% des revenus de ses exportations, le tiers de celles-ci allant aux seuls États-Unis, qui souhaitent diversifier leurs sources d'approvisionnement. Le Nigeria possède aussi de l'étain, du columbium, du zinc, du plomb, du fer, de la bauxite, du charbon et du gaz naturel, tandis que le Cameroun a à sa disposition de l'uranium, de l'or, du charbon, du gaz naturel, de la bauxite et du fer.

Le secteur de l'agriculture, qui représente 41,2% du PIB du Nigeria et qui occupe 70% de sa population, ne suffit plus à nourrir une population croissante dans un pays qui doit importer désormais de la nourriture, en dépit d'une importante production (riz, maïs, tapioca, millet, arachide, huile de palme, sorgho, poisson, mouton, porc), le cacao étant par contre exporté mais à un prix qui a considérablement chuté ces dernières années. Incapable d'amorcer les réformes économiques requises par le Fond monétaire international et le Club de Paris et de régler les disputes régionales relatives à la redistribution de la rente pétrolière, le Nigeria s'est vu retirer les programmes d'assistance. Mais il a, en 2003, procédé à la déréglementation du prix de l'essence et annoncé la privatisation de quatre raffineries, dans un pays qui, nonobstant son premier rang de producteur africain et ses 3 634 kilomètres d'oléoducs, voit se former assez souvent de longues listes d'attentes devant les stations-service et où la contrebande exploite les déchargements clandestins de pétroliers au large des côtes. S'agissant d'activités illégales, ajoutons que le Nigeria est un lieu de transit pour l'acheminement de l'héroïne et de la cocaïne destinée aux clientèles d'Europe, d'Amérique du Nord et d'Asie de l'Est, de même qu'un centre majeur de blanchiment de l'argent. L'agriculture du Cameroun (café, cacao, coton, banane, grain), qui jouit de conditions favorables et qui assure l'autosuffisance du pays, est cependant, elle aussi, à la merci de la fluctuation des prix internationaux, notamment celui du cacao (le Cameroun et le Nigeria

---

805 Geslin, Jean-Dominique (2004) Intégration, mode d'emploi, *L'état de l'Afrique 2004*, p. 86-89.

sont les 5e et 6e producteurs mondiaux) qui a baissé constamment depuis 1977, sauf une reprise au début des années 2000[806].

Des quatre frontières maritimes que possède le Nigeria, ne sont pas encore délimitées celles avec le Bénin[807] et avec Sao Tomé et Principe, même si, dans ce dernier cas, les deux États ont conclu, le 21 février 2001, un accord[808] fait sans préjudice de la délimitation et concernant l'instauration d'une zone de développement conjoint d'exploration et d'exploitation des ressources, notamment pétrolières, partagées dans une proportion de 60% en faveur du Nigeria et de 40% pour Sao Tomé et Principe. Par ailleurs, le Nigeria a conclu un accord de délimitation partielle avec la Guinée Équatoriale[809], le 23 septembre 2000, alors que l'affaire avec le Cameroun était pendante devant la C.I.J., ledit accord ne mentionnant pas la méthode de délimitation (s'agit-il ou non d'une ligne médiane entre Bioko et le continent ?) mais stipulant par ailleurs que la délimitation sera complétée après que la Cour aura rendu sa décision. Un accord subséquent[810] est conclu, le 3 avril 2002, selon lequel les deux États conviennent de l'exploration conjointe du pétrole, notamment le champ de Zafiro-Ekangma, qui se trouve de part et d'autre de la frontière.

Quant aux deux frontières maritimes que possède le Cameroun, celle avec la Guinée Équatoriale n'est pas délimitée, compliquée qu'elle est notamment par la dispute concernant la souveraineté sur une île à l'embouchure de la rivière Ntem qui sépare le Rio Muni et le Cameroun, de même que par la présence des îles sous souveraineté équato-guinéenne (en particulier Bioko), qui empêchent de se projeter vers le large le littoral camerounais, déjà défavorisé par sa configuration concave.

Outre le problème, déjà mentionné, de la ratification de l'accord multilatéral avec le Tchad, le Cameroun et le Niger concernant la délimitation dans le lac Tchad, le Nigeria a un différend frontalier terrestre avec le Bénin, concernant la souveraineté sur sept villages qui se trouvent le long de la frontière délimitée par la rivière Okpara[811].

---

806 Maury, Frédéric (2004) Le cacao dopé par la crise ivoirienne, *L'état de l'Afrique 2004*, p. 52-53.

807 Consulter à ce sujet Noudjenoume, Philippe, dir. (2004) *Les frontières maritimes du Bénin*.

808 Treaty between the Federal Republic of Nigeria and the Democratic Republic of Sao Tome and Principe on the Joint Development of Petroleum and other Resources, in respect of Areas of the Exclusive Economic Zone of the Two States. Nations Unies (2004) *Delimitation Treaties Infobase*. Disponible sur le site Internet : www.un.org.

809 Treaty between the Federal Republic of Nigeria and the Republic of Equatorial Guinea concerning their maritime boundary. Nations Unies (2004) *Delimitation Treaties Infobase*.

810 Treaty between Equatorial Guinea and Nigeria on joint exploration of crude oil, especially at the Zafiro-Ekanga Oil Field located at the maritime boundary of both countries. Le titre de l'accord est mentionné dans *Delimitation Treaties Infobase*, mais le texte n'est pas disponible.

811 (2004) *CIA World Fact Book 2004*. Site Internet : www.odci.gov/cia/publications/ factbook.

12.2 Les mesures conservatoires et les exceptions préliminaires

Le 29 mars 1994, le Cameroun dépose au greffe de la Cour une requête introductive d'instance contre le Nigeria au sujet d'un différend présenté comme portant « essentiellement sur la question de la souveraineté sur la presqu'île de Bakassi ». Le Cameroun a allégué en outre que la délimitation maritime n'était que partielle et que les deux pays n'avaient pu, « malgré de nombreuses tentatives, se mettre d'accord pour la compléter ». Il demande en conséquence au Tribunal, pour « éviter de nouveaux incidents entre les deux pays », d'établir la délimitation maritime au delà de ce qui avait été convenu en 1975[812].

Le Cameroun dépose, le 6 juin 1994, une requête additionnelle aux fins d'élargir l'objet du différend à un autre différend qu'il décrit comme portant « essentiellement sur la question de la souveraineté sur une partie du territoire camerounais dans la zone du lac Tchad ». Le Cameroun prie en outre la Cour de « préciser définitivement » la frontière entre les deux États, depuis le lac Tchad jusqu'à la mer, et demande de joindre les deux requêtes et « d'examiner l'ensemble en une seule et même instance[813] ».

Le 15 mars 1996, la Cour rend une ordonnance en indication de mesures conservatoires[814] par laquelle il est requis que les deux pays « veillent à éviter tout acte, et en particulier tout acte de leurs forces armées, qui risquerait de porter atteinte aux droits de l'autre Partie au regard de tout arrêt que la Cour pourrait rendre en l'affaire, ou qui risquerait d'aggraver ou d'étendre le différend porté devant elle[815] ». Plus spécifiquement, les Parties doivent se conformer à l'accord du 17 février 1996, aux fins de l'arrêt de toutes les hostilités dans la presqu'île de Bakassi ; elles doivent en outre prêter toute

---

812 *Frontière terrestre et maritime entre le Cameroun et le Nigeria*, arrêt, C.I.J. Recueil 2002, par. 1. Ci-après-cité *Arrêt de 2002*. Le texte intégral de l'arrêt, de même qu'un résumé dans le *Communiqué de presse 2002/26 bis*, sont disponibles sur le site Internet de la Cour : www.icj-cij.org.

813 *Idem*, par. 3.

814 Consulter notamment à ce sujet Bekong, Njinkeng Julius (1997) International Dispute Settlement : Land and Maritime Boundary between Cameroon and Nigeria. Origin of the Dispute and Provisional Measures, *AfrJIL*, vol. 9, p. 287-310 ; Merrils, J.G. (1997) The Land and Maritime Boundary Case, Order of 15 March 1996 Cameroon v. Nigeria, *ICLQ* , vol. 46, p. 676 ; Garcia, Thierry (1996) Les mesures conservatoires rendues par la C.I.J. le 15 mars 1996 dans l'affaire du différend frontalier entre le Cameroun et le Nigeria, *AFDI*, vol. 42, p. 409 ; Sall, Alioune (1997) Actualité des conflits frontaliers en Afrique : l'ordonnance du 15 mars 1996 rendue par la Cour internationale de Justice dans le différend frontalier entre le Cameroun et le Nigeria, *AfrJIL*, vol. 9, p. 183.

815 Ordonnance, par. 49.

l'assistance voulue à la mission d'enquête proposée par le secrétaire général de l'ONU dans la presqu'île de Bakassi.

Dans son arrêt du 11 juin 1998 relatif aux exceptions préliminaires[816] que le Nigeria avait soulevées dans le délai fixé pour le dépôt de son contre-mémoire, la Cour, déclarant qu'elle a compétence pour statuer sur le fond du différend, rejette sept de ces exceptions, tout en décidant que la huitième n'a pas un caractère exclusivement préliminaire et qu'elle statuera donc sur celle-ci dans l'arrêt à être rendu sur le fond[817].

Dans sa première exception préliminaire, le Nigeria soutient que la Cour n'est pas compétente pour connaître de la requête déposée par le Cameroun pour le motif qu'en déposant cette requête, ce dernier « a violé son obligation d'agir de bonne foi, a abusé du système institué par le paragraphe 2 de l'article 36 du Statut et n'a pas tenu compte de la condition de réciprocité prévue », et par conséquent, « les conditions nécessaires pour autoriser le Cameroun à invoquer sa déclaration en vertu du paragraphe 2 de l'article 36 comme fondement de la compétence de la Cour n'étaient pas remplies lorsque la requête a été soumise[818] ». La Cour note une affirmation du Cameroun selon laquelle le principe de la bonne foi constitue l'un des principes de base qui président à la création et à l'exécution d'obligations juridiques, et qu'il n'est pas comme tel une source d'obligation s'il n'en existe pas autrement. Or, poursuit le Cameroun, il n'existe en droit international aucune obligation spécifique pour les États d'informer les autres États parties au Statut qu'ils ont l'intention de souscrire à la clause facultative ou qu'ils ont souscrit à cette clause.

Dans sa deuxième exception préliminaire, le Nigeria soumet que « pendant une période d'au moins vingt-quatre ans avant le dépôt de la requête, les Parties ont, au cours des contacts et des entretiens qu'elles ont eus régulièrement, accepté l'obligation de régler toutes les questions frontalières au moyen des mécanismes bilatéraux existants ; que cet ensemble de comportements communs constitue un accord implicite de recourir exclusivement aux mécanismes bilatéraux existants et de ne pas invoquer la compétence de la Cour ; qu'*à titre subsidiaire*, dans ces circonstances, la République du Cameroun est privée de son droit à invoquer la compétence de la Cour[819] ». Le Tribunal

---

816 *Affaire de la Frontière terrestre et maritime entre le Cameroun et le Nigeria (Cameroun c. Nigeria), exceptions préliminaires*, arrêt, C.I.J. Recueil 1998. Le texte intégral de l'arrêt, de même qu'un résumé, sont disponibles sur le site Internet de la Cour : www. icj-cij.org.

817 Pour une étude de ces exceptions, voir Bekker, Peter H.F. (1998) Land and Maritime Boundary between Cameroon and Nigeria 11.06.1998, *AJIL*, vol. 92, p. 751 ; Elias, Olufemi et Lim, Chin (1999) Casenote : The Right of Passage Doctrine Revisited : An Opportunity Missed 11.06.1998 (Cameroon / Nigeria), *LJIL*, vol. 12, p. 231 ; Merrils, J. G. (1999) The Land and Maritime Boundary Case 11.06.1998 (Cameroon/Nigeria), *ICLQ*, vol. 48, p. 651.

818 *Arrêt de 2002*, par. 19.

819 *Ibidem.*

déclare qu'il n'existe pas de règle, en droit international, selon laquelle « l'épuisement des négociations diplomatiques serait un préalable à la saisine de la Cour[820] ». Celle-ci ajoute qu'un tel préalable aurait pu faire l'objet d'une clause compromissoire figurant dans les traités liant le Cameroun et le Nigeria, ou encore une réserve aurait pu être insérée dans leur déclaration facultative d'acceptation de la juridiction obligatoire de la Cour, qui constate que rien de cela n'a été fait. Quant à la prétendue situation d'estoppel, il n'est pas établi que le Nigeria aurait subi un préjudice du fait de la procédure intentée par le Cameroun.

Le Nigeria soutient, dans sa troisième exception, que « le règlement des différends frontaliers dans la région du lac Tchad relève de la compétence exclusive de la commission du bassin du lac Tchad et que, dans ce contexte, les procédures de règlement prévues dans le cadre de la commission sont obligatoires pour les Parties[821] ». La Cour estime que cette commission « ne saurait être regardée comme un tribunal[822] ». Cette commission n'est pas visée par le chapitre VIII de la Charte puisqu'elle constitue une organisation régionale dont les fins ne sont pas de régler des affaires qui touchent au maintien de la paix et de la sécurité internationales, et « l'existence de procédures régionales de négociation ne saurait, quelle qu'en soit la nature, empêcher la Cour d'exercer les fonctions qui lui sont conférées par la Charte et le Statut[823] ».

Dans sa quatrième exception préliminaire, le Nigeria prétend que le Tribunal ne devrait pas déterminer le point triple dans le lac Tchad, étant donné que sa localisation affecte directement un État tiers, en l'occurrence le Tchad. La Cour estime qu'elle « n'est pas nécessairement empêchée de statuer lorsque la décision qu'il lui est demandé de rendre est susceptible d'avoir des incidences sur les intérêts juridiques d'un État qui n'est pas partie à l'instance ; et la Cour n'a refusé d'exercer sa compétence que lorsque les intérêts d'un État tiers constituent (...) l'objet même de la décision à rendre sur le fond[824] ». La Cour rappelle que, dans l'affaire *Libye/Tchad*[825], les deux points triples de la frontière ont été déterminés sans les présences respectives du Soudan et du Niger.

De l'avis du Nigeria, dans sa cinquième exception, « il n'existe pas de différend concernant la délimitation de la frontière en tant que telle sur toute sa longueur[826] », depuis le lac Tchad jusqu'à la mer, sous réserve du titre du Nigeria sur Bakassi, Darak et les îles avoisinantes habitées par des Nigérians.

---

820 *Idem*, par. 56.
821 *Idem*, par. 19.
822 *Idem*, par. 69.
823 *Idem*, par. 67.
824 *Idem*, par. 79.
825 *Différend territorial (Jamahiriya arabe libyenne/Tchad)*. Mentionnée dans l'*Arrêt de 2002* au par. 80.
826 *Arrêt de 2002*, par. 19.

La Cour affirme au contraire qu'il existe bien des différends, notamment celui sur la presqu'île de Bakassi, qui aura une influence sur le tracé de la frontière maritime.

La sixième exception expose que les questions de responsabilité étatique et de réparation présentées par le Cameroun sont irrecevables pour le motif que « les prétendues incursions et incidents imputés à des organes de l'État nigérian[827] » ne sont pas appuyés par un exposé des faits suffisamment précis. La Cour estime au contraire que la requête du Cameroun satisfait aux conditions requises au paragraphe 2 de l'article 38 du Règlement de la Cour, selon lesquelles la requête « indique (...) la nature précise de la demande et contient un exposé succinct des faits et moyens sur lesquels cette demande repose ».

Le Nigeria affirme, dans sa septième exception préliminaire, qu'il n'existe pas de différend concernant la délimitation, puisqu'« il n'est pas possible de déterminer la frontière maritime avant de se prononcer sur le titre[828] » concernant Bakassi et que, dans l'éventualité même d'une décision sur la question de ce titre, les demandes relatives à la délimitation maritime « n'en seraient pas moins irrecevables faute d'action antérieure suffisante des Parties pour effectuer, sur un pied d'égalité, une délimitation "par voie d'accord" conformément au droit international[829] ». La Cour observe notamment que le différend, au delà du point G, a été défini de manière suffisamment précise pour qu'elle puisse en être saisie. Puisque les négociations au delà du point G n'ont pu être conduites, ce différend existe.

La huitième et dernière exception préliminaire expose que « la question de la délimitation maritime met nécessairement en cause les droits et les intérêts d'États tiers ». La Cour estime, à l'instar des Parties, que ces intérêts ne sont en cause que pour ce qui concerne le prolongement de la frontière au delà du point G, et notamment ceux de la Guinée Équatoriale et de Sao Tomé et Principe. Bien que la Cour ne soit pas nécessairement empêchée de statuer, elle doit décider qu'il est nécessaire d'examiner au fond la demande du Cameroun. La question reste entière de savoir si ces États tiers décideront ou non d'exercer leurs droits à une intervention dans l'instance. Le Tribunal conclut que la huitième exception n'a pas un caractère exclusivement préliminaire[830].

---

827 *Ibidem.*

828 *Idem*, par. 104.

829 *Ibidem.*

830 Pour une analyse du jugement du 11 juin 1998, voir notamment Kwiatkowska, Barbara (1999) Cameroon v. Nigeria and Maritime Boundary (preliminary objections) : Judgment of 11 June 1998, *Hague YBIL*, p. 15-41.

12.3 L'intervention de la Guinée Équatoriale

Le 30 juin 1999, la Guinée Équatoriale dépose une requête à fin d'intervention ayant pour objet de protéger ses droits dans le golfe de Guinée. À la suite de l'ordonnance[831] du 21 octobre 1999 accueillant l'intervention[832], la Guinée Équatoriale allègue notamment, dans une déclaration écrite, que sa requête « est simple, va droit au but qu'elle vise, repose sur la jurisprudence de la Cour, s'inscrit dans le droit fil de la pratique de la communauté internationale et correspond à la pratique des trois États de la région concernée : elle prie la Cour de s'abstenir de délimiter une frontière maritime entre le Nigeria et le Cameroun dans une zone plus proche de la Guinée Équatoriale que des Parties à l'instance[833] ». La Guinée n'hésiterait pas non plus à invoquer les incidences que pourrait avoir un arrêt sur l'attitude des sociétés pétrolières. Lors de ses observations orales, elle aura l'occasion de réitérer la méthode de délimitation qu'elle préconise, tout en demandant à la Cour de s'abstenir « d'émettre un quelconque avis susceptible de porter préjudice » à ses intérêts dans le cadre de ses négociations concernant ses frontières avec d'autres États, et elle précise que la prise en compte des intérêts de l'État tiers dans la présente procédure implique que la délimitation « doit nécessairement demeurer au nord de la ligne médiane » entre l'île de Bioko de la Guinée Équatoriale et le continent[834]. En accueillant cette intervention, a-t-on fait remarquer, « la Cour se met donc en situation de devoir trancher entre le droit au règlement juridictionnel du différend qu'invoquent les parties et le libre choix du mode de résolution des contestations juridiques revendiqué par l'État tiers », le règlement juridictionnel « permettant de corriger le "jugement de Salomon" sur lequel débouche généralement la négociation entre les États. L'alchimie judiciaire ne produit pas les mêmes alliages que le règlement négocié[835] ».

---

[831] Pour une analyse de cette ordonnance, voir Weckel, Philippe (2000) Ordonnance du 21 octobre 1999, *RGDIP*, vol. 104, p. 248-250 ; Merrills, J.G. (2000) The International Court of Justice and the Adjudication of Territorial and Boundary Disputes, *LJIL*, vol. 13, p. 873-881.

[832] Voir notamment Merrils, J. G. (2000) The Land and Maritime Boundary Case - The Intervention by Equatorial Guinea 21.10.1999 (Cameroon/Nigeria), *ICLQ*, vol. 49, p. 720 ; Barati, H. (1999) Frontière terrestre et maritime (Cameroun c. Nigeria). Exceptions préliminaires, interprétation, intervention, *AFDI*, vol. 45, p. 371-412.

[833] *Arrêt de 2002*, par. 28.

[834] *Idem*, par. 29.

[835] Weckel, Philippe (2000) Chronique de jurisprudence internationale. Ordonnance du 21 octobre 1999 sur la requête de la Guinée Équatoriale à fin d'intervention, *RGDIP*, vol. 104, p. 248-249.

12.4 Le cadre géographique

C'est très succinctement que les juges décrivent le cadre géographique[836] du Cameroun et du Nigeria. Tous deux situés sur la côte occidentale de l'Afrique, leurs côtes, adjacentes, sont baignées par les eaux du golfe de Guinée. Ils partagent une longue frontière terrestre qui court du lac Tchad au nord jusqu'à la presqu'île de Bakassi au sud, puis une frontière maritime beaucoup plus courte, étant donné la présence de l'île de Bioko, dans la concavité du golfe, sous la souveraineté de la Guinée Équatoriale.

Dans la région du lac Tchad, dont la superficie a beaucoup varié avec le temps, la frontière traverse des plaines chaudes et sèches, qui se trouvent approximativement à 300 mètres d'altitude, elle parcourt des régions montagneuses et de hautes terres cultivées en pâturages, arrosées par divers cours d'eau, puis, à plus basse altitude, des régions de savane et de forêt, avant de toucher la mer, là où coulent, de part et d'autre de la presqu'île de Bakassi, la rivière Akwayafé à l'ouest et le Rio del Rey à l'est. La presqu'île est caractérisée par un milieu amphibie, où se trouvent des ressources halieutiques et une végétation de mangroves abondantes.

12.5 Le contexte historique

La Cour accorde de plus longs développements au contexte historique[837], lequel, observe-t-elle, est marqué, au XIXe siècle et au début du XXe, par l'action des puissances européennes aux fins du partage de l'Afrique, puis par l'évolution du statut des territoires en cause sous le régime des mandats de la Société des Nations, puis des tutelles de l'Organisation des Nations Unies, enfin par l'accession de ces territoires à l'indépendance. Cette action et cette évolution sont constatées dans divers traités et conventions, échanges diplomatiques, actes administratifs, cartes d'époque et autres documents.

Le Tribunal évoque d'abord les instruments relatifs à la délimitation des frontières des territoires coloniaux respectifs de la Grande-Bretagne, de la France et de l'Allemagne : convention du 29 mai 1906 concernant la délimitation de la frontière entre les possessions françaises et les britanniques à l'est du Niger (dénommée ci-après convention franco-britannique de 1906), complétée par le protocole du 19 février 1910 (protocole franco-britannique de 1910) ; convention du 15 mars 1894 concernant la délimitation des colonies du Congo français et du Cameroun et des sphères d'influence française et allemande dans la région du lac Tchad (convention franco-allemande de 1894) ; convention du 18 avril 1908 entre la France et l'Allemagne aux fins de confirmer le protocole

---

[836] *Arrêt de 2002,* par. 30.

[837] *Idem*, par. 31-38.

du 9 avril 1908 définissant les frontières entre le Congo français et le Cameroun (convention franco-allemande de 1908) ; accord du 15 novembre 1893 concernant la frontière entre la Grande-Bretagne et l'Allemagne, complété par l'accord du 19 mars 1906 concernant la frontière, de Yola au lac Tchad (accord anglo-allemand de 1906) ; accord du 11 mars 1913 entre la Grande-Bretagne et l'Allemagne concernant la frontière entre le Nigeria et le Cameroun, de Yola à la mer, de même que la réglementation de la navigation sur la rivière Cross (accord anglo-allemand du 11 mars 1913) ; accord du 12 avril 1913 entre la Grande-Bretagne et l'Allemagne relatif à la démarcation de la frontière, entre Yola et la rivière Cross (accord anglo-allemand du 12 avril 1913).

Aux lendemains de la Première Guerre mondiale, de même qu'à la suite de la seconde, plusieurs accords frontaliers se succèdent : certaines dispositions du traité de Versailles plaçant sous mandats britanniques ou français, avec l'accord de la Société des Nations, l'ensemble des territoires de l'Allemagne dans la région entre le lac Tchad et la mer ; déclaration franco-britannique du 10 juillet 1919 concernant les limites séparant les territoires sous mandats, (déclaration Milner-Simon), précisée par celle du 29 décembre 1929 et du 31 janvier 1930 (déclaration Thompson-Marchand), elle-même approuvée et incorporée dans l'échange de notes du 9 janvier 1931 (Henderson-Fleuriau) ; accords de tutelle des Nations Unies pour le Cameroun britannique et le Cameroun sous administration française, approuvés le 13 décembre 1946 par l'Assemblée générale ; Ordre en conseil britannique du 2 août 1946 concernant l'administration du protectorat du Nigeria et du Cameroun, et divisant les régions sous la tutelle britannique en deux entités administratives : le Cameroun septentrional et le Cameroun méridional (Ordre en conseil de 1946).

La Cour rappelle ensuite que le Cameroun français accéda, le 1er janvier 1960, à l'indépendance avec ses frontières héritées de la période antérieure, de même que le Nigeria, le 1er octobre de la même année. Le gouvernement britannique organisa ensuite, selon les directives des Nations Unies (résolution 1350 XIII de l'Assemblée générale du 13 mars 1959), des plébiscites distincts aux deux Cameroun, « afin de déterminer les aspirations des habitants (...) au sujet de leur avenir[838] ». Au terme de ces plébiscites, les 11 et 12 février 1961, la population du Cameroun septentrional choisit d'accéder à l'indépendance en s'unissant à la Fédération de Nigeria indépendante, tandis que celle du Cameroun méridional choisit l'indépendance tout en s'unissant à la République du Cameroun indépendante (résolution 1608 XV du 21 avril 1961).

Quant au principal instrument relatif à la région du lac Tchad, la Cour évoque la convention du 22 mai 1964 sur la création de la Commission du bassin du lac Tchad (CBLT), signée par les quatre États riverains (Cameroun, Nigeria, Tchad et Niger), dont le mandat est, notamment, de coordonner

---

[838] *Idem*, par. 35.

l'utilisation des eaux du bassin et d'examiner certaines questions frontalières et de sécurité.

Au sujet des questions relatives à la souveraineté sur la presqu'île de Bakassi et à la frontière dans cette zone, la Cour évoque le traité de protectorat du 10 septembre 1884 entre la Grande-Bretagne et les rois et chefs du Vieux-Calabar (traité de 1884), ainsi que les accords anglo-allemands du 11 mars et du 12 avril 1913 relatifs à la frontière, de Yola à la mer, par lesquels la presqu'île de Bakassi se retrouvera en territoire allemand.

Quant aux accords concernant la frontière maritime entre le Cameroun et le Nigeria, tous postérieurs à leur indépendance politique sauf les accords anglo-allemands de 1913 qui fixaient le point terminal de la frontière terrestre à la côte, la Cour évoque les suivants : déclaration de la Commission mixte sur les frontières du 14 août 1970 (déclaration de Yaoundé I), par laquelle il est convenu que la délimitation sera effectuée en trois étapes, la première devant être celle de la délimitation maritime ; seconde déclaration du 4 avril 1971 (déclaration de Yaoundé II), prévoyant la délimitation jusqu'à trois milles marins des côtes ; accord du 1er juin 1975 (déclaration de Maroua) par laquelle le tracé partiel se trouve prolongé jusqu'à un point G.

12.6 La frontière dans la région du lac Tchad

Après avoir décrit le cadre géographique et évoqué le contexte historique, la Cour examine la question de la délimitation de la frontière dans la région du lac Tchad. Le Cameroun et le Nigeria sont en total désaccord quant à cette délimitation, puisque le Cameroun propose un tracé précis, tel qu'il a été défini par la CBLT, tandis que le Nigeria considère que cette définition ne peut lui être opposée. Le Cameroun propose en effet un tracé précis, tel qu'il est énoncé dans ses conclusions finales, lors de la procédure orale :

> Du point désigné par les coordonnées 13° 5' nord et 14° 5' est, la frontière suit une ligne droite jusqu'à l'embouchure de l'Ebedji, située au point de coordonnées 12° 32' 17'' nord et 14° 12' 12'' est, point défini dans le cadre de la commission du bassin du lac Tchad et constituant une interprétation authentique des déclarations Milner-Simon du 10 juillet 1919 et Thomson-Marchand des 29 décembre 1929 et 31 janvier 1930, confirmées par l'échange de lettres du 9 janvier 1931 ; subsidiairement, l'embouchure de l'Ebedji est située au point de coordonnées 12° 31' 12'' nord et 14° 11' 48'' est[839].

Quant au Nigeria, il demande au Tribunal, dans ses conclusions, lors de cette même procédure orale, de décider :

---

[839] Sous-paragraphe 1 du point a) des conclusions du Cameroun, cité dans l'*Arrêt de 2002*, par. 27.

a) que la délimitation et la démarcation proposées sous les auspices de la commission du bassin du lac Tchad, n'ayant pas été ratifiées par le Nigeria, ne s'imposent pas à lui ;
b) que la souveraineté sur les zones de la région du lac Tchad définies au paragraphe 5.9 de la duplique du Nigeria et indiquées aux figures 5.2 et 5.3 en regard de la page 242 (y compris les agglomérations nigérianes énumérées au paragraphe 4.1 de la duplique du Nigeria) appartient à la République fédérale du Nigeria ;
c) qu'en tout état de cause, du point de vue juridique, le processus qui s'est déroulé dans le cadre de la commission du bassin du lac Tchad, et qui devait conduire à la délimitation et la démarcation de l'ensemble des frontières dans le lac Tchad, est sans préjudice du titre sur telle ou telle zone de la région du lac Tchad qui revient au Nigeria du fait de la consolidation historique du titre et de l'acquiescement du Cameroun[840].

Puisque le Cameroun et le Nigeria expriment leur désaccord quant à l'existence d'une délimitation définitive dans la région du lac Tchad, la Cour examine d'abord si la déclaration Milner-Simon de 1919, de même que les autres instruments qui lui ont succédé, constatent l'existence d'une frontière qui lie les deux voisins. Le Tribunal analyse ensuite l'argumentation du Nigeria selon laquelle celui-ci détient un titre territorial fondé sur ce qu'il appelle la consolidation historique.

Le Cameroun prétend donc que la frontière dans la région du lac Tchad, décrite dans ses conclusions, résulte des instruments applicables que sont la déclaration Milner-Simon de 1919 et la déclaration Thomson-Marchand de 1929-1930, telle qu'elle est incorporée dans l'échange de notes Henderson-Fleuriau de 1931, position contestée par le Nigeria pour le motif qu'il n'existe pas de délimitation complète dans la région et que les effets combinés de la consolidation historique et de l'acquiescement du Cameroun lui valent un titre sur les zones, notamment 33 localités qui sont nommément désignées dans sa duplique.

La Cour se donne alors pour tâche d'analyser le contenu des accords bilatéraux conclus, à la fin du XIXe siècle et au début du XXe, entre l'Allemagne, la France et la Grande-Bretagne. Faisant observer qu'à l'issue de la Première Guerre mondiale, une bande de territoire située à l'est de la frontière occidentale de l'ancien Cameroun allemand était devenue le Cameroun sous mandat britannique, il était alors « nécessaire de redéfinir une frontière, commençant dans le lac même, entre les territoires récemment placés sous mandats britannique et français[841] ». Ce fut l'objet de la déclaration Milner-Simon de 1919, par laquelle il était convenu de « déterminer la frontière séparant les

---

840 Points a), b) et c) du par. 2 des conclusions du Nigeria, cités dans l'*Arrêt de 2002*, par. 27.
841 *Idem*, par. 48.

territoires du Cameroun respectivement placés sous l'autorité de leurs gouvernements, ainsi qu'elle est tracée sur la carte Moisel au 1/300 000 annexée à la présente déclaration et définie par la description en trois articles également ci-jointe[842] ». La déclaration subséquente Milner-Simon viendra, notamment, fixer le point triple dans le lac Tchad et préciser la frontière, en stipulant que celle-ci sera déterminée, depuis le point triple, par une ligne droite jusqu'à l'embouchure de l'Ebeji. Cette ligne sera confirmée par les dispositions de l'article premier du mandat conféré à la Grande-Bretagne par la Société des Nations :

> Les territoires dont Sa majesté britannique assume l'administration (...) comprennent la partie du Cameroun qui est située à l'ouest de la ligne fixée dans la déclaration signée le 10 juillet 1919 (...). Cette ligne pourra, toutefois, être légèrement modifiée par accord (...) sur les points où, soit dans l'intérêt des habitants, soit par suite d'inexactitudes de la carte Moisel (...) l'examen des lieux ferait reconnaître comme indésirable de s'en tenir exactement à la ligne indiquée. La délimitation sur le terrain de ces frontières sera effectuée conformément aux dispositions de ladite déclaration. Le rapport final de la commission mixte donnera la description exacte de la frontière telle que celle-ci aura été déterminée sur le terrain ; les cartes signées par les commissaires seront jointes au rapport[843].

La Cour estime que le libellé même de cette disposition « renvoie sans équivoque à une démarcation, nonobstant la terminologie employée », et elle ajoute : « Le fait qu'il ait été prévu que cette commission procéderait à la démarcation précise de la frontière présuppose également que celle-ci était considérée comme ayant été pour l'essentiel délimitée[844] ». La Cour poursuit en constatant que les deux Puissances mandataires, sans procéder pour autant à la démarcation, continuèrent à apporter certaines précisions à la frontière, notamment par la déclaration Thomson-Marchand de 1929-1930, elle-même approuvée et incorporée dans l'échange de notes Henderson-Fleuriau de 1931, lequel était accompagné d'une carte qui précisait d'un commun accord la carte Moisel.

Le Tribunal est donc d'avis que la frontière, à partir de 1931, était suffisamment délimitée pour faire l'objet d'une démarcation. La Cour note aussi que le Nigeria, consulté lors des négociations précédant l'indépendance, puis à l'occasion des plébiscites sur cette indépendance, ne laissa entendre à aucun moment que les frontières restaient à délimiter. Cette interprétation est confirmée, précise-t-elle, par les travaux de la Commission du bassin du lac Tchad, de

---

842 *Ibidem.*
843 *Ibidem.*
844 *Ibidem.*

1983 à 1991, travaux dont la nature même relevait de la démarcation. La Cour observe aussi que le Nigeria a participé à ces travaux de démarcation de la CBLT entre 1984 et 1990, mais elle n'en reconnaît pas moins que la déclaration de 1929-1930 contenait quelques imperfections techniques et que certains détails restaient à préciser, notamment les incertitudes entourant la longitude exacte du point triple dans le lac Tchad, ainsi que la localisation de l'embouchure de l'Ebedji, questions qui avaient été confiées à la CBLT.

S'agissant des coordonnées du point triple Cameroun-Nigeria-Tchad dans le lac Tchad, et après avoir examiné la carte Moisel de la déclaration de 1919 et celle de l'échange de notes de 1931, la Cour déclare en arriver aux mêmes conclusions que la CBLT, et elle décide alors de situer le point triple à 14° 04' 59'' de longitude Est, plutôt qu'à « approximativement » 14° 05' – une différence minime qui, observe la Cour, « confirme d'ailleurs que cette question n'a jamais revêtu une importance telle qu'elle pût laisser la frontière "indéterminée" dans cette région[845] ».

Au sujet de l'embouchure de l'Ebedji, à laquelle se réfèrent la déclaration de 1929-1930 et l'échange de notes de 1931, les juges sont d'avis que ces instruments, de même que les cartes qui y sont annexées, montrent que l'existence d'une seule embouchure avait été envisagée par les parties. Ainsi, la carte de 1931 indique un chenal unique débouchant dans le lac et elle comporte une note mentionnant que « le niveau des eaux du lac Tchad est variable et indéterminé[846] ». La Cour observe d'ailleurs que le lac a connu, depuis 1931, un net recul, si bien que l'Ebedji se divise maintenant en deux chenaux. Le Nigeria demande au Tribunal de décider que l'embouchure de la rivière correspond au chenal oriental, qui est le plus long, en invoquant la sentence arbitrale rendue dans l'affaire du *Rio Palena*[847], tandis que le Cameroun, se fondant plutôt sur l'affaire *Botswana/Namibie*[848] privilégie le chenal occidental, qui présente la plus grande profondeur et le plus grand débit. Le Tribunal note la très grande proximité des coordonnées de l'embouchure de l'Ebedji, ainsi que le montrent les deux cartes, dans la zone située juste au nord de l'emplacement indiqué comme étant celui de Wulgo, outre que ces coordonnées sont identiques à celles que la CBLT a déterminées en localisant cette embouchure telle qu'on l'estimait en 1931. Puisque le point identifié se trouve au nord de l'embouchure proposée par le Cameroun, comme de celle proposée par le Nigeria, la Cour conclut que cette embouchure est celle que mentionnent les instruments qui sont confirmés dans l'échange de notes de 1931 (14° 12' 12'' de longitude Est et 12° 32' 17''

---

845 *Idem*, par. 57.
846 *Idem*, par. 58.
847 *ILR*, vol. 38, p. 93-95. Mentionnée dans l'*Arrêt de 2002*, par. 58.
848 *Île de Kasikili/Sedudu (Botswana/Namibie)*, arrêt, C.I.J. Recueil 1999, p. 1064-1072, par. 30-40. Mentionnée dans l'*Arrêt de 2002*, par. 58.

de latitude Nord). La frontière se dirige, depuis ce point, en ligne droite jusqu'au point de bifurcation (14° 12' 03'' de longitude Est et 12° 30' 14'' de latitude Nord) où l'Ebedji se divise en deux chenaux, le Cameroun et le Nigeria convenant que ce point se trouve sur la frontière.

12.7 Le concept de consolidation historique

Les juges examinent ensuite une argumentation du Nigeria selon laquelle il exercerait sa souveraineté dans certaines zones du lac Tchad, souveraineté qui serait fondée, prétend-il, sur la présence de villages désignés par leurs noms qui ont été établis, dans certains cas, sur le lit asséché du lac, dans d'autres cas, sur des îles pérennes ou d'autres qui ne sont des îles que durant la saison des pluies. Le Nigeria soutient que sa présence dans ces zones fonde sa souveraineté, étant donné la consolidation historique de son titre avec l'acquiescement du Cameroun, tandis que les activités de la CBLT sont sans préjudice de son titre sur ces zones. Le Nigeria affirme que sa revendication territoriale repose sur trois fondements :

1) une occupation de longue durée par le Nigeria et par des ressortissants nigérians, laquelle constitue une consolidation historique du titre ;
2) une administration exercée effectivement par le Nigeria agissant en tant que souverain, et l'absence de protestations ;
3) des manifestations de souveraineté par le Nigeria, parallèlement à l'acquiescement par le Cameroun à la souveraineté du Nigeria sur Darak et les villages avoisinants du lac Tchad[849].

Le Nigeria distingue divers éléments constitutifs de cette consolidation historique de son titre : la nationalité nigériane des habitants de ces villages, de même que leur attachement au Nigeria ; des liens de nature historique et, notamment, le maintien du système et de l'autorité des chefs traditionnels, élément d'ailleurs important de l'organisation étatique du Nigeria moderne ; l'établissement de longue date de ressortissants nigérians ; enfin, l'administration pacifique des villages en litige par le Nigeria. Ce dernier soutient, à l'inverse, que le Cameroun a insuffisamment fait preuve d'activités étatiques dans la région et que son silence revêt « une importance particulière à la lumière du caractère public et notoire des activités étatiques du Nigeria », tandis que le Cameroun « a acquiescé à l'exercice paisible de la souveraineté nigériane sur les localités en litige et que cet acquiescement constitue un élément très important du processus de consolidation historique d'un titre[850] ».

La Cour tient à rappeler que cette notion de consolidation historique, que le Nigeria associe à la maxime *quieta non movere*, a été la source de

---

[849] *Idem* par. 62.
[850] *Ibidem*.

nombreuses controverses et que « cette notion ne saurait se substituer aux modes d'acquisition de titre reconnus par le droit international, qui tiennent compte de nombreux autres facteurs importants de fait et de droit[851] ». Le Tribunal rappelle aussi que cette notion n'a été utilisée qu'une seule fois dans toutes les affaires contentieuses, en l'occurrence devant la Cour internationale de Justice dans l'affaire de 1951 des *Pêcheries*[852] dans laquelle la Norvège, ayant émis, près d'un siècle auparavant et sans opposition, certains décrets relatifs aux limites extérieures de sa mer territoriale, avait alors établi de ce fait, selon la Cour, « un système bien défini et unifié (...) qui aurait bénéficié d'une tolérance générale, fondement d'une consolidation historique qui le rendait opposable à tous les États ». Rien dans cet arrêt, poursuit la Cour, ne permet de penser que cette consolidation, qui concerne la mer territoriale, pourrait faire prévaloir l'occupation d'un espace terrestre sur un titre conventionnel valide, sans compter, ajoute le Tribunal, que l'occupation nigériane – à peine vingt ans – porte sur une période trop brève.

La Cour note que, « dès lors qu'elle a conclu que la frontière dans le lac Tchad se trouvait délimitée bien avant que ne débutent les travaux de la CBLT, les éventuelles effectivités nigérianes doivent bien être considérées, du point de vue de leurs conséquences juridiques, comme des actes *contra legem*[853] ». La Cour rappelle qu'elle a eu, dans plusieurs affaires, à se prononcer sur la relation juridique entre les effectivités et le titre, notamment l'affaire *Burkina Faso/Mali* de 1986 dans laquelle elle a jugé que si « le fait ne correspond pas au droit[854] », c'est-à-dire lorsque le territoire en litige est administré effectivement par un État autre que le détenteur du titre, le titulaire du titre doit être préféré.

Le Tribunal reconnaît que certaines des activités du Nigeria, tels l'organisation de services publics de santé et d'enseignement, le maintien de l'ordre et l'administration de la justice, « pourraient normalement être considérées comme des actes accomplis à titre de souverain[855] ». Mais comme le Cameroun détenait un titre préexistant sur cette région du lac, la question à résoudre est de savoir si ce dernier « a acquiescé à une modification du titre conventionnel, éventualité qui ne peut être entièrement exclue en droit » – et la

---

851 *Idem*, par. 65.

852 *(Royaume-Uni c. Norvège)*, arrêt, C.I.J. Recueil 1951, p. 130 et 137. Citée dans l'*Arrêt de 2002*, par. 65.

853 *Arrêt de 2002*, par. 64.

854 *Différend frontalier (Burkina Faso/République du Mali)*, arrêt, C.I.J. Recueil 1986, p. 587, par. 63. Citée dans l'*Arrêt de 2002*, par. 68.

855 *Arrêt de 2002*, par. 67.

Cour de rappeler à ce sujet l'affaire du *Golfe de Fonseca*[856] de 1992. Or, la preuve révèle que le Cameroun n'a pas acquiescé à l'abandon de son titre.

Les juges concluent donc que les villages revendiqués par le Nigeria et situés à l'est de la frontière qui avait été confirmée dans l'échange de notes de 1931 sont demeurés sous la souveraineté du Cameroun. La Cour passe ensuite à la délimitation de la zone qui se trouve entre la région du lac Tchad et la péninsule de Bakassi.

12.8 La frontière terrestre

Dans ses conclusions finales, dans la procédure orale, le Cameroun demande à la Cour de juger que la frontière terrestre suit le tracé suivant, à partir du point de coordonnées 13°5' Nord et 14°5' Est : jusqu'au « pic assez proéminent » (alinéa 60 de la déclaration Thomson-Marchand), connu sous le nom de mont Kombon ; puis, de celui-ci, la frontière se dirige ensuite vers la borne 64 indiquée dans l'accord germano-britannique d'Obokum du 12 avril 1913 (par. 12) et suit alors, dans ce secteur, le tracé décrit dans le *Nigeria Protectorate and Cameroons Order in Council* britannique du 2 août 1946 (section 6, par. 1) ; de cette dernière borne, elle suit le tracé prévu dans l'accord d'Obokum du 12 avril 1913 jusqu'à la borne 114 sur la rivière Cross (par. 13 à 21) ; de ce dernier point et « jusqu'à l'intersection de la ligne droite joignant Bakassi Point à King Point et du centre du chenal navigable de l'Akwayafé », la frontière est établie par l'accord germano-britannique du 11 mars 1913 (par. 16 à 21). Le Cameroun demande donc à la Cour de déclarer camerounaise « la souveraineté sur la presqu'île de Bakassi d'une part et sur la parcelle litigieuse occupée par le Nigeria dans la zone du lac Tchad d'autre part, en particulier sur Darak et sa région[857] ».

Quant au Nigeria, dans ses conclusions lors de la procédure orale, il demande au Tribunal de décider que ce dernier a compétence pour « préciser définitivement le tracé de la frontière terrestre entre le lac Tchad et la mer » ; en outre, que « l'embouchure de la rivière Ebedji, qui marque le point de départ de la frontière terrestre, se trouve au point où le chenal nord-est de la rivière se jette dans la formation appelée "Pond" », comme cela est indiqué sur une carte du Nigeria (figure 7.1 de la duplique) ; que, sous certaines réserves énoncées au chapitre 7 de la duplique, « la frontière terrestre entre l'embouchure de l'Ebedji et le point situé sur le thalweg de l'Akpa Yafe qui fait face au point médian de l'embouchure de l'Archibong Creek est délimitée par les instruments frontaliers

---

856 *Différend frontalier terrestre, insulaire et maritime (El Salvador/Honduras ; Nicaragua (intervenant))*, arrêt, C.I.J. Recueil 1992, p. 408-409, par. 80. Mentionnée dans l'*Arrêt de 2002*, par. 68.

857 Points a) et b) des conclusions du Cameroun, cités dans l'*Arrêt de 2002*, par. 27.

pertinents », à savoir les documents suivants : déclaration Thomson-Marchand (par. 2 à 61), confirmée par l'échange de lettres du 9 janvier 1931; l'ordonnance adoptée en conseil du 2 août 1946 concernant le Nigeria (protectorat et Cameroun) (art. 6, par. 1) et sa deuxième annexe ; l'accord de démarcation anglo-allemand du 12 avril 1913 (par. 13 à 21) ; traité anglo-allemand du 11 mars 1913 (art. 15 à 17)[858].

La Cour constate que le Cameroun et le Nigeria conviennent que la frontière terrestre depuis le lac Tchad est bel et bien déjà délimitée en trois secteurs et conformément à des instruments juridiques respectifs : depuis le lac Tchad jusqu'au "pic proéminent" que le Cameroun dénomme le mont Kombon (déclaration de 1929-1930, incorporée dans l'échange de notes de 1931) ; du mont Kombon jusqu'à la borne 64 (accord anglo-allemand du 12 avril 1913 et ordre en conseil britannique du 2 août 1946) ; enfin, pour le troisième secteur, de la borne 64 à la mer (accords anglo-allemands des 11 mars et 12 avril 1913). Les deux Parties s'entendent en effet sur la pertinence et l'applicabilité de ces quatre instruments, sauf en ce qui concerne les dispositions relatives à la presqu'île de Bakassi dans le traité anglo-allemand du 11 mars 1913. Elles sont aussi d'accord sur l'essentiel de la délimitation déjà effectuée par ces instruments, et elles conviennent que le travail du Tribunal n'est pas une opération de démarcation, laquelle appartient aux Parties à un stade ultérieur.

Par ailleurs, la Cour note que le Nigeria et le Cameroun divergent d'opinion pour le motif que les instruments de délimitation pertinents seraient défectueux ou parce que leur interprétation prêterait à discussion, ou encore sur la mission exacte des juges à cet égard. Ainsi, le Nigeria demande au Tribunal de « préciser » la délimitation dans certains secteurs au sujet desquels les instruments sont défectueux, tandis que le Cameroun reconnaît, lui aussi, que « les instruments de délimitation en question comportent certaines ambiguïtés et incertitudes[859] » pouvant entraîner des difficultés à démarquer la ligne délimitée (migration de cours d'eau, marécages, bornes, pistes, villages), ou encore des difficultés à localiser la ligne de partage des eaux, même si la Cour, prévient le Cameroun, « ne saurait, sous couvert d'interprétation, modifier les textes applicables[860] ». En bref, les juges constatent que « le différend qui les oppose sur certains points de la frontière terrestre entre le lac Tchad et Bakassi ne consiste en réalité en rien d'autre qu'en un différend sur l'interprétation ou l'application de tel ou tel passage des instruments de délimitation de cette frontière[861] ». La Cour décide donc d'examiner successivement chacun des 17 points en litige, depuis le lac Tchad jusqu'à la presqu'île de Bakassi.

---

858 Conclusions du Nigeria, citées dans l'*Arrêt de 2002*, par. 27.

859 *Arrêt de 2002*, par. 79.

860 *Idem,* par. 80.

861 *Idem,* par. 85.

Ainsi dans le secteur connu comme étant celui de Limani, le problème posé au Tribunal porte sur l'interprétation de la déclaration Thomson-Marchand, qui ne mentionne dans cette zone qu'une seule rivière, alors que force est de constater qu'il existe maintenant plusieurs bras de cette rivière. La frontière est ainsi décrite : « 13) Ensuite continuant, elle rencontre le lit d'une rivière mieux marquée à travers les marais de Kuludjia et Kodo jusqu'à un marais nommé Agzabam. 14) Ensuite traversant ce marais à l'endroit où il est rejoint par une rivière passant dans le voisinage du village de Limanti (Limani), jusqu'à un confluent situé à environ 2 kilomètres au nord-ouest de ce village[862] ». Après avoir étudié la déclaration, ainsi que le matériau cartographique des Parties, la Cour conclut que le deuxième bras soumis par le Cameroun ne peut être retenu, car il est éloigné du village, tandis que le bras méridional proposé par le Nigeria est très court et s'arrête bien avant le marais. Le Tribunal retient par ailleurs un autre bras, appelé Nargo sur l'une des cartes du Nigeria, qui satisfait à la description de la déclaration.

Le même type de difficultés s'est posé dans le secteur de la rivière Sama, que la frontière remonte « jusqu'au point où elle se divise en deux[863] » selon l'ordre en conseil de 1946, le problème étant double, en quelque sorte, puisque non seulement la rivière possède plus d'un affluent, mais aussi parce qu'elle se divise en deux en deux endroits, alors qu'il n'est pas précisé dans l'instrument quel est l'endroit à retenir pour déterminer la frontière. Dans la région de Bissaula-Tosso, la Cour doit aussi décider parmi plus d'un affluent, alors que l'ordre en conseil décrit la frontière en ces termes: « (...) elle suit une ligne droite dans la direction de l'est jusqu'à un point situé sur la route principale Kentu-Bamenda, où elle est coupée par un affluent sans nom de la rivière Akbang (...) le dit point étant marqué par un tumulus de pierres ; de là, elle descend ce cours d'eau jusqu'à son confluent avec la rivière Akbang ; de là, par la rivière Akbang juqu'à son confluent avec la rivière Donga ; de là, par la rivière Donga jusqu'à son confluent avec la rivière Mburi[864] ».

Même type de difficulté également dans le secteur de la rivière Keraua dont la frontière est ainsi décrite : « Ensuite suivant la rivière (...) jusqu'à son confluent, dans la montagne, avec une rivière venant de l'ouest et connue par les habitants de Kiridis sous le nom de Kohom (...), coupant en deux le village de Keraua et séparant les deux villages de Ishigasja[865] ». La Cour doit décider entre deux chenaux, le chenal oriental étant, de l'avis du Nigeria, continu et nettement défini, tandis que le Cameroun allègue qu'il s'agit d'un chenal artificiel construit par le Nigeria, « détournant les eaux de la Kerawa afin de déplacer

[862] *Idem*, par. 87.
[863] *Idem*, par. 185.
[864] *Idem*, par. 180.
[865] *Idem*, par. 92.

le lit de la rivière et par conséquent le tracé de la frontière[866] ». Le choix du Cameroun est le chenal occidental, même s'il est temporairement asséché. Le Tribunal rejette les arguments des deux Parties, faute de preuves suffisantes, et arrive à la conclusion que seul le chenal oriental est visé par la déclaration, étant donné que la carte Moisel fait passer la frontière juste à l'est de deux villages qui se trouvent à l'emplacement actuel des villages de Chérivé et Ndabakora.

Dans d'autres secteurs, tel celui de la rivière Tsikakiri, la difficulté qui se pose n'est plus de déterminer lequel, parmi plusieurs bras ou chenaux, doit constituer la frontière, mais plutôt d'identifier quelle est, parmi plusieurs sources, celle qui déterminera un point sur la ligne frontalière, alors que la rivière est décrite dans la déclaration comme n'ayant qu'une seule source. La Cour affirme d'abord qu'il « n'existe, du point de vue de la science géographique, aucune définition permettant de déterminer en toute certitude les facteurs à prendre en considération aux fins de l'identification de la source principale d'une rivière lorsque celle-ci possède plusieurs sources[867] ». Le Tribunal ajoute que sa tâche n'est pas pour autant d'identifier la source « géographique », mais celle par laquelle les rédacteurs de la déclaration « entendaient faire passer la frontière ». Les juges notent que la déclaration délimite généralement la frontière « à l'aide de descriptions physiques du paysage, (et qu') il y a tout lieu de penser que les rédacteurs de la déclaration (...) ont entendu retenir un point aisément reconnaissable, aussi bien sur la carte que sur le terrain[868] ». Or, poursuit la Cour, l'une de ces sources « se démarque des autres, (...) qui est la plus élevée[869] ».

Dans le secteur de la rivière Kohom, la difficulté n'est pas d'identifier la bonne source parmi plusieurs, mais de déterminer à quelle rivière appartient une source déterminée par un mont clairement désigné. La déclaration décrit notamment la frontière comme une ligne qui, « partant de ce confluent, atteint le sommet de la montagne Ngosi dans la direction du sud-ouest donnée par le cours du Kohom (Gatagule), qui est pris comme frontière naturelle, de son confluent jusqu'à sa source dans les monts Ngosi ; les villages de Matagum et Hidjie étant attribués à la France et les quartiers de Uledde et de Laherre, au nord de Kohom, à l'Angleterre[870] ». Si la déclaration indique clairement que la « frontière naturelle » est le Kohom, la Cour retient pourtant l'affirmation du Nigeria selon laquelle le cours d'eau qui prend sa source dans le mont Ngosi est la rivière Bogaza, et non la Kohom. Outre le matériau cartographique, ainsi que la déclaration Thomson-Marchand qui ne lui paraît pas déterminante, le

---

866 *Idem*, par. 94.
867 *Idem*, par. 128.
868 *Ibidem*.
869 *Ibidem*.
870 *Idem*, par. 97.

Tribunal examine un croquis, établi en mars 1926 par des fonctionnaires, qui a servi de base à la rédaction des paragraphes pertinents de cette déclaration. Puisque cette dernière mentionne expressément que « la frontière doit passer par une rivière qui prend sa source dans le mont Ngosi[871] », la Cour déclare que cette frontière remonte la Kohom jusqu'à sa source, puis, de ce point, suit une ligne droite orientée vers le sud et rejoignant le mont situé par 13° 45' 45'' de longitude Est et 10° 59' 45'' de latitude Nord, avant de suivre le cours de la Bogaza dans la direction sud-ouest jusqu'au sommet du mont Ngosi.

Outre les problèmes reliés aux cours d'eau, la Cour doit, dans certains secteurs, identifier la ligne de partage des eaux. Ainsi, dans le secteur du Maio Senche, la frontière est décrite comme suit dans la déclaration Thompson-Marchand : « de là par la ligne de partage des eaux de la Benoué au nord-ouest et du Faro au sud-est jusqu'au pic du sud des monts (Alantikas) en un point situé à 2 kilomètres au nord de la source de la rivière Mali[872] ». Si la déclaration est claire, les deux Parties ont proposé par ailleurs des représentations cartographiques différentes. Après étude de ce matériau cartographique, la Cour rejette le tracé proposé par le Cameroun, « dans la mesure en particulier où celui-ci suit le cours d'une rivière sur la plus grande partie de sa longueur, ce qui est incompatible avec le concept de ligne de partage des eaux[873] ». Le Tribunal observe par ailleurs que la ligne du Nigeria est conforme à l'esprit de la déclaration.

Dans le secteur qui s'étend de Ngosi à Humsiki, le problème se complique du fait que la déclaration Thompson-Marchand décrit la frontière non seulement en fonction de la ligne de partage des eaux, mais aussi en référence à la ligne de crête et à la localisation de villages situés de part et d'autre de la frontière. En effet, cette frontière est notamment décrite comme « une ligne ayant une direction sud-ouest et qui suit la crête du massif du Ngosi, laissant à la France les quartiers de Ngosi situés sur les pentes orientales et à l'Angleterre ceux situés sur le versant ouest, jusqu'à un point situé entre la source de la rivière Zimmunkara et la source de la rivière Devurua ; la ligne de partage des eaux ainsi définie laisse le village de Bugelta à l'Angleterre et le village de Turu à la France (…) et continue dans la direction du sud, limitée par des cultures à l'est de la ligne de partage des eaux[874] ». La Cour croit ici nécessaire de préciser que s'il est de sa compétence d'interpréter le libellé d'un instrument de délimitation, il ne lui est pas permis de modifier le tracé de la frontière, tel qu'il a été établi par l'instrument. Et la Cour d'ajouter : « S'il était dès lors avéré que le village de Turu s'est étendu en territoire nigérian au delà de la ligne de partage des eaux, il appartiendrait aux Parties de trouver une solution aux problèmes qui

871 *Idem,* par. 101.
872 *Idem,* par. 135.
873 *Idem,* par. 139.
874 *Idem,* par. 103.

en résulteraient, aux fins d'assurer le respect des droits et intérêts de la population locale[875] ». Le même type de problème a été soumis à la Cour dans la région de Kotcha, où cette fois-ci ce n'est plus un village camerounais qui s'étend en territoire nigérian, mais l'inverse. La Cour confirme le tracé selon la ligne de partage des eaux, prévu dans la déclaration, et réitère ce qu'elle a déclaré au sujet du village de Turu, à savoir qu'elle n'a pas compétence pour modifier une frontière déjà délimitée, « même dans l'hypothèse où un village auparavant situé d'un coté de la frontière se serait étendu au delà de celle-ci[876] ».

La difficulté d'établir la ligne de partage des eaux se trouve accrue lorsqu'un élément essentiel du paysage, par exemple un pic, n'est pas nommé et clairement identifié. Ainsi, dans la région des monts Hambere, la frontière est décrite notamment comme suivant « la ligne de partage des eaux (...) jusqu'à un pic assez proéminent qui est à l'azimut 17 en se plaçant sur un tumulus de pierres de 8 pieds de haut élevé le 15 septembre 1920 sur le côté sud de la piste Banyo-Kumbo-Bamenda à environ 1 mille du gîte d'étape de N'Yorong et 8 milles et demi du village de Sonkorong. De ce pic, dans les monts Hambere ou Gesumi, qui est situé à l'est de la source visible du Mayo Mfi ou Baban, la frontière continue de suivre la ligne de partage des eaux, visible du tumulus sur tout son parcours[877] ». La Cour constate néanmoins que la déclaration contient un certain nombre d'indications utiles pour identifier le « pic assez proéminent » qui y est mentionné sans plus de précision, sauf que dans la version anglaise il est qualifié en outre de pointu ! Comptent parmi ces indications le fait que ce pic se trouve sur la ligne de partage des eaux, que ce pic se trouve dans un azimut 17 calculé à partir d'un tumulus de pierres et que la ligne de partage des eaux est visible depuis ce tumulus, enfin, que ce pic est situé juste à l'est de la source visible du Mayo Mfi. Le Tribunal en conclut que la frontière doit passer par la ligne de partage des eaux au travers des monts Gesumi ou Hambere, jusqu'au pied du mont Tamnyar, identifié comme étant ce « pic assez proéminent ».

Dans la région qui va des monts Hambere à la rivière Mburi, la difficulté d'identifier un élément qui n'est pas nommé se trouve accrue par le fait que la Cour doit « opérer la jonction entre les lignes fixées par chacun des deux textes » qui décrivent cette frontière, en l'occurrence la déclaration Thomson-Marchand et l'ordre en conseil de 1946. Ce dernier détermine la frontière comme suit : « De là, par la rivière Mburi dans la direction du sud jusqu'à son confluent avec un cours d'eau sans nom à 1 mille environ au nord du point où la nouvelle route Kumbo-Banyo franchit la rivière Mburi à Nyan (...) ; de là, le

875 *Idem,* par. 107.
876 *Idem,* par. 123.
877 *Idem,* par. 161.

long de ce cours d'eau sans nom suivant un azimut géographique de 120 ° en général sur une distance de 1,5 mille jusqu'à sa source à un point situé à hauteur de la nouvelle route Kumbo-Banyo, près de la source de la rivière Mfi ; de là, suivant un azimut géographique de 100 degrés sur une distance de 3,83 milles par la crête des montagnes jusqu'au pic proéminent qui marque la frontière franco-britannique[878] ». Le Nigeria estime que le « pic proéminent » visé dans l'ordre en conseil et le « pic pointu assez proéminent » de la déclaration ne sont pas identiques, contrairement à ce que prétend le Cameroun. À défaut de pouvoir désigner un mont en particulier, la Cour croit pouvoir « identifier la ligne de crête à laquelle ce mont doit appartenir[879] », cette crête commençant là où la ligne de partage des eaux oblique vers le sud à Galadima Wanderi pour se diriger plein sud jusqu'aux environs du point indiqué comme étant Tonn Hill. Puisque l'intention des rédacteurs de l'ordre en conseil était de faire passer la frontière par cette ligne de crête, la Cour estime qu'il convient d'opérer la jonction entre le mont visé à la déclaration Thomson-Marchand, à savoir le mont Tamnyar, et cette ligne de crête. La ligne de partage des eaux sur laquelle se trouve le mont Tamnyar se prolonge jusqu'à la ligne de crête à partir de laquelle commence la partie de la frontière délimitée par l'ordre en conseil. La jonction entre les secteurs délimités respectivement par les deux instruments peut dès lors être opérée en suivant, depuis le mont Tamyar, cette ligne de partage des eaux. Quant à la partie de la frontière à partir de cette ligne de crête, la Cour conclut que, d'est en ouest, la frontière suit d'abord la ligne de partage des eaux depuis le mont Tamnyar jusqu'à la ligne de crête. Aux termes de l'ordre en conseil, la frontière suit ensuite cette ligne de crête vers le sud, puis vers l'ouest sud-ouest jusqu'à la source de la rivière Namkwer qu'elle suit alors jusqu'à son confluent avec la Mburi qu'elle emprunte pour se diriger d'abord vers le nord sur à peu près 2 kilomètres, puis vers le sud-ouest sur environ 3 kilomètres et ensuite ouest nord-ouest dans un secteur où on l'appelle Maven ou Ntum. Deux kilomètres plus loin, sa direction est plein nord, et la rivière Mburi porte aussi le nom de Manton ou Ntum.

Dans le secteur qui va du mont Kuli à Bourha/Maduguva, il est notamment stipulé dans la déclaration Thompson-Marchand que la frontière « continue vers le sud entre Mukta (anglais) et Muti (français), la ligne erronée de partage des eaux indiquée par la carte Moisel étant adoptée[880] ». Cette méthode est en effet utilisée en alternance avec celle de la ligne de partage des eaux correcte. Le Nigeria soumet que le texte de cette déclaration « est défectueux : l'obligation qu'il impose de suivre une ligne de partage des eaux figurant sur une carte vieille de quatre-vingt dix ans n'offrant que très peu de

---

878 *Idem*, par. 169.
879 *Idem*, par. 174.
880 *Idem*, par. 115.

détails et expressément reconnue comme étant erronée est susceptible d'un certain nombre d'interprétations[881] ». Le Cameroun prétend plutôt que cette méthode a été sciemment choisie et qu'il faut « s'en tenir purement et simplement à la transposition de la ligne Moisel sur une carte moderne et sur le terrain[882] ». La Cour, constatant que les rédacteurs de la déclaration ont établi très expressément et clairement le tracé, réitère une observation maintes fois soumise, à savoir qu'elle « ne saurait s'écarter de ce tracé[883] ». Il s'agit alors, dit-elle, de le reporter sur une carte moderne, et bien que la carte Moisel contienne certaines erreurs, « elle comporte néanmoins certains critères objectifs permettant d'opérer aisément le report du tracé de cette "ligne erronée de partage des eaux" sur les cartes modernes[884] ». Ces critères, poursuit la Cour, sont constitués par la présence de certaines localités indiquées comme étant à l'est ou à l'ouest de la ligne, outre le fait que cette ligne est clairement marquée comme étant constamment à l'est du méridien 13° 30' de longitude Est.

Un autre type de difficulté à résoudre consiste à localiser, dans le secteur de Wammi Budungo, trois points marqués par autant de bornes, alors que force est de constater que deux de ces bornes ont disparu. Afin de retrouver la position de ces trois bornes, la Cour examine, outre le matériau cartographique soumis par les Parties, le texte de l'annexe 1 à l'accord anglo-allemand de 1906 auquel se réfère la déclaration Thomson-Marchand. Le Tribunal peut ainsi identifier les points qui correspondent aux trois bornes à partir de la frontière décrite notamment comme suit dans l'accord de 1906 : « À partir du poteau n° 6, elle court en ligne droite jusqu'à un rocher bien visible, sur une petite éminence de la route Gurin-Karin. Une marque de frontière (n° 7) « DB » (Deutsch-British) est gravée sur ce rocher. À partir de ce rocher, elle court en ligne droite jusqu'au poteau n° 8 implanté sur la route à l'entrée du col entre les collines de Karin, au nord du village de Karin[885] ».

Dans la région de Nomberou (Namberou)-Banglang, les difficultés posées à la Cour proviennent du fait que la déclaration Thomson-Marchand « contient des erreurs matérielles fondamentales[886] », et notamment qu'elle mentionne une vallée orientée nord-est puis sud-est, alors que l'étude du matériau cartographique fourni par les Parties révèle qu'il n'existe aucune vallée présentant une telle orientation. Les dispositions pertinentes de la déclaration décrivent la frontière comme une ligne qui « suit la ligne de partage des eaux entre la rivière Baleo et la rivière Nomberou, en empruntant la ligne de faîte des monts Tschapeu, jusqu'à un point situé à 2 kilomètres au nord de Noumberou,

---

881 *Idem,* par. 116.
882 *Idem,* par. 117.
883 *Idem,* par. 118.
884 *Ibidem.*
885 *Idem,* par. 131.
886 *Idem*, par. 150.

s'infléchissant à la hauteur de ce village, qui est en Nigeria, puis empruntant une vallée nord-est, puis sud-est, qui franchit la chaîne des Banglang à environ 1 kilomètre de la source de la rivière Kordo[887] ».

La Cour constate aussi que le Cameroun et le Nigeria conviennent de faire passer la frontière par le cours du Nomberou, pour ce qui concerne la partie de cette frontière qui se trouve au nord de la source de la rivière. Quant à la partie de la frontière située au sud de cette même source, les représentations cartographiques des deux Parties divergent. Après avoir examiné le texte du procès-verbal Logan-Le Brun, plus détaillé que la déclaration, le Tribunal estime que la ligne proposée par le Nigeria doit être préférée, laquelle, ajoute-t-il, est par ailleurs plus favorable au Cameroun que celle figurant sur ses propres cartes. La Cour en conclut que la déclaration Thomson-Marchand doit être interprétée comme faisant passer la frontière par le cours de la rivière Namberou jusqu'à sa source, puis de ce point, par une ligne droite, jusqu'au Hosere Tapere, lequel est indiqué dans le procès-verbal comme le point d'aboutissement de ce segment de la frontière.

Les dispositions de la déclaration Thomson-Marchand relatives à la région Jimbare et Sapeo sont non seulement affectées d'une série d'erreurs matérielles, mais elles sont aussi « en contradiction avec la représentation faite de cette frontière[888] » sur la carte de 1931 annexée à cette déclaration. Celle-ci décrit la frontière comme « la ligne de partage des eaux (...) jusqu'au pic du sud des monts (Alantikas) et un point situé à 2 kilomètres au nord de la source de la rivière Mali. De ce pic, par la rivière Sassiri (...) jusqu'à son confluent avec le premier ruisseau venant de la chaîne des Balakossa (ce confluent touche la piste Kobodji Mapeo). De ce ruisseau la frontière se dirige vers le sud, laissant Uru Belo à l'Angleterre et Nananoua à la France[889] ».

La Cour constate que la région au nord de Nananoua fait l'objet d'un consensus entre les Parties, les rivières dont la frontière suit le cours étant le Leinde et le Sassiri. Par contre, il y a désaccord en ce qui concerne la région au sud de Nananoua. Les juges examinent d'abord la situation dans le secteur de Sapeo en étudiant les cartes fournies par les Parties, de même que le procès-verbal Logan-Le Brun. La Cour a alors l'occasion de constater que c'est la ligne décrite dans ce procès-verbal, et non celle dans la déclaration Thomson-Marchand, qui a été reprise sur la carte de 1931 jointe à cette déclaration. Le Tribunal observe aussi que, « dans la pratique, Sapeo a toujours été considéré comme se trouvant en territoire nigérian[890] » et que l'administration exercée dans ce secteur par le Nigeria était connue du Cameroun. Quant au secteur de

---

887 *Idem*, par. 147.
888 *Idem*, par. 143.
889 *Idem*, par. 140.
890 *Idem*, par. 144.

Jimbare, la révision de la frontière dans le procès-verbal n'a pas été, contrairement au secteur de Sapeo, transposée sur la carte de 1931. La Cour conclut que les dispositions pertinentes de la déclaration Thomson-Marchand doivent être interprétées comme faisant passer la frontière par le Hosere Bila, identifié comme le pic du sud des monts Alantikas, puis de ce point par le cours de la rivière Leinde et par celui de la Sassiri jusqu'à son confluent avec le premier ruisseau venant de la chaîne des Balakossa. Le Tribunal décide aussi que la déclaration Thomson-Marchand doit être interprétée comme faisant passer la frontière par le tracé décrit au procès-verbal Logan-Lebrun.

Dernier type de difficulté, celle qui est résolue de consentement des Parties, si l'on peut dire, si bien que le Tribunal n'a plus à statuer. C'est le cas dans la région dite du franchissement du Mayo Yim, où la frontière est notamment décrite comme « une ligne qui franchit le Mayo Yim en un point situé à environ 4 kilomètres à l'ouest du chiffre 1200 (...) jusqu'à un pic de forme conique, le mont Golungel, au pied duquel (en zone française) se trouve une source *natronnée* bien connue des pasteurs. Du gîte d'étape de compagnie Massa situé sur la piste Kontcha-Banyo (route de Fort-Lamy) on aperçoit le mont Golungel sous l'azimut 228[891] ». Comme le Nigeria n'a pas contesté l'argument du Cameroun selon lequel le problème posé dans la région ne concerne que la démarcation de la frontière, la Cour se dispense de préciser les coordonnées géographiques et confirme les dispositions de la déclaration relatives à cette frontière. Les Parties sont également d'accord, dans la région de Tipsan, pour reconnaître que la frontière doit passer par « une ligne parallèle à la route Fort-Lamy-Baré en se maintenant à une distance de 2 kilomètres de cette route, qui se trouve toujours en territoire français[892] », conformément à la déclaration Thomson-Marchand. Prenant acte de cet accord, le Tribunal précise toutefois qu'il convient d'identifier le point d'aboutissement de ce segment de la frontière, et il établit donc les coordonnées de ce point.

12.9 La souveraineté territoriale sur la péninsule de Bakassi

La Cour examine ensuite les questions relatives à la souveraineté sur la presqu'île de Bakassi et à la délimitation de la frontière. Les positions des deux Parties sont irréconciliables puisque chacune revendique cette souveraineté, le Cameroun faisant valoir un titre conventionnel, tandis que le Nigeria invoque le concept de consolidation historique et ses effectivités dans la presqu'île en litige. Dans ses conclusions finales, le Nigeria, lors de la procédure orale, demande en effet à la Cour de décider que sa souveraineté s'étend jusqu'à la frontière avec le Cameroun, décrite au chapitre 11 du contre-mémoire du

---

891 *Idem*, par. 156.
892 *Idem*, par. 153.

Nigeria[893], alors que, lors de cette même procédure orale, le Cameroun affirme, dans ses conclusions finales, que la frontière terrestre va de la borne 114 sur la rivière Cross jusqu'à l'intersection de la ligne droite joignant Bakassi Point à King Point et du centre du chenal navigable de l'Akwayafé, cette frontière étant déterminée par l'accord germano-britannique du 11 mars 1913 (par. 16 à 21), et que, « dès lors, notamment, la souveraineté sur la presqu'île de Bakassi est camerounaise[894] ».

Le Cameroun invoque en effet, à l'appui de sa thèse, les dispositions de cet accord, lesquelles déterminaient le tracé de la frontière entre les Parties dans la région de la presqu'île de Bakassi, celle-ci se retrouvant alors du côté allemand de la frontière. Or, poursuit le Cameroun, les deux pays, lors de leur accession à l'indépendance, ont succédé aux puissances coloniales, héritant de ce fait de la frontière d'alors puisqu'ils étaient liés par le principe de l'*uti possidetis*. Le Nigeria reconnaît que les dispositions des articles invoqués de cet accord avaient pour but d'attribuer à l'Allemagne la presqu'île de Bakassi, sauf que ces dispositions, prétend-il, loin d'avoir été mises en pratique, se trouvaient même dépourvues de validité pour divers motifs. Ainsi, selon le Nigeria, le titre de souveraineté sur Bakassi appartenait initialement aux rois et chefs du Vieux-Calabar qui, lors du traité de protectorat conclu le 10 septembre 1884 entre eux et la Grande-Bretagne, ne transférèrent à cette dernière que certains pouvoirs limités mais non pas la souveraineté. De l'avis du Nigeria, la Grande-Bretagne ne pouvait donc pas, en 1913, céder à un tiers une souveraineté qu'elle ne détenait pas sur ce territoire, ainsi que cela est affirmé dans la maxime *nemo dat quod non habet*.

Le Nigeria a soulevé en outre trois arguments pour montrer que l'accord de 1913 est défectueux. D'abord, il est contraire au préambule de l'Acte général de la Conférence de Berlin du 26 février 1885. La Cour n'a même pas à examiner cet argument puisque le Nigeria ne l'a repris ni dans sa duplique ni lors des audiences. Second argument : l'accord de 1913 n'a pas été approuvé par le Parlement. Pourtant la Cour estime que l'Allemagne elle-même a considéré avoir suivi les procédures de son droit interne, outre le fait que l'accord a fait l'objet d'une publication officielle aussi bien en Allemagne qu'en Grande-Bretagne, cette dernière n'ayant d'ailleurs jamais soulevé la question. Dernier argument : cet accord a été abrogé par application du traité de Versailles du 28 juin 1919, plus précisément l'article 289 prévoyant que les traités bilatéraux conclus par l'Allemagne seraient remis en vigueur après notification par l'autre partie. Or, explique la Cour, puisque l'Allemagne avait, à partir de 1916, cessé toute autorité territoriale au Cameroun et qu'elle avait renoncé à tout titre sur ses possessions d'outre-mer, la Grande-Bretagne n'avait pas de motif pour inclure

---

[893] *Idem*, par. 27.

[894] *Ibidem*.

l'accord de 1913 dans la liste des accords bilatéraux avec l'Allemagne dont elle voulait la remise en vigueur.

Au sujet de l'argument du Nigeria selon lequel le traité de 1884 n'aurait pas transféré la souveraineté, le Nigeria précise que le titre même de cet instrument, ainsi que la mention, à l'article 1, de l'exercice d'une "protection", montre que le territoire ne pouvait être cédé. Les juges notent que « le statut juridique international d'un "traité de protection" conclu sous l'empire du droit alors en vigueur ne saurait être déduit de son seul titre[895] ». La Cour rappelle aussi que certains traités furent conclus avec des entités qui conservèrent néanmoins leur souveraineté, bien que ces territoires aient ensuite été nommés "protectorats" (ceux de la France, comme le Maroc et Madagascar) ou "États protégés" (par la Grande-Bretagne, comme Qatar et Bahreïn). Et le Tribunal de poursuivre : « En Afrique subsaharienne, (...) des "traités de protection" furent conclus non pas avec des États, mais avec d'importants chefs indigènes exerçant un pouvoir local sur des parties identifiables de territoire[896] ». La Cour rappelle à ce sujet l'observation suivante de l'arbitre unique, Max Hubert, dans l'affaire de l'*Île de Palmas*, laquelle concerne une autre région du monde mais implique le même type de traité : « Il n'y a pas là d'accord entre égaux ; c'est plutôt une forme d'organisation intérieure d'un territoire colonial, sur la base de l'autonomie des indigènes (...). Et c'est (ainsi) la suzeraineté exercée sur l'État indigène qui devient la base de la souveraineté territoriale à l'égard des autres membres de la communauté des nations[897] ». La Cour rappelle aussi son avis consultatif concernant le *Sahara occidental*, dans lequel elle expliquait qu'à l'égard d'un territoire qui n'était pas *terra nullius*, mais était habité par des tribus ou des peuples dotés d'une organisation sociale et politique, « on voyait dans [l]es accords avec les chefs locaux (...) un mode d'acquisition dérivé[898] ». Les juges ajoutent : « Même si ce mode d'acquisition ne correspond pas au droit international actuel, le principe du droit intertemporel impose de donner effet aujourd'hui, dans la présente instance, aux conséquences juridiques des traités alors intervenus dans le delta du Niger[899] ».

Quant aux nombreux éléments qui amènent à considérer que le traité de 1884 n'était pas un traité de protectorat international, la Cour indique l'incapacité du Nigeria à faire la preuve d'un rôle quelconque joué par les rois et chefs du Vieux-Calabar, après 1884, dans des domaines pertinents, de même que de rencontres et de discussions régulières entre la puissance protectrice et les dirigeants locaux. La Cour note aussi que le Vieux-Calabar n'est mentionné

---

895 *Idem,* par. 205.

896 *Ibidem.*

897 (1935) *RGDIP,* vol. 42, p. 187. Citée dans l'*Arrêt de 2002*, par. 205.

898 *Sahara occidental, avis consultatif,* C.I.J. Recueil 1975, p. 39, par. 80. Cité dans l'*Arrêt de 2002*, par. 205.

899 *Ibidem.*

dans aucun des divers ordres en conseil qui énumèrent les protectorats et États protégés. Aucune preuve ne démontre non plus qu'une protestation aurait été signifiée, en 1913, par ces rois et chefs ; aucune preuve montrant qu'en 1960 ils auraient agi aux fins de transférer un territoire au Nigeria lors de son accession à l'indépendance.

Le Tribunal en conclut donc que, « au regard du droit qui prévalait à l'époque, la Grande-Bretagne, en 1913, pouvait déterminer sa frontière au Nigeria avec l'Allemagne, y compris pour ce qui est de sa partie méridionale[900] ».

Quel a été, se demande ensuite la Cour, le traitement réservé, entre 1913 et 1960, au segment méridional de la frontière définie par l'accord anglo-allemand de 1913 ? Alors que le Nigeria prétend que Bakassi, en dépit de toutes les activités britanniques sur ce territoire, n'a jamais été détachée du protectorat du Nigeria, le Cameroun soutient que la communauté internationale a reconnu l'appartenance de la presqu'île au Cameroun, tant durant la période du mandat et de la tutelle qu'après l'indépendance.

Les juges rappellent les dispositions pertinentes du traité de Versailles, de même que celles du mandat et de la tutelle, aux termes desquelles « la situation territoriale demeura exactement la même[901] », Bakassi se trouvant du côté du Cameroun britannique et la frontière demeurant une frontière internationale. Le Nigeria, au moment de son accession à l'indépendance, ne souleva aucune question quant à l'étendue de son territoire dans cette région. Au contraire, il reconnut la frontière au moment de son vote en faveur de la résolution de l'Assemblée générale 1608 (XV), laquelle mettait un terme au régime de tutelle et entérinait le résultat du plébiscite sur l'indépendance. Le Tribunal évoque également les accords relatifs à la délimitation maritime partielle (déclarations de Yaoundé I et II et de Maroua), et elle « estime qu'il ressort clairement de chacun de ces documents que les Parties tenaient pour établi que Bakassi appartenait au Cameroun[902] ». La Cour note également des demandes officielles formulées jusque dans les années 1980 par l'ambassade du Nigeria en vue de visiter les ressortissants du Nigeria résidant à Bakassi.

Les juges font remarquer aussi que « cette communauté de vues entre les Parties se trouve également reflétée par la répartition géographique des concessions pétrolières accordées par l'une et l'autre jusqu'en 1991[903] ». S'il est vrai que l'octroi de telles concessions « ne constitue en rien une cession de territoire », la Cour « considère cependant que la répartition géographique des concessions correspond à l'idée (...) que les Parties se faisaient de la situation,

---

[900] *Idem*, par. 209.
[901] *Idem*, par. 212.
[902] *Idem*, par. 214.
[903] *Idem*, par. 215.

et selon laquelle le Cameroun possédait préalablement un titre sur Bakassi. L'affirmation selon laquelle les Parties auraient tout simplement choisi de traiter les questions d'exploitation pétrolière de manière totalement indépendante du titre territorial ne saurait expliquer cette remarquable cohérence (qui ne souffre que très peu d'exceptions)[904] ».

Pour tous ces motifs, le Tribunal juge que l'accord anglo-allemand du 11 mars 1913 était valide et qu'il devait être appliqué dans son intégralité.

À l'instar des arguments invoqués par le Nigeria pour fonder sa revendication territoriale dans la région du lac Tchad, celui-ci invoque à nouveau les trois fondements de son titre sur Bakassi, à savoir la possession paisible en qualité de souverain et sans protestation du Cameroun ; une occupation prolongée par le Nigeria et par des ressortissants nigérians, ce qui constitue une consolidation historique du titre et ce qui confirme le titre originel des rois et chefs du Vieux-Calabar dévolu au Nigeria lors de l'indépendance ; enfin, les manifestations de souveraineté avec l'acquiescement du Cameroun. La Cour, pour les mêmes motifs que dans le cas de la région du lac Tchad, rejette l'argumentation du Nigeria relative à un titre sur Bakassi, puisque l'occupation de la presqu'île est contraire à un titre conventionnel préexistant détenu par le Cameroun, d'autant que cette possession ne couvre qu'une une période limitée.

Quant à la question de savoir si la conduite du Cameroun peut être considérée comme une forme d'acquiescement à la perte du titre conventionnel dont il a hérité lors de son accession à l'indépendance, les juges notent que le Nigeria a reconnu clairement et publiquement, au moins jusqu'en 1975, le titre du Cameroun sur Bakassi. Toute effectivité nigériane antérieure à cette date est dénuée de pertinence, « ce qui peut en partie expliquer l'absence de protestations du Cameroun à l'égard des activités du Nigeria dans les domaines de la santé, de l'éducation et de la fiscalité[905] ». La Cour observe par ailleurs que si le Cameroun « n'a toutefois procédé qu'occasionnellement à des actes d'administration directs sur Bakassi, en raison des ressources matérielles limitées qu'il pouvait consacrer à cette région éloignée[906] », il n'en demeure pas moins que son titre était déjà établi et que, dès son indépendance, le Cameroun déploya des activités inconciliables avec l'abandon d'un titre, tels l'octroi de certaines concessions pétrolières sur la presqu'île et les eaux adjacentes, ainsi que des protestations immédiates lors de l'action militaire nigériane en 1994.

Le Tribunal en conclut que la frontière à Bakassi est délimitée par l'accord anglo-allemand du 11 mars 1913, la presqu'île se trouvant sous la souveraineté du Cameroun.

---

904 *Ibidem.*

905 *Idem,* par. 223.

906 *Ibidem.*

12.10 La frontière maritime

La Cour examine ensuite la question de la frontière maritime (figure 10)[907]. Les deux positions sont diamétralement opposées puisque le Cameroun demande que la délimitation soit prononcée selon un tracé précis qu'il suggère au Tribunal, tandis que le Nigeria prétend que celui-ci devrait s'abstenir de procéder à telle délimitation. Le Cameroun, aux termes de ses conclusions finales du 21 mars 2002, lors de la procédure orale, prie en effet la Cour de confirmer que la limite des zones maritimes suit le tracé suivant :

De l'intersection de la ligne droite joignant Bakassi Point à King Point et du centre du chenal navigable de l'Akwayafé jusqu'au point “12”, cette limite est confirmée par la ligne de compromis reportée sur la carte de l'Amirauté britannique n° 3433 par les chefs d'État des deux pays le 4 avril 1971 (déclaration de Yaoundé II) et, de ce point 12 jusqu'au point “G”, par la déclaration signée à Maroua le 1er juin 1975 ;

Du point G, la ligne équitable suit la direction indiquée par les points G, H (…), J (…), K (…), et se poursuit à partir de K jusqu'à la limite extérieure des zones maritimes que le droit international place sous la juridiction exclusive des deux Parties[908].

Quant au Nigeria, dans ses conclusions finales, lors de la procédure orale, il demande au Tribunal de juger notamment comme suit :

a) que la Cour n'a pas compétence pour connaître de la revendication maritime du Cameroun à partir du point où la ligne que celui-ci revendique pénètre dans les eaux sur lesquelles la Guinée Équatoriale fait valoir des prétentions à l'encontre du Cameroun, ou subsidiairement que cette demande du Cameroun est irrecevable de ce fait ;

b) que la demande du Cameroun relative à une délimitation de la frontière maritime basée sur le partage global des zones maritimes dans le golfe de Guinée est irrecevable, et que les Parties sont tenues, en application des articles 74 et 83 de la convention des Nations Unies sur le droit de la mer, de négocier de bonne foi en vue de parvenir à un accord sur une délimitation équitable de leurs zones maritimes respectives, une telle délimitation devant tenir compte, notamment, de l'obligation de respecter les droits existants de prospection et d'exploitation des ressources minérales du plateau continental accordés par l'une ou l'autre des Parties avant le 29 mars 1994 sans qu'une protestation écrite ait été

---

907 Voir notamment à ce sujet Antunes, Nuno (2000) The Pending Maritime Delimitation in the Cameroon v Nigeria Case : A Piece in the Jigsaw Puzzle of the Gulf of Guinea, *IJMCl*, vol. 15, p. 163-192.

908 Sous-paragraphes du point c) des conclusions du Cameroun, cités dans l'*Arrêt* de *2002*, par. 27.

élevée par l'autre ainsi que les revendications maritimes raisonnables d'États tiers ; (...)

e) que les eaux territoriales respectives des deux États ont pour frontière une ligne médiane située dans le Rio del Rey ;

f) que, au delà du Rio del Rey, les zones maritimes respectives des Parties seront délimitées par une ligne tracée conformément au principe de l'équidistance, jusqu'au point le plus proche où cette ligne rencontre la frontière établie avec la Guinée Équatoriale suivant la ligne médiane à environ 4° 6' de latitude nord et 8° 30' de longitude est[909].

Le Nigeria prétend donc que le Tribunal devrait s'abstenir de procéder, même partiellement, à la délimitation, « premièrement parce que celle-ci toucherait à des zones revendiquées par des États tiers (huitième exception préliminaire) et, deuxièmement, parce que la condition relative à des négociations préalables n'a pas été remplie[910] ». La Cour doit examiner d'abord cette huitième exception préliminaire du Nigeria, avant même de procéder au fond, puisqu'elle avait décidé, dans son arrêt du 11 juin 1998, que cette exception n'avait pas un caractère exclusivement préliminaire. Comme la compétence de la Cour repose surle consentement des Parties, celle-ci ne peut se prononcer sur les droits d'États tiers non parties à l'instance, mais qui pourraient être affectés, en l'occurrence la Guinée Équatoriale, qui est intervenue, et Sao Tomé et Principe, qui a plutôt choisi de ne pas le faire. La Cour n'en estime pas moins que « la simple présence de ces deux États (...) n'empêche pas en soi celle-ci d'avoir compétence pour procéder à une délimitation maritime (...) mais la Cour devra rester pleinement consciente, comme toujours dans des situations de ce type, des limites qu'une telle présence impose à sa compétence[911] ». Quant à la détermination d'un triple point, elle reconnaît qu'elle n'a pas le pouvoir de le faire.

En ce qui concerne l'argument du Nigeria selon lequel la condition relative à des négociations préalables n'a pas été remplie, question qui faisait l'objet de la septième exception préliminaire, rejetée par la Cour, celle-ci explique que les articles 74 et 83 de la Convention des Nations Unies sur le droit de la mer, qui soumettent les parties à un différend à l'obligation de s'efforcer de régler par voie de négociation le litige qui les oppose, « ne l'empêchent pas de tracer la frontière maritime entre le Cameroun et le Nigeria en l'absence de négociations préalables intervenues simultanément entre les quatre États

---

909 Points a), b), e) et f) du paragraphe 4 des conclusions du Nigeria, cités dans l'*Arrêt de 2002*, par. 27.

910 *Idem,* par. 226.

911 *Idem,* par. 238.

Figure 10

LA FRONTIÈRE MARITIME CAMEROUN/NIGERIA

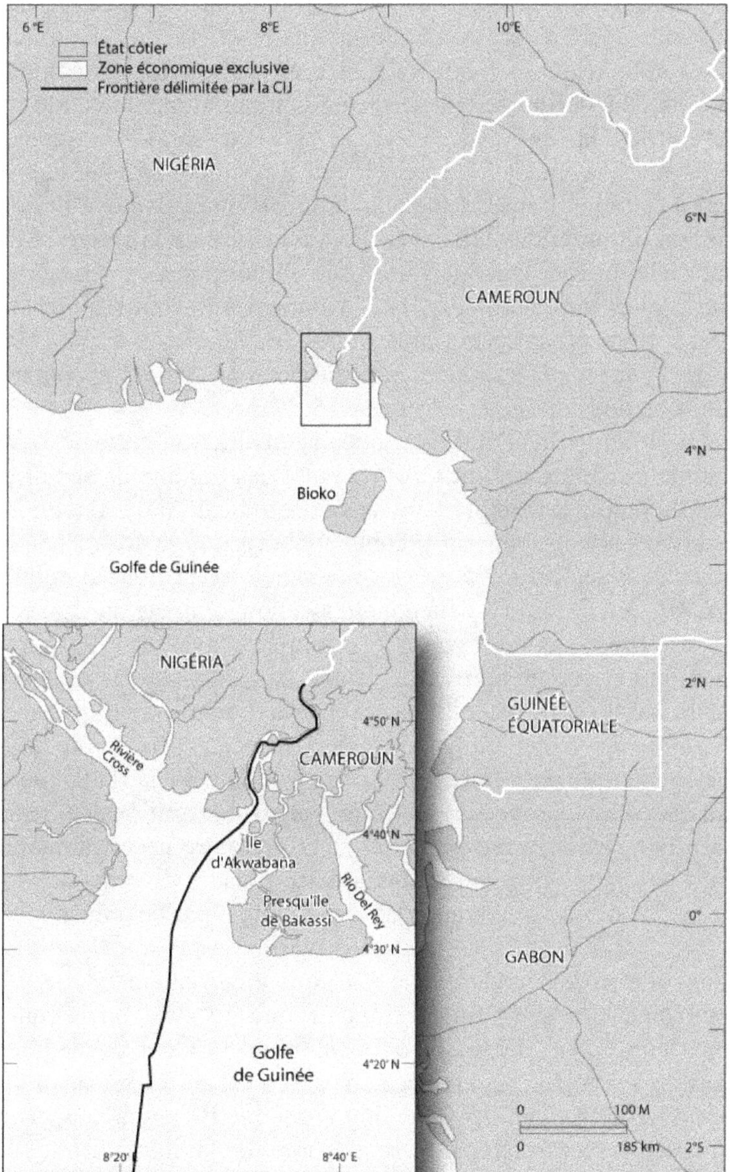

Source : CIJ, www.icj-cij.org.

concernés[912] », mais dans la mesure où les droits de la Guinée Équatoriale et deSao Tomé et Principe n'en sont pas affectés.La Cour examine alors la demande camerounaise d'une délimitation maritime précise, et elle passe d'abord à l'étude du secteur de la frontière qui doit aller jusqu'au point G. Les positions des Parties, ici aussi, sont diamétralement opposées puisque le Cameroun demande à la Cour de confirmer que la frontière, de l'embouchure de la rivière Akwayafé jusqu'au point G fixé aux termes de la déclaration de Maroua, aurait été déjà délimitée par des accords internationaux valides conclus entre les deux Parties, la limite au delà de ce point restant à être tracée, tandis que le Nigeria nie purement et simplement l'existence d'une délimitation maritime jusqu'à ce point, l'ensemble de la délimitation étant à établir *de novo*.

S'agissant du premier secteur, de l'embouchure de la rivière Akwayafé jusqu'au point G, le Cameroun fait valoir que sa délimitation repose sur trois instruments juridiques internationaux, en l'occurrence l'accord anglo-allemand du 11 mars 1913, l'accord entre le Cameroun et le Nigeria du 4 avril 1971 (qui comprend la déclaration de Yaoundé II et la carte n° 3433 l'accompagnant), enfin, la déclaration de Maroua du 1er juin 1975.

Bien que le Nigeria n'établisse aucune distinction entre le secteur en deçà et celui situé au delà du point G, il invoque des arguments spécifiques au secteur en deçà du point G. Compte tenu de sa revendication de souveraineté sur la presqu'île de Bakassi, le Nigeria prétend d'abord que la frontière maritime doit commencer dans le Rio del Rey et coïncider avec la ligne d'équidistance jusqu'à la mer. Or, la Cour, qui a déjà conclu à la souveraineté du Cameroun sur la presqu'île, n'estime pas nécessaire d'examiner davantage l'argument du Nigeria. Ce dernier prétend en outre que, dans le cas même où les prétentions du Cameroun sur Bakassi seraient légitimes, la frontière maritime qu'il revendique devrait tenir compte des installations pétrolières sises de chaque côté de la ligne résultant de cette pratique pétrolière, et ne comporter à cet égard aucune modification du statu quo. Le Nigeria soutient enfin que les déclarations de Yaoundé II et de Maroua n'ont pas de force obligatoire, la première ne constituant qu'un compte rendu d'une réunion parmi d'autres dans le cadre de rencontres portant sur la frontière, la seconde n'ayant pas été ratifiée par le conseil militaire suprême.

Comme elle a déjà conclu que l'accord anglo-allemand de 1913 est valide et applicable dans son intégralité, et que le titre territorial sur la presqu'île appartient conséquemment au Cameroun, la Cour en déduit que la frontière maritime se trouve nécessairement à l'ouest de Bakassi, plutôt qu'à l'est, dans le Rio del Rey. La Cour en déduit aussi que l'« ancrage » terrestre de la frontière maritime se trouve à l'intersection de la ligne droite joignant

---

912 *Idem,* par. 245.

Bakassi Point et King Point avec le milieu du chenal navigable de la rivière Akwayafé, selon l'accord anglo-allemand art. 18 et 21).

Le Tribunal note que la déclaration de Yaoundé II, après sa signature, fut remise en question plusieurs fois par le Nigeria, mais puisque la ligne qui y est décrite est confirmée par la déclaration de Maroua, il n'est pas nécessaire de décider séparément du statut de cette déclaration. Or la Cour estime que cette déclaration constitue un accord international frontalier conclu par écrit entre deux États, lequel est régi par la Convention de Vienne sur le droit des traités, disposant, au paragraphe 1 de l'article 46, que « le fait que le consentement d'un État à être lié par un traité a été exprimé en violation d'une disposition de son droit interne concernant la compétence pour conclure des traités ne peut être invoqué par cet État comme viciant son consentement[913] ». Les juges en concluent que les déclarations de Yaoundé II et de Maroua « doivent être considérées comme des instruments contraignants qui imposent une obligation juridique au Nigeria[914] », et il devient alors superflu d'examiner l'argument de ce dernier portant sur la pratique pétrolière dans le secteur situé en deçà du point G, puisque la délimitation maritime a été établie sur une base conventionnelle, jusqu'à ce point, par l'accord de 1913 et les déclarations de 1971 et 1975. La Cour décide donc que la frontière est établie selon le tracé suivant :

> À partir de la ligne droite joignant Bakassi Point et King Point, la frontière suit la "ligne de compromis" reportée conjointement par les chefs d'État du Cameroun et du Nigeria le 4 avril 1971 sur la carte n° 3433 de l'Amirauté britannique jointe à la déclaration de Yaoundé II, ligne joignant douze points numérotés, dont les coordonnées précises furent déterminées par la commission mixte réunissant les deux pays à Lagos en juin 1971 ; à partir du point 12 de cette ligne de compromis, le tracé de la frontière court jusqu'au point G précisé dans la déclaration de Maroua du 1er juin 1975, tel que modifié par l'échange de lettres entre les chefs d'État du Cameroun et du Nigeria des 12 juin et 17 juillet 1975[915].

La Cour passe ensuite à l'étude de la frontière maritime au delà du point G, là où aucun accord ne peut être invoqué par l'une ou l'autre des Parties au soutien d'une frontière. Dans ce secteur, les positions du Cameroun et du Nigeria sont encore diamétralement opposées, puisque ce dernier fait valoir la méthode de l'équidistance stricte, tandis que le Cameroun estime qu'une solution équitable implique que cette équidistance soit ajustée, compte tenu de diverses circonstances spéciales : situation d'ensemble du golfe, qui interdit à chacun des trois pays (Cameroun, Nigeria et Guinée Équatoriale) de prétendre à

---

913 Cité dans l'*Arrêt de 2002*, par. 265.

914 *Idem*, par. 268.

915 *Ibidem.*

des droits exclusifs rattachés au prolongement naturel du territoire terrestre de chacun ; droit du Cameroun à un plateau qui corresponde à la projection frontale de ses côtes, lesquelles, de configuration générale concave, ont pour effet d'enclaver quasiment le pays ; disparité des longueurs des côtes concernées ; *infléchissement* de la côte nigériane à partir d'Akasso ; enfin, présence de l'île de Bioko, face à la côte du Cameroun, mais plus proche de celle-ci que de la Guinée Équatoriale qui en détient la souveraineté, et au sujet de laquelle le Cameroun établit une analogie avec les îles Anglo-Normandes auxquelles, rappelle-t-il, un Tribunal arbitral avait refusé d'attribuer un effet entier, dans l'affaire de 1977 *France/Royaume-Uni*[916].

Le Cameroun « insiste sur le fait que le principe de l'équidistance n'est pas un principe de droit coutumier s'imposant automatiquement dans toute délimitation de la frontière maritime dont les côtes sont adjacentes », car c'est bien de telles côtes qu'il s'agit, soutient le Cameroun qui fait valoir en outre qu'une ligne d'équidistance aurait pour effet de lui donner un plateau continental et une zone économique quasi inexistants, bien que sa côte pertinente soit plus longue, prétend-il, que celle du Nigeria. Puisqu'il s'agit de côte pertinente, il devient nécessaire d'apprécier la zone pertinente aux fins de délimitation, étant donné, poursuit le Cameroun, « la géographie particulière du golfe de Guinée[917] », comme cela a été examiné, fait-il remarquer, dans l'affaire *Guinée/Guinée-Bissau*[918]. Le Cameroun soutient que la zone pertinente peut comprendre des États tiers, et il circonscrit en conséquence cette zone par une droite allant d'Akasso, au Nigeria, à cap Lopez, au Gabon. Le Cameroun propose donc une ligne équitable, tracée à partir de lignes de projection qui relient des points sur les côtes dites pertinentes, certaines se trouvant dans des pays tiers.

Qualifiant cette ligne de fantaisiste, le Nigeria prétend qu'elle « pèche principalement à cinq égards » : la nature même de la ligne, qui, loin d'être une ligne de délimitation, en est une d'exclusion, laquelle « préempte toute délimitation entre le Nigeria et les deux États dont les côtes font face sans entrave à ses côtes », en l'occurrence la Guinée Équatoriale et Sao Tomé et Principe ; les côtes pertinentes utilisées pour la construction de la frontière proposée, qui ne doivent pas appartenir à un État tiers ; le traitement réservé aux îles dans cette construction, notamment Bioko, dont l'existence est ignorée, et pourtant le siège d'une capitale politique, importante par sa superficie et sa population ; la définition de la zone pertinente pour la délimitation, alors que le Cameroun « essaie

916 *Délimitation du plateau continental (Royaume-Uni c. France), sentence,* RSA, vol. 18, p. 130. Référence dans l'*Arrêt de 2002*, par. 274.

917 *Arrêt de 2002,* par. 272.

918 *Délimitation de la frontière maritime entre la Guinée et la Guinée-Bissau, sentence*, RSA, vol. 19, p. 149. Référence dans l'*Arrêt de 2002*, par. 272.

de compenser l'injustice de la nature près de sa côte en s'appropriant de vastes zones plus au large » ; enfin, la méthode suivie pour la construction de la ligne, laquelle ne doit pas être ajustée par la prise en compte de circonstances qui « ne comprennent pas habituellement les désavantages géographiques : le droit international ne refait pas la situation géographique des États[919] ».

Le Nigeria soutient en outre que la conduite des Parties relative à l'octroi et à l'exploitation de concessions pétrolières, qui sont à l'origine, dit-il, de lignes *de facto*, joue un rôle crucial dans la délimitation maritime. Le Nigeria poursuit en affirmant que « la Cour ne peut, dans la zone à délimiter, redistribuer les concessions pétrolières résultant de la pratique suivie par le Nigeria, la Guinée Équatoriale et le Cameroun, concessions dont elle doit, au moment de déterminer le tracé de la frontière maritime, respecter la configuration[920] ». Le Nigeria ajoute que les juridictions internationales n'ont jamais méconnu de telles pratiques, et qu' « une telle retenue est d'autant plus compréhensible que les remaniements qui en résulteraient, s'agissant de concessions pétrolières anciennes et de droits acquis de longue date, entraîneraient des difficultés majeures, et iraient à l'encontre des considérations d'équité qu'il convient de prendre en compte dans le processus de délimitation[921] ».

La Cour note que la Guinée Équatoriale, dans son intervention, lui a demandé de s'abstenir « d'émettre une quelconque appréciation susceptible de porter préjudice » à ses intérêts en ce qui concerne ses négociations portant sur les frontières maritimes avec d'autres États. Elle rappelle à la Cour que la médiane, lors de négociations antérieures avec le Cameroun, a toujours été considérée par ce dernier comme la frontière entre les deux États, ce qui est confirmé par leur pratique pétrolière. La Guinée Équatoriale fait valoir qu'une frontière qui empiéterait sur la médiane aurait pour effet de causer « un préjudice irréparable » et « entraînerait la plus grande confusion ». La ligne dite équitable proposée par le Cameroun aurait même pour effet de faire disparaître la frontière entre la Guinée Équatoriale et le Nigeria, délimitée par accord bilatéral, le 23 septembre 2000. Si, ajoute la Guinée Équatoriale, le Cameroun n'est pas lié par ce traité en vertu de la règle *res inter alios acta*, il ne peut par ailleurs chercher à en tirer bénéfice en invoquant, à titre de circonstance spéciale, le fait que la frontière entre le Nigeria et la Guinée Équatoriale se trouve du côté guinéen de la médiane. Cette dernière invoque enfin l'enclavement complet de l'île de Bioko si la ligne proposée par le Cameroun était retenue[922].

La Cour observe tout d'abord que le Cameroun et le Nigeria sont tous deux parties à la Convention de 1982 sur le droit de la mer et qu'ils l'ont tous

---

919 *Arrêt de 2002*, par. 276, 277 et 280.

920 *Idem,* par. 282.

921 *Ibidem.*

922 *Idem,* par. 284.

deux ratifiée, en conséquence de quoi il y a lieu d'appliquer les articles 74 et 83, prévoyant que la délimitation doit être effectuée de manière à « aboutir à une solution équitable ». Les deux États sont d'accord pour que la délimitation du plateau continental et de la zone économique exclusive soit effectuée par une ligne unique, et que les critères et les principes applicables trouvent leur expression dans la méthode dite des principes équitables/circonstances pertinentes, méthode très proche de celle de l'équidistance/circonstances spéciales applicable pour la délimitation de la mer territoriale. La Cour explique que cette méthode consiste à tracer d'abord une ligne d'équidistance et à examiner ensuite s'il existe des facteurs susceptibles d'ajuster ou même de déplacer cette ligne d'équidistance afin de parvenir à un résultat équitable. La Cour déclare qu'elle appliquera la même méthode, laquelle, rappelle-t-elle, a été utilisée notamment dans l'affaire *Jan Mayen* de 1993 entre le Danemark et la Norvège[923], de même que dans l'affaire de 2001 *Qatar/Bahreïn*[924].

S'agissant de déterminer les côtes pertinentes sur lesquelles seront déterminés les points de base utilisés à la construction de la ligne d'équidistance, la Cour rejette la prétention du Cameroun selon laquelle on doit prendre en considération la côte du golfe de Guinée, d'Akasso (Nigeria) au cap Lopez (Gabon), mais sans tenir compte de la majeure partie des côtes de l'île de Bioko. Le Tribunal rappelle que la frontière ne doit être déterminée que par des points sur les côtes des deux États. Étant donné leur configuration et l'espace circonscrit pour la délimitation, la Cour n'a que deux points d'ancrage terrestre à établir pour la construction de la ligne (West Point et East Point), qui sont les points les plus méridionaux sur les laisses de basse mer des deux pays, et qui se trouvent respectivement de chaque côté de la baie formée par les estuaires de la rivière Cross et de l'Akwayafé.

Quelles sont les circonstances, se demande ensuite la Cour, dont il devrait être tenu compte aux fins d'ajuster la ligne d'équidistance pour aboutir à un résultat équitable ? Il ne s'agit pas pour autant de délimiter en équité, d'autre affaires ayant montré que « l'équité n'est pas une méthode de délimitation mais uniquement un objectif qu'il convient de garder à l'esprit en effectuant celle-ci[925] ». Au titre des circonstances à considérer, la Cour nomme d'abord la configuration géographique des espaces maritimes, laquelle constitue une donnée qu'on ne peut modifier. La Cour rappelle à ce sujet les affaires célèbres de la *Mer du Nord*, dans lesquelles les juges ont expliqué que l' équité "n'implique pas nécessairement l'égalité" et que lors de la délimitation "il n'est

923 *Délimitation maritime dans la région située entre le Groenland et Jan Mayen (Danemark c. Norvège)*, arrêt, C.I.J. Recueil 1993, p. 61, par. 51. Citée dans l'*Arrêt de 2002*, par. 289.

924 *Délimitation maritime et questions territoriales entre Qatar et Bahreïn (Qatar c. Bahreïn)*, arrêt, C.I.J. Recueil 2001, par. 177. Citée dans l'*Arrêt de 2002*, par. 289.

925 *Arrêt de 2002*, par. 294.

jamais question de refaire la nature entièrement", ou, pour dire la même chose autrement, "il ne s'agit donc pas de refaire totalement la géographie dans n'importe quelle situation de fait mais, en présence d'une situation géographique de quasi-égalité entre plusieurs États, de remédier à une particularité non essentielle d'où pourrait résulter une injustifiable différence de traitement"[926].

Ainsi, le Tribunal rejette la prétention du Cameroun selon laquelle la concavité du golfe de Guinée en général et celle des côtes du Cameroun en particulier, qui créent un effet d'enclavement, constituent une circonstance en sa faveur, car, encore faut-il que cette concavité existe dans le secteur à délimiter, comme cela a été expliqué par le Tribunal d'arbitrage non seulement dans les affaires de la *Mer du Nord*, mais aussi dans l'affaire *Guinée/Guinée-Bissau*[927]. Or, observe la Cour, la concavité des côtes du Cameroun « se manifeste essentiellement dans le secteur où elles font face à Bioko[928] ». S'agissant de cette île, la Cour rejette pour des motifs similaires une affirmation du Cameroun selon laquelle Bioko aurait pour effet de réduire sensiblement la projection de ses côtes vers le large. Quant à l'argument invoqué par le Cameroun relatif à la disparité entre la longueur de ses côtes et celles du Nigeria dans le golfe de Guinée, la Cour estime que les côtes pertinentes du Cameroun ne sont pas plus longues que celles du Nigeria.

Après avoir rejeté les divers arguments du Cameroun présentés à titre de circonstances susceptibles de justifier un ajustement de la ligne d'équidistance, le Tribunal examine une dernière question, soulevée cette fois par le Nigeria, celle de la pratique pétrolière des Parties. À ce sujet, la Cour estime que les concessions et les puits, s'ils peuvent indiquer un consensus des Parties quant aux espaces maritimes qui leur reviennent, ne constituent pas pour autant des circonstances pertinentes susceptibles de justifier un déplacement de la ligne, à moins qu'ils n'aient fait l'objet d'un accord exprès ou tacite. Comme un tel accord n'existe pas, le Tribunal en arrive à la conclusion que cette ligne aboutit à un résultat équitable.

La Cour note pourtant que le point G, tel qu'il est défini dans la déclaration de Maroua du 1er juin 1975, ne se trouve pas sur la ligne d'équidistance, mais à l'est de cette ligne, et elle trace donc la limite de manière à ce qu'elle rejoigne, depuis le point G, la ligne d'équidistance au point X (8° 21' 20'' de longitude Est et 4° 17' 00'' de latitude Nord). La limite, qui s'infléchit au point X, se poursuit vers le sud le long de la ligne d'équidistance. Comme la Cour l'a déjà déclaré, sa décision doit être telle qu'elle n'affecte pas les droits de la Guinée Équatoriale. En conséquence, « la Cour ne s'estime pas en mesure de

---

926 *Plateau continental de la mer du Nord*, arrêt, C.I.J. Recueil 1969, p. 49-50, par. 91. Citées dans l'*Arrêt de 2002*, par. 295.

927 *Sentence*, RSA, vol. 19, p. 187, par. 104.

928 *Arrêt de 2002,* par. 297.

faire plus qu'indiquer, à partir du point X, la direction générale de la limite[929] », laquelle suit une ligne loxodromique ayant un azimut de 187° 52' 27''.

12.11 Les responsabilités internationales

Le Tribunal, après avoir complété l'ensemble de la délimitation, passe à l'examen des responsabilités internationales invoquées tour à tour par les deux Parties. Le Cameroun prétend que le Nigeria a engagé sa responsabilité pour des actes illicites qu'il aurait commis en territoire camerounais, en conséquence de quoi une réparation serait due pour les préjudices matériels et moraux subis. Le Cameroun demande donc à la Cour « de bien vouloir l'autoriser à présenter une évaluation du montant de l'indemnité qui lui est due en réparation des préjudices[930] ». Ces actes illicites auxquels fait référence le Cameroun sont énoncés comme suit dans ses conclusions finales, lors de la procédure orale :

> *d)* Qu'en tentant de modifier unilatéralement et par la force les tracés de la frontière (…), la République fédérale du Nigeria a violé et viole le principe fondamental du respect des frontières héritées de la colonisation *(uti possidetis juris)* ainsi que ses engagements juridiques relativement à la délimitation terrestre et maritime.
>
> *e)* Qu'en utilisant la force contre la République du Cameroun, et, en particulier, en occupant militairement des parcelles du territoire camerounais dans la zone du lac Tchad et la péninsule camerounaise de Bakassi, en procédant à des incursions répétées tout le long de la frontière entre les deux pays, la République fédérale du Nigeria a violé et viole ses obligations en vertu du droit international conventionnel et coutumier.
>
> *f)* Que la République fédérale du Nigeria a le devoir exprès de mettre fin à sa présence tant administrative que militaire sur le territoire camerounais et, en particulier, d'évacuer sans délai et sans condition ses troupes de la zone occupée du lac Tchad et de la péninsule camerounaise de Bakassi et de s'abstenir de tels faits à l'avenir.
>
> *g)* Qu'en ne respectant pas l'ordonnance en indication de mesures conservatoires rendue par la Cour le 15 mars 1996, la République fédérale du Nigeria a manqué à ses obligations internationales[931].

La Cour examine alors les conclusions du Cameroun portant sur la responsabilité du Nigeria, puis les demandes reconventionnelles de ce dernier concernant la responsabilité du Cameroun. Ce dernier fait valoir deux séries de conclusions distinctes concernant d'une part la région du lac Tchad et la

---

[929] *Idem,* par. 307.
[930] *Idem*, par. 27.
[931] Citées dans l'*Arrêt de 2002*, par. 27.

presqu'île de Bakassi, d'autre part les autres secteurs de la frontière. Dans la région du lac Tchad, le Cameroun soutient que des pêcheurs du Nigeria se sont progressivement installés, au cours des dernières décennies, en territoire camerounais, à la faveur de l'assèchement du lac, et que plusieurs incursions de l'armée nigériane auraient donné lieu, à partir de 1987, à l'occupation de 18 villages et de 6 îles. Le Cameroun affirme aussi que la presqu'île de Bakassi, ayant été attaquée, en décembre 1993, « dans le cadre d'une invasion soigneusement et délibérément planifiée[932] », certains postes camerounais sont tombés et sont encore sous occupation des forces du Nigeria. Le Cameroun invoque donc le principe de non recours à la force et celui de non-intervention, tels qu'ils sont exprimés par la Charte des Nations Unies, article 2. Le Nigeria serait donc dans l'obligation de mettre fin à ses occupations, d'évacuer ses troupes sans délai et de faire réparation pour les préjudices subis par le Cameroun.

Le Nigeria soutient pour sa part que cette occupation est paisible et que ses déploiements de force « auraient eu pour objet de régler des questions d'ordre intérieur et de réagir à une campagne d'empiétements systématiques du Cameroun sur le territoire nigérian[933] ». Le Nigeria ajoute, à propos de la création de la commune de Bakassi, que, « si la Cour devait reconnaître la souveraineté du Cameroun sur ces zones, il n'y aurait rien d'irréversible dans les dispositions adoptées à cet égard par le Nigeria[934] ».

La Cour, après avoir rappelé l'affaire du *Temple de Préah Vihéar*[935], dans laquelle la Thaïlande avait été tenue de retirer ses troupes du territoire cambodgien, et l'affaire *Libye/Tchad*, dans laquelle la Libye avait été soumise à la même obligation, fait au Nigeria l'obligation de retirer ses troupes du territoire camerounais dans les plus brefs délais et sans condition, tandis que la même obligation est imposée au Cameroun quant à ses forces qui se trouvent en territoire nigérian par suite de la délimitation.

Le Tribunal mentionne que l'exécution de son arrêt donnera aux deux pays « une occasion privilégiée de coopération dans l'intérêt des populations concernées afin notamment que celles-ci puissent continuer de bénéficier de services scolaires et de santé comparables à ceux dont elles jouissent actuellement[936] ». La Cour note aussi une déclaration du Cameroun selon laquelle « plus de trois millions de Nigérians vivent sur le sol camerounais où ils exercent, sans restriction aucune, diverses activités, bien intégrés qu'ils sont dans la société camerounaise[937] ». Le Cameroun ajoute que, « fidèle à sa politique traditionnellement accueillante et tolérante », celui-ci « continuera à assurer sa

---

[932] *Arrêt de 2002*, par. 310.
[933] *Idem,* par. 311.
[934] *Idem,* par. 312.
[935] Arrêt, C.I.J. Recueil 1962, p. 37. Mentionnée dans l'*Arrêt de 2002*, par. 313.
[936] *Arrêt de 2002*, par. 316.
[937] *Ibidem.*

protection[938] » aux Nigérians qui habitent Bakassi et à ceux qui vivent dans la région du lac Tchad.

La Cour rejette par ailleurs la demande du Cameroun visant à l'obtention de garanties de non répétition pour l'avenir, « estimant qu'elle ne saurait envisager l'hypothèse dans laquelle une des Parties ne respecterait pas la souveraineté territoriale de l'autre Partie[939] », une fois précisée définitivement la frontière terrestre et maritime. Compte tenu de l'arrêt de la Cour et de l'évacuation du territoire camerounais occupé par le Nigeria, « le préjudice subi par le Cameroun en raison de l'occupation de son territoire aura en tout état de cause été suffisamment pris en compte[940] ». Les juges déclarent donc ne pas rechercher si et dans quelle mesure la responsabilité du Nigeria est engagée à l'égard du Cameroun du fait de cette occupation. Quant aux allégations du Cameroun selon lesquelles le Nigeria a fait défaut de respecter l'ordonnance en indication de mesures conservatoires du 15 mars 1996, la Cour écarte ses conclusions pour le motif que la preuve des faits n'a pas été établie. Elle rejette aussi pour des motifs similaires l'allégation que la responsabilité du Nigeria est engagée par suite de divers incidents frontaliers intervenus de 1970 à 2001, tout aussi bien sur mer que sur terre, incidents qui auraient donné lieu à des décès et des blessures. Le Tribunal rejette de même la demande reconventionnelle du Nigeria fondée sur des allégations similaires.

12.12 La décision de la Cour

Pour tous ces motifs, la Cour décide[941], par 14 voix contre 2, que la frontière dans la région du lac Tchad est délimitée par la déclaration Thomson-Marchand de 1929-1930, telle qu'elle a été incorporée dans l'échange de notes Henderson-Fleuriau de 1931, et que le tracé de cette frontière est le suivant : « À partir d'un tripoint situé dans le lac Tchad par 14° 04' 59'' de longitude est et 13° 05' de latitude nord, la frontière suit une ligne droite jusqu'à l'embouchure de la rivière Ebedji, située par 14° 12' 12'' de longitude est et 12° 32' 17'' de latitude nord, pour ensuite rejoindre en ligne droite la bifurcation de la rivière Ebedji, en un point situé par 14° 12' 03'' de longitude est et 12° 30' 14'' de latitude nord » ; par 15 voix contre 1, que « la frontière terrestre est délimitée, depuis le lac Tchad jusqu'à la presqu'île de Bakassi, par les instruments suivants : i) de la bifurcation de la rivière Ebedji jusqu'au mont Tamnyar, par les paragraphes 2 à 60 de la déclaration Thomson-Marchand de 1929-1930, telle qu'elle a été incorporée dans l'échange de notes Henderson-

---

938 *Idem,* par. 317.
939 *Idem,* par. 318.
940 *Idem,* par. 319.
941 *Idem,* par. 325.

Fleuriau de 1931 ; ii) du mont Tamnyar jusqu'à la borne 64 mentionnée à l'article 12 de l'accord anglo-allemand d'avril 1913, par l'Ordre en conseil britannique d'août 1946 ; iii) de la borne 64 jusqu'à la presqu'île de Bakassi, par les accords anglo-allemands de mars et avril 1913 ». La Cour décide à l'unanimité que « ces instruments doivent être interprétés » conformément à plusieurs paragraphes de l'arrêt dont elle donne les numéros[942].

Par 13 voix contre 3, la Cour décide[943] que « la souveraineté sur la presqu'île de Bakassi est camerounaise », que « la frontière à Bakassi est délimitée par les articles 18 à 20 de l'accord anglo-allemand du 11 mars 1913 et qu'elle suit le thalweg de la rivière Akpakorum (Akwayafé), en séparant les îles Mangrove près d'Ikang selon la carte TSGS 2240, jusqu'à une ligne droite joignant Bakassi Point et King Point ».

La Cour décide aussi[944], par 13 voix contre 3, et après avoir examiné la huitième exception préliminaire du Nigeria, qu'elle est compétente pour connaître des demandes du Cameroun quant à la délimitation des zones maritimes ; que « la limite de ces zones, jusqu'au point G, suit le tracé suivant : depuis le point d'intersection entre le milieu du chenal navigable de la rivière Akwayafé et la ligne droite joignant Bakassi Point et King Point, la frontière correspond à la "ligne de compromis" tracée conjointement par les deux chefs d'État à Yaoundé en avril 1971 sur la carte n° 3433 de l'Amirauté britannique (déclaration de Yaoundé II) et passant par douze points numérotés », dont la Cour donne les coordonnées géographiques ; à partir du point 12, « la limite suit la ligne convenue dans la déclaration de Maroua signée par les chefs d'État en juin 1975 , telle que modifiée par leur échange de lettres de juin et juillet 1975, et cette ligne passe par les points A à G » dont la Cour donne aussi les coordonnées géographiques.

À l'unanimité, la Cour décide que la limite des zones maritimes, à partir du point G, coïncide avec « une ligne loxodromique (azimut de 270°) jusqu'à la ligne d'équidistance qui passe par le milieu de la ligne qui joint West Point à East Point », et que « la limite rejoint cette ligne d'équidistance en un point X » (8° 21' 20'' de longitude Est et 4° 17' 00'' de latitude Nord) ; que « la limite, à partir du point X, suit une ligne loxodromique » (azimut de 187° 52' 27'').

La Cour décide également, par 14 voix contre 2, que « la République du Nigeria est tenue de retirer dans les plus brefs délais et sans condition son administration et ses forces armées et de police des territoires relevant de la souveraineté de la République du Cameroun[945] », nommément la région du lac

---

942 Il s'agit des par. 91, 96, 102, 114, 119, 124, 129, 134, 139, 146, 152, 155, 160, 168, 179, 184 et 189.

943 *Arrêt de 2002*, par. 325.

944 *Ibidem.*

945 *Ibidem.*

Tchad et la presqu'île de Bakassi. C'est cependant à l'unanimité que la Cour décide que cette obligation est faite aussi au Cameroun quant à toute administration ou forces qui pourraient se trouver sur des territoires relevant de la souveraineté du Nigeria, en l'occurrence dans tout le secteur compris entre la région du lac Tchad et la péninsule de Bakassi, le Nigeria ayant très exactement l'obligation réciproque.

À l'unanimité, la Cour rejette le surplus des conclusions du Cameroun au sujet de la responsabilité internationale du Nigeria, de même qu'elle rejette les demandes reconventionnelles de ce dernier. Enfin, la Cour, par 15 voix contre 1, prend acte de l'engagement du Cameroun, pris à l'audience, par lequel il déclare que, « fidèle à sa politique traditionnellement accueillante et tolérante », il « continuera à assurer sa protection » aux Nigérians qui habitent la péninsule de Bakassi et la région du lac Tchad[946].

12.13 Les opinions individuelles et dissidentes

Plusieurs opinions, individuelles ou dissidentes, auront donc été jointes à l'arrêt[947]. Ainsi, dans son opinion individuelle, le juge *ad hoc* Mbaye exprime le regret que la Cour se soit abstenue de recourir au principe du respect des frontières coloniales, et il insiste sur la grande importance de ce principe en Afrique, notamment en Afrique de l'Ouest, dont les pays sont affectés depuis l'indépendance « par une instabilité qui éloigne de la recherche désireuse et continue des vraies solutions au sous-développement[948] ». Le juge rappelle que ce principe de l'*uti possidetis juris* avait été adopté par les pères des nations africaines, « qui voulaient démentir la prévision selon laquelle l'Afrique était *mal partie*[949] ». Il s'agissait, pour ces pères, de choisir la solution du moindre mal : « Ils ne voulaient à aucun prix que les frontières laissées par les colonisateurs (seraient-elles absurdes, illogiques ou mal faites, auraient-elles coupé des ethnies ou des tribus) puissent être remises en cause[950] ». Le juge rappelle que si, en 1964, les dirigeants africains ont choisi de « se placer non au plan de la vérité historique mais sur le terrain du droit » en adoptant la résolution relative à l'intangibilité des frontières, ils ont ainsi « barré la route à toute velléité de sécession[951] », en se rangeant derrière le Nigeria pour combattre les

---

946 *Ibidem.*

947 Ces opinions sont disponibles intégralement sur le site Internet de la Cour. En outre, elles ont été résumées et, pour la plupart, traduites en français dans ce même site, à l'*Annexe au communiqué de presse 2002/26 bis.*

948 *Opinion individuelle* du juge Mbaye, par. 14.

949 *Idem*, par. 15. Il est permis de penser qu'il s'agit d'une allusion à l'ouvrage de l'agronome français René Dumont, *L'Afrique noire est mal partie.*

950 *Opinion individuelle* du juge Mbaye, par. 15.

951 *Idem*, par. 91.

sécessionnistes lorsque le Biafra, en 1967, a défié le principe. Il n'en demeure pas moins, précise le juge, que les sociétés traditionnelles en Afrique ignoraient ce concept de frontière linéaire, notamment dans cette région qui va du lac Tchad à la mer : « (...) il semble que, depuis fort longtemps et en dépit des statuts politiques que ces régions ont connus au cours de l'histoire (possessions allemandes, britanniques ou françaises, indépendance), les populations autochtones se soient installées au gré de leurs affinités ethniques et de leurs besoins économiques en méconnaissance totale des limites territoriales de la nationalité, et que les gouvernements par la suite aient essayé de tirer profit de telle ou telle situation ainsi créée. (...) C'est pourquoi le salut pour l'Afrique réside dans le respect sans équivoque et sans subtils commentaires des frontières coloniales[952] ».

Quant au système colonial lui-même, le juge Mbaye critique tout autant la doctrine sur laquelle ce système était fondé que le traitement infligé à la valeur des traités signés avec « des *roitelet*s de l'époque » et qui « n'avaient pas d'autre but que de servir le dessein de la *curée* décidée contre l'Afrique à la Conférence de Berlin ou avant[953] ». Ces traités permettaient à l'État colonisateur « de disposer des espaces conquis, explorés ou simplement visités, en attendant de les *annexer* purement et simplement[954] ». Puisque ces actes de protectorat étaient dépourvus de valeur en droit international, « leur en donner aujourd'hui serait ouvrir la boîte de Pandore[955] ». Le juge Mbaye rappelle enfin qu'avant même les indépendances, un certain nombre d'Africains n'avaient pas manqué de « combattre la doctrine qui se fondait sur les notions de *biens vacants et sans maître* ou d'*absence de souveraineté* qui ont servi de prétexte à la colonisation[956] ».

Dans sa déclaration, le juge Rezek, qui s'est séparé de la majorité au sujet de la question territoriale sur Bakassi, se demande « en vertu de quel mystérieux droit divin[957] » la Grande-Bretagne a pu asseoir son autorité et s'ériger en État protecteur de ces territoires africains. Le juge se demande même « s'il y a une partie du monde où ce non-respect des formalités les plus élémentaires » serait compatible avec le caractère complexe et éminent d'un traité de frontière international[958] ». Le juge poursuit en faisant une critique sans équivoque du traitement accordé à la valeur des traités sous le système colonial :

> Rares sont les affirmations, en droit international classique, caractérisées par autant d'inconsistance – et une inconsistance aussi peu

---

[952] *Idem*, par. 22.
[953] *Idem*, par. 67.
[954] *Idem*, par. 74.
[955] *Idem*, par. 71.
[956] *Idem*, par. 89.
[957] *Déclaration du juge Rezek*, par. non numéroté.
[958] *Idem*, par. non numéroté.

admissible sur le plan moral – que celles qui voudraient que les accords conclus dans le passé entre des puissances coloniales et des communautés indigènes maîtresses de leurs territoires depuis des siècles, organisées et soumises à une autorité reconnue – ne soient pas des traités, parce que "les chefs et les tribus indigènes ne sont ni des États ni des organisations internationales, et n'ont donc pas la capacité de conclure des traités"[959].

Dans son opinion individuelle, le juge Ranjeva affirme, non sans humour, que « dans les relations conventionnelles avec les chefs indigènes, *pacta non servanda sunt*[960] ». Le juge rappelle en effet que l'accord conclu par toute société indigène était traité par les puissances coloniales comme un « chiffon de papier[961] ». Il est vrai, explique le juge, que « la notion de "nation civilisée" constituait la condition d'éligibilité au statut juridique de sujet international[962] », puisque la société indigène traditionnelle, africaine en particulier, ne jouissait pas de reconnaissance formelle de souveraineté, elle n'avait pas la qualité de sujet de droit international, même si son territoire n'était pas nécessairement une *terra nullius*. Et le juge de mentionner l'avis sur le *Sahara occidental*[963].

Pour mieux appréhender le cadre juridique de la colonisation, le juge estime qu'on devrait établir la distinction entre droit international, défini comme le droit des rapports entre les Puissances européennes ou avec des souverains reconnus par elles, et droit colonial, qui règle les rapports entre Puissances européennes et chefs indigènes. Quant à l'application des règles du droit intertemporel, le juge déclare qu'elle ne saurait en aucun cas justifier des conclusions aussi contraires aux normes fondamentales.

Même s'il s'est rangé derrière la majorité, le juge Al-Khasawneh estime, dans son opinion individuelle, qu'il est difficile, aussi bien moralement que légalement, de concilier le devoir de protection d'une puissance avec l'aliénation ultérieure du territoire protégé. Le juge ajoute que les traités de protection constituaient parfois une première étape vers l'acquisition d'un titre colonial à part entière mais qu'ils n'étaient, avant de pouvoir conférer ce titre, rien de plus qu'un moyen de pression, comme le démontrent, ajoute-t-il, plusieurs exemples tirés de la pratique des États à l'époque du congrès de Berlin. Le juge estime que les rois et chefs du Vieux-Calabar avaient la qualité requise pour s'engager dans des relations conventionnelles internationales et que le traité de 1884, qui portait sur la protection plutôt que sur un titre colonial, lais-

---

959 *Idem*, par. non numéroté. Allusion à Arnold McNair (1961) *The Law of Treaties*, p. 53.
960 *Opinion individuelle du juge Ranjeva*, par. 3.
961 *Idem*, par. 5.
962 *Idem*, par. 2.
963 C.I.J. Recueil 1975, p. 12. Mentionné dans l'*opinion individuelle du juge Ranjeva,* par. 2.

sait entendre, dans ses termes mêmes, que ses auteurs n'avaient aucune intention de céder la souveraineté territoriale. Lorsque la Grande-Bretagne, en 1913, céda Bakassi à l'Allemagne, elle exerça des pouvoirs qu'elle ne détenait pas. Le juge ajoute par ailleurs que s'il existe en droit international une forte présomption contre la perte de la souveraineté territoriale, pareille présomption est toutefois susceptible d'être repoussée, notamment par le comportement ultérieur d'une Partie qui ne proteste pas : « It is said that the God of sovereignty is a jealous God but apparently not in Bakassi, for, in reflecting on this case, one cannot but notice an extreme passivity and inaction on their part that managed to rebut the presumption. (...) Most notably, their failure to protest at the cession of their territory to Germany under the 1913 Agreement leaves me with no choice but to conclude that they had given their consent to that transfer *volenti non fit injuria*[964]». Le juge conclut que pour cette raison seule, il s'est rallié à la majorité des juges sur la question de la souveraineté sur Bakassi.

Dans une longue opinion dissidente, le juge *ad hoc* Ajibola mentionne d'abord que cette affaire est unique, que la situation sur le terrain est volatile et explosive, et il rappelle l'obligation cardinale de la Cour : « The paramount obligation of the Court is to give a decision that will do justice in accordance with the maintenance of international peace and security in any region of the world[965] ». Le juge estime en outre que la Cour doit tenir compte non seulement des titres mais aussi de la situation sur le terrain : « It will be difficult, if not impossible, for the Court not to recognize the status quo[966] ». S'agissant des droits qui appartiennent aux populations locales, le juge cite un important passage de l'arbitre dans l'affaire de l'*Île de Palmas*, lui-même cité par H. Lauterpacht :

> International law, like law in general, has the object of assuring the coexistence of different interests which are worthy of legal protection. If, as in the present instance, only one of two interests is to prevail, because sovereignty can be attributed to but one of the Parties, the interest which involves the maintenance of a state of things having offered at the critical time to the inhabitants of the disputed territory, and to other States, a certain guarantee for the respect of their rights ought, in doubt, to prevail over an interest which – supposing it to be recognized in international law – has not yet received any concrete form of development[967].

---

964 *Opinion individuelle du juge Al-Khasawneh*, par. 22.
965 *Opinion dissidente du juge Ajibola*, par. 4.
966 *Idem*, par. 10.
967 *The Function of Law in International Community*, p. 119-120. Cité au par. 49 de l'*opinion dissidente du juge Ajibola.*

Le juge fait valoir une opinion de Malcolm N. Shaw selon laquelle la pratique révèle que l'instauration du système colonial par les puissances européennes en Afrique a été réalisée légalement non par l'occupation de *terra nullius* mais bien par la cession consentie par les dirigeants locaux. Shaw en tire la conclusion suivante : « This means that such rulers were accepted as being capable in international law not only of holding title to territory, but of transferring it to other Parties[968] ».

Le juge estime qu'il est contestable de reconnaître au Cameroun un titre fondé sur l'accord de 1913, étant donné que les articles 18 à 22 de cet instrument sont nuls, non avenus et séparables de l'accord. Le juge ajoute que non seulement la souveraineté territoriale ne pouvait être cédée sans le consentement de la population locale et sans que cette dernière ait été d'abord informée et consultée, mais aussi ce traité était contraire aux dispositions de l'article 6 de l'Acte général de la conférence de Berlin : « The European powers were enjoined "to watch out over the preservation of the native tribes and not to take over or effect transfer of their territory"[969] ».

Le juge considère aussi que la Cour aurait dû retenir l'argumentation du Nigeria fondée sur la consolidation historique et les effectivités, tant dans la région du lac Tchad que dans celle de Bakassi. La valeur probante du traité de 1884 corrobore manifestement la thèse du Nigeria, puisque ce traité de protection ne portait aucunement cession à la Grande-Bretagne de la souveraineté territoriale détenue sur Bakassi par les rois et chefs du Vieux-Calabar jusqu'à l'indépendance du Nigeria. Comme la Grande-Bretagne, conclut le juge, ne détenait pas de droit sur ce territoire, elle ne pouvait le céder ni à l'Allemagne ni, par la suite, au Cameroun devenu indépendant. Le juge Ajibola estime que la Cour est allée à contre-courant de sa propre jurisprudence, notamment l'affaire *Burkina Faso/Mali*, en ignorant les trois dernières phrases du paragraphe 63, qui prescrivent de tenir invariablement compte des effectivités[970].

À l'instar du juge Ajibola, le juge Koroma, dans son opinion dissidente, estime aussi que la revendication territoriale du Nigeria fondée sur la consolidation historique aurait dû être considérée par la Cour. Celle-ci, dit le juge, a choisi de consacrer la réalité politique plutôt que la validité juridique : « This finding, in violation of the applicable treaty and clearly in breach of the principle of *pacta sunt servanda*, is not only illegal but unjust[971] ».

---

968 *Title to territory in Africa, International Legal Issues*, p. 45. Cité au par. 108 de l'*opinion dissidente du juge Ajibola*.

969 *Idem*, par. 206.

970 *Idem*, par. 211.

971 *Opinion dissidente du juge Koroma*, par. 7.

12.14 Devoir de coopération et de protection des populations

On a fait remarquer[972] que l'engagement du Cameroun à assurer la protection des Nigérians sur son territoire était entendu par les juges dans un large contexte de coopération entre les Parties et qu'il était pris en contrepartie du devoir fait au Nigeria de se retirer des territoires occupés illégalement. Il ne serait donc pas certain que cette obligation soit due, hors les cas d'occupation illégale, bien qu'il puisse être « étonnant de la limiter à cette seule hypothèse, puisque pour s'en assurer il faudrait préalablement violer le droit ». L'auteur de cette opinion propose ici une comparaison avec l'avis sur la présence illégale de l'*Afrique du Sud en Namibie* dans lequel la Cour déclarait vouloir réduire les conséquences négatives de cette présence sur les populations, et si, dans le présent cas, « les formules sont trop générales pour conclure que la Cour affirme l'existence de droits au bénéfice direct des individus », l'obligation de coopération pourrait être comprise comme une invitation à tempérer, au bénéfice des populations, les conséquences d'une application rigide et rigoriste du droit des traités de frontières :

> L'espèce de tutelle anachronique que représentent les accords territoriaux des puissances coloniales, sous laquelle les pays d'Afrique vivent encore aujourd'hui faute d'accords entre eux, est compensée et relativisée par un appel à une plus grande coopération au profit de leurs peuples. S'ils estiment ce devoir trop exigeant, ils demeurent libres de convenir d'autres frontières qui le vident de son objet. En attendant, le plus beau pied de nez qu'ils peuvent faire à la sombre époque de leur soumission est de se libérer de ses pesanteurs, et de coopérer[973].

• • •

Dans la chronique[974] qu'il a consacrée à l'affaire *Cameroun/Nigeria*, Philippe Weckel parle de l'importance du différend, notamment parce que la Cour a tranché des questions de principe qui concernent des situations territoriales post-coloniales, et que cet arrêt lui permet de « prévenir une dangereuse dérive du droit international qui menaçait la stabilité des situations territoriales[975] ». Il va sans dire que la décision, comme dans toute autre affaire, ne peut

---

972 Argent, Pierre d' (2002) Des frontières et des peuples : l'affaire de la frontière terrestre et maritime entre le Cameroun et le Nigeria (arrêt sur le fond), *AFDI*, vol. 48, p. 320.

973 *Idem*, p. 321.

974 Weckel, Philippe (2003) Chronique de jurisprudence internationale. Cour internationale de Justice. Arrêt du 10 octobre 2002 (Fond). Frontière terrestre et maritime (Cameroun c. Nigeria), *RGDIP,* vol. 107, n° 1, p. 161-175.

975 *Idem*, p. 165.

satisfaire que l'une des deux Parties, car si le Cameroun s'est vu reconnaître par la Cour, « avec une simplicité impériale[976] », la souveraineté territoriale sur la presqu'île de Bakassi, l'argumentation du Nigeria a donné lieu à « la condamnation sans appel qui frappe la théorie des effectivités territoriales *contra legem*[977] ». Pour important que soit cet arrêt, Weckel n'en fait pas moins une critique quand il affirme qu'il y a « une part de la réalité relevant des sociétés africaines traditionnelles dont la Cour mondiale est restée un peu éloignée. À vrai dire cette dimension humaine relève de la responsabilité des nations africaines[978] », et l'auteur invite la commission mixte à tenir compte de cette réalité dans le processus de coopération mis en place par le secrétaire général de l'ONU après le prononcé de l'arrêt.

Qui a gagné ? Qui a perdu ? Avec un remarquable souci de précision et de concision, le président du Tribunal, le juge Guillaume, a remis à la presse une déclaration[979] de deux pages dans laquelle l'affaire se trouve résumée et qui mentionne que le Cameroun a eu gain de cause en ce qui concerne la région du lac Tchad, la péninsule de Bakassi et le premier segment de la frontière maritime (jusqu'au point G), tandis que les thèses du Nigeria ont prévalu au delà de ce point G. Par ailleurs, dans toute la région qui se trouve entre le lac Tchad et la péninsule de Bakassi, la Cour a retenu soit la prétention du Cameroun, soit celle du Nigeria, ou encore adopté une solution intermédiaire.

Cette affaire complexe, qui concerne divers types de délimitation (lacustre, terrestre et maritime) constitue une synthèse, en quelque sorte, de toutes les autres affaires africaines. La décision à laquelle elle a donné lieu a tranché plusieurs questions soit à de fortes majorités (au moins 13 voix sur 16) soit même à l'unanimité en ce qui concerne l'interprétation des trois principaux instruments, la limite des zones maritimes à partir du point G, l'obligation faite au Cameroun de retirer ses forces du territoire nigérian, le rejet du surplus des conclusions du Cameroun au sujet de la responsabilité internationale du Nigeria, enfin, le rejet de la demande reconventionnelle de ce dernier. Par conséquent, et en dépit d'importantes dissidences, on ne peut « manquer de souligner d'emblée l'autorité particulière qui s'attache, au delà de la force obligatoire de tout arrêt pour les parties, à un prononcé adopté dans de telles conditions[980] ».

---

976 *Idem*, p. 161.
977 *Idem*, p. 162.
978 *Idem*, p. 173.
979 Disponible sur le site Internet de la Cour : www.icj-cij.org, sous la rubrique *Communiqués de presse*.
980 Argent, Pierre d' (2002) *op. cit.*, p. 281.

L'une des meilleures spécialistes[981] relève une observation du président Schwebel selon laquelle cette ordonnance constitue un exemple éloquent de la collaboration du Conseil de sécurité et de la C.I.J. dans le règlement politique et judiciaire des conflits, de même que la preuve de l'influence constructive et considérable de celle-ci sur le développement international des droits de la personne.

La requête en intervention de la Guinée Équatoriale, accueillie à l'unanimité par la Cour, témoigne de la préoccupation de celle-ci d'examiner l'affaire dans son contexte régional et est particulièrement appropriée dans une zone – le golfe de Guinée – où les enjeux économiques sont considérables et d'autant plus convoités que la zone est somme toute assez exiguë. Plusieurs des protagonistes de cette région maritime ont eu d'ailleurs la sagesse de conclure des accords bilatéraux de délimitation et d'exploitation conjointe, alors que dans l'ensemble du continent africain, de tels accords constituent encore l'exception plutôt que la règle : outre le compromis entre le Cameroun et le Nigeria, rappelons la délimitation de la Guinée Équatoriale avec Sao Tomé et Principe en 1999, puis avec le Nigeria en 2000 ; la délimitation du Gabon avec Sao Tomé et Principe en 2001; l'instauration, la même année, d'une *zone* de développement conjoint d'exploration et d'exploitation des ressources, entre le Nigeria et Sao Tomé et Principe, sans préjudice de toute délimitation éventuelle. Rappelons enfin cette médiation concernant le Gabon et la Guinée Équatoriale, qui concerne à la fois la souveraineté sur certaines îles dans le golfe de Guinée et la délimitation maritime. On a fait aussi une comparaison avec le différend *Nicaragua/Honduras*, en mentionnant que l'aggravation de ce différend, le 2 décembre 1999, consécutive à la signature du traité de délimitation entre le Honduras et la Colombie, « montre bien l'utilité d'une approche multilatérale et globale du règlement des questions de frontières maritimes[982] ».

La Cour a-t-elle bien examiné le concept de consolidation historique du titre invoqué par le Nigeria, selon lequel il exercerait sa souveraineté dans certaines zones (lac Tchad et péninsule de Bakassi), souveraineté fondée, avec l'acquiescement du Cameroun, sur une occupation de longue durée, exercée paisiblement et effectivement en tant que souverain ? Cette notion, fait remarquer la Cour, n'a été utilisée qu'une seule fois (dans l'affaire de 1951 des *Pêcheries*) et elle ne peut prévaloir sur un titre conventionnel valide, *a fortiori* lorsqu'elle porte sur une période trop brève. Ainsi, la Cour, comme elle l'a d'ailleurs déjà expliqué, notamment dans l'affaire *Burkina Faso/Mali* de 1986,

---

[981] Kwiatkoska, Barbara (2001 et 2002) The Law of the Sea Related Cases in the International Court of Justice during the Presidency of Judge Stephen M. Schwebel (1997-2000), *IJMCL*, vol. 16, p. 1-40. Mise à jour le 19 juin 2002 dans le site : oceanlaw.net/ops/word/op2.doc.

[982] Weckel, Philippe (2000) Chronique de jurisprudence internationale. Ordonnance du 21 octobre 1999 sur la requête de la Guinée Équatoriale à fin d'intervention, *RGDIP*, vol. 104, p. 248-249.

affirme que le titulaire du titre doit être préféré à l'administrateur de fait. Bien sûr, et puisque la Cour a déjà décidé que le traité de 1884 comportait une cession de territoire de la part des chefs locaux, question également examinée dans l'affaire du *Sahara occidental*, elle a dû en tirer toutes les conséquences juridiques et notamment déclarer qu'une effectivité ne peut aller à l'encontre d'un titre. Ainsi, et pour stimulantes que soient les dissidences dans cette affaire, la Cour a décidé très clairement de la priorité du titre sur les effectivités, après que l'affaire *Botswana/Namibie* eut laissé subsister des doutes dans son examen de la doctrine de la prescription acquisitive.

Quant à la délimitation maritime, la Cour, fidèle à la règle *pacta sunt servanda*, entérine les accords de Maroua déjà signés entre les Parties – comme le Tribunal d'arbitrage l'avait fait au sujet de l'accord de 1960 dans l'affaire *Guinée-Bissau/Sénégal*. Au delà du point G, où elle doit procéder *de novo*, le choix de la Cour quant à la méthode vient une fois de plus donner du poids à celle des principes équitables/circonstances pertinentes, méthode similaire à celle de l'équidistance/circonstances pertinentes, puisque la Cour retient effectivement l'équidistance, laquelle, ajoute la Cour, n'a pas à être ajustée en l'espèce, car les circonstances à cet effet n'existent pas, non plus que la présence de concessions et de puits, qui constituent tout au plus un consensus sur les espaces maritimes respectifs. Ainsi, la Cour met clairement en garde les États qui seraient tentés d'agir unilatéralement dans l'octroi de zones pétrolières excessives en croyant que cette pratique aura pour effet de les favoriser lorsque viendra le moment de déterminer la frontière. Par ailleurs, on a critiqué la décision de la Cour de ne pas tenir compte comme il convenait de la concavité des côtes du Cameroun, qui, étant donné la présence de la Guinée Équatoriale, risque d'être « enclavé », et on a estimé que la Cour avait ainsi rejeté l'approche équitable qu'elle avait adoptée dans l'affaire *Guinée/Guinée-Bissau* afin de maximiser la stabilité dans la région[983].

Quant aux questions relatives à la responsabilité, la Cour a décidé du retrait immédiat et sans condition des troupes de chacune des Parties dans le territoire de l'autre. Par ailleurs, sur la question plus précise des préjudices allégués, la Cour rejette les demandes respectives sur la base de deux motifs : l'absence de preuve, ce qui ne peut lui être reproché ; la perspective envisagée par la Cour que l'exécution de son arrêt donnera lieu à une coopération privilégiée dans l'intérêt des populations – ce qui, bien sûr, est à souhaiter, et ce que l'avenir dira. Quant au préjudice subi par le Cameroun, la Cour déclare qu'il aura été suffisamment pris en compte, étant donné l'arrêt de la Cour et l'évacuation du territoire camerounais par les troupes nigérianes.

---

[983] Paulson, Colter (1984) Compliance with Final Judgments of the International Court of Justice since 1987, *AJIL*, vol. 98, p. 451, note 216.

Existe-t-il, dans l'état actuel du droit international des frontières, une obligation de coopération et de protection des populations ou même des individus ? On a rappelé que dans l'affaire de l'*Afrique du Sud en Namibie*, la Cour avait déclaré vouloir réduire les conséquences négatives de la présence illégale de l'Afrique du Sud sur les populations de Namibie. Quant à l'affaire *Cameroun/Nigeria*, on a estimé ne pouvoir conclure à l'affirmation par la Cour de l'existence de droits au bénéfice direct des individus, en proposant plutôt une interprétation de cette obligation de coopération comme une invitation à tempérer, au bénéfice des populations, les conséquences d'une application rigide du droit des traités de frontières, qui, s'il consacre une espèce de tutelle anachronique des accords territoriaux des puissances coloniales, a pourtant été reconnu lorsque les États africains nouvellement indépendants se sont déclarés, selon la résolution du Caire de 1964, attachés au principe de l'intangibilité des frontières héritées de ces puissances. Il nous semble en tout cas que la Cour est allée encore plus loin que dans l'affaire *Érythrée/Yémen* dans laquelle le Tribunal d'arbitrage ne faisait que constater la volonté des Parties, clairement exprimée dans un compromis, de voir subsister, pour le bénéfice des populations locales, la mise en œuvre d'un régime traditionnel de pêche basé sur les valeurs juridiques de l'islam, le Tribunal faisant notamment observer que l'égalité entre États procède de la même logique que l'égalité entre personnes. On peut mesurer ici la distance parcourue depuis l'approche européocentriste, notamment dans l'application des modes juridiques de l'acquisition du territoire. Ainsi, le droit international est-il tenu à évoluer en tenant compte de la diversité des États, comme doit le faire le droit interne avec la diversité des personnes.

CONCLUSION

Au terme de cette analyse, on peut se demander si, et dans quelle mesure, les affaires africaines ont contribué à enrichir le droit international, notamment en matière d'acquisition du territoire, d'autodétermination et de délimitation. On peut par ailleurs examiner la question de savoir si, dans le champ du politique, le règlement juridictionnel des différends s'est avéré un mode efficace dans le contexte africain où nous proposons de distinguer entre affaires réussies et affaires mitigées. Ainsi, en mesurant les limites de ce règlement, il conviendra de montrer quelle est la place de ce type de règlement dans l'ensemble des autres modes pacifiques (notamment la négociation, mais aussi la médiation, l'enquête, la conciliation et l'intervention des organisations internationales dont l'ONU et son Conseil de sécurité) et si le travail peut ou doit être mené en concertation avec les instances politiques et les instances juridictionnelles. Quant aux deux affaires actuelles (frontières *Bénin/Niger* et *Gabon/Guinée Équatoriale*), et pour peu que la maigre documentation à leur sujet permette d'exprimer des commentaires, l'expérience acquise dans d'autres cas réglés tout aussi bien par voie bilatérale que juridictionnelle saura, il faut le souhaiter, inspirer une solution équitable à chacun de ces différends. Enfin, on peut se demander si le règlement juridictionnel des différends territoriaux, tel qu'il peut être analysé à l'aide d'éléments classificatoires, a un avenir prometteur en Afrique en particulier et dans le monde en général.

Les affaires africaines ont-elles enrichi le droit international ?

À propos de l'affaire *Cameroun/Nigeria*, Malcolm Evans, l'un des meilleurs spécialistes du droit de la délimitation maritime, exprime son étonnement que la ligne d'équidistance n'ait pas été modifiée, alors qu'elle aurait dû l'être, dit-il, compte tenu des circonstances pertinentes à cet effet, puis l'auteur ajoute : « One has to conclude that the application of the law pertaining to maritime delimitation remains as mysterious as ever[984] ». La remarque a de quoi laisser perplexe, d'autant qu'elle provient d'un juriste qui avait déjà publié un ouvrage consacré exclusivement aux circonstances pertinentes à la délimitation maritime[985].

Rappelons que la Cour, dans l'affaire *Cameroun/Nigeria*, a décidé que la méthode de délimitation appropriée était la ligne d'équidistance stricte, rejetant ainsi un argument du Cameroun selon lequel elle devrait ajuster cette ligne pour tenir compte d'une circonstance pertinente importante, en l'occurrence la concavité des côtes du Cameroun, afin de parvenir à un résultat équitable. Rappelons aussi que dans chacune des deux affaires africaines de délimitation maritime où les côtes sont opposées plutôt qu'adjacentes, cette solution a été décidée par le Tribunal. En effet, dans l'affaire *Libye/Tunisie*, la ligne d'équidistance stricte a été ajustée, étant donné la différence de longueur des côtes entre les deux États, alors que dans l'affaire *Érythrée/Yémen*, l'ajustement de l'équidistance stricte répondait notamment à la nécessité de tenir compte de la taille minime et de l'éloignement de certaines îles inhabitées. Dans les autres affaires, où les côtes sont essentiellement ou principalement adjacentes, la méthode de l'équidistance a été ignorée et ce sont des lignes géométriques ou astronomiques qui ont été retenues. Ainsi, dans l'affaire *Libye/Tunisie*, la frontière est constituée de deux segments : le premier est une droite qui forme avec le méridien un angle de 26°, tout en correspondant approximativement à la perpendiculaire à la direction générale des côtes au point terminal de la frontière terrestre, et qui date d'une ligne *de facto* observée tacitement pendant des années ; le second tient compte, dit la Cour, de deux circonstances géographiques pertinentes : la présence d'un archipel important (les îles Kerkennah) et l'important changement de direction des côtes tunisiennes dans le golfe de Gabès. Ayant choisi de donner un demi effet à l'archipel, la Cour tire la bissectrice de l'angle formé par deux lignes – celle qui correspond à la direction générale du littoral et celle qui longe l'archipel à l'est –, le second segment de la ligne étant parallèle à cette bissectrice.

Dans l'affaire *Guinée/Guinée-Bissau*, la majeure partie de la frontière est beaucoup plus simple, mais peut-être aussi plus contestable, le Tribunal ayant décidé, compte tenu des délimitations déjà effectuées et celles à venir, d'utiliser une perpendiculaire à la direction générale des côtes à une échelle *macrogéographique*. Dans l'affaire *Guinée-Bissau/Sénégal*, la méthode est encore plus simple, puisque la Cour a rejeté un appel de la décision du Tribunal d'arbitrage qui avait entériné un accord bilatéral précédent établissant la frontière selon un azimut déterminé.

---

[984] Evans, Malcolm D. (2003) The Law of the Sea, *in* Evans, Malcolm D., éd., *International Law*, p. 649.

[985] Evans, Malcolm D. (1989) *Relevant Circumstances and Maritime Delimitation.*

Les tribunaux semblent donc avoir clairement distingué, dans les affaires africaines, entre les cas où les côtes sont opposées et ceux où elles sont adjacentes, en privilégiant, pour la première catégorie, la méthode de l'équidistance (stricte ou ajustée), pour la seconde d'autres méthodes. Ainsi, cette jurisprudence confirme ce qui avait déjà été décidé dans les premières affaires de délimitation du plateau continental, les affaires de la *Mer du Nord*, dans lesquelles la C.I.J. avait expliqué que l'équidistance convient moins entre côtes adjacentes, notamment quand l'une de celles-ci est concave, l'autre convexe, la première étant la victime de l'iniquité, l'autre la cause. Cette même jurisprudence africaine a également retenu de ces affaires, de même que de l'affaire *France/Royaume-Uni* de 1977, que la méthode de l'équidistance n'est pas une règle obligatoire du droit coutumier, bien qu'elle soit souvent utilisée.

En matière de délimitation maritime, l'essentiel est de parvenir à un résultat équitable, comme le mentionne expressément la nouvelle Convention des Nations Unies sur le droit de la mer. Et si le tracé d'une équidistance est souvent envisagé à titre provisoire, les tribunaux n'hésitent pas à le modifier sitôt qu'ils sont convaincus de l'existence d'une circonstance pertinente. Ce pouvoir d'appréciation, les tribunaux l'ont exercé dans les affaires africaines et, comme dans les autres affaires à travers le monde, ils ont généralement rejeté comme non pertinentes les circonstances qui n'étaient pas d'ordre strictement géographique, y compris les circonstances économiques, malgré leurs précautions d'usage quand ils affirment l'importance de ces considérations dans un continent comme l'Afrique, et bien qu'ils aient retenu le passage de l'arrêt, dans les affaires de la *Mer du Nord*, selon lequel « il n'y a pas de limites juridiques aux considérations que les États peuvent examiner afin de s'assurer qu'ils vont appliquer des procédés équitables[986] ».

S'agissant de frontières maritimes délimitées par voie juridictionnelle, rappelons enfin l'importante contribution de l'Afrique en cette matière, puisqu'elles représentent, dans ce seul continent, 46% (6 sur 13) de toutes les frontières maritimes décidées de la planète et que 6 des 20 frontières délimitées en Afrique, tous modes confondus, l'ont été par la C.I.J. ou un tribunal arbitral, ce qui représente une proportion de 30%, qui est de loin supérieure à celle qu'on retrouve dans le monde avec moins de 8% (13 sur 168) dont le plus proche concurrent, l'Europe, avec 4 sur 54 (7%). En retranchant même les deux frontières interrégionales *Libye/Malte* et *Érythrée/Yémen*, pour attribuer la première à l'Europe et la seconde à l'Asie, l'Afrique affiche encore un palmarès très supérieur avec 4 frontières sur 13 (une proportion de 31%), l'Europe se trouvant au deuxième rang avec 5 sur 54 (9%).

Les décisions rendues en matière de délimitation terrestre ont-elles plus d'originalité ? On peut affirmer en tout cas que les six décisions relatives à ce

---

986 C.I.J. Recueil 1969, arrêt, p. 50, par. 93. Cité au par. 48 de l'*Arrêt de 1985*.

type de délimitation ont apporté une contribution importante au développement du droit international sur deux questions fort litigieuses qui concernent directement le continent africain : les modes juridiques d'acquisition territoriale et la règle de l'*uti possidetis juris*.

Les modes juridiques d'acquisition du territoire, déjà examinés dans de vieilles affaires telle celle des *Minquiers et Ecréhous* de 1953, ont été à nouveau étudiés dans chacune des affaires africaines de délimitation terrestre, de même que dans les affaires *Namibie, Sahara occidental* et, dans une moindre mesure, *Royaume-Uni/Cameroun*, dans lesquelles la Cour a soigneusement établi la distinction entre les modes d'acquisition – qui confèrent la souveraineté – et ce que le professeur Rousseau appelle les compétences territoriales limitées (protectorat, mandat, tutelle). On retrouve aussi dans ces affaires, mais à divers degrés, une analyse de certaines dispositions du Pacte de la Société des Nations ou de la Charte des Nations Unies et de plusieurs résolutions de l'Assemblée générale et de son Conseil de sécurité, notamment en matière de droit à l'autodétermination. S'agissant de modes juridiques d'acquisition du territoire, les affaires africaines de délimitation terrestre apportent un éclairage fort utile à l'Afrique dans l'application des modes, notamment l'occupation effective d'un territoire sans maître et l'accroissement du territoire par phénomène naturel dans le cas du déplacement d'un cours d'eau. Cette dernière question est importante en Afrique dans la mesure où plusieurs des frontières sont constituées par des cours d'eau – et certaines des décisions, notamment *Botswana/Namibie*, ont révélé la difficulté de les déterminer avec précision, quand il s'agit de savoir si la frontière suit la médiane, le thalweg, le principal chenal de navigation ou même l'une des rives.

Les affaires africaines de délimitation terrestre, et en particulier l'affaire *Burkina Faso/Mali,* ont été en outre l'occasion d'examiner les conditions d'application d'un principe de la plus grande importance pour ce continent – celui de l'*uti possidetis juris*, qui constitue, selon cette décision de 1986, un principe général, lié à l'accession à l'indépendance politique des nouveaux États, où qu'il se manifeste, mais qui heurte, à première vue, un autre principe, celui du droit des peuples à disposer d'eux-mêmes. Un observateur de la scène judiciaire internationale a d'ailleurs vu dans l'affaire *Éthiopie/Érythrée* une situation qui « tend à confirmer la portée normative du principe de l'intangibilité des frontières issues de la décolonisation en Afrique[987] ». L'auteur rappelle à ce sujet que l'empereur Sélassié a proclamé la nullité des traités frontaliers le jour de l'indépendance de l'Éthiopie en 1952, puis incorporé l'Érythrée en 1962. Or, ajoute cet auteur, la dislocation de la fédération en

---

987 Weckel, Philippe, dir. (2002-03) Chronique de jurisprudence internationale. Cour permanente d'arbitrage. Commission du tracé de la frontière Érythrée-Éthiopie. Décision du 13 avril 2002 relative à la délimitation de la frontière, *RGDIP*, vol. 106, n° 3, p. 696.

1991 constitue un processus qui « a ainsi rendu la vie aux anciens traités de frontière ». L'observateur souligne alors l'originalité de la succession de l'Érythrée aux traités territoriaux conclus par la puissance coloniale, puisque ces accords n'étaient plus en vigueur au moment de l'indépendance.

La consécration du principe de l'*uti possidetis*, lui-même contesté par certains géographes et certains juristes aura été pourtant l'occasion, dans maintes dissidences exprimées notamment par des juges africains, de dénoncer le caractère arbitraire de tant de frontières africaines, tracées qu'elles sont dans l'ignorance du mode de vie des populations. Rappelons que, par ailleurs, l'application de ce principe, bien connue en matière terrestre, est moins assurée en matière maritime, puisqu'une seule affaire a été décidée sur cette question, l'affaire *Guinée-Bissau/Sénégal*, dans laquelle un tribunal d'arbitrage de trois membres a répondu à la majorité par l'affirmative mais non sans une très forte dissidence – décision par ailleurs confirmée par la C.I.J.

Ajoutons que cette règle de sagesse, à laquelle la presque totalité des États africains se sont engagés lors de la Conférence du Caire de 1964, est particulièrement importante dans un continent où 60% des frontières n'étaient pas encore démarquées en 1988, mais qu'elle est difficile à appliquer dans la mesure où les tribunaux doivent souvent choisir, parmi plusieurs traités, celui ou ceux qui sont pertinents, difficulté accrue du fait qu'ils doivent interpréter d'anciens documents, lesquels sont même parfois contredits par des cartes géographiques dont la force probatoire a été clairement limitée, notamment dans l'affaire *Burkina Faso/Mali*, dans laquelle le Tribunal a affirmé que ces documents ne constituent jamais, à eux seuls, un titre territorial exprimant la volonté de l'État concerné, à moins d'être annexés au traité. Bien sûr, ces types de difficultés ne sont pas spécifiques à l'Afrique, la C.I.J. ayant eu en effet à s'y confronter dans des affaires concernant d'autres régions du monde, par exemple l'affaire *Honduras/Nicaragua*[988] de 1960 ou l'affaire *Cambodge/Thaïlande*[989] de 1962.

S'agissant de traité, rappelons aussi que les tribunaux ont eu, dans les affaires africaines, maintes occasions d'affirmer que celui-ci doit être, conformément à la Convention de Vienne sur le droit des traités, « interprété de bonne foi suivant le sens ordinaire à attribuer aux termes du traité dans leur contexte et à la lumière de son objet et de son but », outre que ce traité constitue un mode privilégié du titre juridique sur un territoire et que les effectivités ne sauraient jouer un rôle attributif déterminant que dans les cas où le titre juridique n'est pas de nature à faire apparaître avec précision l'étendue territoriale, et, *a fortiori*, quand un tel titre est inexistant. Certaines des affaires africaines, notamment l'affaire *Libye/Tchad*, ont été également l'occasion de rappeler que

---

988 *Sentence arbitrale rendue par le roi d'Espagne le 23 décembre 1906.*
989 *Temple de Préah Vihéar.*

les traités de frontières créent des situations qui s'imposent *erga omnes* et que ces frontières subsistent nonobstant la fin des traités, l'équité *infra legem* elle-même ne pouvant être invoquée pour modifier une frontière clairement déterminée, comme l'a rappelé la C.I.J. dans l'affaire *Burkina Faso/Mali*. Mais la Cour n'a pas hésité, dans cette même affaire, et là où la frontière n'est pas clairement définie, à procéder, dit-elle, selon l'équité en divisant une mare en deux parties égales, tout en se gardant bien de confondre équité et égalité. Ainsi, l'équité a-t-elle un rôle subsidiaire à jouer en matière de délimitation terrestre, tandis qu'elle est au cœur même de la délimitation maritime puisque la Convention sur le droit de la mer prévoit expressément que la délimitation, au delà de la mer territoriale, doit aboutir à un résultat équitable.

Le règlement juridictionnel des conflits est-il un mode efficace en Afrique ?

Dans un article consacré à la mise en oeuvre des décisions sur le fond de la C.I.J., depuis 1987, Colter Paulson[990] souligne d'emblée la difficulté de cette question en rappelant un commentaire du greffier de cette Cour selon lequel les déclarations suivant un arrêt n'expriment pas nécessairement la conduite des États impliqués, outre le fait que la situation politique peut changer après le prononcé de cet arrêt et que les effets de celui-ci peuvent se faire attendre. L'auteur ajoute que cette difficulté est d'autant plus grande que les obligations juridiques de l'État ne sont pas toujours clairement mentionnées, que sa conduite peut être intentionnellement ambiguë et que les concepts de délai indu, de négociation de bonne foi et de devoir de l'État dans une situation politique changeante ne peuvent être évalués avec précision. Paulson ajoute que nonobstant les problèmes inhérents à de telles mesures, on ne saurait nier l'efficacité de la Cour, qui contribue à pacifier le différend à tous les stades de l'affaire, y compris par les ordonnances de mesures provisoires, sans compter que plusieurs cas sont réglés avant même que ne survienne le prononcé de l'arrêt sur le fond. L'auteur estime par ailleurs que cette efficacité pourrait être mesurée aussi selon la qualité des opinions exprimées et leur effet sur le développement du droit international et sur les États tiers, sur la solution des différends de même nature et sur les relations internationales en général.

Avant de procéder à l'analyse des quatorze affaires de la C.I.J. décidées sur le fond depuis 1987, Paulson rappelle une étude publiée cette même année

---

990 Paulson, Colter (2004) Compliance with Final Judgments of the International Court of Justice since 1987, *AJIL*, vol. 98, p. 434-461.

par le professeur Charney[991], soit l'année suivant celle où les États-Unis refusaient la juridiction obligatoire de la Cour dans l'affaire dite des *Activités militaires et paramilitaires au Nicaragua et contre celui-ci*. Charney estime que la Cour devrait éviter les affaires – et il nomme l'affaire *États-Unis/Nicaragua* – dans lesquelles il est probable qu'on ne satisfera pas au jugement. Ce même auteur observe par ailleurs que les arrêts de la Cour sur le fond dans les affaires introduites par compromis ou par consentement ont reçu un haut niveau de respect, puisque, précise-t-il, seules quatre décisions finales n'ont pas été mises en oeuvre : *Albanie/Royaume-Uni* (détroit de Corfou) en 1947, *Libye/Tunisie* en 1982, *Libye/Malte* en 1985 et *Burkina Faso/Mali* en 1986. Paulson ajoute, au sujet de ces exceptions, que l'affaire de 1947 a été résolue par la suite et que les trois autres arrêts étaient trop récents, au moment de la publication de Charney, pour être considérés comme étant non respectés. Paulson précise que l'affaire *Burkina Faso/Mali* a été réglée subséquemment, de même que les affaires *Libye/Tunisie* et *Libye/Malte* puisque, dit-il, les arrêts rendus dans ces deux affaires ont donné lieu à des accords bilatéraux. Quant aux quatorze arrêts rendus sur le fond, « five have met less compliance than the others, although no state has been directly defiant[992] ». L'auteur nomme ces cinq affaires parmi lesquelles on trouve deux affaires africaines, *Libye/Tchad* et *Cameroun/ Nigeria*[993] sur lesquelles nous aurons l'occasion de revenir. Mais voyons d'abord, selon un ordre chronologique, d'autres affaires au sujet desquelles on peut dire que leurs arrêts respectifs ont connu des résultats positifs mitigés.

Des résultats mitigés

Nous classons dans cette catégorie de résultats mitigés les affaires de la *Namibie* et du *Sahara occidental*, de même que les affaires frontalières *Libye/Tchad*, *Érythrée/Éthiopie* et *Cameroun/Nigeria*. Nous faisons ici

---

991 Charney, Jonathan I. (1987) Disputes Implicating the Institutional Credibility of the Court : Problems of Non-Appearance, Non-Participation, and Non-Performance, *in* Lori Fisler Damrosch, éd. *The International Court of Justice at a Crossroads*.

992 Paulson, Colter (2004) *op. cit.*, p. 436-437.

993 Une seule des trois autres affaires concerne des questions exclusivement territoriales et frontalières : il s'agit de l'affaire de 1992 *Honduras/El Salvador*, dite du *Golfe de Fonseca*, dans laquelle est intervenu le Nicaragua, et qui a fait l'objet d'une demande en révision présentée par El Salvador et rejetée par un arrêt de la C.I.J. en 2003. Mentionnons aussi une autre affaire (*Hongrie/Slovaquie*) qui a été décidée en 1997 et qui concerne l'application d'un traité bilatéral portant sur la construction et l'exploitation de barrages sur le Danube (affaire dite du *Projet Gabcikovo-Nagymaros*). Ajoutons que la publication de Paulson n'examine pas le récent avis consultatif rendu par la C.I.J. concernant les *Conséquences juridiques de l'édification d'un mur dans le Territoire palestinien occupé* (disponible intégralement et en résumé sur le site Internet de la C.I.J. : www.icj-cij.org).

abstraction des affaires *Afrique du Sud/Liberia et Éthiopie*, puisque la C.I.J. a rejeté dans chaque cas les demandes.

L'indépendance de la Namibie

Entre le premier avis consultatif et le dernier dans l'affaire concernant la Namibie, une vingtaine d'années se seront écoulées. Pourtant, les résultats se feront attendre, puisqu'il faudra le même laps de temps entre ce dernier avis du 21 juin 1971 et la date de la proclamation de l'indépendance de la Namibie[994], le 21 mars 1990, grâce à la sagesse des principaux acteurs et à leur capacité de compromis : « En fait, l'accession dans le calme de la Namibie à l'indépendance a été à la fois le fruit de l'imagination des juristes, de l'habileté des diplomates et de la volonté des politiques[995] ». Il faudra même attendre jusqu'en 1994 pour que soit rétrocédé à la Namibie Walvis Bay, le seul port en eau profonde du pays. Entre le dernier avis consultatif et l'indépendance, la South West African People's Organization (SWAPO), ce mouvement politique créé en 1960 de la fusion de divers partis, est reconnue par l'Assemblée générale de l'ONU, le 12 décembre 1973, comme représentant authentique du peuple namibien et, en 1976, comme son seul représentant. Mais la SWAPO aura aussi cherché l'indépendance en menant des actions de guérilla et en consolidant des appuis auprès des États de la ligne de front (Angola, Botswana, Zambie et Zimbabwe, devenus tour à tour indépendants).

Un Conseil des Nations Unies pour le Sud-Ouest africain, rebaptisé en 1968 Conseil des Nations Unies pour la Namibie, prendra au nom de celle-ci certaines mesures et notamment l'adoption d'un décret, en 1974, portant sur les ressources naturelles de ce territoire, ainsi que la signature de la Convention des Nations Unies sur le droit de la mer. Le Conseil de sécurité, quant à lui, adopte, le 25 septembre 1978, la résolution 435 par laquelle est approuvé le plan de paix pour la Namibie préparé par le Groupe des 5 (France, Canada, États-Unis, Royaume-Uni et République fédérale d'Allemagne) et prévoyant une procédure selon trois étapes : cessation des hostilités entre la SWAPO et l'Afrique du Sud ; élections libres, sous le contrôle du Groupe d'assistance des Nations Unies pour la période de transition (GANUPT), pour la désignation d'une Assemblée constituante ; enfin, adoption d'une Constitution et proclamation de l'indépendance politique.

Pourtant, la mise en œuvre de cette résolution sera subordonnée par l'Afrique du Sud au retrait des troupes cubaines d'Angola, et ce n'est qu'en août

---

994 Consulter notamment Kamto, M. (1990) L'accession de la Namibie à l'indépendance, *RGDIP*, vol. 94, p. 578 ; Goy, Raymond (1991) L'indépendance de la Namibie, *AFDI*, vol. 37, p. 387.

995 Guillaume, Gilbert (1994) *Les grandes crises internationales et le droit,* p. 102.

1988 que l'Afrique du Sud, grâce à une médiation des États-Unis, retirera elle-même ses troupes de Namibie. En décembre de la même année, sont conclus deux accords, l'un entre l'Afrique du Sud, l'Angola et Cuba, prévoyant les conditions de l'accession de la Namibie à l'indépendance, sous le contrôle des Nations Unies et conformément à la résolution 435 de 1978 ; l'autre accord, signé entre l'Angola et Cuba, portant sur le retrait des forces cubaines d'Angola. Le Conseil de sécurité, par sa résolution 628 de janvier 1989, appuie sans réserve les dispositions de ces deux accords et décide d'en suivre l'application, qui n'a pu être assurée que « grâce à une collaboration appropriée » de l'Afrique du Sud, de la SWAPO devenue majoritaire à l'Assemblée namibienne, de l'Assemblée générale des Nations Unies et de son Conseil, seule l'OUA étant « absente de ce processus[996] ».

L'autodétermination du Sahara occidental

Si, dans le cas de la Namibie, les avis consultatifs de la Cour, le travail de l'ONU et les pressions de la communauté internationale ont enfin donné des résultats, mais après seulement un long délai, tel n'est pas encore le cas quant au Sahara occidental. En effet, et nous l'avons déjà évoqué, le Maroc, prenant prétexte de ce que l'avis consultatif de la Cour en 1975 lui avait donné satisfaction, a occupé dans les jours suivants le Sahara occidental et l'occupe encore. Aussi, le cessez-le-feu obtenu le 6 septembre 1991, sous la surveillance de la Mission des Nations Unies pour l'organisation d'un référendum au Sahara occidental (MINURSO), n'a toujours pas permis la réalisation de l'objectif ultime poursuivi par les Sahraouis, soit l'autodétermination.

Le 31 juillet 2003, un plan de paix proposé par le secrétaire d'État américain, James Baker, est adopté à l'unanimité par le Conseil de sécurité. Présenté comme une troisième voie et favorisant une large autonomie dans le cadre de la souveraineté marocaine, ce plan est jugé inacceptable pour le Maroc, d'abord à cause de son intitulé même : Plan de paix pour l'autodétermination du Sahara occidental, alors qu'un référendum « ne saurait être envisagé sans porter atteinte à l'intégrité territoriale du royaume », mais aussi parce qu'il prévoit, avant même la tenue de ce référendum, une période transitoire d'une durée de quatre à cinq ans, durant laquelle les affaires du territoire seraient gérées par une autorité du Sahara occidental (ASO) dirigée par un chef de l'exécutif élu, la composition du corps électoral faisant également problème. L'ASO disposerait aussi d'un organe législatif élu, habilité dans tous les domaines ne relevant pas de la compétence exclusive du Maroc. Or, ces domaines sont très étendus puisqu'ils comprennent la sécurité intérieure et le maintien de l'ordre, l'administration locale, la fiscalité, le développement économique, la culture,

---

[996] *Idem*, p. 101.

l'éducation, la protection sociale, le commerce, l'agriculture, les transports, l'industrie minière, les pêches, l'environnement, l'électricité et le logement. Le Maroc aurait la responsabilité de la sécurité extérieure et des relations extérieures, de même que des questions portant sur les armes et les explosifs. Ainsi, l'ASO ressemblerait beaucoup à l'Autorité palestinienne telle que définie par les accords d'Oslo, et, de l'avis d'un diplomate africain, ce plan Baker « rappelle le processus qui, au début des années 1960, conduisit à l'émancipation progressive de l'Afrique occidentale française (AOF)[997] ».

Deux semaines après l'adoption de la résolution du 31 juillet, le roi du Maroc déclare, dans son discours à la nation, que son pays « n'acceptera jamais aucun marchandage », et le souverain dénonce, sans nommer l'Algérie, une « attitude d'hostilité qui contrarie toutes les solutions consensuelles négociées et équitables, et prône, à la place, des solutions sournoises ». Mohammed VI se déclare néanmoins ouvert à un « dialogue constructif » sur le Sahara, une « cause nationale » pour laquelle l'armée a déployé 100 000 hommes qui estiment avoir « payé le prix du sang » pour défendre « les provinces du Sud[998] ».

Accueilli favorablement par le POLISARIO et l'Algérie mais rejeté par le Maroc, le plan de paix Baker, qui devait être mis en œuvre au plus tard le 31 octobre 2003, a donc marqué un nouvel échec. Le 30 janvier 2004, au terme de la quarante-huitième résolution du Conseil de sécurité consacrée à l'affaire depuis le 20 octobre 1975, une nouvelle prorogation de 3 mois a été accordée au mandat des 228 soldats et observateurs militaires de la MINURSO, présente sur 10 sites du territoire, qui effectue en moyenne 600 patrouilles terrestres et 40 aériennes par mois, veillant notamment au marquage et à l'élimination des mines antipersonnel et des munitions non explosées. Outre cette présence, il faut signaler celles du Haut Commissariat des Nations Unies pour les réfugiés (HCR), du Programme alimentaire mondial (PAM) qui voit à la distribution des vivres aux 300 000 réfugiés sahraouis des camps de Tindouf en Algérie, et du Comité international de la Croix-Rouge (CICR), ce dernier ayant assuré avec l'aide de la Libye, le 7 novembre 2003, la libération d'un nouveau groupe de 300 prisonniers de guerre marocains.

Signalons aussi que depuis le cessez-le-feu de 1991, encore sous surveillance, une cinquantaine de rapports, y compris celui du 19 janvier 2004, ont été produits par 3 secrétaires généraux successifs, et bien d'autres provenant de leurs envoyés spéciaux et représentants permanents, de l'Assemblée générale de l'ONU et du Comité de décolonisation qui ne cesse d'inscrire le Sahara

---

997 Ouazani, Cherif (2003) Coup de tonnerre à Manhattan, *J.A./L'Intelligent*, n°s 2222-2223, août, p. 46-47.

998 Propos rapportés par José Garçon dans un article intitulé Le casse-tête du Sahara occidental, paru dans *Libération* et reproduit dans le quotidien montréalais *Le Devoir* des 23 et 24 août 2003.

occidental sur la liste des 16 territoires non autonomes. Ainsi, et en dépit de tous ces efforts en vue d'une solution au litige, a-t-on pu évoquer récemment « le gâchis saharien », étant donné la volonté du Maroc de ne jamais abandonner le Sahara, « sauf à imaginer que l'armée se disloque et que la monarchie se suicide », et alors que ce pays s'en tient au TSR (tout sauf le référendum), tandis que le POLISARIO fait valoir le TOR (tout ou rien)[999].

La frontière Libye/Tchad

La Libye s'est-elle conformée entièrement à l'arrêt rendu en février 1994 par la C.I.J. dans l'affaire *Libye/Tchad* ? S'est-elle conformée notamment à son obligation de se retirer de la bande d'Aouzou, puisque l'arrêt, en faisant passer la frontière au nord de cette bande, a décidé que la souveraineté territoriale sur cette zone en litige appartenait au Tchad ? Il n'est pas facile de répondre catégoriquement à cette question dans la mesure où certains observateurs affirment que la Libye a reconnu formellement et informellement la frontière internationale en maintes occasions, tandis que plusieurs autres commentateurs rapportent une présence libyenne continue dans cette zone[1000].

Ainsi, les premiers font valoir que le colonel Kadhafi, soucieux de soigner ses relations internationales en Afrique, et en Afrique du Nord en particulier, a accepté de retirer ses troupes à la fin d'un mois de négociations après l'arrêt, certains exprimant même leur surprise de voir la Libye accepter la décision d'aussi bonne grâce. Aussi, le départ des dernières forces libyennes, le 30 mai 1994, a été suivi du retrait du Groupe d'observateurs des Nations Unies pour la bande d'Aouzou (GONUBA), constitué par une résolution du Conseil de sécurité visant la mise en œuvre de l'arrêt. Ce même contrôle était prévu par un accord des Parties signé le 4 avril précédent.

Par contre, les seconds, à l'appui de leurs déclarations voulant que la présence de la Libye soit persistante, estiment qu'il est dans l'intérêt de cette dernière de créer une zone tampon à sa frontière sud en supportant les rebelles tchadiens dans la bande d'Aouzou, même si Kadhafi a pu jouer un rôle d'arbitre entre le gouvernement du Tchad et le Mouvement pour la démocratie et la justice au Tchad (MDJT).

Pourtant, on peut raisonnablement estimer que les deux États ont eu, depuis l'arrêt de 1994, tous deux intérêt à éviter la confrontation directe, la Libye poursuivant des efforts en vue d'une plus grande solidarité régionale et le Tchad soucieux de ne pas perdre l'aide économique de son voisin au nord.

---

[999] Soudan, F. et Gharbi, S. (2004) ONU : le gâchis saharien, *J.A./L'Intelligent*, n° 2249, p. 75-77.

[1000] Paulson, Colter (2004) *op. cit.*, p. 439-443.

Peut-on dire, à la décharge de la Libye, que l'arrêt lui-même ne fait pas expressément à celle-ci l'obligation de se retirer de la zone attribuée au Tchad, contrairement à l'arrêt dans l'affaire *Cameroun/Nigeria*, qui prévoit dans son dispositif que le Nigeria est tenu « de retirer dans les plus brefs délais et sans condition son administration et ses forces armées et de police des territoires relevant de la souveraineté de la République du Cameroun[1001] », la même obligation étant faite au Cameroun quant à son occupation des territoires relevant de la souveraineté du Nigeria? Il est vrai que les Parties, dans l'affaire *Libye/Tchad*, n'avaient pas demandé à la Cour, dans leurs conclusions, de prononcer sur telles obligations, même si elles s'étaient engagées à les remplir dans leur accord-cadre. On a aussi émis l'opinion que la publicité avait eu un impact négatif dans cette affaire, la Libye ayant été très peu félicitée par les médias internationaux pour avoir accepté pacifiquement un jugement par lequel elle perdait beaucoup, alors que la Cour avait tranché en sa faveur, a-t-on ajouté, dans les deux affaires précédentes (*Libye/Tunisie* et *Libye/Malte*). Le même observateur a critiqué le rôle du Conseil de sécurité dans cette affaire, estimant que ce dernier manque de la volonté nécessaire à la mise en œuvre permanente de la décision[1002].

La frontière Érythrée/Éthiopie

Une Commission de délimitation et de démarcation, créée par un compromis entre l'Éthiopie et l'Érythrée, n'a réussi jusqu'à maintenant que la première étape de sa tâche, la démarcation étant encore à faire, compliquée qu'elle est par les séquelles de la guerre sur le terrain. Parallèlement aux activités de cette Commission, l'ONU tente, elle aussi, de trouver une solution au différend. Ainsi, dans son rapport du 5 mars 2004, le secrétaire général, s'il ne déplore pas d'incidents majeurs durant la dernière période examinée, précise par ailleurs que la stabilité sur le terrain doit être considérée comme fragile, étant donné l'absence de progrès, et il souligne le rôle de la communauté internationale dans le règlement de ce différend :

> Regrettably, overall cooperation with the parties on the ground has shown signs of gradual deterioration over the last few months. (…) At the same time, I am heartened by the fact that, despite the lack of progress in recent months, the international community has remained actively engaged and supportive of this peace process. (…) For the sake of their own peoples, and in recognition of the great contribution of the

---

1001 *Frontière terrestre et maritime entre le Cameroun et le Nigeria,* arrêt, C.I.J. Recueil 2002, par. 325. Disponible intégralement et en résumé sur le site Internet de la Cour : www.icj-cij.org.

1002 Paulson, Colter (2004) *op. cit.*, p. 443.

international community, I urge the leaders of Ethiopia and Eritrea to take concrete and decisive steps to move the process forward and to its early conclusion[1003].

Par ailleurs, diverses résolutions du Conseil de sécurité ont été adoptées, les 15 mars, 14 août et 6 septembre 2002, ainsi que le 12 septembre 2003 (résolutions 1398, 1430, 1434 et 1507), la première et la dernière aux fins de proroger le mandat de la Mission des Nations Unies pour l'Éthiopie et l'Érythrée (MINUEE), la deuxième portant sur la mise en oeuvre de la décision relative à la délimitation et la troisième évaluant la situation entre les deux États[1004]. Ainsi, dans sa résolution du 12 septembre 2003[1005], le Conseil de sécurité note que le processus de paix est maintenant entré dans sa phase cruciale de démarcation et il exprime sa préoccupation en ce qui concerne la crise humanitaire qui sévit dans les deux États et le nombre accru d'incidents dans la zone de sécurité temporaire (TSZ). Le Conseil prie instamment les deux Parties d'assurer à la MINUEE toute liberté de mouvement et il décide de prolonger le mandat de cette dernière. Le Conseil rappelle aux deux Parties leurs engagements en vertu de l'accord d'Alger et leur demande leur coopération pour faciliter le mandat de la Commission. Le Conseil réaffirme l'importance cruciale du dialogue politique entre les deux pays et prie la communauté internationale de poursuivre sa contribution au Fonds pour la mise en oeuvre du processus de démarcation.

Est-il besoin d'ajouter que cette étape, en supposant qu'on arrive à la franchir, devrait inspirer non seulement les Parties qui s'adressent aux instances juridictionnelles mais aussi les États voisins qui, très nombreux en Afrique, n'ont pas encore complété ce travail ? Un géographe spécialiste des frontières terrestres[1006] a estimé en effet, dans un ouvrage publié en 1991, que 41,2% de toutes les frontières délimitées en Afrique n'étaient pas démarquées et que cet inconvénient n'est pas plus important dans les régions où les frontières coïncident avec des lignes astronomiques ou géométriques et sont donc « invisibles », aucun accident de terrain ne les mettant en évidence.

1003 *Progress Report of the Secretary-General on Ethiopia and Eritrea*, UN Doc.S/2004/180, par. 4 et 37.

1004 Security Council Resolution 1398 of 15 March 2002, extending the mandate of UNMEE until 15 September 2002 with a view to ensure and facilitate the implementation of the Eritrea/Ethiopia Boundary Decision ; Security Council Resolution 1430 of 14 August 2002 on the situation between Eritrea and Ethiopia ; Security Council Resolution 1434 of 6 September 2002 on the situation between Eritrea and Ethiopia ; Security Council Resolution 1507 of 12 September 2003 extending the mandate of UNMEE.

1005 S/RES/1507 (2003).

1006 Foucher, Michel (1991) *Fronts et frontières. Un tour du monde géopolitique*, p. 168.

La frontière Cameroun/Nigeria

Un observateur de la scène judiciaire rappelle ces paroles du président du Nigeria à Radio Nigeria : « nous avons affaire à des êtres humains, pas seulement à une frontière[1007] », aux lendemains d'un jugement qui a été ressenti au Nigeria « comme une humiliation et un désastre national[1008] », le président ajoutant que « cette décision était matériellement impossible à exécuter[1009] », mais sans fermer pour autant la porte à toute discussion ultérieure.

Dans un article consacré à l'arrêt de la Cour dans cette affaire[1010], on a noté une déclaration « particulièrement irrespectueuse » du gouvernement nigérian, 15 jours après que l'arrêt eut été rendu, laquelle visait expressément l'origine des juges issus d'anciennes puissances coloniales : "In the instant case, for purely political reasons, the Court, headed by a French President, upheld a legal position which is contrary to all known laws and conventions, thus legitimizing and promoting the interests of former colonial powers at our expense. The French President of the Court and the English and German Judges should have disqualified themselves since the countries which they represent are, in essence, parties to the action or have substantial stakes[1011]". Le président nigérian lui-même, invoquant des motifs d'ordre constitutionnel pour rejeter les conclusions du jugement, ne déclarait-il pas : « We want peace, but the interests of Nigeria will not be sacrified (...). What may be legally right may not be politically expedient[1012] ». Le chef d'État expliquait à ce sujet que toute cession du territoire national impliquait un amendement de la Constitution à la demande de l'Assemblée Nationale et des Assemblées locales. Ces pressions politiques intérieures, elles se sont également exprimées chez certains groupes exigeant l'intégrité de Bakassi par la voie des armes, si nécessaire, et par certains politiciens alléguant à tort ou à raison que des millions de personnes et des milliards

---

1007 Weckel, Philippe (2003) Chronique de jurisprudence internationale. Cour internationale de Justice. Arrêt du 10 octobre 2002 (Fond). Frontière terrestre et maritime (Cameroun c. Nigeria), *RGDIP*, vol. 107, n° 1, p. 161-175.

1008 *Idem*, p. 174.

1009 *Ibidem*.

1010 Argent, Pierre d' (2002) Des frontières et des peuples : l'affaire de la frontière terrestre et maritime entre le Cameroun et le Nigeria (arrêt sur le fond), *AFDI*, vol. 48, p. 282.

1011 Statement of the Federal Government of Nigeria on Cameroon vs. Nigeria with Equatorial Guinea Intervening, October 25, 2002. Disponible, le 7 février 2003, sur le site Internet : www.nopa.net.

1012 Ogwuda, Austin (2002) Bakassi : I'm Ready for Talks with Biya, Says Obasanjo, *Vanguard*, 30 octobre. Disponible sur le site Internet : www.allafrica.com. Cité dans Paulson, Colter (2004) *op. cit.*, p. 450, note 200.

de dollars avaient été investis dans la péninsule, un dirigeant local déclarant même que si Bakassi était cédée, ce serait « over our dead bodies.[1013] ».

Outre ces pressions politiques internes, le Nigeria a dû subir d'intenses pressions internationales, notamment des États-Unis, de la France et de la Grande-Bretagne. Il faut saluer aussi le travail d'une commission de l'ONU, instituée à la demande des deux présidents, dont le mandat est de trouver une solution adaptée au contexte et de protéger les droits des populations dans les zones impliquées.

Aussi, certains signes de bonne volonté donnent lieu d'espérer que les deux pays se conformeront à la décision de la Cour : ainsi, le Cameroun a pris le contrôle de certains villages qui lui ont été attribués dans la région du lac Tchad, tandis que des villages de la province de Bourha Vaungo, au Cameroun, ont été officiellement rétrocédés au Nigeria, le 15 juillet 2004, au terme d'une cérémonie solennelle lors de laquelle se réunissaient le représentant du secrétaire général des Nations Unies et les membres de la Commission mixte frontalière[1014].

Pourtant, cette récente décision n'a pas encore été mise en œuvre quant à la principale pomme de discorde qu'est la péninsule de Bakassi, et si Paulson a raison, à notre avis, de classer cette affaire comme étant un « case involving some noncompliance », il n'est pas dit pour autant que l'avenir donnera tort à ceux à qui on reproche un excès d'optimisme. Il faut aussi se rappeler que cette affaire est l'une des deux seules affaires contentieuses africaines de délimitation, avec l'affaire *Guinée-Bissau/Sénégal* de 1991, introduite unilatéralement devant un tribunal, et la seule dans laquelle la compétence du Tribunal a été contestée, mais sans succès, toutes les autres ayant été introduites par compromis.

Des affaires réussies

Contrairement aux affaires *Namibie, Sahara occidental*, *Libye/Tchad, Érythrée/Éthiopie* et *Cameroun/Nigeria*, les autres affaires africaines, et notamment toutes les affaires de délimitation exclusivement maritime, ont donné lieu à des décisions qui ont été assez rapidement et entièrement respectées. Bien sûr, la délimitation maritime, qui intervient dans des espaces non occupés, ne vient pas exacerber directement les tensions entre populations qui vivent le long des frontières terrestres, encore que cette délimitation puisse avoir

---

1013 Anonyme (2002) Bakassi Has Never Been Part of Cameroon, *Weekly Trust*, 13 décembre. Disponible sur le site Internet : www.allafrica.com. Cité par Paulson, Colter (2004) *op. cit.*, p. 451, note 209.

1014 (2004) The Norwegian Council for Africa, *Nigeria : Cameroun hands over villages*. Disponible sur le site Internet : www.afrika.no.

un impact sur le mode de vie des sociétés traditionnelles vivant de la pêche côtière, sans compter ses effets sur les sociétés internationales aussi bien que nationales vouées à l'exploration et à l'exploitation des ressources minérales.

Les frontières Libye/Tunisie et Libye/Malte

Les deux arrêts qui ont été rendus dans ces affaires ont été clairement respectés par les Parties. Ils ont d'ailleurs été suivis respectivement d'un accord de délimitation conforme au dispositif de l'arrêt – et nous faisons nôtre l'opinion de Paulson ci-haut mentionnée. Ainsi, dans l'affaire *Libye/Tunisie*, les deux États, avons-nous dit, concluent, le 8 août 1988, un accord conforme à la décision de la Cour. Aussi, il ne faut pas voir une volonté de se soustraire au jugement dans la requête introductive d'instance, le 27 juillet 1984, par laquelle la Tunisie a demandé la révision de l'arrêt du 24 février 1982, demande qui est rejetée le 10 décembre 1985 pour le motif qu'elle est sans objet. Quant à l'affaire *Libye/Malte*, rappelons que le 10 novembre 1986, les deux États concluent un accord de délimitation conforme aux dispositions de l'arrêt de la C.I.J. rendu le 3 juin 1985.

La frontière Guinée/Guinée-Bissau

Contrairement aux deux précédentes affaires de délimitation maritime africaine, la Guinée et la Guinée-Bissau n'ont pas cru bon manifester leur respect de la sentence de 1985 par la conclusion d'un accord bilatéral s'y conformant. Bien sûr, les deux États n'étaient pas tenus de le faire, et nous croyons que leur abstention ne saurait être interprétée comme un défaut ou une réticence à se conformer à la sentence les concernant.

Nous avons déjà évoqué l'originalité de la méthode de délimitation retenue par le Tribunal d'arbitrage, en l'occurrence une perpendiculaire à la direction générale des côtes à une échelle *macrogéographique*. Comme il s'agit dans ce cas de côtes adjacentes – qui prédominent très largement en Afrique – et puisque cette affaire est la seule où cette méthode a été utilisée, seul l'avenir dira si celle-ci paraît appropriée et si elle saura inspirer une solution à d'autres litiges. La documentation à notre disposition ne nous permet pas d'affirmer que les Parties elles-mêmes ou l'une d'entre elles s'en sont déclarées insatisfaites, auquel cas la méthode aurait moins de chance d'être imitée. Mentionnons enfin que cette délimitation semble d'autant moins contestée qu'elle divise des espaces maritimes dans lesquels les ressources en hydrocarbures, en supposant qu'elles soient bien connues, ne semblent pas avoir été une considération importante dans la volonté de faire procéder à la délimitation.

La frontière Guinée-Bissau/Sénégal

Dans l'affaire *Guinée-Bissau/Sénégal* de 1991, la Cour a pris soin de mentionner expressément, dans le dispositif de l'arrêt, que la sentence de 1989 était valable et obligatoire pour les deux États. Nous sommes d'accord avec Paulson, qui classe cette affaire comme étant un « case of compliance », bien que, dit-il, le rejet de l'arrêt par la Guinée-Bissau, dans un premier temps, ait donné lieu à au moins une confrontation armée le long de leur frontière terrestre du reste clairement démarquée et jamais contestée. La Guinée-Bissau et le Sénégal, avons-nous observé, n'en concluent pas moins en 1993 un accord d'exploitation conjointe de la pêche et des ressources minérales, ces dernières revenant au Sénégal dans une proportion de 85%. Voilà une indication assez claire que si le jugement n'a pas donné entièrement satisfaction à chacune des deux Parties, il a eu cependant pour effet de les amener à une table de négociations.

Ajoutons que la Guinée-Bissau déposera, le 2 novembre 1995, une lettre au greffe de la C.I.J.[1015] portant désistement d'une procédure engagée contre le Sénégal en mars 1991, soit quelques mois avant le prononcé de l'arrêt – procédure que Paulson a considérée comme une probable tactique dilatoire et donc un indice de ce qu'on n'entendait pas respecter sans délai cet arrêt[1016]. Par ailleurs, n'y a-t-il pas lieu de penser que la Guinée-Bissau s'est montrée, en se désistant, relativement satisfaite de l'accord conclu en 1993, bien qu'elle ait par la suite tenté de renégocier la proportion du produit des ressources naturelles ?[1017]

La frontière Érythrée/Yémen

Compte tenu du manque d'informations à ce sujet et du fait que les deux sentences arbitrales sont relativement récentes dans l'affaire *Érythrée/Yémen*, on peut difficilement affirmer que les deux États sauront pour l'avenir se conformer aux décisions du Tribunal. Dans un commentaire portant sur une comparaison entre les deux sentences (celle de 1998 concernant la souveraineté territoriale et celle de 1999 relative à la délimitation maritime), on a émis l'opinion que « l'impression qui se dégage est que le Tribunal a voulu attribuer plus d'espace maritime à l'Érythrée après avoir attribué au Yémen plus

1015 *Délimitation maritime entre la Guinée-Bissau et le Sénégal, ordonnance du 8 novembre 1995,* C.I.J. Recueil 1995, p. 423-426. Disponible sur le site Internet de la Cour : www.icj-cij.org.

1016 Paulson, Colter (2004) *op. cit.*, p. 453, note 238.

1017 *Ibid.*, note 239.

de territoire[1018] ». Aussi, peut-on se demander si les deux États sont également satisfaits de cette décision. En tout cas, ils ont su, le 18 avril 2001, conclure un accord de délimitation et de coopération conforme au contenu de la deuxième sentence. L'accord confirme aussi leur engagement en matière de coopération et leur implication quant au régime traditionnel de pêche, alors que d'autres dispositions concernent des questions d'ordre commercial, économique et technique.

S'agissant de régime traditionnel de pêche, et pour avoir répondu au vœu exprimé par les Parties, la sentence du Tribunal a su satisfaire aux besoins des premiers intéressés en proclamant leur droit à la pêche d'une côte à l'autre avec un accès libre et égal de part et d'autre de la frontière, ce droit à l'égalité entre les pêcheurs valant aussi pour les États dans leurs relations mutuelles. Les premiers intéressés étant satisfaits, n'y a-t-il pas lieu de présumer que les sentences ont de meilleures chances d'être respectées ?

La frontière Botswana/Namibie

Comme dans le cas *Érythrée/Yémen*, il est peut-être prématuré d'affirmer que l'arrêt sera respecté en permanence dans l'affaire *Botswana/Namibie*. Défavorisée par la décision de la C.I.J. en 1999, la Namibie a cependant reconnu rapidement l'importance de se conformer à la décision. Ainsi, le président namibien déclarait dans un communiqué : « As a law-abiding nation and consistent with our undertaking, I wish to assure the international community that Namibia will abide by the verdict of the ICJ and respect it fully ». Le secrétaire permanent du ministre de la Justice disait pour sa part : « We have no choice but to respect the decision[1019] ». Ainsi, une commission mixte mena-t-elle ses travaux de démarcation, complétés en 2003, sur toute la longueur du Chobe – opération d'autant plus importante qu'elle apporte une solution à une dispute portant sur des îles autres que la seule visée par l'arrêt, dans une zone (le corridor de Caprivi) qui abrite des mouvements sécessionnistes.

Nous sommes loin ici des déclarations incendiaires qui suivront l'arrêt dans l'affaire *Cameroun/Nigeria*. Il est vrai que les intérêts en jeu sont sans commune mesure, puisque la zone contestée dans l'affaire *Botswana/Namibie* (une île d'à peine quelques kilomètres carrés) est non seulement minuscule, mais aussi inhabitée et sans potentiel strictement économique, hormis son importance touristique et environnementale.

[1018] Weckel, Philippe, dir. (2000) Chronique de jurisprudence internationale. Cour permanente d'arbitrage. Sentence du 17 décembre 1999, *RGDIP*, vol. 104, n° 2, p. 511-514.

[1019] Les deux opinions sont citées dans Paulson, Colter (2004) *op. cit.*, p. 455.

L'action concertée

La plupart des affaires africaines, aussi bien celles qui ont connu un succès mitigé que les autres, ont bénéficié d'une action concertée des divers modes de règlement pacifique des conflits tels que nous les avons distingués dans l'introduction générale (négociation, médiation, conciliation, enquête, recours judiciaire ou arbitral, intervention des organisations internationales).

Le premier mode, quand il aboutit à la conclusion d'un accord bilatéral, peut viser une délimitation maritime *de novo* tout autant que la modification d'une frontière terrestre. Lorsque les Parties n'arrivent pas à s'entendre par la conclusion d'un tel accord, encore peuvent-elles utiliser la voie bilatérale pour confier par compromis la délimitation ou toute autre question juridique à une instance juridictionnelle – option d'ailleurs retenue, avons-nous dit, dans chacune des dix affaires africaines de délimitation, sauf les cas *Guinée-Bissau/Sénégal* et *Nigeria/Cameroun.* L'accord bilatéral peut même, dans une certaine mesure, « dicter » en partie ou en tout cas « inspirer » le texte même d'une ordonnance ou d'une décision. Ainsi, dans l'affaire *Éthiopie/Érythrée*, qui est par ailleurs unique sous certains autres aspects (par exemple par la création d'une Commission des réparations), la première sentence qui en dispose s'inscrit dans la droite ligne des arrêts respectifs dans les affaires *Burkina Faso/Mali* et *Libye/Tchad* dans lesquels on retrouve également des dispositions très claires du compromis ou de l'ordonnance en mesures conservatoires relatives au cessez-le-feu et au retrait des forces armées. Précisons que la phraséologie même de l'accord-cadre *Libye/Tchad* a été, de toute évidence, dictée par celle de l'ordonnance en mesures conservatoires rendue par la C.I.J. dans l'affaire *Burkina Faso/Mali.*

La mise en œuvre de telles mesures, nécessaires quand les relations politiques de deux voisins sont détériorées, requiert donc la plupart du temps une action concertée. Mais plutôt que de donner lieu à l'introduction d'une instance, l'accord bilatéral est encore utile pour exprimer la volonté des Parties de se conformer aux dispositions d'une décision, comme elles l'ont fait dans les affaires *Libye/Tunisie* et *Libye/Malte*.

L'accord bilatéral est également précieux lorsque deux Parties souhaitent obtenir l'assistance d'une organisation internationale, ainsi qu'elles l'ont fait dans l'affaire *Libye/Tchad* en demandant la visite d'une mission d'observateurs dans la bande d'Aouzou pour surveiller le retrait des forces libyennes. Ces mesures adoptées par le Conseil de sécurité, elles peuvent faire l'objet d'accords bilatéraux (ou trilatéraux), et les affaires de la *Namibie* offrent à cet égard quelques exemples éloquents, notamment lorsque l'Afrique du Sud, l'Angola et Cuba signèrent l'accord de 1988 prévoyant le retrait de l'Afrique du Sud conformément à une résolution du Conseil. Ainsi, l'accord bilatéral, qu'il soit en aval ou en amont du processus mis en place par les autres modes de règlement (conciliation, médiation, décision d'un tribunal, intervention d'une organisation internationale), constitue-t-il un puissant moyen de solutionner un litige ou, à tout le moins, de rapprocher les Parties.

Mentionnons que l'action concertée peut prendre aussi la forme d'une aide technique assurée par un État tiers, tels l'assistance de la Suisse en fournissant un secours financier et l'usage d'un satellite géostationnaire pour réaliser la démarcation de la frontière *Burkina Faso/Mali*[1020], ou encore l'offre par la Grande-Bretagne d'un milliard de CFA pour la démarcation de la frontière *Cameroun/Nigeria*[1021].

De nouvelles affaires à surveiller

Outre l'affaire maritime *Gabon/Guinée Équatoriale*, qui fait l'objet d'une médiation internationale, voyons d'abord l'affaire terrestre *Bénin/Niger*, qui se trouve en instance devant la Cour internationale de Justice.

La frontière terrestre Bénin/Niger

Le 3 mai 2002, le Bénin et le Niger déposent conjointement au greffe de la C.I.J. une lettre par laquelle les deux États notifient un compromis signé le 15 juin 2001 concernant un différend frontalier qui les oppose et qui fait demande à la Cour de décider ce qui suit : « *a)* déterminer le tracé de la frontière entre la République du Bénin et la République du Niger dans le secteur du fleuve Niger ; *b)* préciser à quel État appartient chacune des îles dudit fleuve et en particulier l'île de Lété ; *c)* déterminer le tracé de la frontière entre les deux États dans le secteur de la rivière Mékrou[1022] ».

À propos de cette île de Lété, le représentant du Bénin aura par la suite l'occasion de préciser qu'elle est au cœur du différend, puisqu'il s'agit de la plus grande des îles dans ce secteur du fleuve Niger et qu'elle constitue une zone de contact entre, d'une part, les populations nomades qui viennent du Niger, et, d'autre part, les habitants sédentaires du Niger. Ce même compromis prévoit que l'arrêt sera définitif et obligatoire, que les travaux de démarcation de la frontière devront être commencés dans les 18 mois de son prononcé et que les Parties s'engagent, en attendant l'arrêt, « à préserver la paix, la sécurité et la quiétude au sein des populations des deux États[1023] ». Le Bénin et le Niger ont pris également le soin de préciser que les règles et principes de droit applicables

---

[1020] Exemple donné par Merrils, J.G. (2000) The International Court of Justice and the Adjudication of Territorial and Boundary Disputes, *LJIL* , vol. 13, p. 899.

[1021] Exemple donné par Paulson, Colter (2004) *op. cit.*, p. 452, note 220.

[1022] Affaire du *Différend frontalier (Bénin/Niger)*. Lettre de notification conjointe. Disponible sur le site Internet de la Cour : www.icj-cij.org.

[1023] *Idem*, art. 10 du compromis.

incluent « le principe de la succession d'États aux frontières héritées de la Colonisation, à savoir, l'intangibilité desdites frontières[1024] ». Le compromis mentionne aussi que les experts de la Commission mixte paritaire de délimitation ne sont pas parvenus à se mettre d'accord, en dépit de six séances de négociations. Conformément au vœu exprimé dans ce compromis, la Cour, par ordonnance du 27 novembre 2002, autorise la formation d'une chambre spéciale de cinq juges, tous africains, dont les deux juges *ad hoc*, le juge marocain Bennouna et le juge algérien Bedjaoui. Le dépôt d'un mémoire par chacune des Parties est effectué dans le délai prescrit, soit le 27 août 2003, le délai pour le dépôt d'un contre-mémoire est fixé au 28 mai 2004 et le dépôt de la réplique au 17 décembre 2004.

Au sujet du différend évoqué dans le compromis, le ministre Biaou, représentant du Bénin, aura l'occasion, lors des audiences publiques de la Chambre, tenues le 20 novembre 2003, d'en préciser l'existence, différend qui perdure depuis plus de 40 ans, en dépit des efforts déployés, lesquels ont débuté en juin 1961, moins d'un an après les indépendances nationales, alors que se tenait la première session de la commission mixte daho-nigérienne. Le ministre ajoute que de graves incidents frontaliers, notamment en 1963, de même que d'autres plus récents, survenus en 2000 et en 2001, n'ont jamais empêché le Bénin et le Niger de rechercher le compromis et le consensus. Ainsi, précise-t-il, et même durant la période 1965-1994 où l'on a peu discuté de la question frontalière, ce fait « ne saurait être interprété comme l'illustration d'une défiance, même temporaire, à l'égard du processus pacifique de règlement du différend » puisque les deux voisins « s'étaient alors accordés pour vider temporairement le litige de sa substance, en garantissant à leurs deux populations de vivre en parfaite harmonie dans la région frontalière contestée[1025] ».

Le représentant du Bénin rappelle aussi que le choix du Mali et du Burkina Faso de confier, une vingtaine d'années plus tôt, le soin à la C.I.J. de résoudre leur différend, constituait un démenti à l'idée reçue que les États africains, légitimement jaloux de leur indépendance récemment et durement recouvrée, nourrissaient des réserves à l'égard du processus judiciaire. Depuis lors, ajoute-t-il, « les pays du continent africain ont montré qu'ils étaient, autant que les autres, plus que d'autres sans doute, attachés au règlement pacifique et juridictionnel des différends[1026] ». Et le représentant du Bénin de déclarer à l'adresse de son homonyme du Niger : « Je tiens à l'assurer que nous sommes ici avec le réel désir de régler une fois pour toutes et de manière non seulement pacifique, mais aussi fraternelle, un différend dont le règlement définitif permettra à nos deux pays de faire face, dans la sérénité et la paix, aux tâches de

---

1024 *Idem*, art. 6 du compromis.

1025 *Idem, audience publique de la Chambre tenue le 20 novembre 2003, compte rendu*, p. 11.

1026 *Ibid.*

développement et à la mise en œuvre effective des programmes et projets de coopération et d'intégration pour le plus grand bien de nos deux peuples frères liés par la géographie, l'histoire, la culture et la tradition[1027] ».

Cette approche conciliante du représentant du Bénin, on la retrouve avec la même éloquence chez la représentante du Niger, la ministre Mindaoudou, qui se plaît à rappeler l'action concertée et commune des deux voisins, action inédite même, alors qu'ils ont choisi de présenter une seule demande d'appui au fonds d'affectation spéciale des Nations Unies destiné à supporter les États qui choisissent de soumettre leurs différends par voie de compromis à la Cour. Voilà, dit-elle, « la preuve éclatante que les Africains savent, lorsqu'ils le veulent, résoudre autrement que par les armes et par le sang leurs différends[1028] ». Pourtant cette invitation au dialogue et à la concertation, cet exemple bénéfique que la ministre souhaite offrir aux autres États, ne sont pas à l'abri du pessimisme, lorsque, s'adressant au président de la Chambre, elle déclare que cette action commune « se déroule en une période de doutes et d'incertitudes ; en un moment où le monde perd ses repères. Le droit international est manifestement en recul et semble céder du terrain à la loi du plus fort et à l'unilatéralisme ; tous éléments qui contreviennent aux nobles idéaux de paix, de sécurité et de stabilité qui constituent l'essence même des relations internationales[1029] ».

La frontière maritime Gabon/Guinée Équatoriale

Cette sagesse, qui consiste à faire appel à une tierce partie pour le règlement des différends, semble avoir animé le Gabon et la Guinée Équatoriale dans leur différend concernant la souveraineté sur certaines îles et la délimitation maritime dans une zone riche en hydrocarbures et d'autant plus convoitée qu'elle est somme toute assez exiguë, étant donné la présence de l'archipel de Sao Tome et Principe. Les deux États ont choisi en effet de tenter de régler un conflit perdurant depuis plusieurs années en acceptant la médiation d'un avocat montréalais, Me Yves Fortier, nommé fin 2003, par le secrétaire général des Nations Unies.

Dans un article consacré au différend territorial et frontalier entre les deux États[1030], le journaliste Jean-Dominique Geslin mentionne que la Guinée Équatoriale est devenue en 2002, devant le Gabon, le troisième producteur de pétrole de l'Afrique subsaharienne, alors que Libreville voit ses ressources en

---

1027 *Idem*, p. 13-14.
1028 *Idem*, p. 15.
1029 *Idem*, p. 16.
1030 Geslin, Jean-Dominique (2003) L'île de toutes les convoitises, *J.A./L'Intelligent*, n°s 2222-2223, août, p. 98-99. Consulter aussi Dzurek, Daniel J. (1999) Gulf of Guinea Boundary Disputes, *IBRU BSB*, Spring, p. 98-104.

hydrocarbures diminuer. Cela explique, dit-il, pourquoi Mbagné, un îlot minuscule de 30 hectares, fréquenté, jusqu'au début des années 1990, par les seuls plaisanciers et une poignée de gendarmes gabonais, est devenu un objet de convoitise, situé qu'il est à la limite des mers territoriales des deux États.

Le journaliste en profite alors pour faire une chronologie des événements récents, non sans avoir d'abord rappelé que les deux États divergent d'opinion quant à l'interprétation d'un traité conclu en 1900 entre la France et l'Espagne, divergence qui a été exacerbée, au début des années 1970, alors que le Gabon repoussait les limites extérieures de sa mer territoriale. On rappelle aussi la prétention du Gabon selon laquelle la présence de ce pays sur Mbagné remonte au début du XXe siècle, outre que la souveraineté gabonaise a été reconnue, dans les années 1970, après qu'une médiation internationale eut été conduite par le président du Zaïre, le maréchal Mobutu. Qui plus est, affirmerait-on à Libreville, des documents établissent qu'un accord prouvant cette souveraineté a été conclu, en 1974, entre le président Bongo et l'ancien président équato-guinéen, Macias Nguema. Au contraire, prétend-on en Guinée Équatoriale, les antécédents démontrent que cette zone avait fait l'objet d'un litige franco-espagnol tranché en faveur de Madrid, et que le nouvel État, lors de son indépendance en 1968, a bénéficié de la cession par l'Espagne de toutes ses possessions territoriales dans le golfe de Guinée. Bien que le différend ait généré assez peu d'incidents, certains ont été sérieux, notamment en octobre 1995, alors que les autorités de la Guinée Équatoriale saisissaient des navires de pêche gabonais à proximité de l'île de Corisco, dont la souveraineté est peut-être également contestée, outre celle sur les îlots de Mbagné, Cocotier et Conga.

Plus récemment, soit le 26 février 2003, le ministre gabonais de la Défense, accompagné de la presse, du chef d'état-major général des Forces armées, du commandant en chef de la Gendarmerie et du chef d'état-major de la Marine nationale, effectuait une visite officielle sur Mbagné, tout en profitant de l'occasion pour « réaffirmer la souveraineté gabonaise » et se déclarant « prêt à faire face à toutes sortes d'agressions ». Le premier ministre de la Guinée Équatoriale exprime, dans un communiqué du 12 mars, « sa profonde préoccupation et son indignation face à l'occupation illégale », et rappelle que son gouvernement a toujours revendiqué cet îlot « comme territoire national depuis le temps colonial jusqu'à nos jours ». Le 2 mai, on croit avoir trouvé une solution, alors que les deux présidents évoquent, à la requête du Gabon, l'éventualité d'une exploitation conjointe, mais les travaux de la commission *ad hoc* chargée de définir cette zone ne donnent aucun résultat tangible. Le conflit a connu, durant l'été 2003, une escalade certaine, alors que les îlots contestés ont été le théâtre d'escarmouches armées[1031].

[1031] Ces informations ont été communiquées par le journaliste Tristan Péloquin dans le quotidien montréalais *La Presse* du 3 novembre 2003.

Privilégier l'accord bilatéral

Bien sûr, si les Parties ont fait appel à une médiation internationale dans l'affaire *Gabon/Guinée Équatoriale* et à la C.I.J. dans l'affaire *Bénin/Niger*, c'est que, dans chaque cas, les négociations n'ont pu aboutir à la conclusion d'un accord, qui demeure la procédure la plus simple, la plus expéditive et la moins coûteuse. Aussi, il n'est pas inutile de rappeler les vertus de ce mode de règlement.

En effet, en matière de délimitation, et pour importante que soit l'action concertée des divers modes de règlement pacifique des conflits, le premier mode, celui de la négociation, paraît être le plus satisfaisant dans la mesure où il aboutit à la conclusion d'un accord réputé exprimer le libre consentement, la volonté, l'égalité et la souveraineté de deux États. Or, nous avons eu l'occasion de constater que plusieurs grands instruments juridiques internationaux avaient été conçus par des puissances étrangères à l'Afrique (notamment l'Acte de Berlin et le Pacte de la Société des Nations). Nous avons constaté également que les litiges frontaliers terrestres entre États africains, de même que la délimitation maritime *Guinée-Bissau/Sénégal*, impliquaient des frontières qui avaient été délimitées selon des traités signés par ces mêmes puissances, l'Éthiopie étant la notable exception qui confirme la règle.

Par ailleurs, voilà que l'occasion est donnée à l'Afrique de décider elle-même de la délimitation de ses frontières maritimes par la voie d'accords bilatéraux ou même trilatéraux, le recours aux autres modes de règlement pacifique restant, bien sûr, disponible, en cas d'échec de ces négociations. Rappelons que certaines conventions internationales privilégient d'ailleurs la conclusion d'accords bilatéraux : ainsi, la Convention des Nations Unies sur le droit de la mer prévoit que la délimitation de la zone économique exclusive et du plateau continental « est effectuée par voie d'accord conformément au droit international (...) afin d'aboutir à une solution équitable » (art. 74 et 83) et qu'à défaut d'accord dans un délai raisonnable, les États concernés ont recours aux procédures prévues à la partie XV (notamment le Tribunal international du droit de la mer, la Cour internationale de Justice, un tribunal arbitral constitué conformément à l'annexe VII, enfin, un tribunal arbitral spécial constitué conformément à l'annexe VIII) (art. 287). Cette occasion de conclure des accords est offerte en effet dans de nombreux cas en Afrique, puisque la plupart de ses frontières maritimes demeurent indéterminées, comme nous l'avons montré dans la partie II, encore que la tendance à la délimitation bilatérale et à l'instauration de zones conjointes d'exploitation semble se dessiner, du moins dans certaines zones, tel le golfe de Guinée, où la situation est compliquée par le nombre d'acteurs impliqués et l'importance des ressources convoitées. Aussi, l'examen de la pratique des États dans cette région en matière de délimitation maritime peut permettre de suggérer, peut-être tout autant que la jurisprudence, des solutions pour les délimitations à venir en Afrique. Voyons donc quelles ont été, dans ces accords, les méthodes de délimitation choisies pour parvenir à un résultat équitable.

Le Gabon n'a qu'une seule frontière formellement délimitée avec ses trois voisins maritimes (Congo au sud, Guinée Équatoriale au nord, Sao Tomé et Principe à l'ouest), et peut-être même un quatrième voisin, l'Angola aux droits de Cabinda, étant donné la ligne incurvée de la côte africaine dans cette région. Cette seule frontière délimitée est celle avec Sao Tomé et Principe, depuis qu'un accord a été conclu[1032], le 26 avril 2001, par lequel la ligne séparant les zones économiques exclusives et les plateaux continentaux est établie, comme le prévoit l'article 2, selon l'équidistance des lignes de base à partir desquelles est mesurée la mer territoriale de chaque État. Il s'agit donc d'une médiane tracée entre, d'une part, les lignes de base archipélagiques de Sao Tomé et Principe et, d'autre part, quatre segments de droites qui relient, du côté du Gabon, la pointe Mengombie et le cap Esterias pour fermer ainsi la baie de Corisco, puis le phare de la pointe Ngombe et le cap Lopez. Notons aussi que cet accord intervient à peine deux mois après la signature d'un autre accord, cette fois avec le Nigeria, lequel est brièvement examiné plus loin.

Sao Tomé et Principe avait conclu auparavant un traité de délimitation[1033], le 26 juin 1999, avec la Guinée Équatoriale, lequel mentionne, en son préambule, la méthode utilisée : « in an equitable manner equidistance as the general criterion for delimitation ». L'accord ne dit pas cependant si ces deux frontières (entre, d'une part, l'île de Sao Tomé et l'île d'Annobon, et, d'autre part, entre les îles Sao Tomé et Principe et l'île Bioko et le Rio Muni) sont tracées selon des lignes d'équidistance stricte ou si elles le sont en tenant compte des lignes de base droites archipélagiques de Sao Tomé et Principe, lesquelles ont été estimées par le secrétariat d'État américain[1034] comme étant conformes aux dispositions de la Convention des Nations Unies sur le droit de la mer. Dans le décret adopté par la Guinée Équatoriale aux fins d'établir les limites extérieures de sa mer territoriale et de sa zone économique exclusive, il est explicitement mentionné que ces limites sont constituées par des médianes qui « are not intended to be detrimental to any other future decision which may be taken

---

1032 Agreement on the Delimitation of the Maritime Border between the Gabonese Republic and the Democratic Republic of Sao Tome and Principe. *Delimitation Treaties Infobase.* Également dans *Law of the Sea Bulletin* (2002), vol. 50, p. 65. Les deux sources sont disponibles sur le site Internet des Nations Unies : www.un.org.

1033 Treaty Regarding the Delimitation of the Maritime Boundary between the Republic of Equatorial Guinea and the Democratic Republic of Sao Tomé and Principe, *IBRU BSB* (1999), Summer, p. 63-64. Également dans *Law of the Sea Bulletin* (2001), vol. 47, p. 39.

1034 Dzurek, Daniel J. (1999) *op. cit.*, p. 101.

by the Government with each of its neighbouring countries'governments[1035] ». Par ailleurs, l'accord fournit la liste des coordonnées géographiques des 5 points de la ligne qui concerne la frontière méridionale et les 15 points de la septentrionale.

S'agissant de Sao Tomé et Principe, mentionnons de plus, entre ce dernier et le Nigeria, la conclusion non plus d'un accord de délimitation mais d'un traité très détaillé[1036], le 21 février 2001, concernant l'instauration d'une zone de développement conjoint d'exploration et d'exploitation des ressources, notamment pétrolières, fait sans préjudice d'une délimitation éventuelle de leurs zones maritimes respectives et prévoyant un partage de ces ressources dans une proportion de 60% en faveur du Nigeria et 40 pour Sao Tomé et Principe (art. 3.1).

Quant à la Guinée Équatoriale, et à peine 15 mois après la conclusion de son accord avec Sao Tomé et Principe, elle signe un traité avec le Nigeria[1037], le 23 septembre 2000, alors que l'affaire de ce dernier concernant sa délimitation terrestre et maritime avec le Cameroun est pendante devant la C.I.J. et que celle-ci a autorisé, le 21 octobre 1999, la Guinée Équatoriale à intervenir dans l'instance. Les Parties contractantes déclarent dans le préambule être mues non seulement par le désir de renforcer leurs relations fraternelles entre voisins mais aussi de préserver la paix sur le continent africain. L'accord mentionne explicitement que la frontière est délimitée partiellement (art. 1), puisque cette ligne inachevée est constituée, au sud et à l'ouest d'un point *i*, par une succession de segments joignant 10 points, tandis qu'au nord et à l'est de ce même point *i*, il est prévu (art. 3) que la frontière sera déterminée par accord entre les Parties après la décision de la C.I.J. dans l'affaire *Cameroun/Nigeria*. La méthode de délimitation de cette frontière inachevée et multifonctionnelle n'est pas mentionnée, et l'on peut se demander si le Nigeria a accepté une délimitation par équidistance stricte, alors qu'il avait auparavant proposé que l'île de Bioko ne se voie reconnaître qu'un effet partiel. Pourtant a-t-on fait remarquer, ce genre de problème surgit habituellement dans les cas où les îles sont de taille plus petite que celle de Bioko[1038]. Les Parties ont prévu par ailleurs que dans le cas où des gisements se trouveraient de part et d'autre de la ligne, elles allaient chercher des arrangements pour chacun de ces gisements (art. 6), tout en

---

[1035] *Idem*, p. 100.

[1036] Treaty between the Federal Republic of Nigeria and the Democratic Republic of Sao Tome and Principe on the Joint Development of Petroleum and other Resources, in respect of Areas of the Exclusive Economic Zone of the Two States. *Delimitation Treaties Infobase.* Également dans *Law of the Sea Bulletin* (2002), vol. 50, p. 42.

[1037] Treaty between the Federal Republic of Nigeria and the Republic of Equatorial Guinea concerning their maritime boundary. *Delimitation Treaties Infobase.* Également dans *Law of the Sea Bulletin* (2001), vol. 45, p. 68.

[1038] Dzurek, Daniel J. (1999) *op. cit*, p. 100. L'auteur réfère ici à Weckel, Philippe (2000) Ordonnance du 21 octobre 1999, *RGDIP*, vol. 104, p. 248-250.

autorisant « the relevant government entities in association with the relevant concession holders to establish appropriate unitization and other arrangements to enable this area to be developed in a commercially feasible manner » (art. 6, par. 2). Le 3 avril 2002, les deux États concluent un nouvel accord[1039] portant cette fois sur l'instauration d'une *zone* d'exploration conjointe du pétrole, en particulier pour le champ de Zafiro-Ekangma, qui se trouve sur la frontière maritime.

Le Gabon et la Guinée Équatoriale pourraient-ils se laisser tenter par les solutions adoptées dans ces accords bilatéraux conclus dans la région, compte tenu de leurs législations nationales respectives en matière maritime ?

Les deux États sont parties à la Convention sur le droit de la mer, le Gabon l'ayant signée le 10 décembre 1982, et la Guinée Équatoriale y ayant adhéré le 30 janvier 1984. De plus, tous les deux l'ont ratifiée, respectivement les 11 mars 1998 et 21 juillet 1997. Par ailleurs, et dans le cas de la Guinée Équatoriale, une réserve, datée du 20 février 2002 et en vertu de l'article 298 de la Convention, est inscrite à l'effet que le gouvernement ne reconnaît pas comme obligatoires de plein droit les procédures prévues à la section 2 du chapitre XV de la Convention en ce qui concerne les catégories de différends évoquées à l'alinéa a) du paragraphe 1 de cet article, qui concerne l'interprétation et l'application des dispositions relatives à la délimitation des mers territoriales, des zones économiques exclusives et des plateaux continentaux, cette délimitation devant aboutir à des résultats équitables dans les deux derniers cas, et étant basée sur l'équidistance, en ce qui concerne les mers territoriales, sauf l'existence de droits historiques.

S'ils sont tous deux parties à la Convention sur le droit de la mer, le Gabon et la Guinée Équatoriale ont des législations nationales différentes en matière de délimitation, le premier s'en tenant au principe des résultats équitables, tandis que la seconde insiste sur la méthode de l'équidistance. Cette dernière mentionne en effet ce qui suit dans le préambule de la Loi 1/1999 du 6 mars 1999 : « In conformity with the geographical environment and the significant features of the area, as well as with the universal criterion of equidistance[1040] ». La loi contient une très longue liste des coordonnées géographiques des limites respectives des îles d'Annobon et de Bioko. Une disposition est par ailleurs prévue, similaire à celle entre la Guinée Équatoriale et Sao Tomé et Principe, selon laquelle les frontières tracées en vertu de ces coordonnées sont sans préjudice de toute autre décision du gouvernement dans ses relations

---

[1039] Treaty between Equatorial Guinea and Nigeria on joint exploration of crude oil, especially at the Zafiro-Ekanga Oil Field located at the maritime boundary of both countries. Le titre de l'accord est mentionné dans *Delimitation Treaties Infobase*, mais le texte n'est pas disponible.

[1040] Préambule. *National legislation-DOALOS/OLA*. Disponible sur le site Internet des Nations Unies : www.un.org.

avec d'autres États[1041]. Dans une loi précédente, la Loi 15/1984 du 12 novembre 1984, il est mentionné que les limites extérieures de la mer territoriale et de la zone économique exclusive ne peuvent se trouver au delà de la médiane calculée selon les lignes de base droites ou normales. Cette même loi prévoit aussi que la souveraineté de la Guinée Équatoriale s'étend à l'ensemble du territoire dont elle a hérité de l'ère coloniale, la loi nommant explicitement le territoire du Rio Muni, ainsi que les îles de Bioko, Annobon, Corisco, Elobey Grande et Elobey Chico, de même que les îlots adjacents et les eaux intérieures.

Le Gabon, pour sa part, prévoit, dans sa Loi 9/84, que les limites extérieures de sa zone économique exclusive sont calculées depuis des lignes de base droites ou normales et que ces limites seront établies « by agreement with the State in question or in accordance with the generally recognized principles of international law on delimitation » (art. 11). Dans un décret adopté subséquemment[1042], le Gabon viendra préciser que la zone maritime se trouvant entre le cap Lopez et la frontière terrestre avec le Congo est mesurée depuis la ligne de base normale, tandis que la zone entre Cocobeach et le cap Lopez l'est par quatre lignes droites joignant cinq caps (art. 1 à 3).

Ainsi, la pratique des États dans le golfe de Guinée et la décision de la C.I.J. dans l'affaire *Cameroun/Nigeria* paraissent conformes à l'utilisation généralisée de la méthode de l'équidistance à travers le monde[1043]. Nous estimons en effet que l'équidistance stricte ou simplifiée, retenue dans 38 % de tous les cas à travers le monde (64 sur 168), l'a été pour 50% des frontières africaines (10 sur 20). Mais cette méthode est au détriment du Gabon dans sa délimitation avec la Guinée Équatoriale, outre la question préalable de la souveraineté territoriale sur certaines îles disputées par les deux États.

Disons enfin que cette opportunité donnée à l'Afrique de conclure des traités bilatéraux ou trilatéraux en matière de délimitation maritime, elle peut s'exprimer aussi en matière terrestre, puisque rien n'empêche les États de ce continent, comme partout ailleurs, de renégocier par accords bilatéraux ou trilatéraux leur délimitation terrestre dans tous les cas où ils ne sont pas satisfaits des frontières actuelles, qui jouissent par ailleurs de la protection de la règle de l'*uti possidetis*.

Sur la piste d'une typologie des différends juridictionnels en Afrique

À la fin de son étude, Paulson énumère divers facteurs ou critères permettant d'établir une distinction entre les affaires dans lesquelles les décisions ont été entièrement respectées et celles qui ne l'ont pas été ou ne l'ont

---

[1041] *Idem*, art. 4.

[1042] Décret 002066/PR/MHCUCDM du 4 décembre 1992.

[1043] Labrecque, Georges (2004) *Les frontières maritimes internationales*, deuxième édition.

été que partiellement : la différence entre frontières terrestres et frontières maritimes ; la juridiction ; les considérations politiques et économiques impliquées dans l'affaire ; la pression internationale exercée sur les États intéressés, de même que la pression intérieure et le désir pur et simple de mettre fin au conflit ; la puissance militaire des États en cause ; la volonté ou non de comparaître devant la Cour ; l'importance des négociations qui ont précédé la saisine du tribunal ; enfin, la nature des gouvernements impliqués (démocratie ou régime autoritaire) et leur remplacement, le cas échéant, durant l'instance[1044].

C'est ainsi que l'auteur examine les 14 affaires décidées sur le fond depuis 1987 en classant chacune en fonction de ces critères et selon que la décision a été respectée à un niveau élevé, moyen ou bas. Ses conclusions générales viennent confirmer, dit-il, celles de Charney et de Gross à l'effet que les décisions ont été dans l'ensemble fort bien respectées et qu'il y a interrelation directe entre cette conformité à la décision et la volonté même des Parties de comparaître devant le Tribunal.

Par ailleurs, Paulson arrive à une conclusion différente quant à la question relative à la juridiction, à savoir que les affaires récentes ne montrent pas d'interrelation entre la saisine par accord spécial et la conformité des Parties à la décision, l'auteur expliquant cette divergence par un standard plus élevé, dans son étude, pour déterminer la conformité. Ainsi, précise-t-il, l'étude de Charney révèle que les décisions rendues de 1946 à 1987 ont été entièrement respectées dans une proportion de 80%, alors que dans sa propre étude, cette proportion baisse à 60% pour les affaires décidées depuis 1987 à cause du standard plus élevé, mais qu'elle serait sensiblement la même si l'on impute dans la catégorie haut niveau de conformité les cinq décisions respectées en partie. S'agissant de juridiction, l'auteur observe aussi que chacun des cinq cas portés par requête unilatérale a été respecté, tandis que la décision a été respectée dans une seule des cinq affaires dans lesquelles un État n'était pas désireux de voir l'affaire réglée en Cour.

Paulson estime que la nature des considérations est déterminante, puisque, affirme-t-il, la conformité à la décision a été entière dans cinq des six cas où les considérations étaient d'abord économiques plutôt que politiques ou stratégiques. Son étude révèle également que les pressions, tant internationales qu'intérieures, ont été déterminantes dans la conformité à la décision, tandis que, paradoxalement, le Conseil de sécurité n'aurait joué un rôle défini, quoique limité, que dans deux cas seulement, l'affaire *Honduras/El Salvador* et l'affaire *Libye/Tchad*, quand ce dernier a menacé d'avoir recours à cette instance. De plus, les États peu désireux de comparaître devant le tribunal, de même que ceux dotés de fortes capacités militaires, ont eu peu tendance à respecter la décision. Paulson rappelle une opinion de Fitzmaurice selon laquelle les États

---

1044 Paulson, Colter (2004) *op. cit.*, p. 456-461.

acceptent le processus de l'adjudication parce que, entre autres raisons et subconsciemment, ils croient pouvoir éviter la mise en œuvre de la décision si celle-ci leur est défavorable[1045].

L'auteur rappelle à bon droit que la C.I.J. est une organisation des Nations Unies elles-mêmes vouées à la réalisation de la paix et de la sécurité internationales en assurant une coopération en vue d'apporter une solution aux problèmes internationaux. Or, dit-il, certains cas examinés par la Cour révèlent « the limited ability of legal decisions to solve complicated political questions[1046] ». Pourtant, déclare-t-il , la C.I.J. est particulièrement bien placée pour régler les problèmes frontaliers terrestres, qui sont, dit-il, principalement juridiques[1047], alors que son étude révèle que les décisions relatives aux affaires de délimitation terrestre sont celles qui ont été les moins respectées, notamment quand elles sont envenimées par des conflits armés : ainsi la non conformité a été observée dans quatre des cinq cas observés – l'auteur classant l'affaire *Hongrie/Slovaquie* (Gabcikovo-Nagymaro) comme une affaire relative aux fonctions des frontières, puisqu'elle implique, dit-il, l'usage et les aspects environnementaux d'une large zone de part et d'autre de la frontière. À l'inverse, ajoute-t-il, les décisions relatives aux frontières maritimes ont été respectées dans six des sept décisions rendues par la C.I.J., y compris l'affaire *Guinée-Bissau/Sénégal,* bien qu'impliquée dans un conflit armé.

Ces éléments de typologie, qui émergent de l'étude de Paulson, sont certes fort intéressants, encore que ses critères classificatoires comportent une appréciation qualitative, et leur application aux différends juridictionnels en Afrique nous semble prématurée dans la mesure où le nombre de cas, dont certains sont fort récents, n'est peut-être pas suffisant. On peut cependant estimer que l'examen des affaires africaines, y compris les affaires consultatives et les affaires réglées par un tribunal arbitral, tend à confirmer l'étude de Paulson à certains égards et notamment dans la distinction entre frontières terrestres et frontières maritimes, alors que toutes les décisions relatives à la délimitation terrestre, sauf celle de l'affaire *Botswana/Namibie*, n'ont été ou ne sont que partiellement respectées, tandis que les États se sont conformés aux décisions dans toutes les affaires maritimes. Par ailleurs, cette étude semble infirmée quant à l'impact du Conseil de sécurité puisque, dans les affaires africaines, cette instance a eu des effets positifs, bien que parfois mitigés, dans plusieurs cas.

[1045] *In* Schachter, Oscar (1991) *International Law in Theory and Practice*, p. 228.

[1046] Paulson, Colter (2004) *op. cit.,* p. 460.

[1047] L'auteur fait sien un commentaire de Robert Jennings, *in* Muller, A.S. et *als.* (1997) *The International Court of Justice : Its Future Role after Fifty Years.*

Le règlement juridictionnel a-t-il un avenir prometteur ?

Nous avons déjà évoqué le palmarès impressionnant de l'Afrique, continent dans lequel on trouve le plus grand nombre de frontières (tant maritimes que terrestres) délimitées par voie juridictionnelle depuis 1945. Il est à parier que ce nombre croîtra, en Afrique comme ailleurs, dans les prochaines décennies, compte tenu de plusieurs facteurs, l'un de ceux-là étant ce qu'on pourrait appeler l'effet d'entraînement de ce mode de règlement, à moins de considérer comme de pures coïncidences le fait que la plupart des affaires entendues sont regroupées dans quelques *sous-régions* : ainsi, la Libye a-t-elle fait déterminer par la Cour une première frontière maritime avec la Tunisie en 1982, puis une seconde avec Malte en 1985, et, satisfaite, a-t-on dit, de ces deux décisions, elle a de nouveau reconnu la compétence de la C.I.J. dans l'affaire de sa frontière terrestre avec le Tchad, délimitée en 1994 ; la Guinée-Bissau a fait de même quant à ses deux frontières maritimes respectives avec la Guinée en 1985 et le Sénégal en 1989 et en 1991 ; l'Érythrée, quelques années à peine après l'indépendance, a confié à des tribunaux d'arbitrage le soin de délimiter sa frontière maritime avec le Yémen en 1998 et en 1999, puis sa frontière terrestre avec l'Éthiopie en2002 ; la Namibie, qui fit l'objet de quatre avis consultatifs et d'une affaire contentieuse, a réglé grâce à la C.I.J. son litige frontalier avec le Botswana en 1999.

Outre cet effet d'entraînement, qui doit jouer dans la mesure où les Parties sont relativement satisfaites, d'autres facteurs semblent soutenir la proposition que le nombre de frontières délimitées par voie juridictionnelle ira en augmentant : l'efficacité des résultats – puisque la majorité des décisions sont respectées immédiatement ou à terme ; nommons aussi la contestation ouverte du principe de l'*uti possidetis*, chez certains juristes et certains géographes, qui font ressortir du même coup le caractère prétendument artificiel de plusieurs de ces frontières et les difficultés accrues du fait qu'un grand nombre d'entre elles sont non démarquées ; la sédentarisation des dernières populations nomades très peu intéressées jusque-là à ces lignes tracées sans égard à leurs modes de vie traditionnels ; enfin les exigences de la sécurité et la constatation inéluctable que le mode non pacifique des règlements conduit à des catastrophes – ce dernier facteur n'étant pas sans évoquer des affaires africaines que nous n'avons pas examinées en détail dans cet ouvrage parce qu'elles concernent l'intégrité du territoire plutôt que ses limites, mais dont nous dirons un mot plus loin, soit les affaires portées par le Congo contre certains de ses voisins (Burundi, Rwanda, Ouganda), inscrites sous le nom d'*Activités armées sur le territoire du Congo*, dont celle en instance contre l'Ouganda.

Aussi, une autre affaire en instance, l'affaire *Bénin/Niger*, qui sera elle-même sans doute marquée par l'affaire *Botswana/Namibie*, notamment quant aux critères de détermination d'une frontière dans un cours d'eau, aura-t-elle probablement pour effet de porter devant les tribunaux les délimitations de tant d'autres frontières fluviales en Afrique, qui font l'objet d'escarmouches, notamment quand des projets de barrages font ou refont surface, comme ce fut le cas pour la frontière *Sénégal/Mauritanie*, et *a fortiori* quand ces frontières se trouvent dans des cours d'eau débouchant à la mer, la frontière maritime étant alors elle-même objet de contestation dans la mesure où son point initial doit coïncider normalement avec le point terminal de la frontière fluviale.

La toute dernière affaire portée devant la C.I.J., introduite le 16 septembre 2004 (affaire *Roumanie/Ukraine*), pose un autre type de problème, particulièrement bien étudié dans certaines affaires africaines (notamment *Libye/Tunisie, Libye/Malte* et *Érythrée/Yémen*), soit l'effet de la présence d'îles sur la délimitation, outre la contestation quant à la souveraineté sur celles-ci. Ainsi le contentieux *Roumanie/Ukraine* porte, ou a porté, notamment sur la souveraineté territoriale sur l'île au Serpent, à une vingtaine de milles marins du point terminal de la frontière terrestre, revendiquée par la Roumanie comme faisant partie du territoire national, mais occupée par les Soviétiques pour des raisons stratégiques, alors que l'Ukraine continue de faire valoir les droits qu'elle a eus en héritage lors du démembrement de l'U.R.S.S.[1048] La solution à ce type de problème de souveraineté territoriale sur certaines îles est, à toutes fins pratiques, une condition préalable à la délimitation et elle implique souvent l'interprétation de traités conclus par les puissances coloniales concernant certaines régions d'Afrique, comme le golfe de Guinée (affaire *Gabon/Guinée Équatoriale*) mais aussi ailleurs dans le monde, ainsi que le révèlent les affaires récentes *Indonésie/Malaysia*, décidée en 2002, et *Malaysia/Singapour*, en instance depuis 2003. Rappelons que dans ces deux derniers cas, les Parties ont choisi de circonscrire l'affaire à la seule souveraineté territoriale insulaire, préférant poursuivre la recherche d'une délimitation selon le mode bilatéral de règlement, alors qu'elles auraient pu demander à la fois l'une et l'autre, comme dans les affaires *Érythrée/Yémen* (1998 et 1999), *Bahreïn/Qatar* (2001) et *Nicaragua/Colombie* (en instance depuis 2001). Par ailleurs, et plus récemment encore, deux affaires de délimitation maritime exclusivement *(Barbade/Trinité et Tobago,* de même que *Guyana/Suriname*) ont été portées non pas devant la C.I.J. mais devant un tribunal d'arbitrage[1049]. Rappelons aussi que l'affaire

---

1048 Prescott, J.R.V. (1985) *The Maritime Political Boundaries of the World*, p. 309. Voir aussi Labrecque, Georges (2003) Les frontières maritimes de la Pologne et de la Roumanie, *in* Ilies, Alexandru et Wendt, Jan, éds., *Europe Between Milleniums. Political Geograpy Studies*. Le communiqué de presse 31/2004 (disponible sur le site Internet de la C.I.J. : www.icj-cij.org) reproduit des passages de la requête introductive d'instance de la Roumanie, qui semblent laisser croire, de même que le titre de l'affaire, que seule la délimitation est en cause, la souveraineté sur l'île n'étant plus contestée.

1049 Voir le site Internet de la Cour permanente d'arbitrage : www.pca-cpa.org.

Nicaragua/Honduras, en instance depuis 1999 devant la C.I.J., ne concerne que la délimitation maritime.

Ajoutons que les États africains se laisseront peut-être tenter par la solution d'une pierre deux coups, si l'on peut dire (souveraineté plus délimitation), en requérant aussi, le cas échéant, qu'on procède à la fois à la délimitation maritime et à la terrestre, comme dans l'affaire *Cameroun/Nigeria*, ou en demandant à la fois la démarcation de la frontière terrestre et sa délimitation, comme dans le cas *Érythrée/Éthiopie*.

Quant à l'avis consultatif rendu par la C.I.J. le 9 juillet 2004 concernant les *Conséquences juridiques de l'édification d'un mur dans le territoire palestinien occupé*, la décision de la Cour déclarant l'illégalité de ce geste ne dissipe pas pour autant la crainte que cette construction établisse éventuellement *de facto* une frontière *Israël/Palestine*, mais elle peut par ailleurs conforter l'idée que les États, en Afrique comme ailleurs, ne sauraient bafouer les droits fondamentaux des populations sans encourir la réprobation de la communauté internationale. En tout cas, la Cour a rappelé l'existence de ces droits, tout en témoignant sans équivoque de sa jalousie dans l'exercice de sa compétence en matière consultative, comme elle l'avait fait en matière contentieuse, dans l'affaire *Cameroun/Nigeria*, en rejetant les exceptions préliminaires du Nigeria.

Ainsi, dans son avis, la Cour dit, à l'unanimité, qu'elle est compétente pour répondre à la demande, et elle décide, par 14 voix contre 1, d'y donner suite. Elle dit aussi, par 14 voix contre 1, que « (l)'édification du mur qu'Israël, puissance occupante, est en train de construire dans le territoire palestinien occupé, y compris à l'intérieur et sur le pourtour de Jérusalem-Est, et le régime qui lui est associé, sont contraires au droit international » ; qu'Israël « est dans l'obligation de mettre un terme aux violations du droit international dont il est l'auteur ; (...) de démanteler immédiatement l'ouvrage situé dans ce territoire et d'abroger immédiatement ou de priver immédiatement d'effet l'ensemble des actes législatifs et réglementaires qui s'y rapportent » ; qu'Israël « est dans l'obligation de réparer tous les dommages causés par la construction du mur (...) ». La Cour en fait une obligation *erga omnes* puisqu'elle dit aussi, par 13 voix contre 2, que « (t)ous les États sont dans l'obligation de ne pas reconnaître la situation illicite découlant de la construction du mur et de ne pas prêter aide ou assistance au maintien de la situation créée par cette construction ». La Cour précise que tous les États parties à la quatrième Convention de Genève du 12 août 1949 relative à la protection des personnes civiles en temps de guerre « ont en outre l'obligation, dans le respect de la Charte des Nations Unies et du droit international, de faire respecter par Israël le droit international humanitaire incorporé dans cette convention ». La Cour dit enfin, par 14 voix contre 1, que l'ONU, et notamment l'Assemblée générale et le Conseil de sécurité, « doivent, en tenant dûment compte du présent avis consultatif, examiner quelles nouvelles mesures doivent être prises afin de mettre un terme à la situation illicite découlant de la construction du mur et du régime qui lui est associé[1050] ». Ainsi, la Cour elle-même reconnaît-elle la nécessité et même l'obligation de procéder par action concertée des diverses instances, tant politiques que juridictionnelles.

Notons aussi, dans cette affaire, l'opinion individuelle fort intéressante du juge africain Koroma, qui rappelle que la question des droits et obligations d'une puissance occupante dans un territoire occupé est « indubitablement juridique » et il rejette donc l'objection selon laquelle il y aurait « défaut d'opportunité judiciaire » (par. 3). Le juge explique aussi que la question ne concerne pas le conflit israélo-palestinien proprement dit, ou son règlement, mais plutôt les conséquences juridiques de l'édification du mur, puisqu'il s'agit de savoir si le droit international permet à une puissance occupante de modifier unilatéralement le caractère d'un territoire occupé. Le juge rappelle également le droit à l'autodétermination du peuple palestinien, autorisé à établir son propre État, conformément à la résolution 181 (II) confirmée par la suite, et il réitère l'obligation *erga omnes* des États « de s'abstenir de toute action visant à remettre en cause, même partiellement, l'unité nationale et l'intégrité territoriale de tout autre État ou pays » (par. 4). Enfin, le juge mentionne que le territoire du peuple palestinien, « en tant qu'il avait autrefois été placé sous mandat, fait l'objet d'une "mission sacrée" » (par. 7) – ce qui n'est pas sans évoquer les premiers avis de la Cour dans les affaires du *Sud-Ouest africain* puis de la *Namibie.*

Si la Cour a déclaré être compétente dans l'affaire du Mur, elle a par ailleurs décidé à l'unanimité, dans ses arrêts du 15 décembre 2004, qu'elle n'avait pas compétence pour connaître des demandes formulées par la nouvelle entité de Serbie-et-Monténégro contre la Belgique, le Canada, la France, l'Allemagne, l'Italie, les Pays-Bas, le Portugal et le Royaume-Uni dans l'affaire dite de la *Licéité de l'emploi de la force*. Quant aux demandes contre l'Espagne et les États-Unis, elles avaient été rayées du rôle, pour le motif que la Cour n'avait manifestement pas compétence, la Cour ordonnant le même jour le rejet de demandes en indication de mesures conservatoires présentées dans chacune des dix affaires. Ainsi, la Cour, dans ses arrêts du 15 décembre 2004, rejette les demandes respectives concernant des actes que chacun des défendeurs aurait commis

> en violation de son obligation internationale de ne pas recourir à l'emploi de la force contre un autre État, de l'obligation de ne pas s'immiscer dans les affaires intérieures d'un autre État, de l'obligation de ne pas porter atteinte à la souveraineté d'un autre État, de

[1050] *Conséquences juridiques de l'édification d'un mur dans le territoire palestinien occupé, avis consultatif,* dispositif, par. 163. Le texte intégral de l'avis, y compris les opinions individuelles, sont disponibles sur le site Internet de la C.I.J. (www.icj-cij.org), de même qu'un résumé dans le communiqué de presse 2004/2.

l'obligation de protéger les populations civiles et les biens de caractère civil en temps de guerre, de l'obligation de protéger l'environnement, de l'obligation touchant à la liberté de navigation sur les cours d'eau internationaux, de l'obligation concernant les droits et libertés fondamentaux de la personne humaine, de l'obligation de ne pas utiliser des armes interdites, de l'obligation de ne pas soumettre intentionnellement un groupe national à des conditions d'existence devant entraîner sa destruction physique[1051].

La Cour a pourtant estimé, pour fonder sa décision d'accueillir une première exception préliminaire, que la question de savoir si l'entité Serbie-et-Monténégro était ou non partie au Statut de la Cour (art. 35, par. 1) à l'époque de l'introduction des présentes instances, en l'occurrence le 29 avril 1999 sous le nom de République fédérale de Yougoslavie, est une question fondamentale. Or, précise la Cour, le statut juridique du demandeur, entre l'éclatement de la République fédérale socialiste de Yougoslavie en 1991 et l'admission, le 1er novembre 2000, de l'entité Serbie-et-Monténégro comme membre de l'ONU, est un statut marqué par l'ambiguïté et les appréciations divergentes. La Cour examine aussi la question de savoir si le requérant pouvait se prévaloir d'une autre disposition du Statut concernant les conditions auxquelles la Cour est ouverte aux États non parties au Statut, « sous réserve des dispositions particulières des traités en vigueur, réglées par le Conseil de sécurité, et, dans tous les cas, sans qu'il puisse en résulter pour les parties aucune inégalité devant la Cour » (art. 35, par. 2). En supposant même, ajoute-t-elle, que le demandeur ait été partie à la Convention sur le génocide à la date pertinente, il ne peut se prévaloir de cette dernière disposition du Statut, puisque la Convention sur le génocide n'est entrée en vigueur que le 12 janvier 1951, soit après l'entrée en vigueur du Statut. Ainsi la Cour conclut que le demandeur n'a pas qualité pour ester en justice devant elle et décide donc qu'il n'est pas nécessaire d'examiner les autres exceptions.

Elle ajoute par ailleurs que compétente ou non pour connaître d'un différend, « les parties demeurent en tout état de cause responsables des actes portant atteinte aux droits d'autres États qui leur seraient imputables ». La Cour se conforme ainsi à sa propre jurisprudence, faisant expressément référence à deux affaires dans lesquelles elle a décidé qu'elle n'avait pas compétence, les affaires[1052] *Espagne/Canada* de 1998 (*Compétence en matière de pêcheries*)[1053]

[1051] *Licéité de l'emploi de la force, exceptions préliminaires,* arrêts, par. 1. Le texte intégral des arrêts est disponible sur le site Internet de la C.I.J. (www.icj-cij.org), de même qu'un résumé dans les communiqués de presse 39/2004 à 46/2004.

[1052] Les arrêts sont tous deux disponibles intégralement, de même qu'en résumés, sur le site Internet de la Cour : www.icj-cij.org.

[1053] *Compétence de la Cour*, arrêt, C.I.J. Recueil 1998, p. 456, par. 55-56.

et *Pakistan/Inde* de 2000 (*Incident aérien du 10 août 1999*)[1054]. En pareils cas, ajoute la Cour dans le même paragraphe, elle ne peut se prononcer ni formuler de commentaire sur l'existence de ces atteintes ou sur la responsabilité internationale en découlant, le cas échéant. Elle tient pourtant à rappeler, ainsi qu'elle l'a fait notamment dans les ordonnances sur la demande en indication de mesures conservatoires[1055], « la distinction fondamentale qui doit être établie entre l'existence de la compétence de la Cour à l'égard d'un différend et la compatibilité avec le droit international des actes qui font l'objet de ce différend[1056] ».

À la suite des décisions relatives au Mur et à l'entité Serbie-et-Monténégro, il sera intéressant d'examiner celles de la Cour dans les affaires africaines dites des *Activités armées sur le territoire du Congo*, concernant, respectivement, la RDC contre l'Ouganda et la RDC contre le Rwanda. Dans la première de ces affaires, la C.I.J. a annoncé que les audiences publiques allaient se tenir du 11 au 29 avril 2005[1057], après avoir accueilli une demande en indication de mesures conservatoires par son ordonnance du 1er juillet 2000, dans laquelle elle a décidé à l'unanimité que les deux Parties « doivent, immédiatement, prévenir et s'abstenir de tout acte, et en particulier de toute action armée, qui risquerait de porter atteinte aux droits de l'autre Partie au regard de tout arrêt que la Cour pourrait rendre en l'affaire, ou qui risquerait d'aggraver ou d'étendre le différend porté devant elle ou d'en rendre la solution plus difficile ». De plus, les deux Parties « doivent, immédiatement, prendre toutes mesures nécessaires pour assurer, dans la zone de conflit, le plein respect des droits fondamentaux de l'homme, ainsi que des règles applicables du droit humanitaire[1058] ».

L'autre affaire africaine à suivre, introduite par le dépôt d'une nouvelle requête[1059] contre le Rwanda, a fait l'objet d'une première décision à l'effet que les pièces de la procédure écrite porteraient d'abord sur les questions de compétence de la Cour et de recevabilité de la requête. Dans une ordonnance précédente, la Cour rejetait une demande en indication de mesures conservatoires présentée par la RDC[1060], après avait jugé qu'elle « ne dispos[ait]

1054 *Compétence de la Cour*, arrêt, C.I.J. Recueil 2000, p. 33, par. 51.

1055 *Licéité de l'emploi de la force, mesures conservatoires, ordonnance du 2 juin 1999*, C.I.J. Recueil 1999 (I), p. 140, par. 47 (par exemple, pour celle concernant l'affaire contre la Belgique).

1056 Dans chacun des arrêts, le dernier paragraphe précédant le dispositif.

1057 Voir le communiqué de presse 2004/36 de la C.I.J. Disponible sur le site Internet de la Cour : www.icj-cij.org.

1058 Dispositif, par. 47. L'ordonnance est disponible intégralement, de même qu'en résumé, sur le site Internet de la Cour : www.icj-cij.org.

1059 *Activités armées sur le territoire du Congo (nouvelle requête : 2002) (République démocratique du Congo c. Rwanda)*. La requête est disponible intégralement sur le site Internet de la Cour : www.icj-cij.org.

1060 Voir le communiqué de presse 2002/19.

pas en l'espèce de la compétence *prima facie* nécessaire pour indiquer les mesures conservatoires demandées par le Congo » et que, d'autre part, elle devait rejeter la demande par le Rwanda que l'affaire soit rayée du rôle, étant donné « l'absence d'incompétence manifeste ». La requête de la RDC allègue « des violations massives, graves et flagrantes des droits de l'homme et du droit humanitaire international », notamment des agressions armées, des massacres humains à grande échelle, des viols, des femmes enterrées vivantes, des villageois, y compris des enfants, entassés dans des cases et brûlés vivants, des tortures, des assassinats, des enlèvements d'activistes politiques, des arrestations et des détentions arbitraires et dégradantes, des destructions massives d'infrastructures et d'unités d'exploitation, des pillages de ressources naturelles et de produits finis, des détournements d'avions..., en conséquence de quoi la RDC demande à la Cour de dire et juger que les forces rwandaises doivent quitter le territoire sans délai et sans condition et qu'un dédommagement est dû pour tous ces actes.

Rappelons enfin deux autres affaires introduites en 1999 par le Congo contre le Burundi et le Rwanda, toutes deux rayées du rôle en 2001, par ordonnance du 30 janvier par suite de désistements du demandeur[1061].

Une contribution essentielle à la paix et à la sécurité internationales

L'Afrique, qui n'a pas eu son mot à dire dans la conclusion des grands instruments juridiques visant la mise en œuvre de l'occupation territoriale, du mandat, de la tutelle, puis du droit à l'autodétermination, enfin des frontières terrestres, n'a pourtant pas hésité à porter récemment plusieurs de ses litiges territoriaux (y compris ceux relatifs à l'intégrité du territoire) devant des instances juridictionnelles, qui ont elles-mêmes bénéficié, à la demande des Parties ou sans leur concours, de l'action d'organisations internationales. Et si force est de constater que les décisions des tribunaux n'ont pas eu, dans certains cas et jusqu'à maintenant, tous les résultats que tant d'efforts donnent lieu d'escompter, il est néanmoins réaliste d'affirmer que l'autorité de la fonction juridictionnelle, exprimée de concert avec d'autres modes de règlement pacifique des différends, constitue une contribution essentielle à l'instauration et au maintien de la paix et de la sécurité dans une région du monde qui en a un urgent besoin.

1061 Voir le communiqué de presse 2001/2.

CHRONOLOGIE

1885 Le 26 février, conclusion, par les principaux États d'Europe, les États-Unis d'Amérique et l'Empire ottoman, de l'Acte général de la Conférence de Berlin.

1886 Le 12 mai, traité franco-portugais sur la délimitation des possessions en Afrique occidentale.

1890 Le 1er juillet, traité anglo-allemand sur les sphères d'influence dans certaines régions d'Afrique, notamment le Sud-Ouest africain.

1893 Le 15 novembre, traité franco-allemand, concernant la frontière, de Yola au lac Tchad.

1894 Le 15 mars, traité franco-allemand sur la délimitation des colonies du Congo français et du Cameroun et les sphères d'influence dans la région du lac Tchad.

1898 Le 14 juin, traité franco-britannique concernant les sphères d'influence vers l'Égypte et la vallée du Nil.

1899 Le 21 mars, traité franco-britannique sur les sphères d'influence, notamment dans la région du Tibesti.

1900 Le 27 juin, traité franco-espagnol sur les possessions en Afrique occidentale.

1902 Le 1er novembre, échange de lettres franco-italien concernant les limites de la Tripolitaine.

1906 Le 29 mai, traité de délimitation franco-britannique sur les possessions à l'est du Niger ; le 19 mars, traité franco-allemand complétant celui de 1893, concernant la frontière, de Yola au lac Tchad.

1910 Le 19 février, protocole franco-britannique sur les possessions à l'est du Niger.

1913 Le 11 mars, traité germano-britannique concernant la frontière entre le Nigeria et le Cameroun.

1919 Le 25 janvier, résolution de la session plénière de la conférence de la paix prévoyant l'incorporation du Pacte de la Société des Nations dans les traités de paix ; le 28 avril, adoption du Pacte ; le 28 juin, renonciation, aux termes du traité de Versailles, par l'Allemagne de tous ses droits relatifs à ses possessions en Afrique ; le 10 juillet, déclaration franco-britannique concernant les limites des territoires sous mandats.

1920 Le 10 janvier, constitution de la Société des Nations ; le 17 décembre, confirmation, par le Conseil de la Société des Nations, du mandat à l'Union sud-africaine sur le territoire du Sud-Ouest africain.

1922 Le 31 décembre, arrêté français sur la réorganisation de la région de Tombouctou.

1927 Le 31 août, arrêté français sur les limites des colonies du Niger et de la Haute-Volta.

1929 Le 29 décembre, déclaration franco-britannique précisant celle du 10 juillet 1919.

1931 Le 9 janvier, échange de notes franco-britannique concernant la déclaration du 29 décembre 1929.

1932 Le 5 septembre, décret français abrogeant celui du 1er mars 1919 qui créait la colonie de la Haute-Volta.

1935 Le 19 février, lettre du gouverneur général de l'AOF sur la limite entre le Soudan français et le Niger.

1945 Le 26 juin, signature, à San Francisco, de la Charte des Nations Unies.

1946 Le 13 décembre, approbation par l'ONU de l'accord de tutelle pour le territoire du Cameroun sous administration britannique.

1947 Le 4 septembre, loi française sur le rétablissement du territoire de la Haute-Volta.

1949 Le 6 décembre, résolution de l'ONU demandant à la C.I.J. un avis consultatif dans l'affaire concernant le *Statut international du Sud-Ouest africain.*

1950 Le 11 juillet, avis consultatif de la C.I.J. dans l'affaire du *Statut international du Sud-Ouest africain.*

1955 Le 7 juin, avis consultatif de la C.I.J. dans l'affaire de la *Procédure de vote applicable aux questions touchant les rapports et pétitions relatifs au territoire du Sud-Ouest africain* ; le 10 août, traité franco-libyen concernant le bon voisinage et la sécurité des frontières.

1956 Le 1er juin, avis consultatif de la C.I.J. dans l'affaire de l'*Admissibilité de l'audition de pétitionnaires par le comité du Sud-Ouest africain.*

1959 Le 13 mars, résolution 1350 (XIII) concernant les plébiscites aux deux Cameroun.

1960 Le 26 avril, délimitation, par voie d'accord bilatéral, entre la France et le Portugal, de la première frontière maritime en Afrique, entre le Sénégal et la Guinée-Bissau ; le 4 novembre, requêtes introductives d'instance devant la C.I.J. par l'Éthiopie et le Liberia contre l'Afrique du Sud dans l'affaire du *Sud-Ouest africain* ; le 14 décembre, résolution 1514 (XV) de l'ONU concernant la Déclaration sur l'octroi de l'indépendance aux pays et aux peuples coloniaux ; le 15 décembre, résolution 1541 (XV) de l'ONU concernant les principes qui doivent guider les États Membres.

1961 Le 30 mai, requête introductive d'instance devant la C.I.J. par le Cameroun contre le Royaume-Uni dans l'affaire du *Cameroun septentrional.*

1962 Le 21 décembre, arrêt de la C.I.J. rejetant les exceptions préliminaires de l'Afrique du Sud dans l'affaire du *Sud-Ouest africain.*

1963 Le 25 mai, adoption, à Addis-Abeba, de la Charte de l'Organisation de l'Unité Africaine ; le 2 décembre, arrêt de la C.I.J. accueillant les exceptions préliminaires du Royaume-Uni dans l'affaire du *Cameroun septentrional.*

1964 Le 22 mai, traité entre le Cameroun, le Tchad, le Niger et le Nigeria concernant la Commission du bassin du lac Tchad ; le 21 juillet, adoption par l'OUA de la résolution relative au respect des frontières existant au moment de l'accession à l'indépendance.

1966 Le 18 juillet, arrêt sur le fond de la C.I.J. dans l'affaire du *Sud-Ouest africain* ; le 27 octobre, résolution 2145 (XXI) de l'ONU sur la fin du mandat de l'Afrique du Sud dans le Sud-Ouest africain ; le 16 décembre, adoption par les Nations Unies du Pacte international relatif aux droits civils et politiques.

1967 Le 19 mai, adoption par l'ONU de la résolution créant le Conseil des Nations Unies pour le Sud-Ouest africain.

1969 Le 23 mai, adoption de la Convention de Vienne sur le droit des traités.

1970 Le 30 janvier, résolution 276 du Conseil de sécurité sur l'illégalité de la présence de l'Afrique du Sud en Namibie ; le 24 octobre, résolution 2625 (XXV) des Nations Unies sur la Déclaration relative aux principes du droit international touchant les relations amicales et la coopération entre les États conformément à la Charte des Nations Unies.

1971 Le 21 juin, avis consultatif de la C.I.J. dans l'affaire des *Conséquences juridiques pour les États de la présence continue de l'Afrique du Sud en Namibie (Sud-Ouest africain) nonobstant la résolution 276 (1970) du Conseil de sécurité.*

1973 Le 12 décembre, reconnaissance, par l'Assemblée générale de l'ONU, de la SWAPO comme représentant authentique du peuple namibien, avec statut d'observateur.

1974 Le 27 septembre, décret du Conseil des Nations Unies pour le Sud-Ouest africain sur les ressources naturelles de la Namibie ; le 13 décembre, résolution 3292 (XXIX) de l'ONU demandant à la C.I.J. un avis consultatif dans l'affaire concernant le *Sahara occidental.*

1975 Le 1er juin, accord de délimitation de la mer territoriale entre le Nigeria et le Cameroun ; le 16 octobre, avis consultatif de la C.I.J. dans l'affaire du *Sahara occidental* ; le 14 novembre, accord entre le Maroc, l'Espagne et la Mauritanie sur la décolonisation du Sahara occidental.

1976 Le 27 février, proclamation d'indépendance de la République arabe sahraouie démocratique.

1978 Le 27 juillet, adoption par le Conseil de sécurité de la résolution 432 sur la réintégration à la Namibie de l'enclave de Walvis Bay ; le 25 septembre, adoption par le Conseil de sécurité de la résolution 435 approuvant le rapport du secrétaire général sur le plan de paix préparé par les Cinq.

1981 Le 14 avril, arrêt de la C.I.J. rejetant la requête en intervention de Malte dans l'affaire du *Plateau continental (Tunisie/Jamahiriya arabe libyenne).*

1982 Le 24 février, arrêt de la C.I.J. dans l'affaire du *Plateau continental (Tunisie/Jamahiriya arabe libyenne)* ; le 10 décembre, signature de la Convention des Nations Unies sur le droit de la mer.

1983 Le 14 octobre, saisine de la C.I.J. par un compromis du Mali et du Burkina Faso dans l'affaire du *Différend frontalier.*

1984 Le 21 mars, arrêt de la C.I.J. rejetant la requête en intervention de l'Italie dans l'affaire du *Plateau continental (Jamahiriya arabe libyenne/Malte)* ; le 27 juillet, requête introductive d'instance de la Tunisie en révision de l'arrêt dans l'affaire de 1982.

1985 Le 14 février, sentence arbitrale dans l'affaire de la *Délimitation de la frontière maritime entre la Guinée et la Guinée-Bissau* ; le 12 mars, saisine d'un tribunal d'arbitrage par compromis du Sénégal et de la Guinée-Bissau dans l'affaire de la *Délimitation de la frontière maritime Guinée-Bissau et Sénégal* ; le 3 juin, arrêt sur le fond de la C.I.J. dans l'affaire du *Plateau continental (Jamahiriya arabe libyenne/Malte)* ; le 10 décembre, arrêt de la C.I.J. dans l'affaire de la *Demande en révision et en interprétation de l'arrêt du 24 février 1982.*

1986 Le 10 janvier, ordonnance de mesures conservatoires de la C.I.J. dans l'affaire du *Différend frontalier* entre le Burkina Faso et le Mali ; le 22 décembre, arrêt de la C.I.J. dans l'affaire du *Différend frontalier* entre le Burkina Faso et le Mali.

1988 Le 20 juillet, approbation, par l'Angola, Cuba et l'Afrique du Sud, des Principes d'un règlement pacifique dans le Sud-Ouest africain ; le 22 décembre, conclusion d'un accord entre l'Angola, Cuba et l'Afrique du Sud, sur les conditions de l'accession de la Namibie à l'indépendance ; le même jour, conclusion d'un accord entre Cuba et l'Angola sur le retrait des forces cubaines de l'Angola.

1989 Le 9 avril, conclusion de l'accord du mont Edjo sur le retrait de Namibie des forces de la SWAPO ; le 31 juillet, sentence arbitrale dans l'affaire de la *Délimitation de la frontière maritime Guinée-Bissau c. Sénégal.*

1990 Le 2 mars, ordonnance de la C.I.J. rejetant la requête de mesures conservatoires de la Guinée-Bissau dans l'affaire de la *Sentence arbitrale du 31 juillet 1989 (Guinée-Bissau c. Sénégal)* ; le 21 mars, proclamation de l'indépendance de la Namibie ; le 23 avril, entrée de la Namibie aux Nations Unies ; le 3 septembre, requête introductive d'instance devant la C.I.J. par le Tchad dans l'affaire du *Différend territorial (Jamahiriya arabe libyenne c. Tchad).*

1991 Le 6 septembre, premier cessez-le-feu au Sahara occidental ; le 12 novembre, arrêt de la C.I.J. dans l'affaire de la *Sentence arbitrale du 31 juillet 1989 (Guinée-Bissau c. Sénégal).*

1993 Le 14 octobre, accord d'exploitation maritime conjointe entre la Guinée-Bissau et le Sénégal.

1994 Le 28 février, conclusion d'un accord entre la Namibie et l'Afrique du Sud sur la réintégration de Walvis Bay dans la Namibie ; le 29 mars, requête introductive d'instance devant la C.I.J. par le Cameroun dans l'affaire de la *Frontière terrestre et maritime entre le Cameroun et le Nigeria* ; le 3 février, arrêt de la C.I.J. dans l'affaire du *Différend territorial (Jamahiriya arabe libyenne c. Tchad)* ; le 16 novembre, entrée en vigueur de la Convention des Nations Unies sur le droit de la mer.

1996 Le 29 mai, saisine de la C.I.J. par un compromis du Botswana et de la Namibie dans l'affaire de l'*Île de Kasikili/Sedudu.*

1998 Le 11 juin, arrêt de la C.I.J. rejetant les exceptions préliminaires du Nigeria dans l'affaire de la *Frontière terrestre et maritime entre le Cameroun et le Nigeria* ; le 9 octobre, sentence arbitrale concernant la souveraineté territoriale sur certaines îles disputées dans l'affaire *Érythrée/Yémen* (première phase).

1999 Le 23 juin, requête introductive d'instance devant la C.I.J. par la République démocratique du Congo contre l'Ouganda, le Burundi et le Rwanda dans l'affaire des *Activités armées sur le territoire du Congo ;* le 26 juin, accord de délimitation maritime entre la Guinée Équatoriale et Sao Tomé et Principe ; le 1er juillet, ordonnance de mesures conservatoires de la C.I.J. dans l'affaire des *Activités armées sur le territoire du Congo* ; le 21 octobre, ordonnance de la C.I.J. autorisant l'intervention de la Guinée Équatoriale dans l'affaire de la *Frontière terrestre et maritime entre le Cameroun et le Nigeria* ; le 13 décembre, arrêt de la C.I.J. dans l'affaire de *l'Île de Kasikili/Sedudu (Botswana/Namibie)* ; le 17 décembre, sentence arbitrale concernant la délimitation maritime dans l'affaire *Érythrée/Yémen* (seconde phase).

2000 Le 23 septembre, accord de délimitation maritime entre le Nigeria et la Guinée Équatoriale.

2001 Le 1er février, les affaires des *Activités armées sur le territoire du Congo* contre le Burundi et le Rwanda sont rayées du rôle à la demande de la RDC ; le 21 février, accord d'exploitation maritime conjointe entre Sao Tomé et Principe et le Nigeria ; le 26 avril, accord de délimitation maritime entre le Gabon et la Guinée Équatoriale.

2002 Le 3 avril, accord d'exploitation conjointe entre la Guinée Équatoriale et le Nigeria ; le 3 mai, saisine de la C.I.J. par un compromis du Bénin et du Niger dans l'affaire du *Différend frontalier* ; le 13 avril, sentence arbitrale concernant la délimitation et la démarcation de la frontière *Érythrée/Éthiopie* ; le 28 mai, nouvelle requête devant la C.I.J. par la RDC contre le Rwanda dans l'affaire des *Activités armées sur le territoire du Congo* ; le 10 octobre, arrêt de la C.I.J. dans l'affaire de la *Frontière terrestre et maritime entre le Cameroun et le Nigeria* ; le 27 novembre, ordonnance de la C.I.J. autorisant la constitution d'une Chambre spéciale dans l'affaire *Bénin/Niger.*

2003 Le 31 juillet, adoption par le Conseil de sécurité de l'ONU du plan Baker concernant l'autodétermination du peuple du Sahara occidental ; en octobre, nomination par l'ONU de l'avocat montréalais Yves Fortier comme médiateur dans le différend entre le Gabon et la Guinée Équatoriale concernant la souveraineté territoriale sur certaines îles et la frontière maritime ; le 7 novembre, libération par le POLISARIO, d'un groupe de 300 prisonniers militaires marocains.

2004 Le 30 janvier, résolution du Conseil de sécurité prorogeant le mandat de la MINURSO au Sahara occidental ; le 13 juillet, le président de la Chambre de la C.I.J., dans l'affaire *Bénin/Niger*, fixe au 17 décembre 2004 le dépôt des répliques.

2005 Le 29 avril, la C.I.J. entame le délibéré dans l'affaire des *Activités armées sur le territoire du Congo (République démocratique du Congo c. Ouganda)* ; le 8 juillet, la C.I.J. entame le délibéré dans l'affaire des *Activités armées sur le territoire du Congo (nouvelle requête : 2002) (République démocratique du Congo c. Rwanda).*

BIBLIOGRAPHIE

SITES INTERNET

Africa Intelligence : *www.africaintelligence.fr.*
Africa Online : *www.africaonline.com.*
Africa Server : *www.africaserver.nl.*
Africa : South of the Sahara : *www.sul.stanford.edu/depts/ssrg/africa. guide.html.*
African Policy Information Center : *www.africapolicy.org.*
African Studies (U. of Pennsylvania) : *www.sas.upenn.edu/African_Studies/AS.html.*
Afrique Express (information panafricaine) : *www.afrique-express.com.*
Agence de presse sur les pays du Sud : *www.syfia.com.*
ARSO (Sahara occidental) : *www.arso.org.*
Banque africaine de développement : *www.afdb.org.*
Banque mondiale : *www.worldbank.org/afr.*
Centre d'étude de l'Afrique noire, CNRS-IEP Bordeaux : *www.cean.u-bordeaux.fr.*
CIA World Fact Book 2004 : *www.odci.gov/cia/publications/factbook.*
Columbia University : *www.columbia.edu/cu/lweb/indiv/africa/ cuvl/maps.html.*
Commission économique de l'ONU pour l'Afrique (CEA) : *www.uneca.org.*
Conférence de l'ONU sur le commerce et le développement : *www.unctad.org.*
Corporate Council on Africa : *www.africacncl.org.*
Cour internationale de Justice : *www.icj-cij.org.*
Cour permanente d'arbitrage : *www.pca-cpa.org.*
CREPAO (Univ. de Pau) : *www.univ-pau.fr/RECHERCHE/CREPAO/ lecrepao.htm.*
Fonds monétaire international : *www.imf.org.*
Groupe de la banque africaine de développement : www.*afdb.org/ french_version.htm.*
Groupe des 77 : *www.g77.org.*
Groupe des États d'Afrique, des Caraïbes et du Pacifique : *www.acpsec.org.*

Groupe Jeune Afrique (publications) : *www.lintelligent.com.*
Habari (Ressources sur l'Afrique et les études africaines) : *www.africa.u-bordeaux.fr.*
Haut Commissariat de l'ONU aux droits de l'homme : *www.unhchr.ch.*
Haut Commissariat de l'ONU pour les réfugiés : *www.unhcr.ch.*
International Boundary Research Unit (IBRU) : *www-ibru.dur.ac.uk/database/data.html.*
Le Nouvel Afrique Asie : *www.afrique-asie.com.*
Le quotidien de toute l'Afrique : *www.afrik.com.*
Mbolo (Le guide du web africain) : *www.mbolo.com.*
Nouveau partenariat pour le développement de l'Afrique (NEPAD) : *www.nepad.org.*
Organisation des Nations Unies pour l'agriculture et l'alimentation : *www.fao.org.*
Organisation des Nations Unies : *www.un.org.*
Organisation mondiale de la santé : *www.who.int.*
Pana (agence panafricaine de presse) : *www.panapress. com.*
Politique africaine (revue pluridisciplinaire) : *www.politique-africaine.com.*
Population Reference Bureau : *www.prb.org.*
Programme alimentaire mondial : *www.wfp.org.*
Programme des Nations Unies pour l'environnement : *www.unep.org.*
Programme des Nations Unies pour le développement : *www.undp.org.*
Reliefweb (Affaires humanitaires des Nations Unies) : *www.reliefweb.int/w/rwb.nsf.*
Reporters sans frontières : *www.rsf.org.*
Site d'information culturelle sur l'Afrique : *www.africultures.com.*
Site d'information généraliste panafricain : *www.woyaaonline.com.*
Site d'information panafricain (articles de presse) : *www.allafrica.com.*
South African Government Index : *www.polity.org.za/gnuindex.html.*
Système des Nations Unies : *www.unsystem.org.*
The Norwegian Council for Africa : *www.africa.no.*
Union africaine : *www.africa-union.org.*
University of Florida : *www.uflib.ufl.edu/cm/africana/maps&htm.*
University of Texas : *www.lib.utexas.edu/Libs/PCL/Map_collection/africa.html.*
US Department of State (frontières) : *www.law.fsu.edu/library/ collection/limits inseas.*
Weekly Mail & Guardian (Johannesburg) : *www.mg.co.za/mg.*
World Resources Institute : *www.wri.org.*

RECUEILS DE DOCUMENTS

AMERICAN SOCIETY OF INTERNATIONAL LAW (1962-) *International Legal Materials*, Washington.

BROWNLIE, Ian (2002) *Basic Documents in International Law*, 5e édition, Oxford, Oxford University Press, 341 p.

BROWNLIE, Ian (1971) *Basic Documents on African Affairs*, Oxford, Clarendon Press.

COUSSIRAT-COUSTERE, V. et EISEMAN, P. M. (1989-) *Répertoire de la jurisprudence arbitrale internationale*, 3 vol, Dordrecht, Martinus Nijhoff.

C.P.J.I. (1923-1931) *Série A : Recueil des arrêts*, Leiden, A.W. Sijthoff.

C.P.J.I. (1922-1931) *Série B : Recueil des avis consultatifs,* Leiden, A.W. Sijthoff.

C.P.J.I. (1931-1939) *Série A/B : Recueil des arrêts, ordonnances et avis consultatifs*, Leiden, A.W. Sijthoff.

De LAPRADELLE, A. et POLITIS, N. (1905-1954) *Recueil des arbitrages internationaux*, 3 vol., Paris, Pedone et Éditions internationales.

DIXON, Martin et McCORQUODALE, Robert (2003) *Cases and Materials on International Law*, 4e édition, Oxford, Oxford University Press, 628 p.

DUPUY, P.M. (1996) *Grands textes de droit international public*, Paris, Dalloz.

FRANCALANCI, G. et SCOVAZZI, Tullio, éds. (1994) *Lines in the Sea*, La Haye, Kluwer Law International, 288 p.

HARRIS, D.J. (2004) *Cases and Materials on International Law*, 6e édition, Londres, Sweet & Maxwell, 1152 p.

HERTSLET, E. (1967) *The Map of Africa by Treaty*, 3e édition, 3 vol.

HURST, M. (1972) *Key Treaties for the Great Powers*, 1814-1914, Londres, David & Charles Newton Abbott.

International Law Reports, Londres, Butterworths.

MORIN, J.-Y., RIGALDIES, F. et TURP, D. (1987) *Droit international public. Notes et documents*, tome 1, *Documents d'intérêt international*, Montréal, Thémis.

NATIONS UNIES (2005) *Maritime Space : Maritime Zones and Maritime Delimitation. State Practice on the Internet. Delimitation Treaties Infobase*, New York. (Voir la rubrique sites Internet).

NATIONS UNIES (1995) *Le droit de la mer. Évolution récente de la pratique des États*, n° 4, Division des affaires maritimes et du droit de la mer, Bureau des affaires juridiques, New York.

NATIONS UNIES (1993) *Le droit de la mer. Évolution récente de la pratique des États*, n° 3, Division des affaires maritimes et du droit de la mer, Bureau des affaires juridiques, New York.

NATIONS UNIES (1992) *Le droit de la mer. Les accords de délimitation des frontières maritimes (1942-1969),* Division des affaires maritimes et du droit de la mer, Bureau des affaires juridiques, New York, 98 p.

NATIONS UNIES (1992) *Le droit de la mer. Les accords de délimitation des frontières maritimes (1985-1991),* Bureau des affaires maritimes et du droit de la mer, New York, 109 p.

NATIONS UNIES (1989) *Le droit de la mer. Les accords de délimitation des frontières maritimes (1970-1984),* Bureau des affaires maritimes et du droit de la mer, New York, 299 p.

NATIONS UNIES (1985-) *The Law of the sea : a select bibliography*, Office for Ocean Affairs and the Law of the Sea, New York.

NATIONS UNIES (1983-) *Law of the Sea Bulletins*, Division for Ocean Affairs and the Law of the Sea, Office of Legal Affairs, New York. (Voir la rubrique sites Internet).

NATIONS UNIES (1948-) *Recueil des sentences arbitrales*, New York.

NATIONS UNIES (1947-) *Recueil des arrêts, avis consultatifs et ordonnances*, Cour internationale de Justice, New York. (Voir la rubrique sites Internet).

NATIONS UNIES (1946-) *Recueil des traités*, New York.

RAMSAY, Jeffress et EDGE, Wayne, dir. (2004) *Africa*, 10e édition, coll.: Global Studies, Guilford, McGraw-Hill/Dushkin, 272 p.

BIBLIOGRAPHIES, ANNUAIRES, DICTIONNAIRES ET ENCYCLOPÉDIES

ARNOLD, Guy (1993) *Political and economic encyclopaedia of Africa*, Harlow, Longman Current Affairs.

BAKER, Philip (1987) *International guide to African studies research*, 2e édition, Londres et New York, International African Institute.

BARKER, J. Craig, éd. (2003) *Parry and Grant Encyclopaedic Dictionary of International Law*, New York, Oceana Publications, 641 p.

BERNHARDT, R., dir. (1992-) *Encyclopedia of Public International Law*, 5 vol. (dans l'édition consolidée), sous les auspices du Max Planck Institute for Comparative Public Law and International Law, Heidelberg.

COLLECTIF (2003) *L'État du monde 2004. Annuaire économique géopolitique mondial*, Paris et Montréal, Éditions La Découverte et Éditions du Boréal, 668 p.

FOX, James R. (2003) *Dictionary of International and Comparative Law*, 3e édition, Dobbs Ferry, N.Y., Oceana Publications, 369 p.

HERITAGE, Andrew, éd. (2004) *Financial Times World Desk Reference*, 6e édition, New York, Dorling Kindersley Publishing, 656 p.

KDIR, M. (1997) *Dictionnaire juridique de la Cour internationale de Justice*, Bruxelles, Bruylant, 235 p.

McILWAINE, John (1993) *Africa : a guide to reference material*, Londres et New York, Hans Zell Publishers.

MIDDLETON, John, éd. (1997) *Encyclopedia of Africa south of the Sahara*, 4 vol., New York, C. Scribner's Sons.

SALMON, J. dir. (2001) *Dictionnaire de droit international public*, Bruxelles, Bruylant, 1200 p.

ZELL, Hans M. (1997) *The African studies companion : a resource guide and directory*, 2e édition, New Providence, N.J., H. Zell.

ATLAS ET CARTES

CANADA (1983) *Délimitation de la frontière maritime dans la région du golfe du Maine (Canada/États-Unis d'Amérique). Annexes à la Réplique du Canada, La pratique des États*, livre 1, 703 pages.

CARUSO, Joseph (2000) *A Bibliography for Research at Columbia University on "Maps and Power in Modern African History : with special reference to West, East, and Central Africa.*" (Voir la rubrique Sites Internet).

COLUMBIA UNIVERSITY LIBRARIES (2004) *Maps of Africa*. (Voir la rubrique Sites Internet).

CONFORTI, B. et FRANCALANCI, G., éds. (1979 et 1987) *Atlante dei Confini Sottomarini*, 2 vol., Milan, Giuffre.

FRANCALANCI, G. et SCOVAZZI, Tullio, éds. (1994) *Lines in the Sea*, La Haye, Kluwer Law International, 288 p.

FREEMAN-GRENVILLE, G.S.P. (1991) *The new atlas of African history*, Londres, Macmillan, 144 p.

GRIFFITHS, I.L. (1994) *Atlas of African Affairs*, Londres, Routledge.

KASUKE, Samuel (1998) *The history atlas of Africa*, New York, Macmillan, 160 p.

KWAMENA-POH, Michael et *als.* (1982) *African History in Maps*, Londres, Longman.

LUGAN, Bernard (2001) *Atlas historique de l'Afrique des origines à nos jours*, Monaco, Éditions du Rocher, 268 p.

McEVEDY, Colin (2000) *The Penguin Atlas of African History*, New York, Penguin Putnam.

SCOVAZZI, T. et *als.*, éds. (1989) *Atlas of the Straight Baselines*, 2e édition, Milan, Giuffre.

UNIVERSITY OF FLORIDA (2004) *Maps & Geography. Resources on Geography, Mapping, and Imaging in Africa.*

U.S. DEPARTMENT OF STATE (1970-2001) *International Boundary Study Series A : Limits in the Seas*, Office of the Geographer, Bureau of

Intelligence and Research (Bureau of Oceans and International Environmental and Scientific Affairs), Washington, n°s 1-124. (Voir la rubrique Sites Internet).

U.S. DEPARTMENT OF STATE (1961-1979) *International Boundary Study*, Office of the Geographer, Bureau of Intelligence and Research, Washington, n°s 1-175, plus 2 n[os] thématiques. (Voir la rubrique Sites Internet).

YAHMED, Danielle Ben (2000) *L'Atlas de l'Afrique*, 2e édition, Paris, Jeune Afrique, Éditions du Jaguar, 205 p.

JURISPRUDENCE INTERNATIONALE

Affaires pendantes, en audience ou en délibéré devant la C.I.J.

(2004-) *Instance introduite par la Roumanie contre l'Ukraine (Roumanie c. Ukraine).*

(2003-) *Souveraineté sur Pedra Branca/Pulau Batu Puteh, Middle Rocks et South Ledge (Malaisie/Singapour).*

(2002-) *Certaines procédures pénales engagées en France (République du Congo c. France).*

(2002-) *Activités armées sur le territoire du Congo (nouvelle requête : 2002) (République démocratique du Congo c. Rwanda).*

(2002-) *Différend frontalier (Bénin/Niger).*

(2001-) *Différend territorial et maritime (Nicaragua c. Colombie).*

(1999-) *Activités armées sur le territoire du Congo (République démocratique du Congo c. Ouganda).*

(1999-) *Délimitation maritime entre le Nicaragua et le Honduras dans la mer des Caraïbes.*

(1998-) *Projet Gabcikovo-Nagymaros (Hongrie/Slovaquie).*

Arrêts de la C.I.J.

(1999-2004) *Licéité de l'emploi de la force* (*Serbie et Monténégro c. Belgique, Canada, France, Allemagne, Italie, Pays-Bas, Portugal, Royaume-Uni*), arrêt du 15 décembre 2004.

(2002-2003) Affaire de la *Demande en révision de l'arrêt du 11 septembre 1992 en l'affaire du* Différend frontalier terrestre, insulaire et maritime (*El Salvador/Honduras ; Nicaragua* (*intervenant*)). C.I.J. Recueil 2003, p. 392.

(1998-2002) *Souveraineté sur Pulau Ligitan et Pulau Sipadan (Indonésie/Malaisie).* C.I.J. Recueil 2002, p. 625.

(1994-2002) *Frontière terrestre et maritime entre le Cameroun et le Nigeria (Cameroun c. Nigeria* ; *Guinée Équatoriale (intervenant)).* C.I.J. Recueil 2002.

(1999-2001) *Activités armées sur le territoire du Congo* (*République démocratique du Congo c. Burundi*). C.I.J. Recueil 2001.

(1999-2001) *Activités armées sur le territoire du Congo* (*République démocratique du Congo c. Rwanda*). C.I.J. Recueil 2001.

(1991-2001) *Délimitation maritime et questions territoriales entre Qatar et Bahreïn.* C.I.J. Recueil 2001, p. 40.

(1999-2000) *Incident du 10 août 1999* (*Pakistan c. Inde*). C.I.J. Recueil 2000.

(1996-1999) *Île de Kasikili/Sedudu (Botswana/Namibie).* C.I.J. Recueil 1999, p. 1045.

(1995-1998) *Compétence en matière de pêcheries (Espagne c. Canada*). C.I.J. Recueil 1998, p. 432.

(1995) *Timor oriental (Portugal c. Australie).* C.I.J. Recueil 1995, p. 90.

(1994-1997) *Projet Gabcikovo-Nagymaros (Hongrie/Slovaquie).* C.I.J. Recueil 1997, p. 7.

(1990-1994) *Différend territorial (Jamahiriya arabe libyenne c. Tchad).* C.I.J. Recueil 1994, p. 6.

(1988-1993) *Délimitation maritime dans la région située entre le Groenland et Jan Mayen (Danemark c. Norvège*). C.I.J. Recueil 1993, p. 38.

(1986-1992) *Différend frontalier terrestre, maritime et insulaire (El Salvador/Honduras* ; *Nicaragua (intervenant)).* C.I.J. Recueil 1992, p. 351.

(1989-1991) *Sentence arbitrale du 31 juillet 1989 (Guinée-Bissau c. Sénégal).* C.I.J. Recueil 1991, p. 53.

(1984-1986) *Activités militaires et paramilitaires au Nicaragua et contre celui-ci (Nicaragua c. États-Unis d'Amérique).* C.I.J. Recueil 1986, p. 14.

(1983-1986) *Différend frontalier (Burkina Faso/République du Mali).* C.I.J. Recueil 1986, p. 554.

(1984-1985) *Demande en révision et en interprétation de l'arrêt du 24 février 1982 en l'affaire du Plateau continental (Tunisie/ Jamahiriya arabe libyenne).* C.I.J. Recueil 1985.

(1982-1985) *Plateau continental (Jamahiriya arabe libyenne/ Malte).* C.I.J. Recueil 1985, p. 13.

(1981-1984) *Délimitation de la frontière maritime dans la région du golfe du Maine (Canada/États-Unis d'Amérique).* C.I.J. Recueil 1984, p. 246.

(1978-1982) *Plateau continental Tunisie/Libye,* C.I.J. Recueil 1982, p. 95.

(1976-1978) *Plateau continental de la mer Égée (Grèce c. Turquie).* C.I.J. Recueil 1978, p. 3.

(1973-1974) *Essais nucléaires (Australie c. France* ; *Nouvelle-Zélande c. France).* C.I.J. Recueil 1974, p. 253.

(1972-1974) *Compétence en matière de pêcheries (République fédérale d'Allemagne c. Islande ; Royaume-Uni c. Islande*). C.I.J. Recueil 1974, p. 3.

(1967-1969) *Plateau continental de la mer du Nord (République fédérale d'Allemagne/Danemark* ; *République fédérale d'Allemagne/ Pays-Bas).* C.I.J. Recueil 1969, p. 3.

(1961-1963) *Cameroun septentrional (Cameroun c. Royaume-Uni). Exceptions préliminaires.* C.I.J. Recueil 1963, p. 15.

(1960-1966) *Sud-Ouest africain (Éthiopie c. Afrique du Sud* ; *Libéria c. Afrique du Sud).* C.I.J. Recueil 1966, p. 6.

(1959-1962) *Temple de Préah Vihéar (Cambodge c. Thaïlande).* C.I.J. Recueil 1962, p. 6.

(1958-1960) *Sentence arbitrale rendue par le roi d'Espagne le 23 décembre 1906 (Honduras c. Nicaragua).* C.I.J. Recueil 1960, p. 192.

(1955-1960) *Droit de passage sur territoire indien (Portugal c. Inde).* C.I.J. Recueil 1960, p. 6.

(1957-1959) *Souveraineté sur certaines parcelles frontalières (Belgique/Pays-Bas).* C.I.J. Recueil 1959, p. 209.

(1951-1955) *Nottebohm (Liechtenstein c. Guatemala*). C.I.J. Recueil 1955.

(1951-1953) *Minquiers et Ecréhous (France/Royaume-Uni).* C.I.J. Recueil 1953, p. 47.

(1950-1951) *Haya de la Torre (Colombie c. Pérou)* C.I.J. Recueil 1951.

(1949-1951) *Pêcheries (Royaume-Uni c. Norvège).* C.I.J. Recueil 1951, p. 116.

(1947-1949) *Détroit de Corfou (Royaume-Uni c. Albanie).* C.I.J. Recueil 1949, p. 4.

Avis consultatifs de la C.I.J.

(2003-2004) *Conséquences juridiques de l'édification d'un mur dans le Territoire palestinien occupé.* Disponible sur le site Internet de la C.I.J. : www.icj-cij.org.

(1974-1975) *Sahara occidental.* C.I.J. Recueil 1975, p. 12.

(1970-1971) *Conséquences juridiques pour les États de la présence continue de l'Afrique du Sud en Namibie (Sud-Ouest africain) nonobstant la résolution 276 (1970) du Conseil de sécurité. Avis consultatif du 21 juin 1971.* C.I.J. Recueil 1971, p. 16.

(1955-1956) *Admissibilité de l'audition de pétitionnaires par le comité du Sud-Ouest africain.* C.I.J. Recueil 1956.

(1954-1955) *Procédure de vote applicable aux questions touchant les rapports et pétitions relatifs au territoire du Sud-Ouest africain.* C.I.J. Recueil 1955, p. 67.

(1949-1950) *Statut international du Sud-Ouest africain.* C.I.J. Recueil 1950, p. 132.

(1948-1949) *Réparation des dommages subis au service des Nations Unies.* C.I.J. Recueil 1949.

Arrêts et avis consultatifs de la C.P.J.I.

(1933) *Groenland oriental.* Série A/B, numéro 53, Recueil des arrêts, ordonnances et avis consultatifs.

(1932) *Zones franches de Haute-Savoie et du Pays de Gex.* Série A/B, numéro 46, Recueil des arrêts, ordonnances et avis consultatifs.

(1932) *Interprétation du statut du territoire de Memel.* Série A/B, numéro 49, Recueil des arrêts, ordonnances et avis consultatifs.

(1929) *Case concerning the payment of various Serbian loans issued in France.* Série A, numéros 20/21, Recueil des arrêts.

(1929) *Juridiction territoriale de la Commission internationale de l'Oder.* Série A, numéro 23, Recueil des arrêts.

(1925) *Article 3, paragraphe 2, du traité de Lausanne (Frontière entre la Turquie et l'Irak).* Série B, numéro 12, Recueil des avis consultatifs.

(1924) *Monastère de Saint Naoum (Frontière albanaise).* Série B, numéro 9, Recueil des avis consultatifs.

(1924) *Concessions Mavrommatis en Palestine.* Série A, numéro 2, Recueil des arrêts.

(1923) *Jaworzina (Frontière polono-tchécoslovaque).* Série B, numéro 8, Recueil des avis consultatifs.

Arbitrages pendants

(2004-) *Guyana/Suriname.* Cour permanente d'arbitrage : www.pca-cpa.org.

(2004-) *Barbade/Trinité et Tobago.* Cour permanente d'arbitrage : www.pca-cpa.org.

(2003-) *Malaisie/Singapour.* Cour permanente d'arbitrage : www.pca-cpa.org.

Sentences arbitrales

(2002) *Decision Regarding Delimitation of the Border between the State of Eritrea and the Federal Democratic Republic of Ethiopia. Eritrea-*

Ethiopia Boundary Commission. Rendered on April 13 2002. Disponible sur le site Internet de la Cour permanente d'arbitrage : www.pca-cpa.org. Publiée aussi dans *ILM*, April, p. 1057.

(1999) *Eritrea-Yemen Arbitration. Award of the Arbitral Tribunal in the Second Stage (Maritime Delimitation).* Disponible sur le site Internet de la Cour permanente d'arbitrage : www.pca-cpa.org. Publiée aussi dans R.S.A., vol. 22, p. 335.

(1998) *Eritrea-Yemen Arbitration. Award of the Arbitral Tribunal in the First Stage (Territorial Sovereignty and Scope of the Dispute).* Disponible sur le site Internet de la Cour permanente d'arbitrage : www.pca-cpa.org. Publiée aussi dans R.S.A., vol. 22, p. 211.

(1994) *Laguna del desierto (Argentine/Chili).* R.S.A., vol. 22, p. 3.

(1992) *Délimitation des espaces maritimes entre le Canada et la République française.* R.S.A., vol. 21. Publiée aussi dans *ILM*, vol. 31, p. 1149.

(1989) *Détermination de la frontière maritime Guinée-Bissau/Sénégal, sentence du 31 juillet 1989.* R.S.A., vol. 20, p. 119. Publiée aussi dans (1992) *RGDIP*, vol. 94, p. 204 ; de même que dans *ILM*, vol. 30, p. 32.

(1988) *Arbitral Award in the Dispute concerning certain Boundary Pillars between the Arab Republic of Egypt and the State of Israel.* R.S.A., vol. 20, p. 1. Publiée aussi dans (1988) *ILR*, vol. 80, p. 226 ; de même que dans (1988) *ILM*, vol. 27, p. 1421.

(1985) *Délimitation de la frontière maritime entre la Guinée et la Guinée-Bissau, Sentence du 14 février 1985.* R.S.A., vol. 19, p. 149. Publiée aussi dans (1985) *RGDIP*, vol. 89, p. 484.

(1977) *Délimitation du plateau continental entre le Royaume-Uni de Grande-Bretagne et d'Irlande du Nord et la République française.* R.S.A., vol. 18, p. 3-413 (y compris la décision du 14 mars 1978).

(1977) *Affaire du canal de Beagle. ILR*, vol. 52, p. 97.

(1968) *Case Concerning the Indo-Pakistan Western Boundary (Rann of Kutch) Between India and Pakistan.* R.S.A., vol. 17, p. 1. Publiée aussi dans *ILR*, vol. 50, p. 2.

(1966) *Rio Palena. Argentina/Chile Frontier Case. ILR*, vol. 38, p. 10.

(1931) *Île Clipperton.* R.S.A., vol. 2, p. 1110.

(1928) *Île de Palmas.* R.S.A., vol. 2, p. 829. Publiée aussi dans *RGDIP*, vol. 42, p. 156.

(1909) *Affaire des Grisbadarna. Délimitation d'une certaine partie de la frontière maritime entre la Norvège et la Suède.* R.S.A., vol. 11, p. 147. Publiée aussi dans *AJIL*, vol. 4, p. 226.

OUVRAGES ET ARTICLES GÉNÉRAUX

ABI-SAAB, Georges (1990) La pérennité des frontières en droit international, *Relations internationales*, n° 64, p. 345-346.

ALEXANDER, Lewis M. (1968) Geography and the Law of the Sea, *AAAG*, vol. 58, p. 177-197.

ALEXANDROWICZ, C.H. (1971) The Juridical Expression of the Sacred Trust of Civilization, *AJIL*, vol. 65, p. 149-159.

ANAND, R.P. (1987) *International Law and Developing Countries : Confrontation or Cooperation ?,* Dordrecht, Martinus Nijhoff.

ANAND, R.P. (1983) *Origin and Development of the Law of the Sea*, La Haye, Martinus Nijhoff.

ANDERSON, Malcolm (1996) *Frontiers. Territory and State Formation in the Modern World*, Cambridge et Oxford, Polity Press et Blackwell, 255 p.

ANGHIE, Antony (2005) *Imperialism, Sovereignty and the Making of International Law*, coll.: Cambridge Studies in International and Comparative Law, n° 37, Cambridge, Cambridge University Press, 378 p.

ANTONOPOULOS, C. (1996) The Principle of *Uti Possidetis Juris* in Contemporary International Law, *RHDI*, p. 29.

ANTUNES, Nuno (2003) *Towards the Conceptualization of Maritime Delimitation. Legal and Technical Aspects of Political Process*, coll.: Publications on Ocean Development, n° 42, Leiden et Boston, Martinus Nijhoff, 684 p.

ARBOUR, Jean-Maurice (2002) *Droit international public*, 4e édition, Cowansville, Les Éditions Yvon Blais, 880 p.

BARDONNET, Daniel (1989) Frontières terrestres et frontières maritimes, *AFDI*, vol. 35, p. 1-64.

BARDONNET, Daniel (1976) Les frontières terrestres et la relativité de leur tracé, *in RCADI*, p. 9.

BLAKE, Gerald (2000) Borderlands Under Stress - Some Global Perspectives, *in* PRATT, Martin et ALLISON-BROWN, Janet, éds., *Borderlands Under Stress*, coll.: International Boundary Studies, vol. 4, La Haye, Kluwer Law International, 480 p.

BLAKE, Gerald et *als.*, éds. (1998) *Boundaries and Energy : Problems and Prospects*, La Haye, Kluwer Law International, 592 p.

BOGGS, S.W. (1940) *International Boundaries : A Study of Boundary Functions and Problems,* New York, Columbia University Press.

BROWNLIE, Ian (2003) *Principles of Public International Law*, Oxford, Oxford University Press, 794 p.

BUCHANAN, Allen et MOORE, Margaret, éds. (2003) *States, Nations, and Borders. The Ethics of Making Boundaries, Cambridge*, Cambridge University Press, 361 p.

CAMINOS, Hugo, éd. (2001) *Law of the Sea*, Ashgate, Dartmouth, 570 p.

CASSESE, Antonio (2005) *International Law*, 2e édition, Oxford, Oxford University Press, 558 p.

CASSESE, Antonio (1995) *Self-Determination of Peoples : A Legal Reappraisal*, Cambridge, Cambridge University Press.

CASTELLINO, Joshua et ALLEN, Steve (2003) *Title to territory. A Temporal Analysis*, Aldershot, Ashgate, 254 p.

CHARNEY, J.I. (1987) Disputes Implicating the Institutional Credibility of the Court : Problems of Non-Appearance, Non-Participation, and Non-Performance, *in* DAMROSCH, L.F., éd., *The International Court of Justice at a Crossroads*, ASIL, 511p.

CHARNEY, J.I., ALEXANDER, L.M. et SMITH, R.W., éds. (1993-2002) *International Maritime Boundaries*, 4 vol., Dordrecht, Boston et Londres, Martinus Nijhoff.

CHATELAIN, Carole, dir. (2004) Forêt tropicale ; l'exploitation en question, *Géo*, n° 305, p. 110-121.

COLLIER, J. et LOWE, A.V. (2000) *The Settlement of Disputes in International Law – Institutions and Procedures*, Oxford, Oxford University Press, 424 p.

CORTEN, Olivier et *als.*, dir. (1999) *Démembrements d'États et délimitations territoriales : l'*uti possidetis *en question(s)*, coll.: Droit international, Bruxelles, Bruylant et Éditions de l'Université de Bruxelles, 455 p.

COUVREUR, Philippe (1997) The Effectiveness of the International Court of Justice in the Peaceful Settlement of International Disputes, *in* MULLER, A.S. et *als.* (1997) *The International Court of Justice : Its Future Role after Fifty Years*, La Haye, Martinus Nijhoff.

COX, Kevin R. (2002) *Political Geography : Territory, State and Society*, Oxford et Malden, Blackwell, 382 p.

CRAWFORD, J. (1979) *The Creation of States in International Law*, Oxford, Clarendon Press.

CUKWURAH, A.O. (1967) *The Settlement of Boundary Disputes in International Law*, Manchester, Manchester University Press, 267 p.

DAILLIER, P., NGUYEN, Q.D. et PELLET, A. (2002) *Droit international public*, Paris, LGDI, 1520 p.

DAMROSCH, L.F. (1987) *The International Court of Justice at a Crossroads*, American Society of International Law, Dobbs Ferry, New York, Transnational Publications, 511 p.

DAY, A.J., éd. (1987) *Border and Territorial Disputes*, Londres, Longman Group.

DE VISSCHER, Charles (1969) *Problèmes de confins en droit international public*, Paris, Pedone, 200 p.

DIJKINK, Gertjan et KNIPPENBERG, Hans, éds. (2001) *The Territorial Factor*, Amsterdam, Vossiuspers Uva, 523 p.

DILLON, Leo (2000) International Boundary Classification : A Simplified Cartographic Approach, *in* PRATT, Martin et ALLISON-BROWN, Janet, éds., *Borderlands Under Stress*, coll.: International Boundary Studies, vol. 4, La Haye, Kluwer Law International, 480 p.

DISTEFANO, G. (2002) *L'ordre international entre légalité et effectivité. Le titre juridique dans le contentieux territorial*, Paris, Pedone, 590 p.

DITTGEN, H. (2000) Borders in the Age of Globalization, *in* PRATT, Martin et ALLISON-BROWN, Janet, éds., *Borderlands Under Stress*, coll.: International Boundary Studies, vol. 4, La Haye, Kluwer Law International, 480 p.

DUGARD, J. (1996) 1996 and all that : South West Africa and East Timor, *Afr JIL*, vol. 8, p. 549.

DUGARD, J. (1992) *Recognition in International Law*, Cambridge, Grotius.

DUPUIS, J.R. et VIGNES, D. (1985) *Traité du nouveau droit de la mer*, Paris et Bruxelles, Economica et Bruylant, 1447 p.

DUPUY, Pierre-Marie (1998) *Droit international public*, 4e édition, Paris, Dalloz, 684 p.

EDWARDS, T.M. (2000) Corporate Nations : A New Sovereignty Emerges, *in* PRATT, Martin et ALLISON-BROWN, Janet, éds., *Borderlands Under Stress*, coll.: International Boundary Studies, vol. 4, La Haye, Kluwer Law International, 480 p.

EMANUELLI, Claude (2004) *Droit international public. Contribution à l'étude du droit international selon une perspective canadienne*, 2e édition, coll.: Bleue, Montréal, Wilson & Lafleur, 822 p.

EVANS, Malcolm D. (2003) The Law of the Sea, *in* EVANS, Malcolm D., éd., *International Law*, Oxford, Oxford University Press, 894 p.

EVANS, Malcolm D., éd. (2003) *International Law*, Oxford, Oxford University Press, 894 p.

EVANS, Malcolm D. (1989) *Relevant Circumstances and Maritime Delimitation*. Oxford, Oxford University Press.

FOUCHER, Michel (1991) *Fronts et frontières. Un tour du monde géopolitique*, Paris, Fayard, 691 p.

FRANCKX, E. et GAUTIER, P. (2003) *La zone économique exclusive et la convention des Nations Unies sur le droit de la mer. Un premier bilan de la pratique des États*, Bruxelles, Bruylant, 250 p.

GHERARI, H. (1994) Quelques observations sur les États éphémères, *AFDI*, vol. 40, p. 419.

GOERTZ, G. et DIEHL, Paul F. (1992) Territorial Change and International Conflict, coll.: Studies in International Conflict, vol. 5, Londres et New York, Routledge et Chapman & Hall Inc, 192 p.

GOTTMANN, J. (1973) *The Significance of Territory*, Charlottesville, The University Press of Virginia.

GRUNDY-WARR, C., éd. (1990) *International Boundaries and Boundary Conflict Resolution*, Durham, Boundary Research Press.

GUILLAUME, Gilbert (1994) *Les grandes crises internationales et le droit*, Paris, Seuil, 318 p.

HUTH, P.K. (2000) Territorial Disputes and International Conflict : Empirical Findings and Theoretical Explanations, *in* PRATT, Martin et ALLISON-BROWN, Janet, éds., *Borderlands Under Stress*, coll.: International Boundary Studies, vol. 4, La Haye, Kluwer Law International, 480 p.

JAYEWARDENE, Hiran W. (1990) *The Regime of Islands in International Law*, Dordrecht, Boston et Londres, Martinus Nijhoff, 572 p.

JENNINGS, R.Y. (1963) *The acquisition of Territory in International Law*, Manchester et New York, Manchester University Press et Oceana Publications, 130 p.

JOHNSTON, D.M. et SAUNDERS, P.M. (1988) Ocean Boundary Issues and Developments in Regional Perspective, p. 313-349 *in* JOHNSTON, D.M. et SAUNDERS, P.M., éds., *Ocean Boundary Making : Regional Issues and Developments*, Londres et New York, Croom Helm, 356 p.

JOHNSTON, D.M. et SAUNDERS, P.M., éds. (1988) *Ocean Boundary Making : Regional Issues and Developments*, Londres et New York, Croom Helm, 356 p.

JOHNSTON, D.M. (1988) *The Theory and History of Ocean Boundary-Making*, Montréal et Kingston, McGill-Queen's University Press, 445 p.

JOYNER, Christopher C. (2005) *International Law in 21st Century*, Lanham (MD), Rowman & Littlefield, 361 p.

KAIKOBAD, K.H. (1983) Some Observations on the Doctrine of Continuity and Finality of Boundaries, *BYIL*, vol. 54, p. 119-141.

KOHEN, M.G. (2000) Boundaries, Territory and Postmodernism : Towards Shared or Separate Spaces ? *in* PRATT, Martin et ALLISON-BROWN, Janet, éds., *Borderlands Under Stress*, coll.: International Boundary Studies, vol. 4, La Haye, Kluwer Law International, 480 p.

KOHEN, M.G. (1998) Le problème des frontières en cas de dissolution et de séparation d'États : quelles alternatives ? *Revue Belge*, vol. 31, p. 129.

KOHEN, M.G. (1997) *Possession contestée et souveraineté territoriale*, Paris, PUF, 582 p.

KOLB, Robert (2003) *Jurisprudence sur les délimitations maritimes selon l'équité*, La Haye, Kluwer Law International, 1184 p.

KWIATKOWSKA, B. (2002) *Decisions of the World Court Relevant to the UN Convention on the Law of the Sea. A Reference Guide*, La Haye, Kluwer Law International, 288 p.

KWIATKOWSKA, B. (2001) The Law of the Sea Related Cases in the International Court of Justice During the Presidency of Judge Stephen M. Schwebel (1997-2000) and Beyond, *IJMCL*, vol. 16, p. 1-40.

KWIATKOWSKA, B. (1997) Equitable Maritime Boundaries Delimitation, *ODIL*, vol. 91, n° 2.

KWIATKOWSKA, B. (1993) Economic and Environmental Considerations, *in* CHARNEY, J.I. et ALEXANDER, L.M., dir., *International Maritime Boundaries*, vol. 1, Dordrecht, Boston et Londres, Martinus Nijhoff.

LABRECQUE, Georges (2004) *Les frontières maritimes internationales. Géopolitique de la délimitation en mer*, 2e édition, coll. : Raoul-Dandurand, Paris, L'Harmattan, 532 p.

LALONDE, Suzanne (2002) *Determining Boundaries in a Conflicted World. The Role of* Uti possidetis, Montréal et Kingston, McGill-Queen's University Press, 347 p.

LAPRADELLE, Paul de (1928) *La frontière. Étude de droit international*, Paris, Les éditions internationales, 367 p.

LEANZA, U. (1993) The Delimitation of the Continental Shelf of the Mediterranean Sea, *IJMCL*, vol. 8, n° 3, p. 373-389.

LEGAULT, L. et HANKEY, B. (1993) Method, Oppositeness and Adjacency, and Proportionality in Maritime Boundary Delimitation, *in* CHARNEY, J.I. et ALEXANDER, L.M., éds., *International Maritime Boundaries*, vol. 1, p. 203-222.

LOWE, Vaughan et FITZMAURICE, Malgosia (1996) *Fifty Years of the International Court of Justice : Essays in Honour of Sir Robert Jennings*, Cambridge, Cambridge University Press, 680 p.

LUARD, Evan, éd. (1970) *The International Regulation of Frontier Disputes*, Londres, Thames & Hudson, 247 p.

MACNAB, Ron (2004) The Case for Transparency in the Delimitation of the Outer Continental Shelf in Accordance with UNCLOS Article 76, *ODIL*, vol. 35, n° 1, p. 1-17.

McCORQUODALE, R. (1988) International Boundary Decisions : Pillars of Salt ?, *CLJ*, vol. 48, p. 352.

McRAE, D.M. (1998) La délimitation des espaces maritimes, *ADMO*, vol. 15, p. 266.

MERRILS, J.G. (2003) The Means of Dispute Settlement, *in* EVANS, Malcolm D., éd., *International Law*, Oxford, Oxford University Press, 894 p.

MERRILS, J.G. (2000) The International Court of Justice and the Adjudication of Territorial and Boundary Disputes, *LJIL* , vol. 13, p. 873-901.

MILLER, David et HASHMI, Sohail H., éds. (2001) *Boundaries and Justice* : *Diverse Ethical Perspectives*, Princeton, Princeton University Press, 344 p.

MULLER, A.S. et *als.* (1997) *The International Court of Justice* : *Its Future Role after Fifty Years*, La Haye, Martinus Nijhoff.

MUNKMAN, A.L.W. (1972-73) Adjudication and Adjustment : International Judicial Decision and the Settlement of Territorial and Boundary Disputes, *BYIL*, vol. 46, p. 1-116.

NATIONS UNIES (1992) *Manuel sur le règlement pacifique des différends entre États*, Bureau des affaires juridiques – Division de la codification, New York, 244 p.

NEWMAN, D. (2000) Is the Notion of Territorial Sovereignty Obsolete ? *in* PRATT, Martin et ALLISON-BROWN, Janet, éds., *Borderlands Under Stress*, coll.: International Boundary Studies, vol. 4, La Haye, Kluwer Law International, 480 p.

NORDQUIST, Myron H., et MOORE, John N. (1998) *Security Flashpoints. Oil, Islands, Sea Access and Military Confrontation,* La Haye, Kluwer Law International, 500 p.

PAULSON, Colter (2004) Compliance with Final Judgments of the International Court of Justice since 1987, *AJIL*, vol. 98, p. 434-461.

PECK, Connie et ROY S. Lee, éds. (1997) *Increasing the Effectiveness of the International Court of Justice* : *Proceedings of the ICJ Colloquium to Celebrate the 50th Anniversary of the Court of Justice*, Boston et Leiden, Martinus Nijhoff, 576 p.

PHARAND, Donat (1989) *Droit international de la mer*, Ottawa, Presses de l'Université d'Ottawa.

PRADEAU, Christian (1996) *Jeux et enjeux des frontières*, Bordeaux, Presses universitaires de Bordeaux, 362 p.

PRATT, Martin (1999) Boundaries and the Internet : A Surfer's Guide, *BSB*, vol. 7, n° 2, p. 94-101.

PRATT, Martin et ALLISON-BROWN, Janet, éds. (2000) *Borderlands Under Stress*, coll.: International Boundary Studies, vol. 4, La Haye, Kluwer Law International, 480 p.

PRESCOTT, J.R.V. (1987) *Political Frontiers and Boundaries*, Londres, Allen & Unwin, 315 p.

PRESCOTT, J.R.V. (1985) *The Maritime Political Boundaries of the World*, Londres et New York, Methuen, 377 p.

PRESCOTT, J.R.V. (1975) *Political Geography of the Oceans*, Londres, David & Charles Newton Abbot, 247 p.

RATNER, Steven R. (1996) Drawing a Better Line : *Uti Possidetis* and the Borders of New States, *AJIL*, vol. 90, p. 590.

RENARD, Jean-Pierre, dir. (1997) *Le géographe et les frontières*, L'Harmattan, Paris et Montréal, 299 p.

ROSENNE, S. (1995) *The World Court : What it is and How it Works*, 5e édition, La Haye, Martinus Nijhoff.

ROSENBERG, D. (1983) *Le principe de souveraineté des États sur leurs ressources naturelles*, coll.: Bibliothèque de droit international et communautaire, vol. 93, Paris, LGDJ, 395 p.

ROUSSEAU, Charles (1970-1983) *Droit international public*, 5 vol., Paris, Sirey. Notamment le vol. 3 (*Les compétences*) et le vol. 5 (*Les rapports conflictuels*).

RUSHWORTH, Dennis (1997-98) Mapping in Support of Frontier Arbitration : Maps as Evidence, *IBRU BSB*, Winter, p. 51-55.

SANCHES RODRIGUEZ (1997) L'*uti possidetis* et les effectivités dans les contentieux territoriaux et frontaliers, *RCADI*, vol. 263, p. 153-381.

SCHACHTER, Oscar (1991) *International Law in Theory and Practice*, coll.: Developments in International Law, vol. 13, Dordrecht, Martinus Nijhoff, 431 p.

SCHOFIELD, Clive et *als.*, éds. (2002) *The Razor's Edge : International Boundaries and Political Geography – Essays in Honour of Professor Gerald Blake*, La Haye, Londres et New York, Kluwer Law International, 558 p.

SCHRIJER, N. (1997) *Sovereignty Over National Resources : Balancing Rights and Duties*, Cambridge, Cambridge University Press.

SCHROTER, F. (1995) La délimitation dans les lacs internationaux : essai d'une typologie, *AFDI,* vol. 40, p. 910-929.

SCHROTER, F. (1993) Les systèmes de délimitation dans les fleuves internationaux, *AFDI*, vol. 38, p. 948-982.

SCOTT, Shirley V. (2004) *International Law in World Politics. An Introduction*, Boulder (Colorado), Lynne Rienner, 327 p.

SHABTAI, R. (1996) Geography in International Maritime Boundary-Making, *PG*, vol. 15, nos 3 et 4, p. 319-334.

SHAHABUDDEEN, M. (1997) *Precedent in the World Court*, Cambridge, Cambridge University Press.

SHARMA, Surya P. (1997) *Territorial Acquisition, Disputes and International Law*, coll.: Developments in International Law, vol. 26, Martinus Nijhoff, La Haye, Boston et Londres, 374 p.

SHAW, Malcolm (1997) Peoples, Territorialism and Boundaries, *EJIL*, vol. 8, n° 53, p. 478-507.

SHAW, Malcolm (1996) The Heritage of States : The Principle of "Uti Possidetis Juris" Today, *BYIL*, vol. 67, p. 75.

SMITH, Robert W. (1982) A geographical Primer to Maritime Boundary-Making, *ODIL*, vol. 12, nos 1-2, p. 1-22.

SMITH, Robert W. et THOMAS, Bradford L. (1998) Island Disputes and the Law of the Sea : An Examination of Sovereignty and Delimitation Disputes, *Maritime Briefing*, vol. 2, n° 4, IBRU, Durham, University of Durham, 27 p.

SNYDER, F.E. et SATHIRATHAI, S., dir. (1979) *Third World Attitudes Toward International Law*, La Haye, Martinus Nijhoff.

STOREY, David (2001) *Territory. The Claiming of Space*, Harlow, Pearson, 195 p.

TAVERNIER, Paul (2001) Les différends frontaliers terrestres dans la jurisprudence de la C.I.J., *AFDI*, vol. 47, p. 137-148.

THOMAS, B.L. (2000) International Boundaries in the 21st Century : Changing Roles and Depiction, *in* PRATT, Martin et ALLISON-BROWN, Janet, éds., *Borderlands Under Stress*, coll.: International Boundary Studies, vol. 4, La Haye, Kluwer Law International, 480 p.

THUAL, François (1999) *Le désir de territoire. Morphogenèses territoriales et identités*, Paris, Ellipses, 190 p.

VAGTS, Detlev F. (2001) *Hegemonic International Law*, *AJIL*, vol. 95, n° 4, p. 843.

VASCIANNIE, Stephen C. (1990) *Land-Locked and Geographical Disadvantaged States in the International Law of the Sea*, Oxford, Oxford University Press, 244 p.

VERZIJL, J.H.W. (1968-1992) *International Law in Historical Perspective*, 11 vol., Leiden et Dordrecht, Sijhtoff et Nijhoff. Notamment le vol. 3 (*State Territory*) et le vol. 8 (*Inter-State Disputes and Their Settlements*).

VUKAS, Budislav (2004) *The Law of the Sea*, coll.: Publications on Ocean Development, n° 45, Leiden et Boston, Martinus Nijhoff, 350 p.

WEIL, Prosper (1988) *Perspectives du droit de la délimitation maritime*, Paris, Pedone, 319 p.

WOLFE, James H. (2002) *Modern International Law. An Introduction to the Law of Nations*, Prentice Hall, Upper Daddle River, New Jersey, 198 p.

OUVRAGES ET ARTICLES SPÉCIFIQUES À L'AFRIQUE

ACHOUR, Y.B. (1983) L'affaire du plateau continental tuniso-libyen, *JDI*, vol. 110, p. 247.

AJIBOLA, B.A. (2000) Africa and the International Court of Justice, *in Liber Amicorum "In Memoriam" of Judge José María Ruda*, La Haye, Kluwer Law International, 672 p.

AKINJIDE, Richard et ELIAS, T.O. (1988) *Africa and the Development of International Law*, Leiden et Boston, Martinus Nijhoff, 316 p.

AKINTOBA, Tayo O. (1996) *African States and Contemporary International Law. A Case Study of the 1982 Law of the Sea Convention and the Exclusive Economic Zone*, La Haye, Kluwer Law International, 181 p.

ALAYER, Christian d' (2003) L'arme du pétrole, *GA/AG*, n° 11, été 2003. (Disponible sur le site Internet : african-geopolitics.org).

ALEXANDROWICZ, C.H. (1973) The Partition of Africa by Treaty, *in* INGHAM, K., éd., *Foreign Relations of African States*, Londres, Butterworth.

ALLOTT, A. (1975) Boundaries in Africa : A Legal and Historical Survey, *in* MENSAH-BROWN, A.K., éd., *African International Legal History*, New York, UN Institute, p. 69-86.

ALLOTT, A. (1969) Boundaries and the Law in Africa, *in* WIDSTRAND, C.G., éd., *African Boundary Problems*, Uppsala, Almqvist.

ANTUNES, Nuno (2000) The Pending Maritime Delimitation in the Cameroon v Nigeria Case : A Piece in the Jigsaw Puzzle of the Gulf of Guinea, *IJMCL*, vol. 15, p. 163-192.

AQUARONE, M.C. (1995) The 1985 Guinea-Guinea-Bissau Maritime Boundary Case and its Implications, *ODIL*, p. 413.

ARGENT, Pierre d' (2002) Des frontières et des peuples : l'affaire de la frontière terrestre et maritime entre le Cameroun et le Nigeria (arrêt sur le fond), *AFDI*, vol. 48, p. 281-321.

ARYEETEY-ATTOH, Samuel, éd. (2003) *Geography of Sub-Saharan Africa*, 2e édition, Upper Saddle River, Pearson Education, 460 p.

ASIWAJU, A.I. (2000) Fragmentation or Integration : What Future for African Boundaries ?, *in* PRATT, Martin et ALLISON-BROWN, Janet, éds., *Borderlands Under Stress*, coll.: International Boundary Studies, vol. 4, La Haye, Kluwer Law International, 480 p.

ASIWAJU, A.I. (1998) The Bakassi Peninsula Crisis : An Alternative to War and Litigation, *in* BLAKE, Gerald et *als.*, éds., *Boundaries and Energy : Problems and Prospects*, La Haye, Kluwer Law International, 592 p.

BARATI, H. (1999) Frontière terrestre et maritime (Cameroun c. Nigeria). Exceptions préliminaires, interprétation, intervention, *AFDI*, vol. 45, p. 371-412.

BASTIN, Juliette (2004) Santé. Un défi continental, *L'état de l'Afrique 2004. Jeune Afrique/L'Intelligent*, Hors-série n° 6, p. 116-117.

BEDJAOUI, M. (1972) Le règlement pacifique des différends africains, *AFDI*, vol. 48, p. 85-89.

BEKKER, Peter H.F. (2003) Land and Maritime Boundary between Cameroon and Nigeria (Cameroon v. Nigeria : Equatorial Guinea Intervening), *AJIL*, vol. 97, n° 2, p. 387-397.

BEKKER, Peter H.F. (1998) Land and Maritime Boundary between Cameroon and Nigeria 11.06.1998 , *AJIL*, vol. 92, p. 751.

BEKONG, Njinkeng Julius (1997) International Dispute Settlement : Land and Maritime Boundary between Cameroon and Nigeria - Origin of the Dispute and Provisional Measures, *AfrJIL*, vol. 9, p. 287-310.

BENNETT, Elizabeth et *als.* (2001) Towards a better understanding of conflict management in tropical fisheries : evidence from Ghana, Bangladesh and the Caribbean, *MP*, vol. 25, n° 5, p. 365-376.

BERMEJO, R. (1988) Les principes équitables et les délimitations des zones maritimes : Analyse des Affaires Tunisie/Jamahiriya Arabe libyenne et du golfe du Maine, *ALHDI,* vol. 1, p. 59.

BOLLECKER, Brigitte (1971) L'avis consultatif du 21 juin 1971 dans l'affaire de la Namibie (Sud-Ouest africain), *AFDI*, vol. 17, p. 81.

BROWN, E.D. (1983) The Tunisia-Libya Case : A Missed Opportunity, *MP*, vol. 7, n° 3, p. 142-162.

BROWNLIE, Ian (1979) *African Boundaries. A Legal and Diplomatic Encyclopaedia*, Londres et Los Angeles, C. Hurst & Company et University of California Press.

CABOT, Jean (1978) Les frontières coloniales de l'Afrique, *Hérodote*, n° 11, p. 114-131.

CASTELLINO, J. (2000) The Saharawis and the Stratification of the Western Saharan Self, *in* TIERNEY, S., éd., *Accomodating National Identity : New directions in National and International Law*, La Haye, Kluwer Law International, p. 257-284.

CHEMILLIER-GENDREAU, Monique (1986) Note sur l'apport au droit international de l'Acte général de la conférence de Berlin, *Hérodote*, n° 41, p. 112-122.

CHIRCOP, A. et GAULT, I.T. (1985-86) Boundary Making in a Semi-Enclosed Sea : The Libya-Malta Continental Shelf Case, *OGLTR*, vol. 10, p. 225.

CHOPRA, J. (1994) *United Nations Determination of the Western Saharan Self*, Oslo, Norsk Utenriks Politisk Institut.

CHRISTIE, D.R. (1983) From the Shore of Ras Kaboudia to the Shores of Tripoli : The Tunisia-Libya Continental Shelf Boundary Delimitation, *GJICL*, vol. 13, p. 1.

COLLECTIF (2004) *L'état de l'Afrique 2004*, *Jeune Afrique/L'intelligent*, Hors-série, n° 6, 258 p.

CUKWURAH, A.O. (1973) The Organization of African Unity and African Territorial and Boundary Problems : 1963-1973, *IJIL*, p. 176.

DANIEL, T. (2000) African Boundaries : New Order, Historic Tensions, *in* PRATT, Martin et ALLISON-BROWN, Janet, éds., *Borderlands Under Stress*, coll.: International Boundary Studies, vol. 4, La Haye, Kluwer Law International, 480 p.

DAVID, Éric (1985) La sentence arbitrale du 14 février 1985 sur la délimitation de la frontière maritime Guinée-Guinée-Bissau, *AFDI*, vol. 31, p. 386.

DECAUX, E. (1986) L'arrêt de la Chambre de la Cour Internationale de Justice dans l'affaire du différend frontalier (Burkina Faso/République du Mali) (arrêt du 22 décembre 1986), *AFDI*, vol. 32, p. 215-238.

DENG, F.M. et ZARTMAN, I.W. (1991) *Conflict Resolution in Africa*, Washington, The Brookings Institute.

DIAITÉ, Ibon (1995) Le règlement du contentieux entre la Guinée-Bissau et le Sénégal relatif à la délimitation de leur frontière maritime, *AFDI*, vol. 41, p. 700.

DISTEFANO, Giovanni (2000) La sentence arbitrale du 9 octobre 1998 dans l'affaire du différend insulaire entre le Yémen et l'Érythrée, *AFDI*, vol. 46, p. 851-889.

DZUREK, Daniel J. (1999) Gulf of Guinea Boundary Disputes, *BSB*, vol. 7, n° 1, p. 98-104.

ELIAS, Olufemi, et LIM, Chin (1999) Casenote : The Right of Passage Doctrine Revisited : An Opportunity Missed 11.06.1998 (Cameroon / Nigeria), *LJIL*, vol. 12, p. 231.

ELIAS, T.O. (1989) The Role of the International Court of Justice in Africa, *RADIC*, vol. 1, p. 1-12.

EVANS, M.D. (1995) Case Concerning the Territorial Dispute (Libyan Arab Jamahiriya/Chad), *ICLQ*, vol. 44, p. 683-690.

FELDMAN, M.B. (1983) The Tunisia-Libya Continental Shelf Case : Geographic Justice or Judicial Compromise ?, *AJIL*, vol. 77, p. 219.

FISH, J. (1988) Africa as Terra Nullius : The Berlin Conference and International Law, *in* FORSTER, S. et *als.*, éds., *Bismark, Europe, and Africa*, Oxford, Oxford University Press, p. 347-375.

FLORY, Maurice (1975) L'avis de la Cour internationale de justice sur le Sahara occidental (16 octobre 1975), *AFDI*, vol. 21, p. 253.

FRANCK, T.M. (1976) The Stealing of the Sahara, *AJIL*, vol. 70, p. 694-721.

GALLEY, Kossi (1998) *Les règlements juridictionnels des différends territoriaux en Afrique*, thèse de doctorat déposée à l'Université Toulouse I.

GANN, L.H. et DUIGNAN, P., éds. (1978) *Colonialism in Africa 1870-1960*, Cambridge, Cambridge University Press.

GARCIA, Thierry (1996) Les mesures conservatoires rendues par la C.I.J. le 15 mars 1996 dans l'affaire du différend frontalier entre le Cameroun et le Nigeria, *AFDI* , vol. 42, p. 409-427.

GAYIM, E. (1995) The Eritrean Question : Self-determination and State Interests, *GYIL*, vol. 38, p. 439.

GESLIN, Jean-Dominique (2003) L'île de toutes les convoitises, *Jeune Afrique/L'Intelligent*, n°s 2222-2223, p. 98-99.

GHERARI, H. (1985) Les frontières maritimes des États africains, *Le Mois en Afrique*, p. 32.

GHERARI, H. (1984) Un problème d'actualité : la délimitation du plateau continental tuniso-libyen, *Le Mois en Afrique*, p. 39-58.

GLASSNER, Martin et FAHRER, Chuck (2004) *Political Geography*, 3e édition, Hoboken, NJ, Wiley, 619 p.

GOY, Raymond (1991) L'indépendance de la Namibie, *AFDI*, vol. 37, p. 387.

GRIFFITHS, Ieuan (1986) The Scramble for Africa : Inherited Political Boundaries, *GJ*, vol. 152, n° 2, p. 204-216.

GRIGGS, R.A. (2000) Designing Boundaries for a Continent : the Geopolitics of an African Renaissance, *in* PRATT, Martin et ALLISON-BROWN, Janet, éds., *Borderlands Under Stress*, coll.: International Boundary Studies, vol. 4, La Haye, Kluwer Law International, 480 p.

GROVOGUI, S. (1996) *Sovereigns, Quasi-Sovereigns and Africans : Race and Self-determination in International Law*, Minneapolis, University of Minnesota Press.

GUILHAUDIS, J.F. (1979) Remarques à propos des récents conflits territoriaux entre États africains, *AFDI*, vol. 57, p. 223-243.

HERMAN, L.L. (1984) The Court Giventh and the Court Taketh Away : An Analysis of the Tunisia-Libya Continental Shelf Case, *ICLQ*, vol. 33, p. 825.

HODGSON, D.C. (1984) The Tuniso-Libyan Continental Shelf Case, *CWRJIL,* vol. 16, n° 1, p. 1.

JOHNSON, Constance (2000) Current Legal Development : International Court of Justice. Case Concerning Kasikili/Sedudu Island (Botswana/Namibia), *IJMCL*, vol. 15, n° 4, p. 581-599.

KACZYNSKI, Vlad M. et FLUHARTY, David L. (2002) European policies in West Africa : who benefits from fisheries agreements ?, *MP*, vol. 26, n° 2, p. 75-93.

KAMTO, Maurice (1997) Le contentieux de la frontière maritime entre la Guinée-Bissau et le Sénégal, *RGDIP*, vol. 101, p. 695.

KAMTO, Maurice (1990) L'accession de la Namibie à l'indépendance, *RGDIP*, vol. 94, p. 578.

KINGUE, N. (1987) La sentence du 14 février 1985 du tribunal d'arbitrage dans l'affaire de la délimitation de la frontière maritime entre la Guinée et la Guinée-Bissau, *RGDIP*, vol. 91, p. 45.

KNOTT, D. (1997) Interests Grows in Africa Oil and Gas Opportunities, *OGJ*, vol. 95, n° 19, p. 43.

KOHEN, M.G. (2004) La relation titres/effectivités dans le contentieux territorial à la lumière de la jurisprudence récente, *RGDIP*, vol. 108, n° 4, p. 561-593.

KOHEN, M.G. (2000) *Uti possidetis*, prescription et pratique subséquente à un traité dans l'affaire de l'Île de Kasikili/Sedudu devant la Cour internationale de Justice, *GYIL*, vol. 43.

KOHEN, M.G. (1995) Le règlement des différends territoriaux à la lumière de l'arrêt de la C.I.J. dans l'affaire Libye/Tchad, *RGDIP*, vol. 99, n° 2, p. 301-333.

KONARÉ, Alpha Oumar (2004) La sécurité : priorité de l'Union africaine, *GA/AG*, n° 13, hiver 2004. (Disponible sur le site Internet : africangeopolitics.org).

KORINMAN, Michel (1986) Le congrès de Berlin, exercices de géopolitique, *Hérodote*, n° 41.

KOROMA, Abdul G. (2002) Provisional Measures in Disputes Between African States Before the International Court of Justice, *in* BOISSON DE CHAZOURNES, Laurence de, et GOWLLAND-DEBBAS, Vera, éds., *The International Legal System in Quest of Equity and Universality*, Kluwer, 864 p.

KOSKENNIEMI, M. (1994) L'affaire du différend territorial Tchad/Libye (arrêt de la Cour internationale de Justice du 3 février 1994), *AFDI*, vol. 40, p. 442.

KREIJEN, Gerard (2004) *State Failure, Sovereignty and Effectiveness*, Leiden et Boston, Martinus Nijhoff, 388 p.

KWIATKOWSKA, B. (2000) Landmark Progress in the Acquisition of Territorial Sovereignty and Equitable Maritime Boundary Delimitation, *BSB*, vol. 8, n° 1, p. 66.

KWIATKOWSKA, B. (1999) Cameroon v. Nigeria and Maritime Boundary (preliminary objections) : Judgment of 11 June 1998, *Hague YBIL*, p. 15-41.

KWIATKOWSKA, B. (1995) A Regional Approach Towards the Management of Marine Activities : Some Reflections on the African Perspectives, *ZA*, vol. 55, n° 2, p. 479-513.

LABRECQUE, Georges (1984) *Conditions d'existence et reconnaissance internationale d'un nouvel État : le cas de la République arabe sahraouie démocratique*, mémoire de baccalauréat déposé au Département de géographie de l'Université Laval, Québec, 99 p. (Non publié).

LACOSTE, Yves (2003) Géopolitique des tragédies africaines, *Hérodote*, n° 111.

LEBOTSE, Kabelo (1999) Kenneth Southern African Development Community Protocol on Shared Watercourses : Challenges of Implementation, *LJIL*, vol. 12, p. 173.

MALUWA, Tiyanjana (1989) The Peaceful Settlement of Disputes among African States, 1963 –1983 : Some Conceptual Issues and Practical Trends, *ICLQ*, vol. 38, p. 299-321.

MALUWA, Tiyanjana (1999) *International Law in Post-Colonial Africa*, Leiden et Boston, Martinus Nijhoff, 352 p.

MAURY, Frédéric (2004) Le cacao dopé par la crise ivoirienne, *Jeune Afrique/ L'Intelligent*, Hors-série n° 6, p. 52-53.

McDORMAN, Ted L. (1986) The Libya-Malta Case : Opposite States Confront the Court, *CYIL*, p. 335-367.

McGINLEY, G.P. (1985) Intervention in the International Court : The Libya-Malta Continental Shelf Case, *ICLQ*, vol. 43, p. 671.

McLLARKY, K.A. (1987) Guinea-Guinea-Bissau : Dispute Concerning Delimitation of the Maritime Boundary, *MDJILT*, vol. 11, p. 93.

MERRILS, J.G. (2000) The Land and Maritime Boundary Case - The Intervention by Equatorial Guinea 21.10.1999 (Cameroon/Nigeria*), ICLQ*, vol. 49, p. 720.

MERRILS, J.G. (1999) The Land and Maritime Boundary Case 11.06.1998 (Cameroon/Nigeria), *ICLQ*, vol. 48, p. 651.

MERRILS, J.G. (1997) The Land and Maritime Boundary Case, Order of 15 March 1996 Cameroon v. Nigeria, *ICLQ* , vol. 46, p. 676.

MREMA, E. (1990) *Africa and its Maritime Boundaries* : *A Study of Maritime Boundary Delimitation Problems in Africa*, mémoire de maîtrise, Dalhousie University, Halifax.

MUBIALA, M. (1995*) L'évolution du droit des cours d'eau internationaux à la lumière de l'expérience africaine, notamment dans le bassin du Congo/Zaïre*, Paris, PUF, 176 p.

MUBIALA, M. (1994) La contribution des États africains à la renaissance de la Cour internationale de justice, *AAfrDI*, vol. 2, p. 93.

MUKISA, R.S. (1997) Toward a Peaceful Resolution of Africa's Colonial Boundaries, *Africa Today*, vol. 44, n° 1, p. 7-32.

NALDI, Gino J. (1995) Case concerning the Territorial Dispute Libyan Arab Jamahiriya / Chad, *ICLQ* , vol. 44, p. 683.

NALDI, Gino J. (1987) The Case Concerning the Frontier Dispute (Burkina Faso/Republic of Mali) : *Uti Possidetis* in an African Perspective, *ICLQ*, vol. 36, p. 893-903.

NOUDJENOUME, Philippe, dir. (2004) *Les frontières maritimes du Bénin*, Paris, L'Harmattan, 152 p.

NUGENT, P. et ASIWAJU, A.I., éds. (1996) *African Boundaries* : *Barriers, Conduits and Opportunities*, Londres, Pinter.

OUAZANI, Cherif (2003) Coup de tonnerre à Manhattan, *Jeune Afrique/L'Intelligent*, n°s 2222-2223, août, p. 46-47.

PALCHETTI, Paolo (2003) La protection des intérêts d'États tiers par la Cour internationale de justice : l'affaire de la Délimitation de la frontière terrestre et maritime entre le Cameroun et le Nigéria, *RGDIP*, vol. 107, n° 4, p. 865-884.

PEARCE, Justin (2000) Facts on the Ground : War and Peace in the Horn of Africa, May-June 2000, *BSB*, vol. 8, n° 2.

PERRIN, D. (2000) Affaire de l'Île de Kasikili/Sedudu (Botswana/Namibie), arrêt de la Cour internationale de justice du 13 décembre 1999, *L'ONU*, n° 8, p. 151.

PERRY, Alan (2000) Caprivi Strip : World Court Awards Island to Botswana, *BSB*, vol. 8, n° 2.

PLOYE, François (2004) La forêt d'Afrique centrale sous haute surveillance, *Jeune Afrique/L'Intelligent*, Hors-série n° 6, p. 60-61.

PLOYE, François (2004) Environnement. Avant la dernière goutte, *Jeune Afrique/ L'Intelligent*, Hors-série n° 6, p. 114-115.

POURTIER, Roland (1986) Les géographes et le partage de l'Afrique, *Hérodote*, n° 41, p. 91-108.

QUÉNEUDEC, J.P. (1989) L'arbitrage relatif à la détermination de la frontière maritime entre la Guinée-Bissau et le Sénégal, *AFDI*, vol. 35, p. 325.

QUÉNEUDEC, J.P. (1982) Note sur l'arrêt de la Cour internationale de justice relatif à la délimitation du plateau continental entre la Tunisie et la Libye, *AFDI*, vol. 28, p. 202.

QUÉNEUDEC, J.P. (1970) Remarques sur le règlement des conflits frontaliers en Afrique, *RGDIP*, vol. 74, p. 69-77.

RAMUTSINDELA, Maano (1999) African boundaries and their interpreters, *Geopolitics*, vol. 4, n° 2, p. 180-198.

RANJEVA, Raymond (2002) Nouveaux aspects du droit des frontières en Afrique à la lumière de la jurisprudence de la Cour internationale de Justice, *in* BOISSON DE CHAZOURNES, Laurence de, et GOWLLAND-DEBBAS, Vera, éds., *The International Legal System in Quest of Equity and Universality*, Kluwer, 864 p.

READER, John (1997) *Africa : A Biography of a Continent*, Londres, Penguin Books.

REMBE, N.S. (1980) *Africa and the International Law of the Sea*, La Haye, Sijthoff et Noordhoff.

SALL, Alioune (1997) Actualité des conflits frontaliers en Afrique : l'ordonnance du 15 mars 1996 rendue par la Cour internationale de Justice dans le différend frontalier entre le Cameroun et le Nigéria, *AfrJIL*, vol. 9, p.183.

SHAW, M. (2000) Case Concerning Kasikili/Sedudu Island (Botswana/Namibia), *ICLQ*, vol. 49, n° 4, p. 964.

SHAW, M. (1986) *Title to territory in Africa, International legal issues*, Oxford, Clarendon Press, 428 p.

SHAW, M. (1983) Dispute Settlement in Africa, *YWA*, p. 149.

SHAW, M. (1978) The *Western Sahara* Case, *BYIL*, vol. 49, p. 119.

SHOLANKE, O.O. (1993) Delimiting the Territorial Sea Between Nigeria and Cameroon ; A Rational Approach, *ICLQ*, vol. 42, p. 398.

SIDAWAY, J.D. (2003) Sovereign excesses ? Portraying postcolonial sovereignty scapes, *PG*, vol. 22, n° 2, p. 157-178.

SOUDAN, F. et GHARBI, S. (2004) ONU : le gâchis saharien, *Jeune Afrique/L'Intelligent*, n° 2249, p. 75-77.

STOCK, Robert (2004) *Africa South of the Sahara* : *A Geographical Interpretation*, 2e édition, New York, Guilford Press, 490 p.

TANJA, G.J. (1991) The Contribution of West African States to the Legal Development of Maritime Delimitation Law, *LJIL*, vol. 4, n° 1, p. 21-46.

TAVERNIER, Paul (2000) Observations sur le droit intertemporel dans l'affaire de l'île de Kasikili/Sedudu (Botswana/Namibie), C.I.J., arrêt du 13-12-1999, *RGDIP*, vol. 104, p. 429.

THOMAS, L. (1986) Law of the Sea : Delimitation of the Libya-Malta Continental Shelf, *HILJ*, vol. 27, p. 304.

TREDANO, A.B. (1989) *Intangibilité des frontières coloniales et espace étatique en Afrique*, Paris, LGDJ.

UNDERWOOD, Peter C. (1988) Ocean Boundaries and Resources Development in West Africa, p. 229-267 *in* JOHNSTON, Douglas M. et SAUNDERS, Phillip M., éds., *Ocean Boundary-Making* : *Regional Issues and Developments*, Londres et New York, Croom Helm, 356 p.

U.S. DEPARTMENT OF STATE (1983) *Limits in the Seas* : *Sao Tome and Principe Archipelagic Straight Baselines,* n° 98, p. 1-9.

U.S. DEPARTMENT OF STATE (1978) *IBS* : *Chad-Libya Boundary*, n° 3 (revised), p. 1-6.

U.S. DEPARTMENT OF STATE (1976) *Limits in the Seas* : *Territorial Sea and Continental Shelf Boundary* : *Guinea-Bissau-Senegal*, n° 68, p. 1-6.

U.S. DEPARTMENT OF STATE (1974) *IBS* : *Nigeria-Cameroon Boundary*, n° 92 (revised), p. 1-22.

U.S. DEPARTMENT OF STATE (1974) *IBS* : *Guinea-Guinea-Bissau Boundary,* n° 142, p. 1-10.

U.S. DEPARTMENT OF STATE (1974) *IBS* : *Guinea-Bissau-Senegal Boundary*, n° 141, p. 1-12.

U.S. DEPARTMENT OF STATE (1973) *IBS* : *Benin-Niger Boundary*, n° 140, p. 1-2.

U.S. DEPARTMENT OF STATE (1972) *IBS* : *Tunisia-Libya Boundary*, n° 121, p. 1-6.

U.S. DEPARTMENT OF STATE (1961) *IBS* : *Morocco-Western Sahara (Spanish Sahara) Boundary,* n° 9, p. 1-4.

UZOIGWE, G.N. (1976) Spheres of Influence and the Doctrine of Hinterland in the Partition of Africa, *Afr. JIL*, vol. 3, p. 183-203.

WECKEL, Philippe (2003) Chronique de jurisprudence internationale. Cour internationale de justice. Arrêt du 10 octobre 2002 (Fond). Frontière terrestre et maritime (Cameroun c. Nigeria), *RGDIP*, vol. 107, n° 1, p. 161-175.

WECKEL, Philippe (2000) Chronique de jurisprudence internationale. Ordonnance du 21 octobre 1999, *RGDIP*, vol. 104, p. 248-250.

WECKEL, Philippe, dir. (2002-03) Chronique de jurisprudence internationale. Cour permanente d'arbitrage. Commission du tracé de la frontière Érythrée-Éthiopie. Décision du 13 avril 2002 relative à la délimitation de la frontière, *RGDIP*, vol. 106, n° 3, p. 695-707.

WECKEL, Philippe, dir. (2000) Chronique de jurisprudence internationale. Cour permanente d'arbitrage. Sentence du 17 décembre 1999, *RGDIP*, vol. 104, n° 2, p. 511-514.

WEMBOU, D. (1993) L'Afrique et le droit international de la mer, *AAfrDI*, vol. 1, p. 150.

WESSLING, H.L. (1996) *Divide and Rule : The Partition of Africa 1880-1914*, Londres, Praeger.

WIDSTRAND, C.G., éd. (1969) *African Boundary Problems*, Uppsala, Almqvist.

YACOUBA, Cissé (2001) *Droit des espaces maritimes et enjeux africains*, Montréal, Wilson & Lafleur, 310 p.

YAKEMTCHOUK, R. (1971) *L'Afrique en droit international*, Paris, LGDJ.

YAKEMTCHOUK, R. (1970) Les frontières africaines, *RGDIP*, vol. 74, p. 27.

YOSHIFUMI, Tanaka (2001) Reflections on the Eritrea/Yemen Arbitration of 17 December 1999 (Second Phase : Maritime Delimitation), *NILR*, vol. 47, n° 2, p. 197-225.

ZORGBIBE, Charles (2003) L'Afrique et la justice internationale, *GA/AG*, n° 11, été 2003. (Disponible sur le site Internet : www.african-geopolitics.org).

ARTICLES SPÉCIFIQUES À D'AUTRES RÉGIONS

BASTIANELLI, F. (1983) Boundary Delimitation in the Mediterranean Sea, *MP*, vol. 5, p.1.

BENNOUNA, M. (1987) La délimitation des espaces maritimes en Méditerranée, *in Le droit et la mer, Mélanges à la mémoire de Jean Carroz*, Rome, F.A.O., p. 15.

LABRECQUE, Georges (2003) Les frontières maritimes de la Pologne et de la Roumanie, *in* ILIES, Alexandru et WENDT, Jan, éds., *Europe Between*

Milleniums. Political Geograpy Studies, Oradea, Editura Universitatii din Oradea, 290 p.

LABRECQUE, Georges (1998) Les îles de l'Atlantique comme circonstances pertinentes à la délimitation des frontières maritimes, *Norois*, vol. 45, n° 180, p. 653-665.

LABRECQUE, Georges (1995) *L'affaire du Golfe du Maine. Contribution à l'étude systématique des frontières maritimes internationales*, coll.: Notes et documents de recherche, n° 33, Québec, Département de géographie, Université Laval, 247 p.

LABRECQUE, Georges (1995) Les frontières maritimes du Canada délimitées par des tribunaux internationaux, *ÉC/CS*, vol. 39, p. 61-80.

LABRECQUE, Georges (1993) La frontière maritime du Québec dans le golfe du Saint-Laurent, *CGQ*, vol. 37, n° 101, p. 183-218.

LETOURNEUX, Frédérique (2004) Haro sur les diamants de la guerre, *L'état de l'Afrique 2004. Jeune Afrique/L'Intelligent*, Hors-série n° 6, p. 56.

TABLE DES MATIÈRES

FIGURES

ABRÉVIATIONS PRINCIPALES

AAAG	Annals of the Association of American Geographers
AAfrDI	Annuaire africain de droit international
ACDI	Annuaire canadien de droit international
ADM	Annuaire du droit de la mer
ADMO	Annuaire de droit maritime et océanique
AFDI	Annuaire français de droit international
AfrJIL	African Journal of International and Comparative Law
AIDI	Annuaire de l'Institut de droit international
AJIL	American Journal of International Law
ALHDI	Annuaire de La Haye de droit international
ASIL	American Society of International Law
BSB	Boundary and Security Bulletin
BYIL	British Yearbook of International Law
CBL	Cambridge Law Journal
CBLT	Commission du bassin du lac Tchad
CGQ	Cahiers de géographie du Québec
CIJ	Cour internationale de Justice
CPA	Cour permanente d'arbitrage
CPJI	Cour permanente de Justice internationale
CWRJIL	Case Western Reserve Journal of International Law
CYIL	Canadian Yearbook of International Law
ÉC/CS	Études Canadiennes/Canadian Studies
EJIL	The European Journal of International Law
GA/AG	Géopolitique africaine/African Geopolitics
GJ	Geographical Journal
GJICL	Georgia Journal of International and Comparative Law
GYIL	German Yearbook of International Law
Hague YBIL	Hague Yearbook of International Law
HILJ	Harvard International Law Journal
IBRU	International Boundary Research Unit
IBS	International Boundary Study
ICLQ	International and Comparative Law Quarterly
IJIL	Indian Journal of International Law
IJMCL	International Journal of Marine and Coastal Law
ILM	International Legal Materials
ILR	International Law Reports

JDI	Journal de droit international
LGDI	Librairie générale de droit et de jurisprudence
LJIL	Leiden Journal of International Law
MDJILT	Maryland Journal of International Law & Trade
MP	Marine Policy
NILR	Netherlands International Law Review
NYJIL	New York University Journal of International Law and Politics
ODIL	Ocean Development and International Law
OGJ	Oil and Gas Journal
OGLTR	Oil and Gas Law and Tax Review
ONU	Organisation des Nations Unies
OUA	Organisation de l'Unité africaine
PG	Political Geography
PUF	Presses universitaires de France
RADIC	Revue africaine de droit international et comparé
RCADI	Recueil des cours de l'Académie de droit international
RGDIP	Revue générale de droit international public
RHDI	Revue hellénique de droit international
RSA	Recueil des sentences arbitrales
SDN	Société des Nations
YWA	Yearbook of World Affairs
ZA	Zeitschrift fur Auslndisches

www.ingramcontent.com/pod-product-compliance
Lightning Source LLC
LaVergne TN
LVHW010638051026
849532LV00001B/104